Taschenkommentare
des
Betriebs-Beraters

Taschenkommentar zum AGB-Gesetz

von

Dr. Manfred Thamm und Dr. Gerhard Pilger

Rechtsanwälte in Frankfurt/Main und Erfurt

unter Mitarbeit von

Professor Dr. Klaus Detzer, Reutlingen, Direktor der Exportakademie Baden Württemberg; Dr. Matthias Hartard, Rechtsanwalt in Offenbach; Stefan Jöster, Frankfurt/Main; Tim Maurenbrecher, Rechtsanwalt in Biberach/Riß; Dr. Andreas Schubert, Rechtsanwalt in Köln; Thomas Ulbrich, Rechtsanwalt in Kronberg/Taunus; Claus Ullrich, Rechtsanwalt in Oberursel

Verlag Recht und Wirtschaft GmbH
Heidelberg

Die Deutsche Bibliothek – CIP-Einheitsaufnahme

Thamm, Manfred:
Taschenkommentar zum AGB-Gesetz/von Manfred Thamm und Gerhard Pilger. Unter Mitarb. von Klaus Detzer … - Heidelberg : Verl. Recht und Wirtschaft, 1998

ISBN 3-8005-1192-4

ISBN 3-8005-1192-4

Satz, Druck und Verarbeitung: HVA Grafische Betriebe Heidelberg GmbH, 69117 Heidelberg

∞ Gedruckt auf säurefreiem, alterungsbeständigem Papier, hergestellt aus chlorfrei gebleichtem Zellstoff (TCF)

Printed in Germany

Vorwort

Unser alltägliches Vertragsrecht ist nur noch für juristische Spezialisten faßbar. Zwanzig Jahre AGB-Gesetz haben die seinerzeit geäußerten Befürchtungen von Skeptikern voll bestätigt: Ein äußerst wichtiges Gesetz von gesetzgeberisch von Anfang an erkennbar miserabler Qualität hat zu einer Rechtsprechungs- und Literaturlawine von nicht mehr beherrschbarer Größenordnung geführt. Die Fülle des vorhandenen Materials ist erdrückend. In dieser Situation muß ein Taschenkommentar eine strikte Auswahl treffen, um in straffer Darstellung seiner Aufgabe gerecht zu werden. Manchmal konnte nur mit Hinweisen auf weiterführende Literatur gearbeitet werden.

Der Schwerpunkt der Darstellung liegt auf der Beantwortung praktischer Fragen. Der Stand der Rechtsprechung ist maßgebendes Kriterium. Vernachlässigt werden mußte leider die Ebene der rechtlichen Dogmatik und vielfach die Auseinandersetzung mit der juristischen Literatur.

Besondere Beachtung haben in der Erläuterung die Probleme des kaufmännischen Geschäftsverkehrs gefunden. Insofern ist auch noch allgemein ein großes Defizit in der gründlichen Beachtung der rechtlichen Zusammenhänge festzustellen.

Dank gilt allen Mitautoren, die durch Ausarbeitung zu einzelnen Themen zum Entstehen des Kommentars beigetragen haben.

Frankfurt/Main und Erfurt, im Frühjahr 1998

Die Verfasser

Hinweise zur Benutzung des Kommentars

1. Dieser Kommentar ist auf dem Stand von November 1997.
2. §§ ohne Gesetzesangabe sind solche des AGB-Gesetzes.
3. Soweit von AGB im kaufmännischen Geschäftsverkehr oder von AGB die Rede ist, die gegenüber Kaufleuten verwendet werden, ist gemeint: AGB
   - die gegenüber einem Kaufmann verwendet werden, wenn der Vertrag zum Betriebe des Handelsgewerbes gehört und
   - die gegenüber einer juristischen Person des öffentlichen Rechts oder einem öffentlich-rechtlichen Sondervermögen verwendet werden (entsprechend § 24).
4. Als EU-Richtlinie bezeichnet ist die Richtlinie der EU über mißbräuchliche Klauseln in Verbraucherverträgen.
5. Nur noch teilweise berücksichtigt werden konnte die im November 1997 erschienene 8. Auflage des Kommentars von Ulmer/Brandner/Hensen. Nicht mehr verwertet ist die im Februar 1998 veröffentlichte 5. Ergänzungslieferung zu Graf von Westphalen: Vertragsrecht und AGB-Klauselwerke, Stand September 1997.
6. Während der Drucklegung sind folgende neue Tatsachen eingetreten:

   a) An mehreren Stellen des Kommentars ist auf eine bevorstehende **Entscheidung des Großen Senats des BGH** hingewiesen worden, nämlich unter anderem
      - Anhang § 9: Sicherungsübereignung, Rdn. 1 und 3
      - Anhang § 9: Sicherungszession, Rdn. 2-5.

   Diese wichtige Entscheidung ist am 27. 11. 1997 ergangen und veröffentlicht in BB 1998, 438 = WM 1998, 227;
   Literatur dazu: Serick, BB 1998, 801.

   b) Voraussichtlich am 1. 7. 1998 tritt das Handelsrechtsreformgesetz in Kraft, mit dem **§ 24 AGB-Gesetz geändert** wird (siehe im einzelnen § 24 Rdn. 7).

Inhaltsverzeichnis

Abkürzungsverzeichnis

a.A.	anderer Ansicht
a.a.O.	am angegebenen Ort
abl.	ablehnend
Abs.	Absatz
a.F.	alte Fassung
AFB	Allgemeine Feuerversicherungsbedingungen
AGBE	Entscheidungen zum AGB-Gesetz (Herausgeber: Bunte) 1977 bis 1985
AGNB	Allgemeine Beförderungsbedingungen für den gewerblichen Güternahverkehr mit Kraftfahrzeugen
AKB	Allgemeine Kraftfahrzeugbedingungen
Anh.	Anhang
Anm.	Anmerkung
AnwBl	Anwaltsblatt
AVB	Allgemeine Versicherungsbedingungen
BAnz	Bundesanzeiger
BauR	Baurecht
BA Vers.	Bundesaufsichtsamt für das Versicherungswesen
BB	Betriebs-Berater
BDI	Bundesverband der deutschen Industrie
Beil.	Beilage
BGBl	Bundesgesetzblatt
BVB	Besondere Vertragsbedingungen
CDH	Centralverband der Handelsvertreter und Handelsmakler
CR	Computerrecht
DB	Der Betrieb
ders.	Derselbe
DNotI	Informationsdienst des Deutschen Notarinstituts
DNotZ	Deutsche Notar-Zeitschrift
DtZ	Deutsch-Deutsche Rechts-Zeitschrift (Beihefte zur NJW)
DWW	Deutsche Wohnungswirtschaft
DZWir	Deutsche Zeitschrift für Wirtschaftsrecht
EWiR	Entscheidungen zum Wirtschaftsrecht
FS	Festschrift für … (Name)
GRUR	Gewerblicher Rechtsschutz und Urheberrecht
GVO	Gruppenfreistellungsverordnung
HOAI	Honorarverordnung für Architekten und Ingenieure

IPrax	Praxis des internationalen Privat- und Verfahrensrechts
i.S.v.	im Sinne von
JR	Juristische Rundschau
JZ	Juristen-Zeitung
KE	Kommissionsentwurf
LM	Lindenmaier-Möhring: Nachschlagewerk des Bundesgerichtshofs
MBKK	Musterbedingungen Krankenkasse
MBKT	Musterbedingungen Krankentagegeld
MDR	Monatsschrift für Deutsches Recht
MtL	Mitteilungen der Redaktion (zum Beispiel NJW)
m.w.N.	mit weiteren Nachweisen
NJW	Neue Juristische Wochenschrift
NJW-COR	NJW-Computerrecht
NJW-RR	NJW-Rechtsprechungsreport
NJWE-WettbR	NJW Entscheidungsdienst Wettbewerbsrecht
OLGR	OLG-Report
OLGZ	Rechtsprechung der OLG in Zivilsachen
Rdn.	Randnummer
RIW	Recht der Internationalen Wirtschaft
r + s	Recht und Schaden
u.a.	unter anderem
u.U.	unter Umständen
VAG	Versicherungsaufsichtsgesetz
VDMA	Verband Deutscher Maschinen- und Anlagebau
VersR	Versicherungsrecht
VP	Versicherungspraxis
VuR	Verbraucher und Recht
VVG	Versicherungvertragsgesetz
WiB	Wirtschaftsrechtliche Beratung
WM	Wertpapiermitteilungen
WRP	Wettbewerb in Recht und Praxis
ZAP	Zeitschrift für Anwaltspraxis
z.B.	zum Beispiel
ZBB	Zeitschrift für Bankrecht und Bankwirtschaft
ZfBR	Zeitschrift für Baurecht
ZHR	Zeitschrift für das gesamte Handelsrecht und Wirtschaftsrecht
ZMR	Zeitschrift für Miet- und Raumrecht
zust.	zustimmend
ZVEI	Zentralverband der Elektrotechnischen und Elektronischen Industrie
ZVglRWiss	Zeitschrift für Vergleichende Rechtswissenschaft

AGB-Gesetz

Gesetz zur Regelung des Rechts der Allgemeinen Geschäftsbedingungen

Erster Abschnitt

Sachlich-rechtliche Vorschriften

1. Unterabschnitt

Allgemeine Vorschriften

§ 1 Begriffsbestimmung

(1) Allgemeine Geschäftsbedingungen sind alle für eine Vielzahl von Verträgen vorformulierten Vertragsbedingungen, die eine Vertragspartei (Verwender) der anderen Vertragspartei bei Abschluß eines Vertrages stellt. Gleichgültig ist, ob die Bestimmungen einen äußerlich gesonderten Bestandteil des Vertrages bilden oder in die Vertragsurkunde selbst aufgenommen werden, welchen Umfang sie haben, in welcher Schriftart sie verfaßt sind und welche Form der Vertrag hat.

(2) Allgemeine Geschäftsbedingungen liegen nicht vor, soweit die Vertragsbedingungen zwischen den Vertragsparteien im einzelnen ausgehandelt sind.

§ 2 Einbeziehung in den Vertrag

(1) Allgemeine Geschäftsbedingungen werden nur dann Bestandteil eines Vertrages, wenn der Verwender bei Vertragsabschluß

1. die andere Vertragspartei ausdrücklich oder, wenn ein ausdrücklicher Hinweis wegen der Art des Vertragsabschlusses nur unter unverhältnismäßigen Schwierigkeiten möglich ist, durch deutlich sichtbaren Aushang am Ort des Vertragsabschlusses auf sie hinweist und
2. der anderen Vertragspartei die Möglichkeit verschafft, in zumutbarer Weise von ihrem Inhalt Kenntnis zu nehmen,

und wenn die andere Vertragspartei mit ihrer Geltung einverstanden ist.

(2) Die Vertragsparteien können für eine bestimmte Art von Rechtsgeschäften die Geltung bestimmter Allgemeiner Geschäftsbedingungen unter Beachtung der in Absatz 1 bezeichneten Erfordernisse im voraus vereinbaren.

§ 3 Überraschende Klauseln

Bestimmungen in Allgemeinen Geschäftsbedingungen, die nach den Umständen, insbesondere nach dem äußeren Erscheinungsbild des Vertrags, so ungewöhnlich sind, daß der Vertragspartner des Verwenders mit ihnen nicht zu rechnen braucht, werden nicht Vertragsbestandteil.

§ 4 Vorrang der Individualabrede

Individuelle Vertragsabreden haben Vorrang vor Allgemeinen Geschäftsbedingungen.

§ 5 Unklarheitenregel

Zweifel bei der Auslegung Allgemeiner Geschäftsbedingungen gehen zu Lasten des Verwenders.

§ 6 Rechtsfolgen bei Nichteinbeziehung und Unwirksamkeit

(1) Sind Allgemeine Geschäftsbedingungen ganz oder teilweise nicht Vertragsbestandteil geworden oder unwirksam, so bleibt der Vertrag im übrigen wirksam.

(2) Soweit die Bestimmungen nicht Vertragsbestandteil geworden oder unwirksam sind, richtet sich der Inhalt des Vertrages nach den gesetzlichen Vorschriften.

(3) Der Vertrag ist unwirksam, wenn das Festhalten an ihm auch unter Berücksichtigung der nach Absatz 2 vorgesehenen Änderung eine unzumutbare Härte für eine Vertragspartei darstellen würde.

§ 7 Umgehungsverbot

Dieses Gesetz findet auch Anwendung, wenn seine Vorschriften durch anderweitige Gestaltungen umgangen werden.

2. Unterabschnitt
Unwirksame Klauseln

§ 8 Schranken der Inhaltskontrolle

Die §§ 9 bis 11 gelten nur für Bestimmungen in Allgemeinen Geschäftsbedingungen, durch die von Rechtsvorschriften abweichende oder diese ergänzende Regelungen vereinbart werden.

§ 9 Generalklausel

(1) Bestimmungen in Allgemeinen Geschäftsbedingungen sind unwirksam, wenn sie den Vertragspartner des Verwenders entgegen den Geboten von Treu und Glauben unangemessen benachteiligen.

(2) Eine unangemessene Benachteiligung ist im Zweifel anzunehmen, wenn eine Bestimmung

1. mit wesentlichen Grundgedanken der gesetzlichen Regelung, von der abgewichen wird, nicht zu vereinbaren ist oder
2. wesentliche Rechte oder Pflichten, die sich aus der Natur des Vertrages ergeben, so einschränkt, daß die Erreichung des Vertragszwecks gefährdet ist.

§ 10 Klauselverbote mit Wertungsmöglichkeit

In Allgemeinen Geschäftsbedingungen ist insbesondere unwirksam

1. (Annahme- und Leistungsfrist)

eine Bestimmung, durch die sich der Verwender unangemessen lange oder nicht hinreichend bestimmte Fristen für die Annahme oder Ablehnung eines Angebots oder die Erbringung einer Leistung vorbehält;

2. (Nachfrist)

eine Bestimmung, durch die sich der Verwender für die von ihm zu bewirkende Leistung entgegen § 326 Abs. 1 des Bürgerlichen Gesetzbuchs eine unangemessen lange oder nicht hinreichend bestimmte Nachfrist vorbehält;

3. (Rücktrittsvorbehalt)

die Vereinbarung eines Rechts des Verwenders, sich ohne sachlich gerechtfertigten und im Vertrag angegebenen Grund von seiner Leistungspflicht zu lösen; dies gilt nicht für Dauerschuldverhältnisse;

4. (Änderungsvorbehalt)

die Vereinbarung eines Rechts des Verwenders, die versprochene Leistung zu ändern oder von ihr abzuweichen, wenn nicht die Vereinbarung der Änderung oder Abweichung unter Berücksichtigung der Interessen des Verwenders für den anderen Vertragsteil zumutbar ist;

5. (Fingierte Erklärungen)

eine Bestimmung, wonach eine Erklärung des Vertragspartners des Verwenders bei Vornahme oder Unterlassung einer bestimmten Handlung als von ihm abgegeben oder nicht abgegeben gilt, es sei denn, daß

a) dem Vertragspartner eine angemessene Frist zur Abgabe einer ausdrücklichen Erklärung eingeräumt ist und

b) der Verwender sich verpflichtet, den Vertragspartner bei Beginn der Frist auf die vorgesehene Bedeutung seines Verhaltens besonders hinzuweisen;

6. (Fiktion des Zugangs)

eine Bestimmung, die vorsieht, daß eine Erklärung des Verwenders von besonderer Bedeutung dem anderen Vertragsteil als zugegangen gilt;

7. (Abwicklung von Verträgen)

eine Bestimmung, nach der der Verwender für den Fall, daß eine Vertragspartei vom Vertrage zurücktritt oder den Vertrag kündigt,

a) eine unangemessen hohe Vergütung für die Nutzung oder den Gebrauch einer Sache oder eines Rechts oder für erbrachte Leistungen oder

b) einen unangemessen hohen Ersatz von Aufwendungen verlangen kann.

8. aufgehoben

§ 11 Klauselverbote ohne Wertungsmöglichkeiten

In Allgemeinen Geschäftsbedingungen ist unwirksam

1. (Kurzfristige Preiserhöhungen)

eine Bestimmung, welche die Erhöhung des Entgelts für Waren oder Leistungen vorsieht, die innerhalb von vier Monaten nach Vertragsabschluß geliefert oder erbracht werden sollen; dies gilt nicht bei Waren oder Leistungen, die im Rahmen von Dauerschuldverhältnissen geliefert oder erbracht werden;

2. (Leistungsverweigerungsrechte)

eine Bestimmung, durch die

a) das Leistungsverweigerungsrecht, das dem Vertragspartner des Verwenders nach § 320 des Bürgerlichen Gesetzbuchs zusteht, ausgeschlossen oder eingeschränkt wird, oder

b) ein dem Vertragspartner des Verwenders zustehendes Zurückbehaltungsrecht, soweit es auf demselben Vertragsverhältnis beruht, ausgeschlossen oder eingeschränkt, insbesondere von der Anerkennung von Mängeln durch den Verwender abhängig gemacht wird;

3. (Aufrechnungsverbot)

eine Bestimmung, durch die dem Vertragspartner des Verwenders die Befugnis genommen wird, mit einer unbestrittenen oder rechtskräftig festgestellten Forderung aufzurechnen;

4. (Mahnung, Fristsetzung)

eine Bestimmung, durch die der Verwender von der gesetzlichen Obliegenheit freigestellt wird, den anderen Vertragsteil zu mahnen oder ihm eine Nachfrist zu setzen;

5. (Pauschalierung von Schadensersatzansprüchen)

die Vereinbarung eines pauschalierten Anspruchs des Verwenders auf Schadensersatz oder Ersatz einer Wertminderung, wenn

a) die Pauschale den in den geregelten Fällen nach dem gewöhnlichen Lauf der Dinge zu erwartenden Schaden oder die gewöhnlich eintretende Wertminderung übersteigt oder

b) dem anderen Vertragsteil der Nachweis abgeschnitten wird, ein Schaden oder eine Wertminderung sei überhaupt nicht entstanden oder wesentlich niedriger als die Pauschale;

6. (Vertragsstrafe)

eine Bestimmung, durch die dem Verwender für den Fall der Nichtabnahme oder verspäteten Abnahme der Leistung, des Zahlungsverzugs oder für den Fall, daß der andere Vertragsteil sich vom Vertrag löst, Zahlung einer Vertragsstrafe versprochen wird;

7. (Haftung bei grobem Verschulden)

ein Ausschluß oder eine Begrenzung der Haftung für einen Schaden, der auf einer grob fahrlässigen Vertragsverletzung des Verwenders oder auf einer vorsätzlichen oder grob fahrläsigen Vertragsverletzung eines gesetzlichen Vertreters oder Erfüllungsgehilfen des Verwenders beruht; dies gilt auch für Schäden aus der Verletzung von Pflichten bei den Vertragsverhandlungen;

8. (Verzug, Unmöglichkeit)

eine Bestimmung, durch die für den Fall des Leistungsverzugs des Verwenders oder der von ihm zu vertretenden Unmöglichkeit der Leistung

a) das Recht des anderen Vertragsteils, sich vom Vertrag zu lösen, ausgeschlossen oder eingeschränkt oder

b) das Recht des anderen Vertragsteils, Schadensersatz zu verlangen, ausgeschlossen oder entgegen Nummer 7 eingeschränkt wird;

9. (Teilverzug, Teilunmöglichkeit)

eine Bestimmung, die für den Fall des teilweisen Leistungsverzugs des Verwenders oder bei von ihm zu vertretender teilweiser Unmöglichkeit der Leistung das Recht der anderen Vertragspartei ausschließt, Schadensersatz wegen Nichterfüllung der ganzen Verbindlichkeit zu verlangen oder von dem ganzen Vertrag zurückzutreten, wenn die teilweise Erfüllung des Vertrages für ihn kein Interesse hat;

10. (Gewährleistung)

eine Bestimmung, durch die bei Verträgen über Lieferungen neu hergestellter Sachen und Leistungen

a) (Ausschluß und Verweisung auf Dritte)

die Gewährleistungsansprüche gegen den Verwender einschließlich etwaiger Nachbesserungs- und Ersatzlieferungsansprüche insgesamt oder bezüglich einzelner Teile ausgeschlossen, auf die Einräumung von Ansprüchen gegen Dritte beschränkt oder von der vorherigen gerichtlichen Inanspruchnahme Dritter abhängig gemacht werden;

b) (Beschränkung auf Nachbesserung)

die Gewährleistungsansprüche gegen den Verwender insgesamt oder bezüglich einzelner Teile auf ein Recht auf Nachbesserung oder Ersatzlieferung beschränkt werden, sofern dem anderen Vertragsteil nicht ausdrücklich das Recht vorbehalten wird, bei Fehlschlagen der Nachbesserung oder Ersatzlieferung Herabsetzung der Vergütung oder, wenn nicht eine Bauleistung Gegenstand der Gewährleistung ist, nach seiner Wahl Rückgängigmachung des Vertrags verlangen;

c) (Aufwendungen bei Nachbesserung)

die Verpflichtung des gewährleistungspflichtigen Verwenders ausgeschlossen oder beschränkt wird, die Aufwendungen zu tragen, die zum Zweck der Nachbesserung erforderlich werden, insbesondere Transport-, Wege-, Arbeits- und Materialkosten;

d) (Vorenthalten der Mängelbeseitigung)

der Verwender die Beseitigung eines Mangels oder die Ersatzlieferung einer mangelfreien Sache von der vorherigen Zahlung des vollständigen Entgelts oder eines unter Berücksichtigung des Mangels unverhältnismäßig hohen Teils des Entgelts abhängig macht;

e) (Ausschlußfrist für Mängelanzeige)

der Verwender dem anderen Vertragsteil für die Anzeige nicht offensichtlicher Mängel eine Ausschlußfrist setzt, die kürzer ist als die Verjährungsfrist für den gesetzlichen Gewährleistungsanspruch;

f) (Verkürzung von Gewährleistungsfristen)

die gesetzlichen Gewährleistungsfristen verkürzt werden;

11. (Haftung für zugesicherte Eigenschaften)

eine Bestimmung, durch die bei einem Kauf-, Werk- oder Werklieferungsvertrag Schadensersatzansprüche gegen den Verwender nach den §§ 463, 480 Abs. 2, § 635 des Bürgerlichen Gesetzbuchs wegen Fehlens zugesicherter Eigenschaften ausgeschlossen oder eingechränkt werden;

12. (Laufzeit bei Dauerschuldverhältnissen)

bei einem Vertragsverhältnis, das die regelmäßige Lieferung von Waren oder die regelmäßige Erbringung von Dienst- oder Werkleistungen durch den Verwender zum Gegenstand hat,

a) eine den anderen Vertragsteil länger als zwei Jahre bindende Laufzeit des Vertrags,

b) eine den anderen Vertragsteil bindende stillschweigende Verlängerung des Vertragsverhältnisses um jeweils mehr als ein Jahr oder

c) zu Lasten des anderen Vertragsteils eine längere Kündigungsfrist als drei Monate vor Ablauf der zunächst vorgesehenen oder stillschweigend verlängerten Vertragsdauer;

13. (Wechsel des Vertragspartners)

eine Bestimmung, wonach bei Kauf-, Dienst- oder Werkverträgen ein Dritter an Stelle des Verwenders in die sich aus dem Vertrag ergebenden Rechte und Pflichten eintritt oder eintreten kann, es sei denn, in der Bestimmung wird

a) der Dritte namentlich bezeichnet, oder

b) dem anderen Vertragsteil das Recht eingeräumt, sich vom Vertrag zu lösen;

14. (Haftung des Abschlußvertreters)

eine Bestimmung, durch die der Verwender einem Vertreter, der den Vertrag für den anderen Vertragsteil abschließt,

a) ohne hierauf gerichtete ausdrückliche und gesonderte Erklärung eine eigene Haftung oder Einstandspflicht oder

b) im Falle vollmachtsloser Vertretung eine über § 179 des Bürgerlichen Gesetzbuchs hinausgehende Haftung

auferlegt;

15. (Beweislast)

eine Bestimmung, durch die der Verwender die Beweislast zum Nachteil des anderen Vertragsteils ändert, insbesondere indem er

a) diesem die Beweislast für Umstände auferlegt, die im Verantwortungsbereich des Verwenders liegen;

b) den anderen Vertragsteil bestimmte Tatsachen bestätigen läßt.

Buchstabe b gilt nicht für gesondert unterschriebene Empfangsbekenntnisse;

16. (Form von Anzeigen und Erklärungen)

eine Bestimmung, durch die Anzeigen oder Erklärungen, die dem Verwender oder einem Dritten gegenüber abzugeben sind, an eine strengere Form als die Schriftform oder an besondere Zugangserfordernisse gebunden werden.

Zweiter Abschnitt

Kollisionsrecht

§ 12 Internationaler Geltungsbereich

Unterliegt ein Vertrag ausländischem Recht, so sind die Vorschriften dieses Gesetzes gleichwohl anzuwenden, wenn der Vertrag einen engen Zusammenhang mit dem Gebiet der Bundesrepublik Deutschland aufweist. Ein enger Zusammenhang ist insbesondere anzunehmen, wenn

1. der Vertrag auf Grund eines öffentlichen Angebots, einer öffentlichen Werbung oder einer ähnlichen im Geltungsbereich dieses Gesetzes entfalteten geschäftlichen Tätigkeit des Verwenders zustandekommt und

2. der andere Vertragsteil bei Abgabe seiner auf den Vertragsschluß gerichteten Erklärung seinen Wohnsitz oder gewöhnlichen Aufenthalt im Geltungsbereich dieses Gesetzes hat und seine Willenserklärung im Geltungsbereich dieses Gesetzes abgibt.

Dritter Abschnitt

Verfahren

§ 13 Unterlassungs- und Widerrufsanspruch

(1) Wer in Allgemeinen Geschäftsbedingungen Bestimmungen, die nach §§ 9 bis 11 dieses Gesetzes unwirksam sind, verwendet oder für den rechtsgeschäftlichen Verkehr empfiehlt, kann auf Unterlassung und im Fall des Empfehlens auch auf Widerruf in Anspruch genommen werden.

(2) Die Ansprüche auf Unterlassung und auf Widerruf können nur geltend gemacht werden

1. von rechtsfähigen Verbänden, zu deren satzungsgemäßen Aufgaben es gehört, die Interessen der Verbraucher durch Aufklärung und Beratung wahrzunehmen, wenn sie in diesem Aufgabenbereich tätige Verbände oder mindestens fünfundsiebzig natürliche Personen als Mitglieder haben,
2. von rechtsfähigen Verbänden zur Förderung gewerblicher Interessen oder
3. von den Industrie- und Handelskammern oder den Handwerkskammern.

(3) Die in Absatz 2 Nr. 1 bezeichneten Verbände können Ansprüche auf Unterlassung und auf Widerruf nicht geltend machen, wenn Allgemeine Geschäftsbedingungen gegenüber einem Kaufmann verwendet werden und der Vertrag zum Betriebe seines Handelsgewerbes gehört oder wenn Allgemeine Geschäftsbedingungen zur ausschließlichen Verwendung zwischen Kaufleuten empfohlen werden.

(4) Die Ansprüche nach Abs. 1 verjähren in zwei Jahren von dem Zeitpunkt an, in welchem der Anspruchsberechtigte von der Verwendung oder Empfehlung der unwirksamen Allgemeinen Geschäftsbedingungen Kenntnis erlangt hat, ohne Rücksicht auf diese Kenntnis in vier Jahren von der jeweiligen Verwendung oder Empfehlung an.

§ 14 Zuständigkeit

(1) Für Klagen nach § 13 dieses Gesetzes ist das Landgericht ausschließlich zuständig, in dessen Bezirk der Beklagte seine gewerbliche Niederlassung oder in Ermangelung einer solchen seinen Wohnsitz hat. Hat der Beklagte im Inland weder eine gewerbliche Niederlassung noch einen Wohnsitz, so ist das Gericht des inländischen Aufenthaltsorts zuständig, in Ermangelung eines solchen das Gericht, in dessen Bezirk die nach §§ 9 bis 11 dieses Gesetzes unwirksamen Bestimmungen in Allgemeinen Geschäftsbedingungen verwendet wurden.

(2) Die Landesregierungen werden ermächtigt, zur sachdienlichen Förderung oder schnelleren Erledigung der Verfahren durch Rechtsverordnung einem Landgericht für die Bezirke mehrerer Landgerichte Rechtsstreitigkeiten nach diesem Gesetz zuzuweisen. Die Landesregierungen können die Ermächtigung durch Rechtsverordnung auf die Landesjustizverwaltungen übertragen.

(3) Die Parteien können sich vor den nach Absatz 2 bestimmten Gerichten auch durch Rechtsanwälte vertreten lassen, die bei dem Gericht zugelassen sind, vor das der Rechtsstreit ohne die Regelung nach Absatz 2 gehören würde.

(4) Die Mehrkosten, die einer Partei dadurch erwachsen, daß sie sich nach Absatz 3 durch einen nicht beim Prozeßgericht zugelassenen Rechtsanwalt vertreten läßt, sind nicht zu erstatten.

§ 15 Verfahren

(1) Auf das Verfahren sind die Vorschriften der Zivilprozeßordnung anzuwenden, soweit sich aus diesem Gesetz nicht etwas anderes ergibt.

(2) Der Klageantrag muß auch enthalten:

1. den Wortlaut der beanstandeten Bestimmungen in Allgemeinen Geschäftsbedingungen;
2. die Bezeichnung der Art der Rechtsgeschäfte, für die die Bestimmungen beanstandet werden.

§ 16 Anhörung

Das Gericht hat vor der Entscheidung über eine Klage nach § 13 zu hören

1. die zuständige Aufsichtsbehörde für das Versicherungswesen, wenn Gegenstand der Klage Bestimmungen in Allgemeinen Versicherungsbedingungen sind, oder
2. das Bundesaufsichtsamt für das Kreditwesen, wenn Gegenstand der Klage Bestimmungen in Allgemeinen Geschäftsbedingungen sind, die das Bundesaufsichtsamt für das Kreditwesen nach Maßgabe des Gesetzes über Bausparkassen, des Gesetzes über Kapitalanlagegesellschaften, des Hypothekenbankgesetzes oder des Gesetzes über Schiffspfandbriefbanken zu genehmigen hat.

§ 17 Urteilsformel

Erachtet das Gericht die Klage für begründet, so enthält die Urteilsformel auch:

1. die beanstandeten Bestimmungen der Allgemeinen Geschäftsbedingungen im Wortlaut;
2. die Bezeichnung der Art der Rechtsgeschäfte, für die die den Unterlassungsanspruch begründenden Bestimmungen der Allgemeinen Geschäftsbedingungen nicht verwendet werden dürfen;
3. das Gebot, die Verwendung inhaltsgleicher Bestimmungen in Allgemeinen Geschäftsbedingungen zu unterlassen;
4. für den Fall der Verurteilung zum Widerruf das Gebot, das Urteil in gleicher Weise bekanntzugeben, wie die Empfehlung verbreitet wurde.

§ 18 Veröffentlichungsbefugnis

Wird der Klage stattgegeben, so kann dem Kläger auf Antrag die Befugnis zugesprochen werden, die Urteilsformel mit der Bezeichnung des verurteilten Verwenders oder Empfehlers auf Kosten des Beklagten im Bundesanzeiger, im übrigen auf eigene Kosten bekanntzumachen. Das Gericht kann die Befugnis zeitlich begrenzen.

§ 19 Einwendung bei abweichender Entscheidung

Der Verwender, dem die Verwendung einer Bestimmung untersagt worden ist, kann im Wege der Klage nach § 767 ZPO einwenden, daß nachträglich eine Entscheidung des Bundesgerichtshofs oder des Gemeinsamen Senats der Obersten Gerichtshöfe des Bundes ergangen ist, welche die Verwendung dieser Bestimmung für dieselbe Art von Rechtsgeschäften nicht untersagt, und daß die Zwangsvollstreckung aus dem Urteil gegen ihn in unzumutbarer Weise seinen Geschäftsbetrieb beeinträchtigen würde.

§ 20 Register

(1) Das Gericht teilt dem Bundeskartellamt von Amts wegen mit

1. Klagen, die nach § 13 oder § 19 anhängig werden,
2. Urteile, die im Verfahren nach § 13 oder nach § 19 ergehen, sobald sie rechtskräftig sind,
3. die sonstige Erledigung der Klage.

(2) Das Bundeskartellamt führt über die nach Absatz 1 eingehenden Mitteilungen ein Register.

(3) Die Eintragung ist nach zwanzig Jahren seit dem Schluß des Jahres zu löschen, in dem die Eintragung in das Register erfolgt ist. Die Löschung erfolgt durch Eintragung eines Löschungsvermerks; mit der Löschung der

Eintragung einer Klage ist die Löschung der Eintragung ihrer sonstigen Erledigung (Absatz 1 Nr. 3) zu verbinden.

(4) Über eine bestehende Eintragung ist jedermann auf Antrag Auskunft zu erteilen. Die Auskunft enthält folgende Angaben:

1. für Klagen nach Absatz 1 Nr. 1
   a) die beklagte Partei,
   b) das angerufene Gericht samt Geschäftsnummer,
   c) den Klageantrag;
2. für Urteile nach Absatz 1 Nr. 2
   a) die verurteilte Partei,
   b) das entscheidende Gericht samt Geschäftsnummer,
   c) die Urteilsformel;
3. für die sonstige Erledigung nach Absatz 1 Nr. 3 die Art der Erledigung.

§ 21 Wirkungen des Urteils

Handelt der verurteilte Verwender dem Unterlassungsgebot zuwider, so ist die Bestimmung in den Allgemeinen Geschäftsbedingungen als unwirksam anzusehen, soweit sich der betroffene Vertragsteil auf die Wirkung des Unterlassungsurteils beruft. Er kann sich jedoch auf die Wirkung des Unterlassungsurteils nicht berufen, wenn der verurteilte Verwender gegen das Urteil die Klage nach § 19 erheben könnte.

ehemaliger § 22 aufgehoben

Vierter Abschnitt
Anwendungsbereich

§ 23 Sachlicher Anwendungsbereich

(1) Dieses Gesetz findet keine Anwendung bei Verträgen auf dem Gebiet des Arbeits-, Erb-, Familien- und Gesellschaftsrechts.

(2) Keine Anwendung finden ferner

1. § 2 für die mit Genehmigung der zuständigen Verkehrsbehörde oder aufgrund von internationalen Übereinkommen erlassenen Tarife und Ausführungsbestimmungen der Eisenbahnen und die nach Maßgabe des Personenbeförderungsgesetzes genehmigten Beförderungsbedin-

gungen der Straßenbahnen, Obusse und Kraftfahrzeuge im Linienverkehr;

1a. § 2 für die Allgemeinen Geschäftsbedingungen einschließlich der darin festgelegten Leistungsentgelte der aus dem Sondervermögen Deutsche Bundespost hervorgegangenen Unternehmen, sofern die Allgemeinen Geschäftsbedingungen in ihrem Wortlaut im Amtsblatt des Bundesministeriums für Post und Telekommunikation veröffentlicht worden sind und bei den Niederlassungen der genannten Unternehmen zur Einsichtnahme bereitgehalten werden;

2. die §§ 10 und 11 für Verträge der Elektrizitäts- und der Gasversorgungsunternehmen über die Versorgung von Sonderabnehmern mit elektrischer Energie und mit Gas aus dem Versorgungsnetz, soweit die Versorgungsbedingungen nicht zum Nachteil der Abnehmer von den aufgrund des § 7 des Energiewirtschaftsgesetzes erlassenen Allgemeinen Bedingungen für die Versorgung mit elektrischer Arbeit aus dem Niederspannungsnetz der Elektrizitätsversorgungsunternehmen und Allgemeinen Bedingungen für die Versorgung mit Gas, aus dem Versorgungsnetz der Gasversorgungsunternehmen abweichen;

3. § 11 Nr. 7 und 8 für die nach Maßgabe des Personenbeförderungsgesetzes genehmigten Beförderungsbedingungen und Tarifvorschriften der Straßenbahnen, Obusse und Kraftfahrzeuge im Linienverkehr, soweit sie nicht zum Nachteil des Fahrgastes von der Verordnung über die Allgemeinen Beförderungsbedingungen für den Straßenbahn- und Obusverkehr sowie den Linienverkehr mit Kraftfahrzeugen vom 27. 2. 1970 abweichen;

4. § 11 Nr. 7 für staatlich genehmigte Lotterieverträge oder Ausspielverträge;

5. § 10 Nr. 5 und § 11 Nr. 10 Buchstabe f für Leistungen, für die die Verdingungsordnung für Bauleistungen (VOB) Vertragsgrundlage ist;

6. § 11 Nr. 12 für Verträge über die Lieferung als zusammengehörig verkaufter Sachen, für Versicherungsverträge sowie für Verträge zwischen den Inhabern urheberrechtlicher Rechte und Ansprüche und Verwertungsgesellschaften im Sinne des Gesetzes über die Wahrnehmung von Urheberrechten und verwandten Schutzrechten;

(3) Ein Bausparvertrag, ein Versicherungsvertrag sowie das Rechtsverhältnis zwischen einer Kapitalanlagegesellschaft und einem Anteilinhaber unterliegen den von der zuständigen Behörde genehmigten Allgemeinen Geschäftsbedingungen der Bausparkasse, des Versicherers sowie der Kapitalanlagegesellschaft auch dann, wenn die in § 2 Abs. 1 Nr. 1 und 2 bezeichneten Erfordernisse nicht eingehalten sind.

§ 24 Persönlicher Anwendungsbereich

Die Vorschriften der §§ 2, 10, 11 und 12 finden keine Anwendung auf Allgemeine Geschäftsbedingungen,

1. die gegenüber einem Kaufmann verwendet werden, wenn der Vertrag zum Betriebe seines Handelsgewerbes gehört;
2. die gegenüber einer juristischen Person des öffentlichen Rechts oder einem öffentlich-rechtlichen Sondervermögen verwendet werden.

§ 9 ist in den Fällen des Satzes 1 auch insoweit anzuwenden, als dies zur Unwirksamkeit von in den §§ 10 und 11 genannten Vertragsbestimmungen führt; auf die im Handelsverkehr geltenden Gewohnheiten und Gebräuche ist angemessen Rücksicht zu nehmen.

§ 24 a Verbraucherverträge

Bei Verträgen zwischen einer Person, die in Ausübung ihrer gewerblichen oder beruflichen Tätigkeit handelt (Unternehmer), und einer natürlichen Person, die den Vertrag zu einem Zweck abschließt, der weder einer gewerblichen noch einer selbständigen beruflichen Tätigkeit zugerechnet werden kann (Verbraucher), sind die Vorschriften dieses Gesetzes mit folgenden Maßgaben anzuwenden:

1. Allgemeine Geschäftsbedingungen gelten als vom Unternehmer gestellt, es sei denn, daß sie durch den Verbraucher in den Vertrag eingeführt wurden;
2. die §§ 5, 6 und 8 bis 12 sind auf vorformulierte Vertragsbedingungen auch dann anzuwenden, wenn diese nur zur einmaligen Verwendung bestimmt sind und soweit der Verbraucher auf Grund der Vorformulierung auf ihren Inhalt keinen Einfluß nehmen konnte;
3. bei der Beurteilung der unangemessenen Benachteiligung nach § 9 sind auch die den Vertragsabschluß begleitenden Umstände zu berücksichtigen.

Fünfter Abschnitt

Schluß- und Übergangsvorschriften

§ 25 Änderung des Bürgerlichen Gesetzbuchs

Das Bürgerliche Gesetzbuch wird wie folgt geändert:

1. Nach § 476 wird folgende Vorschrift eingefügt:

„§ 476a

Ist an Stelle des Rechts des Käufers auf Wandlung oder Minderung ein Recht auf Nachbesserung vereinbart, so hat der zur Nachbesserung verpflichtete Verkäufer auch die zum Zwecke der Nachbesserung erforderlichen Aufwendungen, insbesondere Transport-, Wege-, Arbeits- und Materialkosten, zu tragen. Dies gilt nicht, soweit die Aufwendungen sich erhöhen, weil die gekaufte Sache nach der Lieferung an einen anderen Ort als den Wohnsitz oder die gewerbliche Niederlassung des Empfängers verbracht worden ist, es sei denn, das Verbringen entspricht dem bestim mungsgemäßen Gebrauch der Sache."

2. In § 633 Abs. 2 wird folgender Satz 2 eingefügt:

   „§ 476a gilt entsprechend."

   Der bisherige Satz 2 wird Satz 3.

§ 26 Änderung des Energiewirtschaftsgesetzes

§ 7 des Energiewirtschaftsgesetzes vom 13. 12. 1935 (Reichsgesetzbl. I S. 1451), zuletzt geändert durch Artikel 18 des Zuständigkeitslockerungsgesetzes vom 10. 3. 1975 (Bundesgesetzbl. I S. 685), wird wie folgt geändert:

1. In Satz 1 werden die Worte „allgemeine Bedingungen und" gestrichen.
2. Die Sätze 1 und 2 werden Absatz 1.
3. Es wird folgender Absatz 2 angefügt:

   (2) Der Bundesminister für Wirtschaft kann durch Rechtsverordnung mit Zustimmung des Bundesrates die allgemeinen Bedingungen der Energieversorgungsunternehmen (§ 6 Abs. 1) ausgewogen gestalten. Er kann dabei die Bestimmungen der Verträge einheitlich festsetzen und Regelungen über den Vertragsabschluß, den Gegenstand und die Beendigung der Verträge treffen sowie die Rechte und Pflichten der Vertragspartner festlegen; hierbei sind die beiderseitigen Interessen angemessen zu berücksichtigen. Die Sätze 1 und 2 gelten entsprechend für Bedingungen öffentlich-rechtlich gestalteter Versorgungsverhältnisse mit Ausnahme der Regelung des Verwaltungsverfahrens.

§ 27 Ermächtigung zum Erlaß von Rechtsverordnungen

Der Bundesminister für Wirtschaft kann durch Rechtsverordnung mit Zustimmung des Bundesrates die allgemeinen Bedingungen für die Versorgung mit Wasser und Fernwärme ausgewogen gestalten. Er kann dabei die Bestimmungen der Verträge einheitlich festsetzen und Regelungen über den Vertragsabschluß, den Gegenstand und die Beendigung der Verträge treffen sowie die Rechte und Pflichten der Vertragspartner festlegen; hierbei sind die beiderseitigen Interessen angemessen zu berücksichtigen. Die Sätze 1 und 2 gelten entsprechend für die Bedingungen öffentlich-rechtlich gestalteter Versorgungsverhältnisse mit Ausnahme der Regelung des Verwaltungsverfahrens.

§ 28 Übergangsvorschrift

(1) Dieses Gesetz gilt vorbehaltlich des Absatzes 2 nicht für Verträge, die vor seinem Inkrafttreten geschlossen worden sind.

(2) § 9 gilt auch für vor Inkrafttreten dieses Gesetzes abgeschlossene Verträge über die regelmäßige Lieferung von Waren, die regelmäßige Erbringung von Dienst- oder Werkleistungen sowie die Gebrauchsüberlassung von Sachen, soweit diese Verträge noch nicht abgewickelt sind.

(3) Auf Verträge über die Versorgung mit Wasser und Fernwärme sind die Vorschriften dieses Gesetzes erst drei Jahre nach seinem Inkrafttreten anzuwenden.

§ 29 Berlin-Klausel

gegenstandslos

§ 30 Inkrafttreten

Dieses Gesetz tritt vorbehaltlich des Satzes 2 am 1. April 1977 in Kraft. § 14 Abs. 2, §§ 26 und 27 treten am Tage nach der Verkündung in Kraft.

EU-Richtlinie

Richtlinie 93/13/EWG des Rates vom 5. 4. 1993 über mißbräuchliche Klauseln in Verbraucherverträgen[1]

Der Rat der Europäischen Gemeinschaften –

gestützt auf den Vertrag zur Gründung der Europäischen Wirtschaftsgemeinschaft, insbesondere auf Artikel 100a,

auf Vorschlag der Kommission[2],

in Zusammenarbeit mit dem Europäischen Parlament[3],

nach Stellungnahme des Wirtschafts- und Sozialausschusses[4],

in Erwägung nachstehender Gründe:

(1) Es müssen Maßnahmen zur schrittweisen Errichtung des Binnenmarktes bis zum 31. 12. 1992 getroffen werden. Der Binnenmarkt umfaßt einen Raum ohne Binnengrenzen, in dem der freie Verkehr von Waren, Personen, Dienstleistungen und Kapital gewährleistet ist.

(2) Die Rechtsvorschriften der Mitgliedstaaten über Vertragsklauseln zwischen dem Verkäufer von Waren oder dem Dienstleistungserbringer einerseits und dem Verbraucher andererseits weisen viele Unterschiede auf, wodurch die einzelnen Märkte für den Verkauf von Waren und die Erbringung von Dienstleistungen an den Verbraucher uneinheitlich sind; dadurch wiederum können Wettbewerbsverzerrungen bei den Verkäufern und den Erbringern von Dienstleistungen, besonders bei der Vermarktung in anderen Mitgliedstaaten, eintreten.

(3) Namentlich die Rechtsvorschriften der Mitgliedstaaten über mißbräuchliche Klauseln in Verträgen mit Verbrauchern weisen beträchtliche Unterschiede auf.

1 ABl. Nr. L 95 vom 21. 4. 1993, S. 29 ff.; Numerierung der Erwägungsgründe hinzugefügt.
2 ABl. Nr. C 73 vom 24. 3. 1992, S. 7.
3 ABl. Nr. C 326 vom 16. 12. 1991, S. 108, und ABl. Nr. C 21 vom 25. 1. 1993.
4 ABl. Nr. C 159 vom 17. 6. 1991, S. 34.

(4) Die Mitgliedstaaten müssen dafür Sorge tragen, daß die mit den Verbrauchern abgeschlossenen Verträge keine mißbräuchlichen Klauseln enthalten.

(5) Die Verbraucher kennen im allgemeinen nicht die Rechtsvorschriften, die in anderen Mitgliedstaaten für Verträge über den Kauf von Waren oder das Angebot von Dienstleistungen gelten. Diese Unkenntnis kann sie davon abhalten, Waren und Dienstleistungen direkt in anderen Mitgliedstaaten zu ordern.

(6) Um die Errichtung des Binnenmarktes zu erleichtern und den Bürger in seiner Rolle als Verbraucher beim Kauf von Waren und Dienstleistungen mittels Verträgen zu schützen, für die die Rechtsvorschriften anderer Mitgliedstaaten gelten, ist es von Bedeutung, mißbräuchliche Klauseln aus diesen Verträgen zu entfernen.

(7) Den Verkäufern von Waren und Dienstleistungserbringern wird dadurch ihre Verkaufstätigkeit sowohl im eigenen Land als auch im gesamten Binnenmarkt erleichtert. Damit wird der Wettbewerb gefördert und den Bürgern der Gemeinschaft in ihrer Eigenschaft als Verbraucher eine größere Auswahl zur Verfügung gestellt.

(8) In den beiden Programmen der Gemeinschaft für eine Politik zum Schutz und zur Unterrichtung der Verbraucher[5] wird die Bedeutung des Verbraucherschutzes auf dem Gebiet mißbräuchlicher Vertragsklauseln hervorgehoben. Dieser Schutz sollte durch Rechtsvorschriften gewährleistet werden, die gemeinschaftsweit harmonisiert sind oder unmittelbar auf dieser Ebene erlassen werden.

(9) Gemäß dem unter dem Abschnitt „Schutz der wirtschaftlichen Interessen der Verbraucher" festgelegten Prinzip sind entsprechend diesen Programmen Käufer von Waren oder Dienstleistungen vor Machtmißbrauch des Verkäufers oder des Dienstleistungserbringers, insbesondere vor vom Verkäufer einseitig festgelegten Standardverträgen und vor dem mißbräuchlichen Ausschluß von Rechten in Verträgen zu schützen.

(10) Durch die Aufstellung einheitlicher Rechtsvorschriften auf dem Gebiet mißbräuchlicher Klauseln kann der Verbraucher besser geschützt werden. Diese Vorschriften sollten für alle Verträge zwischen Gewerbetreibenden und Verbrauchern gelten. Von dieser Richtlinie ausgenommen sind daher insbesondere Arbeitsverträge sowie Verträge auf dem Gebiet des Erb-, Familien- und Gesellschaftsrechts.

(11) Der Verbraucher muß bei mündlichen und bei schriftlichen Verträgen – bei letzteren unabhängig davon, ob die Klauseln in einem oder in mehreren Dokumenten enthalten sind – den gleichen Schutz genießen.

---

5 ABl. Nr. C 92 vom 25. 4. 1975, S. 1, und ABl. Nr. C 133 vom 3. 6. 1981, S. 1.

(12) Beim derzeitigen Stand der einzelstaatlichen Rechtsvorschriften kommt allerdings nur eine teilweise Harmonisierung in Betracht. So gilt diese Richtlinie insbesondere nur für Vertragsklauseln, die nicht einzeln ausgehandelt wurden. Den Mitgliedstaaten muß es freigestellt sein, dem Verbraucher unter Beachtung des Vertrags einen besseren Schutz durch strengere einzelstaatliche Vorschriften als den in dieser Richtlinie enthaltenen Vorschriften zu gewähren.

(13) Bei Rechtsvorschriften der Mitgliedstaaten, in denen direkt oder indirekt die Klauseln für Verbraucherverträge festgelegt werden, wird davon ausgegangen, daß sie keine mißbräuchlichen Klauseln enthalten. Daher sind Klauseln, die auf bindenden Rechtsvorschriften oder auf Grundsätzen oder Bestimmungen internationaler Übereinkommen beruhen, bei denen die Mitgliedstaaten oder die Gemeinschaft Vertragsparteien sind, nicht dieser Richtlinie zu unterwerfen; der Begriff „bindende Rechtsvorschriften" in Artikel 1 Absatz 2 umfaßt auch Regeln, die nach dem Gesetz zwischen den Vertragsparteien gelten, wenn nichts anderes vereinbart wurde.

(14) Die Mitgliedstaaten müssen jedoch dafür sorgen, daß darin keine mißbräuchlichen Klauseln enthalten sind, zumal diese Richtlinie auch für die gewerbliche Tätigkeit im öffentlich-rechtlichen Rahmen gilt.

(15) Die Kriterien für die Beurteilung der Mißbräuchlichkeit von Vertragsklauseln müssen generell festgelegt werden.

(16) Die nach den generell festgelegten Kriterien erfolgende Beurteilung der Mißbräuchlichkeit von Klauseln, insbesondere bei beruflichen Tätigkeiten des öffentlich-rechtlichen Bereichs, die ausgehend von einer Solidargemeinschaft der Dienstleistungsnehmer kollektive Dienste erbringen, muß durch die Möglichkeit einer globalen Bewertung der Interessenlagen der Parteien ergänzt werden. Diese stellt das Gebot von Treu und Glauben dar. Bei der Beurteilung von Treu und Glauben ist besonders zu berücksichtigen, welches Kräfteverhältnis zwischen den Verhandlungspositionen der Parteien bestand, ob auf den Verbraucher in irgendeiner Weise eingewirkt wurde, seine Zustimmung zu der Klausel zu geben, und ob die Güter oder Dienstleistungen auf eine Sonderbestellung des Verbrauchers hin verkauft bzw. erbracht wurden. Dem Gebot von Treu und Glauben kann durch den Gewerbetreibenden Genüge getan werden, indem er sich gegenüber der anderen Partei, deren berechtigten Interessen er Rechnung tragen muß, loyal und billig verhält.

(17) Die Liste der Klauseln im Anhang kann für die Zwecke dieser Richtlinie nur Beispiele geben; infolge dieses Minimalcharakters kann sie von den Mitgliedstaaten im Rahmen ihrer einzelstaatlichen Rechtsvorschrif-

ten, insbesondere hinsichtlich des Geltungsbereichs dieser Klauseln, ergänzt oder restriktiver formuliert werden.

(18) Bei der Beurteilung der Mißbräuchlichkeit von Vertragsklauseln ist der Art der Güter bzw. Dienstleistungen Rechnung zu tragen.

(19) Für die Zwecke dieser Richtlinie dürfen Klauseln, die den Hauptgegenstand eines Vertrages oder das Preis-/Leistungsverhältnis der Lieferung bzw. der Dienstleistung beschreiben, nicht als mißbräuchlich beurteilt werden. Jedoch können der Hauptgegenstand des Vertrages und das Preis-/Leistungsverhältnis bei der Beurteilung der Mißbräuchlichkeit anderer Klauseln berücksichtigt werden. Daraus folgt unter anderem, daß bei Versicherungsverträgen die Klauseln, in denen das versicherte Risiko und die Verpflichtung des Versicherers deutlich festgelegt oder abgegrenzt werden, nicht als mißbräuchlich beurteilt werden, sofern diese Einschränkungen bei der Berechnung der vom Verbraucher gezahlten Prämie Berücksichtigung finden.

(20) Die Verträge müssen in klarer und verständlicher Sprache abgefaßt sein. Der Verbraucher muß tatsächlich die Möglichkeit haben, von allen Vertragsklauseln Kenntnis zu nehmen. Im Zweifelsfall ist die für den Verbraucher günstigste Auslegung anzuwenden.

(21) Die Mitgliedstaaten müssen sicherstellen, daß in von einem Gewerbetreibenden mit Verbrauchern abgeschlossenen Verträgen keine mißbräuchlichen Klauseln verwendet werden. Wenn derartige Klauseln trotzdem verwendet werden, müssen sie für den Verbraucher unverbindlich sein; die verbleibenden Klauseln müssen jedoch weiterhin gelten und der Vertrag im übrigen auf der Grundlage dieser Klauseln für beide Teile verbindlich sein, sofern ein solches Fortbestehen ohne die mißbräuchlichen Klauseln möglich ist.

(22) In bestimmten Fällen besteht die Gefahr, daß dem Verbraucher der in dieser Richtlinie aufgestellte Schutz entzogen wird, indem das Recht eines Drittlandes zum anwendbaren Recht erklärt wird. Es sollten daher in dieser Richtlinie Bestimmungen vorgesehen werden, die dies ausschließen.

(23) Personen und Organisationen, die nach dem Recht eines Mitgliedstaats ein berechtigtes Interesse geltend machen können, den Verbraucher zu schützen, müssen Verfahren, die Vertragsklauseln im Hinblick auf eine allgemeine Verwendung in Verbraucherverträgen, insbesondere mißbräuchliche Klauseln, zum Gegenstand haben, bei Gerichten oder Verwaltungsbehörden, die für die Entscheidung über Klagen bzw. Beschwerden oder die Eröffnung von Gerichtsverfahren zuständig sind, einleiten können. Diese Möglichkeit bedeutet jedoch keine Vorabkontrolle der in

einem beliebigen Wirtschaftssektor verwendeten allgemeinen Bedingungen.

(24) Die Gerichte oder Verwaltungsbehörden der Mitgliedstaaten müssen über angemessene und wirksame Mittel verfügen, damit der Verwendung mißbräuchlicher Klauseln in Verbraucherverträgen ein Ende gesezt wird –

hat folgende Richtlinie erlassen:

Artikel 1

(1) Zweck dieser Richtlinie ist die Angleichung der Rechts- und Verwaltungsvorschriften der Mitgliedstaaten über mißbräuchliche Klauseln in Verträgen zwischen Gewerbetreibenden und Verbrauchern.

(2) Vertragsklauseln, die auf bindenden Rechtsvorschriften oder auf Bestimmungen oder Grundsätzen internationaler Übereinkommen beruhen, bei denen die Mitgliedstaaten oder die Gemeinschaft – insbesondere im Verkehrsbereich – Vertragsparteien sind, unterliegen nicht den Bestimmungen dieser Richtlinie.

Artikel 2

Im Sinne dieser Richtlinie bedeuten:

a) mißbräuchliche Klauseln: Vertragsklauseln, wie sie in Artikel 3 definiert sind;

b) Verbraucher: eine natürliche Person, die bei Verträgen, die unter diese Richtlinie fallen, zu einem Zweck handelt, der nicht ihrer gewerblichen oder beruflichen Tätigkeit zugerechnet werden kann;

c) Gewerbetreibender: eine natürliche oder juristische Person, die bei Verträgen, die unter diese Richtlinie fallen, im Rahmen ihrer gewerb lichen oder beruflichen Tätigkeit handelt, auch wenn diese dem öffentlich-rechtlichen Bereich zuzurechnen ist.

Artikel 3

(1) Eine Vertragsklausel, die nicht im einzelnen ausgehandelt wurde, ist als mißbräuchlich anzusehen, wenn sie entgegen dem Gebot von Treu und Glauben zum Nachteil des Verbrauchers ein erhebliches und ungerechtfertigtes Mißverhältnis der vertraglichen Rechte und Pflichten der Vertragspartner verursacht.

(2) Eine Vertragsklausel ist immer dann als nicht im einzelnen ausgehandelt zu betrachten, wenn sie im voraus abgefaßt wurde und der Verbraucher deshalb, insbesondere im Rahmen eines vorformulierten Standardvertrags, keinen Einfluß auf ihren Inhalt nehmen konnte. Die Tatsache,

daß bestimmte Elemente einer Vertragsklausel oder eine einzelne Klausel im einzelnen ausgehandelt worden sind, schließt die Anwendung dieses Artikels auf den übrigen Vertrag nicht aus, sofern es sich nach der Gesamtwertung dennoch um einen vorformulierten Standardvertrag handelt. Behauptet ein Gewerbetreibender, daß eine Standardvertragsklausel im einzelnen ausgehandelt wurde, so obliegt ihm die Beweislast.

(3) Der Anhang enthält eine als Hinweis dienende und nicht erschöpfende Liste der Klauseln, die für mißbräuchlich erklärt werden können.

Artikel 4

(1) Die Mißbräuchlichkeit einer Vertragsklausel wird unbeschadet des Artikels 7 unter Berücksichtigung der Art der Güter oder Dienstleistungen, die Gegenstand des Vertrages sind, aller den Vertragsabschluß begleitenden Umstände sowie aller anderen Klauseln desselben Vertrages oder eines anderen Vertrages, von dem die Klausel abhängt, zum Zeitpunkt des Vertragsabschlusses beurteilt.

(2) Die Beurteilung der Mißbräuchlichkeit der Klauseln betrifft weder den Hauptgegenstand des Vertrages noch die Angemessenheit zwischen dem Preis bzw. dem Entgelt und den Dienstleistungen bzw. den Gütern, die die Gegenleistung darstellen, sofern diese Klauseln klar und verständlich abgefaßt sind.

Artikel 5

Sind alle dem Verbraucher in Verträgen unterbreiteten Klauseln oder einige dieser Klauseln schriftlich niedergelegt, so müssen sie stets klar und verständlich abgefaßt sein. Bei Zweifeln über die Bedeutung einer Klausel gilt die für den Verbraucher günstigste Auslegung. Diese Auslegungsregel gilt nicht im Rahmen der in Artikel 7 Absatz 2 vorgesehenen Verfahren.

Artikel 6

(1) Die Mitgliedstaaten sehen vor, daß mißbräuchliche Klauseln in Verträgen, die ein Gewerbetreibender mit einem Verbraucher geschlossen hat, für den Verbraucher unverbindlich sind, und legen die Bedingungen hierfür in ihren innerstaatlichen Rechtsvorschriften fest; sie sehen ferner vor, daß der Vertrag für beide Parteien auf derselben Grundlage bindend bleibt, wenn er ohne die mißbräuchlichen Klauseln bestehen kann.

(2) Die Mitgliedstaaten treffen die erforderlichen Maßnahmen, damit der Verbraucher den durch diese Richtlinie gewährten Schutz nicht verliert, wenn das Recht eines Drittlandes als das auf den Vertrag anzuwendende

Recht gewählt wurde und der Vertrag einen engen Zusammenhang mit dem Gebiet der Mitgliedstaaten aufweist.

Artikel 7

(1) Die Mitgliedstaaten sorgen dafür, daß im Interesse der Verbraucher und der gewerbetreibenden Wettbewerber angemessene und wirksame Mittel vorhanden sind, damit der Verwendung mißbräuchlicher Klauseln durch einen Gewerbetreibenden in den Verträgen, die er mit Verbrauchern schließt, ein Ende gesetzt wird.

(2) Die in Absatz 1 genannten Mittel müssen auch Rechtsvorschriften einschließen, wonach Personen oder Organisationen, die nach dem innerstaatlichen Recht ein berechtigtes Interesse am Schutz der Verbraucher haben, im Einklang mit den einzelstaatlichen Rechtsvorschriften die Gerichte oder die zuständigen Verwaltungsbehörden anrufen können, damit diese darüber entscheiden, ob Vertragsklauseln, die im Hinblick auf eine allgemeine Verwendung abgefaßt wurden, mißbräuchlich sind, und angemessene und wirksame Mittel anwenden, um der Verwendung solcher Klauseln ein Ende zu setzen.

(3) Die in Absatz 2 genannten Rechtsmittel können sich unter Beachtung der einzelstaatlichen Rechtsvorschriften getrennt oder gemeinsam gegen mehrere Gewerbetreibende desselben Wirtschaftssektors oder ihre Verbände richten, die gleiche allgemeine Vertragsklauseln oder ähnliche Klauseln verwenden oder deren Verwendung empfehlen.

Artikel 8

Die Mitgliedstaaten können auf dem durch diese Richtlinie geregelten Gebiet mit dem Vertrag vereinbarte strengere Bestimmungen erlassen, um ein höheres Schutzniveau für die Verbraucher zu gewährleisten.

Artikel 9

Die Kommission legt dem Europäischen Parlament und dem Rat spätestens fünf Jahre nach dem in Artikel 10 Absatz 1 genannten Zeitpunkt einen Bericht über die Anwendung dieser Richtlinie vor.

Artikel 10

(1) Die Mitgliedstaaten erlassen die erforderlichen Rechts- und Verwaltungsvorschriften, um dieser Richtlinie spätestens am 31. 12. 1994 nachzukommen. Sie setzen die Kommission unverzüglich davon in Kenntnis. Diese Vorschriften gelten für alle Verträge, die nach dem 31. 12. 1994 abgeschlossen werden.

(2) Wenn die Mitgliedstaaten diese Vorschriften erlassen, nehmen sie in den Vorschriften selbst oder durch einen Hinweis bei der amtlichen Veröffentlichung auf diese Richtlinie Bezug. Die Mitgliedstaaten regeln die Einzelheiten der Bezugnahme.

(3) Die Mitgliedstaaten teilen der Kommission den Wortlaut der wichtigsten innerstaatlichen Rechtsvorschriften mit, die sie auf dem unter diese Richtlinie fallenden Gebiet erlassen.

Artikel 11

Diese Richtlinie ist an die Mitgliedstaaten gerichtet.

Anhang
Klauseln gemäß Artikel 3 Absatz 3

1. Klauseln, die darauf abzielen oder zur Folge haben, daß

   a) die gesetzliche Haftung des Gewerbetreibenden ausgeschlossen oder eingeschränkt wird, wenn der Verbraucher aufgrund einer Handlung oder Unterlassung des Gewerbetreibenden sein Leben verliert oder einen Körperschaden erleidet;

   b) die Ansprüche des Verbrauchers gegenüber dem Gewerbetreibenden oder einer anderen Partei, einschließlich der Möglichkeit, eine Verbindlichkeit gegenüber dem Gewerbetreibenden durch eine etwaige Forderung gegen ihn auszugleichen, ausgeschlossen oder ungebührlich eingeschränkt werden, wenn der Gewerbetreibende eine der vertraglichen Verpflichtungen ganz oder teilweise nicht erfüllt oder mangelhaft erfüllt;

   c) der Verbraucher eine verbindliche Verpflichtung eingeht, während der Gewerbetreibende die Erbringung der Leistungen an eine Bedingung knüpft, deren Eintritt nur von ihm abhängt;

   d) es dem Gewerbetreibenden gestattet wird, vom Verbraucher gezahlte Beträge einzubehalten, wenn dieser darauf verzichtet, den Vertrag abzuschließen oder zu erfüllen, ohne daß für den Verbraucher ein Anspruch auf eine Entschädigung in entsprechender Höhe seitens des Gewerbetreibenden vorgesehen wird, wenn dieser selbst es unterläßt;

   e) dem Verbraucher, der seinen Verpflichtungen nicht nachkommt, ein unverhältnismäßig hoher Entschädigungsbetrag auferlegt wird;

   f) es dem Gewerbetreibenden gestattet wird, nach freiem Ermessen den Vertrag zu kündigen, wenn das gleiche Recht nicht auch dem Verbraucher eingeräumt wird, und es dem Gewerbetreibenden für den Fall, daß er selbst den Vertrag kündigt, gestattet wird, die Beträge einzubehalten, die für von ihm noch nicht erbrachte Leistungen gezahlt wurden;

g) es dem Gewerbetreibenden – außer bei Vorliegen schwerwiegender Gründe – gestattet ist, einen unbefristeten Vertrag ohne angemessene Frist zu kündigen;

h) ein befristeter Vertrag automatisch verlängert wird, wenn der Verbraucher sich nicht gegenteilig geäußert hat und als Termin für diese Äußerung des Willens des Verbrauchers, den Vertrag nicht zu verlängern, ein vom Ablaufzeitpunkt des Vertrages ungebührlich weit entferntes Datum festgelegt wurde;

i) die Zustimmung des Verbrauchers zu Klauseln unwiderlegbar festgestellt wird, von denen er vor Vertragsabschluß nicht tatsächlich Kenntnis nehmen konnte;

j) der Gewerbetreibende die Vertragsklauseln einseitig ohne triftigen und im Vertrag aufgeführten Grund ändern kann;

k) der Gewerbetreibende die Merkmale des zu liefernden Erzeugnisses oder der zu erbringenden Dienstleistung einseitig ohne triftigen Grund ändern kann;

l) der Verkäufer eine Ware oder der Erbringer einer Dienstleistung den Preis zum Zeitpunkt der Lieferung festsetzen oder erhöhen kann, ohne daß der Verbraucher in beiden Fällen ein entsprechendes Recht hat, vom Vertrag zurückzutreten, wenn der Endpreis im Verhältnis zu dem Preis, der bei Vertragsabschluß vereinbart wurde, zu hoch ist;

m) dem Gewerbetreibenden das Recht eingeräumt ist zu bestimmen, ob die gelieferte Ware oder erbrachte Dienstleistung den Vertragsbestimmungen entspricht, oder ihm das ausschließliche Recht zugestanden wird, die Auslegung einer Vertragsklausel vorzunehmen;

n) die Verpflichtung des Gewerbetreibenden zur Einhaltung der von seinen Vertretern eingegangenen Verpflichtungen eingeschränkt wird oder diese Verpflichtung von der Einhaltung einer besonderen Formvorschrift abhängig gemacht wird;

o) der Verbraucher allen seinen Verpflichtungen nachkommen muß, obwohl der Gewerbetreibende seine Verpflichtungen nicht erfüllt;

p) die Möglichkeit vorgesehen wird, daß der Vertrag ohne Zustimmung des Verbrauchers vom Gewerbetreibenden abgetreten wird, wenn dies möglicherweise eine Verringerung der Sicherheiten für den Verbraucher bewirkt;

q) dem Verbraucher die Möglichkeit, Rechtsbehelfe bei Gericht einzulegen oder sonstige Beschwerdemittel zu ergreifen, genommen oder erschwert wird, und zwar insbesondere dadurch, daß er ausschließlich auf ein nicht unter die rechtlichen Bestimmungen fallenden Schiedsgerichtsverfahren verwiesen wird, die ihm zur Verfügung stehenden Beweismittel ungebührlich eingeschränkt werden oder ihm die Beweislast auferlegt wird, die nach dem geltenden Recht einer anderen Vertragspartei obläge.

2. Tragweite der Buchstaben g), j) und l)

a) Buchstabe g) steht Klauseln nicht entgegen, durch die sich der Erbringer von Finanzdienstleistungen das Recht vorbehält, einen unbefristeten Vertrag einseitig und – bei Vorliegen eines triftigen Grundes – fristlos zu kündigen, sofern der Gewerbetreibende die Pflicht hat, die andere Vertragspartei oder die anderen Vertragsparteien alsbald davon zu unterrichten.

b) Buchstabe j) steht Klauseln nicht entgegen, durch die sich der Erbringer von Finanzdienstleistungen das Recht vorbehält, den von dem Verbraucher oder an den Verbraucher zu zahlenden Zinssatz oder die Höhe anderer Kosten für Finanzdienstleistungen in begründeten Fällen ohne Vorankündigung zu ändern, sofern der Gewerbetreibende die Pflicht hat, die andere Vertragspartei oder die anderen Vertragsparteien unverzüglich davon zu unterrichten, und es dieser oder diesen freisteht, den Vertrag alsbald zu kündigen.

Buchstabe j) steht ferner Klauseln nicht entgegen, durch die sich der Gewerbetreibende das Recht vorbehält, einseitig die Bedingungen eines unbefristeten Vertrages zu ändern, sofern es ihm obliegt, den Verbraucher hiervon rechtzeitig in Kenntnis zu setzen, und es diesem freisteht, den Vertrag zu kündigen.

c) Die Buchstaben g), j) und l) finden keine Anwendung auf

– Geschäfte mit Wertpapieren, Finanzpapieren und anderen Erzeugnissen oder Dienstleistungen, bei denen der Preis von den Veränderungen einer Notierung oder eines Börsenindex oder von Kursschwankungen auf dem Kapitalmarkt abhängt, auf die der Gewerbetreibende keinen Einfluß hat;

– Verträge zum Kauf oder Verkauf von Fremdwährungen, Reiseschecks oder internationalen Postanweisungen in Fremdwährung.

d) Buchstabe l) steht Preisindexierungsklauseln nicht entgegen, wenn diese rechtmäßig sind und der Modus der Preisänderung darin ausdrücklich beschrieben wird.

Einleitung

1. Geschichte der Entstehung des AGB-Gesetzes

Die Geschichte der Entstehung des AGB-Gesetzes ist vor allem geprägt von der Tatsache, daß sich der Auftrag zum Entwurf gesetzlicher Regelungen auf ein Verbraucherschutzgesetz bezogen hat. 1974 hat die vom Bundesjustizministerium eingesetzte Arbeitsgruppe einen Vorschlag für materielle Vorschriften vorgelegt, 1975 Vorschläge für ein Verfahrensrecht. Der Arbeitsgruppe gehörten zwar einige erfahrene Persönlichkeiten aus Wissenschaft, Justiz und Anwaltschaft an, überwiegend waren nicht sonderlich qualifizierte Verwaltungsbeamte und sonstige Funktionsträger beteiligt. Die Wirtschaft und Praktiker des Vertragsrechts fehlten weitgehend. Das führte letztlich entscheidend zu der mangelnden Ausgereiftheit des Gesetzes, soweit es den nichtkaufmännischen Bereich anbelangt. Beim Anhörungsverfahren der Wirtschaft im Bundesjustizministerium wurde von zuständigen Beamten mit entwaffnender Offenheit erklärt, daß wegen des parlamentarischen Zeitplanes nennenswerte Änderungen des Gesetzentwurfes nicht mehr in Betracht kämen. Die Anhörung war also eine reine Alibi-Veranstaltung. Erst am Ende der Beratungen im Gesetzgebungsverfahren 1976 wurde dann durch den mißratenen § 24 der kaufmännische Geschäftsverkehr überstürzt in das Gesetz einbezogen. Damit war insofern der völligen Unklarheit Tür und Tor geöffnet. Das Gesetz wurde im Dezember 1976 verkündet und ist nach viel zu kurzer Vorbereitungszeit am 1. 4. 1977 in Kraft getreten. Die AGB-Verwender, insbesondere die Wirtschaftsverbände, die mit Konditionenempfehlungen arbeiteten, hatten keine ausreichende Zeit, ihre AGB auf die neue Rechtslage umzustellen.

2. EU-Richtlinie über mißbräuchliche Klauseln in Verbraucherverträgen

Die stärkste Veränderung des AGB-Gesetzes ist aufgrund der EU-Richtlinie über mißbräuchliche Klauseln in Verbraucherverträgen eingetreten. Die Richtlinie des Rates stammt vom 5. 4. 1993 und sollte bis Ende 1994 in nationales Recht umgesetzt werden. Die Umsetzung in Deutsches Recht ist aber erst durch das Gesetz zur Änderung des AGB-Gesetzes und der Insolvenzordnung vom 19. 7. 1996 (BGBl. 1996, I, 1013) vorgenommen worden. Dadurch wurde der § 12 des

AGB-Gesetzes geändert und ein neuer § 24a „Verbraucherverträge" eingefügt. Die Einfügung des § 24a hat den Titel des Gesetzes unrichtig werden lassen. Das AGB-Gesetz ist jetzt nicht mehr allein ein Gesetz zu AGB sondern auch ein Gesetz über Verbraucherverträge ohne AGB. Das macht für Nichtspezialisten die Konfusion noch größer.

Die EU-Richtlinie über mißbräuchliche Klauseln in Verbraucherverträgen wird im Kommentar jeweils nur als „EU-Richtlinie" bezeichnet. Zum Wesen des Anhangs zur EU-Richtlinie: siehe Vorbemerkung vor §§ 10 und 11 Rdn. 3.

3. Mögliche weitere Änderungen des AGB-Gesetzes und der Rechtsprechung aufgrund neuer Rechtsentwicklungen

Die seit längerer Zeit geplante **Schuldrechtsreform** hat 1992 zu einem ausführlichen Bericht der vom Bundesjustizministerium eingesetzten Kommission zur Überarbeitung des Schuldrechts geführt, in dem ein Gesetzentwurf zur Abänderung des BGB enthalten ist. Die Verwirklichung dieses Vorhabens würde auch zur Änderung des AGB-Gesetzes führen, die in dem gedruckten Kommissionsbericht auf den Seiten 278-282 nachzulesen sind.

Der Regierungsentwurf eines **Handelsrechtsreformgesetzes** vom 23. 5. 1997 zielt u. a. auf eine Änderung des veralteten Kaufmannsbegriffs des HGB ab. Zugleich wird § 24 AGB-Gesetz wesentlich geändert werden (siehe im einzelnen: § 24 Rdn. 7).

Ein **EU-Richtlinienvorschlag über Verbrauchsgüterkauf** vom 18. 6. 1996 <Text in JZ 1997, 446 und ZIP 1996, 1845; dazu *Schlechtriem*, JZ 1997, 441, *Junker*, DZWir 1997, 271 (massiv kritisch), *Kircher*, ZRP 1997, 290 (sehr kritisch) und *Medicus*, ZIP 1996, 1925> sieht in Art. 6 Abs. 1 zwingendes Recht für AGB und Individualvereinbarungen vor. Wenn dieser Richtlinienvorschlag zur rechtlichen Grundlage würde, wären damit wesentliche Veränderungen gegenüber dem BGB und UN-Kaufrecht verbunden, die große Auswirkungen auf die Rechtsprechung insbesondere im Rahmen des § 9 AGB-Gesetzes haben müßten.

4. Schlechter Wissenstand zum AGB-Gesetz

Das AGB-Gesetz wird trotz seiner sehr großen Bedeutung im Vertragsrecht und seiner inzwischen langen Existenz in der juristischen

Ausbildung generell sträflich vernachlässigt. Eine Fülle von über lange Zeit durchgeführten gezielten Einzelgesprächen mit Berufsanfängern nach dem 2. juristischen Staatsexamen hat ein starkes Defizit an soliden Grundkenntnissen des AGB-Rechts zu Tage treten lassen.

Insbesondere der kaufmännische Geschäftsverkehr im Rahmen des AGB-Gesetzes wird in der rechtlichen Ausbildung stiefmütterlich behandelt. <Das gilt leider z. T. auch für das Lehrbuch von *Locher*: Das Recht der AGB, 3. Aufl. 1997 (Jus-Schriftenreihe Heft 72), das im übrigen fast die gesamte neuere Rechtsprechung vermissen läßt>. Deshalb sind in der juristischen Beratungspraxis und in Prozessen insofern vielfach falsche Vorgaben und Ergebnisse festzustellen. Der Ausgangspunkt jeder AGB-rechtlichen Prüfung muß die Beantwortung der Frage sein, ob die AGB gegenüber Nichtkaufleuten oder gegenüber Kaufleuten verwendet werden. Die richtige Eingruppierung ist auch außerordentlich vielen Urteilsveröffentlichungen nicht zu entnehmen, was oft zu falschen rechtlichen Schlüssen führt.

Vor § 1

1. Systematik des AGB-Gesetzes

Die Systematik des AGB-Gesetzes ist bei der Prüfung von rechtlichen Fällen nicht leicht zu überschauen und mühsam zu handhaben. Für die praktische Arbeit kann im allgemeinen als grobe und unvollständige Wegbeschreibung folgende Schrittfolge für die Prüfung zweckmäßig sein:

Schritt 1:

Liegen im konkreten Fall AGB gem. § 1 vor oder sind zum Beispiel Individualvereinbarungen gegeben?

Schritt 2:

Handelt es sich nicht um AGB im Sinne von § 1, so ist die Anwendbarkeit von § 24a zu untersuchen.

Schritt 3:

Ist dagegen die AGB-Eigenschaft zu bejahen, so müssen die Ausnahmen vom Anwendungsbereich gem. § 23 Abs. 1 beachtet werden.

Schritt 4:

Liegen AGB vor und kommt § 23 Abs. 1 nicht zum Zuge (ist demnach das AGB-Gesetz anzuwenden), so ist die Weichenstellung des § 24 maßgebend.

– Bei Verwendung der AGB gegenüber Nichtkaufleuten ist § 2 zu prüfen, wobei die Ausnahmen gem. § 23 Abs. 2 Nr. 1 und 1a nicht übersehen werden dürfen.

– Bei Verwendung von AGB gegenüber Kaufleuten und ihnen gleichgestellten Institutionen sind die Rechtsprechungsgrundsätze für die Einbeziehung von AGB in den Vertrag heranzuziehen.

Schritt 5:

Sind AGB gem. Schritt 4 in den Vertrag einbezogen, so folgt die Prüfung der §§ 3-5.

Schritt 6:

Sodann sind die Schranken der Inhaltskontrolle nach § 8 zu prüfen.

Schritt 7:

Anschließend folgt bei Verwendung von AGB gegenüber Nichtkaufleuten die Inhaltskontrolle nach den §§ 10 und 11 mit den speziellen Ausnahmen des § 23 Abs. 2 Nr. 2-6 sowie Abs. 3. Bei Verwendung der AGB gegenüber Kaufleuten und ihnen gleichgestellten Institutionen ist Schritt 8 maßgebend.

Schritt 8:

Bestehen nach den bisherigen Prüfungsergebnissen keine Bedenken gegen die Wirksamkeit der in den Vertrag einbezogenen AGB-Klauseln, so ist die AGB-Inhaltskontrolle nach § 9 vorzunehmen.

Schritt 9:

Kommt man in einem der vorhergehenden Schritte zur Nichteinbeziehung oder zur Unwirksamkeit von AGB, so ergibt sich die Rechtsfolge für die Wirksamkeit des Vertrages und den Inhalt der Vereinbarung aus § 6.

2. Terminologie

Die Terminologie im AGB-Gesetz und in der EU-Richtlinie (siehe dazu Einleitung Abschn. 2) ist uneinheitlich und zum Teil konfus. Das führt in der Anwendung durch Nichtspezialisten zu Schwierigkeiten und Irrtümern.

Die Anwendung dieser Terminologie (Tabelle auf S. 46) gibt in der praktischen Arbeit manchmal zu Mißverständnissen Anlaß. Wenn zum Beispiel in einem Lieferrechtsfall Gewährleistungsprobleme zu untersuchen sind, muß beachtet werden, daß der „Verwender“ nicht der Verwender des Liefergegenstandes (Benutzer) ist, vielmehr der Lieferer, der die AGB verwendet hat, gemeint ist.

a) Bezeichnung der Vertragspartner

	Benutzer der AGB	sein Vertragspartner
AGB-Gesetz	Verwender (z.B. § 1 Abs. 1 Satz 1)	andere Vertragspartei (§ 1 Abs. 1 Satz 1) anderer Vertragsteil (z.B. § 10 Nr. 4) betroffener Vertragsteil (§ 21 Satz 1) Vertragspartner (des Verwenders) (§ 9 Abs. 1)
EG-Richtlinie	Gewerbetreibender (§ 24a AGB-Gesetz: Unternehmer)	Verbraucher

b) Bezeichnung der gesetzlichen Regelungen und der AGB-Klauseln

	gesetzliche Regelungen	AGB
AGB-Gesetz	Vorschriften (z.B. § 7) Rechtsvorschriften (z.B. § 8) gesetzliche Vorschriften (§ 6 Abs. 2) gesetzliche Regelung (§ 9 Abs. 2 Nr. 1)	Bestimmungen (z.B. § 9) Vertragsbestimmungen (§ 24 Satz 2) Vertragsbedingungen (z.B. § 1 Abs. 2) Klauseln (Überschrift des 2. Unterabschnitts vor § 8)
EG-Richtlinie	Rechtsvorschriften (Art. 6 Abs. 1) Bestimmungen (Art. 8)	Klauseln (Art. 3 Abs. 2 Satz 2) Vertragsklauseln (Art. 3) Standardvertrags- klauseln (Art. 3 Abs. 2 letzter Satz) Standardvertrag (Art. 3 Abs. 2 Satz 1)

Nicht selten wird vor allem der Begriff „Bestimmungen“ falsch gebraucht, nämlich im Sinne von gesetzlichen Regelungen (Vorschriften), nicht im richtigen Sinne von AGB-Klauseln, so zum Beispiel bei:

- *Locher:* Das Recht der AGB, 3. Aufl. 1997, u.a. Seiten 115, 119, 120, 121 <besonders schädlich, weil es sich um ein Lehrbuch für Jurastudenten handelt>;
- *Tiedtke,* JZ 1997, 869 (878);
- *Niebling:* AGB von A-Z, 3. Aufl. 1996, Seite 122 „Reiseverträge“ Zeile 6;
- *von Westphalen:* FS für Trinkner, 1996, S. 442 Nr. 1 Zeile 3; BB 1993, 8 (13 unter VII); Klauselwerke: Eduard Graf von Westphalen, Heimunterbringungsvertrag, Nov. 1995, Rdn. 1 Zeile 18;
- *Lörcher:* DB 1996, 1269 (1273 Abschn. G);
- *Hensen* in Ulmer/Brandner/Hensen, 8. Aufl. 1997, § 11 Nr. 2 Rdn. 1, 8 und 11 sowie § 11 Nr. 16 Rdn. 11 Zeile 1;
- *Jauernig/Teichmann,* 8. Aufl. 1997, Vor § 8 Rdn. 1 Zeile 1 (S. 1750) und § 11 Rdn. 23.

Am Titel des AGB Gesetzes ist in zweierlei Hinsicht Kritik zu üben:

– Der Titel ist seit 1996 insofern grob unrichtig, als das Gesetz jetzt nach der Umsetzung der EU-Richtlinie (siehe Einleitung Abschn. 2) durch § 24a nicht nur AGB betrifft, sondern auch Verbraucherverträge ohne AGB.

– Die Formulierung des Gesetzestitels ist umständlich und ungewöhnlich. Die Worte „Gesetz zur Regelung des Rechts…“ ist eine überflüssige Selbstverständlichkeit. Jedes Gesetz hat naturgemäß die Aufgabe, Recht zu regeln. Trotzdem wurde bisher immer kurz und prägnant tituliert z.B.:
Handelsgesetzbuch, nicht: Gesetzbuch zur Regelung des Rechts des Handels; Zivilprozeßordnung, nicht: Ordnung zur Regelung des Rechts des Zivilprozesses.

3. Erfahrungen mit dem AGB-Gesetz

Die Erfahrungen mit dem AGB-Gesetz im Zeitraum von 20 Jahren sind vielschichtig, insgesamt aber überwiegend erheblich negativ. Zwar hatte eine berechtigte Motivation Anlaß zur Entstehung des Gesetzes gegeben: Mißbräuche bei der Verwendung von AGB waren nicht zu übersehen. Auch sind einige Grundzüge und manche Einzelfragen durch das Gesetz und die dann ergangene Rechtsprechung zufriedenstellend geklärt worden. Letzlich werden aber die positiven Aspekte durch eine Fülle von negativen Punkten in den Schatten gestellt. Im Vordergrund steht eine außerordentlich große Unklarheit und Unübersichtlichkeit der Rechtslage. Selbst Spezialisten des AGB-Rechts ist es kaum möglich, angemessen sichere Prognosen für die Chancen eines Prozesses am Anfang eines Rechtsstreites zu geben. Die Rechtsprechung kommt zum Teil mit dem Gesetz nicht zurecht. Dafür nur vier Beispiele:

– Die grundlegenden Änderungen der Rechtsprechung innerhalb eines verhältnismäßig kurzen Zeitraumes zu zentralen Problemen des Kreditsicherungsrechts: Deckungsgrenze, Übersicherung und Freigabeklauseln.

– Die uneinheitliche und partiell gegensätzliche Rechtsprechung zum Thema kontrollfähiger und nicht kontrollfähiger Preisnebenabreden (§ 8).

– Die überdurchschnittliche Divergenz der OLG-Urteile mit den jeweiligen Entscheidungen des BGH in AGB-Prozessen <Nachweise bei Ohlendorf- von Hertel: Kontrolle von AGB im kaufmännischen Geschäftsverkehr gemäß § 24 AGB-Gesetz, 1988, zusammenfassend Seite 61 unter B>.

– Der peinliche Irrweg der Rechtsprechung zum Problem „Fahrzeit=Arbeitszeit" (Anhang § 9: Reparaturverträge, Rdn. 6).

Allein die ernorme Rechtsprechungslawine zeigt, daß es dem Gesetz in erheblichen Teilen an Transparenz mangelt. In der Terminologie herrscht Wirrwarr (siehe vor § 1 Abschnitt 2). Die Auslegung einzelner Vorschriften durch die Rechtsprechung bringt zusätzliche Kompliziertheit in das Gesetz. Zutreffend bemerkt Heinrichs in einer Urteilsbesprechung: *„Es ist hier wieder so, daß das Mehr an Verbraucherschutz mit einem Komplizierterwerden der rechtlichen Regelung und einem Mehr an Aufwand für die Abwicklung der Streitfälle erkauft wird"* <*Heinrichs*, EWiR 1997, 2 unter 4: Besprechung von BGH, 23. 10. 1996, BB 1996, 2536>.

Das AGB-Gesetz wollte Auswüchse im Vertragsrecht beschneiden. Statt dessen ist es zu tiefen Eingriffen in das Vertragsrecht gekommen, die zum Teil von der Praxis nicht nachvollziehbar sind und wirtschaftliche Tätigkeit in Deutschland übermäßig behindern. Die Vertragsgestaltungsfreiheit durch AGB „ist mittlerweile auf schmale Rudimente reduziert" <*von Westphalen*, FS für Trinkner, 1996, S. 441>. Die aus dem vorigen Jahrhundert und damit zum Teil veralteten Vorschriften des BGB sind für AGB überwiegend zum zwingenden Recht geworden. Mit großer Deutlichkeit haben maßgebende Rechtspolitiker (der seinerzeitige Vorsitzende des Rechtsausschusses des Bundestages sowie der rechtspolitische Sprecher der FDP Bundestagsfraktion) 1987 in Bonn in einem Kongreß zum 10-jährigen Bestehen des AGB-Gesetzes erklärt, daß sie das, was aus dem Gesetz durch die Rechtsprechung geworden ist, bei den Gesetzgebungsbeschlüssen im Bundestag nicht gewollt haben. Schuld an der Misere ist heute in mehrerer Hinsicht festzustellen:

– Das mangelhaft gestaltete Gesetz, das wenig Kenntnis von den Feinheiten des BGB verrät und zahlreiche Fehler sowie Ungenauigkeiten enthält (siehe z.B. Vor §§ 10 u. 11 Rdn. 4, § 10 Nr. 3 Rdn. 1, § 10 Nr. 7 Rdn. 2, § 11 Nr.1 Rdn. 3, § 11 Nr. 2 Rdn. 1, § 11 Nr. 7 u. 8 Rdn. 2, § 11 Nr. 9, § 11 Nr. 10 Abschn. 1 Rdn. 3, § 11 Nr. 12 Rdn. 1, § 17 Rdn. 1, § 19 Rdn. 1 u. 2 sowie Vor § 1 Abschn. 2 am Ende zum Titel des Gesetzes).

– Eine überforderte und im Gegensatz zur Zeit vor der Entstehung des Gesetzes teilweise in die Irre gegangene Rechtsprechung insbesondere zum kaufmännischen Geschäftsverkehr.

– Die fehlende Verdeutlichung wirtschaftlicher Zusammenhänge und Auswirkungen durch die Interessenvertretungen der deutschen Wirtschaft.

Wenn der derzeitige Bundesjustizminister Prof. Dr. Schmidt-Jortzig behauptet *„das AGB-Gesetz hat sich rundherum bewährt"* <Pressemitteilung des Bundesjustizministeriums vom 1. 4. 1997, MDR 1997, Heft 5, S. R17> so zeugt das von außerordentlich geringer Sachkenntnis, da außer den massiv dagegen sprechenden Gründen auch zeitgleich die wesentliche Umgestaltung des verunglückten § 24 betrieben wird (siehe Einleitung Abschnitt 3 und § 24 Rdn. 7).

Auf einen weiteren Gesichtspunkt soll eingegangen werden:

Das AGB-Gesetz ist ein typisch deutsches Gesetz. Es hat sich perfektionistisch in Einzelheiten und Kleinigkeiten verzettelt. Dadurch ist bei den Vertretern der Wirtschaft zum Teil eine Lähmung hervorgerufen worden. Die unübersichtliche Anhäufung von Problemen hat eine Resignation bewirkt. Man konnte nicht die wichtigen von den weniger wichtigen Punkten unterscheiden und hat deshalb manchmal verzweifelt die Anpasssung der AGB ganz in die ferne Zukunft verschoben. Diese Resignation ist durch die Fülle der Rechtsprechung zu

Detailfragen und die Praxis der auch in Nebensächlichkeiten penibel agierenden Verbraucherschutzorganisationen bei Verbandsklagen noch verstärkt worden. Wenn ein schlechtes Gesetz von den AGB-Verwendern aus den genannten Gründen nicht immer engagiert umgesetzt worden ist, so sollte dies deshalb nicht von der juristischen Literatur mit Krokodilstränen betrauert werden.

Zu den Erfahrungen mit dem erwartungsgemäß nicht bewährten Klauselverbotskatalog: siehe Vor §§ 10 und 11 Rdn. 1 und 2.

§ 1 Begriffsbestimmung

(1) Allgemeine Geschäftsbedingungen sind alle für eine Vielzahl von Verträgen vorformulierten Vertragsbedingungen, die eine Vertragspartei (Verwender) der anderen Vertragspartei bei Abschluß eines Vertrages stellt. Gleichgültig ist, ob die Bestimmungen einen äußerlich gesonderten Bestandteil des Vertrages bilden oder in die Vertragsurkunde selbst aufgenommen werden, welchen Umfang sie haben, in welcher Schriftart sie verfaßt sind und welche Form der Vertrag hat.

(2) Allgemeine Geschäftsbedingungen liegen nicht vor, soweit die Vertragsbedingungen zwischen den Vertragsparteien im einzelnen ausgehandelt sind.

1 Allgemeine Geschäftsbedingungen setzen nach der **Definition** in Abs. 1 Satz 1 **Vertragsbedingungen** (Terminologie siehe Vorbemerkung vor § 1 Abschn. 2) voraus. Vertragsbedingungen sind alle Klauseln, die den Vertragsabschluß oder Vertragsinhalt betreffen, z.B. auch in Auftragsbestätigungen <BGH, 28. 1. 1987, BB 1987, 781 = BGHZ 99, 374 (381)>. Ein tatsächlich erfolgter Vertragsabschluß ist nicht erforderlich. Auf die Wirksamkeit der Vertragsbedingungen kommt es insofern nicht an. Schwierig ist die Unterscheidung zwischen (verbindlichen) Vertragsbedingungen und (unverbindlichen) Bitten, Empfehlungen oder tatsächlichen Hinweisen. Abzustellen ist insofern auf den Empfängerhorizont. Eine Vertragsbedingung liegt vor, „wenn ein allgemeiner Hinweis nach seinem objektiven Wortlaut bei den Empfängern den Eindruck hervorruft, es solle damit der Inhalt eines (Vor-) vertraglichen Rechtsverhältnisses bestimmt werden“ <BGH, 3. 7. 1996,

BB 1996, BB 1996, 1735 (1736 unter II, 1, a) = BGHZ 133, 184>. Das wurde vom BGH bejaht für den Text einer Hinweistafel im Eingangsbereich eines Einzelhandelsmarktes hinsichtlich möglicher Taschenkontrollen <BGH a.a.O. im Gegensatz zu BGH, 3. 11. 1993, BB 1994, 24> sowie in einem OLG-Urteil für den Hinweis auf Preisschildern von Möbelsonderangeboten hinsichtlich des Ausschlusses der Gewährleistung <OLG Düsseldorf, 13. 2. 1997, BB 1997, 754>.

Die Vertragsbedingungen müssen **vorformuliert** sein. Das ist unter an- 2
derem bei schriftlichen Entwürfen oder Speicherungen auf Disketten zu bejahen. Ein Speichern „im Kopf des Verwenders oder seines Abschlußgehilfen" ohne schriftliche Fixierung ist als Vorformulierung ausreichend <OLG Köln, 24. 3. 1995, VersR 1996, 647>. Die EG-Richtlinie spricht von im voraus abgefaßten Vertragsklauseln (Art. 3 Abs. 2) und vorformulierten Standardverträgen (Art. 3 Abs. 3).

Ein Problem, das die Rechtsprechung häufig beschäftigt hat, ist dann 3
gegeben, wenn in Formularen Wahlmöglichkeiten zwischen mehreren **Alternativen oder ausfüllungsbedürftige Leerräume** enthalten sind <u.a. BGH, 17. 3. 1993, BB 1993, 884 = BGHZ 122, 65; OLG Frankfurt, 6. 3. 1986, EWiR 1986, 423 (Thamm), dieses Urteil ist rechtskräftig geworden>. Als AGB zu werten ist ein Text auch dann, wenn der Vertragspartner die Wahl zwischen bestimmten, vom Verwender vorgegebenen gleichrangigen Alternativen hat <BGH 3. 12. 1991, BB 1992, 169>. AGB liegen außerdem vor, wenn die Formulare Wahlmöglichkeiten für den Vertragspartner vorsehen, denen ein vorformulierter Vorschlag hinzugefügt ist, soweit der Vorschlag durch die Gestaltung des Formulars im Vordergrund steht und die anderen Wahlmöglichkeiten überlagert <BGH, 18. 12. 1996, VersR 1997, 345; BGH, 7. 2. 1996, BB 1996, 611>. Enthält das Formular dagegen lediglich offene Stellen, die vom Vertragspartner nach seiner freien Entscheidung auszufüllen sind, ohne daß vom Verwender vorformulierte Entscheidungsvorschläge hinzugefügt wurden, so stellt dieser Formularteil keine AGB dar <BGH a.a.O.; AG Frankfurt, 29. 9. 1995, VersR 1996, 1001>. Dasselbe gilt bei der Hinzufügung einer selbständigen Klausel als Ergänzung zu einem Vordruck <BGH, 2. 3. 1994, WM 1994, 1136 (1137)>. Als AGB kann es aber gewertet werden, wenn ein Versicherungsformular für die Laufzeit zwar keinerlei Vorgaben macht, der Versicherungsvertreter aber plan- und routinemäßig eine Laufzeit von 10 Jahren einsetzt, deren Üblichkeit und Prämiengünstigkeit er dem Versicherungsnehmer anpreist <AG Hamburg, 7. 11. 1996, NJW-RR 1997, 559>. „Sind in einer vorformulierten Vertragsstrafenregelung zur Absicherung einer übernommenen Arbeitsplatz-

garantie die Anzahl der zu schaffenden Arbeitsplätze und die Nachweisstichtage offengelassen und werden diese Daten nach individueller Absprache später eingefügt, so ändert dies an dem Charakter dieser Klausel als Allgemeine Geschäftsbedingung jedenfalls insoweit nichts, als die Kontrolle der vorformulierten Regelungsinhalte in Rede steht" <OLG Hamburg, 28. 2. 1997, OLGR Bremen u.a. 1997, 187>.

4 Die Vertragsbedingungen müssen für eine **Vielzahl** von Verträgen vorgesehen sein, also für etwa 3-5 Verwendungen <vgl. BGH, 29. 6. 1981, NJW 1981, 2344 (2345); *Ulmer* in Ulmer/Brandner/Hensen, 7. Aufl., § 1 Rdn. 25>. Ausreichend sind 3 Verwendungen, insbesondere wenn von vornherein weitere Verwendungen in Aussicht genommen sind <OLG München, 28. 11. 1996, nicht rechtskräftig, OLGR München 1997, 193>. Eine nur für einen bestimmten Vertrag vorformulierte Klausel ist nicht als AGB anzusehen <BGH, 22. 9. 1987, BB 1988, 13>. Eine einmalige Verwendung reicht bei Verbraucherverträgen im Sinne des neuen § 24 a Nr. 2 AGB-Gesetz aus, um die dort genannten Vorschriften des AGB-Gesetzes anwendbar werden zu lassen, soweit der Verbraucher aufgrund der Vorformulierung keinen Einfluß auf den Inhalt nehmen konnte. Wann eine Klausel „für eine Vielzahl" von Verträgen vorformuliert ist, muß im Einzelfall unter Berücksichtigung aller Umstände geprüft werden. Die nur einmal wiederholte Anwendung einer Klausel rechtfertigt für sich allein nicht die Vermutung der Absicht, für viele Fälle vorzuformulieren <BGH, 26 .9. 1996, BB 1996, 2535>. Bei einer Ausschreibung gegenüber mehreren Bietern, die auf den Abschluß nur eines Vertrages abzielt, liegt keine Vorformulierung für eine Vielzahl von Verträgen vor <BGH a.a.O.>.

5 Die Vertragsbedingungen müssen **vom Verwender** bei Abschluß des Vertrages **gestellt** sein, also dem Vertragspartner auferlegt werden. Die Voraussetzung ist erfüllt, wenn der AGB-Verwender die Einbeziehung der vorformulierten Bedingungen in den Vertrag verlangt, also eine konkrete Willenserklärung zu Einbeziehung der Bedingungen unterbreitet <vgl. BGH, 24. 5. 1995, BB 1995, 2129 (2131); *Palandt/Heinrichs*, 56. Aufl. 1997, § 1 AGB-Gesetz Rdn. 7>. Bei Verbraucherverträgen im Sinne des neuen § 24 a AGB-Gesetz gelten die von einem Dritten in die Vertragsverhandlungen eingeführten AGB als vom Unternehmer gestellt (§ 24 a Nr. 1). Schließt ein Verfasser von AGB Verträge in der Regel nur unter deren Einbeziehung ab, ist er Verwender der Bedingungen auch dann, wenn sein Vertragspartner sie im Hinblick auf diese Übung bereits in sein Angebot aufgenom-

men und damit formal in den Vertragsabschluß eingeführt hat <BGH, 4. 3. 1997, NJW 1997, 2043>.

Abs. 1 Satz 2 der Vorschrift enthält nur ergänzende Klarstellungen. 6
Auch einzelne Klauseln können AGB sein <BGH, 2. 7. 1987, BB 1987, 1908 = BGHZ 101, 271>. Regelmäßige handschriftliche Zusatzvereinbarungen sind AGB <OLG Hamm, 5. 2. 1997, NJW-RR 1997, 1215: Vermietung von Motorrädern>. Notarielle Verträge sind ebenfalls AGB, wenn die sonstigen Kriterien von Abs. 1 Satz 1 verwirklicht sind <BGH, 19. 6. 1996, WM 1996, 2025 (2027 unter II, 1 c, aa); BGH, 29. 3. 1983, NJW 1984, 171 (172); BGH, 5. 4. 1979, BGHZ 74, 205 (209), OLG Düsseldorf, 19. 6. 1996, BB 1997, 598>. Das Verlesen und die Belehrungen des Notars ändern daran nichts <BGH a.a.O.>. Zum „Stellen" bei notariellen Verträgen: Klaas, FS für Brandner, 1996, S. 247-258. Ein Gerichtsurteil besagt: Eine in zahlreichen Bauträgerverträgen enthaltene, den Bauträger einseitig bevorzugende Klausel ist auch dann im Sinne von § 1 Abs. 1 Satz 1 gestellt, wenn sie von dem beurkundenden Notar vorgeschlagen worden ist <OLG Düsseldorf, 11. 10. 1996, NJW-RR 1997, 659; allg. Literatur zu Bauträgerverträgen: u.a. *Jagenburg*, NJW 1997, 2362 (2363 ff.); *Reithmann*, NJW 1997, 1816>.

Nach der Vorschrift des Absatzes 2 liegen keine AGB bei **Individual-** 7
vereinbarungen vor, d.h. wenn die Vertragsbedingungen zwischen den Vertragspartnern im einzelnen ausgehandelt worden sind. Erörtern ist noch kein **Aushandeln** <u.a. BGH, 9. 2. 1992, NJW-RR 1992, 884>. Notarielle Verträge bleiben auch dann AGB, wenn der Vertragstext vor Beurkundung beiden Parteien zugesandt worden ist <OLG Düsseldorf, 19. 6. 1996, BB 1997, 598>. Ein Aushandeln liegt nach der Rechtsprechung auch dann noch nicht vor, wenn der AGB-Verwender den „gesetzesfremden" Kerngehalt der Vertragsbedingungen bei Vertragsabschluß nicht inhaltlich zur Disposition stellt, sondern die Klausel lediglich dem Einzelfall angepaßt wird <BGH, 10. 10. 1991, BB 1992, 522; vgl. OLG Frankfurt, 28. 4. 1993, CR 1993, 355>. Selbst aus einer Änderung der Formulierung folgt noch kein Aushandeln, wenn der wesentliche Inhalt der Klausel gleichbleibt <BGH, 18. 5. 1995, WM 1995, 1455>. Andererseits kann auch bei unverändertem Text eine Individualvereinbarung gegeben sein, wenn sich der Vertragspartner nach gründlicher Erörterung ausdrücklich mit der Regelung einverstanden erklärt hat <BGH, 26. 2. 1992, BB 1992, 1381 (1382)>. Im kaufmännischen Geschäftsverkehr kann ein Aushandeln sogar dann vorliegen, wenn der AGB-Verwender eine bestimmte Klausel als unabdingbar erklärt <BGH a.a.O.; OLG Köln, 23. 6. 1995,

WM 1995, 1593 (1595 unter 1)>. Eine Vertragsstrafenregelung ist ausgehandelt, wenn der AGB-Verwender sich auf Wunsch des Vertragspartners bereit erklärt, sie unter bestimmten Bedingungen nicht in Anspruch zu nehmen <OLG Köln a.a.O.>. Es kommt sehr auf die Umstände des Einzelfalles an. Wichtig ist, daß im kaufmännischen Verkehr eher von einer Individualvereinbarung auszugehen ist.

8 Ist eine Klausel im einzelnen ausgehandelt und deshalb Individualvereinbarung, so bleiben die übrigen Vertragsbedingungen doch weiterhin AGB <BGH, 6. 3. 1986, BGHZ 97, 212 (215); OLG Düsseldorf, 19. 6. 1996, BB 1997, 598>. Das ergibt sich aus der gesetzlichen Formulierung „soweit". Vertragsbedingungen können durch Verhandlung der Vertragspartner nach Vertragsabschluß noch nachträglich Individualvereinbarung werden <OLG Hamm, 23. 3. 1993, BauR 1994, 374 (375/376); OLG Hamm, 27. 2. 1981, NJW 1981, 1049>. Wird eine Klausel in ein persönliches Angebotsschreiben aufgenommen, so kann das zu einer Individualvereinbarung führen <OLG München, 29. 3. 1994, rechtskräftig gem. Nichtannahme der Revision durch BGH, 10. 5. 1995, OLGR München 1995, 170>. Eine für einen bestimmten Vertrag individuell vereinbarte Klausel wird nicht deshalb nachträglich zu AGB, weil sie später noch einmal benutzt worden ist <BGH, 2. 3. 1994, WM 1994, 1136 (1137)>. Einzelne Klauseln in individuell gestalteten Verträgen können AGB sein <BGH, 26. 9. 1996, BB 1996, 2535 unter II, 1, a>.

9 Kollektives Aushandeln auf Verbandsebene oder in sonstiger Weise in Verhandlungen von Repräsentanten beider Seiten machen die gemeinsam erstellten Bedingungen nicht zu Individualvereinbarungen <vgl. z.B. BGH, 17. 9. 1987, NJW 1988, 142 = BGHZ 101, 369 (374) bezüglich VOB/B>. Nach Art. 3 Abs. 2 der EG-Richtlinie ist eine Vertragsklausel dann nicht im einzelnen ausgehandelt, wenn der Verbraucher unter anderem keinen Einfluß auf ihren Inhalt nehmen konnte.

10 Hinsichtlich des Beweises gilt folgendes: Zwar trägt derjenige die **Beweislast, daß es sich um AGB handelt,** der sich auf die Unwirksamkeit der AGB beruft. Soweit die Eigenschaft als AGB nicht schon durch das Vorhandensein eines gedruckten Exemplars einfach bewiesen werden kann, ist es ausreichend, dem Gericht einen nach seiner inhaltlichen Gestaltung allem Anschein nach für eine mehrfache Verwendung entworfenen Vertrag vorzulegen, der vom AGB-Verwender gestellt wurde <BGH, 14. 5. 1992, WM 1992, 1989 (1992) = BGHZ 118, 229; OLG Düsseldorf, 19. 6. 1996, BB 1997, 598; vgl. OLG Frankfurt,

28. 4. 1993, CR 1994, 355; *Ball*, EWiR 1993 Beilage Nr. 2, S. 19>. Beruft sich der AGB-Verwender darauf, daß die AGB im einzelnen ausgehandelt seien, so muß er den Beweis führen <vgl. BGH, 19. 6. 1996, WM 1996, 2025 (2027 unter II, 1, c, bb); BGH, 29. 1. 1982, BGHZ 83, 56 (58)>. Für notariell beurkundete Verträge gelten insoweit keine Besonderheiten <BGH, 19.6.1996 a.a.O.>. Der Beweis kann nicht durch eine Klausel in den Bedingungen des Verwenders geführt werden, daß der Vertragspartner hiermit bestätigt, die Vertragsbedingungen seien ausgehandelt <BGH, 20. 10. 1976, BB 1977, 59 mit Anmerkung *Trinkner*>. Siehe auch § 11 Nr. 15 b.

Der erwähnte Rechtsprechungsgrundsatz hinsichtlich des Beweises für das Aushandeln entspricht Art. 3 Abs. 4 der EG-Richtlinie, wonach einem Gewerbetreibenden die Beweislast obliegt, der behauptet, daß eine Standardvertragsklausel im einzelnen ausgehandelt worden sei.

§ 2 Einbeziehung in den Vertrag

(1) Allgemeine Geschäftsbedingungen werden nur dann Bestandteil eines Vertrages, wenn der Verwender bei Vertragsabschluß

1. **die andere Vertragspartei ausdrücklich oder, wenn ein ausdrücklicher Hinweis wegen der Art des Vertragsabschlusses nur unter unverhältnismäßigen Schwierigkeiten möglich ist, durch deutlich sichtbaren Aushang am Ort des Vertragsabschlusses auf sie hinweist und**

2. **der anderen Vertragspartei die Möglichkeit verschafft, in zumutbarer Weise von ihrem Inhalt Kenntnis zu nehmen,**

und wenn die andere Vertragspartei mit ihrer Geltung einverstanden ist.

(2) Die Vertragsparteien können für eine bestimmte Art von Rechtsgeschäften die Geltung bestimmter Allgemeiner Geschäftsbedingungen unter Beachtung der in Absatz 1 bezeichneten Erfordernisse im voraus vereinbaren.

Für die Einbeziehung von allgemeinen Geschäftsbedingungen in ei- 1
nen Vertrag, so daß die AGB Bestandteil des Vertrages werden, bedarf

es einer Vereinbarung. Für den **Geschäftsverkehr mit Nichtkaufleuten** ergeben sich aus Abs. 1 der Vorschrift folgende Erfordernisse:

2 Der Verwender der AGB muß seinen Vertragspartner (von der Ausnahme in Rdn. 3 abgesehen) **ausdrücklich** (schriftlich oder mündlich) auf die AGB **hinweisen**. Ein ausdrücklicher schriftlicher Hinweis ist bei Verwendung der AGB gegenüber Nichtkaufleuten nur dann zu bejahen, wenn er unmißverständlich und klar erkennbar ist <BGH, 18. 6. 1986, WM 1986, 1194 (1196)>. Auf der Rückseite aufgedruckte AGB reichen allein nicht aus, wenn auf der Vorderseite des Formulars kein deutlicher Hinweis enthalten ist <BGH a.a.O.; OLG Hamm, 10. 12. 1990, BauR 1991, 260; vgl. OLG Hamm, 23. 5. 1995, r + s 1996, 22; a. A. OLG Düsseldorf, 5. 5. 1988, DB 1988, 1695>. Der Hinweis auf AGB in der Randleiste des Lieferscheins ist nicht ausreichend <OLG Köln, 16. 3. 1993, OLGR Köln, 1993, 253>.

3 Die Vorschrift normiert in Abs. 1 Nr. 1, daß dann, wenn ein ausdrücklicher Hinweis wegen der Art des Vertragsabschlusses nur unter unverhältnismäßigen Schwierigkeiten möglich ist, ein **Hinweis durch deutlich sichtbaren Aushang** am Ort des Vertragsabschlusses genügt. Das ist hauptsächlich dann der Fall, wenn Verträge konkludent geschlossen werden, weil kein persönlicher Kontakt erfolgt: z.B. automatische Schließfächer, Parkhausbenutzung <LG Frankfurt, 25. 11. 1987, NJW-RR 1988, 955>, Automaten. Aber unter anderem auch in Kaufhäusern wird ein Aushang für ausreichend angesehen, ebenso bei Versteigerungen <BGH, 23. 5. 1984, NJW 1985, 850>.

4 Der **Hinweis** muß konkret sein, d.h. **auf bestimmte Geschäftsbedingungen** Bezug nehmen, wenn der AGB-Verwender mehrere Geschäftsbedingungen besitzt, z.B. Lieferbedingungen, Montagebedingungen und Reparaturbedingungen. Dem Hinweis muß zu entnehmen sein, welche AGB in den Vertrag einbezogen werden sollen <BGH, 3. 7. 1981, AGBE 1981, 61 (64); BGH, 11. 11. 1979, WM 1980, 164 (165 unter III)>. Ein Text „es gelten unsere Geschäftsbedingungen" reicht dann nicht aus. Der Vertragspartner muß sich nicht die passenden Bedingungen heraussuchen.

5 Es muß ein rechtzeitiger **Hinweis „bei Vertragsabschluß"** auf die AGB erfolgen. Das ist dann zu bejahen, wenn der Hinweis im Zusammenhang mit Erklärungen und Verhandlungen der Vertragspartner erfolgt, die zum Zustandekommen des angestrebten Vertrages führen <BGH, 18. 6. 1986, WM 1986, 1194 (1196)>. Bei zeitlich späteren Papieren, z.B. Lieferschein, Rechnung, fehlt es in der Regel an der Rechtzeitigkeit des Hinweises. Werden Lieferbedingungen beim Kauf im

Ladenlokal zusammen mit einer formularmäßigen „Rechnung/Quittung" übergeben, so geschieht dies noch „bei Vertragsschluß" im Sinne von § 2 <OLG Hamm, 13. 1. 1997, BB 1997, 1129>.

Gemäß Abs. 1 Nr. 2 der Vorschrift ist für die Einbeziehung der AGB **6**
außerdem erforderlich, daß der AGB-Verwender dem Vertragspartner die **Möglichkeit** verschafft, **in zumutbarer Weise von dem Inhalt der AGB Kenntnis zu nehmen.** Das bedeutet bei einem Vertragsabschluß mit einem Nichtkaufmann unter Abwesenden in der Regel die Übersendung der AGB. Bei Vertragsabschluß unter Anwesenden ist zumindest die Einsichtnahmemöglichkeit in die AGB erforderlich. Bei besonders umfangreichen Geschäftsbedingungen kann der Vertragspartner Aushändigung verlangen; Aushang reicht dann nicht <OLG Hamburg, 14. 1. 1988, VersR 1989, 202>. Eine Aushändigung oder Übersendung eines Auszuges aus den Geschäftsbedingungen ist bei Nichtkaufleuten nicht genügend <BGH, 14. 2. 1991, BB 1991, 798>. Ist der Vertragspartner des AGB-Verwenders ein Fachmann, der beruflich häufig mit den AGB zu tun hat, die Vertragsgrundlage werden sollen, oder wird ein mit den speziellen AGB Vertrauter für den Vertragspartner tätig (z.B. Architekt bei VOB), so darf der AGB-Verwender davon ausgehen, daß die notwendige Kenntnis vorhanden ist oder selbst verschafft werden kann. Eine Aushändigung oder Einsichtmöglichkeit ist dann ausnahmsweise nicht nötig <u.a. BGH, 20. 10. 1988, BGHZ 105, 290 (292)>. Dagegen wird VOB/B nicht in den Vertrag einbezogen, wenn in einem Angebot des Bauhandwerkers gegenüber einem bauunerfahrenen Auftraggeber die VOB/B als Vertragsgrundlage bezeichnet wird mit dem Hinweis, diese könne in seinen Geschäftsräumen eingesehen werden <OLG Düsseldorf, 23. 2. 1996, BauR 1996, 712>. Es hätte zumindest eines deutlichen Hinweises des Bauhandwerkers bedurft, daß er ohne besondere Berechnung bereit sei, dem Auftraggeber nach Aufforderung den VOB-Text zur Verfügung zu stellen <OLG Düsseldorf a.a.O.>. In einem Fertighausvertrag mit einem im Bauwesen nicht bewanderten Vertragspartner kann die VOB/B ebenfalls nicht durch bloßen Hinweis wirksam einbezogen werden. Wird der Vertrag nicht in den Geschäftsräumen der Fertighausfirma abgeschlossen, so genügt der Hinweis nicht, daß die VOB/B in den Geschäftsräumen eingesehen werden kann <OLG Düsseldorf, 1. 8. 1995, NJW-RR 1996, 1170>.

Für die Einbeziehung von AGB bei **Internet-Vertragsabschlüssen** **7**
<dazu *Löhnig*, NJW 1997, 1688; *Waldenberger*, BB 1996, 2365 (2368 f)> ist der Hinweis auf die Geschäftsbedingungen durch entsprechende Gestaltung der Website erforderlich. Der Vertragspartner

muß außerdem die Möglichkeit besitzen, die Bedingungen einzusehen und unentgeltlich auf seinen Computer herunterzuladen <*Waldenberger* a.a.O. (2369)>. In einem Urteil ist hinsichtlich **Btx-(T-Online-)Verträgen** die Einbeziehung bejaht worden bei Abrufmöglichkeit aus dem Eingangsmenü ohne Entgeltpflicht bei einem Umfang von sieben Seiten <LG Aachen, 31. 10. 1996, nicht rechtskräftig, CR 1997, 153 (155)>. Zur Einbeziehung von AGB bei **Softwareüberlassungsverträgen** im Wege des **Schutzhüllenvertrages:** siehe Anhang § 9, Softwareüberlassungsverträge Rdn. 15.

8 Ob allgemein ein **Verzicht auf die Einbeziehungsvoraussetzungen** (insbesondere auf das Kenntnisabgabegebot bezüglich der AGB) wirksam ist oder nicht, wird kontrovers beurteilt <*Müller*, MDR 1997, 608; *Locher*: Das Recht der AGB, 3. Aufl. 1997, S. 51>.

9 Aus dem Zumutbarkeitserfordernis folgt, daß die AGB **verständlich und transparent** sein müssen. Die Formulierungen dürfen nicht über das normale Maß hinausgehend kompliziert sein. Zum Transparenzgebot siehe § 9 Rdn. 13.

10 Bei bestimmten Verträgen von größerer Bedeutung (z.B. Bauverträge, Industrieanlagenverträge) nimmt der AGB-Verwender häufig auf mehrere AGB Bezug. Bei **Staffelverweisungen** werden die AGB in einer Reihenfolge hintereinander festgelegt. Zum Teil enthalten AGB Weiterverweisungen auf andere Geschäftsbedingungen (**Verweisungsklauseln**). Das ist im allgemeinen rechtswirksam und zwar auch dann, wenn auf einzelne unwirksame Klauseln in einem in Bezug genommenen Regelwerk verwiesen wird <BGH, 21. 6. 1990, BB 1990, 1932 = BGHZ 111, 388>. Vom BGH ist anerkannt, daß insbesondere im Baurecht Staffelverweisungen weit verbreitet und allgemein auch sachgerecht sind; die VOB macht selbst von dieser „Regelungstechnik" umfassenden Gebrauch <BGH a.a.O.>. Verweisungen können aber zur Unübersichtlichkeit, zu einem „Bedingungssalat" führen, und dann im Einzelfall als unwirksam angesehen werden <vgl. BGH a.a.O.; insbesondere OLG Düsseldorf, 23. 5. 1995, BauR 1996, 112 zur Staffelverweisung auf VOB>. In Ausnahmefällen ist auch denkbar, daß bereits die Verweisungsklausel das Transparenzgebot (zum Transparenzgebot allgemein siehe § 9 Rdn. 13) verletzt und deshalb nicht wirksam ist <BGH, 21. 6. 1990, BB 1990, 1932 (1934) = BGHZ 111, 388 (393)>.

11 Bei der **Verweisung auf bestimmte gesetzliche Vorschriften** ist im allgemeinen ein Verstoß gegen das Transparenzgebot gegeben und die Regelung deshalb nicht als in den Vertrag einbezogen anzusehen. So ist in AGB von Mietverträgen nicht selten die Klausel zu finden, daß § 568 BGB (stillschweigende Verlängerung der Mietzeit) abbedungen ist. Eine solche Klausel ist rechtsunwirksam, wenn nur die gesetzliche Vorschrift angegeben ist <OLG Schleswig, 27. 3. 1995, NJW 1995, 2858; zur Zulässigkeit bei transparenter Formulierung: Anhang zu § 9 Mietvertrag von Geschäftsräumen und gewerblichen Objekten, Rdn. 6>. Unwirksam ist z.B. auch eine Klausel im Mietvertrag über die Höhe einer bezifferten Umlage, für deren Inhalt jedoch allgemein auf § 27 der Anlage 3 der II. Berechnungsverordnung verwiesen wird <AG Dortmund, 14. 5. 1996, NJW-RR 1996, 1355>.

Zur zumutbaren Kenntnisgabe von AGB gehört ein Mindeststandard **12**
an optischer und **formeller Ausgestaltung** der AGB <Einzelheiten bei Thamm/Detzer, BB 1989, 1133>. Erforderlich ist u.a. eine **Druckgröße**, die eine mühelose Lesbarkeit ermöglicht. Als zumutbar wird im allgemeinen eine Druckgröße von nicht mehr als 5 Textzeilen pro Zentimeter anzunehmen sein. Bei der zumutbaren drucktechnischen Gestaltung ist Papier, Druckfarbe usw. zu berücksichtigen. Längere AGB müssen in Abschnitte **logisch gegliedert** sein und aussagekräftige und umfassende **Abschnittsüberschriften** besitzen. Übersichtlichkeit ist erforderlich <BGH, 5. 5. 1992, BB 1992, 1377; vgl. *Ball*, EWiR 1993, Beilage Nr. 2, S. 26>. Drucktechnische Hervorhebungen bestimmter Klauseln (z.B. Fettdruck) ist allgemein nicht erforderlich <vgl. u.a. OLG Celle, 26. 6. 1996, EWiR 1996, 865 (von Westphalen) für Haftungsklausel des Abschlußvertreters>.

Nur bei **Einverständnis des Vertragspartners** werden die AGB in den **13**
Vertrag einbezogen. Das Einverständnis kann konkludent (durch schlüssiges Verhalten) erklärt werden. Das Einverständnis liegt in der Regel vor, wenn es zum Vertragsabschluß kommt und die sonstigen Voraussetzungen von Abs. 1 der Vorschrift vorliegen. Bei nicht rechtzeitigem Hinweis auf die AGB (Rdn. 5) ist die Vertragsdurchführung (z.B. Annahme der Ware) kein Einverständnis des Vertragspartners.

In sehr speziellen Fällen kann einmal ausnahmsweise die Berufung **14**
auf die Nichteinbeziehung von AGB gegen Treu und Glauben verstoßen und deshalb unbeachtlich sein <OLG Düsseldorf, 23. 6. 1995, rechtskräftig gem. Nichtannahme der Revision durch BGH, 4. 7. 1996, NJW-RR 1996, 1422 bezüglich VOB>.

Ist streitig, ob die AGB in den Vertrag einbezogen worden sind, so ist **15**
derjenige **beweispflichtig** der sich auf die AGB beruft <BGH, 18. 6. 1986, WM 1986, 1194>.

16 Gemäß Abs. 2 der Vorschrift kann eine **Rahmenvereinbarung** <zur Definition: OLG Köln, 22. 4. 1994, OLGR Köln 1995, 18; allg. VDMA: Der Rahmenvertrag, 1995> über die Geltung bestimmter AGB getroffen werden. Dafür sind dann bei Abschluß der späteren Einzelverträge nicht nochmals jeweils alle Voraussetzungen für die Einbeziehung der AGB zu erfüllen. Die AGB „werden dann vielmehr durch die Rahmenvereinbarung für alle von ihr erfaßten Verträge verbindlich, ohne daß die Einbeziehungsvoraussetzungen bei den Einzelverträgen erfüllt zu sein brauchen oder in den Einzelverträgen auf die Rahmenvereinbarung verwiesen werden müßte“ <OLG Düsseldorf, 9. 11. 1995, OLGR Düsseldorf 1996, 144 (145)>. Nur bei Abschluß der Rahmenvereinbarung sind die Erfordernisse von Abs. 1 der Vorschrift einzuhalten. Für Rahmenvereinbarungen ist ein über den Einzelfall hinausgehender Wille notwendig <BGH, 18. 6. 1986, WM 1986, 1194 (1195)>. Die Rahmenvereinbarung darf sich nicht auf die jeweils gültigen AGB beziehen (anders im kaufmännischen Verkehr; siehe Rdn. 25). Bei Widerruf des Rahmenvertrages kommt es nicht zur Rückabwicklung der Einzelverträge <BGH, 4. 12. 1996, WM 1997 418: Getränkelieferungs- und Darlehensvertrag>.

17 **Besonderheiten** sind **bei bestimmten Vertragsarten** zu beachten: § 23 Abs. 2 und Abs. 3, u.a. Tarife und Bedingungen von Verkehrsunternehmen, Lotterieverträge, AGB der Sparkassen und Kapitalanlagegesellschaften. Hinsichtlich Versicherungsverträgen darf der seit 1994 bestehende § 5a VVG nicht übersehen werden <dazu u.a. *Schirmer*, VersR 1996, 1045; *Peters*, DZWir 1997, 188 (193 f)>.

18 Die Vorschrift gilt im **kaufmännischen Verkehr** nicht (§ 24). Insofern sind die allgemeinen gesetzlichen Regelungen und die speziellen Rechtsprechungsprinzipien des Vertragsabschlusses zwischen Kaufleuten maßgebend <*Rüffer*, MDR 1992, 922>. Kein Unterschied zur Verwendung von AGB gegenüber Nichtkaufleuten ergibt sich in der Regel bei der Notwendigkeit des **ausdrücklichen Hinweises** auf die AGB. Auch im kaufmännischen Verkehr muß deutlich und gegebenenfalls konkret auf die Geschäftsbedingungen Bezug genommen werden (Ausnahmen in den beiden folgenden Rdn.). Ein Abdruck der AGB auf der Rückseite des Vertragsformulars allein ohne Hinweis auf der Vorderseite wird nicht als ausreichend angesehen <OLG Köln, 16. 3. 1993, OLGR 1993, 253; siehe Rdn. 2 bei Verwendung gegenüber Nichtkaufleuten>.

19 Keines ausdrücklichen Hinweises bedarf es bei Vertragsabschluß im kaufmännischen Verkehr ausnahmsweise bei **laufender Geschäftsver-**

bindung, wenn die AGB Bestandteil der früheren Verträge geworden sind oder wenn stets wiederkehrend in Rechnungen auf die Bedingungen hingewiesen worden ist <BGH, 6. 12. 1990, BB 1991, 501; OLG Köln, 10. 1. 1992, EWiR 1992, 733 (*Plößner*); vgl. auch LG Karlsruhe, 29. 12. 1995, BB 1996, 1580 (1581 unter 3a); vgl. aber OLG Karlsruhe, 9. 10. 1992, NJW-RR 1993, 567; sehr ungenau und mißverständlich: *Joussen*, der Industrieanlagen-Vertrag, 2. Auflage 1996, S. 325 unten>. An den Begriff „laufende Geschäftsbeziehung" oder gleichbedeutend „ständige Geschäftsverbindung" sind aber hohe Anforderungen zu stellen: Angeblich reicht selbst die Abwicklung von 5 Kaufverträgen noch nicht aus <OLG Hamm, 8. 7. 1993, NJW-RR 1993, 1444 = EWiR 1994, 623 (*Schlosser*); allg. dazu *Fischer*, BB 1995, 2491 (2492)>.

Im kaufmännischen Geschäftsverkehr können in bestimmten Berei- 20
chen AGB auch **stillschweigend** in den Vertrag **einbezogen** werden: z.B. die ADSp <siehe OLG Hamburg, 23. 2. 1995, RIW 1997, 70; allg. zu den ADSp: Anhang § 9 ADSp> und die AGNB <BGH, 4. 5. 1995, NJW 1995, 2224; allg. zu den AGNB: Anhang § 9 AGNB>. Sind AGB **Handelsbrauch**, so gelten die AGB, wenn der Vertragspartner die AGB nicht ausdrücklich ausschließt. Ein Handelsbrauch von AGB ist aber nur selten zu bejahen, z.B. bei den Tegernseer Gebräuchen im Holzhandel <BGH, 23. 4. 1986, BB 1986, 1395; OLG Koblenz, 10. 3. 1988, BB 1988, 1138>. Die Branchenüblichkeit von AGB reicht allein für die stillschweigende Einbeziehung nicht aus <BGH, 4. 2. 1992, EWiR 1992, 839 (*Thamm/Detzer*): Einheitsbedingungen der Textilveredlungsindustrie; BGH, 20. 3. 1985, BB 1985, 1150 (1151 unter b, bb)>. Deshalb werden z.B. auch die Hamburger Lagerungsbedingungen (HLB) trotz regionaler Branchenüblichkeit im kaufmännischen Verkehr nicht stillschweigend zu Lasten eines auswärtigen, nicht branchenkundigen Kaufmanns in den Vertrag einbezogen <OLG Hamburg, 7. 5. 1997, OLGR Bremen u.a. 1997, 226>.

Auch ein **rechtzeitiger Hinweis** auf die AGB ist im kaufmännischen 21
Verkehr erforderlich. Rechtzeitig kann aber bei mündlichen bzw. telefonischen Vertragsabschlüssen auch noch ein (nachträglicher) Hinweis in einem kaufmännischen Bestätigungsschreiben sein, wenn dem Bestätigungsschreiben vom Empfänger nicht insofern unverzüglich widersprochen wird. Ein unwidersprochen gebliebenes Bestätigungsschreiben kann den bereits (ursprünglich ohne AGB) abgeschlossenen Vertrag dahingehend ergänzen, daß nunmehr AGB doch noch einbezogen sind <Einzelheiten zum Schweigen auf ein kaufmännisches

Bestätigungsschreiben: *Thamm/Detzer*, DB 1997, 213; *von Dücker*, BB 1996, 1>.

22 Ein **Mitschicken oder Aushändigen der AGB** ist im kaufmännischen Geschäftsverkehr nach ständiger Rechtsprechung nicht Wirksamkeitsvoraussetzung für die Einbeziehung der Geschäftsbedingungen <z.B. BGH, 7. 12. 1994, NJW 1995, 341 (insofern nicht abgedruckt in BB 1995, 221); BGH, 12. 2. 1992, BB 1992, 879>. Hat der Vertragspartner die AGB nicht erhalten, so muß er sie bei Interesse anfordern. Dann ist der AGB-Verwender verpflichtet, sie zu übersenden oder auszuhändigen.

23 Verwendet nicht nur eine Vertragspartei AGB, sondern beruft sich auch der Vertragspartner auf seine Bedingungen (insbesondere **Kollision** von Lieferbedingungen mit Einkaufsbedingungen), so werden nach inzwischen gefestigter Rechtsprechung in der Regel beide Geschäftsbedingungen nicht Vertragsinhalt <u.a. BGH 19. 6. 1991, BB 1991, 1732 (1734); OLG Frankfurt, 25. 6. 1996, OLGR Frankfurt 1996, 187; vgl. OLG Düsseldorf, 24. 4. 1996, NJW-RR 1997, 946>. Der Vertrag ist zwar geschlossen; hinsichtlich der Rechte und Pflichten der Vertragspartner kommen die gesetzlichen Vorschriften (insbesondere das BGB) zur Anwendung. Nur ausnahmsweise ist ein anderes Ergebnis zu bejahen: Treffen z.B. die ADSp mit Einkaufsbedingungen zusammen, so sind die ADSp jedenfalls mit vorbehaltloser Übergabe des Frachtgutes durch den Absender als vereinbart anzusehen, weil Einkaufsbedingungen keinen Bezug auf die Besonderheiten des Fracht- und Speditionsauftrags aufweisen. Die Auslegung des Willens der Beteiligten führt in diesem Fall zu einer Anwendung der ADSp <OLG Frankfurt a.a.O.; zu den ADSp siehe Anhang zu § 9: ADSp>. Der Grundsatz, daß unpassende Bedingungen (Einkaufsbedingungen) gegenüber einschlägigen AGB zurücktreten müssen, läßt sich generalisieren (zur Kollision von Lieferbedingungen mit Einkaufsbedingungen siehe auch Anhang zu § 9: Einkaufsbedingungen Rdn. 2).

24 Sind wegen Kollision von AGB die Lieferbedingungen des AGB-Verwenders, die einen **Eigentumsvorbehalt** enthalten, nicht Grundlage des Vertrages geworden, so steht eine dem Besteller vom Lieferer ausgehändigte Ware trotzdem unter einfachem Eigentumsvorbehalt <BGH, 5. 5. 1982, BB 1982, 1140; BGH, 3. 2. 1982, BB 1982, 636; OLG Düsseldorf, 24. 4. 1996, NJW-RR 1997, 946; zum Eigentumsvorbehalt siehe im übrigen Anhang zu § 9: Eigentumsvorbehalt Rdn. 3>.

Rahmenvereinbarungen über die Einbeziehung von AGB im kauf- 25
männischen Geschäftsverkehr können sich im Gegensatz zum nichtkaufmännischen Verkehr (siehe Rdn. 16) auch auf spätere Änderungen, also auf die jeweils gültigen AGB beziehen <vgl. BGH, 6. 12. 1990, BB 1991, 501; insofern deshalb falsch: *Genzow*, Vertragshändlervertrag, 1996, S. 58>.

Bei **Vertragsabschlüssen mit ausländischen Partnern** sind im wesent- 26
lichen die dargestellten Prinzipien ebenfalls anzuwenden. Auf die Bedingungen muß deutlich und rechtzeitig hingewiesen werden. Hinsichtlich der Einziehung von AGB durch kaufmännische Bestätigungsschreiben kann aber im allgemeinen nicht von der deutschen Rechtslage ausgegangen werden <*Thamm/Detzer*, DB 1997, 213>. Auch der deutsche Rechtsprechungsgrundsatz, daß es im kaufmännischen Verkehr nicht erforderlich ist, die AGB dem Vertragspartner mitzuschicken oder zu überlassen, kann überwiegend nicht übertragen werden (siehe im einzelnen: Anh. § 9, internationaler Geschäftsverkehr).

Ein besonderes Problem besteht bei Vertragsabschlüssen mit auslän- 27
dischen Partnern hinsichtlich der **Sprache der Bedingungen** (siehe im einzelnen Anhang § 9: Internationaler Geschäftsverkehr, Rdn. 10).

Die im Vertrag vereinbarten AGB gelten im Zweifel auch für Nach- 28
tragsaufträge, die im Zusammenhang mit dem ursprünglichen Auftrag stehen <OLG Hamm, 5. 7. 1996, OLGR Hamm 1997, 2 für VOB/B; BGH, 17. 2. 1965, BB 1965, 435: Lieferbedingungen bei Nachbestellung von Ware>.

Vor §§ 3–5

Die Bedeutung der §§ 3–5 ist entgegen ihrer zentralen Stellung im AGB-Gesetz nur von beschränkter Art. Die §§ 3 und 5 sind durch den Rechtsprechungsgrundsatz des „Transparenzgebotes" (siehe dazu § 9) erheblich entwertet worden. Die Vorschriften sind zum Teil textlich verunglückt (§ 3), enthalten zum Teil Selbstverständlichkeiten (§ 4) und sind zum Teil viel zu eng ausgestaltet (in § 5 fehlt u.a. der Grundsatz enger Auslegung von AGB).

§ 3 Überraschende Klauseln

Bestimmungen in Allgemeinen Geschäftsbedingungen, die nach den Umständen, insbesondere nach dem äußeren Erscheinungsbild des Vertrages, so ungewöhnlich sind, daß der Vertragspartner des Verwenders mit ihnen nicht zu rechnen braucht, werden nicht Vertragsbestandteil.

Literatur: *Schmidt-Salzer*, FS für Trinkner, 1996, S. 361-375.

1 Eine Analyse und zusammenfassende allgemeine Beurteilung der Vorschrift ist in neuerer Zeit sehr zutreffend und brillant von dem bedeutenden Spezialisten des AGB-Rechts Schmidt-Salzer <FS für *Trinkner*, S. 361 ff; *Schmidt-Salzer* ist bedauerlicherweise 1996 plötzlich gestorben> erfolgt:

- Die Vorschrift ist „das sicherlich schillerndste, vielschichtigste Instrument im AGB – Bekämpfungspotential des deutschen Rechts" <a.a.O. S. 362 unter II>.
- Sie ist von „geradezu unverständlicher textlicher Divergenz zwischen Überschrift und Kontrollmaßstab, ergo der inhaltlichen Ausrichtung" <a.a.O. S. 363 unter IV>.
- „Auch die Anwendungsvorschrift (ist) in der Gerichtspraxis extrem heterogen" <a.a.O. S. 374 unter X>.

2 Die **Vorschrift regelt** (negativ) **die Einbeziehung** von AGB-Klauseln in den Vertrag („... werden nicht Vertragsinhalt"), nicht dagegen die daneben außerdem bestehende Inhaltskontrolle nach § 9 (also nicht: „... sind unwirksam"). Die Vorschrift gilt auch für AGB, die gemäß § 8 der Inhaltskontrolle entzogen sind <vgl. BGH, 30. 6. 1995, BB 1995, 2186 unter II, 2>.

3 Überschrift und Text der Vorschrift passen nicht zusammen: Etwas ungewöhnliches muß nicht unbedingt überraschend sein, etwas überraschendes nicht in jedem Fall ungewöhnlich. Die Rechtsprechung stellt auf den **„Überrumpelungseffekt"** ab. Eine Klausel wird dann als überraschend/ungewöhnlich angesehen, wenn sie von den Erwartungen des Vertragspartners deutlich abweicht und der Vertragspartner mit dieser Abweichung den Umständen nach vernünftigerweise nicht zu rechnen braucht <BGH, 30. 6. 1995, BB 1995, 2186 unter II, 3>. Die

Erwartungen des Vertragspartners werden dabei von Begleitumständen des Vertragsabschlusses bestimmt und zwar von

- allgemeinen Begleitumständen: Hier zählt der Grad der Abweichung vom dispositiven Gesetzesrecht und die für den Geschäftskreis übliche Gestaltung;
- individuellen Begleitumständen: Hier ist der Gang und der Inhalt der Vertragsverhandlungen sowie der äußere Zustand des Vertrages zu berücksichtigen.

Abzustellen ist dabei nach Ansicht des BGH nicht auf die Erkenntnismöglichkeiten des konkreten Vertragspartners, auch nicht auf das Verständnis eines Fachmanns, insbesondere eines Juristen, der sich eingehend mit den betreffenden allgemeinen Geschäftsbedingungen beschäftigt hat. Maßgebend sollen vielmehr die Verständnismöglichkeiten des typischerweise bei Verträgen der geregelten Art zu erwartenden Durchschnittskunden sein <BGH, 30. 6. 1995 a.a.O.>. Dieses Abstellen auf den Durchschnittskunden im Gegensatz zum konkreten Vertragspartner ist zu kritisieren <so auch *Niebling*: AGB von A-Z, 3. Aufl. 1996, S. 149>. Das Abstellen auf den Durchschnittskunden widerspricht der vom BGH vorgenommenen Verwertung der individuellen Umstände. Es ist außerdem z.B. anerkannt, daß eine Klausel nicht als überraschend anzusehen ist, wenn der Vertragspartner des AGB-Verwenders auf die Klausel besonders (konkret) hingewiesen worden ist <BGH, 22. 12. 1992, BGHZ 121, 107 (113); BGH, 18. 2. 1992, NJW 1992, 1822 (1823 unter II, 1, b)>.

Bei **notariellen Verträgen** wird im allgemeinen wegen der §§ 13/17 des 4
Beurkundungsgesetzes keine Überraschung vorliegen <BGH, 17. 5. 1991, BB 1991, 1450 = BGHZ 114, 338 (340)>. Dabei ist es ohne Bedeutung, daß der Text der Urkunde ohne weitere Erläuterung vorgelesen wurde <OLG München, 24. 1. 1997, nicht rechtskräftig, OLGR München 1997, 121>. Nur ausnahmsweise kann es im Einzelfall anders sein <BGH a.a.O.>, insbesondere bei Bezugnahme auf nicht verlesene Urkunden <BGH, 14. 10. 1988, BB 1989, 318 (319 unter 3)>.

Nur einige **Beispiele** aus der neueren Rechtsprechung sollen ange- 5
führt werden. Überraschend/ungewöhnlich sind:

- Die Provisionsklausel eines Maklers nach erbrachter Leistung <OLG Düsseldorf, 16. 8. 1996, MDR 1996, 1229>.

noch 5

- Eine Klausel, wonach der Höchstbetragsbürge für Zinsen, Provisionen und Kosten, die aus den verbürgten Forderungen und deren Geltendmachung entstehen, auch insoweit haftet, als der Höchstbetrag überschritten wird <OLG Stuttgart, 24. 7. 1996, EWiR 1996, 979 (*Tiedtke*, kritisch)>.
- Eine Klausel im Handelsvertretervertrag über Kostenerstattung des Handelsvertreters für die ihm vom Unternehmer zur Verfügung gestellten Adressen <OLG Saarbrücken, 10. 7. 1996, NJW-RR 1997, 99>.
- Eine Schadensersatzpauschalierung von mindestens 10% in einem Bauvertrag für Kündigung des Bauherrn vor Baubeginn <LG Berlin, 5. 7. 1996, BB 1996, 2062>.
- Die Klausel in einem Kfz-Mietvertrag mit einer Firma: „Mieter 1: Fahrer", für den lediglich als Fahrer Unterzeichnenden <OLG Naumburg, 8. 5. 1996, NJW-RR 1997, 49>.
- Einverständnisklausel mit Speicherung und Verarbeitung personenbezogener Angaben, weil die gesetzliche Definition der Verarbeitung, die auch die Übermittlung enthält, für den Durchschnittskunden nicht bekannt ist <LG Halle, 18. 3. 1996, nicht rechtskräftig, VuR 1996, 418 (419)>.
- Die Erstreckung einer Höchstbetragsbürgschaft über diejenigen Forderungen hinaus, die Anlaß zur Verbürgung gegeben haben, auf alle gegenwärtig bestehenden Ansprüche aus der Geschäftsverbindung des Gläubigers mit dem Hauptschuldner <BGH, 7. 3. 1996, BB 1996, 868>.
- Eine Klausel in einem „Time-Sharing"-Vertrag von Ferienwohnungen, wonach die Eintragung des Käufers im Grundbuch ausgeschlossen ist und nur ein Dritter als Treuhänder eingetragen wird <BGH, 30. 6. 1995, BB 1995, 2186>.
- Die formularmäßige Erweiterung des Sicherungszweckes einer Grundschuld <BGH, 27. 6. 1995, BB 1995, 1979 unter II, 2 mit Anm. von *Stegmeier*, BB 1996, 2587>.
- Die Erweiterung der Bürgschaft auf alle bestehenden und künftigen Verbindlichkeiten bei einer Bürgschaftserklärung anläßlich Gewährung eines Tilgungsdarlehens durch eine Bank <BGH, 1. 6. 1994, BB 1994, 1450 = BGHZ 126, 174; jetzt außerdem hinsichtlich der Unwirksamkeit nach § 9: BGH, 18. 1. 1996, BB 1996, 553>.

- Die Erstreckung der Bürgschaft auf die gesamte Geschäftsverbin- noch
dung bei Erklärung gegenüber dem Gläubiger vor Unterzeichnung **5**
des Bürgschaftsformulars, er wolle lediglich für eine bestimmte Verbindlichkeit einstehen <BGH, 17. 3. 1994, BB 1994, 892>.

- Eine Klausel im EDV-Leasingvertrag, wonach ein Neubeginn der Laufzeit des Vertrages um 72 Monate bei technologischer Anpassung erfolgt <OLG Köln, 21. 1. 1994, NJW 1994, 1483 = VersR 1995, 839>.

- Die gegenseitige Bevollmächtigung mehrerer Kreditnehmer zur Aufnahme weiterer Kredite <BGH, 22. 1. 1991, BB 1991, 570>.

- Eine Klausel in Einkaufsbedingungen „die vereinbarten Liefertermine und Lieferfristen gelten fix“ <BGH, 17. 1. 1990, BB 1990, 373 = BGHZ 110, 88>.

- Die Festlegung eines mit dem Sitz des AGB-Verwenders nicht übereinstimmenden Gerichtsstandes, wenn für den Verwender und seinen Geschäftspartner ein gemeinsamer gesetzlicher Gerichtsstand besteht <OLG Köln, 20. 6. 1989, ZIP 1989, 1068>.

- Anzeigen-Wiederholungsaufträge mit gewerblichen Inserenten, wenn in den vom Verlag verwendeten Auftragsformularen in den rückseitig aufgedruckten und in Bezug genommenen AGB eine automatische Vertragsverlängerung bei nicht rechtzeitiger Kündigung geregelt ist, während auf der unterschriebenen Vorderseite bestimmt ist, die Vertragsdauer betrage „jeweils ein Jahr“ <BGH, 1. 6. 1989, BB 1989, 1785>.

Dagegen sind nicht überraschend:

- Erhöhung des neben der Leasingrate zu zahlenden Verwaltungskostenbeitrages aufgrund einer Automatikklausel in einem langfristigen Immobilienleasingvertrag unter Vollkaufleuten <OLG Hamm, 20. 12. 1996, nicht rechtskräftig, DB 1997, 569>.

- Höchstbetragsbürgschaft auf 1. Anfordern <OLG Oldenburg, 19. 12. 1996, ZFBR 1997, 90>.

- Einschränkung der Architektenvollmacht durch Bauherrn <OLG Düsseldorf, 28. 6. 1996, NJW-RR 1996, 1485>.

- Der in den Kraftfahrzeugversicherungsbedingungen enthaltene Höchstentschädigungsabschlag von 10% gemäß § 13 AKB <AG Frankfurt, 25. 3. 1996, NJW-RR 1996, 1303>.

6 In der **EU Richtlinie** gibt es keine spezielle Vorschrift hinsichtlich überraschender und ungewöhnlicher Klauseln. Art. 4 Abs. 1 sieht ganz generell vor, daß die Mißbräuchlichkeit einer Vertragsklausel „unter Berücksichtigung ... aller den Vertragsabschluß begleitende Umstände sowie aller anderen Klauseln, von denen die Klausel abhängt, beurteilt" wird. Das führt letztlich zu derselben rechtlichen Beurteilung wie § 3 AGB-Gesetz <vgl. *Schmidt-Salzer*, FS für Trinkner, 1996, S. 361 (374 f.)>.

7 Bei **Verwendung von AGB gegenüber Kaufleuten** ist die Anwendung der Vorschrift nur in seltenen Fällen zu bejahen. Von Kaufleuten ist fundierte Geschäftserfahrung zu erwarten. Deshalb liegen die Voraussetzungen des § 3 weniger leicht vor. „Daß eine Klausel, die bei Verwendung gegenüber Nichtkaufleuten überraschend ist, im kaufmännischen Geschäftsverkehr möglicherweise dem § 3 AGB-Gesetz standhält, folgt ggfs. aus dem Umstand, daß die Erwartungen und Erkenntnismöglichkeiten nach verkehrskreisgenuinen Maßstäben beurteilt, also nach den jeweiligen Kunden- und Verkehrskreisen ausgerichtet werden" <OLG Nürnberg, 20. 6. 1990, NJW 1991, 232 (234 f unter 5)>.

8 Zwar gilt das AGB-Gesetz nicht für **Arbeitsverträge** (§ 23 Abs. 1). Trotzdem wird § 3 zumindest mittelbar auch insofern herangezogen. Das Bundesarbeitsgericht hat entschieden: Überraschende Klauseln in Formulararbeitsverträgen und in allgemeinen Arbeitsbedingungen werden nicht Vertragsbestandteil. Ob sich dies aus einer analogen Anwendung von § 3 oder aus § 242 BGB i.V.m. einem allgemeinen Rechtsgedanken, der in § 3 seinen Ausdruck gefunden hat, ergibt, bleibt unentschieden <BAG, 29. 11. 1995, BB 1996, 908>.

§ 4 Vorrang der Individualabrede

Individuelle Vertragsabreden haben Vorrang vor Allgemeinen Geschäftsbedingungen.

Literatur: *Zoller*, JZ 1991, 850

1 Der selbstverständliche Vorrang von Individualvereinbarungen gegenüber AGB gilt automatisch. Er muß nicht in AGB oder im sonsti-

gen Vertrag ausdrücklich vorgesehen werden. Der Grundsatz des Vorranges gilt auch bei Verwendung von AGB gegenüber Kaufleuten. Individualvereinbarungen können sich auch aus kaufmännischen Bestätigungsschreiben ergeben <BGH, 20. 10. 1994, NJW-RR 1995, 179; zum Schweigen auf Bestätigungsschreiben allgemein: *Thamm/Detzer*, DB 1997, 213>.

Bei direktem Widerspruch zwischen Individualvereinbarung und **2**
AGB ist die AGB Klausel unwirksam. Ob evtl. ein **mittelbarer Widerspruch** vorliegt oder ob die AGB-Klausel – zumindest im kaufmännischen Geschäftsverkehr – als ergänzende Vereinbarung der individuellen Absprache zu werten ist, muß durch Auslegung im Einzelfall ermittelt werden. Die Rechtsprechung neigt in Übereinstimmung mit der juristischen Literatur generell viel zu rasch dazu, einen mittelbaren Widerspruch zu konstruieren, der zur Unwirksamkeit von AGB-Klauseln führt. Beispiele dafür sind u.a. die Fälle von Preisgleitklauseln, Haftungsbeschränkungen für zugesicherte Eigenschaften und Regelungen der Unverbindlichkeit von Ausführungsterminen in AGB. In all diesen Fällen kann ggfs. durchaus eine rechtlich wirksame Ergänzung zu bejahen sein nämlich

- bei der Nennung eines Preises wird durch AGB festgelegt, daß der Preis unter bestimmten Voraussetzungen angepaßt werden kann;
- bei der Zusicherung von Eigenschaften wird durch AGB die Gewährleistung und Haftung im Einzelnen (einschränkend) bestimmt;
- bei einem genannten Ausführungstermin wird durch die AGB festgelegt, daß es sich nicht um einen genau bestimmten Termin sondern nur um einen ungefähren Termin handelt.

Maßgebend ist in allen Beispielen der Gesamtzusammenhang der Umstände bei Vertragsabschluß. Unter Umständen kann eine solche AGB-Klausel dem Vertragspartner gegenüber im Einzelfall überraschend sein (dann § 3) oder als unklar angesehen werden (dann § 5). Wie allgemein darf der Vertragspartner selbstverständlich nicht rechtlos gestellt werden. Eine Einschränkung seiner Rechte ist aber nicht stets ein mittelbarer Widerspruch zu Individualvereinbarungen.

§ 5 Unklarheitenregel

Zweifel bei der Auslegung Allgemeiner Geschäftsbedingungen gehen zu Lasten des Verwenders.

Literatur: *Bernreuther*, BB 1993, 1823; *Roth*, WM 1991, 2085 und 2125

1 AGB sind **objektiv auszulegen** <BGH, 20. 10. 1992, BB 1993, 167 (168 unter II, 2); vgl. BGH, 5. 7. 1995, NJW-RR 1995, 1303>. Sie sind so auszulegen, wie sie ein durchschnittlicher Vertragspartner bei verständiger Würdigung verstehen muß. Dabei kommt es auf die Verständnismöglichkeit eines Vertragspartners ohne Spezialkenntnisse an <BGH, 6. 3. 1993, r+s 1996, 169 (170 unter 3, b)>. Nicht maßgebend ist, was sich der Verfasser der Bedingungen bei der Abfassung vorgestellt hat. Die Entstehungsgeschichte, die der Vertragspartner typischerweise nicht kennt, hat bei der Auslegung außer Betracht zu bleiben <BGH a.a.O.>.

2 AGB sind **eng auszulegen** <u.a. BGH, 7. 2. 1979, BB 1979, 698 (699 unter II, 2, b)>. Die Auslegung erfolgt also zu Ungunsten des AGB-Verwenders (also „kundenfreundliche Auslegung“ <z.B. BGH, 16. 10. 1996, BB 1997, 63; vgl. auch BGH, 5. 11. 1996, BB 1997, 65>). Dieses schon lange vor der Entstehung des AGB-Gesetzes von der Rechtsprechung herausgearbeitete Restriktionsprinzip, das insbesondere bei Gewährleistungs- und Freizeichnungsklauseln zum Zuge kommt, fehlt in der Vorschrift des § 5. Das Restriktionsprinzip darf aber nicht dazu führen, daß einer nach den §§ 9ff unwirksamen Klausel ein gerade noch zulässiger Inhalt verschafft wird. Eine geltungserhaltende Reduktion (siehe § 6 Rdn. 3) darf nicht stattfinden.

3 Die Vorschrift, daß **„Zweifel bei der Auslegung“** von AGB zu Lasten des AGB-Verwenders gehen, ist nicht schon dann anzuwenden, wenn Streit über die Auslegung besteht. Voraussetzung ist vielmehr, daß die Auslegung zu einem objektiv mehrdeutigen Ergebnis führt und mindestens zwei Auslegungsergebnisse rechtlich vertretbar sind <BGH, 6. 3. 1996, r+s 1996, 169 (170 unter 3 a) nicht BB; BGH, 5. 7. 1995, NJW-RR 1995, 1303>. Bei mehreren Auslegungsergebnissen ist im Verbandsverfahren nach § 13 die **„kundenfeindlichste“ Auslegung** anzuwenden <BGH, 3. 7. 1996, BB 1996, 1735 (1736 unter 2); BGH, 12. 1. 1994, BB 1994, 885 (887 unter II, 2)>. Das aufgrund dessen gewonnene Ergebnis ist dann der Inhaltskontrolle zu unterziehen. Wegen der dabei in der Regel festzustellenden Unwirksamkeit der Klau-

sel führt diese Auslegungsmethode letztlich zu einer für den Vertragspartner (den Kunden) günstigen Lage. Übertreibungen bei der Suche nach Zweifeln als Voraussetzung der kundenunfreundlichsten Auslegung sind zu vermeiden <BGH, 20. 10. 1992, BB 1993, 167 (168 unter II, 2)>. Bei Individualprozessen ist dagegen die **kundenfreundlichste Auslegung** maßgebend: bleibt nach Ausschöpfung der in Betracht kommenden Auslegungsmethode ein nicht behebbarer Zweifel, so ist von mehreren möglichen Auslegungen gemäß § 5 die kundenfreundlichste zu wählen <u.a. OLG Hamm, 20. 12. 1996, ZMR 1997, 407 (408)>. Zur ergänzenden Vertragsauslegung siehe § 6 Rdn. 4.

4 Die Anwendung der Vorschrift ist extrem überrollt worden durch den Rechtsprechungsgrundsatz des „Transparenzgebotes" (siehe dazu § 9 Rdn. 13), der von der Rechtsprechung aber dem § 9 zugeordnet wird <u.a. BGH, 12. 10. 1995, BB 1996, 659>. Wenn der BGH AGB-Klauseln nach § 9 für unwirksam erklärt, weil sie „mit Unklarheit behaftet sind" und ausführt, daß aus dem Transparenzgebot folge, daß die Rechtsposition des Vertragspartners nicht unklar geregelt sein dürfe <BGH a.a.O.>, so erscheint § 5 damit letztlich überflüssig.

5 Die EU-Richtlinie spricht in Art. 4 Abs. 2 und 5 Satz 1 von „klar und verständlich" abgefaßten Klauseln. „Bei Zweifeln über die Bedeutung einer Klausel gilt die für den Verbraucher günstigste Auslegung" (Art. 5 Satz 2). Diese Auslegungsregel gilt aber nicht im Rahmen der in Art. 7 Abs. 2 vorgesehenen Gerichts- oder Verwaltungsverfahren (Art. 5 Satz 3). Das ist merkwürdig, (siehe im einzelnen *Wolf* in Wolf/Horn/Lindacher, 3. Aufl. 1994, S. 1930 f Rdn. 9). Der deutsche Gesetzgeber hat seiner Verpflichtung zur Transformation von Art. 5 der EU-Richtlinie dadurch in nicht unproblematischer Weise Rechnung zu tragen versucht, daß er in § 24 a Nr. 2 des AGB-Gesetzes für Verbraucherverträge normiert hat, daß § 5 AGB-Gesetz auch auf vorformulierte Vertragsbedingungen dann anzuwenden ist, wenn diese nur zur einmaligen Verwendung bestimmt sind und somit der Verbraucher aufgrund der Vorformulierung auf ihren Inhalt keinen Einfluß nehmen konnte.

6 Die Vorschrift gilt auch im **kaufmännischen Geschäftsverkehr** <BGH, 29. 9. 1987, NJW-RR 1988, 113 (114)>. Das folgt auch schon aus dem generell anwendbaren Rechtsprechungsgrundsatz des Transparenzgebotes. Unterschiede in der Bewertung bei Einzelfällen können sich allerdings aus der Berücksichtigung der von der Rechtsprechung betonten verständigen Würdigung durchschnittlicher Vertragspartner (siehe Rdn. 1) ergeben.

7 Als Beispiel für eine wegen Unklarheit unwirksame Klausel hat ein Urteil neuerdings die Bestimmung angesehen, daß sich die Gewährleistungsfrist nach VOB und darüber hinaus nach BGB richte <OLG Celle, 8. 2. 1996, NJW-RR 1997, 82>. Dieses Urteil sieht die Gewährleistungsfrist der VOB nur dann als vereinbart an, wenn sich aus dem übrigen Vertrag die Geltung der VOB ergibt.

§ 6 Rechtsfolgen bei Nichteinbeziehung und Unwirksamkeit

(1) Sind Allgemeine Geschäftsbedingungen ganz oder teilweise nicht Vertragsbestandteil geworden oder unwirksam, so bleibt der Vertrag im übrigen wirksam.

(2) Soweit die Bestimmungen nicht Vertragsbestandteil geworden oder unwirksam sind, richtet sich der Inhalt des Vertrages nach den gesetzlichen Vorschriften.

(3) Der Vertrag ist unwirksam, wenn das Festhalten an ihm auch unter Berücksichtigung der nach Absatz 2 vorgesehenen Änderung eine unzumutbare Härte für eine Vertragspartei darstellen würde.

1 Die **Vorschrift gilt für AGB** im Sinne von § 1 **und** darüber hinaus **bei Verbraucherverträgen** im Sinne von § 24 a auch für vorformulierte Vertragsbedingungen, „wenn diese nur zur einmaligen Verwendung bestimmt sind und soweit der Verbraucher aufgrund der Vorformulierung auf ihren Inhalt keinen Einfluß nehmen konnte."

2 **Absatz 1 der Vorschrift** schreibt den Fortbestand des Rechtsgeschäfts unabhängig vom Willen der Vertragspartner vor <BGH, 9. 5. 1996, BB 1996, 1524 (1525 unter IV, 1)> bei

- Nichteinbeziehung der AGB insgesamt z.B. wegen Nichteinbeziehung gem. § 2 oder wegen Kollision der Bedingungen (dazu § 2 Rdn. 23 und Anhang § 9 Einkaufsbedingungen Rdn. 2) oder
- Nichteinbeziehung einzelner Klauseln z.B. wegen § 3 oder
- Unwirksamkeit der AGB insgesamt oder
- Unwirksamkeit einzelner AGB-Klauseln.

Der Sinn dieser Regelung besteht in erster Linie im Schutz des Vertragspartners des AGB-Verwenders <BGH a.a.O.>. Durch Abs. 1 wird § 139 BGB ausgeschaltet. So läßt z.B. die Unwirksamkeit einer

Klausel in einem Heilpraktiker-Ausbildungsvertrag über die Fälligkeit der gesamten noch geschuldeten Vergütung bei Verzug mit einer Rate von mehr als 20 Tagen den Vertrag im übrigen unberührt <BGH, 11. 7. 1996, NJW-RR 1996, 1266>.

Verstößt eine AGB-Klausel gegen eine Vorschrift des AGB-Gesetzes, 3
so ist nach ständiger Rechtsprechung eine Zurückführung der Bestimmung auf den gerade noch zulässigen Inhalt der Klausel **(geltungserhaltende Reduktion)** nicht zulässig <u.a. BGH, 4. 12. 1992, BGHZ 120, 122; ablehnend insgesamt *Lindacher* in *Wolf/Horn/Lindacher*, 4. Aufl. 1994, § 6 Rdn. 29; ablehnend für Individualprozeß *Kötz* in Münchner Kommentar, 3. Aufl., § 6 AGB-Gesetz, Rdn. 8>. Das gilt auch für den kaufmännischen Verkehr <BGH, 10. 10. 1991, BB 1991, 229 (230) = BGHZ 115, 324 (327); BGH, 17. 1. 1990, BB 1990, 373 (375 unter c) = BGHZ 110, 88 (95); Literatur allgemein u.a. *Locher*: Das Recht der AGB, 3. Aufl. 1997, S. 76-79; *Neumann*: Geltungserhaltende Reduktion und ergänzende Auslegung von AGB, 1988>.

Ist eine Klausel teilbar, so ist nicht die ganze Klausel unwirksam. Die 4
Unwirksamkeit betrifft nur den Teil der Klausel, der gegen Vorschriften des AGB-Gesetzes verstößt <allg. Lit.: *Locher*: Das Recht der AGB, 3. Aufl. 1997, S. 77 f.>. Als Beispiel kann die Klausel dienen, die in AGB sowohl das Zurückbehaltungsrecht als auch das Aufrechnungsrecht ausschließt. Ist der Ausschluß des Zurückbehaltungsrechts ungültig, so bleibt das ordnungsgemäß gestaltete Aufrechnungsverbot wirksam <BGH, 18. 4. 1989, BB 1989, 1295 = BGHZ 107, 185>. Teilbar durch Abtrennung ist bei einem Schuldbeitritt zu einem Kontokorrentkredit der unzulässige Satzteil „zzgl. Kreditüberschreitungen bzw. Kontoüberziehungen" <BGH, 7. 11. 1995, BB 1996, 12 (13 unter II, b, bb)> und bei einer Klausel über das Erfordernis einer förmlichen Abnahme der Ausschluß der fiktiven Abnahme <BGH, 10. 10. 1996, BB 1997, 176>. Teilbar ist auch eine Klausel im Formularvertrag Wohnungsmiete, in der sich der Mieter auf seine Kosten zu Schönheitsreparaturen und bestimmten anderen Reparaturen verpflichtet <BayObLG, 12. 5. 1997, ZMR 1997, 405>.

Hinsichtlich der **Rückwirkung der Rechtsprechung bei Unwirksam-** 5
keit von AGB-Klauseln hat der BGH entschieden: Wenn eine Klausel für unwirksam erklärt wird, sind auch die in der Vergangenheit liegenden Verträge selbst dann betroffen, wenn die Klausel zuvor in ständiger Rechtsprechung als gültig angesehen wurde. „Ob dies wohl auch bei einer Entscheidung gilt, die auf einem allgemeinen Beurteilungswandel beruht, bleibt offen." <BGH, 18. 1. 1996, BB 1996, 553 =

BGHZ 132, 6>. Der BGH meint, daß Inhalt und Zielrichtung des AGB-Gesetzes dem Interesse des Vertragspartners des AGB-Verwenders, nicht an eine unbillige Klausel gebunden zu sein, generell Vorrang einzuräumen sei gegenüber dem Vertrauen des AGB-Verwenders auf den Bestand der Klausel. „Infolgedessen gehen die Belange des Kunden grundsätzlich auch dann vor, wenn die Bestimmung von der höchstrichterlichen Rechtsprechung zunächst als gültig angesehen wurde <BGH a.a.O. (555 unter b); dazu *Ganter*, WM 1996, 1705 (1717 mit Nachweisen in Fußnote 75 zu weiterer Literatur); vgl. auch BGH, 29. 2. 1996, BB 1996, 1080 = BGHZ 132, 119 (120) und *Bülow*, ZIP 1996, 1694 sowie *Keim*, NJW 1996, 2774; *Lüke*, NJW 1997, 109>.

6 Zu dem interessanten und von der Rechtsprechung bisher nicht beachteten Problem des **Lösungsrechts vom Vertrag** bei arglistiger Verwendung unwirksamer AGB: *Lass*, JZ 1997, 67.

7 **Absatz 2 der Vorschrift** sieht vor, daß die Lücke, die durch Nichteinbeziehung oder Unwirksamkeit der AGB entstanden ist, durch die gesetzlichen Vorschriften (vor allem BGB, HGB und UN-Kaufrecht) ausgefüllt wird. Zu den gesetzlichen Vorschriften im Sinne von Abs. 2 gehören auch die zahlreichen Rechtsprechungsgrundsätze, die sich im Laufe der 100jährigen Geschichte des BGB entwickelt haben. Ist ein Vertragstyp nicht im Gesetz speziell geregelt, so ist die Lückenausfüllung durch **ergänzende Vertragsauslegung** gem. §§ 157, 242 und 315 BGB vorzunehmen. Besonders umkämpft war die ergänzende Vertragsauslegung bei der unwirksamen Tagespreisklausel der Kraftfahrzeug-Neuwagen-Verkaufsbedingungen (siehe § 11 Nr. 1). Die Rechtsprechung hat ein Preiserhöhungsrecht des AGB-Verwenders und ein Rücktrittsrecht des Vertragspartners zugebilligt <BGH, 31. 10. 1984, BB 1985, 481; BGH, 1. 2. 1984, BB 1984, 486 mit Anmerkung *Trinkner* und *Löwe*>. Zu salvatorischen Klauseln, die bei Unwirksamkeit von AGB-Klauseln nicht die Geltung der gesetzlichen Vorschriften sondern eine ersatzweise Regelung vorsehen: siehe Anhang § 9 Salvatorische Klauseln.

8 Gesamtnichtigkeit des Vertrages ist gem. **Abs. 3** dann gegeben, wenn das Festhalten an dem Vertrag unter Berücksichtigung der nach Abs. 2 vorgesehenen Änderungen eine **unzumutbare Härte** für eine Vertragspartei darstellen würde. In aller Regel ist es der AGB-Verwender, für den es eine unzumutbare Härte bedeuten kann. Der Vertragspartner dagegen hat durch die Nichteinbeziehung oder Unwirksamkeit von AGB-Klauseln im allgemeinen nur einen Vorteil. Unzumutbar kann das Festhalten am Vertrag auch dann sein, „wenn

infolge der Unwirksamkeit einer AGB-Klausel das Vertragsgleichgewicht grundlegend gestört ist. Allerdings genügt nicht schon jeder wirtschaftliche Nachteil auf Seiten der Verwender; erforderlich ist vielmehr eine **einschneidende Störung des Äquivalenzverhältnisses**, die das Festhalten an dem Vertrag für ihn unzumutbar macht" <BGH, 9. 5. 1996, BB 1996, 1524 (1525 unter IV, 1)>. Es muß sich um eine „krasse Äquivalenzstörung" handeln <BGH a.a.O. unter IV, 2>. Eine Verschlechterung der Rechtsposition des AGB-Verwenders allgemein ist dagegen das generelle Risiko des AGB-Verwenders <u.a. OLG Frankfurt, 22. 9. 1994, NJW-RR 1995, 283 (284)>. Als Beispiel für eine Gesamtnichtigkeit wegen Störung des Äquivalenzprinzips zu Lasten des Vertragspartners des AGB-Verwenders kann der Fall einer langdauernden Bezugspflicht des AGB-Verwenders bei Nichtgewährung eines ihm zugesagten Darlehens aufgrund einer unzulässigen AGB-Klausel dienen <BGH, 16. 10. 1996, BB 1997, 63; siehe auch Anhang § 9: Bezugspflicht>. Nicht zuzustimmen ist der Ansicht <in vorsichtiger Weise vertreten von *Locher*: Das Recht der AGB, 3. Aufl. 1997, S. 80>, daß bei Verträgen im kaufmännischen Geschäftsverkehr eher die Gesamtnichtigkeit des Vertrages anzunehmen ist. Im allgemeinen ist es das Ziel der kaufmännischen Vertragspartner, einen geschlossenen Vertrag „zu retten".

Die **EU-Richtlinie** enthält im zweiten Teil des Absatzes 1 von Art. 6 **9**
eine Verpflichtung der EU-Mitgliedstaaten, eine Vorschrift zu erlassen, die dem Sinn des § 6 AGB-Gesetz entspricht. Es muß vorgesehen werden, „daß der Vertrag für beide Parteien auf derselben Grundlage bindend bleibt, wenn er ohne die mißbräuchlichen Klauseln bestehen kann." Die Transformation ins Deutsche Recht ist dadurch erfolgt, daß in § 24a Nr. 2 festgelegt ist, daß § 6 auf vorformulierte Klauseln in Verbraucherverträgen auch dann anzuwenden ist, wenn diese nur zur einmaligen Verwendung bestimmt sind und somit der Verbraucher aufgrund der Vorformulierung auf ihren Inhalt keinen Einfluß nehmen konnte.

§ 7 Umgehungsverbot

Dieses Gesetz findet auch Anwendung, wenn seine Vorschriften durch anderweitige Gestaltungen umgangen werden.

Die Vorschrift hat keine praktische Bedeutung; sie ist letztlich über- **1**
flüssig <*Jauernig/Teichmann*, BGB, 8. Aufl. 1997, § 7 Rdn. 1 AGBG;

vgl. *Niebling*, AGB von A-Z, 3. Aufl. 1996, S. 153; *Erman/Hefermehl*, BGB, 9. Aufl. 1993, § 7 AGBG, Rdn. 1>. Aus der Vorschrift ist der zwingende Charakter des AGB-Gesetzes zu schließen.

2 Die Rechtsprechung hat nur sehr selten die Entscheidung auf die Vorschrift gestützt <z.B. BGH, 21. 4. 1986, ZIP 1986, 831; BGH, 11. 10. 1984, BB 1985, 148>, ohne daß dies für die jeweilige Wertung der Unzulässigkeit von AGB-Klauseln erforderlich gewesen wäre. Die §§ 9-11 reichen in ihrer umfassenden Ausgestaltung völlig aus, die Unwirksamkeit von AGB-Klauseln zu begründen. Als kein Fall von § 7 ist angesehen worden eine Aufspaltung in zwei Kurse zur Heilpraktiker-Ausbildung, die zusammen mehr als zwei Jahre dauern (zu beachten ist § 11 Nr. 12), wenn nicht beide Kurse belegt werden müssen, um zur Prüfung zugelassen zu werden <OLG München, 15. 3. 1990, NJW-RR 1990, 1016 unter 1>.

Vor § 8

1 Das Gesetz spricht von **„unwirksamen" Bestimmungen** oder Klauseln. Unwirksamkeit bedeutet Nichtigkeit. Zur Auswirkung der Unwirksamkeit einer Klausel auf die übrigen AGB und den Vertrag insgesamt siehe zu § 6.

2 **Konditionenkartelle und Konditionenempfehlungen** unterliegen einer Kontrolle durch die Kartellbehörden (§§ 12 und 38 Abs. 3 GWB). Die Kontrolle wird vom Bundeskartellamt nicht nur kartellrechtlich sondern auch bezüglich des AGB-Rechts, was aufgabenmäßig als problematisch anzusehen ist, sehr umfassend, intensiv, kritisch und zeitraubend im Vorverfahren vor der erforderlichen Anmeldung durchgeführt (sogenanntes **Legalisierungsverfahren**). Da die zuständigen Beamten überwiegend keine Spezialisten im AGB-Recht sind, werden zum Teil Klauseln nicht beanstandet, die erhebliche Verstöße gegen das AGB-Gesetz enthalten. Andererseits greift das Amt auch Klauseln an, die keine große Bedeutung haben („Kleinkram") oder bei denen es sehr fraglich erscheint, ob wirklich ein AGB-Verstoß vorliegt. Insgesamt ist die Kontrollpraxis des Bundeskartellamtes von vielen Merkwürdigkeiten geprägt. Die Legalisierung durch die Kartellbehörden gibt zwar den Verbänden, die mit Konditionenkartellen oder Konditionenempfehlungen arbeiten, deren AGB-Verwender und den Vertragspartnern einen gewissen Anschein der rechtlichen

Richtigkeit und der Zumutbarkeit der Geschäftsbedingungen. Gerichte sind aber nicht gehindert, Klauseln in Konditionenkartellen und Konditionenempfehlungen für unwirksam zu erklären und haben das schon in zahlreichen Fällen praktiziert. Allein das zeigt die nur eingeschränkte Effizienz der Legalisierungsverfahren durch die Kartellbehörden. Besonders mißlich ist die Unterlassung einer begleitenden Kontrolle bestehender Konditionenkartelle und Konditionenempfehlungen durch die Kartellbehörden. Selbst bei gefestigter Rechtsprechung zur Unwirksamkeit einer bestimmten Klausel werden solche Klauseln in alten Konditionenkartellen und Konditionenempfehlungen von den Kartellbehörden nicht nachträglich beanstandet. Die Zurückdrängung der von der Rechtsprechung für unwirksam erklärten Klauseln könnte bei guter Arbeit der Kartellbehörden bedeutend weiter gediehen sein. Eine Auflistung der beim Bundeskartellamt angemeldeten Konditionenempfehlungen unübersichtlicher Art ist enthalten im „Bericht des Bundeskartellamtes über seine Tätigkeit in den Jahren 1995/1996 ..." <BT Drucks. 13/7900 vom 19. 6. 1997, S. 205-224>. Die Tabelle ist vereinzelt konfus <z.B. erscheint die nicht mehr existierende alte Konditionenempfehlung des Mietvertrages für Baumaschinen und Baugeräte auf S. 210 in der Gruppe „Metallerzeugung ...", während die Neufassung 1996 auf S. 213 in der Gruppe „Geräte der Elektroerzeugung ..." ohne Verknüpfung angeführt ist. Die Konditionenempfehlung desselben Verbandes „Mietvertrag für Arbeitsbühnen" ist als einzige Empfehlung dagegen in der Gruppe „Vermietung beweglicher Sachen" auf S. 220 zu finden, obwohl es u.a. auch die auf S. 207 enthaltenen Bedingungen für die Vermietung von Planen in der Gruppe „Bekleidung" gibt>.

Zur eventuellen **Haftung von Wirtschaftsverbänden für die von ihnen** 3
empfohlenen Geschäftsbedingungen ist auf folgendes Urteil hinzuweisen: Stellt ein Verband seine Konditionenempfehlung sämtlichen Mitgliedern zur Verfügung, so haftet der Verband nicht dem Einzelmitglied gegenüber auf Schadensersatz, wenn die Bedingungen nicht für dieses Mitglied ausreichend ausgestaltet sind <die sogenannten grünen Lieferbedingungen des ZVEI (Zentralverband der elektrotechnischen und elektronischen Industrie) enthalten keinen umfassenden Eigentumsvorbehalt: OLG Frankfurt, 10. 7. 1997, nicht rechtskräftig, OLGR Frankfurt 1997, 241>.

Eine wirkungsvolle aber leider nicht ausreichend genutzte Möglich- 4
keit der Inhaltskontrolle von AGB im kaufmännischen Geschäftsverkehr besteht durch den **Gutachterausschuß für allgemeine Geschäftsbedingungen** (dazu im einzelnen § 24 Rdn. 9 ff).

5 Unter anderem die §§ 8-11 gelten auch bei **Verbraucherverträgen**, wenn diese nur zur einmaligen Verwendung bestimmt sind und soweit der Verbraucher aufgrund der Vorformulierung auf ihren Inhalt keinen Einfluß nehmen konnte (§ 24 a Nr. 2).

6 Die **Beweislast** für die Unwirksamkeit von AGB trägt jedenfalls für den Individualprozeß der Vertragspartner, der sich auf die Unwirksamkeit beruft <BGH, 21. 11. 1995, BB 1996, 130 (131 unter 2, b, bb)>.

7 Zur **Sittenwidrigkeit** eines Formularvertrages **auch wegen nach dem AGB-Gesetz unwirksamen Klauseln** gibt es folgendes neues Urteil: In die Beurteilung, ob ein Formularvertrag nach § 138 Abs. 1 BGB nichtig ist, sind die nach den Vorschriften des AGB-Gesetzes unwirksamen Klauseln mit einzubeziehen <BGH, 18. 9. 1997, BB 1997, 2345 (2347) = WM 1997, 2117 (2119 f.)>.

§ 8 Schranken der Inhaltskontrolle

Die §§ 9 bis 11 gelten nur für Bestimmungen in Allgemeinen Geschäftsbedingungen, durch die von Rechtsvorschriften abweichende oder diese ergänzende Regelungen vereinbart werden.

Literatur: *Schmidt-Salzer*, FS für Brandner, 1996, S. 259-278; zu Entgeltklauseln: *Horn*, Beilage Nr. 1 zu WM 1997.

1 Die theoretisch sehr einfach klingende Vorschrift entfaltet ihre große Schwierigkeit bei der konkreten Anwendung im Einzelfall. Die Rechtsprechung ist bei der Anwendung der Vorschrift schon mehrfach völlig in die Irre gegangen, z.B. in der inzwischen korrigierten Entscheidung zur Klausel „Fahrtzeit = Arbeitszeit" <ursprünglich falsch BGH, 5. 6. 1984, BB 1984, 1321 = BGHZ 91, 316; inzwischen geändert durch BGH, 19. 11. 1991, BB 1992, 228 = BGHZ 116, 117>. Die Rechtsprechungsänderung bleibt zum Teil in der juristischen Literatur unbeachtet <*Niebling*: AGB von A-Z, 3. Aufl. 1996, S. 53 und 88>. Siehe zur Klausel „Fahrtzeit = Arbeitszeit" auch Anhang § 9 „Reparaturverträge", Rdn. 6.

2 **Kontrollfähig** sind nur AGB-Klauseln (beachte aber auch Rdn. 5), durch die von Rechtsvorschriften abweichende oder ergänzende Regelungen vereinbart werden. Als Rechtsvorschriften kommen nicht

nur vor allem BGB und HGB zur Anwendung. Wichtig ist insbesondere auch das als deutsches Recht geltende UN-Kaufrecht. Abzustellen ist aber auch auf „alle ungeschriebenen Rechtsgrundsätze" und damit insbesondere die Rechtsprechungsprinzipien <BGH, 10. 12. 1992, BB 1993, 683 (684 unter 6, b) = BGHZ 121, 13 (18)>. Das Vorhandensein einiger spezialgesetzlicher Vorschriften bringt viele Ungereimtheiten in das AGB-Recht. Dazu nur zwei Beispiele <vgl. *Geisler*, VUR 1996, 407>: während § 11 Nr. 7 eine Haftungsbegrenzung für grobe Fahrlässigkeit als unzulässig erklärt, gilt

- gem. § 12 Postgesetz für die Deutsche Post AG die Zulässigkeit des Haftungsausschlusses für grobe Fahrlässigkeit bei nicht ordnungsgemäßer Behandlung von gewöhnlichen Postsendungen und Postgut.
- gem. § 31 Abs. 5 Satz 2 für die Deutsche Bahn AG die Zulässigkeit einer Haftungsbegrenzung für Reisegepäck auf 4.000,00 DM je Gepäckstück und auf 72.000,00 DM bei Kraftfahrzeugen.

Wiederholen AGB-Klauseln sinngemäß Regelungen gesetzlicher Vor- 3
schriften, so muß geprüft werden, ob die Vorschrift wirklich für den der Vereinbarung zu Grunde liegenden Vertrag heranzuziehen ist. So hat der BGH die Kontrollfähigkeit einer Klausel bejaht und sodann Unwirksamkeit festgestellt, in der lediglich § 552 Satz 1 BGB (Pflicht zur Entrichtung des Mietzinses trotz persönlicher Verhinderung des Mieters) wiederholt worden ist. Die Klausel wurde aber von einem Fitnesstudio verwandt. Der BGH hielt diese Vertragsart von grundlegend anderer Qualität als einen typischen Mietvertrag <BGH, 23. 10. 1996, NJW 1997, 193, insofern nicht abgedruckt in BB 1996, 2537>.

Die **Inhaltskontrolle** von AGB-Klauseln erstreckt sich **nicht auf Lei-** 4
stungsbeschreibungen des Vertrages <BGH, 26. 9. 1996, BB 1996, 2535 unter II, 2> **und Preisvereinbarungen** <BGH, 25. 1. 1996, BB 1996, 763 (765 unter VI, 2, a); BGH, 20. 10. 1992, NJW 1993, 1128 (1129); BGH 19. 11. 1991, BB 1992, 228 = BGHZ 116, 117>. Nebenabreden und Preisnebenabreden unterliegen aber der Inhaltskontrolle, wobei die Abgrenzung äußerst schwierig ist, wie aus dem in Rdn. 1 erwähnten Problem der Klausel „Fahrtzeit = Arbeitszeit", dem BGH-Urteil zur merkwürdig differenzierten Betrachtung von Postenpreisklauseln von Sparkassen <BGH, 7. 5. 1996, BB 1996, 1407 = EWiR 1996, 817 (*Glas*, kritisch)> sowie den gegensätzlichen Gerichtsentscheidungen zu Freistellungsaufträgen <OLG Zweibrücken und OLG Karlsruhe, jeweils 8. 11. 1996, jetzt BGH, 15. 7. 1997 siehe un-

noch 4 ten> zu ersehen ist. Die Rechtsprechung hat unter anderem als kontrollfähige Neben- und Preisnebenabreden angesehen <weitere Nachweise siehe Anh. § 9: Banken/Sparkassen ab Rdn. 39; vgl. auch *Palandt/Heinrichs*, 56. Aufl. 1997, § 8 Rdn. 5-5c>:

- Gebührenklauseln für Freistellungsaufträge im Rahmen der Zinsabschlagssteuer <BGH, 15. 7. 1997, BB 1997, 1862 und 1863 = WM 1997, 1663 und 1665; Vorinstanzen: OLG Zweibrücken, 8. 11. 1996, WM 1996, 2338; a. A. OLG Karlsruhe, 8. 11. 1996, BB 1997, 9>.
- Wertstellungsklauseln <BGH, 17. 6. 1997, BB 1997, 1809 = WM 1997, 1661; BGH, 6. 5. 1997, BB 1997, 1378>.
- Gebührenklauseln für Lastschriftrückgabe „mangels Deckung“ <OLG Celle, 27. 11. 1996, nicht rechtskräftig, WM 1997, 865.
- Entgeltklauseln im Preisverzeichnis eines Kreditinstituts. z.B.: unzulässig: Nichtausführung Dauerauftrag mangels Deckung: 3,00 DM ... <KG, 18. 9. 1996, WM 1997, 60>.
- Postenpreisklauseln der Sparkassen <BGH, 7. 5. 1996, BB 1996, 1407 = BGHZ 133, 10>.
- Preisverzeichnis eines Kreditinstitutes <OLG Nürnberg, 2. 7. 1996, WM 1996, 1627 und 1624>.
- Entgeltklauseln einer Bank für Bearbeitung von Freistellungserklärungen für Zinsabschlagssteuer von Nichtkaufleuten: zulässig <OLG München, 11. 7. 1996, BB 1996, 1956; jetzt aber BGH, 15. 7. 1997, WM 1997, 1663 und 1665>.
- Vorleistungsklauseln <OLG Düsseldorf, 21. 12. 1994, NJW-RR 1995, 1015>.
- Klauseln über Zusatzboni in Vertragshändlerverträgen <BGH, 12. 1. 1994, BB 1994, 885 (888 f unter VII, 2, a)>.

Zweifelhaft ist, ob eine Automatikklausel in einem langfristigen Immobilienleasingvertrag über die Erhöhung des neben der Leasingraten zu zahlenden Verwaltungskostenbeitrages unter Vollkaufleuten der Inhaltskontrolle unterliegt <OLG Hamm, 20. 12. 1996, nicht rechtskräftig, DB 1997, 569>. Investitions- und Arbeitsplatzzusagen gegenüber der Treuhandanstalt (jetzt BvS) unterliegen zwar nicht der Inhaltskontrolle, wenn sie als Teil der vom Vertragspartner zu erbringenden Leistung anzusehen sind. Bei strafbewehrten Zusagen ist die Inhaltskontrolle der Vertragsstrafenvereinbarung aber zu bejahen <OLG Düsseldorf, 27. 11. 1996, nicht rechtskräftig, OLGR Düssel-

dorf 1997, 73; zu Vertragsstrafenvereinbarungen allgemein: § 11 Nr. 6>.

Die **EU-Richtlinie** sieht in Art. 4 Abs. 2 vor, daß die Beurteilung der **5**
Mißbräuchlichkeit einer Klausel weder den Hauptgegenstand des Vertrages noch die Angemessenheit zwischen dem Preis bzw. dem Entgelt und den Dienstleistungen bzw. den Gütern, welche die Gegenleistung darstellen, betrifft, sofern die Klausel klar und verständlich abgefaßt ist. Nach § 24 a Nr. 2 AGB-Gesetz ist § 8 auf vorformulierte Vertragsbedingungen in Verbraucherverträgen auch dann anzuwenden, wenn diese nur zur einmaligen Verwendung bestimmt sind und somit der Verbraucher aufgrund der Vorformulierung auf ihren Inhalt keinen Einfluß nehmen konnte.

AGB-Flughafenbenutzungsentgelte unterliegen der richterlichen In- **6**
haltskontrolle nach § 315 Abs. 3 BGB durch die ordentlichen Gerichte unbeschadet der behördlichen Genehmigung nach § 43 Luftverkehrszulassungsordnung <BGH, 23. 1. 1997, NJW-RR 1997, 1019>.

§ 9 Generalklausel

(1) Bestimmungen in Allgemeinen Geschäftsbedingungen sind unwirksam, wenn sie den Vertragspartner des Verwenders entgegen den Geboten von Treu und Glauben unangemessen benachteiligen.

(2) Eine unangemessene Benachteiligung ist im Zweifel anzunehmen, wenn eine Bestimmung

1. **mit wesentlichen Grundgedanken der gesetzlichen Regelung, von der abgewichen wird, nicht zu vereinbaren ist, oder**
2. **wesentliche Rechte oder Pflichten, die sich aus der Natur des Vertrages ergeben, so einschränkt, daß die Erreichung des Vertragszwecks gefährdet ist.**

Literatur: *Borges*: Inhaltskontrolle von Verbraucherverträgen, DZWir 1997, 402; *Hebestreit*, Christoph, Transparenz im AGB-Recht der Bundesrepublik Deutschland?, 1995; *Hommelhoff/Wiedeman*, Allgemeine Geschäftsbedingungen gegenüber Kaufleuten und unausgehandelte Klauseln in Verbraucherverträgen, grundsätzliches zur Transformation der EG-Klauselrichtlinien ins deutsche Recht, ZIP 1993, 562-580; *Hoyningen-Huene*, Gerrick v., Die Inhaltskontrolle nach § 9 AGB-Gesetz, 1991: Ein Kommentar, zugleich Ergänzung des Großkommentars zum AGB-Gesetz von *Löwe/v. Westphalen/Trinkner*,

2. Aufl., Bd. II 1983, Bd. III 1985; *Loewe/Graf v. Westphalen/Trinkner*, Großkommentar zum AGB-Gesetz, bearb. v. *Walter Löwe, Friedrich Graf v. Westphalen, Reinhold Trinkner*, 2. Aufl., Bd. II Heidelberg (1983), Bd. III Heidelberg (1985); *Niebling*, Isolierte Betrachtung Allgemeiner Geschäftsbedingungen oder Würdigung des Gesamtvertrages, BB 1992, 717; *Palandt*, Bürgerliches Gesetzbuch, Kommentierung zum AGBG, bearb. v. *Helmut Heinrichs*, München 56. Aufl. (1997); *Roussos*, Die Anwendungsgrenzen der Inhaltskontrolle und die Auslegung von § 9 AGB-Gesetz, JZ 1988, 997-1006; *Schmidt-Salzer, Joachim*, Produkthaftung, Bd. II: Freizeichnungsklauseln, 2. Aufl., Heidelberg (1985); *Serick, Rolf*, Kurzkommentar z. BGH-Urt. vom 13. 1. 1994 – IX ZR 79/93, EWiR § 9 AGBG 5/94, 209; *Sieg, Karl*, Die Versicherbarkeit als Beurteilungsfaktor für die Zulässigkeit von Haftungsüberwälzungen, BB 1994, 299-301; *Soergel/U. Stein*, Bürgerliches Gesetzbuch, mit Einführungsgesetz und Nebengesetzen, Bd. 3, AGB-Gesetz, bearb. von *Ursula Stein*, 12. Aufl., Stuttgart u.a. (1991); *Ulmer/Brandner/Hensen*, AGB-Gesetz, Kommentar zum Gesetz zur Regelung des Rechts der Allgemeinen Geschäftsbedingungen, bearb. v. *Peter Ulmer, Hans Erich Brandner, Horst-Dieter Hensen, Harry Schmidt*, Köln, 7. Aufl. (1993); *von Westphalen*, Die Wirksamkeit von Haftungsfreizeichnungsklauseln und Haftungsbegrenzungsklauseln bei leichter Fahrlässigkeit gem. § 9 AGB-Gesetz, WM 1983, 974; *Wolf/Horn/Lindacher*, AGB-Gesetz Kommentar, bearb. v. *Wolf, Manfred, Horn, Norbert, Lindacher, Walter F.*, 3. Aufl., München (1994).

1 § 9 gibt als **Generalklausel** den grundlegenden Maßstab zur Kontrolle der AGB. In Absatz 1 allgemein – Verbot der unangemessenen Benachteiligung des Vertragspartners entgegen den Geboten von Treu und Glauben –, in Absatz 2 konkret mit Beweiserleichterung: Beweist der Vertragspartner, daß die betreffende Bestimmung von wesentlichen Grundgedanken der gesetzlichen Regelung abweicht oder mit diesen nicht vereinbar ist (Abs. 2 Ziffer 1) oder daß die Bestimmung wesentliche Rechte oder Pflichten, die sich aus der Natur des Vertrages ergeben, so einschränkt, daß die Erreichung des Vertragszwecks gefährdet ist (Abs. 2 Ziffer 2), so gilt die Vermutung, daß dies eine unangemessene Benachteiligung des Vertragspartners ist. Der Kontrollmaßstab entspricht Artikel 3 Abs. 1 der Richtlinie 93/13 EWG des Rates vom 5. 5. 1993 über mißbräuchliche Klauseln in Verbraucherverträgen (ABlEG Nr. L 95 vom 21. 4. 1993, S. 29 ff.).

2 § 9 dient allein dem **Schutz des Vertragspartners**, nicht dem des Verwenders, d.h. eine Inhaltskontrolle zugunsten des Verwenders findet nicht statt. Die Interessen Dritter finden unmittelbar nur dann Berücksichtigung, wenn ein Vertrag zugunsten Dritter vorliegt oder die Interessen des Dritten in den Schutzbereich des AGB-Vertrages miteinbezogen sind; ansonsten finden die Interessen Dritter nur mittelbar über die entsprechende Einbeziehung in die Vermögenssphäre des Vertragspartners Berücksichtigung.

Hält das Gericht die Regelung für unangemessen im Sinne des § 9, so ist nur die Klausel, diese aber **insgesamt unwirksam**, ohne daß der Vertrag als Ganzes dadurch unwirksam wäre, § 6. Nicht zulässig ist eine Umdeutung gemäß § 140 BGB noch eine geltungserhaltende Reduktion, Ergänzung oder Modifizierung der Restregelung durch das Gericht <BGH, 17. 5. 1982, BB 1982, 1750 (1751/1752); BGH, 7. 6. 1982, BB 1982, 1752 (1753)>; eine ergänzende Vertragsauslegung ist dagegen möglich <BGH, 1. 2. 1984, BB 1984, 486 (487 ff.)>. Die **Beweislast** für die Unwirksamkeitsvoraussetzungen trägt derjenige, welcher sich auf die Unwirksamkeit beruft; in den Fällen des § 9 Abs. 2 kommt ihm die gesetzliche Vermutung zu Hilfe. **3**

§ 9 gilt im **Anwendungsbereich** des AGB-Gesetzes (§§ 1, 8, 23 ff. AGB-Gesetz) sowohl für Verträge zwischen Privatpersonen als auch für solche unter Kaufleuten und gegenüber juristischen Personen des öffentlichen Rechts. § 9 ist Auffangtatbestand und kommt zur Anwendung auch dann, wenn §§ 10 und 11 nicht erfüllt sind. Er ist zwingend, gilt für einseitige Rechtsgeschäfte und für solche AGB, die unter behördlicher Mitwirkung aufgestellt wurden. Die behördliche Prüfung schließt die gerichtliche Inhaltskontrolle nicht aus <so für die Flugbedingungen/IATA – Empfehlungen, BGH, 20. 1. 1983, BB 1983, 527 ff.>. Auch die Kontrolle des Bundeskartellamtes bei Konditionenempfehlungen schließt nicht die Prüfung der gerichtlichen Inhaltskontrolle anhand des AGB-Gesetzes aus, da das Bundeskartellamt zum Teil strengere, zum Teil andere Maßstäbe anlegt. Die Belehrung durch den Notar anläßlich einer Protokollierung schließt die Inhaltskontrolle ebensowenig aus, wenn und soweit Notariatsverträge der AGB-Kontrolle unterliegen, insbesondere bei den Verbraucherverträgen des § 24a, siehe dort Rdn. 4 (h.M.). Es besteht für diese Zusatzkontrolle allerdings kein Bedürfnis, da die ausführlich erörterte und vom Notar erläuterte Klausel eine Individualvereinbarung darstellt und deshalb so in ihrer gesamten Tragweite von den Parteien gewollt ist; werden die Vertragspartner nach § 17 BeurkG nicht belehrt, besteht die Möglichkeit der Haftung aus § 19 Abs. 1 BNotO. Weitergehende Rechtsfolgen sind nicht erforderlich. Es ist nicht ersichtlich, weshalb <*Wolf* in Wolf/Horn/Lindacher, AGB-Gesetz, 3. Aufl. 1994, § 1 Rdn. 20> die Belehrungspflicht des Notars nicht ausreichend sein bzw. dem Schutzzweck des AGB-Gesetzes nicht genügen solle. **4**

5 **Im Verhältnis zu anderen Vorschriften des AGB-Gesetzes** gilt: § 9 ist gegenüber §§ 10 und 11 Auffangtatbestand, d.h. erst dann zu prüfen, wenn die Klausel nicht schon nach §§ 10 und 11 zu beanstanden ist. § 9 ist im Individualprozeß nicht zu prüfen, wenn nicht zuvor festgestellt worden ist, daß die AGB gemäß § 2 AGB-Gesetz überhaupt Vertragsbestandteil geworden sind <BGH, 20. 3. 1985, BB 1985, 1150 (1151)> und zwar deshalb, weil den Parteien andernfalls hinsichtlich der Einbeziehung der AGB eine Tatsacheninstanz abgeschnitten wird. Ebenso ist vorrangig zu prüfen, ob es sich um eine überraschende Klausel handelt (§ 3 AGB-Gesetz), oder ob die Individualabrede nach § 4 AGB-Gesetz Vorrang hat. Schließlich ist die Klausel erst einmal gemäß § 5 auszulegen, bevor die Prüfung an Hand der §§ 9 bis 11 erfolgt.

6 Für die Anwendung des **§ 242 BGB** ist zur Inhaltskontrolle der AGB neben § 9 kein Raum. Im Rahmen der **Ausübungskontrolle** (Bunte, NJW 1987, 921, 926) findet § 242 BGB jedoch neben § 315, 319, 343 BGB sehr wohl Anwendung, z.B. im Rahmen des venire contra factum proprium bzw. fehlendem schutzwürdigen Eigeninteresse des Berechtigten <BGH, 31. 1. 1983, BB 1983, 142>. Ebenso kann § 242 neben § 9 zur ergänzenden bzw. restriktiven Vertragsauslegung herangezogen werden, so z.B. zur Beschränkung der Leistungsfreiheit aufgrund des Alles- oder Nichts-Prinzips im Versicherungsvertragsrecht (§§ 6 Abs. 3 VVG und 7 Abs. 5 AKB) durch die Entwicklung der Relevanztheorie <BGH; 30. 4. 1969, BGHZ 52, 86-93, 88 f.; im einzelnen: *Pilger*, Unfallflucht und fehlerhafte Informationen der Kraftfahrzeughaftpflichtversicherung, 1976, S. 30 ff.>.

7 Eine Klausel ist gemäß **§ 9 Abs. 1** unwirksam, wenn sie den Vertragspartner des Verwenders entgegen den Geboten von Treu und Glauben unangemessen benachteiligt. In den Fällen des Absatz 2 Nr. 1 und 2 wird diese unangemessene Benachteiligung vermutet. In Absatz 1 ist sie anhand einer umfassenden Interessenabwägung unter Berücksichtigung der Definition in Artikel 3 Abs. 1 der EU-Richtlinie festzustellen. Artikel 3 Abs. 1 betrachtet eine Klausel als mißbräuchlich, wenn sie entgegen dem Gebot von Treu und Glauben zum Nachteil des Verbrauchers ein erhebliches und ungerechtfertigtes Mißverhältnis der vertraglichen Rechte und Pflichten der Vertragspartner verursacht. Treu und Glauben bestimmen den Grad der Unangemessenheit <BGH, 7. 10. 1981, BB 1982, 146>. Der Verstoß muß schwerwiegend oder zumindest von einigem Gewicht sein. Die umfassende Interessenabwägung hat die Interessen beider Vertragsparteien zu berück-

sichtigen, ebenso die der beteiligten Verkehrskreise und die Eigenart des Vertrages. Dabei ist nicht nur isoliert die einzelne Klausel zu betrachten, sondern der gesamte Vertragsinhalt, weshalb auch zu berücksichtigen ist, ob das dem einen Vertragspartner übertragene Risiko versicherbar ist oder sonstwie beherrscht werden kann; insbesondere ist die Frage der Kompensation zu beachten. Durch eine den Vertragspartner des AGB-Verwenders begünstigende Klausel kann eine benachteiligende Klausel in der Bewertung noch als zulässig angesehen werden <vgl. allg. BGH, 25. 10. 1995, BB 1996, 76 (77 unter d)): dort jedoch Kompensation verneint; siehe dazu § 11 Nr. 10 c) Rdn. 7>. Die Kompensation erfordert allerdings einen engen Regelungszusammenhang zwischen den Klauseln <BGH, 23. 4. 1991, BB 1991, 1146 (1148) = BGHZ 114, 238 (246)>. Bei dem Thema der Kompensation geht es nicht nur um den positiven Aspekt, ob eine für den Vertragspartner nachteilige Klausel durch eine vorteilhafte Klausel ausgeglichen werden kann, sondern umgekehrt auch darum, ob zwei jeweils noch akzeptable Klauseln aufgrund der zwischen ihnen bestehenden Gesamtwirkung beide unwirksam sind <vgl. BGH, 26. 10. 1994, BB 1995, 15 (16): Zusammentreffen der Vorauszahlungsklausel in Wohnraummietvertrag mit einer Klausel, welche die Aufrechnung mit Gegenforderungen des Mieters beschränkt>. Wie nun auch in Artikel 3 Abs. 1 der Richtlinie hervorgehoben wird, muß die Benachteiligung erheblich und ungerechtfertigt sein. Dies bedeutet einen höheren Grad an Unangemessenheit als bei den übrigen Vorschriften des BGB <*Thamm*, BB 1980, 22>.

Bei Prüfung und **Abwägung der beiderseitigen Interessen** ist darauf 8
abzustellen, ob der Verwender ein berechtigtes Interesse an der vom Gesetz abweichenden Regelung hat, und darauf, ob dieser Regelung schutzwürdige Interessen des Kunden entgegenstehen <BGH, 14. 1. 1987, NJW 1987, 2431>. Sind Verwender und Vertragspartner Kaufleute, so ist deren Geschäftserfahrenheit und Geschäftsgewandtheit zu berücksichtigen; jedoch nicht gleichermaßen, sondern abgestuft nach Größe und Bedeutung der Unternehmen sowie des Geschäfts und danach, ob z.B. ein Geschäftspartner wegen der Monopolstellung des anderen wirtschaftlich auf den Erwerb der Ware oder Dienstleistung angewiesen ist. Die Vorschriften der §§ 10 und 11 AGB-Gesetz fließen im kaufmännischen Verkehr in die Interessenabwägung des § 9 Abs. 1 ein, indizieren allerdings nicht die Unwirksamkeit der jeweils untersuchten Klausel <BGH, 8. 3. 1984, NJW 1984, 1750; andere Auffassung *Manfred Wolf* in Wolf/Horn/Lindacher, AGB-Gesetz, 3. Aufl. 1994, § 9 Rdn. 121>. Es ist im kaufmännischen

Verkehr in jedem Einzelfall zu prüfen, ob die in den §§ 10 und 11 AGB-Gesetz „verbotenen“ Klauseln als unangemessen zu betrachten sind. Zwar ist die Interessenabwägung nicht individuell vorzunehmen, sondern im Hinblick auf die typischerweise beteiligten Verkehrskreise. Die Beherrschung und Beherrschbarkeit des Risikos steht im Vordergrund, auch das Problem des seitengleichen Regresses, wonach der eine Beteiligte das Risiko abwälzen, der andere aber, weil er einem Verbraucher gegenübersteht, nicht dazu in der Lage ist.

9 **§ 9 Abs. 2** enthält die Vermutung, daß in beiden dort enthaltenen Fallgruppen eine unangemessene Benachteiligung des Vertragspartners vorliegt und diese Treu und Glauben widerspricht. Die Vermutung ist widerlegbar, wenn die Benachteiligung unwesentlich ist, ein überwiegendes Interesse des Verwenders vorliegt oder ein angemessener Ausgleich gewährt wird.

10 Wie schon in Absatz 1, so ist in **Absatz 2 Ziffer 1** die gesetzliche Regelung das Leitbild der Inhaltskontrolle. Zuerst ist deshalb zu prüfen, wie die Rechtslage wäre, wenn das Gesetz Anwendung fände. Dabei muß der Vertrag bestimmten gesetzlichen Vorschriften zugeordnet werden. Das ist bei Verträgen, die nicht dem Katalog der BGB-Vertragsarten entsprechen (z.B. Lizenzverträge, Leasingverträge usw.) schwierig. Die Vertragsart wird nicht durch den AGB-Inhalt bestimmt. Vielmehr hängen von der Vertragsart die Zulässigkeit und Wirksamkeit der AGB-Klauseln ab <BGH, 4. 3. 1997, NJW 1997, 2043>. Ist die Zuordnung der gesetzlichen Vorschriften erfolgt, so ist der wesentliche Grundgedanke der gesetzlichen Regelung zu ermitteln, wobei nicht nur die dispositiven Vorschriften zu untersuchen sind, sondern auch grundlegende Maßstäbe z.B. die der culpa in contrahendo, des Wegfalls der Geschäftsgrundlage oder der Vorteilsausgleichung. Nach der Rechtsprechung ist das Leitbild des Vertrages wichtig. Nur wenn die gesetzliche Regelung einen Gerechtigkeitsgehalt besitzt und nicht nur Zweckmäßigkeitsgesichtspunkte enthält, ist sie der AGB-Regelung gegenüberzustellen <BGH, 21. 12. 1983, BB 1984, 233 (234) und BGH, 25. 6. 1991, BB 1991, 1656 (1657)>. Aus § 767 Abs. 1 Satz 3 BGB entnimmt der BGH z.B. den Grundgedanken des Verbots einer Fremddisposition über die Haftung und das Vermögen des Bürgen, weshalb die formularmäßige Erstreckung der Haftung des Bürgen und des der Haftung des Hauptschuldners Beitretenden gegen § 9 Abs. 2 Ziffer 1 und 2 verstößt <BGH, 6. 2. 1996, WM 1996, 2233; BGH, 18. 1. 1996, BB 1996, 559 = BGHZ 132, 6; BGH, 18. 5. 1995, BB 1995, 1708 = BGHZ 130, 19 und BGH, 7. 11. 1995, BB 1996, 12>. Dieser

Grundsatz ist nicht anwendbar auf die Erstreckung des Sicherungszwecks einer Grundschuld auf alle künftigen Forderungen der kreditgebenden Bank gegen den mit dem Sicherungsgeber nicht identischen Kreditschuldner, weil der Sicherungsgeber nicht in gleicher Weise schutzbedürftig ist, da er nur beschränkt auf den Grundbesitz haftet und nicht einem unkalkulierbaren Risiko ausgesetzt ist <BGH, 24. 6. 1997, BB 1997, 1810 gegen *Ulmer/Brandner/Hansen* Anh. 9 bis 11, Rdn. 663; ebenso im Falle des für „seine" GmbH unbeschränkt bürgenden Geschäftsführers, der die Kreditvergabe selbst in der Hand hat, BGH, 12. 7. 1996, NJW 1996, 3205>. „Wesentliche Grundgedanken der gesetzlichen Regelung" sind auch solche allgemeinen Rechtsgrundsätze, die nicht an einer bestimmten Norm, sondern aufgrund allgemeiner Gerechtigkeitserwägungen in dem jeweils betroffenen Rechtsgebiet entwickelt worden sind <BGH, 23. 4. 1991, BB 1991, 1146 (1147)>. So kann der Verwender von AGB nach allgemeinen Grundsätzen Entgelte nur für solche Leistungen verlangen, die er auf rechtsgeschäftlicher Grundlage für den Vertragspartner erbringt; nicht jedoch für Leistungen in Erfüllung eigener gesetzlicher Verpflichtungen: unwirksame Entgeltklausel der Banken-AGB für Freistellungsaufträge nach dem Zinsabschlaggesetz <BGH, 15. 7. 1997, BB 1997, 1862 f.; BGH, 15. 7. 1997, BB 1997, 1863 f.>.

Kein Verstoß gegen wesentliche gesetzliche Grundgedanken ist anzu- **11**
nehmen, wenn eine kongruente Kompensation gegeben ist (siehe Rdn. 7) oder der Verstoß die Interessen des Vertragspartners nur unerheblich oder geringfügig beeinträchtigt bzw. ein überwiegendes Interesse für gerade diese Regelung auf seiten des Verwenders vorliegt <BGH, 23. 4. 1991, BB 1991, 1146 (1147); BGH, 25. 6. 1991, BB 1991, 1591 (1592)>. Die Abweichung von den wesentlichen Grundgedanken des Gesetzes führt nur „im Zweifel" zu einer unangemessenen Benachteiligung des Vertragspartners. Auch in den Fällen des § 9 Abs. 2 Nr. 1 AGB bleibt der Maßstab des § 9 Abs. 1 AGB-Gesetz maßgeblich <BGH, 25. 6. 1991, BB 1991, 1591 (1592)>.

§ 9 Abs. 2 Ziffer 2 findet dann Anwendung, wenn eine dispositive ge- **12**
setzliche Regelung fehlt. Sie knüpft an an die frühere Rechtsprechung des BGH zu den Kardinalrechten und -pflichten, die sich aus der Natur des Vertrages ergeben. Werden diese eingeschränkt – sie brauchen nicht vollständig aufgehoben zu sein – und wird dadurch das Erreichen des Vertragszwecks gefährdet, ist die entsprechende Klausel unwirksam. Bei Bestimmung der Natur des Vertrages kommt es zunächst auf seine Eigenart an und sodann auf die Zwecke und Vorstellungen

der Parteien, die diese mit dem Vertrag verbinden und selbst als wesentlich angesehen haben. Dabei stehen im Mittelpunkt die Freizeichnungsklauseln. Zeichnet sich der Verwender der AGB gerade für solche Risiken, um derentwillen seine Leistung in Anspruch genommen wird, auch für die Fälle leichter Fahrlässigkeit frei, so stellt sich dies als eklatanter Vertrauensbruch dar. Immer dann, wenn ein redlicher Vertragspartner den Vertrag auf der Grundlage der AGB des Verwenders nicht abgeschlossen hätte, wenn ihm bewußt gewesen wäre, daß dieser sich für die Verletzung von Kardinalpflichten schon bei leichter Fahrlässigkeit freizeichnet, ist die entsprechende Klausel als vertragszweckgefährdend im Sinne des § 9 Abs. 2 Ziffer 2 zu betrachten. Beispiele aus der Rechtsprechung: Freizeichnung der Bank für Verzögerungen beim Scheckinkasso <BGH, 21. 12. 1987, BB 1988, 647>; Freizeichnung der Bank für ordnungsgemäße Ausführung des Überweisungsauftrages <LG Essen, NJW-RR 1986, 139>; Freizeichnung der Bank für ordnungsgemäße Verbuchung von Einzahlungen <BGH, 9. 7. 1991, BB 1991, 1591>; Freizeichnung des Heizöllieferanten für das unsachgemäße Einfüllen von Heizöl <BGH, 14. 5. 1996, BB 1996, 1402 (1404)>; Freizeichnung des Parkplatzbetreibers für die Organisations- und Bewachungspflicht <OLG Köln, NJW-RR 1994, 25>.

13 Ergänzend zu den Tatbeständen des § 9 hat der BGH das sogenannte **Transparenzgebot** entwickelt <BGH, 24. 11. 1988, BB 1988, 2410 (2412); BGH, 10. 7. 1990, NJW 1990, 2383; BGH, 14. 5. 1996, BB 1996, 1402 (1404)>. Danach ist der Verwender von AGB nach Treu und Glauben verpflichtet, die Rechte und Pflichten seines Vertragspartners möglichst klar und durchschaubar darzustellen und seine Rechte und Pflichten nicht durch unklare oder schwer verständlich gefaßte Klauseln zu verschleiern. Dies gilt vor allem für vorbehaltene Gestaltungsrechte und Preisnebenabreden, die dem Vertragspartner nachteilig sind. Zwar ist der Preis selbst gemäß § 8 AGB-Gesetz der materiellen Inhaltskontrolle nach §§ 9 bis 11 AGB-Gesetz entzogen, jedoch nur insoweit, als dem Vertragspartner ein vollständiges und wahres Bild über Art und Höhe des Preises vermittelt wird <BGH, 10. 7. 1990, BB 1990, 1656>. Der BGH verlangt nicht eine allumfassende Ausführlichkeit und auch keine umfassende Belehrung, er fordert jedoch, daß dann, wenn es möglich und dem Verwender zumutbar ist, eine für den Durchschnittskunden verständliche Fassung der Klausel gewählt wird (BGH, a.a.O.). Dem entspricht Artikel 4 Abs. 2 und Artikel 5 der EU-Richtlinie. Danach ist eine Klausel in Verbraucherverträgen nur dann wirksam, wenn sie klar und verständlich ab-

noch **13** gefaßt ist. Ist sie nicht klar und verständlich abgefaßt, so ist bei Beurteilungen der Mißbräuchlichkeit im Sinne des Artikel 3 Abs. 1 auch der Hauptgegenstand des Vertrages sowie Preis und Entgelt für die Dienstleistungen bzw. Güter der Angemessenheitskontrolle zu unterziehen (Artikel 4 Abs. 2 Richtlinie). Außerdem bestimmt Artikel 5 Abs. 1 Satz 2 der Richtlinie, daß bei Zweifeln über die Bedeutung einer Klausel die für den Verbraucher günstige Auslegung gilt. Der Verwender kann die Intransparenz allerdings durch mündliche oder schriftliche Informationen ausräumen <BGH, 23. 5. 1995, BB 1995, 1503>. Die in einer Klausel enthaltenen Rechtsnachteile für den Vertragspartner müssen um so präziser beschrieben werden, je einschneidender die Sanktionen sind <BGH, 16. 5. 1990, BB 1990, 1445>. Das Hinweis- und Verständlichkeitsgebot will sicherstellen, daß der Vertragspartner den Sinn und die Tragweite einer AGB-Regelung nebst ihrer Folgen durchschauen kann <BGH, 24. 11. 1988, BB 1988, 2410; BGH 10. 7. 1990, BB 1990, 1656; BGH, 10. 3. 1993, BB 1994, 886 (888); umfassend *Wolf* in *Wolf/Horn/Lindacher* § 9 Rdn. 143-154>. Auf das ebenfalls zum Transparenzgebot gehörende Bestimmtheitsgebot stützt die Rechtsprechung ihre Ansicht, daß der salvatorische Klauselzusatz „soweit gesetzlich zulässig“ überwiegend unwirksam ist (siehe Anh. § 9: Salvatorische Klauseln Rdn. 3 und 4). Auch die Vereinbarung, daß anstelle der unwirksamen Klausel eine dieser möglichst nahekommende als vereinbart gilt, ist unter diesem Gesichtspunkt als unwirksam zu betrachten <BGH, 6. 12. 1982, BB 1982, 2071 (2072)>. Schließlich erfordert die Transparenz als ein Aspekt des Irreführungsverbots das Gebot der Vollständigkeit, damit der Vertragspartner auch insoweit nicht getäuscht wird <BGH, 31. 10. 1984, BB 1985, 689 (694)>. In der juristischen Literatur wird an dem Transparenzgebot zum Teil Kritik geübt <u.a. *Taupitz*, EWiR 1990, 1043: „Intransparenter Charakter des Transparenzgebotes“. Literatur allgemein: *Heinrichs*, FS für Trinkner, 1996, S. 157; *Hoyningen-Huene*, FS für Trinkner, S. 179; *Brandner*, FS für Locher, 1991, S. 317; *Hansen*, WM 1990, 1521; *Köndgen*, NJW 1989, 943>.

Anhang § 9

Eine Übersicht ist im Inhaltsverzeichnis Seiten 7-10 enthalten.

Anhang § 9: Abonnementvertrag / Druckschriftenbezug

Literatur: *von Westphalen,* Klauselwerke/*Kappus*: Abonnementvertrag und Druckschriftenvertrieb, Nov. 1995; *Wolf/Horn/Lindacher*: Anhang § 9, A 1-4 und Z 1-3; *Hensen* in Ulmer/Brandner/Hensen: 8. Aufl. 1997, Anhang §§ 9-11, Rdn. 975-977

1 Das Abonnement ist eine Vereinbarung über einen auf längere Zeit angelegten Bezug von Waren (insbesondere Druckschriften) oder ein langfristiges Recht zum Besuch von Veranstaltungen. Solche Vereinbarungen sind zu unterscheiden von Verträgen über die Lieferung als zusammengehörig verkauften Sachen (§ 23 Abs. 2 Nr. 6). Abonnementvereinbarungen führen, soweit sie AGB sind, bei Verwendung gegenüber Nichtkaufleuten unter anderem zu folgenden Rechtsproblemen:

2 Die **Laufzeit** der Vereinbarung darf im nichtkaufmännischen Verkehr gem. § 11 Nr. 12 a) nicht länger als 2 Jahre betragen, wobei diese 2 Jahresfrist schon bei Vertragsabschluß beginnt und nicht erst mit dem vereinbarten späteren Beginn der Leistungserbringung <BGH, 17. 3. 1993, BB 1993, 884 = BGHZ 122, 63>. Die Ausschöpfung der 2 Jahresfrist bei Zeitschriftenbezug ist zulässig <BGH, 29. 4. 1987, BGHZ 100, 373; aA. OLG Hamburg, 2. 7. 1986, NJW-RR 1987, 47 (48)>. Die Laufzeit muß nicht ausdrücklich auf 2 Jahre begrenzt sein. Nach der Rechtsprechung reicht ein Kündigungsrecht aus, das dem Kunden die Vertragsbeendigung zum Schluß des zweiten Vertragsjahres ermöglicht <BGH, 4. 11. 1992, BGHZ 120, 108; aA. *von Westphalen*: Klauselwerke/*Kappus*, Abonnementvertrag Rdn. 10>.

3 Die stillschweigende **Verlängerung der Laufzeit** darf nach AGB nicht mehr als 1 Jahr betragen (§ 11 Nr. 12b). Klauseln, welche diesen Zeitraum ausschöpfen, sind in Abonnementverträgen zulässig <BGH a.a.O.; OLG Hamburg a.a.O.>.

Die Kündigungsfrist darf 3 Monate vor Ablauf der zunächst vorgesehenen oder stillschweigend verlängerten Vertragsdauer nicht überschreiten (§ 11 Nr. 12c). Klauseln in Abonnementverträgen, die diese Frist einhalten, sind rechtswirksam <BGH a.a.O.; OLG Hamburg a.a.O.>. 4

Vorauszahlungsklauseln dürfen nicht unangemessen sein. Bei juristischen Fachzeitschriften sind zum Teil die Jahreszahlungen am Anfang des Kalenderjahres vorgesehen. Das wird gerade noch als zulässig angesehen werden dürfen <aA. *von Westphalen*: Klauselwerke/*Kappus*, Abonnementverträge, Rdn. 19>. Siehe im übrigen auch Vorleistungsklauseln: § 11 Nr. 2. 5

Die **Anordnung der Einzugsermächtigung** in AGB ist rechtswirksam <BGH, 10. 1. 1996, BB 1996, 816>. 6

Im **kaufmännischen Geschäftsverkehr** gelten die in § 11 Nr. 12 aufgeführten Restriktionen nicht (§ 24). 7

Anhang § 9: Abtretungsverbot

Literatur: *von Westphalen*: Vertragsrecht, Januar 1995, S. 1-10.

Abtretungsverbote in AGB werden von der Rechtsprechung im allgemeinen als zulässig bewertet <BGH, 3. 12. 1987, BGHZ 102, 293 (300 unter 1a)>. Anders ist die Rechtslage dann, wenn berechtigte Belange des Vertragspartners des AGB-Verwenders an der Abtretbarkeit überwiegen <BGH, 15. 6. 1989, BB 1990, 1155: Reisebedingungen>. Bedenken bestehen gegen das Abtretungsverbot der § 3 ADSp <BGH, 20. 6. 1996, NJW-RR 1996, 1313: letztlich aber offengelassen; zu den ADSp allgemein s. Anhang § 9 ADSp>. Eine Klausel, wonach eine Forderung gegen den AGB-Verwender ohne seine Zustimmung nicht abgetreten werden darf, gilt auch für den Fall, daß über das Vermögen des Vertragspartners Konkurs eröffnet wird <BGH, 11. 3. 1997, WM 1997, 1258>. 1

Eine wesentliche Entschärfung des Problems der Abtretungsverbote ist für den kaufmännischen Geschäftsverkehr durch den 1994 neu geschaffenen § 354a HGB eingetreten, nach dem das Abtretungsverbot unter den dort vorgesehenen Voraussetzungen keine Wirkung entfaltet. § 354a HGB ist gemäß seines letzten Satzes zwingendes Recht. Da- 2 mit sind z.B. die Schwierigkeiten entfallen, daß der verlängerte Eigentumsvorbehalt durch Abtretungsverbote in Einkaufsbedingungen zunichte gemacht werden konnte (zum Eigentumsvorbehalt allgemein s. Anhang § 9: Eigentumsvorbehalt).

3 § 354 a HGB gilt auch für Abtretungsverbote, die vor dem 1. August 1994 vereinbart worden sind, wenn die Einzelforderungen nach dem genannten Zeitpunkt entstanden sind <OLG Braunschweig, 20. 3. 1997, WM 1997, 1214; OLG Köln, 21. 5. 1997, BB 1997, 2021>.

Anhang § 9: Adressenhandel

Literatur: *Mattke*, Adressenhandel, 1995, S. 73 ff.; *Wolf/Horn/Lindacher*: Anhang zu § 9, A 41-44.

1 Die AGB von Adressenverlagen sehen bei Überlassungsverträgen von Adressen im allgemeinen nur **eingeschränkte Nutzungsrechte vor**. Per AGB wird häufig bei vertragswidriger Mehrfachbenutzung eine Vertragsstrafe vorgesehen (Allgemein zur Vertragsstrafe: § 11 Nr. 6). Umstritten ist, ob in solchen Fällen die Festlegung des 20fachen Rechnungsbetrages zulässig ist. Das ist zu bejahen <OLG Frankfurt, 21. 5. 1985, BB 1985, 1560 bei unbefugter Mehrfachbenutzung nur einer einzigen Adresse; dagegen hält diesen Betrag für zu hoch: OLG München, 26. 5. 1993, BB 1993, 1687>.

2 In einem Adressenvermittlungsvertrag mit langer Laufzeit ist eine **Vorauszahlungsklausel** unwirksam nach § 9 Abs. 1 und 2 Nr. 1 <OLG München, 27. 1. 1997, WiB 1997, 771 (*Schwartmann*)>.

Anhang § 9: ADSp

Literatur: Münchner Kommentar – HGB/*Bydlinski*, Bd. 7, 1997, ab S. 3; *Schott*, FS für Piper, 1996, S. 1027; *Hättig* in von Westphalen, Klauselwerke: Spediteurbedingungen, Okt. 1996; *Piper*: Höchstrichterliche Rechtsprechung zum Speditions- und Transportrecht, 7. Aufl. 1994 (RWS-Skript 61); *Hensen* in *Ulmer/Brandner/Hensen*, 8. Aufl. 1997, Anh. §§ 9-11 Rdn. 15-24 (sehr kritisch, z.B. „Dem ansonsten überall geltenden Transparenzgebot sprechen die ADSp Hohn", Rdn. 16).

Die seit 1927 bestehenden und jetzt als Konditionenempfehlung in der 1
Fassung vom 1. 1. 1993 existierenden Allgemeinen Deutschen Spediteurbedingungen (ADSp) sind AGB und bedürfen zu ihrer **Einbeziehung in den Vertrag** zwischen Kaufleuten sowie der öffentlichen Hand nicht einer ausdrücklichen Vereinbarung. Eine stillschweigende Einbeziehung ist zu bejahen <u.a. BGH, 10. 5. 1984, NJW 1985, 2411 (2412); *Hättig* Rdn. 1>. Das gilt überwiegend auch bei internationalen Speditionsverträgen <OLG Hamburg, 23. 2. 1995, RIW 1997, 70; siehe zur ADSp im internationalen Geschäftsverkehr: Anhang § 9, internationaler Geschäftsverkehr Rdn. 9>. Nur bei ausdrücklichem Ausschluß der ADSp ist ihre Vereinbarung nicht gegeben <OLG Hamburg a.a.O.>. Ausnahmsweise bedarf es zur Einbeziehung in einen Vertrag eines ausdrücklichen Hinweises des AGB-Verwenders auf die ADSp, wenn der Vertrag nach umfangreicher Korrespondenz über wesentliche Vertragselemente wie Vertragsdauer, Kündigungsfrist sowie Versicherungsfragen für Schäden an Ladungs- und Transportmitteln geschlossen worden ist <OLG Hamburg, 25. 4. 1996, OLGR Bremen u.a. 1996, 258>. Zur Vereinbarung der ADSp bei Paket- und Kurierdiensten: siehe Anh. § 9, Paket-/ Kurierdienst Rdn. 2.

Beim **Zusammentreffen der ADSp mit Einkaufsbedingungen** gelten 2
die ADSp jedenfalls mit vorbehaltsloser Übergabe des Frachtgutes durch den Absender, weil Einkaufsbedingungen keinen Bezug auf die Besonderheiten des Fracht- und Speditionsauftrages aufweisen. Die Auslegung des Willens der Beteiligten führt in diesem Fall zu einer Anwendung der ADSp <OLG Frankfurt, 25. 6. 1996, OLGR Frankfurt 1996, 187>. Zur Kollision von AGB allgemein: § 2 Rdn. 23.

Gegen das **Abtretungsverbot** des § 3 ADSp bestehen starke rechtliche 3
Bedenken <BGH, 20. 6. 1996, NJW-RR 1996, 1313; *Hättig* Rdn. 9 f>. Der BGH hat aber die Frage, ob ein Verstoß gegen § 9 Abs. 1 vorliegt aus besonderen Gesichtspunkten offengelassen <BGH a.a.O.>. Wegen des seit 1994 bestehenden § 354 a HGB ist das Problem von Abtretungsverboten allgemein wesentlich entschärft worden (siehe Anhang § 9: Abtretungsverbot Rdn. 2).

Die **Beweislastregelung** des § 51 Buchstabe b Satz 2 ADSp, wonach 4
der Anspruchsteller grobes Verschulden des Spediteurs zu beweisen hat, wird vom BGH wegen des speziellen Wesens und Zusammenhangs der ADSp als rechtswirksam gewertet <u.a. BGH, 27. 2. 1997, WM 1997, 2127 (2128 unter II, 1, a); BGH 6. 2. 1997, WM 1997, 2125 (2126 unter II, 1, a); BGH 3. 11. 1994, BB 1995, 744 = LM § 51 ADSp Nr. 7 mit kritischer Anmerkung *Koller*; BGH, 14. 12. 1995, NJW-RR

1996, 546 (547 unter II, 3); aA. auch *Hättig* Rdn. 78f>. Zu Beweislastvereinbarungen siehe generell § 11 Nr. 15.

5 Die **Haftungsbegrenzungen** bei Diebstahl sowie bei Unterschlagung oder Veruntreuung durch Arbeitnehmer des Spediteurs in § 54 Buchstabe a Nr. 1 und 3 ADSp hält nach Auffassung des BGH einer AGB-Inhaltskontrolle stand <BGH, 27. 2. 1997, WM 1997, 2127 (2128 unter II, 1, a); BGH 6. 2. 1997, WM 1997, 2125 (2126 unter II, 1, a); BGH 14. 12. 1995, NJW-RR 1996, 546 (548 unter 5 c)>. Kein Verstoß gegen § 9 liegt vor hinsichtlich der Haftungsbefreiung zugunsten des Spediteur-Frachtführers nach § 52 Buchstabe a Satz 2 ADSp in Verbindung mit § 52 Buchstabe c Halbsatz 1 ADSp <BGH, 26. 6. 1997, WM 1997, 1817>.

6 Die **Verkürzung der Verjährung** auf 8 Monate in § 64 ADSp ist von der Rechtsprechung als zulässig angesehen worden <BGH, 14. 7. 1988, EWiR 1988, 1943 (*Koller* kritisch); OLG München, 30. 10. 1992, NJW-RR 1993, 168>. Das ist aber unanwendbar, wenn Vorsatz oder grobe Fahrlässigkeit des Spediteurs oder leitender Angestellter vorliegt <BGH, 4. 5. 1995, NJW 1995, 2224 (2225 unter II, 2, b)>.

Anhang § 9: AGNB

Literatur: *Fremuth* in Fremuth/Thume: Frachtrecht, 1997, S. 642-677: AGNB; *Koller*: Transportrecht, 3. Aufl. 1995, S. 390-420; *Hensen* in Ulmer/Brandner/Hensen, 8. Aufl. 1997, Anh. §§ 9-11 Rdn. 25-27.

1 Zwar wird behauptet, daß die „Allgemeinen Beförderungsbedingungen für den gewerblichen Güternahverkehr mit Kraftfahrzeugen" (AGNB) nicht im wesentlichen Maße angewendet werden <vgl. u.a. *Hensen* in Ulmer/Brandner/Hensen, 8. Aufl. 1997, Anhang §§ 9-11 Rdn. 25>. Das ist aber wohl nicht zutreffend im Hinblick darauf, daß die **stillschweigende Einbeziehung der AGNB** in den Vertrag von der Rechtsprechung bejaht wird <BGH, 4. 5. 1995, BGHZ 129, 323 = NJW 1995, 2224 = WiB 1995, 801 (*Niebling)*; neuesten aber OLG Hamburg, 31. 7. 1997, OLGR Bremen u.a. 1998, 25 (26); vgl. OLG Hamburg, 3. 7. 1997, OLGR Bremen u. a. 1998, 67>. Die AGNB sind als **AGB** zu werten <BGH a.a.O.; *Fremuth* AGNB § 1 Rdn. 3>. Sie sind 1956 u.a. vom Deutschen Industrie- und Handelstag (DIHT), dem Bundesverband der deutschen Industrie (BDI) und dem Verband Güternahver-

kehr erstellt worden und seither nicht dem AGB-Gesetz angepaßt worden. Aus diesem Grund verstoßen einige Bestimmungen der AGNB gegen das AGB-Gesetz. Es gibt aber auch Rechtsprechung, die Einzelbestimmungen als wirksam ansehen <z.B. BGH, 4. 5. 1995 a.a.O.>.

Zu einigen **Einzelregelungen der AGNB** ist zu bemerken: § 8 Abs. 2 **2**
Satz 1 AGNB (Kündigungsrecht ohne Fristsetzung) verstößt bei Verwendung gegenüber Nichtkaufleuten gegen § 11 Nr. 4 <*Fremuth* AGNB § 8 Rdn. 4>. Auch im kaufmännischen Verkehr ist die Nachfristsetzung nicht abdingbar <s. § 11 Nr. 4 Rdn. 5 mit Nachweisen; a.A. dagegen *Fremuth* a.a.O.>. Als wesentlicher Verstoß gegen das AGB-Gesetz sind insbesondere die Haftungsregelungen der §§ 14 ff AGNB anzusehen, wobei hinsichtlich einzelner Regelungen genau zu differenzieren ist, ob die Bedingungen gegenüber Nichtkaufleuten oder gegenüber Kaufleuten verwendet werden <*Fremuth* AGNB § 14 Rdn. 4 u. 5, § 15 Rdn. 6 u.7, § 16 Rdn. 6, § 17 Rdn. 4 u. 5, § 18 Rdn. 4>. § 23 AGNB (Unternehmerpfandrecht) ist wegen der Einbeziehung inkonnexer Forderungen unwirksam <*Fremuth* AGNB § 23 Rdn. 2>. Zulässig ist dagegen § 26 mit seiner Verjährungsverkürzung auf 6 Monate <BGH, 4. 5. 1995, BGHZ 129, 323 = NJW 1995, 2224 = WiB 1995, 801 (*Niebling* kritisch)>. Unwirksam ist die formularmäßige Abkürzung der zweijährigen gesetzlichen Verjährungsfrist für Vergütungsansprüche des Güternahverkehrsunternehmers auf drei Monate <BGH, 19. 5. 1988, BGHZ 104, 292>.

Zum Frachtrecht allgemein siehe die Hinweise Anhang § 9: Fracht **3**
recht.

Anhang § 9: Anzeigen und Fremdbeilagen in Zeitungen und Zeitschriften

Literatur: *Hensen* in Ulmer/Brandner/Hensen, 8. Aufl. 1997, Anhang §§ 9-11 Rdn. 80-82; *v. Westphalen*, in Löwe/v. Westphalen/Trinkner, 2. Aufl. Bd. III Nr. 31.3, 13-17, September 1985.

Auch zu **AGB für Anzeigen** in Zeitungen oder Zeitschriften gibt es ei- **1**
ne beachtliche Zahl von Gerichtsentscheidungen. Zwei BGH-Urteile sollen als Beispiele aufgeführt werden: Unzulässig sind Klauseln, die

dem AGB-Verwender die Befugnis einräumen, eingehende Sendungen zu öffnen und den AGB-Verwender von der Verpflichtung entbinden, geschäftliche Anpreisungen und Vermittlungsangebote weiterzuleiten <BGH, 5. 11. 1991, NJW 1992, 1450>. Unzulässig ist eine (überraschende) Vertragsverlängerung auch im kaufmännischen Geschäftsverkehr, wenn auf der Vorderseite des Auftrages die Vereinbarung für „jeweils ein Jahr" aufgeführt ist, auf der Rückseite dagegen von einer automatischen Verlängerung bei nicht rechtzeitiger Kündigung die Rede ist <BGH, 1. 6. 1989, BB 1989, 1785 = EWiR 1989, 1047 (*Schmidt*)>. Neuerdings hat das Amtsgericht Köpenick mehrere Klauseln beurteilt <NJW 1996, 1005>.

2 Als nicht überraschend und nicht gegen § 9 verstoßend ist die Entgeltregelung in den AGB der Deutschen Post AG gegenüber den Verlagen für **Beilagen im Postzeitungsdienst** anzusehen <BGH, 1. 2. 1996, WM 1996, 1779>.

Anhang § 9: Arbeitsgemeinschaftsvertrag

(bearbeitet von RA Ullrich)

Literatur: Münchener Vertragshandbuch, Bd. 2, 4. Aufl. 1997, *Rosener* S. 388-406; *Lotz*, ZfBR 1996, 233; *Schaub*, Der Konsortialvertrag, Verlag Recht und Wirtschaft, Heidelberg 1991; VDMA, Muster für einen Arbeitsgemeinschaftsvertrag der Maschinenbau-Industrie für das Inland, VDMA-Verlag, 1972; ORGALIME/VDMA, Leitfaden für die Investitionsgüter-Industrie „Konsortial-Vertrag", VDMA-Verlag, 1995; BHKS, Arbeitsgemeinschaftsvertrag, 1988; Hauptverband der deutschen Bauindustrie e.V./Zentralverband des deutsche Baugewerbes e.V., Arbeitsgemeinschaftsvertrag, 1987.

1 Bei einem **Arbeitsgemeinschaftsvertrag** (Konsortialvertrag) handelt es sich um einen Vertrag, in dem sich zwei oder mehr Unternehmer verpflichten, für ein bestimmtes Projekt zusammenzuarbeiten, wobei jeder Partner bestimmte Lieferungen und Leistungen erbringt. Ziel ist es, den Auftrag für die Durchführung eines bestimmten Projektes zu erhalten und dieses gemeinsam durchzuführen.

2 Durch den Arbeitsgemeinschaftsvertrag wird eine **Gesellschaft des Bürgerlichen Rechts** (BGB-Gesellschaft) gegründet, auf die die Vorschriften der §§ 705 ff. BGB Anwendung finden. Als Gesellschaftsvertrag unterfällt er damit nach § 23 Abs. 1 AGB-Gesetz nicht den Re-

gularien des AGB-Gesetzes. Dennoch können sich Rechtsgedanken des AGB-Gesetzes auch auf den Inhalt von Arbeitsgemeinschaftsverträgen auswirken (siehe unten Rdn. 6).

Aufgrund der jeweils für einen konkreten Einzelfall vorgesehenen Gründung einer **Arbeitsgemeinschaft** werden derartige **Verträge** auch regelmäßig **individuell** ausgearbeitet und zusammengestellt. Daher sind sie üblicherweise nicht „gestellt" im Sinne des § 1 Abs. 1 des AGB-Gesetzes und entziehen sich bereits aus diesem Grunde – ungeachtet des gesellschaftsrechtlichen Gesichtspunktes – dem Schutzbereich des AGB-Gesetzes. Da es sich bei Arbeitsgemeinschaftsverträgen üblicherweise um Übereinkünfte im kaufmännischen Geschäftsverkehr handelt, würde i.ü. auch § 24 a AGB-Gesetz keine Anwendung finden, wonach AGB gegenüber einem „Verbraucher" grundsätzlich als gestellt gelten. **3**

Der Arbeitsgemeinschaftsvertrag regelt nur das **Innenverhältnis** der Unternehmen untereinander und ist daher strikt zu trennen vom Vertrag der Arbeitsgemeinschaft mit dem Auftraggeber (Außenverhältnis). Beim „Außenvertrag" ist das AGB-Gesetz in vollem Umfang zu berücksichtigen. Er ist fernerhin von Kooperationsverträgen abzugrenzen, die sich üblicherweise nicht auf die Durchführung eines bestimmten Projekts beschränken, sondern eine Vielzahl möglicher Auftragsfälle betreffen. **4**

In einem **Arbeitsgemeinschaftsvertrag** sollten schwerpunktmäßig folgende Punkte geregelt sein: **5**

- Präambel
- Vertragspartner/Gesellschafter
- Zweck der ARGE
- Abgrenzung der jeweiligen Lieferungen und Leistungen
- Versammlung der ARGE-Mitglieder/gegenseitige Unterrichtung/ Beschlußfassungen
- Federführung
- Pflichten der ARGE-Mitglieder
- Angebotsabgabe/Geschäftsbedingungen
- Preis/Zahlungen/Rechnungslegung
- Zeitplan
- Gewährleistung und Haftung

- Versicherungen
- Beendigung der Arbeitsgemeinschaft (Kündigung, Ausscheiden oder Ausschluß eines Gesellschafters)
- Geheimhaltungspflichten
- Patente/Schutzrechte
- Gerichtsstand/Schiedsgericht.

6 Soweit ein Arbeitsgemeinschaftsvertrag – unabhängig vom AGB-Gesetz – einer gerichtlichen Überprüfung unterzogen wird, können u.U. dennoch Grundgedanken des AGB-Gesetzes einschlägig sein, soweit sie nicht den speziellen gesellschaftsrechtlichen Bereich erfassen. So wäre sicherlich der Rechtsgedanke der **„überraschenden Klausel"** zu berücksichtigen, das **„Verbot von Zugangsfiktionen"** sowie die allgemeinen Grundgedanken über den Umfang von **Haftungsbegrenzungen** <vgl. *Wolf/Horn/Lindacher*, AGB-Gesetz, 3. Aufl. 1994, § 23 Rdn. 91>.

Anhang § 9: Architektenverträge

(bearbeitet von RA Maurenbrecher)

Literatur: *Motzke* in: Graf v. Westphalen, AGB-Klauselwerke; *Knychalla*: Inhaltskontrolle von Architektenformularverträgen; *Korbion/Locher*: AGB-Gesetz und Bauerrichtungsverträge; *Hesse/Korbion/Mantscheff/Vygen*: Kommentar zur HOAI, 4. Aufl.; *Löffelmann/Fleischmann*: Architektenrecht; *Locher/Koeble/Frick*: HOAI, 7. Aufl. 1996.

1 Durch einen Architektenvertrag verpflichtet sich der Auftragnehmer (Architekt) gegenüber dem Auftraggeber (Bauherrn), entgeltliche Leistungen bei Gebäuden, Innenräumen und Freianlagen zu erbringen. Für den besonders wichtigen Bereich der Gebäude gibt es eine Reihe vorformulierter **Architektenvertragsmuster** sowie den sog. **Einheitsarchitektenvertrag** der Bundesarchitektenkammer, der als Konditionenempfehlung beim Bundeskartellamt angemeldet ist <z.B. Einheitsarchitektenvertrag in der Fassung von 1985, Bundesanzeiger Nr. 67 vom 10. 4. 1985>.

2 Hinsichtlich der möglichen Vertragspartner ergibt sich aus AGB-rechtlicher Sicht keine Besonderheit. Hinzuweisen ist jedoch auf Folgendes: Auf der Vertragsseite des Architekten kann auch ein **„Nichtarchitekt"** im Sinne der Landesarchitektengesetze einen zivilrechtlich wirksamen Architektenvertrag abschließen <*Löffelmann/Fleischmann*, Rdn. 18; *Hesse/Korbion/Mantscheff/Vygen*, 4. Aufl., § 1 Rdn. 38> anders aber, wenn Architektenleistungen neben oder zusammen mit Bauleistungen erbracht werden <BGH, 22. 5. 1997 – VII ZR 290/95>. Ebenso können in Form einer Sozietät (BGB-Gesellschaft) mehrere Architekten beteiligt sein <*Löffelmann/Fleischmann*, Rdn. 16; *Hesse/Korbion/Mantscheff/Vygen*, 4. Aufl., § 1 Rdn. 29, 37>. Auf der Auftraggeberseite steht dem Architekten gewöhnlich der Bauherr (Einzelperson, Personenmehrheit, juristische Person, Kaufmann oder öffentlicher Auftraggeber usw.) gegenüber. Dieser muß nicht Eigentümer des zu bebauenden Grundstückes sein und kann somit auch Generalunternehmer oder Bauträger sein.

Der Architektenvertrag ist grundsätzlich erfolgsbezogen auf das plan- 3
gerechte und mangelfreie Erstellen etwa eines Bauwerkes gerichtet und somit regelmäßig **Werkvertrag** <ganz h.M.; vgl. statt vieler BGH, 26. 11. 1959, NJW 1960, 431>. Dies gilt auch bei einer Beauftragung nur mit der Bauüberwachung <BGHZ 31, 224/228>. Ausnahmen im Sinne des Vorliegens eines Dienstvertrages – der Architekt würde dabei nur bloßes Tätigwerden und keinen bestimmten Leistungserfolg schulden – können im besonderen Einzelfall in der Beauftragung mit der bloßen Grundlagenermittlung gegeben sein <*Löffelmann/Fleischmann*, Rdn. 53>. Mit der Einordnung als Werkvertrag anstatt als Dienstvertrag ist grundsätzlich auch eine Inhaltskontrolle vorformulierter Vertragsmuster nach dem AGB-Gesetz eröffnet, vgl. § 23 Abs. 1 AGB-Gesetz.

Bei der Inhaltskontrolle von Allgemeinen Geschäftsbedingungen, die 4
die Vergütungsseite betreffen, ist jedoch die **Verordnung über die Honorare für Leistungen der Architekten und Ingenieure (HOAI)**, gegenwärtig gültig in der Fassung der Bekanntmachung vom 21. 9. 1995, BGBl I S. 1174, zu beachten, die zwingendes gesetzliches Preisrecht (Mindest- und Höchstsätze) beinhaltet <h.M., statt vieler: *Korbion/Locher*, Rdn. 161>. Die HOAI schränkt daher die Vertragsfreiheit und somit die Freiheit der Klauselgestaltung der Parteien nicht unerheblich ein. Soweit die Parteien mit ihren **Vereinbarungen zur Vergütung** des Architekten die Schranken der HOAI nicht beachten, sind die Vereinbarungen unabhängig von ihrer AGB-rechtlichen Wirksamkeit gemäß **§ 134 BGB nichtig**. Dabei ist jedoch zu beachten, daß bei einem Verstoß gegen die HOAI **nicht der ganze Architektenvertrag** nichtig wird. Vielmehr bleibt dieser im Rahmen der zulässigen

Preise wirksam <*Palandt/Heinrichs*, 57. Aufl., § 134, Rdn. 27; BGH, 9. 11. 1989, NJW-RR 1990, 276; KG, 29. 9. 1989, NJW-RR 1990, 91; *Motzke* in: v. Westphalen, AGB-Klauselwerke, III. 4 m.w.N.>. Vor dem Hintergrund der Nichtigkeitsfolgen eines HOAI-Verstoßes bleibt daher ein möglicherweise zusätzlich vorliegender Verstoß gegen das AGB-Gesetz letztlich ohne weitere Auswirkung, auch wenn ein HOAI-Verstoß zugleich auch ein Verstoß gegen den wesentlichen Grundgedanken eines Gesetzes darstellen kann <vgl. *Motzke* a.a.O.; BGH, 9. 7. 1981, NJW 1981, 2351>.

5 Für **Regelungen** des Architektenvertrages, **die nicht die Vergütungsseite betreffen**, bleibt demgegenüber das AGB-Gesetz alleiniger Prüfungsmaßstab. Die HOAI hat über die unmittelbar preisrechtliche Wirkung hinaus keinen bestimmenden Einfluß auf den vertragsrechtlichen Inhalt der Architektenvertragsklauseln (BGH, 24. 10. 1996, BB 1997, 1331>. Die Inhaltskontrolle nicht preisrechtlicher Vertragsklauseln, wie zum Beispiel Klauseln über die Abwicklung des Architektenvertragsverhältnisses, über mögliche Leistungsstörungen oder über die Haftung des Architekten nach dem AGB-Gesetz wird aber die Wertungen der HOAI nicht unberücksichtigt lassen.

6 Zur wirksamen **Einbeziehung von AGB** in den Architektenvertrag müssen die Voraussetzungen des § 2 Abs. 1 AGB-Gesetz eingehalten sein. Deshalb genügt es nicht, im ausgefüllten Formularvertrag beispielsweise lediglich auf von einem Formularvertrag getrennte Allgemeine Vertragsbedingungen für Architektenleistungen (AVA) hinzuweisen. Vielmehr muß auch hier für den anderen Vertragsteil die Möglichkeit der Kenntniserlangung gegeben sein. Ohne Aushändigung oder die Vorlage solcher vertragsausfüllender Unterlagen wie der AVA findet eine Einbeziehung daher also nicht wirksam statt (siehe § 2 Rdn. 6). Keiner Einbeziehung bedarf demgegenüber die HOAI selbst, denn diese ist als Rechtsverordnung geltendes Recht und keine Allgemeine Geschäftsbedingung <BGH, 9. 7. 1981, NJW 1981, 2351>.

7 Einzelne Klauseln:

Zumindest bedenklich, wenn nicht sogar unwirksam ist eine Klausel des Architekten, in der die volle **Honorierung des Architekten** auch für den Fall gesichert werden soll, daß übertragene Teilgrundleistungen nicht erbracht werden <*Korbion/Locher*, Rdn. 168, *Knychalla* § 13>. Entsprechendes gilt für eine Klausel, die es dem Architekten gestattet, seiner Honorarrechnung Kostenschätzungen zugrunde zu legen, sofern ihm sein Auftrageber die entsprechenden Daten nicht geliefert hat <*Korbion/Locher*, Rdn. 170>.

Unwirksam ist eine Klausel des Architekten, die bei Überschreitung der Bauzeit oder bei Vertragsunterbrechung eine automatische Honorierung im Verhältnis der vorgesehenen zur tatsächlichen Bauzeit vorsieht, es sei denn der andere Vertragsteil hätte die Bauzeitüberschreitung zu vertreten <*Korbion/Locher*, Rdn. 171; *Motzke*, a.a.O., BII 15h u. 15i; *Knychalla* § 12 II u. III>. Durch die Klausel können die Höchstsätze der HOAI überschritten werden. Auch kann eine Erhöhungsbestimmung nach § 11 Nr. 1 AGB-Gesetz vorliegen <so: *Korbion/Locher*, a.a.O.; a.M. *Motzke*, a.a.O.>. 8

Wirksam ist eine Klausel des Auftraggebers, in der dieser die **Vollmacht des Architekten**, finanzielle Verpflichtungen für den Bauherrn einzugehen, auf Fälle beschränkt, in denen Gefahr im Verzug und das Einverständnis des Bauherrn nicht rechtzeitig zu erlangen ist. Dieses **Notvertretungsrecht** entspricht der Konzeption des Leistungsbildes in § 15 HOAI, wonach der Architekt nur in einem sehr eingeschränkten Umfang zur Vertretung des Auftraggebers berechtigt ist <*Korbion/Locher*, Rdn. 169; BGH, 10. 11. 1977, NJW 1978, 995; *Beigel*, BauR 1983, 35>. Das Recht zur Notvertretung läßt diese Wertung unberührt. Bedenklich wäre eine Klausel des Architekten, in welcher sich der Architekt dazu bevollmächtigen lassen würde, Weisungen an die am Bau Beteiligten erteilen zu dürfen, ohne hierfür das Einvernehmen mit dem Bauherrn zu suchen. Eine solche Klauselgestaltung würde das Überwachungs- und Leitungsrecht des Bauherrn gegenüber den Unternehmen nach § 4 Nr. 4 VOB/B außer Acht lassen <*Motzke*, a.a.O. II. 3; *Korbion/Locher*, Rdn. 174>. Wirksam ist indessen das Weisungsrecht insbesondere eines mit der Leistungsphase 8 des § 15 HOAI beauftragten Architekten, sofern dieses daran gebunden ist, Einvernehmen mit dem Bauherrn herzustellen <*Motzke*, a.a.O.; *Korbion/Locher*, a.a.O.>. 9

Unwirksam ist eine Klausel des Architekten über die **Abnahme von Bauleistungen**, nach der der Bauherr die Leistungen der Ausführenden nach Fertigstellung des Bauvorhabens bzw. einzelne Teile hiervon nur „im Einvernehmen mit dem Architekten“ abnehmen kann <*Motzke*, a.a.O. II. 7.; *Korbion/Locher*, Rdn. 175>. Das Recht zur Abnahme einer Werkleistung ist elementares Recht des Auftraggebers, welches nicht an das Einvernehmen eines Dritten geknüpft werden kann. Unzulässig ist eine Klausel des Auftraggebers, die hinsichtlich der **Abnahme der vom Architekten erbrachten Leistungen** sowie hinsichtlich der Verjährung der sich hieraus möglicherweise ergebenden Gewährleistungsansprüche an die Abnahme des Bauwerkes bzw. an dessen Ingebrauchnahme anknüpft. Die Anknüpfung an die Abnah- 10 me des Bauwerkes führt zu einer Verkürzung der Verjährungsfristen und ist deshalb nach § 11 Nr. 10 f AGB-Gesetz unwirksam <*Motzke*, a.a.O. II. 7.; *Korbion/Locher*, Rdn. 188/189; *Knychalla*, § 7 I>. Soweit die Abnahme des Architektenwerkes mit der Ingebrauchnahme des Bauwerkes als erfolgt gelten soll, liegt eine unzulässige Fiktion im Sinne des § 10 Nr. 5 AGB-Gesetz vor, da in diesem Fall der Architekt in der Regel seine Leistungen noch nicht vollständig erbracht hat <BGH, 9. 10. 1986, BB 1987, 784 = BauR 1987, 133 (115); BGH, 2. 12. 1982, BauR 1983, 168>. Nach der Rechtsprechung des BGH zählt zur abnahmefähigen Herstellung des Architektenwerkes zudem auch die Erbringung der Leistungen nach Phase 9, sofern diese mitbeauftragt wurden <BGH, 10. 2. 1994, BauR 1994, 392 (394)>.

11 In diesem Zusammenhang ist auch zu beachten, daß die **Verjährungsfrist für Gewährleistungsansprüche** aus einem Architektenvertrag gemäß § 638 Abs. 1 Satz 1 BGB fünf Jahre beträgt <vgl. BGH, 9. 10. 1986, BB 1987, 784 = BauR 1987, 113 (115)>. Da die Privilegierung des § 23 Abs. 2 Nr. 5 für die Vereinbarung der VOB nicht für Architekten gilt, ist nach § 11 Nr. 10 a AGB-Gesetz eine auftraggeberseitige Klausel unwirksam, die die kurze Verjährungsfrist des § 13 Nr. 4 VOB/B von zwei Jahren vorsehen würde <BGH a.a.O.>. Wirksam ist in diesem Zusammenhang jedoch eine Klausel, die für Unterhaltsmaßnahmen am Bauwerk die Verjährungsfrist auf ein Jahr festsetzt. Unterhaltsmaßnahmen am Bauwerk, durch die das Bauwerk nicht grundlegend erneuert werden soll, werden von der Rechtsprechung als Arbeiten am Grundstück eingeordnet, so daß die vorformulierte Verjährungsfrist gesetzeskonform ist <*Motzke*, a.a.O. II. 7.; *Korbion/Locher*, Rdn. 188/189; *Knychalla*, § 7 II>.

12 Unzulässig ist eine Klausel des Architekten, mit der die **Haftung des Architekten** auf den unmittelbaren Sachschaden am Bauwerk beschränkt wird. Sie verstößt gegen § 11 Nr. 7 AGB-Gesetz, da sie auch bei grober Fahrlässigkeit des Architekten dessen Haftung beschränkt <*Motzke*, a.a.O. II. 8a.; *Korbion/Locher*, Rdn. 181; *Knychalla*, § 6 I>. Unwirksam ist auch eine Klausel des Architekten, die vorsieht, daß der Architekt bei ungenügender Aufsicht, Prüfung oder aus anderen Gründen für die fehlerhafte Bauausführung nur dann haftet, wenn der Auftraggeber vom eigentlich für den Ausführungsfehler verantwortlichen Bauunternehmer keinen Ersatz erlangen kann, und in der zuvor die vorherige gerichtliche Inanspruchnahme des Unternehmers zur Voraussetzung gemacht wird <*Motzke*, a.a.O. II. 8b.; *Korbion/Locher*, Rdn. 184 ff.; *Knychalla*, § 5 I>. Unwirksam ist auch eine Klausel des Architekten, in der bestimmt wird, daß der Architekt, der für einen

noch **12**

Schaden in Anspruch genommen wird, für den auch ein Dritter einzutreten hat, nur in dem Umfang haftet, in dem er im Verhältnis zu Dritten haftbar ist. Diese Klausel ist nach § 11 Nr. 10 a AGB-Gesetz unwirksam, da der Auftraggeber die Vorteile der gesamtschuldnerischen Haftung von Architekt und Unternehmer verliert und die quotenmäßig beschränkten Ansprüche sowohl gegen Architekten als auch gegen den Unternehmer gerichtlich geltend machen muß. Zudem liegt ein Verstoß gegen den wesentlichen Grundgedanken der gesamtschuldnerischen Haftung vor, was zur Unwirksamkeit nach § 9 Abs. 2 Nr. 1 AGB-Gesetz führt. Hinzu kommt ein Verstoß gegen § 11 Nr. 10b AGB-Gesetz, da die Gewährleistungsfrist gegen den gesamtschuldnerisch haftenden Unternehmer bereits abgelaufen sein kann. Soweit Gewährleistungsansprüche von einem schuldhaften Handeln abhängig gemacht werden, liegt außerdem ein Verstoß gegen § 11 Nr. 10a AGB-Gesetz vor, da alle verschuldensunabhängigen Ansprüche aus dem Architektenvertrag ausgeschlossen werden <*Motzke*, a.a.O., II. 8c.; *Korbion/Locher*, Rdn. 184 ff; *Knychalla*, § 5 II>. Unwirksam ist eine Klausel des Architekten, nach der eine Haftung des Architekten nur für eine von diesem nachweislich verursachten Schaden gegeben sein soll. Die sich nach § 11 Nr. 15a AGB-Gesetz ergebende Unwirksamkeit hat ihren Grund darin, daß durch die Klausel dem Auftraggeber entgegen den gesetzlichen und von der Rechtsprechung entwickelten Beweisregeln die Beweislast für ein Verschulden des Architekten auferlegt wird <*Motzke*, a.a.O., II. 8e.; *Korbion/Locher*, Rdn. 177; *Knychalla*, § 4>. Dieser Grundsatz gilt über § 24 AGB-Gesetz in Verbindung mit § 9 AGB-Gesetz insbesondere auch dann, wenn der Auftraggeber des Architekten Kaufmann ist und der Architektenvertrag zum Betrieb eines Handelsgewerbes gehört <BGH, 15. 3. 1990, BB 1990, 1158>. Unwirksam sind nach § 9 AGB-Gesetz Klauseln des Architekten, wonach die Schadenshaftung dem Grunde und der Höhe nach auf solche Schäden beschränkt sein soll, die versicherbar sind. Eine solche Klausel leidet daran, daß aus ihr nicht ersichtlich wird, welche Schäden zu den versicherbaren Schäden zählen. Außerdem wird der Auftraggeber bei nicht versicherbaren Risiken rechtlos gestellt. Dies gilt auch bei einer Beschränkung der Haftung auf vereinbarte Deckungssummen oder auf „übliche" Deckungssummen, da diese unangemessen sein können. Das gleiche gilt für eine Beschränkung der Haftung auf das vertragliche Honorar oder gar auf die Höhe des Honoraranteils für die Leistungsphase, in welche die Pflichtverletzung fällt. Unbedenklich ist indessen, die Haftung im Falle leichter Fahrlässigkeit bei Schäden, die nicht Personenschäden sind, noch 4 der Höhe nach auf eine von den Parteien vereinbarte Haftungssumme zu beschränken <*Motzke*, a.a.O., II. 8e.; *Korbion/Locher*, Rdn. 179; *Knychalla*, § 6 II>. Unwirksam ist eine Klausel des Bauherrn, in welcher es dem Architekten verwehrt wird, Schäden selbst beseitigen zu lassen <*Motzke*, a.a.O., II. 8g.; *Korbion/Locher*, Rdn. 187; *Knychalla*, § 9>. Unwirksam ist eine Klausel für den Fall der Kündigung des Architektenvertrages, wonach die vom Vergütungsanspruch des Architekten abzusetzenden ersparten Aufwendungen mit 40 % des Honorars für die vom Architekten noch nicht erbrachten Leistungen pauschal veranschlagt wird, sofern der Bauherr im Einzelfall keinen höheren Anteil an den ersparten Aufwendungen nachweist <BGH, 10. 10. 1996, BB 1996, 2588; siehe auch § 10 Nr. 7 Rdn. 3>.

Anhang § 9: Auftragsbestätigung

(Klausel über die Maßgeblichkeit der Auftragsbestätigung für den Lieferumfang)

In AGB der Investitionsgüterindustrie, also eines bestimmten Bereiches des kaufmännischen Geschäftsverkehrs, gibt es Klauseln, welche die Maßgeblichkeit der Auftragsbestätigung des AGB Verwenders für den Umfang der Lieferung festlegen (Abschnitt II Satz 2 der VDMA Lieferbedingungen; siehe Anhang § 9 „Lieferbedingungen Maschinenbau“). Nur was in der Auftragsbestätigung aufgeführt ist, gilt als in den Lieferumfang, insbesondere den Preis, eingeschlossen. Aus der Auftragsbestätigung ergibt sich die Vollständigkeit. Diese Klausel ist in einer Entscheidung in der Zeit vor der Existenz des AGB-Gesetzes als rechtswirksam anerkannt worden <OLG Frankfurt, Zivilsenat Darmstadt, 24. 9. 1969, Az. 13 U 216/68, unveröffentlicht>. Das ist auch heute noch als zutreffend anzusehen, weil die Klarstellung durch die Auftragsbestätigung im kaufmännischen Verkehr sinnvoll ist. Der kaufmännische Besteller kann einer unzutreffenden Auftragsbestätigung widersprechen. Das ist zumutbar.

Anhang § 9: Automatenaufstellvertrag

Literatur: *von Westphalen*, Klauselwerke: Automatenaufstellvertrag, Mai 1994; *Paulusch*: Höchstrichterliche Rechtsprechung zum Brauerei- und Gaststättenrecht, 8. Aufl. 1994; *Hensen* in Ulmer/Brandner/Hensen, 8. Aufl. 1997, Anh. §§ 9-11 Rdn. 140-144.

Automatenaufstellverträge z.B. hinsichtlich Spiel- und Zigarettenau- **1**
tomaten hauptsächlich mit Gastwirten sind in den ersten Jahren der Existenz des AGB-Gesetzes wegen ihrer weitgehend unangemessenen Ausgestaltung häufig Gegenstand von Gerichtsurteilen gewesen. Durch Umgestaltung dieser AGB hat sich die Situation inzwischen weitgehend beruhigt. Viele Rechtsfragen können als abschließend geklärt angesehen werden.

Ein wichtiges Thema für den Umfang der Vorschriftenanwendung des **2**
AGB-Gesetzes auf Automatenaufstellverträge ist die Prüfung der **Kaufmann-Eigenschaft** des Vertragspartners des AGB-Verwenders im Einzelfall. § 24 kommt nur dann zum Zuge, wenn der Vertragspartner des AGB-Verwenders bei Vertragsabschluß bereits Kaufmann ist (siehe § 24 Rdn. 6).

Automatenaufstellverträge sind in der Regel **AGB**, nicht jedoch Indi- **3**
vidualverträge, auch wenn ausfüllungsbedürftige Leerräume mit einer Regelung versehen werden (dazu im einzelnen § 1 Rdn. 3).

Ausschließlichkeitsvereinbarungen sind AGB-rechtlich im allgemei- **4**
nen als zulässig anzusehen <u.a. *von Westphalen* Rdn. 6>. Nicht zulässig ist dagegen das Recht des AGB-Verwenders, die Automatenart einseitig festzulegen <BGH, 6. 6. 1979, WM 1979, 918>. Der **Austausch von Geräten** darf nur innerhalb der vereinbarten Automatenart stattfinden <BGH, 29. 2. 1984, BB 1984, 1508 (1510)>.

Von der Rechtsprechung wird es nicht als zulässig angesehen, wenn **5**
dem Vertragspartner des AGB-Verwenders sämtliche **Kosten der Instandhaltung und Instandsetzung** auferlegt werden <BGH, 6. 10. 1982, NJW 1983, 159 (161); insofern nicht abgedruckt in BB 1982, 2071>. Auch die Abwälzung dieser Kosten für den Fall, daß ein Drittschädiger nicht zu ermitteln ist, soll unzulässig sein <BGH a.a.O.>. Kein Verstoß gegen das AGB-Gesetz liegt aber vor, wenn dem Vertragspartner des AGB-Verwenders die Pflicht auferlegt wird, die Wartung der Automaten auf seine Kosten durchführen zu lassen <*von Westphalen* Rdn. 22>.

Nicht mit § 9 vereinbar ist es, wenn dem Vertragspartner des AGB- **6**
Verwenders eine **Entgeltgarantie** auferlegt wird <OLG Hamburg, 9. 3. 1983, NJW 1983, 1502; *von Westphalen* Rdn. 26>.

7 Eine **Laufzeit des Vertrages** bis zu 10 Jahren kann bei der Wertung des Gesamtzusammenhanges nicht zu beanstanden sein <BGH, 29. 2. 1984, NJW 1985, 53 (55), insofern nicht abgedruckt in BB 1984, 1508>. In der Literatur wird demgegenüber bei einem Vertrag ohne Darlehen die Meinung vertreten, daß lediglich eine Laufzeit bis zu 3 Jahren anzuerkennen sei <*von Westphalen* Rdn. 8; *Hensen* Rdn. 142>.

8 **Nachfolgeklauseln** (Pflicht des Gastwirts, bei Aufgabe der Gaststätte für einen Rechtsnachfolger zu sorgen) sind zwar im Grundsatz zulässig; es müssen aber Ausnahmen berücksichtigt werden: z.B. bei unverschuldeter Betriebsaufgabe <BGH, 29. 2. 1984, BB 1984, 1508 (1509); BGH, 6. 10. 1982, NJW 1983, 159 (160), insofern nicht abgedruckt in BB 1982, 2071>. Eine Mithaftung des ehemaligen Betriebsinhabers im Rahmen der Nachfolgeklausel wird von der Rechtsprechung für unzulässig gehalten <BGH, 29. 2. 1984, BB 1984, 1508 (1509)>.

9 Ein außerordentliches **Kündigungsrecht** des AGB-Verwenders bei nicht ausreichendem Einnahmeergebnis (auch „Abräumrecht" genannt), ist nicht zulässig <BGH, 29. 2. 1984, BB 1984, 1509 (1510); Einzelheiten bei *von Westphalen* Rdn. 12>.

10 Bezüglich Sanktionen durch **Vertragsstrafen** ist auf die Ausführungen zu § 11 Nr. 6, hinsichtlich **pauschaliertem Schadensersatz** auf § 11 Nr. 5 zu verweisen.

Anhang § 9: Autowaschanlagenbenutzung

Literatur: *von Westphalen*, Klauselwerke: Autowaschanlagen, Mai 1994; *Padeck*, VersR 1989, 541; *Schmidt* in Ulmer/Brandner/Hensen, 8. Aufl. 1997, Anh. §§ 9-11 Rdn. 148-150.

1 Für die **Einbeziehung von AGB** ist ein deutlich sichtbarer Hinweis auf die AGB am Beginn der Waschanlage erforderlich und ausreichend <LG Essen, 10. 3. 1987, NJW-RR 1987, 949; *von Westphalen*, Rdn. 1 unter Aufgabe seiner früheren Ansicht>.

2 Eine größere Zahl von Urteilen beschäftigt sich mit Problemen der **Haftungsklauseln**. Der Haftungsausschluß für leichte Fahrlässigkeit ist allgemein zulässig <OLG Karlsruhe, 4. Oktober 1985, NJW-RR 1986, 153; vgl. OLG Bamberg, 8. 12. 1983, AGBE 1983, 314>, nicht da-

gegen für Aufwendungen zur Schadensdurchsetzung, z.B. Gutachten <OLG Bamberg a.a.O.>. Der Haftungsausschluß speziell für die Beschädigung von Außenteilen ist sehr umstritten <für Unzulässigkeit u.a. KG, 14. 11. 1990, NJW-RR 1991, 698; vgl. OLG Bamberg a.a.O.; *von Westphalen*, Rdn. 3 mit weiteren Nachweisen; für Zulässigkeit u.a. OLG Karlsruhe, 4. 10. 1985, NJW-RR 1986, 156>.

Ein Erlöschen von Ersatzansprüchen, wenn die **Schadensanzeige** nicht 3
vor dem Verlassen der Waschanlage erfolgt, wird als unzulässig angesehen <KG, 14. 11. 1990, NJW-RR 1991, 698; im einzelnen dazu *von Westphalen*, Rdn. 7>.

Naturgemäß unberücksichtigt geblieben ist die Entwicklung der 4
Rechtsprechung in der noch bestehenden alten **Konditionenempfehlung** von AGB für Autowaschanlagen <Bundesanzeiger 1979 Nr. 177 vom 20. 9. 1979; zu Konditionenempfehlung allg.: siehe Vor § 8 Rdn. 2>.

Anhang § 9: Banken / Sparkassen

(bearbeitet von RA Dr. Hartard)

Literatur: *Aden*, Empfiehlt sich die Schaffung eines Bankvertragsgesetzes? ZRP 1997, 358; *Aden*, Die neuen AGB – Sparkassen 1993, NJW 1993, 832; *Baumbach/Hopt*, HGB 29. Aufl. 1995, Anh. 8 u. 8a S. 1205 ff.; *Bülow*, WechselG, ScheckG, AGB, 2. Aufl. 1995; *Brandner* in Ulmer/Brandner/Hensen, AGB-Gesetz, 8. Aufl. 1997, Anh. §§ 9-11, Rdn. 151 ff.; *Bruchner*, Die grundlegende Neugestaltung der AGB-Banken, DZWir 1993, 89; *Canaris*, Bankvertragsrecht, 3. Auflage, 2. Bearbeitung 1988; *Gößmann/Wagner Wieduwilt/Weber*, AGB-Banken, 1993; *Hoeren*, Die neuen AGB Banken, NJW 1992, 3263; *Horn*, AGB Banken 1993, Schriftenreihe der Bankrechtlichen Vereinigung, 1994; ders. in *Wolf/Horn/Lindacher* AGB-Gesetz, 3. Auflage 1994, V. Anhang AGB der Banken, S. 1746 ff.; *Krings*, Die Neufassung AGB-Banken, ZBB 1992, 326; *Kümpel*, Bank- und Kapitalmarktrecht, 1995; *Merkel*, Die neuen Allgemeinen Geschäftsbedingungen der Banken Teil II (Nr. 11-20), WM 1993, 725 ff.; *Ohlroggen*, Die Allgemeinen Geschäftsbedingungen der Banken (1993) und der allgemeine Bankvertrag, 1996; *Schebesta/Vortmann*, die neuen AGB-Banken, 1992; *Schimansky/Bunte/Lwowski*, Bankrechtshandbuch, 1997, Bd. 1, 2. Kapitel, S. 55 ff.; *Schwintowski/Schäfer*, Bankrecht, 1997; *Sonnenhol*, Die neuen Allgemeinen Geschäftsbedingungen der Banken, Teil I (Nr. 1-10) WM 1993, 677 ff.; *v. Westphalen*, Vertragsrecht und AGB-Klauselwerke, Banken- und Sparkassen-AGB; *ders.*, Die neuen Sparkassen-AGB unter der Lupe des AGB-Gesetzes, BB 1993, 8; *Westermann*, Fortschritte durch die neuen AGB der Banken und Sparkassen?, WM 1993, 1865; *Werhahn/Schebesta*, AGB und Sonderbedingungen der Banken, 1994. Zu **Entgeltfestsetzungen** (Gebühren): *Canaris*, Die Problematik der AGB-Kontrolle von Postenpreisen für Buchungsvorgänge auf Girokonten, WM 1996, 237 ff.; *Horn*, Die richterliche Kontrolle von Entgeltklauseln nach dem AGB-Gesetz am Beispiel der Kreditwirtschaft, Sonderbeilage WM Nr. 1/1997; *v. Westphalen*, Rechtmäßigkeit der Entgelte im Privatkundengeschäft der Banken, WM 1995, 1209.

1 Die in der Fassung seit 1. Januar 1993 geltenden Banken-AGB regeln das Verhältnis zwischen Kunde und Bank generell im Hinblick auf alle Geschäftsbereiche, sozusagen als „Allgemeiner Teil". Die zuvor verwendeten AGB waren aufgrund der Rechtsprechung des Bundesgerichtshofes, wegen des Verbraucherkreditgesetzes sowie der EG-AGB-Richtlinie nicht mehr aktuell. Viele Klauseln wurden durch die Rechtsprechung für unwirksam erklärt <Einzelheiten sind den Kommentaren und der Literatur zu den AGB a.F. zu entnehmen>. Teilweise ist die „alte" Rechtsprechung noch zu beachten, weil Teile der AGB a.F. übernommen wurden. *Baumbach/Hopt* enthält eine Synopse der jeweiligen Klauseln <AGB-Banken, Einl. Rdn. 7>. Die neuen AGB sind kundenfreundlicher und übersichtlicher. Sie enthalten keine Haftungsbeschränkungen auf Vorsatz und grobe Fahrlässigkeit mehr. Aus den AGB alter Fassung wurden die Regelungsteile „Handel in Wertpapieren, Devisen und Sorten" sowie „Verwahrungsgeschäft" ausgegliedert. Diese sowie weitere Geschäftsbedingungen für einzelne Geschäftsbereiche sind in Sonderbedingungen enthalten, die den Banken (Sparkassen)-AGB vorrangig sind <vgl. Nr. 1 Abs. 1 S. 2 Banken-AGB; Nr. 1 Abs. 2 S. 1 Sparkassen-AGB; zu AGB im Wechsel- und Scheckverkehr vgl. *Bülow* S. 743 ff.; ec-Bedingungen, *v. Westphalen/Pfeiffer*, AGB-Klauselwerke>. Der AGB-rechtlichen Prüfung unterliegen natürlich auch von Banken verwendete Formulare. Die AGB der Sparkassen (und Landesbanken) weichen von den Banken-AGB ab <vgl. zu den Sparkassen-Bedingungen: *Aden*, Die neuen AGB-Sparkassen 1993, NJW 1993, 832 ff.; *v. Westphalen*, BB 1993, 8>, während die AGB der Volksbanken mit den Banken-AGB im wesentlichen übereinstimmen. Die Geschäftsbedingungen unterliegen der Kontrolle durch das Bundesaufsichtsamt gemäß § 6 KWG sowie als Konditionenempfehlungen (§ 38 Abs. 2 GWB) der Mißbrauchskontrolle durch das Bundeskartellamt (§ 102 Abs. 4 GWB).

2 Die AGB gelten zwischen Kunde und Bank/Sparkasse für die gesamte Geschäftsverbindung <Nr. 1 AGB-Banken, Nr. 1 AGB-Sparkassen>. **Kunde** ist jeder, der mit der Bank in rechtsgeschäftlichen

Kontakt tritt, um das typische Leistungsangebot einer Bank in Anspruch zu nehmen <vgl. *Schimansky/Bunte/Lwowski*, § 6 Rdn. 7>. Auch eine andere Bank kann Kunde sein <BGH, 29. 11. 1967, BGHZ 42, 167, 172>. **Bank** ist jede inländische Geschäftsstelle der Bank <Nr. 1 Abs. 1 S. 1 AGB-Banken>. Eine entsprechende Definition fehlt in den Sparkassen-AGB, weil die Sparkassen keine ausländischen Geschäftsstellen unterhalten. Der Begriff **Geschäftsverbindung** ist weit zu verstehen. Er umfaßt den allgemeinen Bankvertrag, die sonstigen Verträge, und die Geschäftsverbindung als gesetzliches Schuldverhaltnis <*Baumbach/Hopt*, a.a.O.>. Zu den Ansprüchen aus der bankmäßigen Geschäftsverbindung neuerdings BGH, 28. 10. 1997, NJW-RR 1998, 190.

Im **grenzüberschreitenden Bankverkehr** richtet sich die Einbeziehung 3
von AGB bei einer inländischen Bank gemäß Art. 28, 31 EGBGB nach deutschem Recht. Beim Bankvertrag erbringt die Bank die charakteristische Leistung im Sinne des Art. 28 EGBGB <BGH, 26. 9. 1989, BGHZ 108, 362>. Es gilt das Recht am Ort der Haupt- oder Zweigniederlassung gemäß Art. 28 Abs. 2 S. 2 EGBGB. Eine Rechtswahl ist gemäß Art. 27 EGBGB zulässig und ist in Nr. 6 Banken- und Sparkassen-AGB erfolgt <vgl. unten Rdn. 13. Vgl. auch zur Einbeziehung von AGB im Geschäftsverkehr mit Ausländern Anhang § 9, Internationaler Geschäftsverkehr Rdn. 8 und 9; *Schütze* in Assmann/Schütze, Handbuch des Kaptalanlagerechts, 2. Aufl. § 10 Rdn. 25 ff.; *ders.*, Allgemeine Geschäftsbedingungen im Auslandsgeschäft, DB 1978, 2301 ff.; *Reithmann/Martiny*, Internationales Vertragsrecht, 5. Aufl. Rdn. 149 ff. und 1064 ff.; *Ungnade*, Die Geltung von AGB der Kreditinstitute im Verkehr mit dem Ausland, WM 1973, 1130>.

Nr. 2 Abs. 1 der Sparkassen-AGB (**Änderungen der Geschäftsbedin- 4
gungen/Art und Weise des Hinweises**), wonach ein Hinweis auf geänderte Bedingungen, wenn er nur unter unverhältnismäßigen Schwierigkeiten möglich ist, durch deutlich sichtbare Auslegung oder Aushang in den Kassenräumen erfolgen kann, dürfte wirksam sein, weil lediglich auf das objektive Bestehen „unverhältnismäßiger Schwierigkeiten" abgestellt wird und auch die gesetzliche Regelung des § 2 Abs. 1 Nr. 1 auf den ausdrücklichen Hinweis bei „unverhältnismäßigen Schwierigkeiten" verzichtet <*Westermann*, WM 1993, 1865, 1866 f.; a.A. *v. Westphalen*, BB 1993, 8; *ders.*, AGB-Klauselwerke, Rdn. 4: unwirksam wegen Verstoßes gegen § 2 Abs. 1 Nr. 1; vgl. zur Problematik auch *Sonnenhol*, WM 1993, 677, 678>. Zudem ist allgemein bekannt, daß Bankdienstleistungen durch AGB typisiert sind

<*Aden*, NJW 1993, 833>. Die Banken werden gemäß Nr. 1 Abs. 2 ihrer AGB dem Kunden die Änderung schriftlich bekanntgeben.

5 Nr. 2 der Banken-AGB (**Bankgeheimnis**/Bankauskunft) <vgl. hierzu *Sichtermann*, Bankgeheimnis und Bankauskunft> enthält eine Regelung des Bankgeheimnisses, dessen dogmatische Grundlage bisher offen war. Jetzt besteht eine vertragliche Grundlage. In den Sparkassen-AGB ist die ausdrückliche Regelung des Bankgeheimnisses nicht enthalten. Die Pflicht zur Wahrung des Bankgeheimnisses ergibt sich aber auch ohne Vereinbarung in den AGB aus der allgemeinen vertraglichen Interessenwahrnehmungspflicht. Daneben gilt das Bundesdatenschutzgesetz. Bei öffentlich-rechtlichen Instituten tritt die Pflicht zur Amtsverschwiegenheit hinzu <*Horn* in Wolf/Horn/Lindacher, Rdn. 634>. Die Geheimhaltungspflicht betrifft grundsätzlich alle Tatsachen, die der Kunde geheimhalten will <*Horn* in Wolf/Horn/Lindacher, Rdn. 635 m.w.N.>. Auch Wertungen, wie allgemeine Urteile z.B. über die wirtschaftlichen und/oder geschäftlichen Verhältnisse des Kunden <*Horn* in Wolf/Horn/Lindacher, Rdn. 635; *Schimansky/Bunte/Lwowski*, § 7 Rdn. 7>. Das Bankgeheimnis kann durchbrochen werden durch Gesetz, Einwilligung des Kunden oder Befugnis zur Erteilung einer Bankauskunft. Das Bankgeheimnis ist im internationalen Rechtsverkehr als zwingende Vorschrift grundsätzlich geschützt <vgl. *Reithmann/Martiny*, Rdn. 1083>.

6 Die Nr. 3 der Sparkassen-AGB (**Bankauskünfte**) ist von Nr. 7a Abs. 1 der AGB a.F. übernommen. Die neue Klausel der Banken lehnt sich hinsichtlich der Auskünfte an die Regelung des Bundesdatenschutzgesetzes an, welches zur Auslegung herangezogen werden kann <*Hoeren*, NJW 1992, 3265>. Die Regelungen in den AGB betreffen nur die in Nr. 2 Abs. 2 Banken-AGB und Nr. 3 Abs. 1 S. 1 Sparkassen-AGB definierten Auskünfte, nämlich „allgemein gehaltene Feststellungen und Bemerkungen über die wirtschaftlichen Verhältnisse des Kunden, seine Kreditwürdigkeit und Zahlungsfähigkeit". Andere Auskünfte, wie Scheckauskünfte sind davon nicht umfaßt <*Baumbach/Hopt* a.a.O. Rdn. 3>. Die Voraussetzungen für die Bankauskunft differieren nach Kundenart.

7 Nr. 3 der Banken-AGB regelt in Absatz 1 den **Haftungsmaßstab**, wenn ein Anspruch gegen die Bank dem Grunde nach besteht. Danach haftet die Bank für jedes Verschulden. Die früher enthaltene Beschränkung auf grobe Fahrlässigkeit ist entfallen. Ein Mitverschulden des Kunden ist anzurechnen. Absatz 2 regelt die **Haftung bei weitergeleiteten Aufträgen**, wenn also kein Erfüllungsgehilfe handelt, für dessen

Verschulden die Bank schon nach Absatz 1 haftet. Die Haftung ist bei dem weitergeleiteten Auftrag auf die sorgfältige Auswahl beschränkt. Eine Weiterleitung mit dieser haftungsbeschränkenden Wirkung ist möglich, wenn ein Auftrag typischerweise von einem Dritten ausgeführt wird <vgl. die Beispiele in Nr. 3 Absatz 2>.

Problematisch ist Nr. 19 Abs. 2 der Sparkassen-AGB. Die Haftung für **8**
Dritte wird auf die sorgfältige Auswahl beschränkt, ohne daß eine ganz klare Trennung zwischen § 278 BGB (Erfüllungsgehilfen) und § 664 Abs. 1 Satz 2 BGB (gestattete Substitution/weitergeleiteter Auftrag) erfolgt <vgl. *Aden*, a.a.O.: Klausel wirksam; *v. Westphalen*, BB 1993, a.a.O., *ders.* AGB-Klauselwerke, Rdn. 17: Klausel unwirksam>. Eine Übertragung ist möglich, „soweit dies unter Berücksichtigung der Art des Auftrags und der Interessen von Sparkasse und Kunde erforderlich scheint“. Die Banken-AGB enthalten in Nr. 3 Abs. 2 insoweit eine scheinbar klarere Differenzierung. Danach wird die Substitution, wie oben erwähnt, zugelassen, wenn der betreffende Auftrag „typischerweise“ nach Weiterleitung von einem Dritten ausgeführt wird. Berechtigt ist allerdings der Hinweis von *Westermann* <WM 1993, 1865, 1867 f.>, ob denn das Abstellen auf die „Typizität“ wirklich eine objektivere Bestimmung der Substitutionsbefugnis zuläßt. Da bei beiden Formulierungen eine Prüfung nach objektiven Kriterien zu erfolgen hat, dürfte der Unterschied nicht so groß sein. Auch gegenüber den AGB-Banken werden insoweit Bedenken hinsichtlich der Transparenz geltend gemacht <vgl. *Baumbach/Hopt*, a.a.O. Rdn. 6>.

Nach Nr. 4 Abs. 1 AGB-Sparkassen besteht die **Vertretungsbefugnis** **9**
fort, bis eine schriftliche Mitteilung des Kunden über die Beendigung oder Änderung vorliegt, es sei denn, diese Umstände sind der Sparkasse bekannt oder infolge Fahrlässigkeit nicht bekannt. Die Nichteinhaltung der Schriftform erfordert also regelmäßig die Prüfung der Frage, ob der Sparkasse der Umstand infolge Fahrlässigkeit unbekannt geblieben ist. Dies ist insbesondere problematisch, wenn die mündliche Mitteilung an eine Stelle der Bank erfolgt, die eigentlich nicht empfangszuständig ist. Entscheidend wird dann die interne Weiterbehandlung in der Bank sein <*Westermann,* WM 1993, 1865, 1869>. In Nr. 11 Abs. 1 Banken-AGB ist keine schriftliche Mitteilung, sondern eine unverzügliche, gefordert. Auch eine verspätete Mitteilung ist von der Bank zu beachten, soweit dies für die Zukunft möglich ist. Sowohl im Falle der mündlichen als auch im Falle der verspäteten Mitteilung ist eine Schadensteilung gemäß § 254 BGB je nach Sachverhalt denkbar <*Westermann*, a.a.O.>.

10 Fraglich ist die Wirksamkeit von Nr. 4 Abs. 2 AGB-Sparkassen (**Mangel der Geschäftsfähigkeit des Vertreters**). Die Bestimmung wird wohl nicht gegen § 9 Abs. 2 Nr. 1 verstoßen <*Aden*, a.a.O.; *Westermann*, WM 1993, 1868, 1869; a. A. *v. Westphalen*, BB 1993, a.a.O.; *Palandt/Heinrichs*, 57. Auflage, § 9 Rdn. 59>. Der Bundesgerichtshof <25. 6. 1991, BGHZ 115, 38> hat zu den alten AGB der Banken (Nr. 23) und Sparkassen (Nr. 3 Abs. 3), entschieden, daß eine AGB-Klausel, die dem Kunden einen von keinem der Beteiligten verschuldeten Schaden – aus einem eintretenden Mangel des Kunden in seiner eigenen Geschäftsfähigkeit – überbürdet, gegen § 9 verstößt, weil die Überbürdung von wesentlichen Vorschriften des Haftungsrechts abweiche, nämlich eine Haftung ohne Verschulden auferlege. Diese Rechtsprechung wird sich nicht auf den Fall der Nr. 4 Abs. 2, die Geschäftsunfähigkeit des Vertreters, übertragen lassen. Der Vertretene bleibt geschäftsfähig, kann seine Sphäre weiter kontrollieren und beherrschen und muß deshalb dafür die Verantwortung tragen, während der Geschäftsunfähige selbst sich dieses Umstandes gar nicht bewußt wird <vgl. auch Münchener Kommentar/*Basedow* 3. Aufl. § 23 Rdn. 113; a. A. *v. Westphalen*, AGB-Klauselwerke, Rdn. 78>. *Aden* <a.a.O.> hält die Klausel zumindest insoweit für unbedenklich, als es sich um einen selbst gewählten Vertreter handelt.

11 Die Beschränkung der **Aufrechnung**sbefugnis in Nr. 4 der Banken- und Nr. 11 Abs. 1 Sparkassen-AGB auf unbestrittene oder rechtskräftig festgestellte Forderungen ist wirksam (siehe allg. § 11 Nr. 3). Es ist anerkannt, daß das Bestreiten der Bank die Aufrechnung nicht ausschließt, wenn die Bank mißbräuchlich handelt, das heißt die Forderung des Kunden nach Grund und Höhe feststeht und die Bank grundlos und unsubstantiiert bestreitet <BGH, 22. 1. 1954, BGHZ 12, 136> oder die Gegenforderung auf einer schuldhaften Pflichtverletzung der Bank beruht <*Schimansky/Bunte/Lwowski*, § 9, Rdn. 16>. Ein Zurückbehaltungsrecht des Kunden ist nicht ausgeschlossen <*Horn* in Wolf/Horn/Lindacher Rdn. 665 m.w.N.; *Schimansky/Bunte/Lwowski*, § 9, Rdn. 5>.

12 Nr. 5 Banken-AGB regelt den Nachweis der **Verfügungsberechtigung nach dem Tod des Kunden**. Die Bank kann zur Klärung der Verfügungsberechtigung die Vorlegung eines Erbscheines, eines Testamentsvollstreckerzeugnisses oder weiterer hierfür notwendiger Unterlagen verlangen. Die Vorlage eines Erbscheines darf nicht verlangt werden, wenn die Erbfolge zweifelsfrei feststeht <*Schwintowski/Schäfer*, § 1 Rdn. 46>. Weitere notwendige Unterlagen sind z.B. die Erklärung, daß keine weiteren erbberechtigten Abkömmlinge bestehen, wenn ein Ehegattentestament aus dem Beginn der Ehezeit nach langer Ehe vorgelegt wird <*Schimansk/Bunte/Lwowski*, § 10 Rdn. 10>. Sind die in Nr. 5 Banken-AGB genannten und von der Bank berechtigt geforderten Nachweise erbracht, muß die Bank an den nach den Nachweisen Berechtigten leisten und die Leistung erfolgt mit befreiender Wirkung. Diese befreiende Wirkung verstößt nicht gegen das AGBG <*Schwintowski/Schäfer*, § 1 Rdn. 48; *v. Westphalen*, AGB-Klauselwerke, Rdn. 24>.

Nr. 6 Abs. 1 Banken- und Sparkassen-AGB enthalten eine **Rechtswahl** zugunsten deutschen Rechts, wobei die Regelung der Sparkassen auf die Ausnahme des Art. 29 EGBGB für Verbraucherverträge hinweist. Die formularmäßige Vereinbarung der Nr. 6 Abs. 1 Banken-AGB ist mit § 9 vereinbar <*Schwintowski/Schäfer*, § 1 Rdn. 52; *Schimansky/Bunte/Lwowski*, § 11, Rdn. 3>. Vergleiche zu Rechtswahlklauseln Anhang § 9: Internationaler Geschäftsverkehr Rdn. 3 ff. 13

Nr. 6 Abs. 3 der Sparkassen- und Nr. 6 Abs. 2 der Banken-AGB enthalten eine zulässige **Gerichtsstandsvereinbarung** für inländische Vollkaufleute <vgl. *Schimansky/Bunte/Lwowski*, § 11 Rdn. 9, 10>. Für ausländische Kunden enthalten die Banken-AGB eine gesonderte Regelung in Abs. 3 <vgl. zu Internationalen Gerichtsstandsvereinbarungen, *Gottwald*, Grenzen internationaler Gerichtsstandsvereinbarungen, Festschrift für *Firsching*, 1985 und Anhang § 9: Gerichtsstandsklauseln>. Während die AGB-Banken keine Erfüllungsortvereinbarung vorsehen, ist der Erfüllungsort nach Nr. 6 Abs. 2 der Sitz der Sparkasse. 14

Der Kunde hat bei Kontokorrentkonten **Einwendungen** (auch mündlich) gegen den **Rechnungsabschluß** (vierteljährlich, wenn nichts anderes vereinbart) gemäß Nr. 7 Abs. 2 Banken-AGB innerhalb eines Monats nach dessen Zugang zu erheben. **Zugang** ist erfolgt, wenn die Kenntnisnahme nach den gewöhnlichen Umständen erwartet werden kann. Dies ist zum Beispiel der Fall bei Übersendung von Kontoauszügen mit Einlegung in den Briefkasten, bei Abholung mit Übergabe, beim Kontoauszugsdrucker mit Abruf durch Ausdruck und beim Schließfach sobald der Kunde die Möglichkeit hatte, den Abschluß der von ihm gewählten Empfangseinrichtung zu entnehmen. Bei – zu empfehlender – schriftlicher Geltendmachung von Einwendungen genügt die Absendung innerhalb der **Monatsfrist**. Nach Abs. 2 S. 2 gilt das Unterlassen rechtzeitiger Einwendungen als Genehmigung. Diese **Genehmigungsfiktion** ist AGB-rechtlich wirksam <*Schimansky/Bunte/Lwowski*, § 12 Rdn. 25>. Abs. 2 S. 2 betrifft nur Rechnungsab- 15 noch 12 schlüsse bei Kontokorrentkonten, nicht sonstige Abrechnungen oder Tageskontoauszüge <*Baumbach/Hopt*, a.a.O. Rdn. 3, 5>. Tageskontoauszüge sind nur Mitteilungen über den Kontostand <BGH, 28. 6. 1968, BGHZ 50, 279 f.>. Auch **nach Fristablauf** ist ein Berichtigungsverlangen möglich, wenn der Kunde beweist, daß sein Konto zu Unrecht belastet wurde oder eine ihm zustehende Gutschrift nicht erteilt wurde. Der Fristablauf bewirkt damit eine zulässige Beweislastumkehr <*Sonnenhol*, a.a.O., 681; *Baumbach/Hopt*, a.a.O. Rdn. 3>. Die Genehmigungsfiktion greift nicht ein, wenn die Bank nicht mit dem Einverständnis des Kunden rechnen darf <vgl. *Baumbach/Hopt*, a.a.O. Rdn. 4: z.B. kein Auftrag, keine Einziehungsermächtigung, krasse Abweichungen>.

16 Nr. 7 Abs. 2 Sparkassen-AGB läßt offen, ob Rechnungsabschlüsse pro Quartal erteilt werden und verweist insoweit auf die nach dem Preisaushang geltenden Rechnungsabschlußperioden. Nach Nr. 7 Abs. 3 Sparkassen-AGB sind Einwendungen (nur) schriftlich innerhalb von vier Wochen zu erheben. Nach Fristablauf können Korrekturen auf Grund gesetzlicher Ansprüche erfolgen. *v. Westphalen* <AGB-Klauselwerke, Rdn. 34 ff.> hält Nr. 7 Abs. 2 und 3 der Sparkassen-AGB aus verschiedenen Gründen für sehr bedenklich. Für Wertpapieraufstellungen gelten bei Banken und Sparkassen Sonderbedingungen.

17 Das in Nr. 8 Abs. 1 Banken- und Sparkassen-AGB vorgesehene **Stornorecht vor Rechnungsabschluß** ist wirksam <*Schimansky/Bunte/Lwowski*, Bd. 1 § 13 Rdn. 14; *Baumbach/Hopt*, a.a.O. Rdn. 1 m.w.N.; *Canaris*, a.a.O. Rdn. 455; a.A. *Schwintowski/Schäfer*, § 1 Rdn. 64, weil der Entreicherungseinwand genommen wird>. *v. Westphalen* <AGB-Klauselwerke, Rdn. 48> hält Nr. 8 Abs. 1 der Sparkassen-AGB für unwirksam, weil das Stornorecht bestehen soll, wenn eine Gutschrift „ohne verpflichtenden Auftrag" erfolgt. Das Stornorecht setzt einen Rückgewährsanspruch voraus, der sozusagen im Wege der Selbsthilfe geltend gemacht werden kann und die Parteirollen im Prozeß umkehrt. Der Kunde kann sich nicht auf Entreicherung gemäß § 818 Abs. 3 BGB berufen. Eine Anfechtung durch die Bank mit der Folge der Schadenersatzpflicht gemäß § 122 BGB ist nicht erforderlich. Das Stornorecht ist nach herrschender Auffassung bestimmt für technische Buchungsfehler (z.B. falsche Kontonummer, Doppelbuchung). Weiterhin soll es auch bei allen von Anfang an gegebenen Mängeln (Fälschung, Nichtigkeit, Anfechtung) anwendbar sein <vgl. *Baumbach/Hopt*, a.a.O., Rdn. 2; *Horn* in Wolf/Horn/Lindacher Rdn. 676>. Streitig ist, ob das Stornorecht bei Widerruf des Überweisungsauftrags besteht <vgl. *Baumbach/Hopt*, a.a.O. Rdn. 2; *Schimansky/Bunte/Lwowski*,

§ 13 Rdn. 11>. Zur Stornierung ins Debet vgl. OLG München, 30. 12. 1970, WM 1971, 264, 265; OLG Nürnberg, 17. 8. 1977, WM 1977, 1336, 1337 f.; *Westermann*, WM 1993, 1865, 1870 Fn. 60; *Baumbach/Hopt*, a.a.O., Rdn. 2.

Nach Nr. 8 Abs. 2 Sparkassen- und Banken-AGB sind bei fehlerhaf- **18**
ten Buchungen auch **nach Rechnungsabschluß Berichtigungs- bzw. Korrekturbuchungen** möglich. Dieses Recht besteht ohne zeitliche Begrenzung und setzt einen materiell-rechtlichen Anspruch auf Rückzahlung voraus. Erhebt der Kunde gegen die Berichtigungsbuchung Einwendungen, so wird sie rückgängig gemacht und ist gesondert geltend zu machen. Die Bank muß also einen ihr zustehenden Kondiktionsanspruch gemäß § 812 Abs. 1 S. 1 BGB erst geltend machen, wenn der Kunde Einwendungen gegen die Berichtigungsbuchung erhoben hat. Der Kunde kann sich dann aber auf Entreicherung berufen. Da die Beweislast insofern bei der Bank verbleibt, ist die Klausel nicht wegen § 11 Nr. 15 unwirksam. Da der Kunde auch bei unverschuldetem Schweigen oder bei Fehlverständnis des Begriffs „Einwendungen“ seine Rechte aus dem Saldoanerkenntnis insoweit verliert, werden Bedenken gegen die Wirksamkeit geäußert <vgl. *Baumbach/Hopt*, a.a.O. Rdn. 4; *Krings*, ZBB 1992, 326, 329>. Wenn die Bank auf Widerspruch des Kunden den Betrag wieder gutschreibt, kann sie mit der Einrede des § 821 BGB die Verfügung des Kunden über diesen Betrag verweigern <*Baumbach/Hopt*, a.a.O. Rdn. 4; *Westermann*, WM 1993, 1865, 1870; *Horn* in Wolf/Horn/Lindacher, Rdn. 680>. Die Berichtigungsbuchung selbst erfolgt wie eine Stornobuchung nach Nr. 8 Abs. 1 durch Abbuchung, stellt jedoch rechtlich lediglich ein Angebot an den Kunden auf Abschluß einer Stornovereinbarung dar <*Baumbach/Hopt* AGB Banken 8, Rdn. 4>. Eine Berichtigungsbuchung i.S. des § 8 Abs. 2 wirkt nicht gegenüber einem Pfändungsgläubiger. Das Einwendungsrecht geht mit dem Überweisungsbeschluß gemäß § 836 Abs. 1 ZPO auf ihn über <BGH, 13. 5. 1997, NJW 1997, 2322, 2323>.

Nach Nr. 8 Abs. 3 S. 1 Banken-AGB hat die Bank den Kunden un- **19**
verzüglich von der Storno- oder Berichtigungsbuchung zu unterrichten. Die Sparkassen-AGB sehen in Nr. 8 Abs. 3 konkret vor, daß die Information durch Kennzeichnung der Buchung im Kontoauszug zu erfolgen hat. Auch nach den AGB-Banken ist eine Kennzeichnung der Buchung im Kontoauszug bei zumindest klarer Kennzeichnung des Fehlers hinreichend <vgl. *Baumbach/Hopt* AGB-Banken Rdn. 6; *Krings*, ZBB 1992, 326, 330>.

20 Die in Nr. 8 Abs. 3 S. 2 Banken-AGB enthaltene Regelung zur Zinsberechnung, die eine valutagerechte Buchung ermöglicht, ist wirksam <vgl. *Schimansky/Bunte/Lwowski*, § 13 Rdn. 25, 26; *Westermann*, WM 1993, 1865, 1870; *Horn* in Wolf/Horn/Lindacher Rdn. 680; a.A. *Baumbach/Hopt*, a.a.O. Rdn. 7; *v. Westphalen*, AGB-Klauselwerke, Rdn. 46>.

21 Nr. 9 Abs. 1 Banken-AGB regelt die Vorbehaltsgutschrift bei der Einreichung von Forderungspapieren durch den Kunden (**Einzugsaufträge**) und Nr. 9 Abs. 2 die **Einlösung** solcher Forderungspapiere, deren Schuldner der Kunde ist. Eine Vorbehaltsgutschrift ist solange nicht Gutschrift, solange das Einzugspapier nicht eingelöst ist. Nr. 9 Abs. 1 findet nur Anwendung, wenn keine Einlösung erfolgte bzw. bis zur Einlösung. In Nr. 9 Abs. 1 S. 4 Banken- und Nr. 9 Abs. 1 S. 4 Sparkassen-AGB ist der Rückforderungsanspruch der Bank bei einer **Vorbehaltsgutschrift** für den Fall geregelt, daß keine Einlösung erfolgt oder der Gegenwert nicht eingeht. Diese Regelung ist wirksam. Sie gilt auch für den Einzug von Schecks <vgl. BGH, 6. 5. 1997, BB 1997, 1379>. In den Sparkassen-AGB sind in Nr. 23 Abs. 2 noch andere Fälle genannt, in denen das Institut zur Rückbelastung berechtigt ist, wobei nach den allgemeinen Grundzügen des Einzugsgeschäfts auch die Banken in diesen Fällen zur Rückbelastung berechtigt sind <*Bülow*, S. 747 ff.>.

22 Die **Bezahltmeldung** eines Schecks gemäß Nr. 9 Abs. 2 S. 3 Banken- und Nr. 9 Abs. 2 S. 2 Sparkassen-AGB bewirkt die Einlösung des Schecks, auch wenn die Belastungsbuchung noch nicht erfolgt ist (antizipierte Bezahltmeldung) <BGH, 6. 5. 1997, BB 1997, 1379 f.>.

23 Umstritten ist die Wirksamkeit der Nr. 12 Sparkassen-AGB (**Guthaben in ausländischer Währung**). Die Regelung entspricht den bisherigen Nr. 32 der Sparkassen und Nr. 3 Abs. 2 der Banken. Sie wurden teilweise für wirksam, teilweise für unwirksam erachtet <Vgl. *Westermann*, WM 1993, 1865, 1870 m.w.N. (wirksam) a. A. *Horn* in Wolf/Horn/Lindacher Rdn. 690 m.w.N.>. *von Westphalen* hält es für eine unangemessene Benachteiligung, daß der Kunde mit Schäden und Nachteilen belastet wird, die die von der Sparkasse unterhaltenen Währungsguthaben als Folge höherer Gewalt treffen. Die Sparkasse ermögliche erst die Unterhaltung eines Währungsguthabens und schaffe erst die Voraussetzung <*v. Westphalen*, BB 1993, a.a.O.; *ders.*, AGB-Klauselwerke, Rdn. 63>. *Aden* hingegen weist zutreffend darauf hin, daß der Kunde nicht daran gehindert sei, auf eigenes Risiko, ohne Einschaltung der Bank, ein Währungskonto im Ausland zu errichten. <*Aden* a.a.O>. Zudem, so zutreffend *Westermann* <a. a. O.>, ist es verständlich, daß die Sparkasse keiner Ersatzverpflichtung unterliegen will, während ihre Verpflichtung in ausländischer Währung nicht zu erfüllen ist. Dies entspricht der gesetzlichen Wertung des § 275 BGB. Außer der Besonderheit, daß Nr. 10 Abs. 3 Banken-AGB eine Verpflichtung trotz höherer Gewalt postuliert, wenn die Bank eine Verfügung vollständig im eigenen Haus ausführen kann, entspricht Nr. 12 Sparkassen-AGB der Nr. 10 Banken-AGB <vgl. *Westermann*, a.a.O.>.

Die **Mitwirkungspflichten** des Kunden sind in Nr. 11 Banken-AGB 24
und Nr. 20 Sparkassen-AGB festgehalten. Der Kunde hat gemäß Nr. 11 Abs. 2 Banken-AGB für die Klarheit von Aufträgen zu sorgen. In den Sparkassen-AGB übernimmt Nr. 20 Abs. 1b (eindeutige Angaben bei Aufträgen und Weisungen) die entsprechende Funktion. Bei Überweisungsaufträgen ist deren Wirksamkeit nicht davon abhängig, daß der Kunde alle die in den Klauseln geforderten Angaben macht. Die fehlenden Angaben von Kontonummer und Bankleitzahl beeinträchtigen die Wirksamkeit des Auftrags nicht <*Horn* in Wolf/Horn/Lindacher Rdn. 697>. Die Regelung in Nr. 11 Abs. 3 Banken-AGB hinsichtlich der **Hinweispflicht bei Eilbedürftigkeit** ist nicht zu beanstanden <vgl. *Schimansky/Bunte/Lwowski*, § 16 Rdn. 20 ff.; a. A. *v. Westphalen*, AGB-Klauselwerke, Rdn. 70 ff.>. Bei Terminaufträgen genügt der Hinweis, daß ein Betrag zu einem bestimmten Termin auf dem Konto des Empfängers gutgeschrieben sein muß <*Horn* in Wolf/Horn/Lindacher Rdn. 701>.

Nr. 17 Abs. 2 der Sparkassen-AGB (**Festsetzung und Ausweis der Entgelte**) 25
ist nicht gelungen <*v. Westphalen*, BB 1993, a.a.O: Verstoß gegen das Transparenzgebot; a.A. *Aden*, a.a.O.; *Westermann*, a.a.O., 1872>. In Nr. 17 Abs. 1 ist die Berechtigung enthalten, „Entgelte, insbesondere Zinsen, Gebühren und Provisionen, vom Kunden zu verlangen". Nr. 17 Abs. 2 enthält ein Kündigungsrecht des Kunden für den Fall der Erhöhung von „Zinsen oder sonstigen wesentlichen Entgelten". Die Begriffsverwendung ist undurchsichtig. Was sind „wesentliche Entgelte"? Die „Wesentlichkeit" bezieht sich nicht, wie *Aden* <a.a.O.> meint auf den Umfang der Erhöhung, sondern auf die Art des Entgelts. Gegen eine Unwirksamkeit spricht, daß trotz dieser Unklarheit das Kündigungsrecht bei jeder also auch unwesentlichen Erhöhung besteht und die Regelung somit dem Kunden günstig ist <*Westermann*, a.a.O., 1872>. Kritisch ist Nr. 17 Abs. 2 auch im Hinblick auf die Möglichkeit der Anpassung im Privatkundenbereich unter Berücksichtigung des Aufwandes der Sparkasse <vgl. *v. Westphalen*, BB 1993, a.a.O.; *ders.*, AGB-Klauselwerke, Rdn. 100; dagegen *Westermann*, a.a.O., 1872, *Aden*, a.a.O., 836>.

26 Die in Nr. 12 Abs. 1 S. 3 der Banken- und Nr. 17 Abs. 2 S. 3 Sparkassen-AGB enthaltene Befugnis, für nicht im Preisverzeichnis aufgeführte Leistungen eine angemessene Vergütung zu fordern, ist mit § 11 Nr. 1 vereinbar. Wirksam ist ebenfalls das in Nr. 17 Abs. 1 S. 1 und Nr. 12 Abs. 2 für das Firmenkundengeschäft vorgesehene Bestimmungsrecht nach § 315 BGB. Nach den Banken-AGB werden Änderungen von Zinsen und Entgelten mitgeteilt <vgl. näher *Merkel*, WM 1993, 725, 728>, während nach den Sparkassen-AGB Bekanntgabe genügt.

27 Unangemessen im Sinne des § 9 Abs. 1 ist in Nr. 17 Abs. 2 zweiter Unterabsatz Sparkassen-AGB die Einschränkung des Kündigungsrechts im Fall der Preiserhöhung <*v. Westphalen*, BB 1993, a.a.O. mit zutreffender Begründung; a.A. *Westermann*, a.a.O., 1872>. Die Kreditkündigung des Kunden soll danach als nicht erfolgt gelten, wenn er nicht binnen zwei Wochen nach Wirksamwerden der Kündigung den geschuldeten Betrag zurückzahlt. Der fehlende Vorbehalt in Nr. 17 Sparkassen-AGB im Hinblick auf das VerbrKrG dürfte unbedenklich sein <*Westermann*, a.a.O., 1873; a.A. *v. Westphalen*, AGB-Klauselwerke, Rdn. 106>.

28 Rechtsprechung zu einzelnen **Vergütungsregelungen und Gebühren sowie Wertstellungsklauseln** ist unter Rdn. 39 ff. dargestellt.

29 Nr. 13 Abs. 1 Banken-AGB begründet einen **Anspruch der Bank auf Bestellung von Sicherheiten** für alle Ansprüche aus der bankmäßigen Geschäftsverbindung. Die Bank kann nicht bestimmte Sicherheiten verlangen. Die Auswahl obliegt dem Kunden, wobei die Sicherheit natürlich ohne Schwierigkeiten verwertbar sein muß <BGH, 15. 11. 1960, BGHZ 33, 389, 394>. Es muß sich um eine bankmäßige Sicherheit handeln. Ein solcher Anspruch auf Bestellung von Sicherheiten besteht bei der **Haftung** des Bankkunden **für Drittkunden** (Bürgschaft) erst ab Fälligkeit der aus der Haftungs- übernahme folgenden Schuld (Nr. 13 Abs. 1 S. 2). Gegen diese Erstreckung der Verpflichtung zur Bestellung von Sicherheiten eines Bürgen für die Bürgschaftsschuld, der gleichzeitig Kunde der Bank ist, werden berechtigte Bedenken geltend gemacht. Diese Klausel könnte als überraschend gegen § 3 verstoßen <*Krings*, ZBB 1992, 326, 331; a.A. *Schimansky/Bunte/Lwowski*, § 18 Rdn. 7; *Horn* in Wolf/Horn/Lindacher Rdn. 729 (unbedenklich); vgl. auch *Köndgen*, NJW 1992, 2263, 2267;>. Der Bürge/Bankkunde rechnet bei Eingehen der Geschäftsverbindung nicht mit einer solchen Regelung. Der Anspruch entspringt nicht auf den ersten Blick der bankmäßigen Geschäftsbeziehung.

Entgegen der früheren Regelung in den AGB kann eine Verstärkung 30
der Sicherheiten (**Nachbesicherung**) nur noch verlangt werden, wenn eine Veränderung des Risikos eintritt (so auch Nr. 22 Abs. 1 Sparkassen-AGB). Eine veränderte Risikolage besteht z.B. bei wertmäßiger Verschlechterung der Sicherheit oder bei einer nicht schon wesentlichen Verschlechterung der wirtschaftlichen Lage des Kunden <vgl. zu einem Fall berechtigter Nachforderung OLG München, 27. 9. 1996, BB 1997, 435>, nicht aber beim Blankokredit oder bei abschließender Nennung der Sicherheiten (vgl. Nr. 13 Abs. 2 S. 4 Banken-AGB). In der Angabe bestimmter Sicherheiten liegt noch keine abschließende Nennung. Nr. 13 Abs. 3 Banken-AGB, wonach eine angemessene Frist für die Bestellung von Sicherheiten einzuräumen ist, beruht auf der bisherigen Rechtsprechung <vgl. BGH, 9. 6. 1983, BB 1983, 1880>.

Die in Nr. 14 Abs. 1 der Banken-AGB/Nr. 21 Sparkassen-AGB ent- 31
haltene **Pfandrechtsklausel** ist mit §§ 3, 9 vereinbar <BGH, 29. 11. 1984, BB 1985, 294 = BGHZ 93, 71, 75>. Die Klausel enthält im Gegensatz zu Nr. 13 bereits die antizipierte dingliche Einigung über das Pfandrecht. Die neue Formulierung in den Banken-AGB beschränkt das Pfandrecht auf Wertpapiere, Sachen und Forderungen gegen die Bank (z.B. Kontoguthaben), nicht wie die alte Fassung auf alle „Sachen und Rechte". Anwartschaftsrechte oder Immaterialgüterrechte sind folglich nicht vom Pfandrecht erfaßt. Das Pfandrecht umfaßt auch verbriefte Forderungen wie Sparbücher, oder Versicherungspolicen <*Schwintowski/Schäfer*, Rdn. 108>. Die Sparkassen haben in Nr. 21 Abs. 1 eine weite Formulierung gewählt, nämlich „Werte jeder Art", die in Zusammenhang mit der im folgenden Satz enthaltenen Aufzählung unbedenklich ist <*Aden* a.a.O.>. Gesichert werden auch Ansprüche inländischer und ausländischer Geschäftsstellen <Filialklausel Nr. 14 Abs. 2 S. 1 Banken-AGB>. Das Pfandrecht bezieht sich auf – auch künftige – Forderungen aus der bankmäßigen Geschäftsbeziehung. Ausgeschlossen vom Pfandrecht sind Werte oder Gelder, die nur für einen **bestimmten Zweck** in den Besitz der Bank gelangten (z.B. Bareinzahlung zur Wechseleinlösung, Einzahlung zur Ablösung von Grundpfandrechten, Eingang von Erlösen aus Warenverkauf auf Unterkonto zur Weiterüberweisung an Lieferanten). Erforderlich ist eine entgegenstehende erkennbare Zweckbestimmung durch den Kunden, wobei Zweifel zu Lasten des Kunden gehen <*Schimansky/Bunte/Lwowski*, § 19, Rdn. 46>. Entsprechend Nr. 13 Abs. 1 S. 2 (Anspruch auf Bestellung von Sicherheiten des Bürgen/Bankkunden) soll nach Nr. 14 Abs. 2 S. 2 Banken-AGB das Pfandrecht auch der Sicherung von Ansprüchen aus der Bürgenhaftung ab

Fälligkeit dienen. Auch hier stellt sich die Frage nach der Unwirksamkeit gemäß § 3 <vgl. oben Rdn. 30>. Auch bei zukünftigen Forderungen ist für das Entstehen des Pfandrechts die Zeit der Bestellung maßgeblich, so daß das Pfandrecht nach Nr. 14 Abs. 2 bei zukünftigen Forderungen immer Vorrang vor späteren Pfändungen hätte. Dies widerspräche § 357 S. 1 HGB, der somit als speziellere Norm vorgeht. Folglich kann eine Bank, die erst nach der Pfändung eines Kontokorrentsaldos durch einen Gläubiger des Bankkunden selbst eine Forderung gegen ihren Kunden erwirbt, den „Zustellungssaldo" auch nicht aufgrund ihres AGB-Pfandrechts mit Wirkung gegenüber dem Pfändungsgläubiger um den Betrag der Forderung verringern <BGH, 13. 5. 1997, NJW 1997, 2322, 2323>.

32 Nr. 15 Banken-AGB regelt die **Sicherungsrechte an Einzugspapieren und diskontierten Wechseln** <vgl. *Bülow*, Sicherungstreuhand im Inkassogeschäft nach AGB-Banken und AGB-Sparkassen, BB 1995, 2485>. Nr. 15 Abs. 1 S. 1 Banken-AGB, die **antizipierte Einigung über den Eigentumswechsel**, hat zunächst deklaratorische Wirkung, da sachenrechtlich auch ohne diese Klausel Eigentumswechsel durch die Einreichung zum Einzug eintritt <vgl. *Horn* in Wolf/Horn/Lindacher, Rdn. 747>. Durch die Klausel erfolgt darüber hinaus die Festlegung des Sicherungszwecks. Bei zum Diskont eingereichten Wechseln gilt dies auch, wobei für den Fall der Rückbelastung eine antizipierte Einigung über Sicherungseigentum am Wechsel in Nr. 15 Abs. 1 S. 2, 2. Hs vorgesehen ist. Die in Nr. 15 Abs. 2 geregelte **antizipierte Sicherungsabtretung** stimmt mit Nr. 44 a. F. überein und ist wirksam <vgl. BGH, 1. 7. 1985, AGBE 1985, 107 = NJW 1985, 2649>. Eine **besondere Zweckbindung** kann die genannten Sicherungsrechte gemäß Nr. 15 Abs. 3 Banken-AGB ausschließen. Der **Sicherungszweck** der Sicherungsrechte in Nr. 15 Banken-AGB ist in Nr. 15 Abs. 4 definiert <vgl. im einzelnen *Bülow*, S. 775 ff.>.

33 Nr. 16 Banken-AGB enthält eine für die gesamte Geschäftsverbindung geltende Regelung hinsichtlich der **Begrenzung des Besicherungsanspruchs** durch Deckungsgrenze und Freigabeanspruch. Zur Erforderlichkeit und zum Inhalt von Deckungsgrenze und Freigabeklausel vgl. „Sicherungszession" Rdn. 2 ff.

34 Zu beachten ist, daß Nr. 17 der Banken-AGB (**Verwertung von Sicherheiten**) nur die Verwertung durch die Bank regelt. Die Verwertung durch den Kunden unterliegt im Verhältnis zur Bank den allgemeinen Pflichten im Rahmen der Geschäftsbeziehung <vgl. *Köndgen*, Die Entwicklung des privaten Bankrechts in den Jahren 1992-1995,

NJW 1995, 558, 560>. In diesem Zusammenhang ist erwähnungsbe-
dürftig, aber klar, daß das **Wahlrecht der Bank**, welche Sicherheiten
sie verwertet, der gesetzlichen Regelung zur Verwertung eines Pfan-
des gemäß § 1230 BGB entspricht. Die Bank hat die **Pflicht zur Rück-
sichtnahme** und ist zur bestmöglichen Verwertung verpflichtet. Bereits
bei der Entscheidung, ob verwertet wird, ist zu prüfen, ob nicht eine
Nachbesicherung in Betracht kommt <*Schimansky/Bunte/Lwowski*,
§ 22 Rdn. 18>. Die in Nr. 17 Abs. 2 enthaltene Regelung der umsatz-
steuerrechtlichen Abwicklung <vgl. zu europäischen Aspekten, *Mey-
ding*, Die Umsatzsteuer im europäischen Binnenmarkt>, indem die
Rechnung durch eine entsprechende Gutschrift ersetzt wird, beruht
auf der Umsatzsteuerpflicht bei der Sicherheitenverwertung.

Die Sparkassen-AGB enthalten eine Regelung der Verwertung in **35**
Nr. 21 Abs. 5 nur für Pfandrechte und Zessionen aufgrund AGB.

Die **Kündigungsrechte** des Kunden sind in Nr. 18 Banken-AGB gere- **36**
gelt und die Kündigungsrechte der Bank in Nr. 19. In den Sparkassen-
AGB enthält Nr. 26 die Kündigungsrechte ohne entsprechende Glie-
derung. Nummern 18 und 19 der Banken-AGB sowie Nr. 26 der AGB-
Sparkassen präzisieren im Vergleich zu den AGB a.F. die **ordentliche
Kündigung** der Geschäftsverbindung bzw. einer einzelnen Geschäfts-
beziehung. Die Kündigung erfolgt unter Einhaltung einer angemesse-
nen Frist. Nr. 19 Abs. 2 enthält eine gesonderte Regelung für die **Kün-
digung unbefristeter Kredite**. Wenn eine Laufzeitvereinbarung vor-
liegt oder eine anderslautende Kündigungsregelung getroffen wurde,
besteht also kein jederzeitiges Kündigungsrecht, es ist gemäß Abs. 1
eine angemessene Frist einzuhalten. Eine solche anderweitige Be-
stimmung liegt nicht vor bei Dispositionskrediten und geduldeten
Überziehungskrediten <*Schimansky/Bunte/Lwowski*, § 24 Rdn. 13>.
Die Gründe für die **Kündigung aus wichtigem Grund** sind in Nr. 19
Abs. 3 S. 2 und 3 nicht abschließend genannt. Voraussetzung ist, daß
ein wichtiger Grund vorliegt, der der Bank auch unter angemessener
Berücksichtigung der berechtigten Belange des Kunden die Fortset-
zung der Geschäftsverbindung unzumutbar werden läßt. Es ist strei-
tig, ob der Begriff „Geschäftsbeziehung" in Nr. 19 Abs. 3 Banken-
AGB auch noch nicht valutierte Kredite erfaßt, wobei man mit der
wohl überwiegenden Auffassung davon ausgehen muß, daß auch
Darlehensversprechen von Nr. 19 Abs. 3 erfaßt sind <vgl. *Schimans-
ky/Bunte/Lwowski*, § 24 Rdn. 27 m.w.N.>.

Nach den Sparkassen-AGB ist Voraussetzung für eine Kündigung aus **37**
wichtigem Grund für Bank und Kunde, daß ein wichtiger Grund vor-

liegt, aufgrund dessen dem Kündigenden die Fortsetzung der Geschäftsbeziehung nicht zugemutet werden kann. In Nr. 26 Abs. 2 Sparkassen-AGB sind Beispiele für mögliche Kündigungsgründe genannt. *v. Westphalen* <BB 1993, a.a.O.; *ders.* AGB-Klauselwerke, Rdn. 153> hält die Klausel insoweit wegen der Gründe in lit. c (unrichtige Angaben), d (Einleitung der Zwangsvollstreckung) und e (Änderung der Vermögensverhältnisse) für unwirksam. Er bemängelt die dort nicht berücksichtigte Bedeutung des Grundes. Die Kritik *v. Westphalens* ist unberechtigt, da ein Kündigungsgrund nur gegeben ist, wenn aufgrund der Beispiele die Einhaltung der Zahlungspflichten des Kunden oder die Durchsetzbarkeit der Ansprüche der Sparkasse gefährdet wird (Nr. 26 Abs. 2 S. 1 Sparkassen-AGB). Zudem sind die berechtigten Belange des anderen Vertragspartners zu berücksichtigen (Nr. 26 Abs. 2 S. 2 Sparkassen-AGB) <vgl. auch *Aden*, a.a.O.; *Westermann*, a.a.O., 1874>.

38 Die **Vergütungsregelungen oder Entgelte** sind in einem Zusatz zu den AGB in einem Preisaushang, Preisverzeichnis oder in Sonderbedingungen geregelt. Bei ihnen sind regelmäßig die Kontrollfähigkeit (zur Kontrollfähigkeit vergütungsregelnder Klauseln siehe § 8 Rdn. 4) sowie die Angemessenheit problematisch.

39 Die Klausel „**Bankauskunft** (Anfragen an uns) 20 DM" verstößt nicht gegen § 9 <OLG Nürnberg, 2. 7. 1996, NJW-RR 1997, 302, 303>.

40 In AGB für private Girokonten enthaltene Gebührenklauseln für **Ein- und Auszahlungen am Bankschalter** unterliegen als Preisnebenabrede der richterlichen Inhaltskontrolle <BGH, 30. 11. 1993, BB 1994, 102 = BGHZ 124, 254>. Gebührenklauseln für alle Bareinzahlungen am Bankschalter, auch bei debitorisch geführten Konten, benachteiligen private Girokunden unangemessen. Die Bareinzahlung auf ein debitorisch geführtes Girokonto ist Tilgungsleistung mit gesetzlichen Zahlungsmitteln. Es widerspricht der gesetzlichen Regelung und ist unangemessen, hierfür eine Vergütung zu beanspruchen <BGH, a.a.O>. Gebührenklauseln bei Auszahlungen am Bankschalter sind ebenfalls unwirksam, wenn die Gebühren ohne Rücksicht darauf anfallen, ob eine Möglichkeit zur kostenfreien Abhebung an Geldausgabeautomaten besteht <BGH a.a.O.>.

41 Postenpreisklauseln in Allgemeinen Geschäftsbedingungen für private Girokonten, die auch **Ein- und Auszahlungen am Kassenschalter** erfassen, unterliegen als Preisnebenabreden nach §§ 9-11 der Inhaltskontrolle <BGH, 30. 11. 1993, BB 1994, 102; BGH 7. 5. 1996, BB 1996, 1407>. Wenn dem Kunden mindestens fünf Freiposten im Monat gewährt werden, liegt kein Verstoß gegen § 9 vor <BGH, 7. 5. 1996, BB 1996, 1407>. Postenpreisklauseln für **Barverfügungen am Geldautomaten** unterliegen hingegen nicht der richterlichen Inhaltskontrolle, weil sie Entgelt für eine Sonderleistung des Kreditinstituts sind <BGH, a.a.O.>.

Eine vorformulierte Entgeltabrede für die **Bearbeitung eines Frei-** 42
stellungsauftrags im Rahmen der Zinsabschlagsteuer ist nach Auffassung des Bundesgerichtshofes mit wesentlichen Grundgedanken des Gesetzes nicht vereinbar und benachteiligt die Kunden gemäß § 9 Abs. 1 in unangemessener Weise. Die Banken werden – wie die Arbeitgeber beim Lohnsteuerabzug – zur Erfüllung staatlicher Pflichten herangezogen. <BGH, 15. 7. 1997, BB 1997, 1862 und 1863 = WM 1997, 1663 und 1665>. Die Frage war streitig. Nach OLG Karlsruhe und LG Mannheim unterfällt eine solche Klausel gemäß § 8 (vgl. § 8 Rdn. 4) nicht der Inhaltskontrolle <OLG Karlsruhe, 8. 11. 1996, BB 1997, 9; LG Mannheim, 25. 8. 1995, BB 1995, 2027; offengelassen von OLG München, 11. 7. 1996, NJW 1996, 3349>. Anderer Meinung, wie nun auch der BGH, ist das OLG Zweibrücken <8. 11. 1996, NJW-RR 1997, 366>. Es werde eine gesonderte Vergütung für eine von der Bank übernommene vertragliche Verpflichtung, für die ihr darlehensweise überlassenen Beträge die vereinbarten Zinsen zu gewähren, gefordert <OLG Zweibrücken a.a.O.>. Das OLG Karlsruhe <a.a.O.> hat hingegen ausgeführt, daß eine Überprüfbarkeit unterstellt, eine solche Klausel (im konkreten Fall DM 12,- bzw. DM 15,-) keine unangemessene Benachteiligung darstelle. Die Besorgung der steuerlichen Angelegenheiten diene dem Eigeninteresse des Kunden, der einen Zinsvorteil erlangt. Dieser Zinsvorteil sei nicht Gegenstand einer vertraglichen Leistung, die die Bank übernommen hat.

Eine Klausel, wonach für die Erteilung einer **Löschungsbewilligung** 43
bei Grundpfandrechten ein Entgelt zu entrichten ist, benachteiligt die Kunden unangemessen und ist gemäß § 9 Abs. 1 unwirksam <BGH, 7. 5. 1991, BB 1991, 1289 = BGHZ 114, 330 ff.>.

Entgeltfestsetzungen für die Nichtausführung von Daueraufträgen 44
und Überweisungen mangels Deckung sind unwirksam, wenn nicht klargestellt wird, daß das Entgelt nicht geschuldet ist, wenn die mangelnde Deckung von der Bank zu verantworten ist <KG, 18. 9. 1996, WM 1997, 60>. Eine Klausel, die ein Entgelt für Scheckrückgaben oder Lastschriftrückgaben festsetzt, ist bereits wegen fehlender Transparenz unwirksam, wenn sie noch nicht einmal die Einschränkung „mangels Deckung" enthält und belastet den Kunden zudem unange-

messen <KG, 18. 9. 1996, a.a.O.>. Die Oberlandesgerichte Nürnberg und Celle haben hingegen eine Klausel „Lastschrift-Rückgabe wegen mangelnder Deckung 10 DM" für wirksam erachtet <OLG Nürnberg, 2. 7. 1996, NJW-RR 1997, 302, 303; OLG Celle, 27. 11. 1996, WM 1997, 865>. Das Revisionsurteil des BGH <zu KG, 18. 9. 1996> lautet jetzt: Entscheidet sich die Bank bei fehlender Deckung für die Nichtausführung, so liegt in ihrer berechtigten Weigerung, die girovertraglichen Kundenweisungen auszuführen, keine Leistung und folglich auch kein eine Vergütungspflicht auslösender Tatbestand <BGH, 21. 10. 1997, BB 1997, 2547>.

45 Eine Klausel, die eine Gebühr für die **Neuausstellung eines Sparbuchs** vorsieht ist nicht kontrollfähig <LG Lüneburg, 17. 12. 1996, WM 1997, 416>.

46 Die Klausel „**Verpfändungsanzeige von Dritten** 35 DM" verstößt gegen § 9, weil sie nicht danach differenziert, ob sich der Dritte im Auftrag des Kunden an die Bank wendet oder ob der Dritte eigenmächtig an die Bank herantritt. Im letztgenannten Fall hätte der Kunde keine Dienstleistung der Bank in Anspruch genommen, sie müßte nicht reagieren, so daß kein zusätzlicher Aufwand entstünde <OLG Nürnberg a.a.O.>.

47 Die Klausel, daß die **Wertstellung** von Bareinzahlungen auf Girokonten einen (Bank-)Arbeitstag nach der Einzahlung vorgenommen wird, benachteiligt die Kunden unangemessen und verstößt formal gegen das Transparenzgebot <BGH, 17. 1. 1989, BGHZ 106, 259 ff.>. Die Überprüfbarkeit der Bestimmung scheiterte nicht an § 8, weil es sich nicht um eine Preisabrede handelt, sondern um eine Wertstellungsklausel. Überweisungen sind am Tag des Eingangs dem Kunden gutzuschreiben. Die Gutschrift am folgenden Arbeitstag stellt auch im kaufmännischen Geschäftsverkehr eine unangemessene Benachteiligung dar <BGH, 17. 6. 1997, BB 1997, 1809 = WM 1997, 1661; vgl. BGH, 6. 5. 1997, BB 1997, 1378>. Überweisungsbeträge sind gemäß §§ 667, 271 Abs. 1 BGB sofort herauszugeben, weil am Eingangstag auch die buchmäßige Deckung erfolgt. Auch wenn die Buchung aus technischen Gründen erst später erfolgen kann, hat die Wertstellung am Eingangstag zu erfolgen. Hingegen ist eine verzögerte Gutschrift bei Schecks zulässig <BGH, 6. 5. 1997, a.a.O.>. Der Bundesgerichtshof billigte in der eben zitierten Entscheidung die Wertstellung von DM-Schecks erst drei Tage nach Gutschrift und von Fremdwährungsschecks erst fünf Tage nach Gutschrift. Da Schecks unter dem Vorbehalt der Einlösung gutgeschrieben werden, also der Zeitpunkt der bu-

chungsmäßigen Deckung zum Zeitpunkt des Eingangs nicht bekannt noch
ist, ist eine pauschal spätere Wertstellung zulässig <BGH, 6. 5. 1997, **47**
a.a.O.>.

Anhang § 9: Bartersystem-AGB

Beim Bartersystem erhalten die Teilnehmer die Möglichkeit, die zwischen ihnen getätigten Geschäfte bargeldlos abzuwickeln. Die Bartervereinbarung ist ein Geschäftsbesorgungsvertrag, der Dienstleistungen zum Gegenstand hat (§ 675 BGB). Zum Bartersystem gibt es eine Entscheidung, wonach die AGB-Klausel, daß bei Beendigung der Teilnahme am System ein Verrechnungsguthaben erst nach einem Jahr ausgezahlt werde, der Inhaltskontrolle des AGB-Gesetzes standhalte. Die Klausel sei auch nicht überraschend, sondern passe sich in die Gesamtregelung ein <OLG München, Beschluß vom 15. 12. 1993, WM 1994, 1226>. Beachte neuerdings auch OLG Karlsruhe, 14. 3. 1997, nicht rechtskräftig, OLGR Karlsruhe/Stuttgart 1997, 69.

Anhang § 9: Bauhandwerkersicherung

Durch das Bauhandwerkersicherungsgesetz ist 1993 ein neuer **§ 648a BGB** geschaffen worden, der viele Rechtsprobleme mit sich bringt <OLG Karlsruhe, 12. 3. 1996, NJW 1997, 263; dazu *Leinemann*, NJW 1997, 238; Literatur allgemein u.a.: *Reinelt*, BauR 1997, 766; *Zimdars*, DB 1997, 614; *Hammacher*, BauR 1997, 429; *Moeser/Kocher*, BauR 1997, 425; *Liepke*, BauR 1996, 336; *Quack*, BauR 1995, 319 sehr kritisch>. Das dadurch entstandene gesetzliche Recht eines nachträglichen Sicherungsverlangens „der Unternehmer eines Bauwerks, einer Außenanlage oder eines Teils davon" ist zwingend (§ 648a Abs. 7 BGB), kann also durch AGB nicht ausgeschlossen werden. Hinsichtlich einer **Bauhandwerkersicherungshypothek** (§ 648 BGB) liegt eine Gerichtsentscheidung vor: Auch nach Einführung des § 648a BGB kann das Recht eines Bauunternehmers, für seine Forderung aus dem Bauvertrag eine Eintragung einer Vormerkung für eine Bauhandwerkersicherungshypothek zu verlangen, nicht durch AGB für jeden Fall ausgeschlossen werden <OLG Karlsruhe, 29. 10. 1996, NJW-RR 1997, 658>.

Anhang § 9: Bauverträge allgemein

(bearbeitet von RA Maurenbrecher)

Literatur: *Korbion/Locher*: AGB-Gesetz und Bauerrichtungsverträge, 1987.

1 Aufgrund einer Vielzahl nur erdenklicher Detailfragen, die speziell bei Werkverträgen über die Erbringung von Bauleistungen zu regeln sind, bedient sich die Praxis sowohl auf Auftraggeberseite als auch auf Auftragnehmerseite nahezu ausnahmslos vorformulierter Vertragsmuster, die ihrerseits zum Großteil auf weitere, ebenfalls vorformulierte Vertragsunterlagen (zum Beispiel Vertragsbedingungen, Leistungsbeschreibungen, Verhandlungsprotokolle oder die VOB) verweisen <zur VOB: siehe Anhang § 9, VOB>. Damit findet das AGB-Gesetz auf Bauverträge sehr weitgehend Anwendung und schützt, da meist die Auftraggeberseite Verwenderin von entsprechenden Bauvertragsmustern ist, vornehmlich aber nicht ausschließlich die Auftragnehmerseite.

2 Das AGB-Gesetz greift nur dort nicht regulierend ein, wo die Vertragsklauseln entweder individuell zwischen den Vertragsparteien ausgehandelt worden sind (**Vorrang der Individualvereinbarung**, § 1 Abs. 2 AGB-Gesetz) oder, wo das Vielzahlkriterium, das nach der Rechtsprechung des BGH eine mindestens dreimalige Verwendung des Vertragsmusters voraussetzt <BGH, 22. 9. 1987, ZfBR 1988, 29; siehe § 1 Rdn. 4>, nicht erfüllt ist. Dies wäre beispielsweise dort der Fall, wo ein Bauherr einen speziellen, auf ein bestimmtes Bauvorhaben zugeschnittenen Vertrag erstellt, ohne sich eines auch noch anderweitig in erforderlicher Zahl verwendeten Musters zu bedienen. Insofern ist aber § 24a zu beachten.

3 Hinsichtlich der Vertragsunterlagen werden in der Praxis neben dem eigentlichen Bauvertragsmuster oftmals noch Allgemeine, Besondere und Zusätzliche Vertragsbedingungen sowie zusätzlich Technische Vorschriften als **weitere vorformulierte Vertragsbestandteile** verwendet, die jeweils am AGB-Gesetz gemessen werden können. Häufig wird auch auf die Verdingungsordnung für Bauleistungen (VOB) verwiesen. Dabei wird meist im Bauvertrag eine **Rangfolge zwischen den einzelnen Bedingungswerken** bestimmt. Durch eine Staffelung mehrerer Bedingungswerke darf allerdings das **Transparenzgebot** des AGB-Gesetzes nicht verletzt werden. Dies kann beispielsweise dann der Fall sein, wenn das Ineinandergreifen der unterschiedlichen Be-

dingungswerke unübersichtlich, für einen durchschnittlichen Vertragspartner unverständlich oder in ihrem Kernbereich in sich unklar ist <BGH, 21. 6. 1990, BB 1990, 1932 = BGHZ 111, 388; OLG Hamm, 18. 6. 1993, NJW-RR 1994, 888>. Ein Verstoß gegen das Transparenzgebot kann zur Folge haben, daß die gestaffelten Geschäftsbedingungen nicht wirksam in den Vertrag einbezogen sind und damit die gesetzliche Regelung mit zum Teil erheblichen Nachteilen für den Verwender gilt <siehe auch § 2 Rdn. 10>. Zu beachten ist schließlich auch die Gefahr, daß in die Staffelung Bedingungswerke einbezogen werden, die hinsichtlich ihres Regelungsgehaltes nicht aufeinander abgestimmt sind. Dies kann auch zu einer **widersprechenden Klausel** führen, was nach der **Unklarheitenregel** des § 5 AGB-Gesetz zu Lasten des Verwenders geht.

Ehe es zu einem Bauvertrag (Bauauftrag) kommt, gehen regelmäßig **4** ein Ausschreibungsverfahren und/oder Vertragsverhandlungen voraus, in deren Zuge vom Verwender weitere vorformulierte Vertragsbedingungen gestellt werden können, und zwar in **Leistungsbeschreibungen** und in **Verhandlungsprotokollen**.

Leistungsbeschreibungen beinhalten in erster Linie Aufzählungen **5** und Beschreibungen der einzelnen vom Auftragnehmer zu erbringenden Leistungen, auf die dieser sein Angebot abgibt. Hier stehen also rein technische Regelungen oder Preise im Vordergrund. Diese technischen bzw. Vergütungsregelungen sind daher, sofern die Leistungsbeschreibung überhaupt das Vielzahlkriterium erfüllt, nach § 8 AGB-Gesetz nicht auf ihren Inhalt kontrollierbar, da diese Regelungen nicht von Rechtsvorschriften abweichen und diese auch nicht ergänzen sollen. Hier verbleibt es bei der Anwendung der §§ 1 bis 6 AGB Gesetz. Häufig beinhalten Leistungsbeschreibungen jedoch auch noch sogenannte **Vorbemerkungen**, die zusätzliche vertragsgestaltende Regelungen (zum Beispiel Preisnebenabreden) beinhalten. Diese Klauseln können dann einer Inhaltskontrolle gemäß § 9 AGB-Gesetz unterzogen werden.

In **Verhandlungsprotokollen** wird meist das in Vertragsverhandlungen **6** erzielte Ergebnis schriftlich niedergelegt, ehe es zum Abschluß des eigentlichen Bauvertrages kommt. Hier bedient sich die Auftraggeberseite ebenfalls meist eines vorformulierten Protokolltextes, der im Laufe der Vertragsverhandlungen durch schriftliche Ergänzungen vervollständigt wird. Sind auch diese Ergänzungen vom Verwender gestellt und mit der anderen Vertragsseite nur durchgesprochen, nicht aber ernsthaft einer Abänderung zugänglich gemacht worden, handelt es sich auch bei diesen Ergänzungen um Allgemeine Geschäftsbedingungen. Dies gilt, obwohl gerade auch die äußere Form – Verhandlungen, nachträgliche schriftliche Ergänzungen – auf Individualvereinbarungen hindeuten sollen <OLG Stuttgart, BB 1986, 2091>. Dies gilt sogar für Klauseln, die der Verwender vollständig aus dem Gedächtnis in den Vertragstext übernimmt <BGH, NJW 1983, 439>.

7 Die Rechtsprechung zu den nach dem AGB-Gesetz unwirksamen Bauvertragsklauseln ist so vielgestaltig, wie die Zahl der mit den Klauseln erfaßten Rechtsprobleme. Sie zu schildern, würde den hier gegebenen Rahmen sprengen. Unwirksam sind nach der Rechtsprechung insbesondere diejenigen Klauseln, die über die ohnehin schon auftraggeberfreundlichen Vorschriften des Gesetzes einseitig zu Lasten der anderen Vertragspartei hinausgehen. Ein sehr eindrucksvolles Beispiel sind die für unwirksam erklärten insgesamt 29 Klauseln eines Formularvertrages <BGH, 5. 6. 1997, WM 1997, 2178: Nichtannahme der Revision zu einer Klage nach § 13>.

8 Zu **Bauhandwerkersicherung**: siehe Anhang § 9, Bauhandwerkersicherung.

Anhang § 9: Bearbeitungsvertrag/Lohnveredelungsvereinbarung

Literatur: VDMA: Der Bearbeitungsvertrag, 1997; *Willebrand/Detzer*: Der Lohnveredelungsvertrag, 1995 (Heidelberger Musterverträge Heft 82); *Thamm*, BB 1973, 543.

1 Unter Bearbeitungsverträgen (Lohnaufträge, Lohnveredelungsverträge) versteht man Verträge zur erfolgsbezogenen Bearbeitung einzelner Teile im Werk des Bearbeiters, wobei das Rohmaterial oder bereits in bestimmter Weise vorbearbeitete Gegenstände in der Regel vom Besteller zur Verfügung gestellt werden. Es gibt ein Konditionenkartell der Einheitsbedingungen für Textilveredelungsaufträge 1985, eine Konditionenempfehlung von AGB für Lohnhärtereien 1980 und Galvaniseure 1990 (zuletzt geändert 1995) <zu Konditionenkartellen und -empfehlungen allgemein: siehe vor § 8 Rdn. 2>. In der Schweiz existieren „Allgemeine Bedingungen für den Lohnauftrag" des Vereins Schweizerischer Maschinen-Industrieller.

Bearbeitungsverträge werden nur unter Kaufleuten abgeschlossen, so daß die folgenden Bemerkungen nur diese rechtliche Wertung zugrunde legt. **2**

Die **Übertragbarkeit der Ausführung** der Arbeiten auf Dritte durch den Bearbeiter wird in den AGB im allgemeinen ausgeschlossen. Das ist rechtlich wirksam, weil die Vergabe von Bearbeitungen in der Regel im Hinblick auf besondere Erfahrungen und besondere technische Ausstattung des Vertrgspartners erfolgt (siehe zum Thema des Wechsels des Vertragspartners auch § 11 Nr. 13 Rdn. 3). **3**

Regelungen über das **Eigentum am bearbeiteten Material** wird es im allgemeinen nicht bedürfen, weil gem. § 950 BGB das Eigentum lediglich dann auf den Bearbeiter übergeht, wenn durch Verarbeitung oder Umbildung eine neue bewegliche Sache hergestellt wird und außerdem der Wert der Verarbeitung oder Umbildung nicht unerheblich geringer ist als der Wert des Stoffes. Erheblich geringer ist der Verarbeitungswert bei einem Verhältnis Stoffwert zu Verarbeitungswert von etwa 100 zu 60 <BGH, 22. 6. 1995, NJW 1995, 2633>. Ist der Bearbeitungswert im Verhältnis sehr hoch, so besteht gegen eine AGB-Verarbeitungsklausel im kaufmännischen Verkehr keine Bedenken aus dem AGB-Gesetz <vgl. BGH, 13. 6. 1990, BB 1990, 1584>. Eine solche Verarbeitungsklausel besteht in der Vereinbarung, daß der Bearbeiter nicht selbständiger Hersteller, sondern nur für den Auftraggeber tätig sein soll (siehe auch Anhang zu § 9 „Eigentumsvorbehalt"). **4**

Besonders wichtig sind die Regelungen für **Beschädigungen** bzw. Zerstörung **des vom Besteller zur Verfügung gestellten** (zum Teil wegen Vorbearbeitung wertvollen) **Materials**. Da Bearbeitungsvorgänge oft sehr risikoreich sind, wird eine Haftungsbegrenzung in Höhe des Auftragswertes nicht als unangemessene Benachteiligung des Auftraggebers anzusehen sein. **5**

Sehr umstritten sind häufig auch die Folgen von **Werkzeugvereinbarungen**. Ist für die Bearbeitung ein spezielles Werkzeug erforderlich und trägt der Auftraggeber gemäß vertraglicher Absprache die Kosten des Werkzeugs, so führt das ohne eine Vereinbarung nicht nach Treu und Glauben zu einer Werkzeugherausgabepflicht des Bearbeiters nach Beendigung des Bearbeitungsvertrages. Deshalb ist eine AGB-Klausel, daß der Auftraggeber spezielle Werkzeugkosten trägt und das Eigentum trotzdem beim Bearbeiter verbleibt, nicht unzulässig <OLG Köln, 25. 2. 1993, EWiR 1993, 957 (*Thamm/Detzer*) entgegen OLG Köln 7. 6. 1989, NJW-RR 1989, 1274; vgl. auch OLG Hamm, **6**

23. 5. 1995, NJW-RR 1995, 1265; neuerdings OLG Düsseldorf, 25. 10. 1996, WiB 1997, 604 (*Felsner*); Lit.: *Greißinger*, WIB 1997, 1007 mit einem Klauselvorschlag zu Gunsten des Bearbeiters; *Groth*, WiB 1997, 1212 ebenfalls mit Klauselmuster>.

7 Die Untersagung der **Verwendung von speziellen Werkzeugen für andere (auch eigene) Zwecke** des Bearbeiters ist dann zulässig, wenn der Auftraggeber ganz oder überwiegend die Kosten für das spezielle Werkzeug getragen hat oder sich in dem Werkzeug ein besonderes Know-how verkörpert oder mit der Benutzung des Werkzeugs ein spezielles Know-how verbunden ist, das auf den Auftraggeber zurückgeht.

8 Soweit Bearbeitungsverträge auf längere Dauer angelegt sind, bestehen gegen eine **Laufzeit** von mehr als 2 Jahren und längere **Kündigungsfristen** von mehr als 3 Monaten für den kaufmännischen Verkehr keine rechtlichen Bedenken (siehe auch § 11 Nr. 12).

Anhang § 9: Beratungsverträge/Beraterverträge

Literatur: *Wolf* in Wolf/Horn/Lindacher, Anhang § 9, B 1 und 2.

1 Die Pflicht, Beratungsleistungen zu erbringen, kann sich als **Nebenpflicht** zu einem bestimmten Vertrag ergeben (z.B. Liefer- oder Reparaturvertrag). Solche Beratungs- und Aufklärungspflichten bestehen ohne besondere vertragliche Vereinbarungen der Vertragspartner <BGH, 25. 11. 1986, WM 1987, 263>. Beratungsleistungen als vertragliche Nebenpflichten unterliegen dann den AGB des Hauptvertrages, also z.B. den Lieferbedingungen oder den Reparaturbedingungen. Ein völliger Haftungsausschluß für Beratungen ist auch im kaufmännischen Geschäftsverkehr nicht zulässig <u.a. LG Augsburg, 5. 5. 1988, NJW-COR 1989, 37; LG München I, 7. 2. 1980, VersR 1981, 1040; für AGB, die gegenüber Nichtkaufleuten verwendet werden: LG Köln, 12. 6. 1997, ZIP 1997, 1328 = EWiR 1997, 675 (*Balzer*, kritisch): Discount-Broker>. Die Haftungsbeschränkungen auch für Beratung müssen sich im Rahmen der zwingenden Ausnahmen bewegen. Zur Gestaltung der Klauseln über die Haftungsbeschränkung für Nebenpflichten: Abschnitt VIII der VDMA Lieferbedingungen <*Ullrich/Thamm*: Die VDMA-AGB, 3. Auflage 1994, S. 96; *Thamm/Pilger*, BB 1994, 729 (732 unter 7)>.

Selbständige Beratungsverträge haben schon häufig zu rechtlichen 2
Meinungsverschiedenheiten geführt. Insbesondere in den Jahren nach der Wiedervereinigung Deutschlands waren in den neuen Bundesländern nicht selten unqualifizierte und unseriöse Personen als Berater tätig. Soweit die Beratungstätigkeit von einer Einzelperson auf längere Dauer vorgenommen wird, ist terminologisch häufig von „freier Mitarbeit" die Rede. 1992 ist eine Konditionenempfehlung für Unternehmensberatungsverträge veröffentlich worden <Bundesanzeiger Nr. 224 vom 28. 11. 1992, S. 8957>.

In selbständigen Beratungsverträgen spielen primär Probleme der Sit- 3
tenwidrigkeit eine Rolle <z.B. eingehende Darlegungen u.a. zur Honorarhöhe und Vertragsdauer: BGH, 23. 2. 1995, NJW 1995, 1425 (1429 f.)>. Außer den allgemeinen Haftungsproblemen sind aus der Sicht des AGB-Rechts vor allem wichtig:

- Vergütungspflicht bei langfristigen Beratungsverträgen und Kündigungsmöglichkeiten sowie -folgen <dazu für den kaufmännischen Geschäftsverkehr BGH, 26. 1. 1994, BB 1994, 594>.
- Verbot des Stellenwechsels von Mitarbeitern des Beratungsunternehmens zur beratenen Firma: unzulässig ist z.B. eine Vereinbarung zwischen Beratungsunternehmen und Berater über die Sperre von 2 Jahren auch für Kunden, für die der Berater nicht selbst tätig geworden ist <LG Frankfurt, 13. 1. 1992, BB 1992, 2459; siehe allgemein auch BGH, 27. 9. 1983, NJW 1984, 116>.
- Generelle Pauschaleinwilligung über Datenverarbeitung hinsichtlich persönlicher Daten: solche Klauseln sind kritisch zu bewerten <LG Halle, 18. 3. 1996, VuR 1996, 418 mit Anm. von *Rudolph*, WiB 1997, 939; siehe auch Anhang § 9: Datenverarbeitung und -nutzung hinsichtlich persönlicher Daten>.

Unzulässig ist es, die Honorierung des Beraters in einer Vereinbarung 4
zwischen dem Beratungsunternehmen und den als freien Mitarbeitern tätigen Beratern davon abhängig zu machen, daß die vom Berater betreuten Kunden dem Beratungsunternehmen die vereinbarte Vergütung bezahlen <BGH, 9. 5. 1996, BB 1996, 1524>.

Anhang § 9: Betreibervertrag

(bearbeitet von RA Ullrich)

Literatur: VDMA, Das Betreiben technischer Anlagen als Serviceleistung, VDMA-Verlag, 1996; *Joussen*, Der Industrieanlagen-Vertrag, 2. Aufl. 1996, S. 36 ff.

1 **Betreiberverträge** spielen in verschiedenen Industriezweigen eine zunehmend bedeutungsvolle Rolle. Sie dienen dazu, dem Erwerber von z.B. hochwertigen Maschinen und Anlagen deren Betrieb wirtschaftlich optimal zu ermöglichen. Vielfach bietet sich für die Übernahme und Durchführung eines solchen Vertrages der jeweilige Hersteller an, der seine Maschinen und Anlagen aufgrund des besonderen Knowhows am besten handhaben kann. Aber auch Fremdvergaben sind möglich.

2 Ein Trend zu „outgesourcten" Betreiberverträgen ist u.a. im EDV-Bereich, bei Reinigungs- und Versorgungsdiensten sowie für Instandhaltungsarbeiten im Bereich der technischen Gebäudeausrüstung festzustellen. Juristisch gesehen handelt es sich bei derartigen Betreiberverträgen regelmäßig um **Werkverträge**. Ein gesetzliches Leitbild des „Betreibervertrages" gibt es nicht. Die einzelnen Leistungen sollten daher so genau wie möglich im Vertrag festgelegt werden.

3 Zum **Leistungsinhalt** gehören insbesondere Inbetriebnahmen, das Bedienen von Geräten, Maschinen und Anlagen, Instandhaltungen und auch Leistungen im Hinblick auf eine Außerbetriebsetzung oder Stillegung. Im einzelnen:

- in Betrieb nehmen
- betätigen/bedienen/betreiben
- überwachen
- inspizieren
- warten
- instandsetzen
- Störungsbeseitigung
- außer Betrieb nehmen.

4 Weitreichende Vertragsentwürfe bestehen auch in Bereichen der **Automobilindustrie**. Besondere „Single-Source-", „Warengruppen-

Manager-" oder „Life-Time-" Verträge enthalten umfassende Klauseln, die zum Teil AGB-rechtlich problematisch sind. Es empfiehlt sich insoweit, genauen juristischen Rat einzuholen.

Probleme können sich bei einer fehlerhaften Leistungserbringung ergeben. Die daraus resultierenden Rechtsfolgen bestimmen sich zunächst nach der jeweiligen **Gewährleistungsvereinbarung** im Vertrag. Dazu sollte der Leistungsinhalt des Betreibervertrages genau beschrieben sein. Nur dann kann eindeutig festgestellt werden, ob eine Fehlleistung vorliegt. In AGB-Verträgen darf in diesem Zusammenhang nicht pauschal vorgesehen werden, daß der Betreiber umfassend für den störungsfreien Betrieb verantwortlich ist, sondern nur im Rahmen einer ordnungsgemäßen Leistungsdurchführung. Auch insoweit kann wie bei Wartungsverträgen (siehe dort Rdn. 10) der Rechtsprechungsgrundsatz aufgestellt werden, daß der Betreiber grundsätzlich nicht nach Art einer Garantie dafür einzustehen hat, daß sich nicht heute der und morgen ein anderer Fehler einstellt, der zu einer Betriebsunterbrechung führt <BGH für Wartungsverträge, 20. 11. 1990 – unveröffentlicht – Az.: X ZR 56/89>. Weitergehende Verpflichtungen erfordern eine individuelle Vereinbarung. 5

Soweit **Verfügbarkeitszusagen** (siehe Anhang § 9: Einkaufsbedingungen Rdn. 15 und 16) in einem Betreibervertrag enthalten sind, bedürfen diese, um zu einer ausgewogenen Regelung zu gelangen, 6

- eines angemessenen Verfügbarkeitswertes
- der genauen Festlegung der 100 %-Marke, auf der die Verfügbarkeitszusage (von z.B. 95 %) beruht,
- der genauen Festlegung des Zeitraumes, innerhalb dessen die zugesagten Verfügbarkeitsprozente einzuhalten sind und
- der Festlegung angemessener Rechtsfolgen bei Nichteinhaltung der Verfügbarkeitszusagen.

Sind keine Rechtsfolgen bestimmt, muß der Betreiber verschuldensunabhängig für alle Schäden einstehen, die durch das Nichterreichen der Verfügbarkeitszusagen eingetreten sind.

Sehr risikoreich ist für den jeweiligen Betreiber die **Haftung** für einen durch mangelhafte Leistung verursachten Schaden beim Vertragspartner. Nach der gesetzlichen Rechtslage läuft der Betreiber hier Gefahr, auch bei geringstem fahrlässigen Verhalten den gesamten sich daraus ergebenden Schaden ersetzen zu müssen. Die Rechtslage führt also dazu, daß der Vertragspartner durch einen Betreibervertrag alle 7 mit dem Betrieb zusammenhängenden Gefahren weitestgehend auf den Betreiber abwälzt, gleichwohl aber den Nutzen aus dem Betrieb des betreffenden Gegenstandes zieht.

8 Betreiberverträge sollten daher eine ausgewogene **Verteilung des Haftungsrisikos** enthalten. Der Ersatz von sog. „Folgeschäden", also insbesondere Produktionsausfall und Gewinnverlust, wäre – jedenfalls für Fälle leichter Fahrlässigkeit – aus dem Risikobereich des Betreibers herauszunehmen. Wegen evtl. Personen- und Sachschäden käme eine Betriebshaftpflichtversicherung in Frage. Aufgrund der strengen Rechtsprechung des Bundesgerichtshofes zu AGB-Haftungsklauseln kann nur dringend empfohlen werden, die Haftungsfrage für den jeweiligen Einzelfall individuell zu regeln.

Anhang § 9: Bewachungsbedingungen

Literatur: *von Westphalen*, Klauselwerke: *Eduard Graf von Westphalen*, Bewachungsvertrag, Okt. 1996; *Hensen* in Ulmer/Brandner/Hensen, 8. Aufl. 1997, Anhang §§ 9-11 Rdn. 240.

Die Verordnung über das Bewachungsgewerbe besteht jetzt in der Fassung vom 7. 12. 1995 (BGBl 1995, I 1602). In der neueren juristischen Literatur wird zum Teil noch fehlerhaft auf die nicht mehr gültige Verordnung von 1976 abgestellt <*Hensen* a.a.O.; *von Westphalen*, a.a.O.; *Niebling*: AGB von A-Z, 3. Aufl. 1996, S. 37>. Nach der neuen Verordnung hat das Bewachungsunternehmen die Pflicht zum Abschluß einer Haftpflichtversicherung (§ 6 der Verordnung). Gemäß § 7 Satz 1 der Verordnung darf das Bewachungsunternehmen die Haftung aus der Bewachungstätigkeit nur bis zur Mindesthöhe der Versicherungssumme beschränken, soweit dies aufgrund anderer Rechtsvorschriften zulässig ist. Damit entsteht die Frage, ob das auch durch AGB geschehen darf. Für Rechtsanwälte sieht dies die gesetzliche Rechtslage bei leichter Fahrlässigkeit ausdrücklich vor (siehe Anhang § 9: Rechtsanwaltsbedingungen). Das Ergebnis ist im Grundsatz auch auf das Bewachungsgewerbe zu übertragen. In der Literatur wird zum Teil sogar eine Haftungsbeschränkung bei grober Fahrlässigkeit auf die Versicherungssumme für zulässig erachtet <*Palandt/Heinrichs*, 57. Aufl. 1998, § 9 Rdn. 69; vgl. *Niebling*: AGB von A-Z, 3. Aufl. 1996, S. 37>. Das ist unter anderem im Hinblick auf § 11 Nr. 7 AGB-Gesetz zu weitgehend. In einem Urteil wird die Wirksamkeit eines Haftungsausschlusses auch bei leichter Fahrlässigkeit verneint, weil das mit der „Kardinalpflicht" zur lückenlosen Bewachung des Parkplatzes nicht zu vereinbaren sei <OLG Köln, 26. 5. 1993, VersR 1994, 693 (694)>.

Anhang § 9: Bezugspflicht von Gegenständen

Bezugspflichten kommen – oft auf Ausschließlichkeitsbasis – in sehr verschiedenen Arten von Verträgen häufig vor z.B. **1**

- Franchising: siehe allgemein zu Franchising Anhang § 9, Franchising
- Bier- und Getränkelieferungsverträge: siehe Anhang § 9, Bier- und Getränkelieferverträge Rdn. 3
- Kundenschutzverträge: siehe Anhang § 9, Kundenschutzverträge Rdn. 4
- Lizenzverträge: siehe Anhang § 9, Lizenzverträge.

Bei Bezugspflichten ist auch die kartellrechtliche Problematik zu beachten.

Unzulässig sind Klauseln über langdauernde Bezugspflichten ohne ein zugesagtes Darlehen, wenn der Bezugspflichtige die Voraussetzungen der Darlehensgewährung aus von ihm nicht zu vertretenden Gründen nicht zu erfüllen vermag <BGH, 16. 10. 1996, BB 1997, 63 mit Anmerkung von *Westphalen*, MDR 1997, 230: Schmiermittelbezug>. **2**

Zum Thema der Gesamtnichtigkeit solcher Vereinbarungen: siehe § 6 Rdn. 3. **3**

Anhang § 9: Bier- und sonstige Getränkelieferungsverträge

Literatur: *Bühler*, BB 1997 Beilage Nr. 11; *Hensen* in Ulmer/Brandner/Hensen, 8. Aufl. 1997, Anhang §§ 9-11 Rdn. 250-252a; *Wilhelm* in Martinek/Semler: Handbuch des Vertriebsrechts, 1996, S. 1057-1066; *Paulusch*: Höchstrichterliche

Rechtsprechung zum Brauerei- und Gaststättenrecht, 9. Auflage 1996; *von Westphalen*, Klauselwerke: Bierlieferungsvertrag, Mai 1994.

1 Dauerlieferungsverträge für Bier und sonstige Getränke sind wegen ihrer starken Bindungen und der langen Dauer häufig Gegenstand von Gerichtsverfahren. Die kartellrechtliche Problematik, vor allem auch die Thematik des europäischen Kartellrechts spielt eine große Rolle. Daneben hat aber auch das AGB-Recht zu vielen Urteilen geführt. Ohne Anspruch auf Vollständigkeit seien folgende Punkte genannt:

2 Die Frage, ob der Vertragspartner des AGB-Verwenders **bei Vertragsabschluß bereits Kaufmann** ist oder z.B. als Existenzgründer noch als Nichtkaufmann anzusehen ist, steht am Anfang der Prüfung der Rechtsanwendung. § 24 kommt nur dann zum Zuge, wenn die Kaufmannseigenschaft bei Vertragsabschluß zu bejahen ist <vgl. OLG Düsseldorf, 23. 11. 1995, EWiR 1996, 97 (Eckert); siehe allg. auch § 24 Rdn. 6>.

3 **Ausschließlichkeitsvereinbarungen** bezüglich des Bezugs bestimmter Getränke sind im Prinzip zulässig und können auch durch Vertragsstrafenregelungen gesichert werden <BGH, 14. 7. 1980, WM 1980, 1309 (1311 unter II, 1, b)>. Diese Bindungen sind das Äquivalent für die dem Vertragspartner des AGB-Verwenders in der Regel gewährten Darlehen zum Teil erheblicher Art („Brauereidarlehen"). Zu beachten sind aber die einzuhaltenden Grenzen dieser Verpflichtungen, insbesondere hinsichtlich der Höchstlaufzeit des Vertrages (dazu Rdn. 5). Wird das vorgesehene Darlehen aus besonderen Gründen doch nicht ausgezahlt, so ist die ausschließliche Bezugspflicht unwirksam <vgl. BGH, 16. 10. 1996, BB 1997, 13 zu einem Vertrag über eine langdauernde Bezugspflicht von Kfz-Schmiermitteln; Anm. zum Urteil *von Westphalen*, MDR 1997, 230>.

4 **Mindestabnahmepflichten** können vereinbart werden. Sie müssen aber im realistischen Rahmen liegen, also unter normalen Umständen erreichbare Vorgaben enthalten. Andernfalls ist Unwirksamkeit gem. § 9 Abs. 1 zu bejahen. Zum Schadensersatzanspruch bei Nichtabnahme: BGH, 22. 2. 1989, BB 1989, 798 = BGHZ 107, 67; *Wilhelm* in Handbuch des Vertriebsrechts, S. 1065.

5 Die **Laufzeit der Verträge** durfte nach der früheren Rechtsprechung sehr hoch angesetzt werden. Bei Nichtkaufleuten gilt für AGB gem. § 11 Nr. 12a eine maximale Laufzeit von zwei Jahren. Bei Kaufleuten

kann als Richtschnur die EG-Verordnung 1984/83 dienen: Beim ausschließlichen Bezug von Bier maximal 10 Jahre und bei Bezug von Bier sowie alkoholfreien Getränken fünf Jahre. Zur Frage, ob die Laufzeitregelung beim Ausfüllen von Leerräumen eines Formulars als AGB zu werten sind, siehe § 1 Rdn. 3. Bei **Anschlußverträgen** ist zur Ermittlung der Zulässigkeitsgrenze die Laufzeit der Verträge unter Umständen zusammenzuzählen; wann dies anzunehmen ist, hängt nach Auffassung des BGH von den Umständen des Einzelfalles ab <BGH, 21. 3. 1990, BB 1990, 1020 = EWiR 1990, 861 (*Thamm/Detzer*)>.

Nachfolgeklauseln (Verpflichtung des Vertragspartners des AGB-Verwenders zur Weitergabe der Bindungen an den Erwerber) sind im allgemeinen zulässig, wenn dem Gastwirt ein ausreichender Gestaltungsspielraum belassen bleibt, insbesondere ein Kündigungsrecht aus wichtigem Grund nicht ausgeschlossen ist <BGH, 27. 2. 1985, NJW 1985, 2693 (2695)>. 6

Ein **Übertragungsrecht des AGB-Verwenders** auf eine andere Brauerei ist zumindest dann zulässig, wenn die Brauerei ihren gesamten Geschäftsbetrieb überträgt und der übrige Vertragsinhalt im wesentlichen erhalten bleibt <BGH, 10. 3. 1976, WM 1976, 508>. Etwas anderes kann evtl. dann gelten, wenn eine Übertragung mit einem Wechsel der Biersorte verbunden ist <*von Westphalen*, Klauselwerke, Rdn. 30>. 7

Zu Klauseln über Vertragsstrafen bei Nichtrückgabe von **Leergut**: siehe § 11 Nr. 5 Rdn. 5, zum Schweigen auf Leergutrechnungen: siehe § 10 Nr. 5 Rdn. 7. Zu **Bierverlagsverträgen** siehe BGH, 21. 1. 1987, EWiR 1987, 221 (*Thamm*). 8

Anhang § 9: Bürgschaft

(bearbeitet von RA Dr. Hartard)

Literatur: *Kreft*: Die Rechtsprechung des BGH zur Bürgschaft, WM 1997, Beilage Nr. 5; *Berninghaus*: Der Umfang der Haftung aus formularmäßigen Bankbürgschaften, BB 1986, 206; *Brandner* in Ulmer/Brandner/Hensen, AGB-Gesetz, 8. Aufl., 1997, Anh. §§ 9-11, Rdn. 260 ff.; *Gottwald*, Die Bürgschaft als Anwendungsfall von § 1 Haustürwiderrufsgesetz, BB 1992, 1296; *Graf v. Westphalen*, Vertragsrecht und AGB-Klauselwerke, Bürgschaft; *Lambsdorff/Skora*, Handbuch des Bürgschaftsrechts, 1994; *Tiedtke*, Die Rechtsprechung des Bundesgerichtshofes zur Anwendung des AGB-Gesetzes im Bürgschaftsrecht seit 1980, ZIP 1986, 150; *ders.*, Die Rechtsprechung des Bundesgerichtshofes zum Bürgschaftsrecht seit 1990, ZIP 1995, 521; *Pape*, Die Entwicklung des Bürgschaftsrechts im Jahre 1996, NJW 1997, 980, 984-986; *Reich*, Kreditbürgschaft und Transparenz, NJW 1995, 1857; *Wolf* in Wolf/Horn/Lindacher, AGB 3. Auflage 1994, § 9 Rdn. B 211 ff.; *Thamm*, Kreditsicherungs-Vereinbarungen, 6. Aufl. 1994, S. 36 ff.

1 Eine Bürgschafts- und Garantieerklärung verstößt gegen § 9, wenn sie sich wegen des Ausschlusses der die Bürgschaft kennzeichnenden Merkmale als **Garantie** darstellt <LG Köln, 21. 10. 1982, NJW 1983, 892>.

2 Die üblicherweise verwendete **weite Sicherungszweckerklärung**, daß der Bürge „für alle bestehenden und künftigen Verbindlichkeiten aus der Geschäftsverbindung zum Hauptschuldner" haftet, genügt den Erfordernissen der inhaltlichen Bestimmtheit nach § 765 BGB <BGH, 18. 5. 1995, BB 1995, 1708 = BGHZ 130, 19>.

3 Wird eine Bürgschaft aus **Anlaß** der Gewährung oder Prolongierung eines bestimmten, betragsmäßig limitierten Kontokorrentkredits oder Erhöhung eines Kreditlimits um einen bestimmten Betrag erklärt, ist diese formularmäßige Erstreckung der Haftung wegen § 767 Abs. 1 S. 3 BGB grundsätzlich gemäß § 3 überraschend <BGH, a.a.O. unter Aufgabe der bisherigen Rechtsprechung>. Diese Rechtsprechung galt bereits bei einer Bürgschaft zur Sicherung eines Tilgungskredits <BGH, 1. 6. 1994, BB 1994, 1450> und findet auch auf den Schuldbeitritt Anwendung <BGH, 7. 11. 1995, BB 1996, 12>. Sie findet keine Anwendung auf Bürgen, die des Schutzes nicht bedürfen, wie z.B. Geschäftsführer oder Allein- bzw. Mehrheitsgesellschafter, die es selbst in der Hand haben, eine Erweiterung der Verbindlichkeiten der Hauptschuldner entgegenzutreten <BGH, 24. 9. 1996, NJW 1996, 3205; OLG Hamm, 27. 11. 1996, NJW-RR 1997, 303>. Deshalb kann sich ein Gesamtprokurist, der Sohn des Gesellschaftergeschäftsführers ist, nicht auf die Unwirksamkeit berufen <OLG Hamm, 29. 1. 1997, WM 1997, 1375, 1376>. Auch auf Altverträge ist die neue Rechtsprechung anwendbar <BGH, 18. 1. 1996, BB 1996, 553>.

4 Gemäß § 9 Abs. 2 Nr. 1 u. 2 ist die formularmäßige Ausdehnung der Bürgenhaftung über das Kreditlimit hinaus auch **ohne Anlaß** unwirksam, wenn ein betragsmäßig limitierter Kredit gewährt ist <BGH, 18. 1. 1996, BB 1996, 553; BGH, 18. 5. 1995, BB 1995, 1708, 1711; OLG Düsseldorf, 14. 11. 1996, BB 1997, 118 ff.; *Reinicke/Tiedtke*, WiB 1996,

505>. Gemäß § 6 ist eine solche Klausel jedoch insoweit aufrechtzuerhalten, daß die Bürgschaft alle Forderungen aus dem Kreditverhältnis sichert, wie es bei Abgabe der Bürgschaft bestand, folglich bis zum damaligen Kreditlimit <BGH, 18. 5. 1995, BB 1995, 1708, 1711; OLG Köln, 14. 3. 1997, OLGR Köln 1997, 225>. Auch bei einem unlimitierten Kontokorrentkredit ist eine geltungserhaltende Reduktion möglich und zwar regelmäßig auf den Saldo der Hauptschuld am Tage der Bürgschaftserklärung <BGH, 13. 11. 1997, BB 1998, 238; a. A. OLG Düsseldorf, 14. 11. 1996, BB 1997, 118, 119>. Die geltungserhaltende Reduktion ist nicht möglich, wenn die zu sichernde Forderung zum Zeitpunkt der Bürgschaftserklärung noch nicht begründet war <OLG Koblenz, 21. 12. 1995, BB 1997, 118>.

5 Auch bei einer **Höchstbetragsbürgschaft** ist die formularmäßige Ausdehnung der Haftung über die den Anlaß zur Verbürgung bildenden Ansprüche, auf alle künftigen Ansprüche aus der Geschäftsverbindung, unangemessen im Sinne des § 9 <BGH, 7. 3. 1996, BB 1996, 868; BGH, 13. 6. 1996, BB 1996, 1578; OLG München, 31. 1. 1997, BB 1997, 856>. Bestand bei Abgabe der Bürgschaftserklärung ein Kreditlimit als „Anlaß", ist eine geltungserhaltende Reduktion nach der oben erwähnten Rechtsprechung die Folge. § 9 schließt aber nicht generell aus, daß zukünftige Ansprüche Anlaß für eine wirksame formularmäßige Höchstbetragsbürgschaft sein könnten. Wirksam ist eine Einbeziehung möglich, wenn der Bürge aufgrund der Erklärung der Bank oder aus eigener Kenntnis weiß, welche nach Gegenstand und Grund individualisierte Forderung in die Haftung einbezogen werden soll <BGH, 13. 6. 1996, BB 1996, 1578>. Die Erstreckung der Bürgenhaftung auf alle gegenwärtig bestehenden Ansprüche aus der Geschäftsverbindung verstößt nicht gegen § 9, kann aber gemäß § 3 überaschend sein <BGH, 7. 3. 1996, BB 1996, 868>.

6 Eine Regelung in AGB, daß mehrere Höchstbetragsbürgschaften nebeneinander in Addition gelten, verstößt nicht gegen das AGB-Gesetz <OLG Düsseldorf, 9. 6. 1989, WM 1989, 1122>.

7 Die formularmäßige Erstreckung der Bürgenhaftung „für alle Ansprüche aus dem Darlehensvertrag … oder im Zusammenhang mit diesem … etwa aus **Bereicherung** …" ist nicht überraschend im Sinne des § 3 und auch nicht wegen § 9 unwirksam <BGH, 21. 11. 1991, BB 1992, 167>. Streitig ist, ob im Falle der Sittenwidrigkeit des Grundgeschäfts die Bürgenhaftung nicht nur die Bereicherungsschuld umfaßt, sondern auch die darüber hinaus gehenden Beträge, wie Zinsen <vgl. *Wolf* in Wolf/Horn/Lindacher, § 9 Rdn. B 214>.

8 Die Erstreckung der Bürgenhaftung über den Höchstbetrag um **Zinsen, Provisionen und Kosten** mit der Formulierung „ferner verbürge ich mich" ist nicht überraschend gemäß § 3 und stellt keine unangemessene Benachteiligung dar <BGH, 6. 12. 1983, WM 1984, 198>. Jedoch ist eine solche Erstreckung im normalen Textteil unter der Definition des Umfangs der Bürgschaft überraschend und unangemessen <OLG Stuttgart, 24. 7. 1996, NJW-RR 1997, 301 in einem „krassen Fall" der Vervielfachung des Haftungsbetrages über den Höchstbetrag m.w.N. zu Rechtsprechung und Literatur>.

9 Eine Klausel, wonach eine Bürgschaft für Verbindlichkeiten eines Unternehmens auch bei **Änderung der Rechtsform** oder bei einem **Inhaberwechsel** bestehen bleiben soll, begründet keine Bürgschaftshaftung für künftige Verbindlichkeiten eines neuen selbständigen Rechtsträgers (z.B. Einzelkaufmann statt KG), weil es sich um eine andere neue Hauptschuld handelt <BGH, 6. 5. 1993, BB 1993, 1239>.

10 Bedenken gegen eine **selbstschuldnerische Bürgschaft** (Verzicht auf die **Einrede der** Vorausklage) bestehen aus dem AGB-Gesetz nicht <*Thamm*, Kreditsicherungsvereinbarungen, 6. Aufl. 1994 (Heidelberger Musterverträge Heft 34), S. 39; OLG Köln, 5. 7. 1989, WM 1989, 1500>.

11 Wirksam ist ein formularmäßiger Verzicht auf die Rechte aus § 776 BGB (**Aufgabe einer Sicherheit**) und § 770 Abs. 1 und Abs. 2 BGB (**Einrede der Anfechtbarkeit und Aufrechenbarkeit**) <BGH, 19. 9. 1985, BB 1985, 2004 = BGHZ 95, 350, 358 ff.>. Der Verzicht des Bürgen auf die Einrede der Aufrechenbarkeit umfaßt nicht den Einwand unzulässiger Rechtsausübung aus positiver Vertragsverletzung bei Verwertung des Sicherungsguts <BGH, 28. 5. 1991, BB 1991, 1883>. Ein Ausschluß der Anfechtbarkeit kann sich jedoch nicht wirksam auf das Anfechtungsrecht aus § 123 BGB beziehen <*v. Westphalen*, AGB-Klauselwerke, Bürgschaft, Rdn. 35>. Der Inhaltskontrolle hält eine Klausel nicht stand, durch die dem Bürgen verwehrt sein soll, sich auf eine vom Hauptschuldner **erklärte Aufrechnung** zu berufen, weil dies der Akzessorität der Bürgschaft widerspricht <BGH, 19. 9. 1985 a.a.O.> (Vgl. zu Aufrechnungsverboten § 11 Nr. 3). Die Wirksamkeit des Ausschlusses der Rechte aus § 776 BGB darf nicht zur willkürlichen Freigabe benutzt werden. Für willkürliche Freigaben zum Schaden des Bürgen haftet der Gläubiger aus dem Bürgschaftsvertrag <BGH, 24. 9. 1980, BB 1980, 1606 = BGHZ 78, 137, 143 f.>.

12 Ein Verzicht auf die **Einrede der Stundung** ist außer im Falle der Vermögenslosigkeit des Hauptschuldners nach § 9 Abs. 2 Nr. 1 unwirksam, weil der Bürge nicht zur Vorleistung verpflichtet ist <*Wolf* in Wolf/Horn/Lindacher Rdn. B 222>.

13 Nach § 9 ist auch wegen Verstoßes gegen den Grundgedanken der §§ 273, 320 BGB ein formularmäßiger Verzicht auf die **Einrede des Zurückbehaltungsrechts** unwirksam <*Wolf* in Wolf/Horn/Lindacher Rdn. B 222>.

14 Der Verzicht auf die **Einrede der Verjährung** ist wegen § 225 BGB nur möglich, wenn die Bürgschaft nach ihrem Zweck auch oder gerade der Sicherung verjährter Ansprüche dient <vgl. *Wolf* in Wolf/Horn/Lindacher Rdn. B 223>.

15 Eine **Bürgschaft auf erstes Anfordern** von einem Nichtkaufmann in Allgemeinen Geschäftsbedingungen hält einer Inhaltskontrolle nach § 9 nicht stand <vgl. *Schmitz* in Schimansky/Bunte/Lwowski, Bankrechtshandbuch, Bd. 2, § 91 Rdn. 128 m.w.N.>. Sie ist in AGB auch unwirksam von einem Kaufmann, der kein Bankgeschäft betreibt <BGH, 23. 1. 1997, WM 1997, 656, 658>.

16 Die Wirksamkeit einer Klausel, nach der bei einer **Zeitbürgschaft** in Abweichung von § 777 BGB der Bürge ohne fristgerechte Inanspruchnahme oder Anzeige in Anspruch genommen werden kann, ist umstritten. Sie soll gemäß § 9 Abs. 1 i.V.m. Abs. 2 Nr. 1 und 2 unwirksam sein, wenn mit einer solchen Klausel aus einer befristeten eine unbefristete Bürgschaft wird <OLG Köln, 20. 5. 1985, NJW 1985, 2722>. Das OLG Hamm <8. 5. 1989, BB 1989, 1366 = NJW 1990, 54, 55> hält eine solche Klausel jedoch für nicht unangemessen, weil der Vertragszweck nicht gefährdet wird und sich die wesentlichen Rechte und Pflichten nicht ändern.

17 Der formularmäßige Ausschluß der **gesamtschuldnerischen Haftung** gemäß § 769 BGB ist wirksam. Der Ausgleich zwischen den Bürgen ist davon nicht betroffen <BGH, 4. 6. 1987, WM 1987, 924; streitig vgl. *Wolf* in Wolf/Horn/Lindacher Rdn. B 226>.

18 Eine vom Bürgen verwendete Formularklausel, wonach die „Ansprüche aus einer (Miet-)Bürgschaft nicht übertragbar sind" (**Ausschluß der Übertragbarkeit**), ist wegen Verstoßes gegen das Transparenzgebot nach § 9 unwirksam, weil für den Vertragspartner nicht erkennbar ist, daß die Ansprüche aus der Bürgschaft auch bei isolierter Abtretung der gesicherten Mietzinsansprüche erlöschen <BGH, 19. 9. 1991, BGHZ 115, 178, 185 = BB 1991, 2245>.

19 Die Klausel, daß bei Zahlungen des Bürgen die Rechte der Bank erst dann gemäß § 774 BGB (**Gesetzlicher Forderungsübergang**) auf ihn übergehen, wenn die Bank wegen aller ihrer Ansprüche gegen den Hauptschuldner volle Befriedigung erlangt hat, und die Zahlung bis dahin nur als Sicherheit gelten soll, hält der Inhaltskontrolle jedenfalls stand, wenn die Bürgschaft sämtliche Forderungen aus der Geschäftsverbindung mit dem Hauptschuldner sichert. Der Forderungsübergang wird nicht vollständig ausgeschlossen, sondern nur bis zur vollständigen Befriedigung des Gläubigers aufgeschoben <BGH, 30. 10. 1984, WM 1986, 95>.

20 Eine Klausel, wonach eine **getrennte Abtretung** von Hauptforderung und Bürgschaft möglich sein soll, ist trotz möglicher Disposition über § 401 BGB gemäß § 9 unwirksam <*Wolf* in Wolf/Horn/Lindacher Rdn. B 225>.

21 Das Recht zur **Kündigung** einer zeitlich unbegrenzten Bürgschaft sowie das Recht zur fristlosen Kündigung können nicht wirksam ausgeschlossen werden <vgl. *Wolf* in Wolf/Horn/Lindacher Rdn. B 229>.

22 Eine Klausel in einer Ausfallbürgschaft, daß nicht mehr valutierte Sicherheiten des Gläubigers zur Tilgung des verbürgten Kredits herangezogen werden müssen, ist wirksam <OLG Düsseldorf, 14. 11. 1991, NJW-RR 1992, 1324>.

23 Der richterlichen Inhaltskontrolle hält eine Bürgschaftsklausel nicht stand, die den Bürgen auf Verlangen der Bank verpflichtet, für seine Bürgschaft eine ihr genehme **Sicherheit** zu leisten <BGH, 11. 10. 1984, BGHZ 92, 295, 300>. Folglich steht einer Bank vor Fälligkeit auch kein AGB-Pfandrecht gegen den Bürgen zu und sie kann aus ihren AGB kein Recht aus einer Sicherungsabtretung herleiten <BGH, 25. 9. 1990, NJW 1991, 100>. Dies ist in den neuen Banken-AGB berücksichtigt <vgl. Nr. 13 Abs. 1 S. 2, Nr. 14 Abs. 2 S. 2 und bei Banken-AGB Rdn. 30>.

24 Eine Klausel in **„landesrechtlichen Bürgschaftsbestimmungen"**, die in einem ausdrücklich mit „Sicherheiten" gekennzeichneten Abschnitt enthalten ist, wonach dem landesverbürgten Kredit eine – auf die gestellte Sicherheit bezogen – günstige Stellung verschafft werden soll, kann gerade einem Kreditinstitut gegenüber als Kunden nicht als ungewöhnlich und unangemessen im Sinne des § 9 angesehen werden <OLG Düsseldorf, 14. 11. 1991, NJW-RR 1992, 1324>.

Eine **salvatorische Klausel** kann wirksam in einen Bürgschaftsvertrag 25
einbezogen werden <vgl. BGH, 30. 1. 1997, BB 1997, 646 (647) m.w.N.> und führt gegebenenfalls dazu, daß eine Bürgschaft wirksam ist, wenn auch eine Einzelregelung wegen § 766 BGB formunwirksam ist <BGH, 30. 1. 1997, a.a.O.>.

Anhang § 9: Darlehensverträge

(bearbeitet von RA Dr. Hartard)

Literatur: *Brandner* in Ulmer/Brandner/Hensen, AGB-Gesetz, 7. Aufl., 1993, Anh. §§ 9-11, Rdn. 280 ff.; *Bruchner*, Zinsberechnungsmethode bei Annuitätendarlehen im Lichte der BGH-Urteile vom 24. November 1988, WM 1988, 1873; *Canaris*, Zinsberechnungs- und Tilgungsverrechnungsklauseln beim Annuitätendarlehen, NJW 1987, 609; *v. Westphalen*, Vertragsrecht und AGB-Klauselwerke; *Horn* in Wolf/Horn/Lindacher AGBG, 3. Auflage, Rdn. 712 ff.; *Köndgen*, Grund und Grenzen des Transparenzgebots im AGB-Recht, NJW 1991, 943; *Nobbe*, Neue höchstrichterliche Rechtsprechung zum Bankrecht, 5. Aufl. 1993; *Reifner*, Handbuch des Kreditrechts, § 20 Rdn. 110 ff.; *ders.*, Zinsfiktion und AGB-Gesetz, NJW 1989, 952; *Seckelmann*, „Pacta sunt servanda" – Nicht bei Zinssätzen?, BB 1996, 965.

Eine Klausel, mit der sich die Bank für die Annahme eines Darle- 1
hensantrages eine Frist von sechs Wochen vorbehält, ist gemäß § 10 Nr. 1 unwirksam <BGH, 6. 3. 1986, WM 1986, 577; vgl. im übrigen zu Annahmefristen § 10 Nr. 1 Rdn. 2>.

Eine Formularklausel, mit der dem Kreditnehmer für den Fall der 2
Nichtabnahme eines vereinbarten Darlehens eine **Nichtabnahmeentschädigung** in Höhe von 3 % des Darlehensbetrages auferlegt wird, verstieß jedenfalls bei Hypothekenbanken nicht gegen §§ 9, 11 Nr. 5 <BGH, 2. 11. 1989, NJW 1990, 981 m.w.N.>. Jetzt fordert der Bundesgerichtshof <BGH, 12. 3. 1991, NJW 1991, 1819> aber wohl eine konkrete Berechnung für den Zeitraum, für den die Bank eine rechtlich geschützte Zinserwartung hatte. Deshalb „bestehen gegen AGB-Regelungen, die als Pauschalentschädigung einen von der Laufzeit des Einzelvertrages unabhängigen Prozentsatz des Darlehensbetrages vorsehen, Bedenken aus § 11 Nr. 5a" <BGH, a.a.O.; vgl. auch § 11 Nr. 5 Rdn. 6>.

3 Eine **Bearbeitungsgebühr** kann für ein Darlehen auch neben einer Nichtabnahmeentschädigung in AGB vereinbart werden <BGH, 21. 2. 1985, NJW 1985, 1831, 1832>. Für die Bereitstellung des Darlehensbetrages können formularmäßig **Bereitstellungszinsen** vereinbart werden, worauf die Bank auch im Falle der Nichtabnahme Anspruch hat <BGH, 12. 12. 1985, NJW-RR 1986, 467, 468; zur Höhe vgl. *v. Westphalen*, AGB-Klauselwerke, Darlehen, Rdn. 61>.

4 Eine Klausel in AGB, wonach auch die anteilige Erstattung eines **Disagios** bei vorzeitiger Rückzahlung ausgeschlossen sein soll, ist gemäß § 9 Abs. 1 unwirksam <BGH, 29. 5. 1990, BB 1990, 1441, 1442>. Das Disagio hat wie die Zinsen Entgeltcharakter und ist nicht Gegenleistung für den Aufwand bei Darlehensabschluß.

5 Eine **Zinsanpassungsklausel** in einem formularmäßigen Kreditvertrag, die die Bank zu einer einseitigen Zinsänderung (Erhöhung oder Senkung) berechtigt, hält einer Inhaltskontrolle gemäß § 9 stand, denn sie ist grundsätzlich so auszulegen, daß sie lediglich eine Anpassung des Vertragszinses an kapitalmarktbedingte Änderungen der Refinanzierungskonditionen der Bank gemäß § 315 BGB ermöglicht <BGH, 6. 3. 1986, BGHZ 97, 212>. Die der Enscheidung des Bundesgerichtshofs zugrunde liegende Klausel erwähnte beispielhaft als Änderungsgrund die Entwicklung des Geld- oder Kapitalmarktes. Eine Klausel, die keinen Bezug zu einem solchen objektiven Referenzmaßstab aufweist, ist deshalb unwirksam <vgl. AG Ibbenbüren, 12. 4. 1996, NJW-RR 1997, 239, 240>. Unwirksam ist eine Zinsanpassungsklausel, wenn sie nur eine einseitige Erhöhung vorsieht. Enthält sie keinen Anhaltspunkt dafür, daß nur eine Erhöhung vorgesehen ist, dann ist sie im Zweifel so auszulegen, daß sie bei sinkendem Zinsniveau zur Senkung des Zinssatzes verpflichtet <BGH a.a.O.>. Zur Vermeidung der Unwirksamkeit einer solchen Klausel ist es auch erforderlich, sie bei Fehlen einer Regelung hinsichtlich des Anpassungszeitpunktes so ergänzend auszulegen, daß die Bank auch insoweit an einen objektiven Maßstab gebunden ist, der wegen des Grundsatzes der Vertragsfreiheit möglichst aus den Vereinbarungen zu entwickeln ist, die die Parteien selbst getroffen haben <AG Ibbenbüren a.a.O.>.

6 Es gehört nicht zu den wesentlichen Grundgedanken der gesetzlichen Regelung, daß der vereinbarte Zinssatz grundsätzlich von der tatsächlich noch bestehenden Kapitalschuld berechnet wird. Eine Berechnung nach einem **fingierten Kapitalbestand** ist zulässig und üblich <BGH, 24. 11. 1988, BGHZ 106, 42, 46>.

Eine AGB-Regelung zur **Zinsberechnung**, nach der die in der gleichbleibenden Jahresleistung enthaltenen Zinsen nach dem Stand des Kapitals am Schluß des vorhergehenden Tilgungsjahres berechnet werden, ist, trotz § 20 Abs. 2 HypBankG auch in einem Hypothekendarlehen, aber mangels Transparenz gemäß § 9 unwirksam, wenn erst in einer gesonderten späteren Klausel vierteljährliche Teilleistungen vorgesehen sind und der effektive Jahreszins oder die Gesamtbelastung im Vertrag nicht angegeben sind <BGH, 24. 11. 1988, BGHZ 106, 42, 47 ff.>. Aber auch eine Regelung der vierteljährlichen Tilgungsleistung einerseits und der nach dem Schlußsaldo des Vorjahres erfolgenden Zinsberechnung andererseits in zwei unmittelbar aufeinanderfolgenden Sätzen ist mangels Transparenz unwirksam, wenn es Aufgabe des Kunden bleibt, zwischen der Zinsberechnung und der **Tilgungsverrechnung** einen inneren Zusammenhang herzustellen und die unausgesprochene Konsequenz zu erkennen, daß bereits getilgte Schuldbeträge bis zum Quartalsende noch weiter zu verzinsen sind <BGH, 10. 7. 1990, BB 1990, 1656 = BGHZ 112, 115 ff.; BGH, 4. 2. 1997, BB 1997, 644 m.w.N.; BGH, 23. 5. 1995, BB 1995, 1503; eine wirksame Klausel lag BGH, 9. 7. 1991, BB 1991, 1591 = NJW 1991, 2559, 2560 zu Grunde>. Ist eine solche Klausel aber transparent, so ist eine entsprechende Zinsberechnung dann nicht unangemessen, wenn sie an einen nicht mehr als ein Jahr zurückliegenden Kapitalstand anknüpft und dies für den Kunden hinreichend deutlich gemacht wird <OLG Köln, 2. 3. 1995, BB 1995, 797>. Eine eventuelle Unklarheit in der Vertragsgestaltung, die alleine zur Intransparenz und Unwirksamkeit führen könnte, kann durch die zusätzliche Angabe des Effektivzinssatzes ausgeräumt werden <OLG Köln a.a.O.>. Die Angabe der Jahresleistung und der Gesamtlaufzeit im Darlehensantrag genügen nicht <BGH, 30. 4. 1991, BB 1991, 1144 = NJW 1991, 1889>. **7**

Ist für ein Annuitätendarlehen kalendervierteljährliche Zahlung vereinbart und die Zinsberechnungsklausel wegen Verstoßes gegen das Transparenzgebot unwirksam, so ist die Zinsberechnung nach dem Kapitalstand des vorhergehenden Vierteljahres vereinbart und jede Zahlung enthält entgegen § 608 BGB einen Zins- und einen Tilgungsanteil <OLG Düsseldorf, 21. 1. 1993, BB 1993, 528>. **8**

Eine Klausel in AGB, die im Falle des Verzugs nachträglich auch für bereits geleistete Raten vorrangige Anrechnung auf die Kosten vorsieht, ist überraschend im Sinne des § 3 und unbillig im Sinne des § 9, da sie nachträglich teilweise die Tilgungswirkung auf das Kapital nimmt, die vor Verzugseintritt eintrat <BGH, 5. 4. 1984, BB 1984, 1003 = BGHZ 91, 55 ff.>. **9**

10 Eine **Vollmachtsklausel**, wonach bei mehreren Kreditnehmern jeder zur Entgegennahme aller Erklärungen bevollmächtigt ist, verstößt gegen § 9 Abs. 1, weil sie die Vertragspartner entgegen § 425 BGB unangemessen benachteiligt <BGH, 22. 6. 1989, BB 1989, 1503 = BGHZ 108, 98; siehe allg. Anh. § 9, Vollmachtsklauseln>.

11 Bei Kreditverträgen, die Teil eines finanzierten Abzahlungskaufs sind, verstößt eine sogenannte **Trennungsklausel**, in der alle aus der wirtschaftlichen Einheit von Kauf und Kreditvertrag erwachsenden Rechte des Kreditnehmers verneint werden, gegen § 9 <BGH, 19. 9. 1985, BB 1985, 2004 = BGHZ 95, 350>.

12 In einem Kreditvertrag verstößt eine Zusatzklausel, durch die der Kreditnehmer verpflichtet wird, sein **Gehaltskonto bei der kreditgewährenden Bank** zu unterhalten oder bei Verlegung des Gehaltskontos den Restkredit abzulösen, gegen § 9 <OLG Hamburg, 11. 1. 1995, WM 1996, 105>.

13 Die bei **Existenzgründungsdarlehen** verwendete AGB-Klausel, wonach die Geltendmachung des Rückzahlungsanspruchs ausgeschlossen ist, soweit und solange sie zu einer vom Darlehensnehmer nicht verschuldeten Existenzgefährdung führen würde, ist so auszulegen, daß die Geltendmachung bei einer Gefährdung der Existenz des Darlehensnehmers und nicht nur bei einer solchen des geförderten Unternehmens ausgeschlossen ist <BGH, 5. 11. 1996, BB 1997, 65 f.>.

14 Eine formularmäßige **Kündigungsklausel**, wonach der Gläubiger, im Falle der bei einem hypothekarisch gesicherten Darlehen erfolgenden Veräußerung des als Sicherheit dienenden Grundstücks fristlos kündigen kann, verstößt nicht gegen § 9 Abs. 2 Nr. 1 <BGH, 27. 2. 1980, BB 1980, 859 = BGHZ 76, 371, 374; a.A. Münchener Kommentar/*Basedow*, BGB, Bd. 1, 3. Aufl. § 23 AGBG, Rdn. 123 m.w.N.>.

15 Eine AGB-Bestimmung über die sofortige Fälligkeit eines Ratenkredits ist nur wirksam, wenn es sich um keinen finanzierten Abzahlungskauf handelt und die **Vorfälligkeitsklausel** als Voraussetzung den Verzug mit mindestens zwei aufeinander folgenden Raten vorsieht <BGH, 19. 9. 1985, BB 1985, 1998 = BGHZ 95, 362, 373>. Der Ratenrückstand – ohne Rücksicht auf Verschulden – genügt nicht. Dann ist eine solche Vorfälligkeitsklausel wegen § 9 Abs. 1 auch im kaufmännischen Verkehr unwirksam <BGH, 30. 10. 1985, BB 1986, 489 = BGHZ 96, 182, 191>.

16 Zur Pauschalierung von Verzugszinsen vgl. § 11 Nr. 5 Rdn. 7 „Zinserhöhungsklauseln“.

Unwirksam sind **Vorfälligkeitsentschädigungsklauseln**, sofern sie die 17
unzulässige Beschränkung eines Kündigungsrechts gemäß § 609a BGB enthalten <vgl. *v. Westphalen*, AGB-Klauselwerke, Darlehen, Rdn. 165, 166>. Dies schließt aber nicht eine einvernehmliche Vertragsbeendigung unter Vereinbarung einer Vorfälligkeitsentschädigung aus <vgl. *v. Westphalen*, AGB-Klauselwerke, Rdn. 168; zum Anspruch auf vorzeitige Darlehensablösung und Berechnung der Vorfälligkeitsentschädigung: BGH, 1. 7. 1997, NJW 1997, 2878 und 2875>. Entsprechend der verständlichen Auffassung von *v. Westphalen* <AGB-Klauselwerke, Rdn. 169>, die oben Rdn. 2 genannte Rechtsprechung zur „rechtlich geschützten Zinserwartung" bei der Nichtabnahmeentschädigung auf die Vorfälligkeitsentschädigung zu übertragen, bestehen gegen eine formularmäßige Vereinbarung Bedenken.

Anhang § 9: Datenverarbeitung und -nutzung hinsichtlich persönlicher Daten

Die gesetzlichen Vorschriften zum Schutz persönlicher Daten sind von erheblicher Bedeutung. Die Berechtigten müssen davor geschützt werden, daß leichtfertig mit ihren persönlichen Daten umgegangen wird. Es ist als eine unzulässige unangemessene Benachteiligung des Berechtigten angesehen worden, wenn in AGB eine generelle **Pauschaleinwilligung** zur Speicherung und Übermittlung von persönlichen Daten vorgesehen ist <OLG Karlsruhe, 28. 6. 1996, MDR 1996, 1230 zu Leasing-AGB: Verstoß gegen § 9 Abs. 2; LG Halle, 18. 3. 1996, VuR 1996, 418 (419) mit Anm. von *Rudolph*, WiB 1997, 939 zu Beratungsvertrag; OLG Koblenz, 12. 4. 1990, NJW-RR 1990, 822 zu Kundenkreditkartenvertrag; LG Hamburg, 19. 1. 1996, VuR 1996, 424 zu Kraftfahrzeugmiete; vgl. OLG Düsseldorf, 31. 10. 1996, DB 1996, 2610 zu Mobilfunkvertrag>. Es muß genau abgewogen werden, welche Datenspeicherung und -übermittlung erforderlich ist. Außerdem werden durch solche Klauseln die Formerfordernisse des Bundesdatenschutzgesetzes nicht eingehalten <OLG Schleswig, 15. 5. 1997, BB 1997, 1810 (1812 unter 6)>. Unwirksam ist auch die Klausel in Teilnahmebedingungen eines Gewinnspiels über die Einwilligung in die Verwendung persönlicher Daten zu Werbezwecken <OLG Karlsruhe 17. 7. 1987, NJW-RR 1988, 302>. Unwirksam war die frühere **Schufa-Klausel**, also die Regelung, daß die Bank berechtigt ist, alle Daten des Kreditnehmers über die

Aufnahme und Abwicklung des Kredits an ein Kreditinformationssystem zur Speicherung zu übermitteln <BGH, 19. 9. 1985, BB 1985, 1998 = BGHZ 95, 362>. Daraufhin ist die Klausel in Verhandlungen mit den Verbraucherschutzverbänden neu gestaltet worden.

Anhang § 9: Dokumentenakkreditiv

Literatur: *Schütze*: Das Dokumentenakkreditiv im internationalen Handelsverkehr, 4. Aufl. 1996; *v. Westphalen*, Klauselwerke: Dokumenten-Akkreditive, Jan. 1995; *Brandner* in Ulmer/Brandner/Hensen, 8. Aufl. 1997, Anhang §§ 9-11, Rdn. 290 und 291.

1 Die von der Internationalen Handelskammer aufgestellten einheitlichen Richtlinien und Gebräuche für Dokumentenakkreditive (ERA Neufassung 1993) sind AGB <zum Wesen des Akkreditivs: BGH, 16. 4. 1996, RIW 1996, 606>. Die konkludente Einbeziehung der ERA ist bei Akkreditiven zwischen Kaufleuten zu bejahen <LG Frankfurt, 6. 10. 1995, WM 1996, 153>.

2 Hinsichtlich der Haftungsfreizeichnung in Art. 18a ERA wird die Meinung vertreten, daß auch bei Verwendung gegenüber Kaufleuten Unwirksamkeit vorliegt <*von Westphalen* a.a.O., Rdn. 17>. Zu weiteren Gesichtspunkten der Inhaltskontrolle der ERA muß auf die Spezialliteratur verwiesen werden.

Anhang § 9: Eigentumsvorbehalt

Literatur: *von Westphalen*, Vertragsrecht, Januar 1995, S. 39-63; *Thamm*, Kreditsicherungs-Vereinbarungen, 6. Aufl. 1994; (Heidelberger Musterverträge Heft 34); *Lambsdorff/Hübner*: Eigentumsvorbehalt und AGB-Gesetz, 1982.

1 Der Eigentumsvorbehalt ist das überaus wichtige Sicherungsmittel des Warenlieferers, der sich sein Eigentum an den gelieferten Gegenständen solange vorbehält, bis der Kaufpreis vollständig beglichen ist. Der Eigentumsvorbehalt ist eine außerordentlich weitverbreitete Art der Sicherung und im Geschäftsverkehr so allgemein üblich, daß Vertragsabschlüsse in derartiger Gestaltung als Regelfall angesehen werden können <so schon BGH, 15. 6. 1964, BGHZ 42, 53 (55)>. In einigen Wirtschaftsbereichen ist der Eigentumsvorbehalt als Handelsbrauch anerkannt <Nachweise bei *Thamm*: Kreditsicherungs-Vereinbarungen, 6. Aufl., S. 24, Fußnote 82 und *Thamm*: Der Eigentumsvorbehalt im Deutschen Recht, 4. Aufl. 1977, S. 13-15>.

Der Eigentumsvorbehalt ist ganz allgemein als AGB in Lieferbedin- **2**
gungen enthalten und wird so in der Regel Vertragsinhalt. Werden die Lieferbedingungen nicht Grundlage des Vertrages, z.B. wegen **Kollision mit Einkaufsbedingungen**, so hat nach der Rechtsprechung der einfache Eigentumsvorbehalt in den Lieferbedingungen trotzdem insofern Auswirkungen, als Mder Eigentumsübergang verhindert wird <BGH, 5. 5. 1982, BB 1982, 1140; BGH, 3. 2. 1982, BB 1982, 636; OLG Düsseldorf, 24. 4. 1996, NJW-RR 1997, 946>. Unklar und uneinheitlich ist die Rechtsprechung und juristische Literatur zum Thema, ob und gegebenenfalls welche Konsequenzen bei der Kollision von Lieferbedingungen mit Einkaufsbedingungen hinsichtlich des verlängerten und erweiterten Eigentumsvorbehalts bestehen. Zutreffend ist die Meinung, daß der Besteller in einem solchen Fall nicht weiterveräußern darf; geschieht das trotzdem, so besteht zugunsten des Lieferers ein Ersatzaussonderungsrecht <BGH, 18. 6. 1986, BB 1986, 1672>. Es gibt aber auch abweichende Äußerungen <BGH, 28. 6. 1990, WM 1990, 1671; vgl. BGH, 15. 6. 1989, BB 1989, 1996>. Nimmt ein Lieferer den verlängerten Eigentumsvorbehalt ausdrücklich in seiner Auftragsbestätigung auf und wird die Lieferung vom Besteller widerspruchslos angenommen, ohne daß die Einkaufsbedingungen des Bestellers eine Abwehrklausel gegen die AGB des Lieferers enthalten, so ist der verlängerte Eigentumsvorbehalt damit vereinbart <BGH, 22. 3. 1995, BB 1995, 950; zur Kollision von Lieferbedingungen mit Einkaufsbedingungen allgemein: siehe § 2 Rdn. 18>. Trotz Kollision wird der verlängerte Eigentumsvorbehalt bei übereinstimmendem Willen beider Vertragspartner Inhalt des Vertrages. „Die Willensübereinstimmung kann sich daraus ergeben, daß die Einkaufsbedingungen des Käufern einen verlängerten Eigentumsvorbehalt erkennbar voraussetzen und akzeptieren“ <OLG Düsseldorf, 24. 4. 1996, NJW-RR 1997, 946>. Wird der verlängerte Eigentumsvorbehalt nicht Vertragsinhalt, so ist aber in der Regel wenigstens der einfache Eigentumsvorbehalt zu bejahen <OLG Düsseldorf a.a.O.>.

Nur selten wird ein **Eigentumsvorbehalt in Einkaufsbedingungen** vor- **3**
gesehen <z.B. Konditionenempfehlung „Allgemeine Geschäftsbedingungen für den Bezug von Produktionsmaterial und Ersatzteilen, die für das Automobil bestimmt sind“ des Verbandes der Automobilin-

dustrie (VDA), Fassung vom 22. 8. 1995 unter XIV>. Der ausdrückliche **Ausschluß des Eigentumsvorbehalts in Einkaufsbedingungen** ist vom BGH zu weitgehend in einem Fall (Supermarkt) nicht als unangemessene Benachteiligung im Sinne von § 9 angesehen worden <BGH, 29. 10. 1980, BB 1981, 73 = BGHZ 78, 305>.

4 Der **einfache Eigentumsvorbehalt** wird von der Rechtsprechung in AGB in selbstverständlicher Weise als rechtswirksam anerkannt. Differenzierter ist die Auffassung der Rechtsprechung und eines Teils der juristischen Literatur dagegen zum verlängerten und erweiterten Eigentumsvorbehalt.

5 Der **verlängerte Eigentumsvorbehalt im Wege der Vorausabtretung** dient dem Schutz des Vorbehaltsverkäufers für den Fall des Weiterverkaufs der Vorbehaltsware durch den Käufer. Diese Form des Eigentumsvorbehalts erlischt mit der Zahlung des Endabnehmers an den Weiterveräußerer <OLG Düsseldorf, 13. 12. 1991, DB 1992, 524>. Erforderlich ist eine Klausel, welche die Einziehungsbefugnis der abgetretenen Forderung dem Weiterveräußerer eröffnet, solange er seinen Zahlungspflichten gegenüber dem Vorbehaltsverkäufer nachkommt <BGH, 16. 12. 1957, BB 1958, 170 = BGHZ 26, 185>. Unzulässig ist eine Klausel in Lieferbedingungen, welche die Verfügungsbefugnis des Weiterveräußerers hinsichtlich des eingezogenen Geldes beschränkt <OLG Frankfurt, 11. 1. 1991, rechtskräftig gem. Nichtannahme der Revision durch BGH, 24. 9. 1991, VersR 1992, 1274>.

6 In der Vergangenheit bestand eine Schwierigkeit für den verlängerten Eigentumsvorbehalt im Wege der Vorausabtretung durch **Abtretungsverbote der Endabnehmer**, deren Wirksamkeit auch in Einkaufsbedingungen von der Rechtsprechung gebilligt wurde <BGH, 30. 10. 1990, WM 1991, 554; OLG Koblenz, 23. 5. 1991, WM 1992, 73; grundlegend dazu *Canaris* in FS *Serick* 1992, S. 9>. Hier hat der 1994 geschaffene § 354a HGB bei Verträgen, die für beide Vertragspartner ein Handelsgeschäft darstellen(oder bei dem der Schuldner eine juristische Person des öffentlichen Rechts oder ein öffentlich rechtliches Sondervermögen ist) eine Änderung gebracht. Die Abtretung ist dann trotz eines vereinbarten Abtretungsverbots wirksam <Literatur dazu u.a.: *Henseler*, BB 1995, 5; *Wagner*, WM Beilage Nr. 1/1996>. Das wird vereinzelt in der neuen juristischen Literatur nicht beachtet <*Eberstein*: Die zweckmäßige Ausgestaltung von AGB im kaufmännischen Geschäftsverkehr, 4. Aufl. 1997, S. 87>.

Beim **Zusammentreffen des verlängerten Eigentumsvorbehalts** im Wege der Vorausabtretung **mit der Globalzession einer Bank** ist eine dingliche Vorrangklausel (dingliche Verzichtsklausel) erforderlich; eine schuldrechtliche Verzichtsklausel reicht nicht aus <u.a. BGH, 16. 3. 1995, BB 1995, 947 (949); *Serick*: Eigentumsvorbehalt und Sicherungsübereignung, Band V, S. 864-915>. Der Verzicht kann auf den branchenüblichen Eigentumsvorbehalt beschränkt werden <BGH, 8. 10. 1986, BB 1987, 222>. 7

Die **Weiterveräußerungsbefugnis** wird vom Lieferer in seinen AGB generell nur „im ordnungsgemäßen Geschäftsverkehr" erteilt. Ein solcher ist nicht gegeben z.B. bei einer Weiterveräußerung im „sale and lease back"-Verfahren an einen Leasinggeber <OLG Karlsruhe, 22. 12. 1994, VersR 1996, 202: Küchenhandel>. 8

Der **verlängerte Eigentumsvorbehalt im Wege der Verarbeitungsklausel** schützt den Vorbehaltslieferer vor dem Rechtsverlust, der bei Verarbeitung oder Umbildung von Stoffen zu einer neuen beweglichen Sache dann eintritt, wenn nicht der Wert der Verarbeitung oder Umbildung erheblich geringer ist als der Wert des Rohstoffes (§ 950 BGB). Erheblich geringer ist der Verarbeitungswert bei einem Verhältnis des Stoffwertes zum Verarbeitungswert von etwa 100 zu 60 <BGH, 22. 6. 1995, NJW 1995, 2633>. Die Verarbeitungsklausel besteht in einer Vereinbarung, daß der Hersteller nicht selbständiger Verarbeiter sein soll, sondern nur für den Eigentümer der alten Sache tätig wird. Zweifel an der Wirksamkeit der Verarbeitungsklausel unter AGB-rechtlichen Gesichtspunkten bestehen zumindest im Geschäftsverkehr unter Kaufleuten nicht <BGH, 8. 10. 1986, BB 1987, 222; OLG Frankfurt, 28. 6. 1985, NJW-RR 1986, 721 (724); vgl. BGH, 13. 6. 1990, BB 1990, 1584>. 9

Beim **weitergeleiteten Eigentumsvorbehalt** wird dem Weiterveräußerer die Verpflichtung auferlegt, bei einer Weiterveräußerung dem Endabnehmer gegenüber den Eigentumsvorbehalt des Vorbehaltsverkäufers aufrecht zu erhalten. Eine solche Form des Eigentumsvorbehalts kann in AGB nicht als zulässig angesehen werden <BGH, 4. 3. 1991, BB 1991, 862>. 10

Beim **nachgeschalteten Eigentumsvorbehalt** behält sich der Weiterveräußerer seinerseits das Eigentum beim Weiterverkauf vor. Die Verpflichtung zum nachgeschalteten Eigentumsvorbehalt ist absolut üblich und in AGB auch rechtswirksam. 11

12 Unter dem **erweiterten Eigentumsvorbehalt** versteht man den Vorbehalt des Eigentums bis zur Tilgung noch anderer Forderungen als des Kaufpreisanspruchs aus einem bestimmten Liefervertrag, also den Kontokorrenteigentumsvorbehalt (Rdn. 13) und den Konzernvorbehalt (Rdn. 14).

13 Beim **Kontokorrentvorbehalt** (Saldovorbehalt) handelt es sich um eine Vereinbarung dahin, daß das Eigentum erst nach Tilgung aller Ansprüche (also auch zukünftig entstehender Ansprüche) übergehen soll, die dem Verkäufer aus der Geschäftsverbindung gegen den Kunden zustehen. Diese Form des Eigentumsvorbehalts ist in AGB des kaufmännischen Geschäftsverkehrs zuläsig <BGH, 9. 2. 1994, BB 1994, 674 = BGHZ 125, 83; BGH, 20. 3. 1995, BB 1985, 1085 = BGHZ 94, 105; a.A. u.a. *Tiedtke*, EWiR 1994, 1071>. Für den Geschäftsverkehr mit Nichtkaufleuten ist die Zulässigkeit in AGB umstritten <für Unzulässigkeit: OLG Koblenz, 14. 4. 1989, WM 1989, 892; OLG Frankfurt, 11. 9. 1980, BB 1980, 1489 mit ablehnender Anmerkung *Braun*, BB 1981, 632>. Richtigerweise ist auch insofern von der Wirksamkeit auszugehen. Zu dem im Umbruch in der Rechtsprechung befindlichen Problem der **Deckungsgrenze** und **Freigabeklausel** siehe Anhang § 9: Sicherungsübereignung Rdn. 2-4 und Sicherungszession Rdn. 2-5. Der Kontokorrenteigentumsvorbehalt führt im Konkurs des Kunden zu abgesonderter Befriedigung <BGH, 11. 6. 1992, NJW 1992, 2483>.

14 Als **Konzernvorbehalt** bezeichnet man die Vereinbarung, daß das Eigentum erst nach Tilgung aller Ansprüche übergehen soll, die einer Mehrheit von Verkäufern gegenüber dem Käufer bzw. gegenüber einer Mehrheit von Käufern zustehen. Gegen den Konzernvorbehalt in AGB bestehen starke Bedenken <die Gültigkeit bleibt unentschieden in BGH, 30. 3. 1988, BGHZ 104, 129 (132); insofern nicht abgedruckt in BB 1988, 1065; für Zulässigkeit u.a. *Schnorbus*, BB 1995, 2225; offenbar auch *Uhlenbruck/Delhas*, Konkurs- und Vergleichsverfahren, 5. Aufl. 1990, Rdn. 727>. Unzulässig ist die Konzernaufrechnung aufgrund einer Konzernverrechnungsklausel <OLG Köln, 28. 4. 1995, rechtskräftig gem. Nichtannahme der Revision durch BGH, 29. 2. 1996, EWiR 1996, 413 (*Mohrbutter*); BGH, 6. 12. 1990, BB 1991, 235>. Bei diesem Thema ist zu beachten, daß zum 1. 1. 1999 das Verbot des Konzernvorbehalts allgemein wirksam wird (Einführungsgesetz zur Insolvenzordnung Art. 33 Nr. 17: künftig § 455 Abs. 2 BGB).

15 Eine Klausel über ein **Rückforderungsrecht** an der Sache ohne Rücktritt vom Vertrag ist erforderlich, weil nach der Rechtsprechung dieses Rückforderungsrecht bei Verzug des Käufers nicht automatisch

aus dem Eigentumsvorbehalt folgt <BGH, 1. 7. 1970, BB 1970, 898 = BGHZ 54, 214; dazu *Thamm*, BB 1980, 1191>. Solche Klauseln sind zumindest im kaufmännischen Geschäftsverkehr rechtswirksam <OLG Schleswig, 10. 3. 1988, NJW-RR 1988, 1459; *Thamm*, BB 1980, 1191; vgl. *Graf v. Bernstorff*: Münchener Vertragshandbuch, Bd. 3 Halbband 2, 4. Aufl. 1997, S. 654 unter Nr. 32>.

Beim **Scheck/Wechsel-Verfahren** (auch Akzeptantenwechsel oder **16**
umgedrehter Wechsel genannt) besteht ein spezielles Problem. Beim Scheck/Wechsel-Verfahren handelt es sich um den Fall, daß der Verkäufer einen Wechsel ausstellen muß, den der Käufer mit seinem Akzept versehen diskontiert; den dafür erlösten Betrag erhält der Verkäufer ausgezahlt oder der Verkäufer erhält einen Scheck. Bei einer solchen Gestaltung ist davon auszugehen, daß der Eigentumsvorbehalt des Verkäufers mit der Zahlung bzw. mit der Einlösung des Schecks untergeht <BGH, 26. 2. 1986, BB 1986, 898; zutreffend gegen diese Rechtsprechung: *Baumbach/Hefermehl*, Wechselgesetz und Scheckgesetz, 18. Aufl. 1993, Art. 17 WG Rdn. 54>. Für den Verkäufer ist eine spezielle Vereinbarung dahingehend ratsam, daß der Eigentumsvorbehalt bestehen bleibt, bis der Wechsel durch den Käufer eingelöst wird. Eine solche Klausel ist rechtswirksam, weil der Verkäufer nur das zusätzliche Risiko mindert, daß dem Verkäufer dadurch entsteht, daß er sich im Interesse des Käufers auf dessen Wunsch nach Bezahlung im Scheck/Wechsel-Verfahren einläßt.

Anhang § 9: Einkaufsbedingungen

(bearbeitet von RA Ullrich)

Literatur: *v. Westphalen*, Vertragsrecht und AGB-Klauselwerke, Loseblattsammlung, 1996; *v. Westphalen*, Allgemeine Einkaufsbedingungen, 2. Aufl. Beck'sche Musterverträge, Band 5, 1997; *v. Westphalen* in Festschrift für Trinkner, 1996, S. 441 ff., 452-456; *Ullrich/Thamm*, Die VDMA-Geschäftsbedingungen, 3. Aufl. 1994, S. 89 und 90 (mit Hinweisen auf bedeutsame Industrie-Konditionenempfehlungen und den Gutachterausschuß des BDI) VDMA-Verlag; *Wolf/Horn/Lindacher*, Kommentar zum AGB-Gesetz, 3. Aufl. 1994, § 9, Rdn. E 61-E 100; *Ulmer/Brandner/Hensen*, Kommentar zum AGB-Gesetz, 8. Aufl. 1997, Anh. §§ 9-11, Rdn. 295-300; *Soergel/Stein*, Kommentar zum BGB, Band 3, 12. Aufl. 1991, § 9 AGBG, Rdn. 71; *Joussen*, Der Industrieanlagenvertrag, 2. Aufl. 1996; *Thamm/Hesse*, Einkaufsbedingungen und AGB-Gesetz, BB 1979, S. 1583; *Graf v. Bernstorff* im Münchener Vertragshandbuch, Bd. 3 Halbband 2, 4. Aufl. 1997, S. 669-691.

1 Allgemeine Einkaufsbedingungen werden unter den Voraussetzungen des § 2 des AGB-Gesetzes (siehe dort) **Vertragsinhalt**. Für den kaufmännischen Geschäftsverkehr findet § 2 AGB-Gesetz keine Anwendung (§ 24 AGB-Gesetz). Hier ist es ausreichend, wenn der Besteller im Bestellschreiben ausdrücklich und für den Vertragspartner deutlich erkennbar auf seine Einkaufsbedingungen verweist. Die Bedingungen müssen dem kaufmännischen Vertragspartner nicht zur Kenntnis gebracht werden (siehe im einzelnen § 2 Rdn. 22).

2 Häufig stehen sich Einkaufsbedingungen und Lieferbedingungen durch einen jeweiligen ausdrücklichen Verweis in Bestellung und Auftragsbestätigung gegenüber – **Kollision von AGB**. Inhaltliche Übereinstimmungen sind nur selten feststellbar. In derartigen Fällen gelten nach neuerer Rechtsprechung weder die Einkaufs- noch die Lieferbedingungen, sondern die gesetzlichen Vorschriften <BGH, 20. 3. 1985, BB 1985, 1150 = DB 1985, 1686; BGH, 19. 6. 1991, BB 1991, 1732>. Sollten einige Regelungen in Einkaufs- und Lieferbedingungen ausnahmsweise inhaltlich identisch sein, sind diese dagegen wirksam (siehe auch § 2 Rdn. 23). Die in AGB oftmals enthaltenen sog. **„Abwehrklauseln“**, die in wohlformulierter Weise besonders darauf hinweisen, daß die eigenen Bedingungen und nicht die des Vertragspartners zur Anwendung gelangen sollen, lösen die Problematik nicht. Sie führen nicht zur Einbeziehung der eigenen Bedingungen in den Vertrag, sobald und sofern auch der Vertragspartner auf seine AGB Bezug nimmt.

3 Im kaufmännischen Geschäftsverkehr werden häufig „technische“ **Verhandlungsprotokolle** unterzeichnet. Oftmals findet sich in diesen Protokollen am Ende (auch) ein Verweis auf Allgemeine Einkaufsbedingungen. Wird ein solches Protokoll unterschrieben, besteht die Gefahr, daß auf diese Weise Einkaufsbedingungen Vertragsgrundlage werden.

4 Der genannten „Kollisionsproblematik“ kann u.a. durch den Abschluß eines **Rahmenvertrages** begegnet werden. Dieser Vertrag regelt die Rechte und Pflichten der Vertragsparteien für die gesamte Geschäftsbeziehung abschließend. Einer Einzelbezugnahme auf Geschäftsbedingungen bedarf es dann nicht mehr <vgl. auch „Der Rahmenliefervertrag“, VDMA-Verlag, 1995; allg. § 2 Rdn. 16 und 25>.

5 Soweit in Einkaufsbedingungen **Rechtsbereiche nicht geregelt** sind, gilt ergänzend das Gesetz <vgl. auch *v. Westphalen*, Recht und Praxis der Einkaufs- und Verkaufsbedingungen, RWS-Skript 145, 1. Aufl. 1985, S. 20>. Demzufolge wird häufig der gesamte Haftungsbereich

(Verzug, Folgeschäden) in Einkaufsbedingungen nicht angesprochen. Es greift dann das für den Besteller günstige BGB ein (z.B. unbeschränkte Haftung des Vertragspartners!). Oftmals verweisen Einkaufsbedingungsklauseln auch stereotyp auf „die gesetzlichen Vorschriften". Der Vertragspartner sollte sich insoweit immer über die Risiken des BGB im klaren sein.

Der Eintritt von **Liefer- oder Leistungsverzug** setzt Verschulden vor- 6
aus. Verschulden bedeutet Vorsatz oder jegliche Art – auch leichteste – Fahrlässigkeit. Der Lieferer oder Leistungserbringer muß hierbei jeweils sein Nichtverschulden nachweisen. In Einkaufsbedingungen unzulässig sind Regelungen, die versuchen, das Verschuldenserfordernis abzubedingen. Merkmale hierfür sind die Benutzung von Begrifflichkeiten wie „bei verzögerter Lieferung oder Leistung" oder „bei Nichteinhaltung vereinbarter Termine". Beide Varianten erfassen auch Fälle höherer Gewalt. Dadurch wird das gesetzliche Regel-Ausnahmeverhältnis, nämlich grundsätzlich kein Schadenersatz ohne Verschulden, in sein Gegenteil verkehrt. Hierin liegt eine wesentliche Abweichung von Grundgedanken des BGB. § 9 AGB-Gesetz ist einschlägig.

Im Falle des Liefer- und Leistungsverzuges ist auch eine Beendigung 7
des jeweiligen Vertrages möglich. Sie setzt den fruchtlosen Ablauf einer angemessenen Nachfrist voraus. Das **Nachfristerfordernis** kann in Einkaufsbedingungen – jedenfalls soweit keine Beschränkung auf dringende Fälle vorgesehen ist – nicht ausgeschlosen werden <BGH, 18. 12. 1985, NJW 1986, 842; OLG Köln, 26. 4. 1990, NJW 1991, 301; siehe auch § 11 Nr. 4 Rdn. 5>. Auf die Ablehnungsandrohung kommt es im kaufmännischen Geschäftsverkehr dagegen nicht an. Eine Nachfrist ist dann angemessen, wenn sie ein Drittel bis die Hälfte der Lieferzeit beträgt <vgl. auch *Thamm*, Die Dauer einer „angemessenen Nachfrist" für Lieferung und Mängelbeseitigung, BB 1982, 2018 ff.>.

Die Vereinbarung einer **Vertragsstrafe** (siehe auch § 11 Nr. 6) setzt 8
ebenso – wie bei Verzug – Verschulden voraus (§ 339 BGB). Eine verschuldensunabhängige Vertragsstrafe ist nur in besonderen Ausnahmefällen möglich, wenn gewichtige Gründe vorliegen, die dies rechtfertigen <BGH, 26. 9. 1996, BB 1996, 2535; BGH 24. 4. 1991, BB 1991, 2252; individualvertraglich unbedenklich: BGH, 28. 1. 1997, BB 1997, 1554>. Unzulässig ist eine **Kumulation** von Vertragsstrafe und Verzugsentschädigung <BGH, 21. 11. 1991, BB 1992, 307; BGH, 29. 2. 1984, ZIP 1985, 841>.

9 Die Vereinbarung einer **Vertragsstrafenpauschale** in Einkaufsbedingungen ist möglich: 0,1 % oder 0,2 % der Auftragssumme je Werktag oder 0,3 % der Auftragssumme je Arbeitstag stellen zulässige Pauschalen dar <BGH, 25. 9. 1986, BB 1986, 2295 (0,1 %); BGH, 12. 3. 1981, BB 1981, 874 (0,2 %; 0,3 %). Nicht zulässig ist dagegen ein Wert von 1,5 % der Auftragssumme je Arbeitstag <BGH, 12. 3. 1981, BB 1981, 874>. Eine Vertragsstrafenklausel ist weiterhin unzulässig, wenn sie keine Begrenzung nach oben aufweist <BGH, 11. 5. 1989, BB 1989, 1371>. Das gilt auch für den kaufmännischen Geschäftsverkehr (siehe auch § 11 Nr. 6 Rdn. 4). Eine Begrenzung auf max. 10 % ist zulässig <BGH, 22. 10. 1987, BB 1988, 301; BGH, 25. 9. 1986, BB 1986, 2295>, eine Maximalgrenze von 20 % der Bruttovertragssumme dagegen unzulässig <OLG Zweibrücken, 10. 3. 1994, BB 1995, 13>. Unangemessen ist die Höhe einer Vertragsstrafe auch dann, wenn die Sanktion außer Verhältnis zum Gewicht des Vertragsverstoßes und zu dessen Folgen für den Vertragspartner steht <BGH, 7. 5. 1997, BB 1997, 1380>.

10 Das formularmäßige Abbedingen des **Vorbehalts einer Vertragsstrafe** (§ 341 Abs. 3 BGB) bei Annahme eines verspätet eingegangenen Liefergegenstandes verstößt ebenfalls gegen § 9 AGB-Gesetz <BGH, 18. 11. 1982, BB 1983, 663>. Ein Vertragsstrafenvorbehalt kann aber formularmäßig in eine Abnahmeschrift aufgenommen werden <BGH, 25. 9. 1986, BB 1986, 2295; siehe auch § 11 Nr. 6 Rdn. 7>.

11 Sind in Einkaufsbedingungen **Zwischentermine** mit Vertragsstrafen belegt, stellen sich derartige Regelungen zumindest dann als mißbräuchlich im Sinne des AGB-Gesetzes dar, wenn der Vertragspartner die zu den Zwischenterminen bestehenden Verzögerungen bis zum Endtermin wieder aufholt. Dem Besteller entsteht im Normalfall durch die Nichteinhaltung der Zwischentermine kein Nachteil. Eine formularmäßige Vertragsstrafe ist auch aus diesem Grunde unzulässig. Die Rechtsprechung hat die Wirksamkeit von auf Zwischentermine bezogene Vertragsstrafen bislang allerdings nur wegen der Summierung von Beträgen bei zahlreichen Zwischenterminen für unzulässig erklärt <OLG Bremen, 7. 10. 1986, NJW-RR 1987, 468>.

12 Eine Formularbestimmung, die Liefertermine als **Fixgeschäfte** ausweist, stellt sowohl eine überaschende Klausel im Sinne des § 3 AGB-Gesetz dar als auch eine Regelung, die den Vertragspartner unangemessen benachteiligt und damit nach § 9 AGB-Gesetz unwirksam ist <BGH, 17. 1. 1990, BB 1990, 373 = BGHZ 110, 88>. Unter einem Fixgeschäft versteht man eine vertragliche Vereinbarung, die mit der Ein-

haltung des Liefertermins, also des Fixtermins, „steht und fällt“ (z.B. bei Lieferung von Saisonartikeln). Die Vereinbarung eines kalendermäßig bestimmbaren Termines bedeutet – insbesondere auch im kaufmännischen Geschäftsverkehr – noch nicht, daß es sich um ein Fixgeschäft handelt. Es bedarf hierzu weiterer besonderer Umstände. Bestehen oder verbleiben Zweifel bei der Auslegung, wirken sich diese regelmäßig gegen die Annahme eines Fixgeschäfts aus <BGH, 17. 1. 1990, BB 1990, 373 = BGHZ 110, 88>. Ob ein Fixgeschäft vorliegt oder nicht, entscheidet sich immer anhand des Einzelfalles. Hierbei spielen die individuellen Vereinbarungen der Vertragsparteien eine entscheidende Rolle. Allein die **Bezeichnung „fix“** bedeutet noch nicht, daß das Geschäft aufgrund der Nichteinhaltung des betreffenden Termines für den Vertragspartner im Sinne eines Fixgeschäftes bedeutungslos geworden ist.

Bei einer mangelhaften Lieferung oder Leistung steht dem Vertrags- **13**
partner in der Regel (zunächst) ein **Nachbesserungsrecht** zu. Er kann also die Beseitigung bestehender Mängel verlangen. Dieses Recht räumen üblicher- und zulässigerweise Allgemeine Liefer- oder Leistungsbedingungen ein. Eine Mängelbeseitigung kann hierbei auch durch Neuherstellung erfolgen <BGH, 10. 10. 1985, BB 1986, 154>. Schlägt die Nachbesserung fehl, kann der Vertragspartner Herabsetzung des Vertragspreises oder Rückgängigmachung des Vertrages verlangen oder aber Schadenersatz geltend machen. Die genannte Reihenfolge – zunächst Nachbesserung, hilfsweise Wandelung, Minderung oder Schadenersatz – ist auch in Einkaufsbedingungen zu berücksichtigen. Eine Klausel, in der sich der Besteller nach Gutdünken wahlweise Ansprüche auf Nachbesserung, Neulieferung, Wandelung oder Minderung und Schadenersatz vorbehält, verstößt gegen § 9 AGB-Gesetz.

Ein umfassendes, generelles **Selbstnachbesserungsrecht** des Bestellers **14**
besteht nur in Ausnahmefällen (siehe auch § 11 Nr. 10c Rdn. 4). Grundsätzlich ist es Sache des Lieferers oder Leistungserbringers, tätig zu werden. Die Durchführung der Nachbesserungsarbeiten ist zwar einerseits dessen Pflicht, andererseits aber auch gleichzeitig dessen Recht, das ihm nur in Ausnahmefällen genommen werden kann. Derartige Ausnahmefälle liegen z.B. vor bei Gefährdung von „Leib und Leben“ oder zur Abwehr anderer unverhältnismäßig großer Schäden. Ein Selbstnachbesserungsrecht besteht darüber hinaus auch, wenn Nachbesserungsarbeiten nicht rechtzeitig durchgeführt werden. AGB-Klauseln, die insoweit nicht differenzieren, sind wegen Verstoßes gegen § 9 AGB-Gesetz unwirksam.

15 **Verfügbarkeitsgarantien** oder vergleichbare Leistungszusagen, mit denen ein Lieferer z.B. bestimmte Nutzungsgrade eines technischen Gerätes, einer Maschine oder Anlage über einen bestimmten Zeitraum ausdrücklich verbindlich zusagt, stellen zugesicherte Eigenschaften im Rechtssinne dar. Ein im kaufmännischen Geschäftsverkehr häufig anzutreffender Wert derartiger Verfügbarkeitsgarantien liegt bei 95 %. Auch Werte bis zu 98 %, ja sogar 100 %, sind in Verträgen zu finden. Übersteigen die Verfügbarkeitswerte den Wert von 95 %, ist deren formularmäßige Vereinbarung äußerst bedenklich. Soweit die Werte unter technischen Gesichtspunkten nicht oder nur unter außergewöhnlichen Anstrengungen erreichbar sind, liegt hierin eine unangemessene Benachteiligung des Vertragspartners. Derartige Klauseln sind unwirksam.

16 **Verfügbarkeitszusagen** in Einkaufsbedingungen bedürfen, um zu einer ausgewogenen Regelung zu gelangen,

- eines angemessenen Verfügbarkeitswertes,
- der genauen Festlegung der 100 %-Marke, auf der die Verfügbarkeitszusage (von z.B. 95 %) beruht,
- der genauen Festlegung des Zeitraumes, innerhalb dessen die zugesagten Verfügbarkeitsprozente einzuhalten sind und
- der Festlegung angemessener Rechtsfolgen bei Nichteinhaltung der Verfügbarkeitszusagen.

Sind keine Rechtsfolgen bestimmt, muß der Vertragspartner verschuldensunabhängig für alle Schäden einstehen, die durch das Nichterreichen der Verfügbarkeitszusage oder -garantie eingetreten sind.

17 Allgemeine Einkaufsbedingungen enthalten oftmals eine Regelung, die – sinngemäß – alle technischen Werte, Daten, Leistungsangaben etc. als ausdrücklich zugesichert definiert. Es handelt sich hierbei um eine sehr weitgehende und vom Gesetz abweichende Klausel. Die formularmäßige Bestimmung, DIN-Normen seien **zugesicherte Eigenschaften**, verstößt gegen Grundgedanken des BGB und ist unwirksam <BGH, 28. 2. 1996, BB 1996, 871; BGH, 25. 2. 1981, NJW 1981, 1501; OLG Hamm, 28. 10. 1986, BB 1987, 363>. Auch in der Bezugnahme auf andere technische Regelwerke liegt automatisch keine zugesicherte Eigenschaft. Gleiches gilt für allgemeine Aussagen in Werbeprospekten. Es handelt sich grundsätzlich nicht um eine Zusicherung von Eigenschaften, sondern um allgemeine Produktbeschreibungen, mit denen der Vertragspartner nicht zum Ausdruck bringt, er wolle für das Vorhandensein seiner Angaben in gesteigertem Maße, verschul-

densunabhängig und ohne Höchstgrenze haften <vgl. auch ZVEI-Konditionenempfehlung „Qualitätssicherungsvereinbarung“ unter I.2, Bundesanzeiger Nr. 48 vom 9. 3. 1995, S. 2398>.

In der kaufmännischen Praxis kommt es häufiger vor, daß Gewähr- **18**
leistungsfristen erst mit unbestimmten Abnahme- oder Inbetriebnahmezeitpunkten beginnen sollen. Derartige Regelungen sind insbesondere dann problematisch und für den Lieferer gefährlich, wenn die **Abnahme oder Inbetriebnahme** nicht vom Besteller, sondern evtl. von dessen Kunden abhängig ist. Klauseln, die eine Abnahme ohne zeitlich genaue Begrenzung in die Zukunft verschieben, verstoßen gegen das AGB-Gesetz und sind unwirksam <OLG Karlsruhe, 22. 7. 1982, BB 1983, 725; OLG München, 3. 11. 1983, BB 1984, 1386>. Unzulässig ist auch eine Klausel in Auftragsbedingungen eines Bauträgers, nach der es für Leistungen seiner Auftragnehmer einer förmlichen Abnahme durch die Kunden des Bauträgers bedarf zum Zeitpunkt der Übergabe des Hauses bzw. bei Eigentumswohnungen bei Übergabe des Gemeinschaftseigentums an den Endkunden, „es sei denn, daß eine solche Abnahme nicht binnen sechs Monaten seit Fertigstellung der Leistung des Auftragnehmers erfolgt ist ... .“ <BGH, 23. 2. 1989, DB 1989, 1181>. Die Rechtsprechung erachtet dagegen eine Abnahmefrist von vier bis sechs Wochen nach Fertigstellung der Leistung des Auftragnehmers noch als zulässig. Die Abnahme von Subunternehmerleistungen erst zwei Monate nach Fertigstellung oder noch später wird dagegen nicht mehr akzeptiert <BGH, 23. 2. 1989, DB 1989, 1181>.

Eine AGB-Klausel, daß nach Abschluß einer Nachbesserung die Ge- **19**
währleistungszeit von vorne neu zu laufen beginnt – **Kettengewährleistung** –, benachteiligt den Vertragspartner ebenfalls unangemessen und verstößt damit gegen § 9 AGB-Gesetz. Eine solche Regelung besitzt keine Bestandskraft <vgl. *Thamm*, BB 1988, 1477 ff., 1479>, denn damit ist u.U. eine unbegrenzte, also „ewige“ Gewährleistungszeit festgeschrieben. Möglich ist es dagegen, für nachgebesserte oder im Rahmen einer Gewährleistung neu gelieferte Teile die ursprünglich vereinbarte Gewährleistungszeit von neuem beginnen zu lassen.

Die **Verjährung** von Gewährleistungsansprüchen, von Ansprüchen **20**
wegen Fehlens zugesicherter Eigenschaften oder dem Fehlen von Verfügbarkeitszusagen beträgt bei beweglichen Gegenständen nach dem Gesetz sechs Monate ab Übergabe bzw. Abnahme. Da die Fristen dem Besteller häufig nicht ausreichend erscheinen, versucht er, sie zum eigenen Vorteil zu verlängern. Eine derartige Verlängerung ist im Rah-

men von Allgemeinen Einkaufsbedingungen nicht unbegrenzt möglich. Eine maßvolle Erweiterung auf maximal zwei Jahre erkennt die Rechtsprechung an. Nicht zulässig ist es dagegen, die Verjährungsfrist formularmäßig auf drei Jahre zu verlängern <BGH, 17. 1. 1990, BB 1990, 373 = BGHZ 110, 88>. Bei Flachdacharbeiten (Bauwerk) ist eine formularmäßige Verlängerung der VOB-Verjährungsfrist in AGB auf 10 Jahre und 1 Monat zulässig <BGH, 9. 5. 1996, BB 1996, 1797 m.w.Nachw. = BGHZ 132, 383; siehe auch § 11 Nr. 10f Rdn. 9>.

21 Insbesondere kaufmännische AGB enthalten oftmals Klauseln, die die **Obliegenheit** des Bestellers zur unverzüglichen **Untersuchung und Mängelrüge** nach §§ 377, 378 HGB umfassend abbedingen. Ein derartiger Ausschluß der speziell für den kaufmännischen Geschäftsverkehr geschaffenen Vorschriften verstößt gegen das AGB-Gesetz. <BGH, 19. 6. 1991, BB 1991, 1732>. Das gilt sowohl für offensichtliche als auch für erst später aufgetretene, verdeckte Mängel (siehe auch § 11 Nr. 10e Rdn. 8). Eine moderate Übertragung dieser Obliegenheiten auf den Vertragspartner ist dagegen möglich <vgl. auch ZVEI-Konditionenempfehlung „Qualitätssicherungsvereinbarung", BAnz 1995, 2398 unter IV>. Letzterer sollte hierbei wegen der damit verbundenen Risikoerweiterung unbedingt seinen Betriebshaftpflichtversicherer konsultieren. Die vom Gesetz geforderte Mängelrüge muß unverzüglich erfolgen. Eine Rüge mehr als zwei Wochen nach Entdeckung ist bereits zu lang <BGH, 30. 1. 1985, BGHZ 93, 348>. § 377 HGB gilt auch bei mißlungener Nachbesserung <OLG München, 6. 12. 1985, NJW 1986, 1111>.

22 Regelungen in Einkaufsbedingungen über die **Bevorratung von Ersatzteilen** sind grundsätzlich AGB-rechtlich unproblematisch. Hierbei geht es darum, nach Produktionseinstellung eines bestimmten Produktes die weitere Belieferung mit Ersatzteilen zu normalen Preisen über gewisse Zeitspannen sicherzustellen. Bevorratungszeiträume zwischen fünf und zehn Jahren können – je nach Branche – als durchaus angemessen angesehen werden. Gesetzliche Vorschriften hierzu gibt es nicht. Demzufolge fehlt auch ein gesetzliches Leitbild, das für die Beurteilung der Angemessen- oder Unangemessenheit von entsprechenden Regelungen in AGB herangezogen werden könnte <vgl. hierzu auch *Ullrich/Ulbrich*, BB 1995, 371>.

23 Eine **Annullierung, Stornierung** oder auch **Kündigung** einmal abgeschlossener Verträge ist unserem Rechtssystem grundsätzlich fremd. Es besteht – auch im kaufmännischen Geschäftsverkehr – der Rechtssatz: „pacta sunt servanda" (Verträge müssen eingehalten (erfüllt) werden). Nur für Werkverträge gilt, daß sie bis zur „Vollendung des Werkes" vom Besteller gekündigt werden können, allerdings unter Zahlung des vereinbarten Werklohnes abzüglich ersparter Aufwendungen. Einkaufsbedingungen regeln oftmals – unzulässigerweise –, daß der Besteller jederzeit ohne Grundangabe und ohne irgendwelche Nachteile für ihn – insbesondere ohne Kostenbelastung – den Vertrag einseitig auflösen kann. Das entspricht nicht dem Leitbild unseres Vertragsrechts. Der Lieferer wird insofern unangemessen benachteiligt, da er ohne eigene Pflichtverletzung nicht nur den Vertrag nicht weiter ausführen kann, sondern darüber hinaus auch keinerlei Entgelt erhält. Gleiches gilt für die Fälle, in denen lediglich Kostenersatz zugestanden wird <BGH, 4. 10. 1984, DB 1985, 222 = BGHZ 92, 244 (249 f.); siehe auch § 10 Nr. 7 Rdn. 4 m.w.N.> Oftmals sind in Einkaufsbedingungen **Annullierungspauschalen** zu finden. Hierbei sind Pauschalen von ca. 15 % als angemessen zu werten, soweit sie sich zeitmäßig begrenzt auf die Anfangszeit der Vertragsdurchführung beziehen (siehe § 10 Nr. 7 Rdn. 4).

Einkaufsbedingungen sehen nur selten einen **Eigentumsvorbehalt** zu- 24
gunsten des Vertragspartners vor <so aber beispielsweise in der Konditionenempfehlung „Allgemeine Geschäftsbedingungen für den Bezug von Produktionsmaterial und Ersatzteilen, die für das Automobil bestimmt sind" des Verbandes der Automobilindustrie e.V. (VDA), Bundesanzeiger Nr. 172 vom 16. 9.1982 in der überarbeiteten Fassung vom 22. 8. 1995 unter XIV>. Bei der (üblichen) Kollision von Liefer- und Einkaufsbedingungen hat die Rechtsprechung klargestellt, daß der **einfache Eigentumsvorbehalt** in solchen Fällen trotzdem Gültigkeit besitzt, sofern er nur in den in Bezug genommenen Lieferbedingungen enthalten ist <BGH, 3. 2. 1982, BB 1982, 636; BGH, 5. 5. 1982, BB 1982, 1140; siehe auch § 2 Rdn. 19>. Diese „Automatik" gilt nicht für alle **Verlängerungs- und Erweiterungsformen**. Diese müssen, um Gültigkeit zu besitzen, gesondert vereinbart sein <BGH, 20. 3. 1985, NJW 1985, 1838>. Im Bereich des Maschinenbaus ist der einfache Eigentumsvorbehalt **Handelsbrauch** <LG Hamburg, 1. 9. 1981, Az.: 22 O 15/80, unveröffentlicht>. Siehe zum Eigentumsvorbehalt eingehend Anh. § 9: Eigentumsvorbehalt.

Reibungspunkte bestehen vielfach bei Verträgen, für deren Durch- 25
führung (zunächst) besondere **Werkstücke, Formen oder Werkzeuge** gefertigt werden müssen. Die jeweiligen Besteller meinen häufig, durch die Bezahlung der mittels der Formen etc. gefertigten Produkte auch automatisch ein Anrecht auf diese Arbeitsmittel zu besitzen und fordern deren Herausgabe. Ein solcher Anspruch besteht nur

dann, wenn hierüber eine vertragliche Vereinbarung getroffen wurde. Dies kann auch im Rahmen von Allgemeinen Einkaufsbedingungen geschehen. Dabei ist darauf zu achten, daß diese auch tatsächlich Vertragsgrundlage werden. Anderenfalls besteht kein Herausgabeanspruch <OLG Köln, 25. 2. 1993, EWiR 1993, 957 (*Thamm/Detzer*)>. Dementsprechend ist auch eine Klausel in Lieferbedingungen zulässig, wonach „der Käufer die Kosten für die Herstellung von Formen und Werkzeugen trägt, diese Formen und Werkzeuge aber auch nach Bezahlung unser (Lieferer) Eigentum bleiben" <OLG Köln, 25. 2. 1993, EWiR 1993, 957 (*Thamm/Detzer*); siehe auch Anh. § 9: Bearbeitungsverträge Rdn. 6>.

26 In der kaufmännischen Praxis sind in Einkaufsbedingungen oftmals Regelungen zu finden, die den Lieferer verpflichten, neben der geschuldeten Ware auch **Konstruktionszeichnungen** an den Besteller herauszugeben. Das bedeutet, daß im Rahmen eines Liefervertrages gleichzeitig der umfassende Transfer von Know-how verlangt wird. Eine derartige Klausel stellt eine unangemessene Benachteiligung des Vertragspartners dar, da dieser Know-how-Transfer zum einen nicht vom Leistungsinhalt des Vertrages erfaßt ist und zum anderen üblicherweise keinen Niederschlag im Vertragspreis gefunden hat. Eine dahingehend lautende Klausel stellt sich sowohl als überraschend im Sinne des § 3 AGB-Gesetz als auch als unangemessene Benachteiligung nach § 9 AGB-Gesetz dar und ist unwirksam.

27 Die Vereinbarung von **Zahlungsfristen und Zahlungsmitteln** obliegt den Vertragsparteien. Hierbei sind – gerade im kaufmännischen Geschäftsverkehr – häufig Abschlagszahlungen vorgesehen. AGB-Einkaufsbedingungsklauseln, die dem Besteller Zahlungsfristen bis zu 90 Tagen netto einräumen, stellen eine unangemessene Benachteiligung des Vertragspartners dar und sind unwirksam. Gleiches gilt für die freie Wahl des Bestellers von Zahlungsmitteln. Ohne individualvertragliche Vereinbarung braucht sich der Vertragspartner auch nicht auf Wechselzahlung u.ä. einzulassen.

28 Soweit Einkaufsbedingungen **Abtretungsverbote** von Geldforderungen vorsehen, sind diese nach Einführung des § 354a HGB durch Art. 2 Nr. 11 des Gesetzes zur Änderung des DM-Bilanzgesetzes seit dem 30. 7. 1994 im kaufmännischen Geschäftsverkehr unwirksam. Die Zahlungsforderung kann (trotzdem) wirksam abgetreten werden, wobei der Zahlungsschuldner dennoch mit befreiender Wirkung an den ursprünglichen Gläubiger leisten kann. § 354a HGB ist zwingender

Natur und daher auch einer Individualvereinbarung nicht zugänglich (siehe auch Anh. § 9: Abtretungsverbot).

Zur Wirksamkeit von Klauseln in Einkaufsbedingungen über die **Bin-** 29
dung des Lieferers an sein Angebot 8 Wochen lang und die **uneingeschränkte Veränderungsmöglichkeit der Lieferfrist** durch den AGB-Verwender: siehe § 10 Nr. 1 Rdn. 7.

Eine Fundgrube von Entscheidungen zu Klauseln in Einkaufsbedin- 30
gungen bieten die Gutachten des **Gutachterausschusses für Allgemeine Geschäftsbedingungen beim BDI** (Bundesverband der Deutschen Industrie). Diese Gutachten sind veröffentlicht und beim Heider Verlag, Paffrather Str. 102-116, 51465 Bergisch Gladbach, Fax: 02202/21531, erhältlich <vgl. auch *Thamm*, BB 1986, 81 ff.; siehe im einzelnen § 24 Rdn. 9-12>.

So hat der **Gutachterausschuß** eine Klausel in Einkaufsbedingungen 31
für unzulässig erklärt, die den Vertragspartner an sein Angebot acht Wochen bindet <Gutachten 4/84 Nr. II, Sammlung 1992, 31>. Gleiches gilt für eine Regelung über die uneingeschränkte Möglichkeit der Veränderung von Lieferfristen durch den Besteller <Gutachten 1/88 Nr. II, Sammlung 1992, 60/61; siehe auch § 10 Nr. 1 Rdn. 7>.

Die Ausarbeitung von „Fairness-Regeln" im Zulieferwesen hat sich 32
(auch) der **Arbeitskreis Zulieferer** beim BDI zum Ziel gesetzt. Sie betreffen den kaufmännischen Geschäftsverkehr. Erste veröffentlichte Leitsätze im Jahre 1979 haben eine starke Beachtung gefunden. Im Jahre 1994 stellte der Arbeitskreis neue **Zulieferleitsätze** zu den Themen

- Preispolitik
- gemeinsame Kostensteuerung
- Besitz- und Dispositionsrechte an Fertigungsmitteln
- Qualitätssicherungsvereinbarung
- Logistik zwischen Zulieferern und Abnehmern

vor. Diese letzten Leitsätze sind – auch in englischer Sprache – beim BDI e.V., Gustav-Heinemann-Ufer 84-88, 50968 Köln erhältlich. Der BDI beabsichtigt darüber hinaus, auch die älteren Zulieferleitsätze aufgrund gleichbleibender Aktualität neu zu veröffentlichen.

Anhang § 9: Erbbaurechtsverträge

Literatur: *Mayer-Maly*, NJW 1996, 2015.

Zu Erbbaurechtsverträgen sind bereits BGH-Entscheidungen ergangen. Unzulässig ist eine Klausel über die Pflicht des Erbbauberechtigten zum Ankauf auf Verlangen des Vertragspartners nach Ablauf von 10 Jahren <BGH, 17. 5. 1991, BGHZ 114, 338>. Zu Wertsicherungsklauseln bezüglich des Erbbauzinses: BGH, 3. 2. 1995, NJW 1995, 1360.

Anhang § 9: Factoring

Literatur: *von Westphalen*: Klauselwerke, Factoring (September 1997); *Bähr*: Die Kollision der Factoring-Globalzession mit dem verlängerten Eigentumsvorbehalt, 1989; *Schmidt* in Ulmer/Brandner/Hensen, 8. Auflage 1997, Anhang §§ 9-11, Rdn. 345 und 346; Münchener Vertragshandbuch Bd. 3, 3. Aufl. 1992, S. 240-256 (Rabstein).

Unter Factoring versteht man die Übertragung von Zahlungsforderungen z.B. aus Warenlieferungen unter der Übernahme des Risikos hinsichtlich des Eingangs der Zahlung durch den Factor. Zu diesem Thema ist auf die Spezialliteratur zu verweisen, bei deren Benutzung aber zu beachten ist, daß überwiegend noch nicht der seit 1994 bestehende neue § 354a HGB (siehe dazu: Anhang § 9, Abtretungsverbot Rdn. 2 und 3) berücksichtigt wird. Zum Problem der sittenwidrigen Abtretung des Factoring-Erlöses durch den Vorbehaltsverkäufer bei verlängertem Eigentumsvorbehalt: OLG Frankfurt, 15. 12. 1987, BB 1988, 232.

Anhang § 9: Fälligkeits-/ Fälligstellungs-/ Vorfälligkeitsklauseln

1 Klauseln über die **sofortige Fälligkeit ausstehender Forderungen** bei Vertragsverstößen des Partners des AGB-Verwenders setzen voraus, daß Zahlungsverzug vorliegt und die vom Verzug betroffenen Außen-

stände erheblich sind <BGH 19. 9. 1985, BB 1985, 1998 = BGHZ 95, 362>. Klauseln, welche die Fälligkeit bei Verzug auch mit Kleinbeträgen ermöglichen, sind unwirksam <OLG Düsseldorf, 13. 2. 1997, BB 1997, 699: Lieferbedingungen Flüssiggas; OLG Düsseldorf, 31. 10. 1996, NJW-RR 1997, 374: AGB Mobilfunktelefon>.

Maßstab der Inhaltskontrolle bei Fälligstellungsklauseln ist § 9, nicht 2
anwendbar ist dagegen § 11 Nr. 6 <BGH, 19. 9. 1985, BB 1985, 1998 (2001) = BGHZ 95, 362 (371 ff.)> Für zulässig hält der BGH eine Klausel bei einem Ratenkredit, der nicht Teil eines finanzierten Abzahlungskaufes ist, nur dann, wenn ein Zahlungsverzug mit mindestens zwei vollen aufeinanderfolgenden Raten vorgesehen ist <BGH a.a.O.>. Bei einem Fitnessvertrag muß ebenfalls Verzug mit zwei Monatsraten vorliegen <OLG Celle, 19. 10. 1994, NJW-RR 1995, 370>. Bei einem Direktunterrichtsvertrag von 20 Monaten mit Wahlmöglichkeit einer Vorauszahlung oder 21 Monatsraten verstößt die Klausel „ein Verzug um mehr als 20 Tage bewirkt die sofortige Fälligkeit der Restschuld" gegen § 9 <OLG Köln, 24. 10. 1996, OLGR Köln 1997, 17>.

Fälligkeits- bzw. Fälligstellungsklauseln werden zum Teil als **„Vorfäl- 3**
ligkeitsklauseln" bezeichnet <z.B. BGH, 19. 9. 1985, BB 1985, 1998 (2001) = BGHZ 95, 362 (371)>. Nicht selten wird unzutreffend auch die Bezeichnung **„Verfallklauseln"** verwendet.

Anhang § 9: Fahrschulbedingungen

Literatur: *Hensen* in Ulmer/Brandner/Hensen, 8. Aufl. 1997, Anhang zu §§ 9-11, Rdn. 350-352; *von Westphalen* in Loewe/von Westphalen/Trinkner, 2. Aufl. Bd. III Nr. 41.1, Sept. 1985.

Die Konditionenempfehlung der AGB der Fahrschulen <zu Kondi- 1
tionenempfehlungen allgemein: siehe Vor § 8 Rdn. 2> hat aufgrund der massiven Kritik der juristischen Literatur und einiger Urteile mehrfach Änderungen erfahren und existiert jetzt in der Fassung von 1993 <Bundesanzeiger 1993, 2683; sehr veraltet deshalb die Auseinandersetzung mit der Konditionenempfehlung von 1978 von Niebling: AGB von A-Z, 3. Aufl. 1996, S. 53>.

Rechtswirksam ist eine Klausel über die Vorleistungspflicht des Fahr- 2
schülers hinsichtlich der Grundgebühr <OLG Celle, 23. 12. 1987,

Az. 13 U 139/87, angeführt nach *Palandt/Heinrichs*, 57. Aufl. 1998, § 9 Rdn. 84>. Unzulässig ist eine Empfangsvollmacht zugunsten der Fahrschule für den Führerschein und ein Zurückbehaltungsrecht daran bis zur vollständigen Zahlung des Schulungsentgelts <LG Limburg, 4. 4. 1990, NJW-RR 1990, 1079>. Eine Nichtrückzahlungsvereinbarung hinsichtlich der Grundgebühr von 320,00 DM bei Nichtteilnahme am Fahrschulkurs ohne Staffelung danach, ob schon weitere als nur die Anmeldeleistung der Fahrschule erbracht worden ist, verstößt gegen § 10 Nr. 7b <Amtsgericht Freiburg, 7. 1. 1997, NJW-RR 1997, 1284>.

Anhang § 9: Fertighausvertrag

Literatur: *Hensen* in Ulmer/Brandner/Hensen, 8. Aufl. 1997, Anhang §§ 9-11 Rdn. 211/212.

1 AGB von Fertighausverträgen haben bereits häufig in der Rechtsprechung eine Rolle gespielt. Die **Einbeziehung der VOB/B** in einen Fertighausvertrag kann mit einem im Bauwesen nicht bewanderten Vertragspartner nicht durch bloßen Hinweis auf ihre Geltung erfolgen. Wird der Vertrag nicht in den Geschäftsräumen der Fertighausfirma abgeschlossen, so genügt auch nicht der Hinweis, daß die VOB/B in den Geschäftsräumen eingesehen werden kann <OLG Düsseldorf, 1. 8. 1995, NJW-RR 1996, 1170; zur VOB allgemein: siehe Anhang § 9, VOB>.

2 Zu Klauseln über **Vorauszahlungen und Abschlagszahlungen** gibt es etliche Urteile. Unzulässig ist z.B. die Klausel, daß 60 % am 2. Aufstellungstag zu zahlen sind <BGH, 10. 10. 1991, BB 1992, 522>.

3 Eine Bedeutung in der Rechtsprechung haben auch Klauseln über **Ersatzansprüche bei Rücktritt oder Kündigung des Bestellers** gespielt. Zulässig ist z. B. eine Klausel, daß 5 % oder Ersatz des tatsächlich entstandenen Aufwandes verlangt werden kann <BGH, 10. 3. 1983, AGBE 1983, 70 (75) = BGHZ 87, 112 (120 f.) insofern nicht BB>. Die Höhe der Annulierungspauschale von 10 % in einem Fertighausvertrag hat der BGH zur Prüfung der Angemessenheit in einem Urteil an die Vorinstanz zurückverwiesen <BGH, 23. 3. 1995, NJW-RR 1995, 749; zu Ersatzansprüchen bei Rücktritt und Kündigung allgemein: § 10 Nr. 7>.

Als Verstoß gegen § 9 ist eine obligatorische **Schiedsgutachterklausel** 4
anzusehen <BGH, 10. 10. 1991, BB 1992, 90 = BGHZ 115, 329>.

Anhang § 9: Fitnessverträge

Literatur: *von Westphalen*, Klauselwerke: Fitness- und Sportstudiovertrag, Mai 1994.

Die Einhaltung rechtlicher Vorschriften wird im Bereich von Fitness- 1
verträgen (einschließlich Sport- und Schlankheitsstudiovereinbarungen) häufig nicht allzu ernst genommen. Das gilt nicht nur für die Regelungen zur Vermeidung unlauteren Wettbewerbs sondern auch für das AGB-Recht. Gerichte mußten sich deshalb schon in vielen Fällen mit Klauseln solcher Art befassen.

Selbst wenn Vorschriften des Mietrechts den Fitnessvertrags-AGB zu- 2
grunde gelegt werden, hindert das die Inhaltskontrolle solcher Klauseln nicht, weil der Fitnessvertrag von **grundlegend anderer Qualität** ist als ein typischer Mietvertrag <BGH, 23. 10. 1996, EWiR 1997, 1 *(Heinrichs)* insofern nicht abgedruckt in BB 1996, 2537>. Deshalb hat der BGH eine Klausel für unwirksam erklärt, in der lediglich § 552 Satz 1 BGB (Pflicht zur Entrichtung des Mietzinses trotz persönlicher Verhinderung des Mieters) wiederholt worden ist <BGH a.a.O.; siehe auch § 8 Rdn. 3>. Die Unzulässigkeit dieser Klausel entfällt nicht dadurch, daß eine weitere Klausel vorsieht, daß das Sportstudio die Möglichkeit einer Vertragsauflösung unter Berücksichtigung der beiderseitigen Interessen prüfen werde <BGH, 23. 10. 1996, NJW 1997, 195>.

Die **Vertragslaufzeit** darf auf ein Jahr festgelegt werden; jedenfalls ist 3
eine solche Laufzeit vom BGH nicht beanstandet worden <BGH, 23. 10. 1996, BB 1996, 2537; zu eng deshalb *von Westphalen* Rdn. 2, daß nur 6 Monate anzuerkennen seien>. Die **Verlängerung** der Laufzeit ist mit 6 Monaten zulässig <BGH, 4. 12. 1996, BB 1997, 386>. Der BGH erteilt den Versuchen, die Grenze über eine Kontrolle gemäß § 9 zu eng zu ziehen <so z.B. *v. Westphalen*, Rdn. 4, daß nur 3 Monate anzuerkennen seien> eine deutliche Absage: Die Inhaltskontrolle über die Generalklausel des § 9 darf nicht die gesetzgeberische Regelungsabsicht geradezu „auf den Kopf stellen“ <BGH a.a.O. unter 4b mit

kritischer Anm. von *Hippel*, JZ 1997, 1009, der viel zu weit hergeholte verfassungsrechtliche Bedenken gegen das Urteil geltend macht>.

4 Eine **Kündigungsfrist** von 3 Monaten ist in einem Urteil sehr restriktiv als nicht zulässig bewertet worden <OLG Hamm, 16. 12. 1991, NJW-RR 1992, 444; dazu *von Westphalen* Rdn. 5>.

5 Eine **Fälligkeitsvereinbarung** der restlichen Vergütung bei Verzug mit mindestens 2 Monatsbeiträgen ist zulässig <OLG Celle, 19. 10. 1994, NJW-RR 1995, 370; siehe im übrigen: Anhang § 9, Fälligkeits-/Fälligstellungs/Vorfälligkeitsklauseln>.

6 Zur Gesamtnichtigkeit eines **Trainings- und Coachingsvertrages** wegen Nichtigkeit etlicher Klauseln und wegen Verstoßes gegen das Transparenzgebot: OLG Frankfurt, 23. 1. 1997, OLGR Frankfurt 1997, 89.

Anhang § 9: Forschungs- und Entwicklungsverträge

Literatur: *Möffert*: Der Forschungsvertrag, 1995 (Beck'sche Musterverträge Bd. 22), erweiterte Neuaufl. dieses Autors zu Forschungs- und Entwicklungsverträgen in Vorbereitung; Münchener Vertragshandbuch, Bd. 2, 4. Aufl. 1997, *Niebling*, S. 629-649.

1 Bei der **Vergabe von Forschungs- und Entwicklungsverträgen** werden zwar die wichtigsten Punkte in der Regel individuell ausgehandelt, so daß sie nicht dem AGB-Gesetz unterliegen. Einige Passagen sind aber im allgemeinen standardisiert den Verträgen zugrunde gelegt und damit als AGB zu werten. Das gilt häufig insbesondere für die Haftungsklauseln. Diese müssen den Rechtsprechungsgrundsätzen zur Unzulässigkeit von Haftungsausschlüssen bei wesentlichen Vertragsverletzungen (siehe § 11 Nr. 7 und 8 Rdn. 6 und 7) entsprechen. Bedenken hinsichtlich der rechtlichen Wirksamkeit können zum Beispiel bei einer Klausel bestehen, daß das Forschungsunternehmen als AGB-Verwender nicht haftet, wenn das Forschungsergebnis gegen Schutzrechte Dritter verstößt. Eine Differenzierung in der Haftungsregelung zwischen inländischen (und ggf. europäischen) Schutzrechten einerseits (Haftung gegeben) und außereuropäischen Schutzrechten andererseits (Haftungsausschluß) kann dieses Bedenken entfallen lassen.

Bei Vereinbarungen über die bei der Vertragsdurchführung erwirkten neuen Schutzrechte werden im allgemeinen keine AGB-rechtlichen Probleme entstehen.

2 Bei Verträgen über **Gemeinschaftsforschung und -entwicklung** ist die EU-Freistellungsverordnung Nr. 418/85 über Forschung und Entwicklung zu beachten.

3 Wird ein Forschungs- und Entwicklungsvertrag mit einer Vereinbarung der Grundzüge eines **künftigen Lizenzvertrages** verbunden <Muster bei *Möffert*, S. 65-67>, so unterliegen diese Zusatzregelungen der Inhaltskontrolle des AGB-Lizenzvertragsrechts (siehe Anhang § 9: Lizenzverträge).

Anhang § 9: Frachtrecht, allgemeine Hinweise

1 „Das derzeitige Transportrecht ist in extremem Maß zersplittert" < *Koller*, VersR 1996, 1441 >. Der Höhepunkt der Zersplitterung ist auf dem Gebiet des Straßengüterverkehrs zu finden < *Fremuth/ Thume*: Frachtrecht, 1997, S. 5 >. Zwar wird seit längerer Zeit an der Reform des Transportrechts gearbeitet; konkrete Pläne liegen vor < Berichte von *Thume*, BB 1997, 585 und *Koller*, VersR 1996, 1441 >. Eine schnelle Umsetzung der Vorschläge ist jedoch nicht sicher.

2 Das Frachtrecht ist überwiegend von gesetzlichen Vorschriften beherrscht: Für den Straßengüterverkehr u.a. §§ 425-452 HGB, Güterkraftverkehrsgesetz (GüKG), Kraftverkehrsordnung für den Güterverkehr mit Kraftfahrzeugen (KVO), Internationales Übereinkommen über den Beförderungsvertrag im internationalen Straßengüterverkehr (CMR), Beförderungsbedingungen für den Umzugsverkehr und für die Beförderung von Handelsmöbeln in besonders für die Möbelbeförderung eingerichteten Fahrzeugen im Güterfernverkehr und Güternahverkehr (GüKUMB). Damit ist dies insofern im Hinblick auf § 8 AGB-Gesetz kein Thema des AGB-Rechts. In diesem Kommentar wird jeweils kurz speziell eingegangen auf

- Allgemeine Spediteurbedingungen (ADSp) und
- Allgemeine Beförderungsbedingungen für den gewerblichen Güternahverkehr mit Kraftfahrzeugen (AGNB)

im Anhang zu § 9 unter den angegebenen Kurzbezeichnungen ADSp und AGNB.

3 Die AGB der Bundesfachgruppe Schwertransport und Kranarbeiten (BSK), Konditionenempfehlung von 1980, sind im Text mit einer kurzen Einführung abgedruckt in Münchner Kommentar-HGB/*Dubischar*, Band 7, 1997, S. 839-841.

4 In einem Landgerichtsurteil ist eine sinngemäße Anwendung des AGB-Gesetzes auf den Haftungsausschluß gemäß § 83 Abs. 1b i.V.m. § 83 Abs. 2 Eisenbahnverkehrsordnung (EVO) bejaht worden <LG Heilbronn, 19. 11. 1996, NJW-RR 1997, 505>. Nach Ansicht des Gerichts rechtfertigt allein der unterschiedliche Rechtscharakter der EVO gegenüber dem AGB-Gesetz keine unterschiedliche Behandlung bezüglich Hinweis- und Aufklärungspflichten. Der genannte Haftungsausschluß ist nach Auffassung des Landgerichts deshalb nur wirksam, wenn der Kunde vor Abschluß des Güterbeförderungsvertrages darauf hingewiesen wurde <zur EVO allgemein siehe u.a. Münchner Kommentar-HGB/*Blaschczok*, Band 7, 1997, ab S. 1379>.

5 Zu AGB-Paketdienst, Kurierdienst und Werttransporte: siehe Anh. § 9, Paketdienst/Kurierdienst und Werttransporte.

Anhang § 9: Franchising

Literatur: *Bräutigam*, WiB 1997, 897 (900 f. unter 3); *Martinek* in Martinek/Semler: Handbuch des Vertriebsrechts, 1996, S. 388-392; *von Westphalen*, Klauselwerke: Franchising, Mai 1994; *Liesegang*, BB 1991, 2381; *Liesegang*: Der Franchise-Vertrag, 5. Aufl. 1997 (Heidelberger Musterverträge Heft 59).

1 Zu Franchising (siehe auch Anhang § 9: Vertragshändlervertrag Rdn. 10 und 11) gibt es zwar viel Literatur <allg. z.B. Münchner Kommenar HGB/*v. Hoynigen-Huene*: vor § 84 Rdn. 17-20> und einige Rechtsprechung. Aus der Rechtsprechung ist das McDonald's-Urteil <BGH, 3. 10. 1984, NJW 1985, 1894; dazu *Böhner*, NJW 1985, 2811> und der langwierige „Pronuptia-Prozeß" von 1974 bis 1995 <Bericht darüber von *Skaupy*, BB 1996, 1899> zu nennen. Im Vordergrund von Literatur und Rechtsprechung steht aber mit Ausnahme der Schrift von *Liesegang* <5. Aufl. S. 6 f.> jeweils in der Regel nicht das Thema des AGB-Rechts <so enthält das AGB-Heft *von Westphalen*, Klauselwerke: Franchising, nur zu erheblich weniger als 50 % seines Umfanges Ausführungen zum AGB-Recht; extrem *Niebling*: AGB von A-Z, 1996, S. 58-63: Fast überhaupt kein spezielles Eingehen auf das AGB-

Recht> sondern allgemeine Rechtsfragen (z.B. Einordnung des Vertragstyps) und vor allem die kartellrechtliche Problematik. Zu kartellrechtlichen Fragen hat die EG Freistellungsverordnung 4087/88 wichtige Maßstäbe gesetzt. Soweit nach dieser Verordnung Vertragsklauseln als zulässig zu bewerten sind, wird im allgemeinen auch nach dem AGB-Gesetz keine Unwirksamkeit zu bejahen sein.

Ein wichtiges Thema für den Umfang der Vorschriftenanwendung des 2
AGB-Gesetzes auf Franchisingverträge ist die Prüfung der **Kaufmann-Eigenschaft** des Vertragspartners des AGB-Verwenders im Einzelfall. Wenn es sich bei den Personen um Existenzgründer handelt, wird in der Regel noch keine Kaufmannseigenschaft vorliegen <dazu *Martinek*, S. 389 Rdn. 29; *von Westphalen* Rdn. 19>, so daß § 2 zum Zuge kommt, nicht jedoch § 24.

Die allgemein sehr detaillierten und umfangreichen **Verhaltensricht-** 3
linien sind generell unter den Gesichtspunkten des AGB-Rechts nicht zu beanstanden <BGH, 3. 10. 1984, NJW 1985, 1894; *Martinek*, S. 390 Rdn. 32>. Dasselbe gilt hinsichtlich der üblichen Ausschließlichkeitsbindung des Franchisenehmers und der erforderlichen Bezugsbindungen. Bei den Problemen von Verkleinerungen des Vertragsgebiets, der Rücknahme von Vertragsware bei Beendigung des Vertrages <dazu neuestens BGH, 5. 11. 1997, NJW 1998, 540> und weiterer Punkte können in vorsichtig abwägender Weise gegebenenfalls Grundsätze des Vertragshändlerrechts entsprechend herangezogen werden <vgl. *Martinek*, S. 390 f. Rdn. 33 ff.>.

Berichtspflichten des Franchisenehmers und entsprechend **Kontroll-** 4
rechte des Franchisegebers stellen dann keinen Verstoß gegen das AGB-Gesetz dar, wenn sie angemessen ausgestaltet und als erforderlich angesehen werden können <vgl. *Liesegang* S. 7>.

Eine Haftungsfreizeichnung in AGB von Franchisingverträgen für die 5
Verletzung vorvertraglicher Aufklärungspflichten des Franchisinggebers ist nicht zulässig <*Flohr*, WiB 1996, 1137 (1142 unter 6); zur Verletzung von Nebenpflichten (u.a. Aufklärungspflichten) siehe allgemein § 11 Nr. 7 und 8 Rdn. 4>.

Bezüglich der **Laufzeit des Vertrages** <dazu *Liesegang*, S. 7; *Erdmann*, 6
BB 1992, 795; *Martinek*, S. 391 Rdn. 34; *von Westphalen* Rdn. 26> und der Kündigungsfristen ist auf die Ausführungen zu § 11 Nr. 12, insbesondere dort auch Rdn. 7 zu verweisen.

Noch nicht durch die Rechtsprechung geklärt ist die Frage, ob bei Be- 7
endigung des Vertrages für den Franchisenehmer ein **Ausgleichsan-**

spruch analog § 89b HGB besteht <siehe dazu *Bodewig*, BB 1997, 637 und *Liesegang* S. 40 Fn. 51>. Wenn die Möglichkeit eines Ausgleichsanspruchs im konkreten Fall zu bejahen sein sollte, würde ein Ausschluß durch AGB einen Verstoß gegen § 9 darstellen.

8 Zum Verstoß gegen § 9 einer Klausel des Franchisinggebers über **wichtige Gründe zu fristloser Kündigung:** KG, 21. 11. 1997, BB 1998, 607 (608).

Anhang § 9: Garantieklauseln (im Zusammenhang mit Gewährleistung)

Literatur: *von Westphalen*, Vertragsrecht, Januar 1995, S. 135-142.

1 Im Zusammenhang mit der Gewährleistung werden vom AGB-Verwender dem Vertragspartner zum Teil Garantien eingeräumt (Verkäufergarantie). Mit solchen Garantien werden die Gewährleistungsansprüche des Vertragspartners erweitert, so daß keine Bedenken aus dem AGB-Gesetz bestehen. Häufig gibt es Verlängerungen der Gewährleistungsfrist (dazu u.a. § 11 Nr. 10 f. Rdn. 9). Aber auch die Ausgangsbasis der Gewährleistung kann verändert werden. Während bei der Gewährleistung für Mängel gehaftet wird, die bei Lieferung des gekauften Gegenstandes in der Regel verborgen bereits bestanden haben, kann die Garantie die Einstandspflicht auf die Fehlerfreiheit auch in sonstiger Weise ausdehnen. Von einer unselbständigen **Bestands- oder Haltbarkeitsgarantie** spricht der BGH, wenn der Lieferer dafür einstehen will, daß der Liefergegenstand „die Gewährleistungsfrist ohne Mängel übersteht", was eine Erweiterung der Gewährleistung auf erst während der eingeräumten Gewährleistungsfrist eintretende Mängel bedeutet <BGH, 19. 6. 1996, BB 1996, 1574 (1575)>. Ob die Klausel einen solchen Sinn hat, ist durch Auslegung zu ermitteln. Die Formulierung von VII, 5 der Konditionenempfehlung für Neuwagenverkaufsbedingungen (siehe Anhang zu § 9: Neuwagenverkaufsbedingungen) hat einen solchen Inhalt <BGH a.a.O.>.

2 Die **Herstellergarantie** ist eine Garantie gegenüber dem Endkunden, der den Liefergegenstand bei einem Händler kauft. Tritt die Herstellergarantie erkennbar neben die Gewährleistung oder die Verkäufergarantie des Händlers, so bestehen keine Bedenken aus dem AGB-

Gesetz. Verweist der Händler dagegen auf die Herstellergarantie und schließt seine eigene Gewährleistung aus bzw. erweckt er diesen Eindruck, so kommt insofern § 11 Nr. 10 zugunsten des Endkunden zur Anwendung.

Anhang § 9: Gebrauchtwagenkauf

Literatur: von Westphalen, Klauselwerke: Pfeiffer, Gebrauchtwagenkauf, Nov. 1995; *Reinking/Eggert*: der Autokauf, 6. Aufl. 1996, S. 451-752.

Für den Verkauf von Gebrauchtwagen existieren 2 **Konditionenemp-** 1
fehlungen. Im Eigengeschäft der Händler sind weitgehend üblich die „Allgemeinen Geschäftsbedingungen für den Verkauf gebrauchter Kraftfahrzeuge und Anhänger-Gebrauchtwagen-Verkaufsbedingungen (Eigengeschäft)“, empfohlen vom ZDK (Zentralverband des Kraftfahrzeuggewerbes) <BAnz. 1991 Nr. 172 = *Reinking/Eggert* S. 753-756>. Außerdem bestehen die ebenfalls vom ZDK empfohlenen „Gebrauchtwagen-Verkaufsbedingungen (Vermittlungsgeschäft)“. Nur 3 Punkte aus den Bedingungen für das Eigengeschäft sollen angeschnitten werden:

Die **Bindungsfrist des Käufers** für die Bestellung ist mit 10 Tagen für 2
PKW und 2 Wochen für Nutzfahrzeuge vorgesehen (Abschnitt I, 1 Satz 1 der Bedingungen). Dagegen bestehen keine rechtlichen Bedenken; es liegt kein Verstoß gegen § 10 Nr. 1 vor <*Pfeiffer* a.a.O. Rdn. 21>. Die Rechtsprechung hat vor Inkrafttreten des AGB-Gesetzes eine Bindungsfrist von 2 Wochen nicht beanstandet <BGH, 25. 6. 1975, NJW 1975, 1693 (1694 unter II, 2), insofern nicht abgedruckt in BB 1975, 1039>.

Die **Nichtabnahmeentschädigung** ist mit einem Pauschalsatz von 15 % 3
vorgesehen (Abschnitt V, 4 Satz 1 der Bedingungen). Insofern differenziert die Rechtsprechung: Bei Gebrauchtwagen ist dieser Prozentsatz auch im kaufmännischen Verkehr dann unzulässig, wenn der AGB-Verwender als Verkäufer Vertragshändler eines Automobilherstellers ist, für dessen Geschäftstätigkeit das Neuwagengeschäft prägend ist, weil dann mit Neuwagen und nicht beim Absatz von Gebrauchtwagen Geld verdient wird <OLG Köln, 27. 5. 1993, NJW-RR 1993, 1404; LG Hamburg, 26. 6. 1996, NJW-RR 1997, 560; offen geblieben bei BGH, 29. 6. 1994, BB 1994, 2029 = BGHZ 126, 305; diese

Differenzierung wird nicht beachtet von *Palandt/Heinrichs*, 57. Aufl. 1998, § 9 Rdn. 96>. Keine Bedenken bestehen gegen die Klausel dagegen bei einem Nur-Gebrauchtwagenhändler <*Pfeiffer* a.a.O. Rdn. 36>. Durch die **Zulassung des Gegenbeweises** eines niedrigeren Schadens (Abschnitt V, 4 Satz 2 der Bedingungen) wird dem § 11 Nr. 5b genüge getan.

4 Der völlige **Ausschluß der Gewährleistung** ist rechtswirksam; § 11 Nr. 10 kommt bei gebrauchten Sachen nicht zur Anwendung. Auch sonst bestehen gegen den Gewährleistungsausschluß beim Gebrauchtwagenverkauf keine Bedenken <BGH, 23. 11. 1994, BB 1995, 119; vgl. BGH, 20. 10. 1992, BB 1993, 167 für Radio- und Fernsehtechniker-Handwerk>. Zum Problem, ob bei Verbraucherverträgen gemäß § 24a für gebrauchte Sachen nach der EU-Richtlinie noch der Gewährleistungsausschluß zulässig ist: siehe § 11 Nr. 10 f. Rdn. 6.

5 Zur Inhaltskontrolle der Bedingungen für das **Vermittlungsgeschäft**: OLG Stuttgart, 28. 3. 1988, NJW-RR 1988, 891; *Pfeiffer* a.a.O. Rdn. 141-143>.

Anhang § 9: Gerichtsstandsklauseln

Literatur: *von Westphalen*: Vertragsrecht, Januar 1995, S. 143-158; *Brandner* in Ulmer/Brandner/Hensen, 8. Aufl. 1997, Anhang §§ 9-11, Rdn. 400-403.

1 Für Gerichtsstandsvereinbarungen sind die Schranken des § 38 ZPO zu beachten. Innerhalb dieses Rahmens sind auch Vereinbarungen durch AGB wirksam. Hinsichtlich **örtlicher Gerichtsstandsvereinbarungen** unter Vollkaufleuten macht lediglich ein Richter in Deutschland immer wieder durch abweichende Entscheidungen Schlagzeilen <LG Karlsruhe, 31. 10. 1995, BB 1995, 2444; LG Karlsruhe, 3. 4. 1989, JZ 1989, 690 mit ablehnender Anmerkung *Wolf*>. Diese negativen Urteile werden aber stets in höherer Instanz im Sinne der Zulässigkeit solcher Klauseln zutreffend korrigiert <OLG Karlsruhe, 22. 3. 1996, BB 1997, 753>. Nach einer Entscheidung soll eine wirksame Gerichtsstandsklausel dann nicht zu bejahen sein, wenn die Klausel nicht ausdrücklich auf Vollkaufleute bezogen ist; auf die Unwirksamkeit könne sich auch ein Vollkaufmann berufen <LG Karlsruhe, 29. 4. 1996, MDR 1997, 29 mit ablehnender Anmerkung von *Vollkommer*, MDR 1997, 231>. Die Gerichtsstandsklausel gemäß § 18

Nr. 1 VOB/B (Sitz der für die Prozeßvertretung des Auftraggebers zuständigen Stelle) hält der Inhaltskontrolle nach § 9 auch ohne vollständige Vereinbarung der VOB/B stand <OLG Oldenburg, 24. 4. 1996, OLGR Celle u.a. 1996, 169>. Als nicht zuläsig ist anzusehen eine Klausel, wonach entweder der Hauptsitz oder eine der Niederlassungen als örtlicher Gerichtsstand vereinbart wird, wenn damit insgesamt 8 verschiedene Möglichkeiten eröffnet werden <LG Baden-Baden, 22. 2. 1996, Az. 1 O 270/95, unveröffentlicht>. Eine Gerichtsstandsklausel, die einem Vertragspartner das Recht einräumt, zwischen zwei örtlichen Zuständigkeiten zu wählen, ist grundsätzlich auch dann zulässig, wenn er nicht Kläger sondern Beklagter ist. Dem Kläger ist in einem solchen Fall zumutbar, den Beklagten vor Klageerhebung aufzufordern, sein Wahlrecht innerhalb angemessener Frist auszuüben <BGH, 28. 10. 1982, BB 1983, 278>. Überraschend im Sinne von § 3 ist die Wahl eines mit dem Sitz des AGB-Verwenders nicht übereinstimmenden Gerichtsstandes jedenfalls dann, wenn für den AGB-Verwender und seinen Vertragspartner ein gemeinsamer gesetzlicher Gerichtsstand besteht <OLG Köln, 20. 6. 1989, ZIP 1989, 1068>.

2 Die Vereinbarung eines Gerichtsstandes aufgrund von Schweigen auf ein kaufmännisches Bestätigungsschreiben im **internationalen Handelsverkehr** ist möglich; „Voraussetzung dafür ist aber, daß dies einem Handelsbrauch in dem Bereich des internationalen Handelsverkehrs entspricht, in dem die Parteien tätig sind, und dieser Handelsbrauch ihnen bekannt ist oder als ihnen bekannt angesehen werden muß" <BGH, 16. 6. 1997, WM 1997, 1552, ergangen aufgrund Vorabentscheidung des EuGH, 20. 2. 1997, NJW 1997, 1431; zum Schweigen auf kaufmännische Bestätigungsschreiben allgemein: *Thamm/Detzer*, DB 1997, 213>. Zur Vereinbarung eines „neutralen" internationalen Gerichtsstandes: *Sandrock*, 1997 (Abhandlungen zum Recht der internationalen Wirtschaft, Bd. 41).

3 Eine Gerichtsstandsklausel zu Gunsten des Amtsgerichts des AGB-Verwenders **ohne Rücksicht auf den Streitwert** bzw. den Streitgegenstand ist nicht so ungewöhnlich, daß mit ihr im Geschäftsverkehr zwischen Kaufleuten nicht gerechnet werden muß; sie hält auch einer Inhaltskontrolle nach § 9 stand <LG Frankenthal, 2. 4. 1996, NJW 1997, 203 mit ablehnender Anmerkung von *Niebling*, WiB 1997, 105>.

4 Verstößt eine Gerichtsstandsklausel gegen § 38 ZPO, so ist damit zugleich ein Verstoß gegen das AGB-Gesetz gegeben; die Klausel kann im **Verfahren nach § 13 AGB-Gesetz** angegriffen werden <u.a. BGH, 2. 7. 1987, BB 1987, 1908 = BGHZ 101, 271>.

5 Zu Gerichtsstandsklauseln in den Bedingungen der Banken und Sparkassen: siehe Anh. § 9, Banken/Sparkassen Rdn. 14.

Anhang § 9: Grundpfandrechte

(bearbeitet von RA Dr. Hartard)

Literatur: *Brandner* in Ulmer/Brandner/Hensen, AGB-Gesetz, 8. Aufl. 1997, Anh. §§ 9-11, Rdn. 663 ff.; *Braunert*, Haftungserstreckung bei formularmäßiger Gestellung von Sicherheiten für Darlehensverbindlichkeiten, NJW 1991, 805; *Nobbe*, Neue höchstrichterliche Rechtsprechung zum Bankrecht, 5. Aufl. 1993; *Tiedtke*, Zur weiten Sicherungsabrede bei Bestellung der Grundschuld durch eine Personengesellschaft oder den persönlich haftenden Gesellschafter, NJW 1991, 3241; *Graf v. Westphalen*, Vertragsrecht und AGB-Klauselwerke, Grundschulddarlehen; *Wolf* in Wolf/Horn/Lindacher, AGB-Gesetz, 3. Aufl. 1994, § 9 G 201.

1 Die formularmäßige **Erstreckung des Sicherungszwecks** einer Grundschuld auf alle künftigen Forderungen des Gläubigers gegen einen mit dem Sicherungsgeber nicht identischen Kreditnehmer verstößt nicht grundsätzlich gegen § 9, weil Inhalt und Umfang der schuldrechtlichen Zweckbindung von Grundschulden nicht festgelegt sind, sondern der freien Vereinbarung unterliegen <BGH, 9. 7. 1991, BB 1991, 2247; BGH, 24. 6. 1997, WM 1997, 1615 = BB 1997, 1810>.

2 Die formularmäßige Zweckerklärung für Grundschulden ist nach § 3 nur unwirksam, wenn sie von den Erwartungen des Vertragspartners deutlich abweicht und dieser mit ihr den Umständen nach vernünftigerweise nicht zu rechnen braucht. Die Erwartungen des Vertragspartners werden dabei von allgemeinen und individuellen Begleitumständen des Vertragsschlusses geprägt <BGH, 1. 6. 1994, BB 1994, 1450 = BGHZ 126, 174>. Solche Erwartungen können durch eine bestimmte Darlehensgewährung geprägt sein, wenn zwischen der Darlehensgewährung und der Grundschuldbestellung mit Zweckerklärung ein unmittelbarer zeitlicher und sachlicher Zusammenhang besteht <BGH, a.a.O.>. Ist Anlaß der Zweckerklärung die Absicherung einer bestimmten Forderung, so verstößt die Erweiterung der dinglichen Haftung auf „alle bestehenden und zukünftigen Schulden" eines Dritten grundsätzlich gegen § 3 <BGH, 18. 2. 1992, NJW 1992, 1822>. Dies gilt auch dann, wenn Dritter der Ehegatte des Sicherungsgebers ist <BGH, 18. 11. 1988, BGHZ 106, 19, 23 f.>. Überraschend ist zum Bei-

spiel die Ausdehnung des Sicherungszwecks einer Grundschuld für Schulden eines Dritten auf „alle bestehenden und künftigen Verbindlichkeiten", wenn Anlaß die Prolongierung bestimmter Wechselverbindlichkeiten war <BGH, 10. 11. 1989, BGHZ 109, 197>. Unwirksam, weil überraschend gemäß § 3 ist z.B. eine formularmäßige Sicherungsvereinbarung, durch die die von einer BGB-Gesellschaft bestellten Grundschulden über die aus Anlaß ihrer Bestellung gewährten Kredite hinaus auch sonstige Darlehen an einzelne Gesellschafter gesichert werden sollen <BGH, 30. 10. 1987, BGHZ 102, 152>. Ist die Grundschuld zur Absicherung eines **Kontokorrentkredits** gewährt, dann kann sie sich auch auf zukünftige Verbindlichkeiten erstrecken und ist nicht grundsätzlich auf das zum Zeitpunkt der Sicherheitenbestellung bestehende Limit beschränkt <BGH, 28. 11. 1986, NJW 1987, 946>.

Der überraschende Charakter entfällt erst dann, wenn Sicherungsge- 3
ber und Dritter persönlich und wirtschaftlich so eng verbunden sind, daß das Risiko der Haftung für künftige von der Grundschuld umfaßte Verbindlichkeiten für den Sicherungsgeber berechenbar und vermeidbar ist <BGH, 20. 2. 1987, BGHZ 100, 82, 86>. Die Erweiterung der Haftung auf alle bestehenden und künftigen Verbindlichkeiten aus Oder-Konten ist jedenfalls insoweit nicht überaschend, als die Verbindlichkeiten aus Verfügungen des Sicherungsgebers resultieren <BGH, 3. 6. 1997, WM 1997, 1280, 1282>. § 3 ist auch nicht mehr anwendbar, wenn der Sicherungsgeber im Rahmen der Verhandlungen auf die Erweiterung der dinglichen Haftung hingewiesen worden ist, wobei es nicht genügt, daß ihm ein weiteres vorformuliertes Schriftstück vorgelegt wird. Es bedarf eines individuellen Hinweises, der dem Sicherungsgeber die unbeschränkte Haftung bewußt macht <BGH, 4. 10. 1995, BB 1996, 17, 18>.

Macht der Sicherungsnehmer geltend, er habe im Rahmen der Ver- 4
tragsverhandlungen ausdrücklich einen bestimmten Haftungsumfang der Grundschuld angesprochen, so ist er hierfür beweispflichtig <BGH, 10. 11. 1989, BGHZ 109, 197>.

Bei der Beurteilung der Wirksamkeit einer formularmäßigen 5
Zweckerklärung ist, wenn mehrere zeitlich aufeinanderfolgende abgegeben wurden, auf die jüngste und deren Anlaß abzustellen <BGH, 28. 3. 1995, BB 1995, 949>.

Wie bei der Bürschaft (vgl. „Bürgschaft" Rdn. 4) tritt an Stelle der un- 6
wirksamen weiten Zweckerklärung gemäß § 6 die beschränkte Abre-

de, daß das Darlehen gesichert werden soll, welches Anlaß der Vereinbarung war <BGH, 4. 10. 1995 a.a.O.>.

7 Wird bei einer **Grundschuldbestellung** ein abstraktes Schuldversprechen mit sofortiger **Zwangsvollstreckungsunterwerfung** formularmäßig erklärt, ist es wirksam, wenn es der Sicherung eigener Verbindlichkeiten dient <BGH, 18. 12. 1986, BGHZ 99, 274, 282 f.>. In einer derartigen Haftungsübernahme liegt kein Verstoß gegen § 11 Nr. 15, da die damit verbundene Beweislaständerung Folge der rechtlich möglichen Vereinbarung eines abstrakten Schuldgrundes und damit gesetzlichen Ursprungs ist <BGH, 18. 12. 1986, a.a.O.; BGH, 5. 3. 1991, BGHZ 114, 9, 12>. Demgemäß ist auch eine klauselmäßige Verpflichtung zur Unterwerfung unter die Zwangsvollstreckung zulässig <BGH, 9. 7. 1991, NJW 1991, 2559, 2560>. Problematisch ist die formularmäßige Zwangsvollstreckungsunterwerfung, wenn sie einen Verzicht auf den Fälligkeitsnachweis enthält <vgl. § 11 Nr. 15 Rdn. 2; OLG Düsseldorf, 27. 6. 1995, NJW-RR 1996, 148; OLG Hamm, 19. 2. 1991, DNotZ 1993, 244>.

8 Unwirksam gemäß § 9 Abs. 2 Nr. 1 ist eine in einem Grundschuldbestellungsformular enthaltene Klausel, durch die der Eigentümer auch die persönliche Haftung für die gesicherten Forderungen – wenn auch auf den Betrag der dinglichen Sicherheit begrenzt – übernimmt, wenn die Grundschuld der Sicherung von Forderungen der Bank gegen einen Dritten dient <BGH, 5. 3. 1991, BGHZ 114, 9, 14>.

9 Eine formularmäßige Vereinbarung von Grundstückseigentümer und Hypothekengläubiger nach der die Hypothek im Falle der ganzen oder teilweisen Veräußerung des Grundstücks fristlos gekündigt werden kann, verstößt nicht gegen § 9 Abs. 2 Nr. 1 <BGH, 27. 2. 1980, BB 1980, 859 = BGHZ 76, 371, 374; a. A. Münchener Kommentar/*Basedow*, BGB, Bd. 1, 3. Aufl. § 23 AGBG, Rdn. 123; *Wolf* in Wolf/Horn/Lindacher, AGB-Gesetz, § 9, G 204>.

10 Eine Klausel, wonach eine Kündigungserklärung an die letzte dem Gläubiger bekannte Adresse als zugegangen gilt, ist gemäß § 10 Nr. 6 unwirksam <BayObLG, 18. 12. 1979, BB 1980, 283>.

11 Die formularmäßige Vorausabtretung des dem Eigentümer zustehenden Rückübertragungsanspruchs ist nicht nach § 9 unangemessen. Soll diese Abtretung als weitere Sicherheit dienen, ist sie so auszulegen, daß der Gläubiger nur den Vorrang ausnutzen darf, nicht aber über die Höhe seiner nachrangigen Grundschuld hinaus Befriedigung verlangen darf <BGH, 19. 1. 1990, BGHZ 110, 108>.

Der Grundschuldgläubiger kann sich nach Androhung oder Beginn der Zwangsvollstreckung nicht mehr auf eine Klausel berufen, nach der Zahlungen an die Bank nicht zur Tilgung der Grundschuld, sondern der persönlichen Forderung dienen <BGH, 2. 10. 1990, WM 1990, 1927, 1929>. **12**

Anhang § 9: Handelsvertreter

(bearbeitet von Prof. Dr. Detzer)

Gliederung

A: Literatur und Vertragstexte

Ausgewählte Literatur: **1**

a) *Abrahamczyk*, Der Handelsvertreter-Vertrag, 1995

b) *Küstner/von Manteuffel/Evers*, Handbuch des gesamten Außendienstrechts Band 1: Das Recht des Handelsvertreters (ohne Ausgleichsrecht) 2. Auflage, 1992

c) *Martinek/Semler*, Handbuch des Vertriebsrechts, 1996

d) *Ulmer/Brandner/Hensen*, AGB-Gesetz, 8. Auflage 1997, Anhang zu §§ 9-11 (Handelsvertreter-Verträge)

e) *Westphal*, in: von Westphalen, Handelsvertreterrecht in den EU-Staaten (Teil Deutschland), 1995

f) *von Westphalen*, Vertragsrecht und AGB-Klauselwerke, Handelsvertreter-Vertrag, 1994

g) *Wolf/Horn/Lindacher*, AGB-Gesetz, 3. Auflage 1994

h) *Preis/Stoffels*, Die Inhaltskontrolle der Verträge selbständiger und unselbständiger Handelsvertreter, ZHR 96, 442-496

2 **Texte für Verträge mit inländischen Handelsvertretern (Auswahl)**

a) Herstellerfreundliches (kurzes) Vertragsmuster: VDMA, Handelsvertreter-Vertrag (für Vertreter, die in Deutschland tätig sind), Frankfurt 1990

b) Texte, die eine mittlere Linie verkörpern

- ausführliches Vertragsmuster mit vielen Varianten: *Küstner/von Manteuffel/Evers*, Verträge mit Handelsvertretern, 9. Auflage 1995 (Heidelberger Musterverträge Heft 5)
- kurzer Text: *Semler*, in: Schütz/Weippert, Münchner Vertragshandbuch, Band 2, Seite 1, 4. Auflage 1997

c) Texte, die dem Handelsvertreter günstig sind

- ausführlich: *Westphal* (siehe oben Rdn. 1,e) § 319
- kurzer Text: Centralvereinigung deutscher Handelsvertreter (Köln), Handelsvertretungsvertrag

3 **Texte für Verträge mit ausländischen Handelsvertretern (Auswahl)**

a) Texte die dem Prinzipal günstig sind

- ausführlicher Text: *Detzer/Thamm*, Verträge mit ausländischen Handelsvertretern, 3. Auflage 1995 (Heidelberger Musterverträge Heft 47)
- kurzer Text: VDMA (Frankfurt 1990), Handelsvertreter-Vertrag für Vertreter mit Tätigkeitsgebiet außerhalb Deutschlands, aber
  - innerhalb des EWR
  - außerhalb des EWR

b) Texte, die eine mittlere Linie verkörpern

- diverse Vertragsmuster der deutsch-ausländischen Handelskammern
- Internationale Handelskammer: The ICC Model Commercial Agency Contract, 1991

c) Vertreter-freundliche Texte: siehe oben Rdn. 2, c.

B: Begriff des Handelsvertreters

4 **Abgrenzung zum angestellten Reisenden:** Ein Arbeitnehmer genießt den Schutz des Arbeitsrechts (Kündigungsschutz, bezahlter Urlaub, Lohn bei Krankheit). Dagegen hat er keinen Ausgleichsanspruch; siehe BAG, BB 1958/775 und BGH, HVR Nr. 195. Über die Abgrenzung entscheidet nicht die Bezeichnung der fraglichen Person in ihrem Vertrag, sondern eine Gesamtschau aller einschlägigen Kriterien, vor allem:

- Erhält diese Person überwiegend Provision oder ein Fixum (Gehalt)?
- Setzt sie eigenes Kapital ein (Büro, Auto ...)?
- Trägt sie die Kosten ihrer Tätigkeit selbst oder erhält sie Kostenersatz?
- Kontrolliert der Prinzipal Arbeitszeit und Reiserouten?

Details bei *Küstner/von Manteuffel/Evers*, (vgl. Rdn. 1b), S. 31-47.

Abgrenzung zum Handelsmakler: Handelsvertreter ist nur, wer „ständig damit betraut ist", für seinen Prinzipal tätig zu werden (vgl. §§ 84 Abs. 1 und 93 Abs. 1 HGB). Das Recht der Handelsvertreter gilt daher nicht, wenn der Vermittler 5

a) nur **gelegentlich** für den Prinzipal handelt (und zwar selbst dann, wenn er für andere Hersteller unstreitig als Handelsvertreter agiert)

b) **keine rechtliche Verpflichtung** hat, für den Prinzipal tätig zu werden. Er ist also kein Handelsvertreter, wenn es in seinem Belieben steht, ob er für den Prinzipal handeln soll oder nicht <siehe BGH, 18. 11. 1971, BB 1972, 11, weitere Nachweise bei *Küstner/von Manteuffel/Evers* (vgl. oben Rdn. 1, b) S. 22 Fn. 15>.

Handelsvertreter im Nebenberuf: Sie sind rechtlich schlechter geschützt als hauptberufliche Handelsvertreter, insbesondere in bezug auf die Kündigungsfrist und den Ausgleichsanspruch (vgl. § 92b HGB). Auf diese Sonderregeln kann sich der Prinzipal allerdings nur dann berufen, wenn der Handelsvertreter in seinem Vertrag ausdrücklich als „nebenberuflich" bezeichnet ist. 6

Vertragliche Mischformen: Manche Prinzipale haben einen ständigen Vertriebspartner, der teils Geschäfte vermittelt und teils als Wiederverkäufer tätig ist. D.h. dieser Vertriebspartner agiert z.T. als Handelsvertreter und z.T. als Vertragshändler. Welche Regeln gelten für diese Mischtypen? Soweit solche Partner Geschäfte vermitteln, wird man das Recht der Handelsvertreter anwenden. Soweit sie als Wiederverkäufer auftreten, gilt das Recht der Vertragshändler. Soweit der Vertrag als Einheit zu beurteilen ist (wie z.B. bei Fragen der Kündigung), ist nach den Regeln desjenigen Vertragsteils zu entscheiden, der ökonomisch überwiegt. 7

C: Gegenstand der Vertretung

8 **Wesentliche Aspekte:** Zu regeln sind hier vor allem

- die Vertragsprodukte
- das Vertragsgebiet
- die Vertragskunden (alle potentiellen Kunden oder nur einzelne Gruppen?)
- Exklusivrechte?

9 **Vertragsprodukte:** Aus der Sicht des Prinzipals ist es empfehlenswert, dem Vertreter nur das bei Abschluß des Vertrags existierende Vertriebsprogramm anzuvertrauen. Dieses Programm könnte man in einer Anlage zum Vertrag näher spezifizieren. Der Prinzipal darf die Produktion beziehungsweise den Vertrieb einzelner Produkte auch ohne Zustimmung des Vertreters einstellen, wenn ihm dies ökonomisch sinnvoll erscheint. Dies entbindet ihn allerdings nicht von der Pflicht, den Vertreter darüber rechtzeitig zu informieren.

10 **Vertragliche Änderungsvorbehalte:** Manche Verträge sprechen dem Prinzipal das Recht zu, ihren Inhalt – ohne Zustimmung des Vertreters – zu dessen Nachteil zu ändern. Solche Vertragsklauseln sind in AGB nur dann zulässig, wenn die Änderungsgründe schwerwiegend sind und die Klausel auch die Interessen des Vertreters berücksichtigt <vgl. BGH, 12. 1. 1994, BB 1994/885 und 21. 12. 1983, NJW 1984/1182, 1183>. Diese Urteile, die zu Vertragshändlern ergangen sind, sind unstreitig auch auf Handelsvertreter zu übertragen. *Küstner/von Manteuffel/Evers* (vgl. Rdn. 2, b) schlagen auf Seite 4 in den §§ 1.5 und 1.6 für Änderungsvorbehalte folgende Texte vor:

11 a) **Zur Einschränkung des Vertragsbiets:** „Sollte sich zeigen, daß der Handelsvertreter Teile seines Gebiets nicht oder nur lückenhaft bearbeitet, ist die Firma nach vorheriger Abmahnung mit Änderungsandrohung berechtigt, den betreffenden Gebietsteil vom Bezirksschutz auszunehmen, ohne den Vertrag kündigen zu müssen. Lückenhaft bearbeitet der Handelsvertreter einen Gebietsteil, wenn er weniger als ... % der dort ansässigen Interessenten und Kunden während eines Halbjahres/einer Saison/eines Jahres besucht hat."

12 b) **Zur Einschränkung der Vertragskunden:** „Macht ein Kunde die Begründung oder den Fortbestand der Geschäftsverbindung zur Firma davon abhängig, daß er ohne Einschaltung des Handelsvertre-

ters ausschließlich von der Firma betreut wird, ist die Firma berechtigt, den Kunden vom Bezirksschutz auszuschließen."

Alleinvertretung/Exklusivität: Viele Handelsvertreter werden als 13
„Alleinvertreter" eingesetzt. Dieser Begriff bedeutet (sofern nichts anderes vereinbart ist), daß

- der Alleinvertreter den Provisionsanspruch aus § 87 Abs. 2 HGB hat und
- der Prinzipal im Vertragsgebiet keinen anderen Vertriebspartner bestellen und dort auch nicht einmal mit eigenem Personal tätig werden darf <BGH, 9. 1. 1961, DB 1961, 601 = HVR Nr. 261 und OLG Düsseldorf, 8. 6. 1972, HVR Nr. 468>.

Der Alleinvertreter hat aber – sofern der Vertrag nichts anderes besagt – keinen absoluten Gebietsschutz. <siehe OLG Düsseldorf, 4. 6. 1993, RIW 1993, 761 (762) und BGH, 12. 11. 1969, BB 1970, 99, strittig, a. A. *Westphal* (vgl. oben Rdn. 1, e) Rdn. 57>. Er darf daher Kunden außerhalb des Alleinvertretungsgebiets auch dann beliefern, wenn er weiß, daß sie in das Gebiet des Alleinvertreters weiterverkaufen.

Einstandszahlung/Eintrittsgeld: Manche Prinzipale verlangen von 14
ihren Handelsvertretern bei Übernahme der Vertretung eine Einstandszahlung. Solche Vereinbarungen sehen i.d.R. vor, daß die Einstandssumme nicht bar bezahlt, sondern bis zum Vertragsende zinslos gestundet wird; sie kann dann z.B. mit einem etwaigen Ausgleichsanspruch verrechnet werden. Einstandszahlungen in Standardverträgen sind AGB-rechtlich problematisch. Der BGH beurteilt Einstandszahlungen als reine Preisvereinbarungen gemäß § 8 AGBG, die deshalb nicht der Inhaltskontrolle nach § 9 unterliegen <BGH, 9. 12. 1992, BB 1993/250>. Viele Instanzgerichte und Kommentare dagegen sehen dies anders. Sie betrachten solche Vereinbarungen als Verstoß gegen das AGBG und daher als ungültig. Sie begründen dies vor allem damit, daß der Einstandszahlung keine Gegenleistung des Prinzipals gegenüberstehe. Dieses Argument trifft zumindest dann nicht zu, wenn der Handelsvertreter zum Alleinvertreter bestellt wird. In diesem Falle hat er nämlich eine bessere Rechtsstellung als nach dem HGB <Nachweise der Literatur und einschlägige Vertragstexte siehe *Küstner/von Manteuffel/Evers* (vgl. oben Rdn. 2, b), § 19 und dortige Fn. 107-113>.

D: Pflichten des Handelsvertreters

15 **Vereinbartes Umsatz-Soll:** In Branchen, in denen der Umsatz stark vom Einsatz des Handelsvertreters abhängt, ist es sinnvoll, ein Umsatz-Soll zu vereinbaren. Beide Seiten sollten von Anfang an ihre Anstrengungen und Erwartungen an dem vereinbarten Soll orientieren (pädagogische Funktion des Solls). In den Verträgen findet man oft Klauseln, die dem Prinzipal bei Verfehlung des vereinbarten Solls das Recht geben, den Vertrag fristlos zu kündigen und/oder die Provision zu kürzen. Es ist sehr umstritten, ob solche vertraglichen Regelungen zulässig sind. Der BGH hat solche Klauseln jedenfalls generell verworfen <BGH, 12. 3. 1992, BB 1992/1162 unter II 2 b aa. Weitere Hinweise, inkl. Vertragstexte, bei *Abrahamczyk* (vgl. oben Rdn. 1), S. 37>.

16 Der Verfasser hält ein vereinbartes Umsatz-Soll zumindest unter folgenden Prämissen für akzeptabel:

- Vergabe einer Alleinvertretung an den Handelsvertreter
- Keine unrealistischen Zahlen (als Vergleich können Gebiete dienen, die ähnliche Parameter aufweisen)
- Anpassung des Umsatz-Solls, wenn

  der Prinzipal die Absatzchancen des Vertreters beeinträchtigt (z.B. wenn er die Preise stärker erhöht als die Konkurrenz)
- sonstige absatzhemmende Umstände eintreten, die der Vertreter nicht zu verantworten hat (Beweislast beim Vertreter)
- Fristlose Kündigung nur bei erheblicher Verfehlung des Umsatz-Solls (z.B. wenn der Vertreter weniger als 70 % des Ziels erreicht).

Wettbewerbsverbot

17 a) **Während der Vertragsdauer:** Aus § 86 Abs. 1 HGB ergibt sich, daß der Handelsvertreter nicht zugleich für die Konkurrenz des Prinzipals agieren darf. Eine Konkurrenz-Situation liegt dann vor, wenn sich die Angebote der Firmen überschneiden, die der Vertreter vertritt. Bei der Beurteilung dieser Frage wird ein strenger Maßstab angelegt <BGH, BB 1968/60>. Die Tätigkeit für die Konkurrenz zählt zu den schwersten Vertragsverletzungen eines Handelsvertreters.

18 b) **Nach Vertragsende** darf der Handelsvertreter auch für die Konkurrenz tätig werden. Vertragsklauseln, die dieses Recht ausschließen, unterliegen den Beschränkungen des § 90a HGB.

Verwertung von Kundenanschriften für eigene Zwecke des Vertreters

a) **Während der Laufzeit des Vertrags:** Grundsätzlich kein Recht zur Verwertung für eigene Zwecke; hierbei ist ein strenger Maßstab anzulegen. Dies ergibt sich aus der Pflicht des Vertreters, die Interessen des Prinzipals wahrzunehmen. **19**

b) **Nach Vertragsende:** AGB-Klauseln, die dem Vertreter nach Vertragsende jede Nutzung von Kundenanschriften verbieten, sind ungültig <BGH, 28. 1. 1993, BB 93, 818 (819 unter II 1a)>. Der BGH stößt sich vor allem daran, daß eine solche Klausel auch Kunden erfaßt, die **20**

- keine Dauerkunden geworden sind;
- der Vertreter im Gedächtnis behalten hat (ohne schriftliche oder EDV-mäßige Aufzeichnungen).

Vertragsstrafen **21**

a) Manche Formularverträge sehen für die Verletzung unterschiedlicher Vertragspflichten den gleichen Betrag vor, ohne nach Art, Gewicht und Dauer des Verstoßes zu differenzieren. In einem solchen Fall ist die Vertragsstrafe nur dann wirksam, wenn der Betrag auch angesichts des typischerweise geringsten Verstoßes noch angemessen ist <BGH, 7. 5. 1997, BB 1997, S. 1380 für Konventionalstrafen gegen Vertragshändler; das Urteil kann auf Verträge mit Handelsvertretern übertragen werden>.

b) Formularmäßige Vertragsstrafen sind nach dem in Absatz a zitierten BGH-Urteil ferner unwirksam, wenn sie mit fortschreitender Dauer des vertragswidrigen Zustands laufend steigen und keine zeitliche oder summenmäßige Obergrenze enthalten.

c) Vertragsstrafen, die „für den Fall eines Vertragsbruchs" verwirkt sind, hält das OLG Düsseldorf <18. 10. 1991, DB 1992, 86 = HVR Nr. 716> für zu unbestimmt und daher für ungültig.

d) AGB-Vertragsstrafen, die für jeden Verstoß gegen das Konkurrenz-Verbot Beträge bis zu einer Monatsprovision vorsehen, werden von den Gerichten im Regelfall akzeptiert <siehe *von Westphalen* (vgl. oben Rdn. 1 f.) Rdn. 22 und *Abrahamczyk* (vgl. oben Rdn. 1,a), S. 49>.

e) Bei einem Wein-Handelsvertreter hat der BGH eine AGB-mäßige Vertragsstrafe von DM 250 pro unbefugt verwerteter Kunden-

Adresse als zulässig angesehen <BGH, 10. 5. 1995, BB 95, 147 unter III 3>.

22 **Berichtspflicht:** § 86 Abs. 2 HGB bestimmt, daß der Handelsvertreter die erforderlichen Nachrichten zu geben hat. Trotz § 86 Abs. 4 ist allgemein anerkannt, daß diese Pflicht vertraglich näher spezifiziert werden kann. Der Handelsvertreter kann durch AGB verpflichtet werden, bei seinen Berichten die Formulare des Prinzipals zu verwenden <BGH, 24. 9. 1987, WM 1988/33, 34>.

23 **Bonitätsprüfung:** Bei neuen Kunden werden an die Sorgfaltspflicht des Handelsvertreters relativ strenge Anforderungen gestellt. I.d.R. kann man von ihm aber nicht erwarten, daß er entgeltliche Auskünfte über den Kunden einholt. Auf ungeklärte Frage der Kreditwürdigkeit muß er dann jedoch bei seinen ersten Besuchsberichten hinweisen, damit der Prinzipal die notwendigen Schritte ergreift, <weitere Details und Nachweise bei *Küstner/von Manteuffel/Evers*, (vgl. oben Rdn. 1, b), S. 162-164>.

24 **Weisungen:** Der Prinzipal darf dem Handelsvertreter Weisungen erteilen, insbesondere über die Vertriebspolitik und die Konditionen der Geschäfte mit den Kunden. Die Weisungen dürfen jedoch nicht den Kerngehalt der Selbständigkeit des Vertreters antasten. Einzelheiten z.B. bei *Küstner/von Manteuffel/Evers*, (vgl. oben Rdn. 1, b), S. 206 ff.

25 **Vollmachten:** Der Handelsvertreter gilt als ermächtigt, Reklamationen und ähnliche Erklärungen der Kunden entgegenzunehmen, ferner kann er die Rechte des Prinzipals auf Sicherung der Beweise geltend machen (§ 91). Weitergehende Vollmachten gibt ihm das HGB nicht. Es ist i.d.R. auch nicht zweckmäßig, dem Vertreter eine Vollmacht zum Abschluß oder zur Änderung der Kunden-Verträge oder gar zum Inkasso zu geben.

E: Provision und Pflichten des Prinzipals

26 **Der Anspruch auf Provision** kann unterschiedlich ausgestaltet sein, nämlich

- als Bezirksprovision (§ 87 Abs. 2)
- als Vermittlungsprovision (§ 87 Abs. 1 Satz 1, 2. Variante)
- als reine Vermittlungsprovision (§ 87 Abs. 1, Satz 1, 1. Variante)

Textvorschläge z.B. bei *Küstner/von Manteuffel/Evers* (vgl. oben Rdn. 2, b) § 1.

Ablehnung von Aufträgen: Auch ohne spezielle Vereinbarung steht es 27
im Ermessen des Prinzipals, vom Handelsvertreter vermittelte Aufträge anzunehmen oder abzulehnen. Deshalb sind auch AGB-Klauseln dieser Art gültig. Der Prinzipal muß den Vertreter allerdings über die Ablehnung unverzüglich informieren.

Ausschluß von Überhang-Provisionen: Der Handelsvertreter hat nach 28
§ 87 Abs. 3 z.T. auch Ansprüche wegen Geschäften, die erst nach Ende seines Vertrages abgeschlossen werden. Diese Ansprüche werden in manchen Formularverträgen ausgeschlossen. Derartige AGB-Klauseln sind im Regelfall rechtsgültig, <siehe BGH, 11. 7. 1960, BGHZ 33/92 und *Küstner/von Manteuffel/Evers* (vgl. oben Rdn. 2,b) FN 46; a.A. *von Westphalen* (vgl. oben Rdn. 1,f) Rdn. 28>.

Differenzierungen des Provisionssatzes sind denkbar vor allem nach 29

- Produktgruppen
- Kundengruppen
- dem Wert der Einzelaufträge
- dem jährlichen Gesamtumsatz oder etwaigen Umsatzsteigerungen.

Textvorschläge z.B. bei *Detzer/Thamm* (vgl. oben Rdn. 3,a), § 8.

Eine Reduzierung der Provision durch Änderungsvorbehalt kann 30
auch per AGB zulässig sein <vgl. BGH, 17. 1. 1991, WM 1992/311>. Eine Klausel muß jedoch auf schwerwiegende Gründe beschränkt sein und eine Änderungsfrist enthalten <OLG München, 19. 9. 1990, OLGZ 1992/205>. *Küstner/von Manteuffel/Evers* (vgl. oben Rdn. 2,b) schlagen dazu in § 11.8 folgenden Text vor: „Der Unternehmer ist berechtigt, die vorstehenden Provisionssätze mit Monatsfrist zum Monatsende zu ändern, wenn sich seine Kosten im Verhältnis zu seinem Umsatz um mehr als 20 % im Vergleich zum Vorjahr verändert haben."

Reduzierung der Provision bei Niedrigpreis-Geschäften: Manchmal 31
muß der Prinzipal seinen Kunden Preise einräumen, bei denen kein (oder kaum noch) Gewinn übrig bleibt. In diesen Fällen erwartet er, daß auch sein Vertreter weniger Provision verlangt. Dieses Problem regelt man am besten so, daß Prinzipal und Vertreter für die Verkäufe realistische (!) Preisvorgaben vereinbaren, z.B. DM 100 pro Stück. Bei diesem Preis gilt dann die normale Provision, d.h. x %. Beträgt der Preis z.B. nur noch DM 96, so ermäßigt sich die Provision auf x-1 % (bei DM 92 auf x-2 %, usw.). Es ist schwer zu verstehen, warum *von Westphalen* <siehe oben Rdn. 1,f) Rdn. 29> AGB-Klauseln zur Reduzierung der Provision generell für unwirksam hält. Zulässig er-

scheint auch eine Sprechklausel, wie man sie bei Abrahamczyk (siehe oben Rdn. 1, a), S. 53 findet: „Die Vertragspartner werden sich über eine angemessene Anpassung der Preise verständigen, falls der Unternehmer im Einzelfall zu besonderen Preiszugeständnissen gegenüber den Kunden gezwungen ist."

32 **Reduzierung der Provision wegen Krankheit des Handelsvertreters** oder sonstiger Untätigkeit. Im Prinzip bestehen keine Bedenken, diese Fälle per AGB zu regeln.

Beispiele bei

- *Küstner/von Manteuffel/Evers* (vgl. oben Rdn. 2, b), § 14
- *Abrahamczyk* (vgl. oben Rdn. 1, a), § 11.

33 **Entstehung, Wegfall, Abrechnung und Fälligkeit der Provision:** Hier gelten Regeln, die z.T. zwingender Natur sind. Vgl. §§ 87a Abs. 5 und 87c Abs. 5.

34 **Kontrolle der Provisionsabrechnung**

a) Manche Verträge enthalten vorformulierte Klauseln, wonach ein Schweigen des Handelsvertreters auf die ihm übersandte Abrechnung als Einverständnis gilt. Derartige fiktive Anerkenntnisse verstoßen gegen das AGBG und sind daher nichtig <allgemeine Meinung, z.B. BGH, 20. 2. 1964, BB 1964/409>.

b) Auch eine mehrjährige widerspruchslose Hinnahme von Abrechnungen durch den Handelsvertreter ist nicht als stillschweigendes Anerkenntnis zu werten, daß korrekt abgerechnet worden sei und daß nichts mehr geschuldet werde <BGH, 23. 10. 1981, DB 1982/376 mit weiteren Nachweisen>.

c) Zulässig ist es aber, den Vertreter zu einer Prüfung der Abrechnung zu verpflichten. *Detzer/Thamm* (siehe oben Rdn. 3) schlagen in ihrem § 12.3 folgenden AGB-Text vor: „Der Vertreter prüft die Abrechnung und sorgt dafür, daß binnen ... Wochen nach ihrem Erhalt eine Kopie der Abrechnung dem Unternehmer zugeht. Auf der Kopie vermerkt er sein Einverständnis mit der Abrechnung beziehungsweise eventuellen Einwendungen."

35 **Buchauszug und Verjährung der Provisionsansprüche**

a) Der Handelsvertreter kann über alle (eventuell) provisionspflichtigen Geschäfte einen Buchauszug verlangen. Dieses Recht kann nicht zu Lasten des Vertreters beschränkt werden (§ 87c Abs. 2 und

5 HGB). Ein Buchauszug kann nicht mehr verlangt werden für Ansprüche auf die Provision, die

- durch Einigung der Parteien erledigt sind (siehe oben Rdn. 34,c)
- verjährt sind (siehe unten Rdn. 35,c)

b) Die Erstellung eines Buchauszugs ist für den Prinzipal oft sehr lästig, wenn der Auszug für lange zurückliegende Zeiträume verlangt wird und der Vertreter viele kleine Geschäfte vermittelt hat. In derartigen Fällen kann der Anspruch auf Buchauszug sogar verwirkt sein <OLG Düsseldorf, 23. 6. 1972, DB 1973/1064>.

c) Die Verjährungsfrist darf in AGB nicht kürzer sein als 6 Monate ab Kenntnis des Berechtigten von den anspruchsbegründenden Umständen <BGH 10. 5. 1990, BB 1990/2066>. Die Verkürzung auf 6 Monate ab Fälligkeit verstößt gegen das AGBG, da in diesem Falle die Ansprüche verjähren können, ohne daß der Berechtigte von den maßgeblichen Fakten erfahren hat <BGH, 3. 4. 1996, BB 1996, 1188; OLG Celle NJW-RR 1988/1064; siehe auch § 11 Nr. 10 f. Rdn. 8>.

Ungültig sind AGB-Klauseln, die für den Handelsvertreter kürzere Verjährungsfristen vorsehen als für den Prinzipal <BGH, 12. 10. 1979, BB 1980, 12 = BGHZ 75, 218 (220)>.

F: Kündigung und Ausgleichsanspruch

Kündigungsfristen gemäß § 89 Abs. 1 Satz 1 und 2 36

- im 1. Vertragsjahr: 1 Monat
- im 2. Vertragsjahr: 2 Monate
- in den Jahren 3-5: 3 Monate
- und danach: 6 Monate

Die Kündigung kann nur zum Monatsende ausgesprochen werden (§ 89 Abs. 1 Satz 3).

Verkürzung der Kündigungsfristen? Die Fristen selbst können ver- 37
traglich nicht reduziert werden. Abdingbar ist dagegen die Regelung, daß zum Ende eines Kalendermonats gekündigt werden muß. Zulässig sind daher Vereinbarungen, daß zu jedem Endtermin gekündigt werden kann, solange nur die gesetzlichen Fristen eingehalten sind.

Ein solcher Ausschluß des § 89 Abs. 1 Satz 3 dürfte auch in AGB gültig sein.

38 **Teilkündigungen** sind im Prinzip unzulässig. Dies gilt jedoch nicht, wenn der Vertrag eine Teilkündigung explizit zuläßt. Siehe „Vertragliche Änderungsvorbehalte“ (= Rdn. 10-12 und 31).

39 **Außerordentliche Kündigung**

a) Gesetzliche Vorschrift: § 89a. Eine exzellente Auflistung derjenigen Fälle, die i.d.R. eine fristlose Kündigung erlauben, siehe *Küstner/von Manteuffel/Evers* (vgl. oben Rdn. 1, b), S. 636 ff.

b) Es ist zulässig, die Fälle der fristlosen Kündigung vertraglich zu spezifizieren; die Möglichkeit zur Vereinbarung solcher Kündigungsgründe hat jedoch ihre Grenze im Prinzip von Treu und Glauben <BGH, 12. 3. 1992, BB 1992/1162 und 7. 7. 1988, BB 1988/1771>.

Wirksamwerden der Kündigung

40 a) **Kündigung per Fax**

Wer kündigt, muß den Zugang und den Zeitpunkt beweisen (BGHZ 70/234). Das Sendeprotokoll eines Faxgeräts bietet – selbst wenn es auf der Rückseite des übermittelten Schreibens abgedruckt ist – keinen vollen Beweis für den ordnungsgemäßen Empfang dieses Schreibens <BGH, 7. 12. 1994, DB 95, 672; insofern nicht in BB 1995/221 abgedruckt>.

41 b) **Kündigung per Einschreiben**

Der bei Abwesenheit des Empfängers zurückgelassene Benachrichtigungszettel bewirkt nicht den Zugang, sondern erst die Abholung des Schreibens bei der Post. Geschäftsleute müssen allerdings für die Zeit ihrer Abwesenheit einen Empfangsbevollmächtigten bestellen <RGZ 95/317>. Inwieweit dieser Grundsatz auch für jeden Handelsvertreter gilt, wird in der einschlägigen Literatur nicht näher behandelt.

42 c) **Mißachtung vertraglicher Formvorschriften**

Im Handelsvertreter-Vertrag ist häufig vereinbart, daß die Kündigungen per Einschreiben erfolgen müssen. Trotz solcher Vertragsklauseln wird in der Praxis vielfach ohne diese Form gekündigt, vor allem per Fax. Solche Kündigungen sind gleichwohl wirksam, wenn das Schreiben dem Gekündigten (nachweisbar) zugegangen ist. Im Zweifel ist nämlich anzunehmen, daß die Form des Einschreibens nur aus Beweisgründen vereinbart war <siehe *Küstner/von Manteuffel/Evers* (vgl. oben Rdn. 1, b), S. 554>.

d) **Erleichterungen für die Wirksamkeit der Kündigung** 43

Gelegentlich findet man Vertragsklauseln folgender Art: „Kündigungen werden wirksam

- entweder mit ihrem Zugang beim Empfänger,
- spätestens jedoch 2 Wochen nach ordnungsgemäßer Aufgabe bei der Post, sofern die Kündigung mit eingeschriebenem Luftpost-Brief erfolgt."

Der zweite Teil dieser Vertragsklausel wirkt wie eine Fiktion des Zugangs der Kündigung. *Martinek/Semler* (vgl. Rdn. 1,c), S. 228 sehen darin einen Verstoß gegen § 10 Nr. 6 AGBG, und zwar auch im kaufmännischen Verkehr. Der Verfasser hält Klauseln dieser Art zumindest zulässig bei Verträgen mit ausländischen Handelsvertretern. Denn in manchen Auslandsstaaten funktioniert die Post nicht zuverlässig. Oder der Vertreter kann die Zustellung von Post, die ihm unangenehm ist, durch Einwirkung auf die Postboten verhindern (was allerdings praktisch kaum nachweisbar ist).

e) **Vollmachten bei der Kündigung:** Die Rechtsprechung stellt z.T. 44
recht strenge Anforderungen an die Vollmacht derjenigen Personen, die namens des Prinzipals die Kündigung erklären. Das OLG Köln <31. 3. 1995, BB 1995/2442, 2443 Spalte 2> hat einen Fall entschieden, in dem der Prinzipal eine Aktiengesellschaft war. Für sie hatte ein leitender Vertriebsdirektor, der allerdings keine Prokura hatte, einen Kfz-Vertragshändler gekündigt. Das OLG hielt diesen Direktor nicht schon Kraft seiner Position für bevollmächtigt, eine so wichtige Erklärung wie die Kündigung auszusprechen. Kündigungen ohne entsprechende Vollmacht sind ungültig, wenn sie unverzüglich zurückgewiesen werden (§ 180 Satz 1 BGB). Wird der Mangel der Vollmacht zwar beanstandet, aber nicht unverzüglich, so liegt darin eine Aufforderung an den Prinzipal, sich über die Genehmigung der Kündigung zu erklären. Diese Genehmigung gilt als verweigert, wenn sie später als 2 Wochen nach Zugang dieser Beanstandung erfolgt <so das zitierte OLG Köln unter Berufung auf § 177 i.V.m. § 180 Satz 2 BGB>. Fazit: Die Kündigung sollte mindestens von 1 Prokuristen unterschrieben sein und im Falle der Gesamtprokura mindestens von 2 Prokuristen.

Freistellung des Handelsvertreters nach Kündigung: Mancher Prinzi- 45
pal möchte den Handelsvertreter nach Ausspruch der Kündigung von der weiteren Betreuung der Kunden freistellen und von den Provisionen Abzüge wegen ersparter Aufwendungen machen. Dies ist nur

dann zulässig, wenn der Vertrag einen entsprechenden Vorbehalt aufweist, der auch AGB-mäßig vereinbart sein kann. <Einzelheiten und Vertragstexte bei *Küstner/von Manteuffel/Evers* (vgl. oben Rdn. 2,b), § 15.6 sowie dortige Fn. 88 und 89>.

46 **Nachwirkungen des Vertrags**

- Zur Provision für Geschäfte, die erst nach Vertragsende abgeschlossen werden: Siehe Rdn. 28.
- Konkurrenz- und Verwertungsverbote für die Zeit nach Vertragsende: Siehe Rdn. 18 und 20.

47 **Ausgleichsanspruch und Möglichkeiten der Vertragsgestaltung**

a) Der Ausgleichsanspruch kann nicht im voraus ausgeschlossen werden (§ 89 Abs. 4). Der Ausschluß ist zulässig bei Handelsvertretern
   - die außerhalb des EWR tätig sind; Details siehe Rdn. 55
   - im Nebenberuf (siehe Rdn. 6).

b) Der Ausgleichsanspruch entfällt, wenn der Prinzipal
   - den Vertrag kündigt und für die Kündigung ein wichtiger Grund wegen schuldhaften Verhaltens des Handelsvertreters vorlag (§ 89b Abs. 3 Nr. 2). Hier besteht ein begrenzter Spielraum für die Vertragsgestaltung, da man die wichtigsten Gründe – bis zu einem gewissen Grad – vertraglich spezifizieren kann (siehe oben Rdn. 39),
   - und der Handelsvertreter vereinbaren, daß ein Dritter anstelle des Vertreters in das Vertragsverhältnis eintritt (§ 89b Abs. 3 Nr. 3).

c) Der Ausgleichsanspruch wird vermieden, wenn der Vertriebspartner nicht den Status eines Handelsvertreters gemäß § 84 hat (vgl. oben Rdn. 4 bis 6).

48 **Zur Berechnung des Ausgleichsanspruchs**

a) Gute Berechnungsbeispiele findet man vor allem bei
   - *Küstner/von Manteuffel/Evers*, Handbuch des gesamten Außendienstrechts, Band 2: Der Ausgleichsanspruch, 6. Auflage 1995, Seite 576
   - *Abrahamczyk* (vgl. oben Rdn. 1,a) S. 73.

b) Auflistung des Kundenstamms: In einer Anlage zum Handelsvertreter-Vertrag wird manchmal der vorhandene Kundenstamm aufgelistet, inkl. der Umsätze, die der Prinzipal mit diesen Kunden im letzten Jahr vor Vertragsgbeginn gemacht hat. Solche Auflistungen sind zulässig. Sie helfen Streit darüber zu vermeiden, wer ein „neuer" Kunde gemäß § 89b Abs. 1 Satz 1 Nr. 1 beziehungsweise ein intensivierter Altkunde gemäß § 89b Abs. 1 Satz 2 ist.

G: Internationale Handelsvertreter-Verträge

Geltendmachung des AGBG bei Anwendung deutschen Rechts: Un- 49
tersteht der Vertrag gemäß Art. 27 oder 28 EGBGB deutschem Recht, so ist auch das AGBG anzuwenden. Ist der Handelsvertreter ein Kaufmann (Minderkaufmann genügt), so gilt § 24 AGBG. Dort heißt es in Satz 2, daß bei der Anwendung des § 9 AGBG die im Handelsverkehr geltenden Gewohnheiten zu berücksichtigen sind. Dies bedeutet für den internationalen Handelsverkehr, daß die dortigen Gebräuche zu beachten sind <siehe *Wolf/Lindacher/Horn*, § 24 AGBG, Rdn. 22>. Die im internationalen Bereich entwickelten Grundsätze dürfen also nur mit entsprechender Vorsicht auf den internationalen Bereich übertragen werden.

Geltung des AGBG bei Anwendung ausländischen Rechts: Das 50
AGBG ist nicht anwendbar bei Verträgen, die ausländischem Recht unterstehen. Eine Ausnahme besteht jedoch dann, wenn ein Fall des § 12 AGBG (Neufassung 1996!) vorliegt.

Schiedsklauseln: Sie können im internationalen Rechtsverkehr sowohl 51
gegenüber Vollkaufleuten als auch gegenüber Minderkaufleuten per AGB vereinbart werden. <Siehe *von Westphalen* (vgl. oben Rdn. 1, f) Teil „Vertragsrecht", S. 272/273, Ziff. 1 und 2>.

Vereinbarung staatlicher deutscher Gerichte gegenüber Ausländern 52

a) im Anwendungsbereich des EuGVÜ und des Abkommens von Lugano ist eine Prüfung der Vereinbarung nach dem AGBG ausgeschlossen (herrschende Meinung, z.B. *Kropholler*, Europäisches Zivilprozeßrecht, 5. Auflage 1996, Art. 17 Rdn. 18 mit weiteren Nachweisen),

b) außerhalb des EuGVÜ und des Abkommens von Lugano:

   - im vollkaufmännischen Verkehr geht die herrschende Meinung davon aus, daß Vereinbarungen über den Gerichtsstand gegenüber Ausländern auch per AGB getroffen werden können; siehe *von Westphalen* (vgl. Rdn. 1, f), „Gerichtsstandsklauseln", Rdn. 13 mit weiteren Nachweisen.

- Dasselbe gilt für den nicht-vollkaufmännischen Rechtsverkehr <herrschende Meinung, z.B. *Wolf/Horn/Lindacher*, Anhang zu § 2, Rdn. 123, mit weiteren Nachweisen>.

Dieser Meinungsstand entspricht auch der internationalen Vertragspraxis.

53 **Vereinbarungen zum anwendbaren Recht** können im Prinzip auch per AGB getroffen werden; allgemeine Meinung, z.B. *von Westphalen* (vgl. Rdn. 1, f), „Vertragsrecht"; Rechtswahlklauseln, Rdn. 4. Dies schließt aber nicht aus, daß derartige Klauseln im Einzelfall gegen § 3 oder § 9 AGBG verstoßen können (z.B. bei spitzfindigen Rechtswahlklauseln).

54 **Ausschluß des Ausgleichsanspruchs bei Handelsvertretern mit Tätigkeitsgebiet**

a) **innerhalb des EWR:** Nicht rechtsgültig (§§ 92c Abs. 1 und 89b Abs. 4 HGB)

b) **außerhalb des EWR:** Im Prinzip zulässig gemäß § 92c Abs. 1 HGB. Umstritten ist die Frage, ob ein vertraglicher Ausschluß auch dann noch möglich ist, wenn das Heimatrecht des Handelsvertreters einen zwingenden Ausgleichsanspruch kennt:

   - Der Ausschluß ist ungültig, und zwar selbst dann, wenn er durch individuelle Vereinbarung erfolgt <*Kindler* RIW 1990/363>.
   - Der Ausschluß ist gültig, aber nur wenn er individuell vereinbart ist <herrschende Meinung: *Hepting/Detzer* RIW 1989/337, 342; *Küstner/von Manteuffel/Evers* (vgl. oben Rdn. 1, b) S. 836 unter c; *von Westphalen* (vgl. oben Rdn. 1, f) bei Fn. 189>.
   - Der Ausschluß ist stets gültig, auch wenn er per AGB erfolgt: <*Martinek/Semler* (vgl. oben Rdn. 1, c), S. 260 Rdn. 56>.

55 **Einschränkungen sonstiger zwingender Vorschriften des Handelsvertreter-Rechts:** Man denke hierbei vor allem an die Verkürzung von Kündigungsfristen oder an vertragliche Abweichungen von den § 87a Abs. 5 und § 87c Abs. 5 HGB. Vertragliche Einschränkungen dieser Rechtsnormen sind im Rahmen des § 92c HGB zulässig. Es gibt jedoch bisher kaum Äußerungen, ob derartige Einschränkungen auch durch AGB erlaubt sind.

Anhang § 9: Heimvertrag

Literatur: *von Westphalen*, Klauselwerke, *Eduard Graf von Westphalen*: Heimunterbringungsvertrag, November 1995; *Ermann/H. Hefermehl*, 9. Auflage, § 9 AGB-Gesetz, Rdn. 110; *Wolf* in Wolf/Horn/Lindacher, § 9, H 121-124; *Hensen* in Ulmer/Brandner/Hensen, 8. Aufl. 1997, Anhang §§ 9-11, Rdn. 420-422.

1 Die rechtliche Basis für Vereinbarungen zum Aufenthalt in Alten- und Pflegeheimen sowie Rehabilitationseinrichtungen sind neben dem allgemeinen Vertragsrecht die §§ 4-4d in Verbindung mit § 1 Abs. 1a) des **Heimgesetzes** nach dem Stand des 2. Änderungsgesetzes vom 3. 2. 1997 <BGBl. 1997, I, 158; zur geänderten Fassung: *Füßer*, NJW 1997, 1957>. Diese normieren so weitgehende Grenzen zum Schutz der Heimbewohner für Heimverträge, daß auf das AGB-Gesetz nur in Ausnahmefällen zurückgegriffen zu werden braucht. So kann unter anderem hinsichtlich einer Kündigungsmöglichkeit des Heimträgers bereits nach dem Heimgesetz nicht darauf abgestellt werden, daß

- der Verschuldensgrundsatz bei groben Verletzungen des Heimbewohners gegen vertragliche Pflichten abbedungen wird (§ 4b) Abs. 3 Nr. 3 Heimgesetz)
- ein Zahlungsrückstand ohne Verschulden in bestimmtem Umfang ausreicht (§ 4b) Abs. 3 Nr. 4 Heimgesetz) <überflüssig deshalb z.B. die Erörterung zum AGB-Gesetz durch *Eduard Graf von Westphalen*: Heimunterbringungsvertrag, Rdn. 6 und 7>.

2 Angewandt worden ist das AGB-Gesetz von Gerichten u.a. in folgenden Fällen: Die **Beendigung des Heimvertrages** erst am Ende des auf den Sterbemonat folgenden Monats ist auch dann zulässig, wenn die Entgeltregelung gegen das Heimgesetz verstößt <AG Bad Homburg, 16. 4. 1996, NJW-RR 1996, 890 entgegen LG Düsseldorf, 7. 9. 1990, NJW-RR 1991, 184>. Die **Nichtverringerung** des zu entrichtenden **Entgeltes bei Abwesenheit** von bis zu 3 Tagen soll als Verstoß gegen § 9 anzusehen sein <LG Hildesheim, 1. 12. 1995, VuR 1996, 130>. Das ist zu weitgehend, weil die Einsparungen des Heimträgers insofern nur gering sind und anderenfalls der Verwaltungsaufwand erheblich steigen würde. Unwirksam ist eine Klausel in Altenheimverträgen über ein vorweggenommenes Einverständnis des Heimbewohners über die **Verlegung in ein Krankenhaus oder eine Pflegestation** bei Bedarf auf ärztliche Anordnung <LG Düsseldorf, 12. 9. 1990, NJW-RR 1991, 696>.

3 Unwirksam sind außerdem

- Klauseln, nach denen eine geänderte Fassung der Hausordnung durch Aushang zum Vertragsinhalt wird <LG Hildesheim, 1. 12. 1995, VuR 1996, 130>
- Haftungsbeschränkungen auf den Rahmen der Haftpflichtversicherung <LG Hildesheim a.a.O.: Verstoß gegen § 11 Nr. 7>
- Klauseln, wonach bei Zahlungsverzug der von Banken berechnete Überziehungszinssatz und 2 % Bearbeitungsgebühr zu entrichten sind <LG Hildesheim a.a.O.: Verstoß gegen § 11 Nr. 5a)>.

4 Beachte neuerdings zu mehreren unwirksamen Klauseln in Pflegeheimverträgen: KG, 28. 5. 1997, NJW 1998, 829.

Anhang § 9: Ingenieurvertrag

(bearbeitet von RA Ullrich)

Literatur: *Osenbrück*, Der Ingenieurvertrag, Deutscher Consulting-Verlag, 1982; VDMA, Leitfaden für die Investitionsgüter-Industrie „Ingenieurvertrag“, VDMA-Verlag, 1998; *Sangenstedt*, Der Honoraranspruch des Architekten und Ingenieurs, Zeitschrift für die Anwaltspraxis (ZAP), Fach 5, Seite 95 ff.; *Depenbrock/Vogler*, Honorarordnung für Architekten und Ingenieure (HOAI), Text mit amtlicher Begründung und Anmerkungen, Bundesanzeiger Verlag, 1996; *Jagenburg*, NJW 1997, 2277. *Theis,* Architekten- und Ingenieurverträge, RWS-Vertragsmuster, Bd. 2, 1997.

1 **Ingenieurverträge** sind im Gesetz nicht ausdrücklich geregelt. Die Parteien können und müssen den Vertrag daher nach ihren eigenen Vorstellungen gestalten. Das BGB läßt eine individuelle Vertragsgestaltung fast unbegrenzt zu.

2 Die Ingenieurleistung stellt dem Grunde nach ein „geistiges Werk“ dar, auf das die Vorschriften des **Werkvertragsrechts** Anwendung finden. Ausdrücklich entschieden ist dies für die vergleichbare Tätigkeit eines Architekten <BGH, 26. 11. 1959, NJW 1960, 431> sowie für Architekten und Ingenieure <BGH, 24. 10. 1996, BB 1997, 1331 = NJW 1997, 586>.

3 Soweit die Ingenieurleistung mit Fehlern behaftet ist oder evtl. zugesicherte Eigenschaften nicht besitzt, liegen vom Ingenieur verursach-

te Mängel vor. Der Vertragspartner kann verlangen, daß diese Mängel im Wege der **Nachbesserung** beseitigt werden. Die Nachbesserung dieser „geistigen Leistung“ des Ingenieurs ist vielfach nur während der Planungsphase möglich. Hat die Bauausführung bereits begonnen, kann der Vertragspartner diesbezüglich nur noch einen Schadenersatzanspruch geltend machen <BGH, 1. 2. 1965, BGHZ 43, 227>. Um dem Ingenieur auch insoweit noch die Möglichkeit zu geben, die Mängelbeseitigung entweder selbst vorzunehmen oder in Eigenregie über Dritte durchzuführen, bedarf es einer entsprechenden Regelung. Die Einräumung eines solchen erweiterten Nachbesserungsrechts durch AGB ist zweckmäßig und auch rechtlich unbedenklich.

Soweit die Nachbesserung der Ingenieurleistung ausnahmsweise nicht 4
möglich sein sollte, bestehen nach dem Gesetz sekundär Gewährleistungsansprüche auf **Wandelung oder Minderung** (Rückgängigmachung des Vertrages oder Herabsetzung des Vertragspreises). Sie spielen in der Praxis aber nur eine untergeordnete Rolle. Dennoch müssen dem Vertragspartner im Rahmen von AGB diese Rechte eingeräumt werden.

Dreh- und Angelpunkt bei Ingenieurverträgen ist die **Haftung des Ingenieurs** für die sog. „Folgeschäden“, also solchen, die aus der Umsetzung einer mangelhaften Ingenieurleistung resultieren. Sie ergibt sich – soweit keine abweichenden Vereinbarungen getroffen wurden – insbesondere aus § 635 BGB: Hat der Ingenieur seine Leistungen durch sein Verschulden (hierzu reicht bereits leichteste Fahrlässigkeit aus) mangelhaft erbracht und entsteht dem Vertragspartner dadurch ein Schaden, muß er diesen ersetzen. Eine Höchstgrenze kennt das BGB nicht. 5

Die unbegrenzte gesetzliche Haftung stellt für den Ingenieur ein großes Risiko dar. Daher bedarf es **zumindest** einer **vertraglichen Haftungsbegrenzung**. Im ausgehandelten Einzelvertrag sind alle Haftungsvarianten, bis hin zum Haftungsausschluß (außer bei vorsätzlichem Verhalten), denkbar und möglich. Haftungsregelungen in AGB unterliegen dagegen strikten Restriktionen: Nach neuerer Rechtsprechung sind umfassende Haftungsbegrenzungen auch im Bereich der leichten Fahrlässigkeit nach § 9 AGB-Gesetz unwirksam, soweit sie eine Einschränkung „wesentlicher, aus der Natur des Vertrages folgender Rechte und Pflichten zum Gegenstand haben, so daß die Erreichung des Vertragszweckes gefährdet ist“ <BGH, 26. 1. 1993, WM 1993, 649; BGH, 20. 12. 1984, BB 1985, 884>. 6

7 Die **mangelfreie Planung** z.B. von Anlagen ist nach neuerer Rechtsprechung als **wesentliche Vertragspflicht** anzusehen. Ein Haftungsausschluß oder eine Haftungsbegrenzung für durch eine mangelhafte Planung entstandene Schäden in AGB stellen daher einen Verstoß gegen § 9 AGB-Gesetz dar und sind unwirksam. Dies gilt auch für den kaufmännischen Geschäftsverkehr <BGH, 26. 1. 1993, WM 1993, 649>. Eine AGB-mäßige Haftungsbegrenzung im Bereich der leichten Fahrlässigkeit auf einen „vertragstypischen, vernünftigerweise vorhersehbaren Schaden" <BGH, 11. 11. 1992, BB 1992, 2460> oder eine Versicherungsleistung (vgl. Rdn. 8) wäre dagegen denkbar.

8 Die genannte Rechtsprechung führt zu einer zunehmenden Bedeutung von **Berufshaftpflichtversicherungen** für Ingenieure. Für die Praxis ist zu empfehlen, die Haftung des Ingenieurs durch eine Individualabrede mit dem Vertragspartner entweder auf die Leistung der Berufshaftpflichtversicherung zu begrenzen oder eine andere Haftungshöchstgrenze ausdrücklich auszuhandeln. In Anlehnung an § 51a der Bundesrechtsanwaltsordnung (BRAO) wäre auch eine AGB-mäßige Haftungsbegrenzung für Fälle leichter Fahrlässigkeit auf einen Betrag von DM 2.000.000,- denkbar, soweit Versicherungsschutz besteht.

9 Gewährleistungsansprüche aus Ingenieurverträgen **verjähren** grundsätzlich in fünf Jahren, beginnend mit der Abnahme (§ 638 BGB), oder – sofern vereinbart – mit der Vollendung bzw. „Fertigmeldung" der Ingenieurleistung. Für den Ingenieur risikoreich ist es dagegen, die Verjährung der Gewährleistungsansprüche erst mit der Abnahme des aufgrund der Ingenieurleistung erstellten Bauwerks o.ä. beginnen zu lassen. Eine derartige Regelung wäre (auch) nicht AGB-konform, da sie den Beginn der Verjährungsfrist ohne zeitliche Grenze in die Zukunft verschiebt. Hierin liegt eine unangemessene Benachteiligung des Vertragspartners <OLG Karlsruhe, 22. 7. 1982, BB 1983, 725; OLG München, 3. 11. 1983, BB 1984, 1386>.

10 Eine formularmäßige **Verkürzung** der 5-Jahresfrist auf zwei Jahre ist ebenfalls nicht möglich <BGH, 17. 9. 1987, NJW 1988, 142; § 11 Nr. 10f>. Um zu anderen, kürzeren Fristen zu gelangen, bedarf es vielmehr individueller, also einzelvertraglich ausgehandelter Vereinbarungen.

Anhang § 9: Internationaler Geschäftsverkehr

(bearbeitet von RA Dr. Schubert)

Literatur: *Sieg*, RiW 1997, 811; *Schmidt* in Ulmer/Brandner/Hensen 8. Aufl. 1997: Anhang zu § 2, Rdn. 1-37; *Wolf/Horn/Lindacher*: Anhang zu § 9; Rdn. 1-124; *Kropholler*, Internationales Privatrecht (1994); *Reithmann/Martiny*, Internationales Vertragsrecht (1996); *von Caemmerer/Schlechtriem*, Kommentar zum Einheitlichen UN-Kaufrecht (1995); *Häuslschmid/Ullrich*, Internationale Verträge nach UN-Kaufrecht, VDMA-Verlag 1997.

1 Vorbehaltlich von Abweichungen, die sich aus der Geltung **internationaler Übereinkommen** ergeben, erlangt das AGB-Gesetz auch im internationalen Geschäftsverkehr Bedeutung, wenn nach deutschem internationalen Privatrecht deutsches Recht als **Vertragsstatut** berufen ist. Darüber hinaus findet das AGB-Gesetz bei grundsätzlicher Geltung ausländischen Vertragsstatuts Anwendung im Falle der sogenannten Sonderanknüpfung nach Art. 27 Abs. 3, 29 EGBGB sowie nach § 12 AGBG bei AGB-Verwendung gegenüber Nicht-kaufleuten und bestimmten räumlichen Beziehungen des Geschäfts zum inländischen Markt.

2 Kommt deutsches Recht als Vertragsstatut zur Anwendung, so ist dieses nach überwiegender Auffassung nach Art. 31 Abs. 1 EGBGB auch maßgeblich für das Zustandekommen und die wirksame Vereinbarung der Vertragsbestimmungen <zur Bestimmung des Vertragsstatuts vgl. *Kropholler*, Internationales Privatrecht, § 52 (1994)>.

3 Die Bestimmung des deutschen Rechts als Vertragsstatut kann sich insbesondere aus einer **ausdrücklichen oder stillschweigenden Rechtswahl** der Vertragsparteien ergeben. Der Schluß auf eine konkludente Vereinbarung deutschen Rechts ist unter anderem dann gerechtfertigt, wenn der ausländische Käufer auf einem Formular des deutschen Verkäufers bestellt und gleichzeitig die AGB des Verkäufers billigt <OLG Hamm, 18. 10. 1982, NJW 1983, 523 (524); vgl. ferner BGH, 3. 3. 1976, RIW 1976, 447 (448) zur stillschweigenden Rechtswahl durch die Einigung auf die AGB einer Partei>.

4 Die Rechtswahl kann grundsätzlich auch in Allgemeinen Geschäftsbedingungen entweder ausdrücklich durch **Rechtswahlklauseln** oder mittelbar durch **Gerichtsstands- und Schiedsklauseln** getroffen werden. Voraussetzung ist jeweils, daß die AGB im internationalen Geschäftsverkehr in den Vertrag einbezogen wurden.

5 Unter Umständen kann sogar allein die Verwendung von AGB bzw. Verbands-AGB schon auf die Wahl des Rechts am Niederlassungsort des Verwenders bzw. des empfehlenden Verbands hinweisen <OLG Karlsruhe, 30. 7. 1979, RIW 1979, 642 (643)>. Weitere Indizien sind die Vereinbarungen eines gemeinsamen Gerichtsstandes <BGH, 3. 3. 1976, RIW 1976, 447> oder ein übereinstimmendes Prozeßverhalten in der Frage des anwendbaren Rechts <BGH, 23. 11. 1989, NJW-RR 1990, 246 (249)>. Darüber hinaus wird auch aus der Vereinbarung eines ständigen Schiedsgerichts mit Sitz in der Bundesrepublik Deutschland in der Regel eine konkludente Rechtswahl des deutschen Rechts gefolgert <Schiedsgericht der Handelskammer Hamburg vom 21. 3. 1996, DB 1996, 1329>, sofern die Schiedsordnung nicht ausdrücklich die Geltung des nach Kollisionsrecht berufenen Sachrechts bestimmt <Münch-Komm, *Martiny*, Art. 27 EGBGB Rdn. 48>.

6 Kollisionsrechtlich gilt auch für die **Rechtswahl in AGB**, daß sich gem. Art. 27 Abs. 4, 31 Abs. 1 EGBGB die Wirksamkeit der Klausel nach dem Recht bestimmt, das anzuwenden wäre, wenn die Bestimmung wirksam wäre <sog. Wirkungsstatut, vgl. BGH, 24. 11. 1988, NJW 1989, 1431 (1432); Münch-Komm, *Basedow*, § 12 Rdn. 16>.

7 Ausnahmsweise kann sich eine ausländische Partei jedoch nach Art. 31 Abs. 2 EGBGB auf das an ihrem gewöhnlichen Aufenthaltsort geltende Recht berufen, wenn es nach den Umständen nicht gerechtfertigt wäre, die Wirkung des zum Vertragsabschluß führenden Verhaltens der ausländischen Partei dem deutschen Recht zu unterstellen. Dementsprechend richtet sich die **Bedeutung des Schweigens** etwa auf ein **kaufmännisches Bestätigungsschreiben** im internationalen Rechtsverkehr nach dem am Wohn- oder Geschäftssitz geltenden Recht. <OLG München, 28. 9. 1989, IPRax 1991, 46 (47); vgl. die ganz h.M. zum früheren Recht OLG Frankfurt, 12. 10. 1982, WM 1983, 129 (130); OLG Hamburg, 1. 6. 1979, NJW 1980, 1232>.

8 Im übrigen beurteilt sich, soweit deutsches Recht Vertragsstatut ist, die **Einbeziehung** der AGB nach deutschem Recht, d.h. im nicht-kaufmännischen Verkehr nach den §§ 2, 3, 9 AGB und im kaufmännischen Verkehr nach den allgemeinen gesetzlichen Regelungen und den überkommenen richterrechtlichen Grundsätzen zum Vertragsabschluß zwischen Kaufleuten <vgl. oben § 2 Rdn. 15 ff.>. Gleiches gilt im Grundsatz für die Frage der Auslegung und Inhaltskontrolle der AGB <vgl. dazu unten Rdn. 13 ff.>.

9 Besonderheiten gelten hinsichtlich der **Einbeziehung von AGB bei branchenüblicher Verwendung** und fehlender ausdrücklicher Einbeziehungserklärung des Verwenders. Entsprechend den für den In-

landsverkehr geltenden Grundsätzen ist auch im internationalen Geschäftsverkehr danach zu fragen, ob von dem ausländischen Kunden die Kenntnis der branchenüblichen Verwendung berechtigterweise erwartet werden kann. Insoweit erkennt der BGH die stillschweigende Einbeziehung deutscher **Bank-AGB** im Verkehr mit Banken anderer EU-Mitgliedstaaten an <BGH, 9. 3. 1987, NJW 1987, 1825 (1826); BGH, 18. 6. 1971, NJW 1971, 2126>. Ein ausdrücklicher Einbeziehungshinweis wird demgegenüber im Geschäftsverkehr mit ausländischen Kaufleuten erwartet werden können, wenn diese selbst keine Bankgeschäfte betreiben. In gleicher Weise bedarf es auch einer ausdrücklichen Einbeziehungserklärung bei Verwendung der **ADSp** gegenüber ausländischen Vertragspartnern, die selbst nicht in der Speditionsbranche tätig sind <BGH, 7. 7. 1976, NJW 1976, 2075>. Bei ausländischen Spediteuren, die in anderen EU-Mitgliedstaaten ansässig sind, kann in der Regel aber die Kenntnis der branchenüblichen ADSp-Verwendung der deutschen Spediteure erwartet werden <OLG Schleswig, 25. 5. 1988; NJW-RR 1988, 283 (284); OLG Frankfurt, 23. 4. 1980, RIW 1980, 666 (667)>. Für international tätige Spediteure aus anderen europäischen Staaten kann die Kenntnis der Verwendung von AGB angenommen werden, sofern diese eine Niederlassung im Inland haben <BGH, 13. 7. 1973, RIW 1982, 55> oder aber der Vertragsschluß selbst im Inland erfolgte <BGH NJW 1973, 2154; OLG München, 9. 5. 1973, NJW 1973, 1560; OLG Frankfurt, 23. 4. 1980, RIW 1980, 666 (667); a. A. *Ulmer/Brandner/Hensen*, Anhang zu § 2, Rdn. 23; zu den ADSp allgemein: siehe Anhang § 9, ADSp>.

Ein besonderes Problem besteht bei Vertragsabschlüssen mit auslän- **10**
dischen Partnern hinsichtlich der **Sprache der Bedingungen**. Sowohl der Hinweis auf die AGB als auch die Geschäftsbedingungen müssen in der Vertragssprache vorliegen <BGH, 10. 3. 1983, BB 1983, 1053 = BGHZ 87, 112> oder in der Sprache des Vertragspartners. Auch im kaufmännischen Verkehr ist es bei einem Exportvertrag eines deutschen Lieferers mit einem Besteller im Ausland nicht ausreichend, die AGB in deutscher Sprache zu übersenden, wenn die Vertragssprache nicht deutsch ist <OLG Frankfurt, 28. 1. 1987, EWiR 1987, 631 (*Thamm*); AG Kiel, 6. 10. 1995, WiB 1996, 398 (*Zoberbier*)>. Schickt aber ein englischer Kunde die Auftragsbestätigung des deutschen AGB-Verwenders, in der sich ein Hinweis auf die AGB befindet, wunschgemäß unterschrieben zurück, so gelten die AGB, auch wenn sie nicht in englischer Sprache vorliegen <OLG Hamm, 28. 6. 1994, RIW 1994, 877 (878)>. Im kaufmännischen Verkehr wird allgemein angenommen, daß die englische Sprache genügt, auch wenn Englisch nicht die Vertragssprache ist.

11 Vorbehaltlich des Vorrangs internationaler Übereinkommen ist das nach internationalem Privatrecht berufene nationale Recht für die Auslegung und Inhaltskontrolle von **AGB in internationalen Handelsverträgen** maßgeblich und zwar grundsätzlich auch dann, wenn es sich um branchenübliche Vertragsbedingungen handelt, die von internationalen neutralen Organisationen oder Verbänden mit dem Ziel einer international einheitlichen Regelung im Interesse beider Vertragsparteien ausgearbeitet worden sind. Bei Verwendung von derartigen „internationalen" AGB gegenüber Nichtkaufleuten gelten insoweit keine Besonderheiten, da das AGB-Gesetz keine Bereichsausnahme für Auslandsgeschäfte enthält. Der Schutzzweck des AGB-Gesetzes eines wirksamen und unbeschränkten Verbraucherschutzes geht regelmäßig der mit der Verwendung internationaler AGB beabsichtigten Vereinheitlichung vor <BGH, 20. 1. 1983, BB 1983, 527 = BGHZ 86, 284 (290) zu den im internationalen Luftverkehr verwendeten IATA-Flugbeförderungsbedingungen>. Demgegenüber sind im Verkehr mit Kaufleuten über § 24 Satz 2 AGBG auch internationale Gewohnheiten und Gebräuche zu berücksichtigen, denn der am internationalen Verkehr teilnehmende Kaufmann verdient weniger Schutz als der sich auf reine Inlandsgeschäfte Beschränkende. Ob ein ausländischer Vertragspartner die **Kaufmannseigenschaft** besitzt, ist nach herrschender Meinung ebenfalls nach deutschem Recht zu beurteilen, d.h. es ist danach zu fragen, ob der ausländische Unternehmer, wenn er in der Bundesrepublik Deutschland niedergelassen wäre, den Kaufmannsstatus hätte. Auf das Erfordernis der Eintragung im Handelsregister muß demgemäß verzichtet werden <Münch-Komm, *Basedow*, § 24 Rdn. 3 m.w.N.; a. A. *Hübner* NJW 1980, 2607>.

12 Die **Auslegung von internationalen AGB** bestimmt sich, soweit deutsches Sachrecht berufen ist, grundsätzlich nach den allgemeinen Auslegungsregeln für Rechtsgeschäfte unter Einschluß der Unklarheitenregel des § 5 AGBG, wobei indes auf das Verständnis eines am internationalen Handelsverkehr teilnehmenden Durchschnittskaufmann der betroffenen Branche abzustellen ist. Darüber hinaus ist jedoch ein allgemeiner Grundsatz der internationalen, einheitlichen Auslegung nicht anzuerkennen, da hiermit das Verständnis des am internationalen Geschäftsverkehr teilnehmenden Durchschnittskaufmanns überspannt werden würde <ebenso: *Ulmer/Brandner/ Hensen*, Anhang zu § 2 Rdn. 35; a. A. *Wolf* ZHR 53 (1984), 300, 305 ff.>. Soweit allerdings internationale AGB mit Schiedsklauseln gekoppelt sind, die die Zuständigkeit eines institutionellen Schiedsgerichts begründen, wird auch die einschlägige schiedsgerichtliche Spruchpraxis

relevant, da die schiedsgerichtliche Interpretation durch die Akzeptanz des Auslegungsergebnisses die Bildung des maßgeblichen Verkehrsverständnisses erwarten läßt < *Wolf/Horn/Lindacher*, Anhang zu § 9 Rdn. 68; *Hoffmann* AWD/RIW 1970, 250>.

Die **Inhaltskontrolle von internationalen AGB** bestimmt sich bei Geltung deutschen Sachrechts nach § 9 AGBG. Dies gilt auch dann, wenn von neutralen Instanzen geschaffene sowie von Verbänden aller betroffener Verkehrskreise ausgehandelte Bedingungswerke verwendet werden. Soweit in dem Inbezugnehmen dieser Bedingungswerke überhaupt ein „Stellen" im Sinne von § 1 AGBG anzunehmen ist, ist bei der Inhaltskontrolle nach § 9 AGBG gemäß § 24 Satz 2 AGBG jedenfalls den **internationalen Gewohnheiten und Gebräuchen im Handelsverkehr** Rechnung zu tragen. Für die Wirksamkeit nach § 9 AGBG spricht regelmäßig die Branchenüblichkeit bestimmter Klauseln im internationalen Handelsverkehr oder ihre Erstarkung zum Handelsbrauch. Soweit internationale Organisationen oder Interessenverbände beider Parteien internationale Bedingungswerke ausgearbeitet haben, sind diese darüber hinaus im Regelungszusammenhang zu werten und einer Gesamtwürdigung zu unterstellen. 13

Im Falle der Unwirksamkeit einzelner AGB gilt auch im internationalen Handelsverkehr das **Verbot der geltungserhaltenden Reduktion** < *Wolf/Horn/Lindacher*, Anhang zu § 2 AGBG Rdn. 64; a. A. *Canaris*, Bankvertragsrecht Rdn. 929>. 14

Soweit **internationale Übereinkommen** entweder durch Zustimmungsgesetz und Ratifikation nach Art. 59 Abs. 2 GG für die Bundesrepublik Deutschland verbindlich geworden oder durch Ausführungsgesetz in deutsches Recht transformiert worden und damit zu beachten sind, gilt dies grundsätzlich auch für die Frage der Einbeziehung, Auslegung und Inhaltskontrolle von AGB. Nachdem das **Haager Einheitliche Kaufrecht** am 31. 12. 1990 für die Bundesrepublik Deutschland außer Kraft getreten ist und nur noch übergangsrechtlich zur Anwendung kommt <vgl. dazu *Ulmer/Brandner/Hensen*, Anhang zu § 2, Rdn. 8>, konzentriert sich die Frage der Auswirkungen internationaler Abkommen vor allem auf das am 1. 1. 1991 für die Bundesrepublik Deutschland in Kraft getretene **UN-Kaufrechtsübereinkommen** (Convention on Contracts for the International Sale of Goods, CISG). 15

Der Anwendungsbereich des CISG erstreckt sich auf **internationale Warenkäufe** und **Werklieferungsverträge** zwischen Vertragsparteien mit Niederlassung oder gewöhnlichem Aufenthalt in verschiedenen 16

Vertragsstaaten <vgl. Art 1, Abs. 1 lit. a. CISG; zu ausgenommenen Bereichen vgl. Art. 3 CISG>. Hat ein Unternehmen **mehrere Niederlassungen**, so kommt es auf diejenige Niederlassung an, die mit den Verhandlungen zum Abschluß des Vertrages befaßt war <vgl. *Thamm/Detzer*, DB 1997, 213 (215)>. Der Umstand aber, daß eine Partei ihr Verbindungsbüro im Land der anderen Partei lediglich in die Vertragsverhandlungen einschaltet, hat noch nicht zur Folge, daß die Niederlassungen der Parteien als im dem gleichen Staat belegen anzusehen sind <ICC Arbitration case No. 7531/1994>. Außerdem findet das CISG Anwendung, wenn die Regeln des internationalen Privatrechts zur Anwendung des Rechts eines Vertragsstaates führen und damit auf das CISG als innerstaatliches Recht verweisen <vgl. Art. 1, Abs. 1 lit. b. CISG>. Diese Anwendungsvoraussetzung kann von dem unterzeichnenden Vertragsstaat allerdings für unverbindlich erklärt werden <vgl. zum aktuellen Stand der Vertragsstaaten und der erklärten Vorbehalte *Piltz*, NJW 1996, 2768; ferner im einzelnen zum Inhalt des Abkommens *v. Caemmerer/Schlechtriem*, Kom. z. Einheitlichen UN-KaufR, 2. Aufl. (1995)>.

17 Unerheblich für die Anwendung des UN-Kaufrechtsabkommens sind die **Staatsangehörigkeit** und **Kaufmannseigenschaft** der Vertragsparteien. Nicht dem CISG unterliegen ferner für den Verkäufer erkennbare **Konsumentengeschäfte** <vgl. Art. 2 lit. a. CISG>.

18 Das UN-Kaufrechtsabkommen kann durch Parteivereinbarung ausgeschlossen werden <vgl. Art. 6 CISG>. Nach überwiegender Meinung kann der **Ausschluß** auch durch **stillschweigende Vereinbarung** oder durch **Allgemeine Geschäftsbedingungen** erfolgen. Die Wahl der Rechtsordnung eines Vertragsstaates führt dabei aber nicht zur Abwahl des UN-Kaufrechts, sondern im Gegenteil grundsätzlich zur Anwendung des CISG als vereinheitlichtes innerstaatliches Recht <ICC Arbitration case No. 7844/1994, No. 7660/1994; *Wolf/Horn/ Lindacher*, § 2 Anh. Rdn. 80 m.w.N.; a. A. Adhoc-Schiedsgericht Florenz, CLOUT 7/1995, case No. 92>. Sehen die den Vertragsbeziehungen zu Grunde liegenden AGB den Ausschluß des Haager Einheitlichen Kaufrechts (EKG) vor, so kann daraus ebenfalls nicht gefolgert werden, daß die Parteien auch das UN-Kaufrecht abbedingen wollten <LG Düsseldorf Urt. v. 11. 10. 1995 – 2 O 506/94>.

19 Findet das UN-Kaufrecht Anwendung, so beurteilt sich die Frage der **Einbeziehungsvoraussetzungen** für AGB vorrangig nach den Vertragsabschlußregelungen in Art. 14 ff. CISG <vgl. *Thamm/Detzer*, BB 1992, 2369 (2378); zur Streitfrage, ob ergänzend Raum für eine be-

sondere Einbeziehungskontrolle nach unvereinheitlichtem Recht ist, vgl. *Wolf/Horn/Lindacher*, § 2 Anh. Rdn. 84 m.w.N.>.

Unter Geltung des UN-Kaufrechtsabkommens trifft grundsätzlich 20
den AGB-Verwender eine **Kenntnisverschaffungspflicht** hinsichtlich der AGB, so daß auch gegenüber Kaufleuten die Beifügung der AGB Voraussetzung der Einbeziehung ist, sofern diese im Einzelfall nicht vorbekannt sind. <ebenso *Holthausen* RIW 1989, 517; *Piltz*, Int. KaufR, § 3 Rdn. 77 ff.>. Darüber hinaus werden nicht in der Vertragssprache abgefaßte AGB in der Regel auch nicht Vertragsbestandteil <AG Kehl, 6. 10. 1996, NJW-RR 1996, 565, zugleich zum Problem kollidierender AGB>.

Die **Inhaltskontrolle** der AGB richtet sich aufgrund des Gültigkeits- 21
vorbehalts nach Art. 4 S. 2 lit. a. CISG auch außerhalb des Bereichs der Konsumentengeschäfte nach dem nach IPR-Grundsätzen anwendbaren nationalen Recht <*Ulmer/Brandner/Hensen*, Anh. § 2 Rdn. 16a m.w.N., a.A. *Herber/Czerwenka*, Int. KaufR, Art. 4 CISG Rdn. 12>. Gleichwohl bestimmen sich die Schranken der Inhaltskontrolle im Sinne von § 8 ebenso wie die **Lückenfüllung und -ergänzung** bei Nichteinbeziehung oder Unwirksamkeit einzelner Bestimmungen nach UN-Kaufrecht <vgl. Art. 7 Abs. 2, 8 CISG>.

Vorrangig nach UN-Kaufrecht bestimmt sich auch die Frage, inwie- 22
weit **Schweigen auf ein kaufmännisches Bestätigungsschreiben**, welches in ausreichender Weise auf die zur Kenntnis gebrachten AGB verweist, als Zustimmung zu werten ist. Dies ist zumindest dann zu bejahen, wenn ein entsprechender Handelsbrauch am Sitz beider Parteien gilt <vgl. dazu *Thamm/Detzer*, BB 1992, 2364 (2379); DB 1997, 213 (215 f.) m.w.N.>. Soweit indes auch eine einheitsrechtsautonome Auslegung des Verhaltens der Parteien nicht zur Begründung eines Vertragsabschlusses führt, ist aufgrund der abschließenden Regelung in den Art. 14-24 CISG ein Rückgriff auf das nach dem internationalen Privatrecht berufene nationale unvereinheitlichte Recht ausgeschlossen. Gleichwohl kann ein solches Bestätigungsschreiben aber als Beweismittel für den Vertragsabschluß dienen <OLG Köln, 22. 2. 1994, RIW 1994, 972; vgl. ferner *Thamm/Detzer*, DB 1997, 213 (214 ff.)>.

Zu den Gerichtsstandsklauseln und Schiedsgerichtsklauseln: siehe die 23
jeweiligen Abschnitte im Anhang § 9. Speziell zur Umsetzung der EU-Richtlinie über mißbräuchliche Klauseln in Verbraucherverträgen in Frankreich: Gesetz Nr. 95-96 vom 1. 2. 1995 <dazu *Berger-Walliser*, RIW 1996, 459>, in Griechenland: *Kapnopoulou*, Das Recht der

mißbräuchlichen Klauseln in der Europäischen Union, 1997 (Studien zum ausländischen und internationalen Privatrecht, Bd. 53).

Anhang § 9: Konnossementbedingungen

Literatur: *Hensen* in Ulmer/Brandner/Hensen: 8. Aufl. 1997, Anhang §§ 9-11, Rdn. 645.

1 Konnossementbedingungen sind als AGB schon öfter Gegenstand der Beurteilung durch dieRechtsprechung gewesen. Eine Kontroverse gab es in der Vergangenheit über die drucktechnische Gestaltung der Konnossementbedingungen <BGH, 30. 5. 1983, BB 1983, 2074; andererseits aber BGH, 3. 2. 1986, VersR 1986, 678 mit Besprechung von *Hensen* in EWiR 1986, 635; zur formellen Gestaltung von AGB allgemein: § 2 Rdn. 12>.

2 Nur einige Beispiele aus der Rechtsprechung zum Inhalt von Konnossementbedingungen: Der Haftungsausschluß des Verfrachters für die Auslieferung von Gütern an einen nach dem Konnossement nicht legitimierten Empfänger ist unwirksam <BGH, 20. 12. 1982, NJW 1983, 1264 (1266); insofern nicht abgedruckt in BGHZ 86, 172>. Der Verfrachter kann sich aber durch eine entsprechende Klausel von Schäden freizeichnen, die auf unzulängliche Ladungsfürsorge nach dem Ausladen der Ware aus dem Seeschiff durch selbständige Betriebe wie einer Kaianstalt zurückzuführen sind, auf deren Handlungsweise der Verfrachter keinen unmittelbaren Einfluß hat <OLG Hamburg, 8. 2. 1996, OLGR Bremen u.a. 1996, 259>. Eine Frist von drei Monaten für die Geltendmachung von Schadensersatzansprüchen ist im Hinblick auf die §§ 439, 414 Abs. 1 HGB unwirksam <BGH, 20. 3. 1978, BB 1978, 829 = BGHZ 71, 167>.

Anhang § 9: Konzertveranstaltungen

Literatur: *Hensen* in Ulmer/Brandner/Hensen, 8. Aufl. 1997, Anhang §§ 9-11, Rdn. 755 und 756 f.

Von der Rechtsprechung negativ beurteilt worden sind Klauseln über die Rückgabe der gekauften Karten nur „bei genereller Absage" <LG München, 18. 4. 1991, NJW-RR 1991, 1143> und über eine Frist zur Rückgabe von nur 2 Wochen bei Verlegung des Termins <LG Mün-

chen, 7. 2. 1991, NJW 1991, 1491>. Derzeit läuft eine Klage gem. § 13 hinsichtlich des Hinweises auf den Eintrittskarten für Pop- und Rockkonzerte über Leibesvisitation <unzulässig gem. LG Halle, 29. 3. 1996, nicht rechtskräftig, VuR 1996, 423>.

Anhang § 9: Krankenhausaufnahmevertrag

Literatur: *von Westphalen*, Klauselwerke: *Eduard Graf von Westphalen*, Krankenhausaufnahmevertrag, Oktober 1996; *Schlund* in FS für Trinkner, 1996, S. 337-360; *Hensen* in Ulmer/Brandner/Hensen, 8. Aufl. 1997: Anhang zu §§ 9-11, Rdn. 450; *Wolf/Horn/Lindacher*: Anhang § 9, K 21-33; *Ermann/H. Hefermehl*, 9. Aufl. 1993, § 9 AGB-Gesetz, Rdn. 118/119; *Bunte* NJW 1986, 2351.

Die Rechtsprechung hat sich schon häufig mit dieser Art der Ge- 1
schäftsbedingungen befaßt. U.a. sind folgende Regelungen von der Rechtsprechung bewertet worden <OLG Düsseldorf, 19. 11. 1987, NJW-RR 1987, 884 hat allein 12 Klauseln geprüft, von denen im folgenden nur 2 Klauseln genannt sind>:

Ausschluß von Wahlleistungen: Wahlleistungen sind z.B. die Unter- 2
bringung in einem Einbett- oder Zweibettzimmer oder die Gestellung einer Sonderwache. In AGB ist vorgesehen, daß das Krankenhaus in bestimmten Fällen z.B. wenn vorherige Krankenhausbehandlungen nicht bzw. erheblich verspätet bezahlt worden sind, Wahlleistungen versagen darf. Diese Klausel ist zulässig <BGH, 9. 11. 1989, NJW 1990, 761 (762)>.

Klauseln zum Pflegekostentarif: Insofern gibt es mehrere Klauseln, 3
die von der Rechtsprechung nicht als gültig anerkannt worden sind:

- als Verstoß gegen § 11 Nr. 15b AGB-Gesetz ist die Bestätigungsklausel („Ich bin ausdrücklich auf die allgemeinen Vertragsbedingungen (AVB) und auf den Tarif für stationäre und teilstationäre Leistungen (Pflegekostentarif) hingewiesen worden und hatte die Möglichkeit, in zumutbarer Weise von ihrem Inhalt Kenntnis zu nehmen ...") anzusehen <BGH, a.a.O., S. 765>. Auch der Klausel, mit welcher der Krankenhausbenutzer den Empfang des Pflegekostentarifs quittiert, ist die Wirksamkeit wegen § 11 Nr. 15b versagt worden <BGH a.a.O.>.
- Unwirksam ist ebenfalls die Regelung, die den Anschein erweckt, als seien rückwirkend Erhöhungen des Pflegesatzes stets wirksam <BGH, 14. 7. 1988, BGHZ 105, 160>.

4 **Haftungsbeschränkung** auf Vorsatz und grobe Fahrlässigkeit bei Behandlungs- und Aufklärungsfehlern: Klauseln, in denen u.a. eine Haftungsbeschränkung auf Vorsatz und grobe Fahrlässigkeit bei Behandlungs- und Aufklärungsfehlern vorgesehen sind, werden von der Rechtsprechung nicht als gültig angesehen <OLG Stuttgart, 7. 12. 1977, NJW 1979, 2355>. Da der Patient im Krankheitsfall keine andere Wahl hat, als ärztliche Hilfe in Anspruch zu nehmen, sei die Haftungsbeschränkung nicht zumutbar.

5 **Haftungsausschluß für Verrichtungsgehilfen:** Die Klausel „Der Krankenhausträger haftet nur für Schäden, die von Personen verursacht werden, die in Erfüllung einer vom Krankenhaus geschuldeten Leistung tätig werden" enthält einen Haftungsausschluß für Verrichtungshilfen und ist als Verstoß gegen § 9 Abs. 2 Satz 1 unwirksam <OLG Düsseldorf, 19. 11. 1987, NJW-RR 1988, 884 (887)>.

6 **Frist zur Geltendmachung von Haftungsansprüchen wegen Verlust oder Schädigung von Geld und Wertsachen:** Die 3 Monatsfrist für den Krankenhausbenutzer zur Geltendmachung von Haftungsansprüchen wegen Verlust oder Beschädigung von Geld und Wertsachen ist nicht zulässig, weil sie auch denjenigen Benutzer betrifft, dessen stationäre Behandlung noch nicht abgeschlossen ist <BGH, 9. 11. 1989, NJW 1990, 761 (764); a.A. OLG Düsseldorf, 19. 11. 1987, NJW-RR 1988, 884 (887)>.

7 **Obduktions-/Sektionsklausel:** Dagegen verstößt die Einwilligungserklärung zur Obduktion nicht gegen die §§ 9-11 <BGH, 31. 5. 1990, NJW 1990, 2313; Nachweise kritischer Literatur bei *Schlund*, FS für Trinkner, S. 357/358>.

8 **Spaltung des Vertrages:** Die formularmäßige Spaltung des Krankenhausvertrages mit Privatpatienten in jeweils getrennte Vereinbarungen mit dem Krankenhaus und mit den privatliquidierenden Ärzten stößt auf Bedenken hinsichtlich §§ 3 und 9 <*Kramer*, NJW 1996, 2398>.

9 Hinzuweisen ist noch auf die Konditionenempfehlungen <zu Konditionenempfehlungen allgemein: siehe Vor § 8 Rdn. 2> der Deutschen Krankenhausgesellschaft (DKG):

- Allgemeine Vertragsbedingungen für Krankenhausbehandlungsverträge, 1996

- Allgemeine Vertragsbedingungen für ambulante Operationsleistungen <BAnz. 1994, 1135>.

Anhang § 9: Kreditkartenvertrag

Literatur: *Taupitz*, NJW 1996, 217; *von Westphalen*, Klauselwerke: *Pfeiffer*, Kreditkartenvertrag, Januar 1995; *H. Schmidt* in Ulmer/Brandner/Hensen, 8. Aufl. 1997, Anh. §§ 9-11, Rdn. 452-454b; *Etzkorn*, WM 1991, 1901.

1 Die außerordentliche Verbreitung der Kreditkarten hat die Kreditkarten AGB zu einem Thema von besonderer Bedeutung werden lassen. Rechtsprechung und juristische Literatur sind zu Einzelproblemen sehr vielfältig. Nur wenige Punkte können gestreift werden:

2 Unzulässig ist die verschuldensunabhängige **Haftung des Kunden** bei Verlust und Diebstahl <BGH, 23. 4. 1991, BB 1991, 1146 = BGHZ 114, 238; OLG Bamberg, 23. 6. 1993, NJW 1993, 2813>. Die Haftung des Kunden muß auch bei verspäteter Verlustanzeige mit deren Eingang beim Austeller enden <OLG Bamberg, 23. 6. 1993, a.a.O. (2814); vgl. BGH, 23. 4. 1991, BB 1991, 1146 = BGHZ 114, 238>. Bei grober Fahrlässigkeit hat der Karteninhaber keinen Anspruch auf Haftungsbegrenzung für Schäden, die vor Eingang der Verlustanzeige der Karte entstehen <OLG Frankfurt, 19. 11. 1996, OLGR Frankfurt 1997, 6>.

3 **Zinspflichten**, die durch Überschreitung eines Zahlungsziels ausgelöst werden und sich auf davor liegende Zeiträume erstrecken sind unwirksam <BGH, 29. 3. 1994, BB 1994, 1037 = BGHZ 125, 343>. Auch pauschale Überziehungsgebühren für Fälle nicht fristgerechter Zahlung sind von der Rechtsprechung verworfen worden <BGH a.a.O.>.

4 Besonders umstritten war bisher die Frage, ob in AGB ein **zusätzliches Entgelt** neben der Grundgebühr für den Einsatz der Kreditkarte **im Ausland** festgelegt werden darf. Der BGH hat jetzt die Zulässigkeit bejaht <BGH, 14. 10. 1997, BB 1997, 2605 = WM 1997, 2244, entgegen OLG Hamburg, 15. 5. 1996, BB 1996, 1631; vgl. *Meder*, NJW 1996, 1849>. Zulässig ist ein Zusatzentgelt bei Barabhebungen <LG Heilbronn, 8. 6. 1995, NJW-RR 1995, 1397; vgl. *Pfeiffer*, Rdn. 89>.

5 Unwirksam ist eine Klausel über die Befugnis des Kreditkartenunternehmens zur jederzeitigen fristlosen **Kündigung** ohne wichtigen Grund <BGH, 29. 3. 1994, BB 1994, 1037 = BGHZ 125, 343>.

6 Unwirksam ist auch die Klausel in dem Formular eines Kreditkartenantrages über des **Hinausschieben des Vertragsabschlusses** bis zur Kenntnisnahme der noch zuzuschickenden AGB sowie der Unterschreibung oder Benutzung der Kreditkarte <OLG Nürnberg, 27. 5. 1997, ZIP 1997, 1781>. Nach Ansicht des Gerichts verstößt eine solche Klausel gegen § 3 und § 9 Abs. 2 Nr. 1.

Anhang § 9: Kundendienstvertrag

(bearbeitet von RA Ullrich)

Literatur: *Thamm/Detzer*, Geschäftsbedingungen für Kundendienstverträge im kaufmännischen Geschäftsverkehr, DB 1992, 2123; *Gounalakis/Klose-Mokros*, Handwerker- und Kundendienstverträge, ZAP Fach 6, 193; *Ullrich/ Ulbrich*, Das Bevorraten von Ersatzteilen, BB 1995, 371.

1 Das Gesetz enthält keine Vorschriften über **Kundendienstverträge**. Anwendbar sind nach herrschender Meinung grundsätzlich die Vorschriften des **Werkvertragsrechts** (§§ 631 ff. BGB). Werkvertragsrecht ist auch dann anzuwenden, wenn sich die jeweilige Leistung nicht in einem Einzelauftrag erschöpft, sondern über einen längeren Zeitraum zu erbringen ist <*Junker*, Die Entwicklung des Computervertragsrechts in den Jahren 1988 und 1989, NJW 1990, 1575 ff., 1577>.

2 Gerade bei Kundendienst-„Daueraufträgen" (z. B. Wartungsverträgen, siehe dazu Anhang § 9, Wartungsvertrag) ist es wichtig, den genauen **Leistungsinhalt** festzulegen. Dies geschieht – insbesondere in der kaufmännischen Geschäftspraxis – häufig durch den Verweis auf bestimmte Leistungsverzeichnisse.

3 Vom Leistungsumfang nicht erfaßt sind normalerweise umfangreichere **Reparaturarbeiten**. Hierfür müssen gesonderte Vertragsgrundlagen geschaffen werden, ggf. auf der Grundlage von Allgemeinen Reparaturbedingungen <vgl. hierzu z. B. die Reparaturbedingungen des VDMA für den kaufmännischen Geschäftsverkehr, abgedruckt in *Ullrich/Thamm*: Die VDMA-Geschäftsbedingungen, 3. Aufl. 1994, S. 101-103; siehe allg. Anh. § 9: Reparaturverträge>.

4 Die **Laufzeit** von Kundendienstverträgen über einen längeren Zeitraum darf im nichtkaufmännischen Geschäftsverkehr gem. § 11 Nr. 12a AGB-Gesetz maximal zwei Jahre betragen. Diese Frist beginnt bei Vertragsabschluß und nicht erst mit dem Beginn der Leistungserbringung <BGH, 17. 3. 1993, BB 1993, 884>.

5 Sofern eine stillschweigende **Vertragsverlängerung** vorgesehen ist, darf diese gegenüber Nichtkaufleuten maximal ein Jahr betragen (§ 11 Nr. 12b AGB-Gesetz).

6 Im **kaufmännischen Geschäftsverkehr** sind diese strikten Regelungen nicht maßgebend. § 24 AGB-Gesetz erlaubt großzügige Vereinbarungen. Verträge bis zu einer Laufzeit von zehn Jahren sind unproblematisch <siehe hierzu auch *Strauß*, Langfristige Laufzeitklauseln in vorformulierten Verträgen über technische Anlagen, NJW 1995, 697 unter IV.3 m.w.N.>.

Klauseln, die eine freie **Übertragbarkeit von Kundendienstleistungen** auf Dritte vorsehen, sind unwirksam <z.B. OLG Bamberg, 1. 10. 1985, CR 1987, 234 zu EDV-Wartungsverträgen>. Dem Auftraggeber dürfte es in der Regel nicht gleichgültig sein, welches Unternehmen für ihn tätig wird. Hierbei spielt es keine Rolle, ob die betreffenden Kundendienstleistungen gegenüber einem Nichtkaufmann oder einem Kaufmann erbracht werden. **7**

Vertragsklauseln, die **Fahrtzeiten und Arbeitszeiten** betragsmäßig gleichstellen, sind zulässig. Eine solche Klausel unterliegt als Preisnebenabrede nicht der Inhaltskontrolle des AGB-Gesetzes <BGH, 19. 11. 1991, BB 1992, 228>. Eine frühere Entscheidung des BGH <5. 6. 1984, BB 1984, 1321> ist damit obsolet geworden. Diese Tatsache wird in der Praxis häufig (noch) verkannt <siehe auch Anhang § 9, Reparaturverträge Rdn. 6>. **8**

Die **Kündigungsfrist** für Kundendienstverträge mit längerer Laufzeit darf im nichtkaufmännischen Geschäftsverkehr maximal drei Monate zum Ablauf des Vertrages betragen (§ 11 Nr. 12c AGB-Gesetz). Im kaufmännischen Geschäftsverkehr sind längere Kündigungsfristen zulässig. Unabhängig hiervon steht jedem Vertragspartner immer ein außerordentliches Kündigungsrecht zu, soweit eine Fortsetzung des Vertrages für ihn nicht mehr „zumutbar" ist. Eine gegenteilige Klausel in AGB ist unzulässig. **9**

Inhaltlich unklar sind Regelungen über einen sog. **„24-Stunden-Service"**. Zur Vermeidung von Streitigkeiten ist dringend anzuraten, den Leistungsinhalt konkret festzulegen. Wichtig ist hierbei der Unterschied zwischen Ansprechzeit, Reaktionszeit und ggf. Verfügbarkeitszusagen. Geklärt werden muß, ob die in der Bezeichnung zum Ausdruck kommende Bereitschaft sich nur darauf beschränkt, Meldungen entgegenzunehmen und möglichst schnell zu reagieren oder innerhalb der 24 Stunden mit der Serviceleistung zu beginnen oder gar die Verfügbarkeit innerhalb dieser Zeitspanne wieder herzustellen. Empfehlenswert ist insoweit auch, die eintretenden Rechtsfolgen bei Nichteinhaltung der 24-Stunden-Zusage festzulegen (zu Verfügbarkeitszusagen: siehe Anhang § 9, Einkaufsbedingungen Rdn. 15 und 16). **10**

Haftungsausschlüsse für Schäden, die durch eine fehlerhafte Kundendienstleistung entstehen, sind im Rahmen von AGB nur in sehr engen Grenzen zulässig. Insbesondere muß für die Verletzung von „wesentlichen Vertragspflichten" eingestanden werden <grundle- gend BGH, 11. 11. 1992, BB 1992, 2460; siehe im einzelnen § 11 Nr. 7 und 8 Rdn. 6>. **11**

Anhang § 9: Kundenschutzvereinbarungen

Literatur: *Flohr* in Martinek/Semler: Handbuch des Vertriebsrechts, 1996, S. 584-591; *Thamm*, BB 1995, 790.

1 Kundenschutzvereinbarungen können dem AGB-Gesetz unterfallen. Unter Kundenschutz versteht man im allgemeinen:

- Die Einräumung von Ansprüchen des Kundenschutzberechtigten gegenüber dem Kundenschutzverpflichteten bei Vertragsabschlüssen des Kundenschutzverpflichteten mit Dritten (Kunden): Provisions- oder Beteiligungsanspruch und
- die Vereinbarung über die Vermeidung von Vertriebskonkurrenz des Kundenschutzverpflichteten gegenüber dem Kundenschutzberechtigten im Hinblick auf bestimmte Kunden: Alleinvertriebsrecht oder Wettbewerbsverbot.

2 Die Eigenschaft von **Kundenschutz-Vereinbarungen als AGB** wird meistens zu verneinen sein, weil es sich um Individualvereinbarungen im Sinne von § 1 Abs. 2 handeln wird. Ob im Einzelfall wirklich vorformulierte Vertragsklauseln vorliegen, die für eine Vielzahl von Verträgen bestimmt sind, muß geprüft werden.

3 Sind ausnahmsweise AGB zu bejahen, so wird die Vereinbarung in der Regel im kaufmännischen Verkehr getroffen worden sein, so daß gem. § 24 Satz 2 für die Inhaltskontrolle § 9 in Betracht kommen kann. Ein Verstoß gegen § 9 wird aber nur selten vorliegen. Es mangelt jedoch bisweilen an der Klarheit von Kundenschutzvereinbarungen <zur völligen Unwirksamkeit wegen Unklarheit: OLG Düsseldorf, 29. 4. 1993, BB 1994, 1957>, so daß § 5 und der Rechtsprechungsgrundsatz des Transparenzgebotes zu beachten sind.

4 Zu einzelnen Klauseln läßt sich kaum etwas konkretes sagen. Die Ausgestaltung von Kundenschutzvereinbarungen ist zu vielgestaltig. **Ausschließlichkeitsbindungen** werden unter Abwägung aller wirtschaftlichen Gesichtspunkte des Vertragsabschlusses im allgemeinen nicht als unangemessene Benachteiligung des Kundenschutzverpflichteten zu werten sein <beachte aber neuerdings BGH, 14. 1. 1997, DB 1997, 2117 zur kartellrechtlichen Problematik>. Die **Laufzeit** der Vereinbarungen wird nach den Wertungsgesichtspunkten von § 11 Nr. 12 i.V.m. § 9 ebenfalls kaum zur Unwirksamkeit der getroffenen Regelung führen.

Anhang § 9: Lagerbedingungen

Literatur: *Wolf* in Wolf/Horn/Lindacher, 3. Aufl. 1994, Anhang § 9 Rdn. L1-L10; *Hensen* in Ulmer/Brandner/Hensen, 8. Aufl. 1997, Anhang §§ 9-11 Rdn. 455-458.

Lagerbedingungen haben in den ersten Jahren nach Inkrafttreten des 1
AGB-Gesetzes in der Rechtsprechung eine erhebliche Rolle gespielt. Es gab viele negative Urteile <z. B. OLG Hamburg, 5. 1. 1984, AGBE 1984, 331 = VersR 1984, 1036; OLG Hamburg, 10. 3. 1983, VersR 1994, 169; KG, 12. 5. 1981, AGBE 1981, 71 = VersR 1982, 372>. Besonders spektakulär war das Kaltlagerungsurteil, mit dem im kaufmännischen Geschäftsverkehr die Haftungsbegrenzung für Kühlhauslagerung bei grober Fahrlässigkeit für unwirksam erklärt worden ist <BGH, 19. 1. 1984, BB 1984, 746 = BGHZ 89, 363; Anm. *Bunte*, JZ 1984, 475>. Diese Urteile sind wegen der inzwischen zum Teil mehrfach geänderten Konditionenempfehlungen nur noch von eingeschränkter Aktualität. Es bestehen jetzt folgende Konditionenempfehlungen <zu Konditionenempfehlungen allg.: siehe Vor § 8 Rdn. 2>:

- Lagervertrag mit allgemeinen Lagerbedingungen des deutschen Möbeltransports <BAnz. 1995, 10949; *Hensen* geht in der 8. Aufl. 1997, Rdn. 455 von der „Neufassung ... von 1987" aus>.
- Hamburger Lagerungsbedingungen <BAnz. 1990, 4194; die Kritik von *Hensen* a.a.O. Rdn. 458 an der Fassung 1985 war deshalb bei Erscheinen der 8. Aufl. 1997 schon lange überholt>.
- Allgemeine Bedingungen für Kaltlagerung <BAnz. 1984, 13916>.

Die Hamburger Lagerungsbedingungen werden trotz Branchenüb- 2
lichkeit im kaufmännischen Geschäftsverkehr nicht stillschweigend zu Lasten eines auswärtigen, nicht branchenkundigen Kaufmanns in den Vertrag einbezogen <OLG Hamburg, 7. 5. 1997, OLGR Bremen, u.a. 1997, 226; zur stillschweigenden Einbeziehung von AGB allg.: siehe § 2 Rdn. 20>.

Anhang § 9: Leasingverträge

Literatur: *Schmidt* in Ulmer/Brandner/Hensen, 8. Aufl. 1997, Anhang zu §§ 9-11 Rdn. 460-467a; *Joussen*: Der Industrieanlagen-Vertrag, 2. Aufl. 1996, S. 41-49 und 178-181; *Assies*, WiB 1996, 564; *Michalski/Schmitt*: Der Kraftfahrzeug-

Leasingvertrag, 1995; *von Westphalen*, Klauselwerke: Leasing, Oktober 1996; *von Westphalen*: Muster für Leasingverträge, 1997 (Heidelberger Musterverträge Heft 91).

1 Die außerordentlich starke Bedeutung von Leasingverträgen und die besonders große Zahl von Vertragsabschlüssen dieser Art, die fast ausnahmslos mit AGB ausgeführt werden, hat zu einer außerordentlichen Fülle von Gerichtsentscheidungen zu diesem Thema geführt. Hinsichtlich der umfassenden Beschäftigung mit Leasing AGB muß auf die zahlreich vorhandene Spezialliteratur verwiesen werden. Nur wenige Gesichtspunkte insbesondere neuerer Rechtsprechung werden im folgenden gestreift.

2 Sehr häufig werden bei vorzeitiger Beendigung insbesondere von Kraftfahrzeug-Leasingverträgen die AGB-**Abrechnungsklauseln** von der Rechtsprechung als unwirksam angesehen. Dies wird zum einen z.B. wegen Nichtberücksichtigung ersparter Aufwendungen zu Gunsten des Leasingnehmers angenommen <u.a. BGH, 11. 1. 1995, BB 1995, 428>, zum anderen verstoßen Abrechnungsklauseln meistens gegen das Transparenzgebot <BGH, 22. 11. 1995, BB 1996, 180 und Vorinstanz OLG Köln, 6. 2. 1995, NJW 1995, 2044; OLG Köln, 6. 12. 1995, WiB 1995, 567 FN 28 (*Assies*); OLG Dresden, 26. 7. 1995, EWiR 1996, 531 (*von Westphalen*); vgl. aber neuerdings BGH, 4. 6. 1997, BB 1997, 1758>. *„Faßt man die Judikatur des BGH zusammen, so ist zu konstatieren, daß es unter Berücksichtigung des Transparenzgebotes fast unmöglich ist, in allen Punkten wirksame Leasingbedingungen zur Anwendung zu bringen <Hartleb* in Urteilsbesprechung zu BGH, 22. 11. 1995, WiB 1996, 125 (128)>." Bei Kilometerabrechnung steht dem Leasinggeber kein Anspruch auf den kalkulierten Restwert zu <OLG Stuttgart, 6. 2. 1996, EWiR 1996, 633 (*Bahman*); siehe im einzelnen *Assies*, WiB 1996, 564 (567 unter V, 4)>. Ist die AGB-Abrechnungsregelung unwirksam, so muß eine konkrete Ermittlung des Schadensersatzanspruchs des Leasinggebers erfolgen <u.a. BGH, 11. 1. 1995, BB 1995, 428>.

3 Die in Leasingverträgen üblicherweise vereinbarte, vom Leasingnehmer abzugebende **Übernahme- bzw. Abnahmebestätigung** wird dem Leasingnehmer bei der Geltendmachung von Mängeln oft mißbräuchlich entgegengehalten. Diese Bestätigung stellt kein Anerkenntnis und kein Verzicht auf Einwendungen dar, sondern legt dem Leasingnehmer nur die Beweislast für die Erklärung auf <BGH, 27. 6. 1990, BB 1990, 2003 = DB 1990, 2016 (2017); BGH, 1. 7. 1987, NJW 1988, 204>.

4 Zulässig ist die Überwälzung der Diebstahlsgefahr bei Kraftfahrzeugleasing <KG, 15. 4. 1993, BB 1994, 818>. Unzulässig ist dagegen eine Vorausabtretung von pfändbaren Lohn- und Gehaltsansprüchen des Leasingnehmers, weil der Leasinggeber Eigentümer der Sache bleibt <OLG Celle, 12. 1. 1994, WM 1994, 885>. Der Leasinggeber darf die Wissenszurechnung hinsichtlich des eingeschalteten Lieferers (§ 166 BGB) nicht dadurch ausschließen, daß er in seinen AGB vorsieht, daß der Lieferer nicht sein Erfüllungsgehilfe ist <OLG Köln, 12. 6. 1995, NJW-RR 1996, 411>. Eine Gewährleistungsklausel der Kraftfahrzeugleasingfirma, nach der dem Leasingnehmer nur der Anspruch auf Nachbesserung gegenüber der Lieferfirma abgetreten wird, das Verlangen der Wandelung aber dem Leasinggeber vorbehalten bleibt, ist wirksam <OLG Celle, 8. 11. 1995, VersR 1996, 1115>. Zumindest beim gewerblichen Leasingvertrag kann vom Leasingnehmer erwartet werden, daß er bei Ausübung der Gewährleistungsrechte zwischen Leasinggeber und Hersteller des Gegenstandes zu unterscheiden vermag <OLG Celle a.a.O.>. Ein zur fristlosen Kündigung berechtigender wichtiger Grund ist gegeben, wenn der Leasingnehmer das Fahrzeug unter z.T. erheblichem Alkoholeinfluß mehrfach benutzt, ohne im Besitz einer gültigen Fahrerlaubnis zu sein <OLG Düsseldorf, 16. 1. 1997, BB 1997, 702>. Unwirksam ist eine Klausel in AGB, die gegenüber Nichtkaufleuten verwendet wird, über eine Pauschaleinwilligung zur Speicherung und Übermittlung von persönlichen Daten: Verstoß gegen § 9 Abs. 2 <OLG Karlsruhe, 28. 6. 1996, MDR 1996, 1230>. Zur persönlichen Haftungsvereinbarung z.B. des GmbH-Geschäftsführers beim Leasingvertrag mit der GmbH siehe § 11 Nr. 14. Zum Problem der AGB-rechtlichen Vereinbarung bei Übernahme eines notleidenden Leasingvertrages, daß der alte Leasingnehmer weiterhin im Rahmen des ursprünglich abgeschlossenen Vertrages verpflichtet bleibt: *v. Westphalen*, NJW 1997, 2905.

5 Ein AGB-rechtlich zulässiges **Aufrechnungsverbot** (dazu allg. § 11 Nr. 3) wirkt auch nach Beendigung des Leasingvertrages weiter, solange das Leasingobjekt noch nicht an den Leasinggeber zurückgegeben worden ist <OLG Düsseldorf, 30. 4. 1997, ZMR 1997, 466>.

6 Hinsichtlich der **Laufzeit** von Leasingverträgen ist § 11 Nr. 12 nicht anwendbar (siehe § 11 Nr. 12 Rdn. 1). Als Verstoß gegen § 9 ist aber die Vereinbarung eines EDV-Leasingvertrages angesehen worden, wonach eine Kündigung nach 72 Monaten möglich ist, ein Neubeginn der Laufzeit jedoch bei technologischer Anpassung (jederzeit zu beanspruchende Umrüstung der Hardware auf die neueste Technologie) erfolgt <OLG Köln, VersR 1995, 838 (839)>.

7 Eine Vereinbarung zwischen dem Leasinggeber und einem Lieferer des Leasinggegenstandes über eine **Ausfallhaftung des Lieferers** für den Fall des Zahlungsverzugs des Leasingnehmers und außerordentliche Kündigung des Leasingvertrages durch den Leasinggeber ist unwirksam, wenn sie mit Verzugseintritt des Leasingnehmers beginnt und nicht zeitlich dahingehend eingeschränkt ist, daß Ansprüche unverzüglich geltend zu machen sind <OLG Nürnberg, 19. 5. 1988, EWiR 1988, 835 (*Thamm/Detzer*)>.

8 Zulässig ist in einem langfristigen **Immobilien-Leasingvertrag** die Erhöhung des neben der Leasingrate zu zahlenden Verwaltungskostenbeitrages aufgrund einer Automatikklausel unter Vollkaufleuten <OLG Hamm, 20. 12. 1996, nicht rechtskräftig, DB 1997, 569>. Zur Haftungsbeschränkung für Prospekte bei Immobilienleasing: *Seibel/v. Westphalen,* BB 1998, 169 (173 unter 7a)

Anhang § 9: Lieferbedingungen Maschinenbau

Die Rechtsprechung zu der Konditionenempfehlung „Allgemeine Bedingungen für die Lieferung von Maschinen" (VDMA-Lieferbedingungen Inland) für den kaufmännischen Geschäftsverkehr, Stand Februar 1998, ist verarbeitet in der Schrift von *Ullrich/Thamm*: die VDMA-Geschäftsbedingungen, 4. Aufl. 1998. Zu erwähnen ist ein Urteil zu einer seit sehr langer Zeit veralteten Fassung der VDMA-Lieferbedingungen <BGH, 5. 12. 1995, BB 1996, 654; zu der dort verworfenen Formulierung „soweit gesetzlich zulässig" siehe die Ausführungen des entsprechenden Abschn. im Anh. zu § 9>. Alle Hinweise auf dieses Urteil beachten nicht, daß es sich um eine schon seit geraumer Zeit (1986) nicht mehr empfohlene Klauselfassung der VDMA-Lieferbedingungen handelt <irreführend deshalb z.B. *Broß*, Beilage WM Nr. 2/1997, S. 10 unter III, 1, b; *Imping*, WiB 1996, 807>. Kritisch und zum Teil fehlerhaft setzt sich ein Teil der jur. Literatur mit zur Zeit des Erscheinens der Bücher jeweils veralteten Fassung der VDMA-Lieferbedingungen auseinander <*Locher* in Münch. Vertragshandbuch, Bd. 4 Halbband 1, 3. Aufl. 1992, S. 1019 berücksichtigt nicht die damalige Fassung April 1991>. Eine tabellarische Übersicht über die zu den VDMA-Lieferbedingungen ergangenen Urteile (insgesamt 22 in der Regel positiv lautende Urteile zu den VDMA-Lieferbedingungen) ist enthalten bei *Ullrich*: Schrifttum und Rechtsprechung zu dem Recht der Allgemeinen Geschäftsbedingungen im Inland, 11. Aufl. September 1997; S. 156-159. Für Auslandsgeschäfte sind zu nennen die

„Allgemeinen Bedingungen für die Lieferung von mechanischen, elektrischen und verwandten elektronischen Erzeugnissen", 1992, Orgalime <abgedruckt mit Anlageblatt und Hinweisblatt in *Häuslschmid/Ullrich*: Internationale Verträge nach UN-Kaufrecht, 1997, S. 77-82>.

Anhang § 9: Lieferbedingungen sonstiger Wirtschaftsbereiche, Hinweise

Es gibt außerordentlich viele verschiedene Arten von Lieferbedingungen (Verkaufsbedingungen); nur eine kleine Auswahl von Konditionenempfehlungen sei zur Verdeutlichung der großen Vielfalt hier genannt <zu Konditionenempfehlungen allg.: siehe Vor § 8 Rdn. 2>.

- Beton- und Fertigteile: BAnz. 1994, 3886
- EBM (Eisen, Blech, Metall) und Stahlverformung: BAnz. 1997, 1410
- Elektroindustrie (ZVEI: Zentralverband der elektrotechnischen und elektronischen Industrie): BAnz. 1997, 7847
- Erfrischungsgetränke: BAnz. 1995, 4291
- Galvanotechnik: BAnz. 1997 Nr. 47
- Gießereierzeugnisse: BAnz. 1989, 21
- Kraftfahrzeuge
  - gebrauchte: siehe Anh. § 9, Gebrauchtwagenkauf
  - neue: siehe Anh. § 9, Neuwagenverkaufsbedingungen
- Kunststoffverarbeitende Industrie
  - allg.: BAnz. 1980 Nr. 15
  - technische Teile: BAnz. 1985, 4673
- Mineralwasser: BAnz. 1995, 3926
- Möbel: siehe Anh. § 9, Möbelhandel
- Molkereiprodukte: BAnz. 1992, 4462
- Radio-Fernseh-Einzelhandel: BAnz. 1987, 12432
- Saatgut: BAnz. 1987, 1582

- Sägeindustrie: BAnz. 1987, 7852
- Spielwarenindustrie: BAnz. 1995, 471
- Sportartikel, -schuhe und -bekleidung: BAnz. 1988, 2157
- Technischer Handel: BAnz. 1993, 2682

Anhang § 9: Lizenzverträge

(bearbeitet von RA Ulbrich und RA Ullrich)

Literatur: *Gaul/Bartenbach*, Patentlizenz- und Know-how-Vertrag, 3. Auflage 1993; *Groß*, Know-how-Lizenzvertrag, Heidelberger Musterverträge Heft 73, 2. Auflage, 1996; *Groß*, Marken-Lizenzvertrag, Heidelberger Musterverträge Heft 84, 1995; *Groß*, Computerprogramm-Lizenzvertrag, Heidelberger Musterverträge Heft 74, 2. Auflage, 1996; *Lindstaedt/Pilger*, Muster für Patentlizenzverträge, Heidelberger Musterverträge Heft 40, 6. Auflage, 1996; *Stumpf/Groß*, Der Lizenzvertrag, 6. Auflage (die im November 1997 erschienene 7. Aufl. konnte nicht mehr berücksichtigt werden); Münchener Vertragshandbuch, Bd. 3 Halbband 2, 4. Aufl. 1997, *Chrocziel*, S. 1157-1274.

1 Lizenzverträge sind im Gesetz nicht geregelt. Sie werden zur Erreichung unterschiedlicher Zwecke geschlossen. In der Praxis haben sich schwerpunktmäßig folgende **Kategorien von Lizenzverträgen** herausgebildet:

- Patentlizenzverträge,
- Lizenzverträge über andere gewerbliche Schutzrechte,
- Know-how-Lizenzverträge,
- lizenzartige Softwareüberlassungsverträge (vgl. hierzu Anh. § 9: Softwareüberlassungsverträge),

alle in Form von Vertriebs-/Herstellungs- und Gebrauchslizenzen.

Bei Lizenzverträgen ist üblicherweise der Lizenzgeber als AGB-Verwender anzusehen. Der Lizenznehmer als Vertragspartner weist oftmals die Eigenschaften eines Kaufmannes i.S.d. HGB auf, so daß dann § 24 AGB-Gesetz zur Anwendung gelangt.

2 **Die Rechtsnatur** von Lizenzverträgen ist nicht eindeutig festzulegen. Sie enthalten Elemente des Rechtskaufs, einer Miete oder Pacht, teilweise auch gesellschaftsrechtliche Komponenten <vgl. auch BGH, 11. 6. 1970, GRUR 1970, 547>. Die h.M. sieht in dem Lizenzvertrag einen Vertrag „sui generis“ <vgl. *Stumpf/Groß* Rdn. 19>.

Für die – auch im kaufmännischen Geschäftsverkehr im Rahmen des 3
§ 9 AGB-Gesetzes – notwendige Inhaltskontrolle von formularmäßigen Lizenzverträgen fehlt es an einem **gesetzlichen Leitbild**.

Als **Maßstab für die Inhaltskontrolle** nach § 9 AGB-Gesetz kommen 4
neben den allgemeinen Vorschriften des BGB (z.B. für den Verzug in §§ 285, 326 BGB) je nach der Ausgestaltung der dem Lizenznehmer eingeräumten Nutzungsrechte kaufvertragliche oder mietvertragliche Vorschriften in Betracht.

Der **Umfang der Rechte**, die dem Lizenznehmer eingeräumt werden, 5
unterliegt als allgemeine Leistungsbeschreibung <vgl. OLG Nürnberg, 27. 2. 1997, NJW 1997, 2186> nicht der Inhaltskontrolle durch das AGB-Gesetz (§ 8 AGB-Gesetz). Gleiches gilt für die Höhe der jeweiligen Lizenzgebühr.

Die Regelungen über **Verzug/Gewährleistung** und die **Haftung** des Li- 6
zenznehmers werden dagegen von der Inhaltskontrolle des AGB-Gesetzes erfaßt. Sie sind daher einer Angemessenheitskontrolle nach § 9 AGB-Gesetz zugänglich.

Gerät der Lizenznehmer mit der Zahlung der Lizenzgebühr in **Ver-** 7
zug, so finden die allg. Vorschriften der §§ 288 BGB, 352 HGB über die Verzugszinsen Anwendung. Gegen einen angemessenen pauschalierten Schadensersatz, der sich im Hinblick auf Schwierigkeiten bei der Ermittlung der Schadenshöhe im Einzelfall anbieten kann <vgl. *Stumpf/Groß* Rdn. 135> bestehen unter AGB-Gesichtspunkten keine grundsätzlichen Bedenken (siehe § 11 Nr. 5 Rdn. 7).

Die Beurteilung der **Gewährleistung** richtet sich nach dem Charakter 8
des Lizenzvertrages. Ist das Vertragsverhältnis, wie z.B. bei vielen Computerüberlassungsverträgen (vgl. hierzu Anh. § 9: Softwareüberlassungsverträge) kaufrechtlich ausgestaltet, orientiert sich die AGB-Kontrolle an den §§ 437 ff. BGB <vgl. *Nirk*, Die Einordnung der Gewährleistungsansprüche und Leistungsstörungen bei Verträgen über Patente in das Bürgerliche Gesetzbuch, GRUR 1970, 329 ff., 333>. Ansonsten kommen die allgemeinen Grundsätze, insbesondere in Form der positiven Vertragsverletzung, zur Anwendung <BGH, 28. 6. 1979, GRUR 1979, 768>.

Beim Fehlen **zugesicherter Eigenschaften** steht dem Lizenznehmer 9
ein Schadensersatz in entsprechender Anwendung der §§ 463 und 538, 581 BGB zu, der formularmäßig nicht abbedungen werden kann <BGH 11. 6. 1970, GRUR 1970, 547; BGH, 5. 12. 1995, BB 1996, 654>.

10 Die Haftung für die **technische Ausführbarkeit** der lizenzierten Erfindung gehört zu den verschuldensunabhängigen Garantiepflichten des Lizenzgebers <BGH, 22. 5. 1959, GRUR 1960, 44> und kann daher formularmäßig ebenfalls nicht abbedungen werden. Anders sieht die Situation für die **fabrikmäßige Ausführbarkeit** sowie die **kaufmännische Verwertbarkeit** aus, soweit diese nicht ausdrücklich Bestandteil des Lizenzvertrages ist <vgl. *Stumpf/Groß* Rdn. 263 f., 303 ff.>.

11 Die **Verjährungsfrist** für Zahlungsansprüche aus dem Lizenzvertrag beträgt 4 Jahre (wiederkehrende Lizenzgebühr) bzw. 30 Jahre (Pauschal- oder Stücklizenz). Die zweijährige Frist des § 196 Abs. 1 Nr. 1 BGB findet keine Anwendung <BGH, 21. 6. 1979, GRUR 1979, 800>. Eine wesentliche formularmäßige Verkürzung dieser Fristen – soweit sie überhaupt in Frage kommt – begegnet auch im kaufmännischen Geschäftsverkehr keinen Bedenken <*Wolf/Horn/Lindacher*, Kommentar zum AGB-Gesetz, 3. Auflage 1994, § 11 Nr. 10 f. Rdn. 12, 19>.

12 **Beschränkungen** des Lizenznehmers sind vor allem unter kartellrechtlichen Gesichtspunkten zu würdigen <vgl. zum deutschen Kartellrecht *Stumpf/Groß* Rdn. 505 ff. sowie auf EU-Ebene GruppenfreistellungsVO Nr. 340/96 zum Technologietransfer, abgedruckt in GRUR Int. 1996, 642 = *Lindstaedt/Pilger*, S. 42>. Eine Kontrolle nach dem AGB-Gesetz tritt dahinter zurück.

13 Da die h.M. bei der ausschließlichen Lizenz das Recht des Lizenznehmers zur Erteilung von **Unterlizenzen** bejaht, wird es oft vertraglich ausgeschlossen <*Stumpf/Groß* Rdn. 233>. Dieser Ausschluß hält einer Überprüfung nach dem AGB-Gesetz stand.

14 Eine formularmäßige sog. **salvatorische Klausel** (bei Unwirksamkeit einer Klausel bleiben die anderen Vertragsbestimmungen bestehen) oder eine **Anpassungsklausel** (angemessener Interessenausgleich der Vertragspartner bei gravierender Änderung der Geschäftsgrundlage) begegnen in der Regel unter dem Gesichtspunkt des Transparenzgebotes keinen durchgreifenden AGB-mäßigen Bedenken <*Gaul/Bartenbach* Rdn. K 349; siehe allg. Ang. § 9: Salvatorische Klauseln>.

15 **Die Abbedingung der Schriftform** kann im Hinblick auf § 34 GWB problematisch sein. Zwar ist nicht ganz eindeutig, in welchen Fällen Lizenzverträge wegen beschränkender Bestimmungen dem Erfordernis der Schriftform des § 34 GWB unterliegen <vgl. *Stumpf/Groß* Rdn. 46>. Soweit dies der Fall ist, müssen alle Teile des Vertrages schriftlich abgefaßt sein. Geschieht dies nicht in einer einzigen Urkunde, bedarf es zumindest einer wechselseitigen Bezugnahme

<BGH, 11. 3. 1997, DB 1997, 1323>. Auch ein einheitliches Erscheinungsbild des Vertragstextes ist i.S.d. § 34 GWB ausreichend <BGH, 14. 1. 1997, WiB 1997, 882 mit Anm. *Flohr*>. Die AGB-rechtliche Problematik tritt hinter den Kartellrechtsvorschriften zurück.

Lizenzverträge enthalten in der Regel **Gerichtsstandsklauseln**, die im 16
kaufmännischen Geschäftsverkehr unproblematisch sind. In Verträgen mit der USA können sie aber unter dem Gesichtspunkt der Täuschung unzulässig sein <vgl. *Gaul/Bartenbach* K 1224; siehe allg. Anh. § 9: Gerichtsstandsklauseln>.

Wettbewerbsverbote nach Beendigung des Lizenzvertrages sind 17
schon aus kartellrechtlichen Gründen problematisch und halten – je nach Reichweite – auch einer AGB-Kontrolle nicht stand <vgl. *Stumpf/Groß* Rdn. 226>.

Zur Vereinbarung eines **künftigen Lizenzvertrages** in einem For- 18
schungs- und Entwicklungsvertrag: siehe Anh. § 9, Forschungs- und Entwicklungsverträge Rdn. 3.

Anhang § 9: Maklerverträge

Literatur: *Hensen* in Ulmer/Brandner/Hensen, 8. Aufl. 1997, Anh. §§ 9-11 Rdn. 485-493; *von Westphalen*, Klauselwerke: *Eduard Graf von Westphalen*, Maklervertrag, Okt. 1996; *Zopfs*: Das Maklerrecht in der neueren höchstrichterlichen Rechtsprechung, 3. Aufl. 1996 (RWS-Skript 181).

Es gibt eine außerordentlich große Zahl von Urteilen zum AGB- 1
Maklerrecht <beeindruckend die Tabelle bei *von Westphalen* a.a.O., S. 45-47>. Nur einige Probleme können gestreift werden.

Vorformulierte Angebote von Maklern, nach denen der Auftraggeber 2
zwischen verschiedenen Formen der Auftragsdurchführung wählen kann, sind AGB; es handelt sich nicht um ausgehandelte Vereinbarungen <OLG Düsseldorf, 28. 2. 1997, OLGR Düsseldorf 1997, 266; allg. dazu: siehe § 1 Rdn. 3 und 7>.

Die Frage, ob ein **Makler-Alleinauftrag** (Verpflichtung des Auftrag- 3
gebers, keinen anderen Makler einzuschalten) durch AGB vereinbart werden darf, ist umstritten. Der BGH hat die Frage verneint <BGH, 27. 3. 1991, BB 1991, 1003; vgl. aber *von Westphalen* a.a.O. Rdn. 90>. Unzulässig sind auch **Hinzuziehungs- und Verweisungsklauseln**, d.h.

die Verpflichtung des Auftraggebers, sämtliche Interessenten an den Makler zu verweisen <BGH, 20. 3. 1985, BB 1985, 1151; BGH, 2. 11. 1983, BB 1984, 301 = BGHZ 88, 368>.

4 Hinsichtlich der **Fälligkeit der Provision** gilt gemäß § 652 Abs. 1 BGB zwar, daß diese mit Abschluß des Hauptvertrages eintritt. Es ist aber als Verstoß gegen § 9 Abs. 2 Nr. 1 AGB-Gesetz anzusehen, wenn eine Klausel bestimmt: *„Die Maklerprovision ist fällig am Tage bei Abschluß des notariellen Vertrages"*, weil damit die eventuelle Genehmigungsbedürftigkeit unterlaufen wird <OLG Hamm, 26. 6. 1995, NJW-RR 1996, 1526>.

5 Nicht zulässig ist es, wenn sich der Makler eine **Aufwandsentschädigung** für eine Reservierungszusage (Verpflichtung des Maklers, bis zu einem bestimmten Zeitpunkt keine Verkaufsverhandlungen mit einem anderen Interessenten zu führen) ausbedingt <OLG Stuttgart, 29. 3. 1996, BB 1996, 978>. Die Reservierungsgebühr ist eine erfolgsunabhängige Teilprovision, die nicht durch AGB vereinbart werden darf <*von Westphalen* a.a.O. Rdn. 76>.

Anhang § 9: Mietvertrag Bankschließfach

Für die Vermietung von Bankschließfächern (Schrankfach, Safe) verwenden die Kreditinstitute Sonderbedingungen. Die Haftungsbeschränkung der Bank auf grobes Verschulden ist wirksam. *„Daß die Freizeichnung von der Haftung für leichte Fahrlässigkeit grundsätzlich statthaft ist, folgt bereits aus § 11 Nr. 7 AGB-Gesetz. Eine Inhaltskontrolle nach § 9 AGB-Gesetz könnte vor diesem Hintergrund nur dann zur Unwirksamkeit der Klausel führen, wenn die Vertragspartner der Beklagten durch die Freizeichnung entgegen den Geboten von Treu und Glauben unangemessen benachteiligt würden. Daran fehlt es schon deshalb, weil der Schrankfachmietvertrag einen deutlichen Hinweis auf die besonderen Risiken enthält, die für den Inhalt des Schrankfachs bestehen (Einbruchdiebstahl, Beraubung usw.). Der Bankkunde hat die Möglichkeit, diese besonderen Risiken durch Vermittlung der Bank zu versichern. Sieht er davon ab, ist er nicht unangemessen dadurch benachteiligt, daß die Bank ihre Eigenhaftung für diese und andere Risiken auf grobe Fahrlässigkeit beschränkt."* <OLG Koblenz, 22. 2. 1996, WM 1997, 470 (471)>.

Anhang § 9: Mietvertrag für Geschäftsräume und gewerbliche Objekte

Literatur: *von Westphalen*, Klauselwerke: *Drettmann*, Geschäftsraummiete, Mai 1994; *Wolf* in Wolf/Horn/Lindacher, Anhang § 9, M 78; *Hensen* in Ulmer/Brandner/Hensen, 8. Aufl. 1997, Anhang §§ 9-11, Rdn. 509-510.

1 Viele Urteile beschäftigen sich mit den AGB-rechtlichen Problemen bei der Miete von Geschäfts- und Büroräumen sowie sonstigen gewerblichen Objekten und der der Miete gleichzusetzenden Pacht. Von den vielfältigen Einzelfragen kann nur eine begrenzte Zahl dargestellt werden:

2 Die **rechtzeitige Übergabe des Mietobjekts** gehört zu den Kernpflichten des Vermieters, so daß eine Haftungsbegrenzung des Vermieters hinsichtlich der rechtzeitigen Fertigstellung bei Vorsatz oder grober Fahrlässigkeit in AGB nicht anerkannt wird <OLG Düsseldorf, 9. 3. 1993, DWW 1993, 197>. Die Auferlegung einer **Betriebspflicht** ist zulässig <BGH, 29. 4. 1992, WM 1992, 1582 (1583 f.), weil ein Leerstand Auswirkungen auf die Vermietung anderer Objekte in unmittelbarer Umgebung hat. Eine Änderung des **Messestandplatzes** durch den Vermieter ist unzulässig <OLG Köln, 7. 6. 1990, NJW-RR 1990, 1232 (1233)>. Die dem Wesen eines Geschäftsraummietvertrages immanente Pflicht zum **Schutz vor Konkurrenz** durch den Vermieter kann per AGB völlig ausgeschlossen werden <OLG Düsseldorf, 11. 6. 1992, BB 1992, 1889; OLG Hamburg, 17. 12. 1986, NJW-RR 1987, 403>.

3 Die **Pflicht zur Instandhaltung und Instandsetzung** kann auf den Mieter verlagert werden <OLG Hamm, 30. 3. 1993, NJW-RR 1993, 1229 (1230); *Drettmann*, Rdn. 64 ff. m.w.N.>. Dasselbe gilt hinsichtlich **Schönheitsreparaturen** <BGH, 30. 5. 1990, NJW 1990, 2376; *Drettmann*, Rdn. 70 ff. mit weiteren Nachweisen>. Bei völliger oder zu starker Überwälzung der Instandhaltungskosten auch bei Gebäuden (z.B. Dachreparatur) bestehen selbst im kaufmännischen Geschäftsverkehr starke Bedenken <vgl. OLG Dresden, 17. 6. 1996, NJW-RR 1997, 395>.

4 Eine **Haftungsbeschränkung des Vermieters** auf Fälle „grober Vernachlässigung des Grundstücks" bei einem Geschäftsraummietvertrag ist als Einschränkung der Haftung für grobe Fahrlässigkeit unwirksam, weil nicht bei jedem grob fahrlässigem Verhalten des Vermieters schon von einer groben Vernachlässigung des Grundstücks

ausgegangen werden kann <OLG Hamm, 10. 10. 1995, NJW-RR 1996, 969>. Die gesetzlichen Vorschriften über die **Tilgungsreihenfolge** (§§ 366, 367 BGB) können durch AGB abgeändert werden <BGH, 20. 6. 1984, BB 1984, 1639; *Drettmann*, Rdn. 125 f>.

5 **Mietnachfolgeklausel** dahingehend, daß die Möglichkeit des Mieters hinsichtlich vorzeitiger Entlassung aus einem langfristigen Mietverhältnis bei Stellung eines zumutbaren Ersatzmieters ausgeschlossen ist, sind sehr bedenklich <BGH, 29. 4. 1992, WM 1992, 1582 (1584 f. unter III)>. Eine Klausel über die freie Widerrufsmöglichkeit zur **Untervermietung** ist unzulässig <BGH, 11. 2. 1987, BB 1987, 852>. Der Ausschluß des Sonderkündigungsrechts des Mieters bei Verweigerung der Erlaubnis zur Untervermietung (§ 549 Abs. 1 Satz 2 BGB) ist dann unwirksam, wenn die Untervermietung nach dem Vertrag nicht ausgeschlossen ist, aber der Vermieter die erforderliche Erlaubnis nach Belieben verweigern kann <BGH, 24. 5. 1995, BB 1995, 2129 mit zustimmender Anmerkung *Frangou*, BB 1996, 1463>.

6 Die **Kündigungsfristen** für Geschäftsraummietverträge (Neuregelung in § 565 Abs. 1a BGB seit 1. 1. 1994) können per AGB verlängert oder verkürzt werden. Bedenken entstehen bei wesentlich unterschiedlichen Festlegungen der Fristen für Vermieter und Mieter <*Drettmann*, Rdn. 175 m.N.>. Abbedungen werden darf die **stillschweigende Verlängerung des Mietverhältnisses** bei widerspruchsloser Fortsetzung des Gebrauchs der Mietsache durch den Mieter gem. § 568 BGB <BGH, 15. 5. 1991, BB 1991, 1218 Klausel Nr. 1 zu Wohnungsmietverträgen>.

7 Die Klausel des Mietvertrages einer Gaststätte, daß der Verzug mit nur einer Mietrate oder „einer Warenrechnung" dem Vermieter das **Recht zur fristlosen Kündigung** gibt, ist wegen Verstoßes gegen § 9 unwirksam <OLG Düsseldorf, 22. 2. 1996, rechtskräftig gemäß Nichtannahme der Revision durch BGH, 19. 9. 1996, OLGR Düsseldorf 1996, 250>.

8 Der Ausschluß der **Entschädigung für** fest eingebaute **Gegenstände** oder Umbauten ist im kaufmännischen Geschäftsverkehr dann kein Verstoß gegen das AGB-Gesetz wenn sich der Mieter durch Individualvereinbarungen zu den Investitionen verpflichtet hat <BGH, 8. 11. 1995, ZMR 1996, 122, (123)>. Die Verjährung von Ersatzansprüchen bei Beendigung des Vertrages (§ 558 BGB: 6 Monate) läuft für den Vermieter ab dem Zeitpunkt des Zurückerhalts der Mietsache unabhängig vom rechtlichen Ende der Mietzeit <BGH, 23. 11. 1994, NJW 1995, 252>.

Die **Vorleistungspflicht** des Mieters verbunden mit dem **Verbot der Aufrechnung** ist im Gewerbemietvertrag zulässig <OLG Celle, 9. 10. 1996, OLGR Celle 1997, 63 (64)>. Ebenfalls kein Verstoß gegen § 9 ist in der Klausel zu sehen, wonach Aufrechnung oder Zurückbehaltung nur zulässig sind, wenn der Mieter der Geschäftsräume seine Absicht dem Vermieter mindestens einen Monat vor Fälligkeit der Miete schriftlich mitteilt <OLG Hamm, 24. 9. 1996, OLGR Hamm 1997, 193>. **9**

Zulässig ist (im Gegensatz zu Mietverträgen über Wohnraum) die **gegenseitige Bevollmächtigung von Mietern** gegenüber dem Vermieter <*Hensen* in Ulmer/Brandner/Hensen, 8. Aufl. 1997, Anhang §§ 9-11, Rdn. 921 Fußnote 16; a. A. *von Westphalen*, Vertragsrecht, Januar 1995, Vollmachtsklauseln Rdn. 13>. **10**

Die Abgabe einer **Bürgschaft „auf erstes Anfordern"** ist Kreditinstituten vorbehalten; wird sie im Rahmen von AGB eines Mietvertrages für Gewerberäume von einem Bürgen, dem diese Eigenschaft fehlt, verlangt, so ist die Erklärung unwirksam <OLG Bremen, 31. 1. 1997, OLGR Bremen u.a. 1997, 221>. **11**

Zur Schriftform siehe Anhang zu § 9 „Schriftformklauseln". Zur Haftungsregelung für Abschlußvertreter (z.B. Geschäftsführer der GmbH bei Mietvertrag mit der GmbH) siehe § 11 Nr. 14. **12**

Mieterhöhungsklauseln in gewerblichen Mietverträgen sollen auch dann wirksam vereinbart werden können, wenn die Erhöhungskriterien nicht angegeben sind, der Mieter sich aber der Mieterhöhung durch Kündigung entziehen kann <OLG München, 16. 4. 1997, nicht rechtskräftig, OLGR München 1997, 217>. **13**

Anhang § 9: Mietvertrag für Kraftfahrzeuge

Literatur: *Hensen* in Ulmer/Brandner/Hensen, 8. Aufl. 1997, Anh. §§ 9-11 Rdn. 512-514; *Drettmann* in v. Westphalen: Klauselwerke, Kraftfahrzeugmiete, Sept. 1997.

Auch mit AGB von Kraftfahrzeug-Mietverträgen hat sich die Rechtsprechung seit Anbeginn des AGB-Gesetzes beschäftigt. Die Urteile sind nahezu ausnahmslos zu AGB ergangen, die gegenüber Nichtkaufleuten verwendet wurden. Insbesondere aus neuerer Zeit sind folgende Gerichtsentscheidungen aufzuführen: **1**

2 Eine Klausel, nach welcher die **Haftungsfreistellung gegen ein besonderes Entgelt** dann entfällt, wenn der Mieter grob fahrlässig einen Schaden am Mietfahrzeug verursacht, ist rechtswirksam <OLG Düsseldorf, 5. 12. 1996, BB 1997, 702>. Dasselbe gilt hinsichtlich einer Klausel über den Verzicht auf eine polizeiliche Unfallaufnahme <BGH, 11. 11. 1981, BB 1982, 463; OLG Stuttgart, 16. 7. 1986, VersR 1988, 97 (98)>.

3 Unzulässig ist das **Hinausschieben des Verjährungsbeginns** für einen Ersatzanspruch des Vermieters <BGH, 16. 3. 1994, BB 1994, 1038>.

4 Die Klausel über eine **Mietpreisberechnung bis zum Zeitpunkt der Fahrzeugrücknahme** verstößt angeblich gegen § 9 Abs. 1, wenn unberücksichtigt bleibt, daß eine verspätete Rücknahme in bestimmten Fällen in die Risikosphäre des Vermieters fällt <LG Hamburg, 19. 1. 1996, VuR 1996, 424>.

5 Nicht zulässig ist die **Pauschaleinwilligung über die Verarbeitung persönlicher Daten** <LG Hamburg, 19. 1. 1996, VuR 1996, 424; siehe generell Anhang § 9: Datenverarbeitung und -nutzung hinsichtlich persönlicher Daten>.

6 Unwirksam ist die Klausel „Mieter 1: Fahrer"; dies stellt für einen lediglich als Fahrer Unterzeichnenden eine überraschende Klausel dar <OLG Naumburg, 8. 5. 1996, NJW-RR 1997, 49>.

7 Entsprechend herangezogen werden können unter Umständen auch rechtliche Gesichtspunkte zu Anhang § 9: Mietvertrag für Maschinen.

Anhang § 9: Mietvertrag für Maschinen und Geräte

Literatur: *Thamm*, BB 1997, 1270.

1 Mietverträge für Maschinen und Geräte haben in den letzten Jahren eine wesentlich größere Bedeutung erlangt. Oft werden solche Gegenstände heute nicht mehr gekauft sondern gemietet, insbesondere z.B. Baumaschinen. Es gibt Konditionenempfehlungen und Muster, u.a.

- Mietvertrag für Baumaschinen und Baugeräte 1996, Bundesverband der Baumaschinen-, Baugeräte und Industriemaschinen-Firmen (BAnz. 1996, 8678)

- Mietvertrag für Arbeitsbühnen, 1996, Bundesverband der Baumaschinen-, Baugeräte und Industriemaschinen-Firmen (BAnz. 1996, 9667)
- Mietvertrag für Baugeräte, Hauptverband der deutschen Bauindustrie, abgedruckt in *Wurm/Wagner/Zartmann*, das Rechtsformularbuch, 13. Aufl. 1994, S. 320.
- Maschinenmietvertrag, 1992, Verband Deutscher Maschinen- und Anlagenbau (VDMA)
- Gerätemietvertrag, in *Schachner*: Rechtsformularbuch für das Unternehmen, 3. Aufl. 1995.

Da Mietverträge für Maschinen und Geräte in der Regel nur zwischen Kaufleuten abgeschlossen werden, sind im folgenden die AGB Probleme nur unter dem Gesichtspunkt des **kaufmännischen Geschäftsverkehrs betrachtet**.

Für den Vermieter ist seine Koordination der Rückgabe des Miet- 2
gegenstandes vom Vormieter mit der Weitervermietung an den neuen Mieter sehr risikoreich. Es kann zu unerwarteten Verzögerungen bei der Rückgabe kommen, die Durchsicht des Mietgegenstandes kann die Notwendigkeit von Reparaturen erweisen, ein Verzug des Vermieters hinsichtlich der Überlassung des Mietgegenstandes gegenüber dem neuen Mieter ist manchmal nicht zu vermeiden. Eine angemessene **Haftungsbegrenzung für Verzug** in den AGB für leichte Fahrlässigkeit in Höhe des Betrages des täglichen Mietpreises für jeden Arbeitstag des Verzuges ist deshalb als rechtswirksam anzusehen.

Da der Vermieter Eigentümer des Mietgegenstandes ist, hat er unter 3
anderem zur Sicherung seines Eigentums ein starkes berechtigtes Interesse, daß er den **Stand- bzw. Einsatzort des Mietgegenstandes** kennt. Er darf daher dem Mieter durch AGB die Pflicht zur Mitteilung des jeweiligen Ortes auferlegen <vgl. OLG Saarbrücken, 3. 4. 1996, Az. 1 U 581/95-93, S. 18, unveröffentlicht, zur Vermietung von Baumaschinen>. Wenn der Mieter der ihm auferlegten Pflicht nicht nachkommt, kann der Vermieter nach Mahnung fristlos kündigen <OLG Saarbrücken a.a.O.>.

Allgemein üblich und anerkannt im Mietrecht ist die AGB-Regelung 4
des **Verbots der Aufrechnung** <OLG München, 6. 7. 1994, NJW-RR 1995, 1248> **und Zurückhaltung** von Seiten des Mieters (s. § 11 Nr. 2b und 3 AGB-Gesetz).

5 In Mietvertrags-AGB für Maschinen und Geräte ist häufig ein **Rückholrecht des Vermieters** bei Zahlungsverzug des Mieters vorgesehen. Eine solche Klausel ist zulässig, wenn sie vorsieht, daß der Mieter vor der Rückholung gemahnt werden muß. Beim Eigentumsvorbehalt ist eine entsprechende Klausel üblich (s. Anh. zu § 9: Eigentumsvorbehalt).

6 Die abdingbaren gesetzlichen Vorschriften sehen im Mietrecht eine Erhaltungspflicht (Reparaturpflicht) des Vermieters vor (§ 536 BGB). Davon wird in AGB häufig abgewichen. Eine Abwälzung der Erhaltungspflicht, d.h. der **Kostentragung für Reparatur, Inspektion und Wartung** auf den Mieter ist im kaufmännischen Verkehr in AGB rechtlich wirksam <OLG Saarbrücken, 3. 4. 1996, S. 17, unveröffentlicht; vgl. OLG Düsseldorf, 7. 11. 1991, BB 1992, 171 (172)>.

7 Ist in AGB vorgesehen, daß der Vermieter die Kosten für Reparaturen trägt, wenn der Mieter und seine Hilfspersonen nachweislich jede gebotene Sorgfalt beachtet haben, so ist eine solche Klausel gültig. Sie entspricht der gesetzlichen Rechtslage. Denn bei Beschädigungen des Mietgegenstandes beim Mieter muß sich der Mieter beweismäßig entlasten, wenn er nicht schadensersatzpflichtig werden will <OLG Saarbrücken, 3. 4. 1996, S. 13 f., unveröffentlicht>.

8 Der Mieter ist schadensersatzpflichtig, wenn er schuldhaft den Mietgegenstand bei Mietende nicht zurückgibt bzw. nicht zurückgeben kann. Die Verschuldensvoraussetzung ist sehr wichtig. Auch im kaufmännischen Verkehr darf dem Mieter in AGB nicht auferlegt werden, daß er selbst ohne Verschulden für Untergang, Verlust oder Beschädigung des Mietgegenstandes haftet <vgl. BGH, 1. 4. 1992, BB 1992, 1166; OLG Saarbrücken, 3. 4. 1996, S. 12, unveröffentlicht>.

9 Rechtlich sehr umstritten war bisher die Frage, wer die Haftung der Schäden zu tragen hat, die durch Handlungen des **vom Vermieter gestellten Bedienungspersonals** verursacht worden sind <s.u.a. die Darstellung bei *Saller*, BauR 1995, 50>. Dieses Problem kann jetzt als von der Rechtsprechung weitgehend geklärt angesehen werden. Auch ohne spezielle Vereinbarung gilt das, was in vielen AGB vorgesehen ist: Der Vermieter haftet nur für ordnungsgemäße Auswahl des Bedienungspersonals. Das ausgewählte Personal muß für die vereinbarte Arbeit generell geeignet sein. Im übrigen aber haftet der Mieter, weil das Bedienungspersonal Verrichtungsgehilfe des Mieters ist <OLG Düsseldorf, 23. 12. 1994, rechtskräftig gem. Nichtannahme der Revision durch BGH, 11. 7. 1995, NJW-RR 1995, 1430; vgl. OLG Düsseldorf, 7. 11. 1997, OLGR Düsseldorf 1998, 50; OLG Frankfurt, 5. 7. 1996, BB

1997, 13; OLG Celle, 31. 5. 1996, OLGR Celle 1996, 183; a. A. OLG Celle, 22. 5. 1996, OLGR Celle 1996, 184, OLG München 1. 8. 1997, BB 1997, 1918>.

Wie allgemein in AGB sind auch in Mietverträgen in der Regel **Haf- 10
tungsbegrenzungen für Folgeschäden** zu finden (s. dazu § 11 Nr. 7).

Der Vermieter kann eine Zahlungssicherung durch die Vereinbarung 11
der **Eigenhaftung des Abschlußvertreters oder Geschäftsführers des Mieters** erlangen. Solche formularmäßigen Regelungen verstoßen nicht gegen das AGB-Gesetz, wenn es sich um gesonderte Vereinbarungen handelt, die eine weitere Unterschrift des Verpflichteten enthalten (§ 11 Nr. 14a AGB-Gesetz). Ein Extrablatt für die Eigenhaftungsvereinbarung ist nicht erforderlich <OLG Köln, 9. 12. 1994, OLGR 1995, 49 = EWiR 1995, 171 (*Brehm*)>. Siehe im übrigen zu § 11 Nr. 14.

Anhang § 9: Mietverträge für Wohnräume

Literatur: *Köhler/Kossmann*: Handbuch der Wohnungsmiete, 4. Aufl. 1996; *von Westphalen*, Klauselwerke: *Drettmann*, Wohnraummiete, Nov. 1995; *Hensen* in Ulmer/Brandner/Hensen, 8. Aufl. 1997, Anh. §§ 9-11 Rdn. 501-508.

Das AGB-Gesetz hat im Mietrecht für Wohnräume eine besonders 1
große Bedeutung. Mietverträge werden in der Regel als AGB abgeschlossen. Die Rechtsprechung hat sich in zahlreichen Entscheidungen mit Fragen des AGB-Rechts befaßt. Mehrere BGH-Urteile haben viele Einzelklauseln kritisch beurteilt <z.B. BGH, 20. 1. 1993, BB 1993, 822; BGH, 15. 5. 1991, BB 1991, 1218>. Zum Wohnungsmietrecht gibt es eine Fülle von Spezialliteratur, die eine vertiefte Durchdringung der AGB Detailprobleme ermöglicht. Fundiert sind u. a. die Ausführungen von *Drettmann*: Wohnraummiete, in *von Westphalen*, Klauselwerke. Im folgenden können nur wenige Aspekte beleuchtet werden.

Mietklauseln müssen transparent, verständlich und für den Mieter 2
nachvollziehbar sein. Das ist u.a. dann nicht der Fall, wenn auf bestimmte gesetzliche Vorschriften oder nähere Erläuterungen verwiesen wird. In Mietverträgen ist nicht selten die Klausel zu finden, daß § 568 BGB (stillschweigende Verlängerung der Mietzeit) abbedungen

wird. Eine solche Klausel ist rechtsunwirksam, wenn nur die gesetzliche Vorschrift angegeben ist <OLG Schleswig, 27. 3. 1995, NJW 1995, 2858; zur Zulässigkeit bei transparenter Formulierung: Anhang § 9, Mietvertrag für Geschäftsräume und gewerbliche Objekte, Rdn. 6>. Für unwirksam wird zum Teil auch eine Klausel über die Höhe einer bezifferten Umlage für Nebenkosten angesehen, für deren Inhalt jedoch allein auf § 27 der Anlage 3 der II. Berechnungsverordnung verwiesen wird <AG Dortmund, 14. 5. 1996, NJW-RR 1996, 1355; a. A. jetzt OLG Hamm, 22. 8. 1997, OLGR Hamm 1997, 285>.

3 **Mietvorauszahlungsklauseln** sind bei eingeschränkter Aufrechnungsmöglichkeit unwirksam <BGH, 26. 10. 1994, BB 1995, 15 = BGHZ 127, 245; LG Oldenburg, 30. 6. 1995, ZMR 1995, 597>.

4 Außer den Nebenkosten sind die **Schönheitsreparaturen** häufig ein Streitgegenstand zwischen Vermieter und Mieter. Fachhandwerkerklauseln, also die Pflicht zur Renovierung durch einen „Fachhandwerker" sind unwirksam <OLG Stuttgart, 19. 8. 1993, NJW-RR 1993, 1422; *Drettmann*, Rdn. 55>. Quotenklauseln, also die Pflicht bei Beendigung des Mietverhältnisses vor der turnusmäßig nächsten Fälligkeit der Schönheitsreparatur einen dem Abnützungszeitraum entsprechenden Kostenanteil für die nächste Renovation zu übernehmen, sind aber rechtlich im allgemeinen wirksam <u.a. BGH, 6. 7. 1988, BB 1988, 1629 = BGHZ 105, 71>. Starre Renovierungsfristen sind problematisch. So ist neuerdings die Klausel in einem Urteil für unwirksam gehalten worden, in der die Renovierung alle 3 Jahre für Küche, Bäder und Duschen sowie 5 Jahre für Wohn- und Schlafräume, Flure, Dielen und Toiletten (außerdem 7 Jahre für andere Nebenräume) festgelegt worden war <AG Kerpen, 28. 2. 1997, ZMR 1997, 362; vgl. aber grundlegend BGH, u.a. 1. 7. 1987, BGHZ 101, 253>. Verpflichtet sich der Mieter auf seine Kosten zu Schönheitsreparaturen und zu bestimmten anderen Reparaturen, so ist der Teil der Klausel über die Schönheitsreparaturen wirksam, auch wenn der andere Teil der Klausel unwirksam ist <teilbare Klausel: BayObLG, 12. 5. 1997, ZMR 1997, 405; allg. zur Teilbarkeit von Klauseln: siehe § 6 Rdn. 4>.

5 Problematisch ist die Kündigung bei Nichtzahlung einer vereinbarten Kaution <OLG Düsseldorf, 12. 1. 1995, NJW-RR 1995, 1100 = EWiR 1995, 551 (*Eckert*)>.

6 Soweit Mietverträge ausnahmsweise nicht als AGB zu werten sind, ist die Anwendbarkeit von § 24a zu prüfen.

Anhang § 9: Mietverträge sonstiger Art (Hinweise)

Es gibt außer den kommentierten Mietbedingungen noch eine größere Zahl von Konditionenempfehlungen sonstiger Mietverträge aus verschiedenen Wirtschaftsbereichen:

- AGB für Vermietung von Planen: BAnz. 1994, S. 10044;
- Geschäftsbedingungen für die Überlassung von Mietomnibussen: BAnz. 1992, S. 8499;
- AGB für den Mietomnibusverkehr: BAnz. 1991, S. 6474;
- AGB für das Vermieten von Schuten und Pontons im Gebiet des Hamburger Hafens: BAnz. 1991, S. 3619;
- Vertrag über die Vermietung und Errichtung von Fernmeldeanlagen, BAnz. 1987, S. 11474;
- Allgemeine Mietbedingungen für Zelthallen: BAnz. 1985, S. 830;
- Miet- und Betriebsvertrag ... für Gemeinschafts-Antennenanlagen ...: BAnz. 1984, S. 13664;
- AGB für die Vermietung von Winterlager- und Sommerliegeplätzen (Deutscher Boots- und Schiffbauer-Verband): BAnz. 1981, Nr. 100;
- Mietvertrag für Dosiergeräte: BAnz. 1980, Nr. 88;

Zu Konditionenempfehlungen allgemein: Siehe Vor § 8 Rdn. 2. Die hier angegebenen Fundstellen im Bundesanzeiger enthalten die jeweils letzte Veröffentlichung, die aber bei Änderungen schon bestehender Konditionenempfehlungen nicht immer den gesamten Text der Konditionenempfehlung umfaßt.

Anhang § 9: Möbelhandel

Literatur: *von Westphalen*, Klauselwerke: Möbelkauf, Mai 1994; *Hensen* in Ulmer/Brandner/Hensen, 8. Aufl. 1997, Anh. §§ 9-11 Rdn. 441 f.

Die Lieferbedingungen des Möbelhandels sind bereits in vielen Entscheidungen Gegenstand der Inhaltskontrolle geworden. Zahlreiche Rechtsfragen zum Lieferrecht allgemein sind in diesen Urteilen abgehandelt worden. In den beiden Entscheidungen des OLG Oldenburg vom 19. 2. 1993 <NJW-RR 1993, 1078> und vom 12. 3. 1992 1

<NJW-RR 1992, 1527> sind zum Beispiel insgesamt 28 Klauseln beurteilt worden, in einem weiteren Urteil 3 Klauseln <OLG Koblenz, 20. 9. 1996, NJW-RR 1997, 436>.Die Konditionenempfehlung der Lieferbedingungen des Möbelfachhandels besteht derzeit in der Fassung 1995 <BAnz. 1995, 6373; veraltet deshalb *Hensen* a.a.O. Rdn. 441, der gemäß Fußnote 44 von der „letzten Fassung BAnz. 1986" ausgeht>.

2 Klauseln über **Abweichungen** sind z.B. in folgendem Text rechtswirksam: *„Abweichungen in Struktur und Farbe gegenüber dem Ausstellungsstück bleiben vorbehalten, soweit diese in der Natur der verwendeten Materialien (...) liegen und handelsüblich sind"* <BGH, 11. 3. 1987, NJW 1987, 1886; a. A. OLG Frankfurt, 18. 2. 1988, BB 1988, 1488 (1489 Klausel 3); OLG Köln, 20. 6. 1984, AGBE 1984, 642; allgemein dazu *von Westphalen*, Rdn. 12; kritisch *Hensen* in Ulmer/ Brandner/Hensen, 8. Aufl. 1997, Anhang §§ 9-11, Rdn. 441; siehe auch § 10 Nr. 4 Rdn. 3>.

3 Zulässig ist die **Preisklausel** „Besondere, über den Auftrag hinausgehende Arbeiten wie Dekorationsarbeiten und Montagearbeiten werden zu angemessenen Preisen in Rechnung gestellt" <BGH, 15. 2. 1995, BB 1995, 742; entgegen Vorinstanz OLG Frankfurt, 6. 1. 1994, BB 1994, 1170>.

4 Unwirksam ist ein **Rücktrittsrecht des Verkäufers** mit der Formulierung „Der Verkäufer kann in schriftlicher Erklärung vom Vertrag zurücktreten, wenn der Käufer seine Zahlungen einstellt oder ein Moratorium beantragt" <BGH, 15. 2. 1995, BB 1995, 742>. Es liegt ein Verstoß gegen § 11 Nr. 4 vor, weil der AGB-Verwender auch für den Fall des bloßen Zahlungsverzuges von der Nachfristsetzung befreit wird <BGH a.a.O. (743 unter V, 2, a)>.

5 Ein Hinweis auf den Preisschildern von Möbel-**Sonderangeboten**: „Sonderangebot! Verkauf erfolgt unter Ausschluß jeglicher Gewährleistung" ist eine allgemeine Geschäftsbedingung und als Verstoß gegen § 11 Nr. 10a unwirksam <OLG Düsseldorf, 13. 2. 1997, BB 1997, 754>.

6 Zur **Nichtabnahmeentschädigung** bei Möbeln von 25 % und 30 % siehe § 11 Nr. 5 Rdn. 4. Zur **Schriftformklausel** in Möbel-AGB: BGH, 15. 2. 1995, BB 1995, 742; siehe Anhang § 9: Schriftformklauseln, Rdn. 3.

Anhang § 9: Montagevertrag

(bearbeitet von RA Ullrich)

Literatur: *Ullrich/Thamm*, Die VDMA-Geschäftsbedingungen, 3. Aufl. 1994, S. 78-82, VDMA-Verlag.

Der **Montagevertrag** ist ein **Werkvertrag**. Gesetzliches Leitbild sind **1**
daher die §§ 631 ff. BGB. Montageverträge werden oftmals (fälschlicherweise) auf der Grundlage von Allgemeinen Lieferbedingungen abgeschlossen. Da diese Bedingungen nicht auf die Bedürfnisse eines Montagevertrages zugeschnitten sind, ergeben sich in der Praxis häufig Schwierigkeiten. Es sollte daher darauf geachtet werden, besondere Montagebedingungen zu benutzen <vgl. hierzu z.B. die Konditionenempfehlung der Montagebedingungen des VDMA für den kaufmännischen Geschäftsverkehr; Text in *Ullrich/Thamm*, S. 98 f.>.

Bei „Industriemontagen" ist es vielfach erforderlich und erwünscht, **2**
daß der Auftraggeber **Hilfspersonal** zur Unterstützung des Montageunternehmers zur Verfügung stellt. Dies entspricht u.a. im Maschinenbau einer langen Üblichkeit. Eine entsprechende Klausel in kaufmännischen AGB ist daher unbedenklich. Gleiches gilt für eine Regelung, die vorsieht, daß die Unterstützungspflicht des Auftraggebers kostenmäßig zu seinen Lasten geht.

Die Verpflichtung des Auftraggebers zur Bereitstellung von Hilfs- **3**
kräften verstößt nicht gegen das Verbot der **Arbeitnehmerüberlassung**. Die Hilfskrafte werden nicht zur freien Verfugung des Montageunternehmers, sondern im Rahmen des konkreten Werkvertrages zu bestimmten Arbeitsleistungen überlassen <BayObLG, 18. 12. 1995, BB 1996, 1556>.

Bei Beschädigung oder Verlust der vom Montageunternehmer ge- **4**
stellten Vorrichtungen oder Werkzeuge an der Montagestelle ohne Verschulden des Montageunternehmers kann eine **Ersatzpflicht des Auftraggebers** – auch in AGB – festgelegt werden. Dies ist deshalb gerechtfertigt, weil die Montagestelle der Einflußsphäre des Auftraggebers unterliegt. Eine in diesem Sinne formulierte AGB-Klausel ist zulässig.

Eine mangelhafte Montageleistung kann große Schäden verursachen. **5**
Daher ist es von besonderer Bedeutung, in den Montage-AGB eine **Haftungsbegrenzung** vorzusehen. Hierbei muß aber beachtet werden, daß die Möglichkeit, in AGB weitgehende Haftungsbegrenzungen oder Haftungsausschlüsse zu vereinbaren, von der Rechtsprechung

des Bundesgerichtshofs stark reduziert wurde. Danach sind (auch) Haftungsbegrenzungen im Bereich der leichten Fahrlässigkeit nach § 9 AGB-Gesetz unwirksam, soweit sie eine Einschränkung „wesentlicher, aus der Natur des Vertrages folgender Rechte und Pflichten zum Gegenstand haben, so daß die Erreichung des Vertragszweckes gefährdet ist". Dies gilt auch für den kaufmännischen Geschäftsverkehr <BGH, 11. 11. 1992, BB 1992, 2460; siehe § 11 Nr. 7 und 8 Rdn. 6>. Eine AGB-mäßige Haftungsbegrenzung im Bereich der leichten Fahrlässigkeit auf einen „vertragstypischen, vernünftigerweise vorhersehbaren Schaden" oder eine Versicherungsleistung wäre dagegen denkbar <BGH, 11. 11. 1992, BB 1992, 2460>. Es empfiehlt sich – wenn möglich – eine Haftungsbegrenzungsvereinbarung außerhalb von Allgemeinen Geschäftsbedingungen durch eine **individuelle Vertragsabrede** zu vereinbaren. Hierbei sollte insbesondere die wirtschaftliche Relation zwischen dem Entgelt für die Montageleistung und einem möglichen Schaden berücksichtigt werden.

6 Die grundsätzliche **Verjährungsfrist** für Gewährleistungsansprüche beträgt nach § 638 BGB sechs Monate. Soweit es sich bei den geschuldeten Montageleistungen um Arbeiten an Industrieanlagen handelt, also „bei Bauwerken", ist die vom Gesetzgeber vorgesehene verlängerte Frist auf fünf Jahre zu beachten. Eine AGB-mäßige Verkürzung ist problematisch (siehe Anhang § 9: Ingenieurvertrag Rdn. 10).

7 Wegen der i.ü. in vielen Fällen **gleichgelagerten Problematik** mit **Reparaturverträgen** kann auf die dortigen Ausführungen verwiesen werden (Anhang § 9: Reparaturverträge). Dies gilt insbesondere für **Kostenvoranschläge, Fahrtzeitberechnungen, Stundenzettel, Abnahmen** sowie dem Erfordernis **unverzüglicher Mängelrügen**.

Anhang § 9: Neuwagenverkaufsbedingungen

Literatur: *Reinking/Eggert*: Der Autokauf, 6. Aufl. 1996, S. 1-365; *von Westphalen*, Klauselwerke: *Pfeiffer*, Neuwagenkauf, Mai 1994 mit Nachtrag Dezember 1996; *Creutzig*: Recht des Autokaufs, 3. Aufl. 1993; *Hensen* in Ulmer/Brandner/Hensen, 8. Aufl. 1997, Anh. §§ 9-11 Rdn. 438 f.

1 Weitgehend üblich ist die Verwendung der Konditionenempfehlung „Allgemeine Geschäftsbedingungen für den Verkauf von fabrikneuen Kraftfahrzeugen und Anhängern", Stand Juli 1991 <u.a. *Creutzig*, S. X-XIX>, empfohlen vom ZDK (Zentralverband des deutschen

Kraftfahrzeuggewerbes), des VDA (Verband der Automobilindustrie) und des VDIK (Verband der Importeure von Kraftfahrzeugen). In den Kommentierungen zu diesen Bedingungen werden zum Teil die zahlreichen Veränderungen in der Konditionenempfehlung nicht beachtet <z.B. geht *Palandt/Heinrichs*, 57. Aufl. 1998, § 9 Rdn. 97 von der „in den AGB vorgesehenen Tagespreisklausel“ aus, die es seit 1981 in der Konditionenempfehlung nicht mehr gibt; irreführend ebenso *Niebling*: AGB von A-Z, 3. Aufl. 1996, S. 110; siehe auch Rdn. 8>.

Die **Bindungsfrist des Käufers** an seine Bestellung (allgemein dazu 2
§ 10 Nr. 1 Rdn. 2) von 4 Wochen (Abschnitt I, 1 der Bedingungen) ist vom BGH als rechtswirksam anerkannt worden <BGH, 13. 12. 1989, BB 1990, 375 = BGHZ 109, 106 (107); *Creutzig*, S. 19; kritisch *Pfeiffer*, Rdn. 8>. Das gilt aber nicht, wenn das Fahrzeug bei der Verkaufsfirma bereitsteht und keine weiteren Fragen im Zusammenhang mit dem Vertragsabschluß zu klären sind <OLG Frankfurt, 23. 7. 1997, OLGR Frankfurt 1997, 253>. Dann bemißt sich die nach § 6 Abs. 2 geltende Annahmefrist grundsätzlich auf höchstens zwei Tage <OLG Frankfurt a.a.O.>.

Die seit 1981 in den Bedingungen nicht mehr enthaltene **Tagespreis-** 3
klausel <siehe Rdn. 1; allgemein zu Tagespreis- und Listenpreisklauseln: § 11 Nr. 1 Rdn. 1, 2, 6 und 7> hat nach Inkrafttreten des AGB-Gesetzes die Rechtsprechung und juristische Literatur außerordentlich stark beschäftigt. In der heutigen Praxis spielen die damaligen mit großer Heftigkeit geführten Auseinandersetzungen <u.a. BGH, 7. 10. 1981, BB 1982, 146 mit Anmerkung *Löwe*, BB 1982, 152 und BGH, 1. 2. 1984, BB 1984, 486 mit Anmerkung *Trinkner* und *Löwe*> keine Rolle mehr.

Die **Karenzzeit** von 6 Wochen zu Lasten des Käufers bei unver- 4
bindlich vereinbarten Lieferfristen, nach deren Ablauf der Käufer erst den Verkäufer schriftlich auffordern darf, binnen angemessener Frist zu liefern (Abschnitt IV, 2 der Bedingungen; von *Creutzig*, Rdn. 4.2.3 als „Schonfrist“ bezeichnet) wird von der Rechtsprechung für zulässig gehalten <BGH, 7. 10. 1981, BB 1982, 2136 (2138 unter IV); OLG Köln, 16. 2. 1995, OLGR Köln 1995, 140; kritisch *Pfeiffer*, Rdn. 20>.

Bei Verzug des Käufers mit der Abnahme des gekauften Kraftfahr- 5
zeugs kann der Verkäufer schriftlich eine **Nachfrist** von 14 Tagen setzen (Abschnitt V, 4 der Bedingungen). Bei zu kurz gesetzter Frist, also bei Nichteinhaltung der 14-Tage-Frist wird in Gegensatz zu den Fristsetzungen z.B. § 326 BGB nicht eine angemessene Frist in Lauf

gesetzt; die zu kurz gesetzte Nachfrist ist vielmehr gänzlich wirkungslos <OLG Hamm, 10. 1. 1995, NJW-RR 1995, 503; zum Problem einer zu kurz gesetzten Nachfrist nach BGB, VOB, VOL und UN-Kaufrecht: *Thamm*, WiB 1995, 944>.

6 Die **Nichtabnahmeentschädigung** ist auf 15 % pauschaliert (Abschnitt V, 5 der Bedingungen). Das ist rechtswirksam <BGH, 16. 6. 1982, BB 1983, 19; OLG Schleswig, 4. 5. 1988, NJW 1988, 2247; *Pfeiffer*, Rdn. 35; allgemein zur Pauschalierung von Ersatzansprüchen bei Nichtabnahme: § 11 Nr. 5 insbesondere Rdn. 4>.

7 Zum **Eigentumsvorbehalt** (Abschnitt VI der Bedingungen) siehe Anhang § 9: Eigentumsvorbehalt <vgl. *Pfeiffer*, Rdn. 83 ff.; *Creutzig*, S. 107 ff.>.

8 Entgegen dem früheren Text der Konditionenempfehlung ist die Klausel über das sekundäre Recht des Käufers auf **Wandelung oder Minderung bei Fehlschlagen der Nachbesserung** in der Fassung von 1991 (Abschnitt VII, 4 der Bedingungen) rechtswirksam, weil die Begriffe „Wandelung" und „Minderung" jetzt gemäß den Erfordernissen der Rechtsprechung (siehe dazu § 11 Nr. 10b, Rdn. 6) erläutert sind <irreführend deshalb *Niebling*: AGB von A-Z, 3. Aufl. 1996, S. 111>.

9 Eine Klausel, welche die **Dreijahresgarantie** für Neuwagen davon abhängig macht, daß die vorgeschriebenen Inspektions- und Wartungsarbeiten von einem autorisierten Vertragshändler durchgeführt werden, ist nicht wegen Verstoßes gegen das AGB-Gesetz unwirksam. Es handelt sich um eine nicht kontrollfähige Leistungsbeschreibung <OLG Nürnberg, 27. 2. 1997, NJW 1997, 2186, siehe allg. § 8 Rdn. 4>.

Anhang § 9: Paketdienst/Kurierdienst und Werttransporte

Literatur: *Hensen* in Ulmer/Brandner/Hensen, 8. Aufl. 1997, Anhang §§ 9-11, Rdn. 550 f.

1 Aufgrund der großen Bedeutung der Paketdienstfirmen besitzen die AGB in diesem Geschäftsbereich ein erhebliches Gewicht. Die Rechtsprechung mußte sich bereits mit mehreren Klauseln auseinandersetzen. Da die Paketdienste überwiegend im kaufmännischen Geschäftsverkehr tätig werden – die Inanspruchnahme erfolgt aber auch unter anderem von freien Berufen, die nicht als Kaufleute im Sinne

des AGB-Gesetzes gelten <vgl. LG Düsseldorf, 29. 12. 1993, NJW-RR 1995, 440> – sind die Urteile überwiegend zum kaufmännischen Verkehr ergangen.

Gegen die **Vereinbarung der ADSp** (dazu Anhang § 9: ADSp) „soweit 2
nachstehend nicht von den ADSp abweichende Regelungen getroffen worden sind" durch einen privaten Paketbeförderungsdienst bestehen keine AGB-rechtlichen Bedenken <OLG Frankfurt, 28. 5. 1997, OLGR Frankfurt 1997, 160 (161)>. Nach einem anderen Urteil soll aber ein Nichtkaufmann die Verweisung auf die ADSp nicht gegen sich gelten lassen müssen; zumindest sei eine derartige Verweisungsklausel angeblich unklar im Sinne von § 5 <OLG Düsseldorf, 30. 1. 1997, OLGR Düsseldorf, 1997, 307>.

Eine **Vereinbarung von geänderten AGB** der Paketdienste bei lau- 3
fender Geschäftsverbindung im kaufmännischen Verkehr ist möglich, wenn in den Rechnungen auf die Neufassung durch einen besonderen Vermerk hingewiesen worden ist <BGH, 6. 12. 1990, BB 1991, 501; siehe allgemein § 2 Rdn. 15 und 20>.

Im Vordergrund der gerichtlichen Beurteilung steht die Haftungs- 4
klausel der Paketdienste, die eine **Haftungsbeschränkung auf 500,– DM** und eine Versicherungsmöglichkeit bei einem Wert bis zu diesem Betrag vorsieht. Diese Klausel ist im Prinzip rechtswirksam <OLG Frankfurt, 22. 2. 1995, OLGR Frankfurt 1995, 198; a.A. LG Düsseldorf, 29. 12. 1993, NJW-RR 1995, 440>. Anders ist die Rechtslage dann, wenn vom Auftraggeber ein höherer Wert angegeben ist, ein höheres Beförderungsentgelt entrichtet wurde und es sich nicht um „Güter von besonderem Wert" (z.B. Schmuck, Edelsteine, Münzen) handelt <LG Frankfurt, 20. 12. 1996, Az. 2/10 O 276/95>. Telefonkarten sind nicht „Güter von besonderem Wert" <LG Frankfurt>.

Eine **Verjährungsfrist** von 8 Monaten ist unwirksam, wenn die 5
Verjährung bereits mit Einlieferung der Pakete beim Paketdienst beginnt <BGH, 6. 12. 1990, BB 1991, 376; LG Düsseldorf, 29. 12. 1993, NJW-RR 1995, 440 (441 Nr. 6: Verjährung 9 Monate)>.

In den AGB-**Werttransporte** kann die Haftung des AGB-Verwenders 6
nicht auf 100.00,- DM beschränkt werden, wenn der Wert des zu befördernden Gutes vertraglich nicht begrenzt ist; es liegt ein Verstoß gegen das auch im kaufmännischen Verkehr geltende Verbot der Freizeichnung für die Verletzung wesentlicher Vertragspflichten vor <OLG München, 2. 3. 1994, NJW-RR 1994, 742>.

Anhang § 9: Qualitätssicherungsvereinbarungen

(bearbeitet von RA Ullrich)

Literatur: *Ensthaler*: Haftungsrechtliche Bedeutung von Qualitätssicherungsvereinbarungen, NJW 1994, S. 817 ff.; *Lehmann*: Just in Time: Handels- und AGB-rechtliche Probleme, BB 1990, S. 1849 ff.; *Martinek*: Zulieferverträge und Qualitätssicherung, RWS-Skript 229, 1991; *Schmidt*: Qualitätssicherungsvereinbarungen und ihr rechtlicher Rahmen, NJW 1991, S. 144 ff.; *Steinmann*: Abdingbarkeit der Wareneingangskontrolle in Qualitätssicherungsvereinbarungen, BB 1993, 873; *v. Westphalen*: Qualitätssicherungsvereinbarungen, Prüfstein für AGB-Klauseln und Versicherungsschutz, CR 1993, S. 65 ff.; VDMA: Leitfaden für die Investitionsgüter-Industrie „Rechtliche Aspekte von Qualitätssicherungsvereinbarungen", VDMA-Verlag, 1997; Münchener Vertragshandbuch, Bd. 3 Halbband 2, 4. Aufl. 1997, *v. Westphalen*, S. 578-625; *Steckler*: Vertragsrechtliche Aspekte der Qualitätssicherung bei überbetrieblicher Arbeitsteilung, WiB 1997, 1065.

1 Bei Qualitätssicherungsvereinbarungen handelt es sich um Regelungen zwischen einem (End-) Hersteller und seinen Zulieferern, in denen die Zulieferer verpflichtet werden, bei der Produktion bestimmte **Maßnahmen zur Qualitätssicherung** zu ergreifen. Es handelt sich hierbei u.a. um die Festlegung spezieller Anforderungen an

- die Konstruktion,
- das verwendete Material,
- die Fertigungs- und Prüfverfahren der Zulieferprodukte sowie
- den Umfang von Informationen, Unterlagen und Know-how, die zwischen Hersteller und Zulieferer ausgetauscht werden sollen.

Qualitätssicherungsvereinbarungen spielen ausschließlich im kaufmännischen Geschäftsverkehr eine Rolle.

2 Eine einheitliche **Form**, in der Qualitätssicherungsvereinbarungen abgeschlossen werden, existiert in der Praxis nicht. So finden sich Regelungen zur Qualitätssicherung z.B. in eigenständigen Vertragsdokumenten, in Rahmenvereinbarungen und auch in Liefer- oder Einkaufsbedingungen der Vertragsparteien <vgl. BDI, Leitsätze für Zulieferbeziehungen „Qualitätssicherungsvereinbarungen", 1994>. Es bestehen folgende Konditionenempfehlungen <allg. zu Konditionenempfehlungen: siehe vor § 8 Rdn. 2>:

- Qualitätssicherungsvereinbarung für Erzeugnisse und Leistungen der Elektroindustrie, ZVEI <BAnz. 1995, 2398>;

- Qualitätssicherungsvereinbarung für Leiterplatten <BAnz. 1993, 3258>;
- Ergänzende Allgemeine Lieferbedingungen – Qualitätssicherungsbedingungen – für technische Teile <BAnz. 1985, 4673>;
- Qualitätssicherungsanforderung der Luft- und Raumfahrtindustrie <BAnz. 1984, 13995>.

Selbst wenn als Form für derartige Vereinbarungen ein separater Rahmenvertrag oder der Liefervertrag gewählt wird, sind Qualitätssicherungsvereinbarungen in aller Regel als Allgemeine Geschäftsbedingungen zu qualifizieren. Sie sind notwendigerweise für eine Mehrzahl von Zulieferern gedacht und damit „für eine Vielzahl von Verträgen" vorformuliert (§ 1 Abs. 1 AGB-Gesetz). Zu einem individuellen Aushandeln von Qualitätssicherungsvereinbarungen kommt es in der Praxis eher selten.

Qualitätssicherungsvereinbarungen dienen u.a. dazu, die Produkt- 3
qualität zu erhöhen und damit das Risiko einer mangelhaften Lieferung entsprechend zu verringern. In diesem Zusammenhang muß sich der Zulieferer oftmals pauschal verpflichten, den Hersteller von allen Ansprüchen Dritter freizustellen, die diese aufgrund der Fehlerhaftigkeit von Zulieferteilen geltend machen. Derartige **Regreßklauseln** benachteiligen den Zulieferer insoweit unangemessen und würden damit gegen § 9 AGB-Gesetz mit der Folge ihrer Unwirksamkeit verstoßen, soweit sie dem Hersteller das Recht einräumen, sämtliche (auch unberechtigte) Ansprüche Dritter an den Zulieferer weiterzugeben. Sie müßten sich daher zumindest auf die Fallkonstellation beschränken, in denen der Zulieferer ohnehin haften müßte. Zum anderen darf eine derartige Regreßklausel dem Zulieferer nicht den Einwand des Mitverschuldens bzw. der Mitverantwortlichkeit des Herstellers abschneiden sowie das Recht nehmen, sich für unvermeidbare Fehler zu exkulpieren.

Das Abbedingen der **Wareneingangskontrolle des Herstellers** gem. 4
§§ 377, 378 HGB stellt eine zentrale Regelung in Qualitätssicherungsvereinbarungen dar. Diese Vorschriften normieren die Untersuchungs- und Rügepflicht des Käufers beim Handelskauf. Es handelt sich hierbei um Obliegenheiten des Käufers, bei deren Nichtbeachtung er seine gegenüber dem Zulieferer bestehenden Gewährleistungsansprüche verliert. Eine uneingeschränkte formularmäßige Abbedingung der Wareneingangsprüfung hätte zur Folge, daß der Hersteller selbst bei offenkundigen Fehlern – entgegen dem Grundgedanken des Gesetzgebers – auch zu einem beliebig späten Zeitpunkt

noch Gewährleistungsansprüche geltend machen könnte. Eine derartige Regelung wäre wegen Verstoßes gegen § 9 AGB-Gesetz unwirksam <BGH, 19. 6. 1991, BB 1991, 1732>. Soweit diese Obliegenheiten des Herstellers jedoch in moderater Weise auf die Zulieferer übertragen werden, bestehen dagegen keine Bedenken <vgl. auch ZVEI-Konditionenempfehlung „Qualitätssicherungsvereinbarung“ unter IV>. Letztere sollten hierbei wegen der damit verbundenen Risikoerweiterung unbedingt ihren Betriebshaftpflichtversicherer konsultieren.

5 Besondere Spezifikationen, die ein Zulieferer einzuhalten hat, sollen aus Sicht des Herstellers oft als **zugesicherte Eigenschaften** angesehen werden: Der Zulieferer soll in der Qualitätssicherungsvereinbarung die Zusicherung – teilweise auch als „Garantie“ – abgeben, daß das entsprechende Produkt den besonderen Vorgaben entspricht. Die Rechtsprechung steht derartigen Klauseln, die formularmäßig Spezifikationen als Zusicherung von Eigenschaften bestimmen, ablehnend gegenüber <BGH, 28. 2. 1996, BB 1996, 871; BGH, 25. 2. 1981, NJW 1981, 1501>.

6 Neben technischen Spezifikationen gibt der Hersteller üblicherweise auch die betreffenden **Qualitätssicherungsmaßnahmen** vor, die vom Zulieferer zu ergreifen sind, um die gewünschte Qualität sicherzustellen. Diese Vorgaben betreffen u.a. das Qualitätsmanagement des Zulieferers und seine Qualitätskontrollen. Auch solche Vorgaben sind – soweit sie formularmäßig gemacht werden – der Inhaltskontrolle des AGB-Gesetzes unterworfen, so daß stets die Interessen der Parteien gegeneinander abzuwägen sind. Hierbei steht auf der einen Seite das Interesse des Herstellers, geprüfte und damit qualitätsgerechte Ware zu bekommen, auf der anderen Seite das Interesse des Zulieferers, in seiner Betriebsorganisation möglichst frei und unabhängig bleiben zu können. Damit sind all jene Anforderungen bedenklich, die in keinem Verhältnis mehr zur Bedeutung des betreffenden Auftrages stehen oder es dem Zulieferer nicht erlauben, andere, gleichwertige Problemlösungen einzusetzen.

7 Zur **Überprüfung** der vereinbarten **Qualitätsanforderungen** behält sich der Hersteller oftmals umfassende Informationsrechte in Form von Auskunftsverlangen, Mitteilungspflichten und sonstigen Kontrollrechten gegenüber den Zulieferern vor. Auch hier bedarf es einer Abwägung der gegenseitigen Interessen, um zu einer Angemessenheit oder Unangemessenheit der betreffenden Klausel und damit deren Wirksamkeit oder Unwirksamkeit zu gelangen.

Die Kontrollrechte des Herstellers bedingen u.U. die Offenbarung bzw. Preisgabe eines speziellen Know-hows des Zulieferers. Diese Kontrollrechte sind mithin auf das äußerste Maß des Erforderlichen zu beschränken. Darüber hinaus besteht ein berechtigter Anspruch des Zulieferers auf Abschluß einer **Geheimhaltungsvereinbarung** mit dem Hersteller, die auch dessen Mitarbeiter ausdrücklich einschließt. Eine AGB-mäßige Verpflichtung des Zulieferers, ohne besondere Einschränkungen firmeninterne Informationen, Know-how und sonstige unternehmensspezifische Geschäftsunterlagen offenzulegen, benachteiligt ihn unangemessen und ist nach § 9 AGB-Gesetz unwirksam. **8**

Anhang 9: Rechtsanwaltsbedingungen

Literatur: *von Westphalen*, MDR 1997, 989; *Brandner* in Ulmer/Brandner/Hensen, 8. Aufl. 1997, Anh. §§ 9-11 Rdn. 560-562; *von Westphalen*, Klauselwerke: *Schäfer*, Rechtsanwälte, Nov. 1995; *v. Westphalen,* WiB 1997, 1217.

In AGB von Rechtsanwälten gegenüber Mandanten (Mandatsbedingungen) besteht insbesondere das Problem der Zulässigkeit von Haftungsbeschränkungen. 1994 ist eine gesetzliche Regelung in die Bundesrechtsanwaltsordnung (BRAO) aufgenommen worden, welche die Möglichkeit der Haftungsbegrenzung des Rechtsanwalts „durch vorformulierte Vertragsbedingungen für Fälle einfacher Fahrlässigkeit auf den vierfachen Betrag der Mindestversicherungssumme" vorsieht, „wenn insoweit Versicherungsschutz besteht" (§ 51a Abs. 1 Nr. 2 BRAO). Da die Mindestversicherungssumme 500.000,00 DM beträgt (§ 51 Abs. 4 BRAO), kann die Haftung deshalb für einfache Fahrlässigkeit per vorformulierter Klausel auf 2 Millionen begrenzt werden. Die Vorschrift von § 51a BRAO ist als Spezialnorm dem AGB-Gesetz vorgehend, so daß vor allem nicht über den Rechtsprechungsgrundsatz der Unzulässigkeit der Haftungsbegrenzung bei Verletzung wesentlicher Vertragspflichten eine Unwirksamkeit von Mandatsbedingungen festgestellt werden kann, wenn sich die Mandatsbedingungen im Rahmen von § 51a BRAO halten <*Reiff*, Anwaltsblatt 1997, 3; *Niebling*: AGB von A-Z, 3. Aufl. 1996, S. 120: Die dort in Abs. 1 vertretene Auffassung, daß „allenfalls Haftungsbegrenzungen von mindestens 100.000,00 DM vertretbar" erscheinen, ist überholt>. Die Ansicht, daß § 51a Abs. 1 Nr. 2 BRAO gegen die EU-Richtlinie verstößt <so *v. Westphalen*, ZIP 1995, 546; vgl. auch *Schäfer* a.a.O. Rdn. 75n – 75q>, ist unzutreffend <*Reiff* a.a.O.; *Niebling* a.a.O.>.

Anhang § 9: Reisebedingungen

Literatur: *Brandner* in Ulmer/Brandner/Hensen, 8. Aufl. 1997, Anh. §§ 9-11 Rdn. 581-599; *von Westphalen*, Klauselwerke: *Kappus*, Reise- und Hotelaufnahmebedingungen, Okt. 1996; *Führig*: Reiserecht 2. Aufl. 1995.

1 Ausgangspunkt der Beurteilung von Reisebedingungen für Pauschalreisen sind die §§ 651a-651k BGB in der Fassung des Gesetzes zur Durchführung der EU-Pauschalrichtlinie und der Verordnung über die Informationspflicht von Reiseveranstaltern, jeweils von 1994 <noch nicht zur Kenntnis genommen ist von diesen Gesetzesänderungen in *Niebling*: AGB von A-Z, 3. Aufl. 1996, S. 126>. Diese Vorschriften sind unabdingbar (§ 651k BGB). Darüber hinaus ist die Inhaltskontrolle nach dem AGB-Gesetz vorzunehmen. Mit älterer Rechtsprechung muß im Hinblick auf die umgestalteten Vorschriften des BGB vorsichtig umgegangen werden.

2 Der Inhalt der Konditionenempfehlung „allgemeine Geschäftsbedingungen für Reiseverträge" <Bundesanzeiger 1994 Nr. 120, S. 6768> wird in der juristischen Literatur zum Teil stark kritisiert <*Kappus* a.a.O.>, was zugleich einen herben Vorwurf gegen die Legalisierungspraxis des Bundeskartellamtes darstellt <vgl. dazu Vor § 8 Rdn. 2>. Drastisch bezeichnet man die AGB-Realität von Reiseveranstaltern als „mancherorts AGB-Wildwest" <*Kappus* a.a.O. Rdn. 2>. Da das Reiserecht ausführlich in Spezialliteratur abgehandelt wird, kann im folgenden eine Beschränkung auf wenige Problembeispiele erfolgen.

3 Hinsichtlich **Haftungsbeschränkungen** gilt: Die Begrenzung auf den gezahlten Preis ist unzulässig <BGH, 9. 7. 1992, BGHZ 119, 152 (167)>. Wirksam ist dagegen die Beschränkung auf den dreifachen Reisepreis entsprechend § 651h BGB auch in AGB jedoch ohne Begrenzung der deliktischen Haftung <BGH, 12. 3. 1987, BB 1987, 1131 (1136) = BGHZ 100, 157 (179)>.

4 Die Thematik der **Preisänderungsklauseln** ist durch die neuen Absätze drei und vier in § 651a BGB speziell gesetzlich geregelt worden.

5 Unzulässig ist die Klausel, daß **Mängelanzeigen und Abhilfeverlangen** bei Fehlen oder Nichterreichbarkeit einer örtlichen Reiseleitung an die Zentrale zu richten sind <BGH, 15. 6. 1989, BB 1990, 1155 = BGHZ 108, 52; BGH, 24. 9. 1992, NJW 1993, 263 (264)>.

Anhang § 9: Reparaturverträge

Literatur: *von Westphalen*, Klauselwerke: *Eduard Graf von Westphalen*, Reparaturvertrag, Nov. 1995; *Ullrich/Thamm*: Die VDMA-Geschäftsbedingungen, 3. Aufl. 1994, S. 83 bis 88 (Neuauflage 1998 im Druck).

Terminologie: Im folgenden wird der im allgemeinen Sprachgebrauch 1
übliche Begriff „Reparatur" verwendet, obwohl in DIN 31051, Januar 1985, Instandhaltung-Begriffe und Maßnahmen, der Begriff „Instandsetzung" propagiert wird.

Kostenangaben/Kostenvoranschlag: In Reparaturbedingungen wird 2
häufig zwischen unverbindlichen Kostenangaben und verbindlichem Kostenvoranschlag unterschieden. Zweckmäßig ist bei unverbindlichen Kostenangaben, also dann, wenn dem Kunden nur ein voraussichtlicher Reparaturpreis angegeben wird, die Angabe eines angemessenen Prozentsatzes, nach dessen Ausschöpfung das Einverständnis des Kunden zu weiterem Kostenaufwand eingeholt werden muß (§ 650 Abs. 2 BGB). Das Gesetz präzisiert den Prozentsatz nicht. Zulässig in AGB ist ein Prozentsatz im allgemeinen bis 25 % <vgl. OLG Frankfurt, 11. 1. 1984, BauR 1985, 207, in dem die Billigung von 20 % durch die Vorinstanz erwähnt wird>.

Eine Klausel, wonach ein Kostenvoranschlag nur dann als verbindlich 3
gilt, wenn er schriftlich gegeben und als verbindlich bezeichnet worden ist, kann im kaufmännischen Verkehr als zulässig angesehen werden. Nur für die Verwendung gegenüber Nichtkaufleuten gibt es eine negative Entscheidung zu Kraftfahrzeugreparaturbedingungen <BGH, 14. 7. 1987, BB 1987, 2395>.

Kostenvoranschläge sind grundsätzlich unentgeltlich <AG Köln, 4
16. 5. 1990, CR 1990, 525; entsprechendes gilt für Angebot bei Bauvorhaben: BGH, 12. 7. 1979, NJW 1979, 2002>. Die Regelung der Entgeltlichkeit eines verbindlichen Kostenvoranschlags, der erheblichen Zeitaufwand verursachen kann, für den Fall der Nichtdurchführung der Reparatur <siehe z.B. Nr. 2 Satz 2 der Konditionenempfehlung „Lieferungs- und Zahlungsbedingungen für Motoren Instandsetzungsbetriebe", Bundesanzeiger 1994, S. 11700>, ist im kaufmännischen Verkehr als zulässig anzusehen. Bei Verwendung von Reparaturbedingungen gegenüber Nichtkaufleuten wird eine solche Klausel über die Entgeltlichkeit nicht als rechtswirksam anerkannt <BGH, 3. 12. 1981, DB 1982, 640>. Das gilt im nichtkaufmännischen Verkehr

z.B. auch für eine in einem Reparaturbetrieb ausgehängte Regelung, wonach ein Kostenvoranschlag in bestimmter Weise zu vergüten ist, selbst wenn im Reparaturannahmeschein zwar auf die Vergütungspflicht hingewiesen wird, dieser Hinweis jedoch nicht so hervorgehoben wird, daß er ohne weiteres erkennbar ist <OLG Hamm, 18. 4. 1996, OLGR Hamm 1996, 193>.

5 **Vorauszahlungen:** Zum Teil werden gegen Regelungen, welche die Pflicht zu Vorauszahlungen festlegen, Bedenken geltend gemacht <OLG München, 8. 11. 1990, OLGZ 1991, 356 = EWiR 1991, 315 (*Thamm/Detzer*)>. Solche Bedenken sind aber allenfalls im nichtkaufmännischen Verkehr fundiert.

6 **Fahrtzeit gleich Arbeitszeit:** Rechtlich zulässig sind Klauseln, welche bestimmen, daß die Fahrzeit zum Reparaturort in gleicher Höhe wie Arbeitszeit abgerechnet wird <BGH, 19. 11. 1991, BB 1992, 228 = BGHZ 116, 117>. Eine solche Klausel unterliegt als Preisnebenabrede nicht der Inhaltskontrolle nach §§ 9 bis 11 AGB-Gesetz. Der BGH hat damit seine frühere falsche Entscheidung <BGH, 5. 6. 1984, BB 1984, 1321 = BGHZ 91, 316; ablehnend dazu *Thamm*, DB 1985, 375> korrigiert. Diese Korrektur der Rechtsprechung wird in der juristischen Literatur vereinzelt nicht beachtet <*Niebling*: AGB von A-Z, 3. Aufl. 1996, S. 53>.

7 **Kostenbelastung des Bestellers bei Kündigung durch ihn:** Eine Klausel in Reparaturbedingungen, daß der Besteller die bis zu seiner Kündigung (z.B. weil sich nach intensiver Untersuchung durch das Reparaturunternehmen herausstellt, daß die Reparatur zu teuer werden würde) angefallenen Kosten und den entgangenen Gewinn zu tragen hat, (siehe auch § 10 Nr. 7 Rdn. 3 und 4) ist rechtswirksam. Das gibt nämlich nur die ohnehin geltende Rechtslage wieder <OLG Stuttgart, 2. 11. 1990, NJW-RR 1991, 251; unrichtig deshalb *von Westphalen*, Klauselwerke: Reparaturvertrag, Nov. 1995, Rdn. 15>.

8 **Unverbindliche Reparaturfrist:** Die Klausel „Reparaturzeiten sind nur verbindlich, wenn sie schriftlich bestätigt werden“ ist bei der Verwendung gegenüber Nichtkaufleuten unzulässig <BGH, 25. 2. 1982, BB 1982, 1822>. Demgegenüber ist aber im kaufmännischen Geschäftsverkehr die Regelung der Unverbindlichkeit einer Reparaturfrist im allgemeinen als zulässig zu betrachten. Bei Vertragsabschluß, also vor genauer Prüfung des Reparaturgegenstandes, wird zumindest bei komplizierten technischen Geräten und Maschinen der Umfang der erforderlichen Arbeiten und damit der Zeitaufwand der Reparatur nicht in angemessener Weise genau zu bestimmen sein.

Neuteile oder Austauschteile: Ein Wahlrecht für das Reparaturunternehmen, ob es Neu- oder Austauschteile (generalüberholte Teile) verwenden will, wird von der Rechtsprechung kritisch beurteilt <OLG Frankfurt, 22. 4. 1983, DB 1983, 1482>. Zumindest im kaufmännischen Verkehr wird eine solche Vereinbarung als zulässig angesehen werden können. Wegen der auch für den Besteller vorhandenen positiven Aspekte (preiswertere Ausführung, ggfs. auch schnellere Erledigung) kann man nicht von einer unangemessenen Benachteiligung des Bestellers sprechen. Zum Teil wird in der juristischen Literatur differenziert, ob der Preis der Ersatzteile im pauschalen Entgelt enthalten ist: Dann soll Zulässigkeit der Klausel zu bejahen sein <*Brandner* in Ulmer/Brandner/Hensen, Anhang zu §§ 9-11, Rdn. 931>. 9

Abnahme: Die rechtliche Abnahme <dazu grundlegend BGH 27. 2. 1996, BB 1996, 766 = WiB 1996, 496 (497 *Thamm*)> ist ein schwieriges Zentralproblem der Reparatur, „ein Herzstück des Werkvertragsrechts" <*Broß*, WM 1997 Beilage 2, S. 9 unter 5>. Nur selten wird die Abnahme förmlich vollzogen. Die Rechtsprechung hilft deshalb mit dem Grundsatz der konkludenten Abnahme, wenn eine angemessene Prüfungs- und Benutzungszeit vorliegt <BGH, 28. 4. 1992, WM 1992, 1579; OLG Hamm, 17. 9. 1993, OLGR Hamm 1994, 1; vgl. *Schmid*, NJW 1994, 1824 (1826 Abschnitt 2)>. Der Zeitpunkt der konkludenten Abnahme ist aber nicht exakt zu bestimmen. Deshalb sind in Reparaturbedingungen häufig Regelungen anzutreffen, welche die Abnahme nach bestimmter Zeit fingieren <z.B. VIII, 2 der Konditionenempfehlung des VDMA: Allgemeine Bedingungen für Reparatur an Maschinen und Anlagen für Inlandsgeschäfte, 1993, abgedruckt bei *Ullrich/Thamm*, a.a.O. S. 101 (102) Stand der Bedinungen jetzt Februar 1998>. Solche Klauseln sind bei angemessener Zeitgestaltung als zulässig anzusehen, z.B. bei Fristen von ein oder zwei Wochen (§ 12 Nr. 5 Abs. 1 und 2 VOB/B, beachte aber auch § 13 Nr. 2 Abs. 3 VOL/B). Dasselbe gilt bei sonstigen angemessenen Kriterien, z.B. 50 gefahrene Kilometer nach Kraftfahrzeugreparatur <OLG Düsseldorf, 6. 1. 1994, EWiR 1994, 859 (860, *Thamm*)>. Die vereinzelt geäußerten Bedenken gegen eine Abnahmefiktion in AGB <Nachweise bei *Thamm/Detzer*, DB 1992, 2123 (2124 Fußnote 31)> sind zumindest für den kaufmännischen Verkehr unberechtigt. Interessant ist der Vorschlag des Abschlußberichts der Schuldrechtsreformkommission 1992, S. 299: § 640 Abs. 2 Satz 3 BGB KE lautet „Der Abnahme steht es gleich, wenn der Besteller die Abnahme des fertiggestellten Werkes nicht innerhalb einer ihm vom Unternehmer bestimmten angemessenen Frist vornimmt." 10

11 **Erfordernis unverzüglicher Mängelrüge:** Im Gegensatz zu Lieferverträgen ist bei Inlandsreparaturverträgen (Werkverträgen) gesetzlich keine unverzügliche Rügepflicht (Rügeobliegenheit) von Mängeln zu bejahen. Der BGH hat es leider abgelehnt, eine Analogie zum Kaufvertrag und damit zu § 377 Abs. 1 HGB herzustellen <BGH, 4. 2. 1992, EWiR 1992, 893 (*Thamm/Detzer*)>. In Reparaturbedingungen des kaufmännischen Verkehrs ist aber allgemein die Rügepflicht vorgesehen. Das ist als rechtlich zulässig anzusehen. Es ist auf die umfassende Rügepflicht im UN-Kaufrecht hinzuweisen. Zwar regelt das UN-Kaufrecht nur Kauf- und Werklieferungsverträge; in diesem Rahmen aber ist die Rügepflicht umfassend.

12 **Verkürzung der Gewährleistungsfrist:** Eine wesentliche Verkürzung der Gewährleistungsfrist (Allgemein zur Verkürzung der Gewährleistungsfrist: § 11 Nr. 10f) für Reparaturen ist nach der Rechtsprechung auch im kaufmännischen Verkehr unzulässig. So ist die frühere Klausel der Kraftfahrzeugreparaturbedingungen, daß bei LKW-Reparaturen die Gewährleistung bei 10.000 gefahrenen Kilometern endet, für unwirksam erklärt worden <BGH, 20. 4. 1993, BB 1993, 1395 = BGHZ 122, 241 mit zust. Anmerkung *Peters*, JR 1994, 192; entgegen Vorinstanz OLG Frankfurt, 11. 5. 1992, OLGR Frankfurt 1992, 86>.

13 **Stundenzettel** (Stundennachweise): Eine vom Besteller verwendete Klausel „Stundennachweise sind spätestens innerhalb einer Woche nach Erstellung vorzulegen, ansonsten erlischt der Anspruch" ist nach § 9 Abs. 2 Nr. 1 unwirksam <OLG Düsseldorf, 17. 1. 1997, NJW-RR 1997, 784: Bauvertrag; allg. zu Stundenzetteln: BGH, 14. 7. 1994, BB 1994, 2169; OLG Düsseldorf, 14. 7. 1994, OLGR Düsseldorf 1994, 215>.

14 Außer der unter Rdn. 10 aufgeführten Konditionenempfehlung des VDMA für Reparaturen sind folgende weitere **Konditionenempfehlungen** zu nennen:

- Kraftfahrzeugreparaturbedingungen <Bundesanzeiger 1993, S. 10493>,
- Bedingungen für die Ausführung von Instandsetzungsarbeiten an Landmaschinen und Schleppern <Bundesanzeiger 1991, S. 4261>,
- AGB für den Umbau und die Reparatur von Booten <Bundesanzeiger 1981 Nr. 100 vom 2. 6. 1981>,
- Bedingungen für die Ausführung von Arbeiten an Booten, Bootsmotoren und Anhängern <Bundesanzeiger 1979 Nr. 181 vom 26. 9. 1979>.

Allg. zu Konditionenempfehlungen: siehe Vor § 8 Rdn. 2.

Anhang § 9: Rückkaufklauseln hinsichtlich Grundstücken durch Gemeinden

Kommunen verknüpfen zum Teil die Veräußerung von Grundstücken, hinsichtlich deren eine Bebauungspflicht festgelegt ist, mit einer **Rückkaufklausel** (Wiederkaufsrecht). Solche AGB-Klauseln sind im allgemeinen nicht rechtswirksam; § 8 hindert die Inhaltskontrolle nicht <OLG Hamm, 11. 1. 1996, NJW 1996, 2104>.

Anhang § 9: Salvatorische Klauseln

Literatur: *Lörcher*, DB 1996, 1269.

Salvatorische Klauseln (auch als Erhaltungs- oder Ersatzklauseln, An- 1
passungs- oder Wirtschaftlichkeitsklauseln bezeichnet) sind AGB-rechtlich zulässig <u.a. BGH, 30. 1. 1997, BB 1997, 646; BGH, 8. 2. 1994, NJW 1994, 1651>. Solche Klauseln lauten in verschiedenen Variationen sinngemäß etwa: Durch die Unwirksamkeit einzelner Klauseln wird die Wirksamkeit der anderen Bestimmungen und des Vertrages nicht berührt. Die Vertragspartner sind verpflichtet, die ungültigen Klauseln durch andere Regelungen zu ersetzen, die den unwirksamen Klauseln wirtschaftlich möglichst weitgehend entsprechen <vgl. BGH, 11. 10. 1995, BB 1995, 2549>.

Die **Folge solcher Klauseln** ist: Die Vermutung des § 139 BGB wird in 2
ihr Gegenteil verkehrt. Danach trifft die Darlegungs- und Beweislast für Umstände, welche die Nichtigkeit des ganzen Vertrages begründen, denjenigen, der sich darauf beruft <BGH, 30. 1. 1997, BB 1997, 646 (647 unter III, 2a); BGH, 11. 10. 1995, BB 1995, 2549>.

Eine **Gesamtnichtigkeit des Vertrages** trotz einer Salvatorischen Klau- 3
sel ist dennoch zu bejahen, wenn nicht nur eine Nebenabrede, sondern eine wesentliche Vertragsbestimmung unwirksam ist und durch die Teilnichtigkeit der Gesamtcharakter des Vertrages geändert würde <BGH, 11. 10. 1995, BB 1995, 2549 (2550)>. Das ist aber nicht schon dann der Fall, wenn durch den Wegfall von Abreden die wirtschaftlichen Vertragsgrundlagen wesentlich verändert werden und die Vertragspartner den Vertrag ohne die weggefallenen Abreden nicht abgeschlossen hätten <BGH, 8. 2. 1994, NJW 1994, 1651>.

4 Zu den Salvatorischen Klauseln ist auch die Formulierung „soweit gesetzlich zulässig“ zu rechnen. Speziell zu dieser Klausel siehe Anhang § 9 „soweit gesetzlich zulässig“.

Anhang § 9: Schiedsgerichtsklauseln

Literatur: *von Westphalen*: Vertragsrecht, Januar 1995, S. 271-276.

1 Schiedsgerichtsvereinbarungen sind in den Grenzen der ZPO und des § 91 GWB im übrigen auch per AGB zulässig. Sogar stillschweigend kann eine Schiedsgerichtsvereinbarung bei Handelsbrauch erfolgen, sofern es sich um branchentypische Geschäfte handelt und die Beteiligten regelmäßig in dem betroffenen Geschäftskreis tätig sind <BGH, 3. 12. 1992, WM 1993, 1307 (1308 unter II, 3)>. Ein Verstoß gegen das AGB-Gesetz kann aber insbesondere dann vorliegen, wenn Bedenken gegen die Neutralität der Zusammensetzung des Schiedsgerichts durch einseitige Regelungen der Errichtung des Schiedsgerichts bestehen. So ist zum Beispiel in einem Urteil die Unwirksamkeit aus AGB-rechtlichen Gesichtspunkten bejaht worden, wenn dem Interessenvertreter des AGB-Verwenders ein Benennungsrecht des Obmanns eingeräumt wird; dann ist auch die Klausel unwirksam, daß über die Wirksamkeit der Schiedsgerichtsvereinbarung allein das Schiedsgericht zu entscheiden hat <OLG Düsseldorf, 1. 6. 1995, BB 1996 Beilage Nr. 15, S. 21>. Eine Schiedsgerichtsklausel kann auch dann unwirksam sein, wenn die Art des vorgesehenen Schiedsgerichts, dessen Anrufung allein vom Willen des AGB-Verwenders abhängt, besorgen läßt, daß es andere mißbilligte Klauseln nicht als unwirksam erkennen wird <BGH, 10. 10. 1991, BB 1992, 229 = BGHZ 115, 324>.

2 Die **EU-Richtlinie** bezeichnet im Anhang Nr. 1 Buchstabe q in unverständlicher Formulierung Klauseln dann für mißbräuchlich, die dem Verbraucher die Möglichkeit nehmen oder erschweren, Rechtsbehelfe bei Gericht einzulegen „und zwar insbesondere dadurch, daß er ausschließlich auf ein nicht unter die rechtlichen Bestimmungen fallendes Schiedsgerichtsverfahren verwiesen wird. Mit der Formulierung *„nicht unter die rechtlichen Bestimmungen fallendes Schiedsgerichtsverfahren“* könnte vielleicht gemeint sein, daß ein Verfahren keine Basis einer neutralen Zusammensetzung und eines fairen Ablaufs besitzt <vgl. auch *von Westphalen* a.a.O., Rdn. 18 und 19>.

Anhang § 9: Schriftform-/Schriftlichkeitsklauseln

(bearbeitet von RA Ullrich)

Literatur: *v. Westphalen*, Vertragsrecht und AGB-Klauselwerke, Loseblattsammlung, 1996; *Soergel/Stein*, Kommentar zum BGB, Band 3, 12. Aufl. 1991, § 4 AGBG, Rdn. 14 ff.; *Wolf/Horn/Lindacher*, Kommentar zum AGB-Gesetz, 3. Aufl. 1994, § 9, Rdn. 31 ff.; *Ulmer/Brandner/Hensen*, Kommentar zum AGB-Gesetz, 8. Aufl. 1997, Anhang §§ 9-11, Rdn. 625-637.

Schriftform- oder Schriftlichkeitsklauseln sind in Allgemeinen Geschäftsbedingungen **weit verbreitet**. Sie dienen u.a. dazu, zu Beweiszwecken nur solchen Parteiabreden Gültigkeit zu verleihen, die schriftlich fixiert sind. 1

Die Praxis unterscheidet zwischen „einfachen Schriftformklauseln“ (Rdn. 3), „qualifizierten Schriftformklauseln“ (Rdn. 4) und sog. „Vollständigkeitsklauseln“ (Rdn. 5). Bei allen diesen Formen hat die juristische Begutachtung nach § 9 AGB-Gesetz zu erfolgen, wobei das **Prinzip des Vorrangs der Individualabrede** (Individualvereinbarungen gehen AGB-Regelungen immer vor) nach § 4 AGB-Gesetz von grundlegender Bedeutung ist <BGH, 15. 2. 1995, BB 1995, 742>. 2

Durch **einfache Schriftformklauseln** wird üblicherweise festgelegt, daß nur diejenigen vertraglichen Vereinbarungen zwischen den Vertragsparteien gelten sollen, die schriftlich festgelegt sind. *Beispiel:* „Alle Vereinbarungen bedürfen zu ihrer Wirksamkeit der Schriftform“ oder „Abreden sind nur dann wirksam, wenn sie schriftlich erfolgt sind“. Dient die Schriftformklausel der Rechtsklarheit und Rechtssicherheit, bestehen gegen deren Wirksamkeit keine Bedenken <BGH, 2. 2. 1984, NJW 1984, 1184>. Unproblematisch ist eine AGB-Regelung auch dann, wenn ein berechtigtes Interesse des Verwenders bezüglich der Wahrung der Schriftform vorliegt. Das ist nicht der Fall, wenn z.B. Erklärungen von Außendienstmitarbeitern unter Berufung auf eine Schriftformklausel abgewehrt werden können und sollen, um deren Verbindlichkeit aufzuheben <BGH, 26. 3. 1986, BB 1986, 1047>. Eine Schriftformklausel ist weiterhin wirksam, soweit sie das Vorrangprinzip des § 4 AGB-Gesetz berücksichtigt. Dieser Umstand sollte in der Schriftformklausel zum Ausdruck gelangen <BGH, 15. 2. 1995, BB 1995, 742; OLG Frankfurt, 20. 1. 1995, OLGR-Ffm 1995, 51; BGH, 20. 10. 1994, NJW-RR 1995, 179>. Bezieht die Schriftformklausel pauschal alle nachträglichen Vereinbarungen ein, also auch solche Ver- 3 tragsabreden, die nach Vertragsschluß getroffen wurden, unterläuft sie das Vorrangprinzip für Individualvereinbarungen, denn sie soll den Vertragspartner davon abhalten, Rechte aus einer späteren Individualvereinbarung geltend zu machen <BGH, 15. 2. 1995, BB 1995, 742; BGH, 20. 6. 1986, NJW 1986, 1809; BGH, 31. 10. 1984, BB 1985, 689>.

4 Unter **qualifizierten Schriftformklauseln** versteht man Regelungen, die besondere formale Voraussetzungen vorsehen <BGH, 26. 11. 1984, BB 1985, 218 (225)>. Hierunter fallen auch sog. **„Bestätigungsklauseln"**, wonach mündliche Vereinbarungen nur dann wirksam sein sollen, wenn sie schriftlich bestätigt werden. *Beispiel:* „Mündliche Abmachungen haben ohne schriftliche Bestätigung keine Gültigkeit". Zielt eine solche Klausel darauf ab und ist sie geeignet, sich der Bindungswirkung eigener oder der von vertretungsberechtigten Personen (auch im Rahmen einer Anscheins- oder Duldungsvollmacht) abgegebenen Erklärung zu entziehen, entfaltet sie keine Wirksamkeit <BGH, 26. 3. 1986, BB 1986, 1047; BGH, 26. 11. 1984, BB 1985, 218 (225)>. Daneben ist wiederum das Vorrangprinzip des § 4 AGB-Gesetz zu beachten <BGH, 15. 2. 1995, BB 1995, 742; BGH, 26. 3. 1986, BB 1986, 1047>.

5 **Vollständigkeitsklauseln** zeichnen sich dadurch aus, daß lediglich festgestellt wird, weitere Vereinbarungen seien nicht getroffen. *Beispiel:* „Mündliche Nebenabreden sind nicht getroffen". Gegen eine derartige Formulierung bestehen keine Bedenken <BGH, 19. 6. 1985, BB 1985, 1418>. Sie drückt nur die Vermutung der Richtigkeit und Vollständigkeit des betreffenden Vertrages aus. Ein Gegenbeweis des Vertragspartners bleibt jederzeit möglich <BGH, 19. 6. 1985, BB 1985, 1418; BGH, 26. 11. 1984, BB 1985, 218 (225)>. Ein Verstoß gegen § 11 Nr. 15 liegt nicht vor.

6 **Weitergehende Regelungen** in AGB, die vorsehen, daß das Schriftformerfordernis selbst auch nur durch eine schriftliche Erklärung abbedungen werden kann, berücksichtigen wiederum nicht das Vorrangprinzip des § 4 AGB-Gesetz <BGH, 29. 5. 1991, NJW 1991, 2135; BGH, 15. 5. 1986, NJW 1986, 3131>. Eine derartige Vorrangklausel verstößt gegen § 9 AGB-Gesetz und ist unwirksam.

7 In **kaufmännischen AGB** sind Schriftlichkeits- bzw. Schriftformklauseln fast immer zu finden. Soweit über Schriftformerfordernisse in Liefer- und in Einkaufsbedingungen Einigkeit besteht, besitzen die entsprechenden Regelungen Gültigkeit. Aufgrund der übereinstimmenden Aussagen entfällt eine AGB-rechtliche Überprüfung. Soweit AGB einseitig verwendet werden, sind die Anforderungen an die Ausge-

staltung derartiger Klauseln weniger hoch als bei AGB, die gegenüber einem Nichtkaufmann benutzt werden. Dies hat u.a. seinen Grund darin, daß die Korrespondenz im kaufmännischen Geschäftsverkehr üblicherweise schriftlich erfolgt und Kaufleute im Rahmen ihres Geschäftsbetriebes mit derartigen Verhaltensweisen und Regelungen vertraut sind. Sie besitzen die erforderliche Erfahrung zur schriftlichen Fixierung von Geschäftsbriefen und bedürfen daher nur eines geringeren Schutzes als der Nichtkaufmann. Dennoch ist auch im kaufmännischen Geschäftsverkehr das **Vorrangprinzip** des § 4 AGB-Gesetz **zu beachten**. Schriftformklauseln dürfen also nicht den Eindruck erwecken, mündliche – auch nachträgliche – Vereinbarungen seien grundsätzlich unwirksam.

Soweit ein **kaufmännisches Bestätigungsschreiben** einen mündlichen 8
Vertrag zusammenfaßt, steht der Wirksamkeit des Vertrages eine AGB-Schriftformklausel nicht entgegen <BGH, 20. 10. 1994, NJW-RR 1995, 179>.

Anhang § 9: Sicherungsübereignung

Literatur: *Serick*, WM 1997, 345; *Serick*, BB 1996, 1777; *Pfeiffer*, ZIP 1997, 49; *von Westphalen*: Klauselwerke; Sicherungsübereignung, November 1995; *Thamm*: Kreditsicherungs-Vereinbarungen, 6. Aufl. 1994 (Heidelberger Musterverträge Heft 34), S. 18 ff. und S. 30 ff.

Die Urteile zur Auswirkung des AGB-Rechts auf die Sicherungsüber- 1
eignung sind ein Beispiel dafür, daß eine langfristige solide Basis für eine Berechenbarkeit der Rechtsprechung nicht vorhanden ist. Innerhalb kurzer Zeit ändert sich die Rechtsprechung zunächst in einer (schärferen) Richtung, dann entgegengesetzt so gravierend (dafür aber uneinheitlich), daß die Praxis diesen unwürdigen Schlingerkurs und Wirrwarr nur mit Entsetzen zur Kenntnis nehmen kann. Die fehlende Berücksichtigung wirtschaftlicher Zusammenhänge ist erschreckend. Die gesamte juristische Literatur auch der jüngeren Vergangenheit ist bezüglich der Darstellung des Standes der Rechtsprechung nur noch geschichtlich interessant. Selbst Spezialisten haben zum Teil den Überblick eingebüßt. Die Rechtsprechung ist derzeit so im Fluß, daß es sich nicht lohnt, mehr als nur einige Bemerkungen über die augenblickliche Situation (November 1997)

zu machen. Nach der demnächst zu erwartenden Entscheidung des großen Senats des BGH für Zivilsachen (siehe Rdn. 3) werden die maßgebenden Grundsätze des Rechts der Kreditsicherung neu geschrieben werden müssen.

2 Verhältnismäßig einfach ist folgende Rechtslage: Bei der **Sicherungsübereignung bestimmter Sachen** (Singularsicherheit) ist für die Wirksamkeit keine Freigabeklausel bei Übersicherung erforderlich <BGH, 13. 1. 1994, BB 1994, 459 = BGHZ 124, 380; dazu *Wenzel*, WiB 1994, 240>. Ist eine Freigabeklausel vorhanden, die als unangemessen zu bewerten ist, so ist nur diese Klausel unwirksam; die Sicherungsübereignung bleibt davon unberührt <BGH a.a.O.>. Diese Grundsätze gelten auch für die Sicherungsübereignung von Sachgesamtheiten. Es muß keine Freigabeklausel mit zahlenmäßig bestimmter Deckungsgrenze vorhanden sein, wenn der Bestand der Sachgesamtheit – vom Austausch einzelner entwerteter Stücke abgesehen – bereits bei Vertragsabschluß feststeht. <BGH, 13. 1. 1994, BB 1994, 457: Änderung der Rechtsprechung>.

3 Durcheinander besteht in der Rechtsprechung bei der Beurteilung der **Sicherungsübereignung von Warenlagern mit wechselndem Bestand**. Insofern wurde für die Wirksamkeit von der Rechtsprechung noch vor wenigen Jahren eine konkrete Deckungsgrenze und eine Freigabeklausel verlangt <u.a. BGH 19. 3. 1992, BB 1992, 881>. Hinsichtlich der Freigabeklausel hat sich bereits eine Änderung der Rechtsprechung entwickelt <u.a. BGH, Anfragebeschluß 11. 7. 1996, BB 1996, 1789; siehe auch Anhang § 9: Sicherungszession>. Jetzt steht eine Entscheidung des großen Senats des BGH für Zivilsachen bevor, weil es hinsichtlich des Erfordernisses der Deckungsgrenze zwei Vorlagen an den großen Senat gibt <BGH, 13. 5. 1997, WM 1997, 1197 = EWiR 1997, 725 (*Pfeiffer*) und BGH, 6. 3. 1997 Leitsätze b und c, BB 1997, 1011>. Bezüglich des Freigabeanspruchs ist die Anrufung des großen Senats ebenfalls erfolgt <BGH, 6. 3. 1997, Leitsatz a, BB 1997, 1011 dazu u.a. *Serick*, WM 1997, 2053; *Schwab*, WM 1997, 1883; *Schröter*, WM 1997, 2193>. Jetzt ist die **Entscheidung des Großen Senats des BGH** vom 27. 11. 1997, BB 1998, 438 = WM 1998, 227 zu beachten.

4 Durch die Entwicklung der Änderung der Rechtsprechung zur Freigabeklausel ist die Problematik des von der Rechtsprechung seit einigen Jahren herausgestellten Themas der **Bewertungsregelungen** (Festlegung der Bezugsgröße) derzeit etwas in den Hintergrund getreten. Die Rechtsprechung hat verlangt, daß der Sicherungsgeber in die Lage versetzt werden muß, unschwer festzustellen, ob die Deckungs-

grenze überschritten ist <dazu u.a. BGH, 9. 2. 1994, BB 1994, 674 = BGHZ 125, 83 zu Kontokorrenteigentumsvorbehalt>. „Einkaufspreis“ und „Gestehungspreis“ kommen als objektive Bezugsgrößen für die Bewertung des Sicherungswertes in Betracht; dies gilt auch für den „Zeitwert“, wenn er sich aus allgemein zugänglichen Quellen ergibt <BGH, 11. 5. 1995, BB 1995, 1500; dazu in der Kritik an der Rechtsprechung allg. sehr zutreffend *Rellermeyer*, WM 1994, 1009 und 1053>. Unwirksame Bewertungsregelungen machen aber nach neuer Rechtsprechung die Sicherungsübereignung nicht insgesamt ungültig <BGH, 27. 6. 1995, BB 1995, 1554 = BGHZ 130, 115>, was die Brisanz dieser Problematik wesentlich gemildert hat.

Hinsichtlich der Frage, ob **Verwertungsregelungen** erforderlich sind, 5
hat sich die Rechtsprechung insofern geändert: Eine Verwertungsregelung ist in den AGB nicht unbedingt notwendig; eine unangemessene Verwertungsregelung berührt nicht die Wirksamkeit der Sicherungsübereignung insgesamt <BGH, 13. 1. 1994, BB 1994, 459 = BGHZ 124, 380; BGH, 27. 6. 1995, BB 1995, 1554 = BGHZ 130, 115; vgl. BGH, 17. 1. 1995, BB 1995, 586 = BGHZ 128, 280>. Bei unwirksamen Verwertungsklauseln sind für die Verwertung die gesetzlichen Vorschriften über das Pfandrecht heranzuziehen <BGH, 17. 1. 1995 a.a.O.>.

Anhang § 9: Sicherungszession

(bearbeitet von RA Dr. Hartard)

Literatur: *Brandner* in Ulmer/Brandner/Hensen, AGB-Gesetz, 8. Aufl. 1997, Anh. §§ 9-11, Rdn. 658 ff.; *Canaris*, Die Problematik der Sicherheitenfreigabeklauseln im Hinblick auf § 9 AGBG und § 138 BGB, ZIP 1996, 1109; *ders.* Deckungsgrenze und Bewertungsmaßstab beim Anspruch auf Freigabe von Sicherheiten gemäß § 242 BGB, ZIP 1996, 1577; *Ganter*, Aktuelle Probleme der Kreditsicherheiten in der Rechtsprechung des Bundesgerichtshofes, WM 1996, 1705; *Graf v. Westphalen*, AGB-Klauselwerke, Sicherungsabtretungen; *Horn* in Wolf/Horn/Lindacher, AGBG, 3. Aufl. § 9, S. 115; *Liebelt-Westphal*, Die gesetzliche Deckungsgrenze bei der Gewährung von Sicherheiten, ZIP 1997, 230; *Nobbe*, Neue höchstrichterliche Rechtsprechung zum Bankrecht, 5. Aufl. 1993; *Pfeiffer*, Der gesetzliche Inhalt des allgemeinen Freigabeanspruchs, ZIP 1997, 49; *Schwab*, Globalsicherheiten und Freigabeklauseln vor dem Großen Senat, WM 1997, 1883; *Serick*, Neues zur formularmäßigen Globalzession, zugleich zur Unentbehrlichkeit eines Spruchs des Großen Senats für Zivilsachen oder des

Bundesverfassungsgerichts zum Gewohnheitsrecht, BB 1996, 857 ff.; *ders.*, Freigabeklauseln, Deckungsgrenze und Haftobergrenze, NJW 1997, 1529; *ders.*, Gewohnheitsrecht und fehlende vertragliche Deckungsgrenze bei fiduziarischen Kreditsicherheiten – Von der fehlenden, weil nicht „erkorenen" Deckungsgrenze zur „geborenen" Haftobergrenze, WM 1997, 345; *Westermann*, Entbehrlichkeit von Regelungen über Freigabepflicht und Deckungsgrenze in Sicherungsverträgen, Festschrift für Claussen, 1997.

1 Auch Kreditsicherungsverträge können Allgemeine Geschäftsbedingungen sein und unterliegen der Kontrolle nach den allgemeinen Vorschriften des AGB-Gesetzes <vgl. *Thamm*, Kreditsicherungsvereinbarungen, 6. Aufl., S. 22 f.>. Die Sicherungsabtretung muß den Grundsatz der Bestimmbarkeit erfüllen, der auch in der Inhaltskontrolle nach § 9 Abs. 1 Eingang findet <BGH, 22. 6. 1989, NJW 1989, 2383, 2384>.

2 Die Anforderungen an eine wirksame **Globalzession** waren in letzter Zeit und sind noch heftig umstritten. Dem Großen Senat für Zivilsachen beim Bundesgerichtshof wurden vom IX. Senat mit Beschluß vom 6. 3. 1997 die Rechtsfragen zur Entscheidung vorgelegt, ob 1. ein ermessensunabhängiger **Freigabeanspruch** bei Globalabtretung oder Sicherungsübereignung eines Warenlagers mit wechselndem Bestand besteht, auch wenn der Sicherungsvertrag keine oder eine ermessensabhängige Freigabeklausel enthält, ob 2. eine solche Sicherung nur wirksam ist, wenn eine **Deckungsgrenze** und Maßstäbe für die Bewertung des Sicherungsgegenstandes festliegen und ob 3. gegebenenfalls der Sicherungsvertrag mit unangemessener oder fehlender Deckungsklausel um eine feste Deckungsgrenze mit festen Bewertungsmaßstäben ergänzt und so für wirksam erachtet werden darf <BGH, 6. 3. 1997, BB 1997, 1011>. Der XI. Senat hat die Rechtsfragen vorgelegt, ob eine formularmäßige Globalabtretung oder Sicherungsübereignung eines Warenlagers wirksam ist, wenn eine (angemessene) Deckungsgrenze und Maßstäbe für die Bewertung des Sicherungsguts nicht ausdrücklich festgelegt sind <BGH, 13. 5. 1997, WM 1997, 1197; Lit. u.a. *Serick*, WM 1997, 2053>.

3 Eine formularmäßige Sicherung durch Übereignung eines Warenlagers mit wechselndem Bestand oder Globalzession sowie die Sicherung durch verlängerten und erweiterten Eigentumsvorbehalt (siehe Anhang § 9: Eigentumsvorbehalt Rdn. 5 ff.) wurde vom VIII. und IX. Senat des Bundesgerichtshofs in ständiger Rechtsprechung wegen Verstoßes gegen § 9 Abs. 1 und vom VII. Senat gemäß § 138 Abs. 1 BGB als insgesamt unwirksam angesehen, wenn eine qualifizierte

Freigabeklausel (ausdrücklich und ermessensunabhängig) und eine zahlenmäßig bestimmte Deckungsgrenze fehlten <BGH,29. 11. 1989, BB 1990,229; BGH, 19. 3. 1992, BB 1992, 881 = BGHZ 117, 374, 377; BGH, 13. 1. 1994, BB 1994, 457 = BGHZ 124, 380 ff.>. Bei der Globalzession (und beim Eigentumsvorbehalt) ist zu regeln, ob für die Feststellung der Übersicherung auf den Nennwert der Sicherheit oder auf ihren realisierbaren Wert abzustellen ist <BGH, 27. 6. 1995, BB 1995, 1554 = BGHZ 130, 115>. Fehlt es an einer Bestimmung ist grundsätzlich davon auszugehen, daß der Nennwert gemeint ist <BGH,10. 5. 1994,BB 1994,1241>. Diese Anforderungen werden auf jeden Fall nicht an Singularsicherungszessionen, die Sicherungsübereignung mehrerer einzelner Sachen, Sachgesamtheiten mit festem Bestand oder Sicherungsgrundschulden sowie abgetretene Kapitallebensversicherungen gestellt <BGH, 30. 5. 1995, BGHZ 130, 59, 65>. Bei diesen Sicherheiten ergibt sich der Freigabeanspruch bereits aus dem Sicherungsvertrag <BGH,13. 1. 1994,BB 1994,457 = BGHZ 124, 371>. Diesen Anspruch einschränkende Klauseln sind unwirksam, führen aber nach § 6 grundsätzlich nicht zur Unwirksamkeit des gesamten Sicherungsvertrages <BGH, 13. 1. 1994, a.a.O.>. Anders ist dies, nach der oben genannten Rechtsprechung, bei revolvierenden Sicherheiten. Aber auch bei diesen führt das Fehlen eines Freigabeanspruchs nicht zur Unwirksamkeit der Vereinbarung, wenn die Voraussetzungen für eine Übersicherung eindeutig geregelt sind <BGH, 9. 11. 1995, BB 1996, 14>. Dienen mehrere Globalsicherheiten der Sicherung derselben Ansprüche und enthalten sie jeweils eine hinreichende Freigaberegelung, dann bedarf es keines Deckungsgesamtplans <BGH,9. 11. 1995 a.a.O.>. Eine Deckungsgrenze von 200 % der gesicherten Forderungen hielt der XI. Senat auf Grundlage der Rechtsprechung der anderen Senate für ausreichend <BGH, 21. 11. 1995, BB 1996, 130 hierzu: *Serick*, BB 1996, 857 ff.>. Die Deckungsgrenze darf aber nicht 120 % des realisierbaren Wertes der zu sichernden Forderungen übersteigen <BGH, 2. 12. 1992, BB 1993, 166 = BGHZ 120, 300>. Bei Festlegung der Deckungsgrenze sind Bürgschaften nicht zu berücksichtigen <BGH, 28. 4. 1994, BB 1994, 1167>. Eine Klausel, nach der bei Ermittlung der Deckungsgrenze auch nicht ausgenutzte Kreditzusagen berücksichtigt werden, ist wirksam, weil das Sicherungsinteresse der Bank sich grundsätzlich nach dem eingeräumten Kreditrahmen und nicht nach der aktuellen Inanspruchnahme richtet <BGH, 12. 12. 1995, BB 1996, 344, 345>.

Der XI. Senat äußerte gegen diese Rechtsprechung der anderen Se- **4**
nate Bedenken <BGH, 10. 5. 1994, BB 1994, 1241>. Mit Urteil vom

14. 5. 1996 <BB 1996, 1402 = BGHZ 133, 25> entschied er nach Anfragen an den VIII. und IX. Zivilsenat (Notwendigkeit der Freigabeverpflichtung?) <23. 1. 1996, BB 1996, 865 ff.> sowie an den VII., VIII. und IX. Senat (Notwendigkeit einer ausdrücklichen Deckungsgrenze?) <16. 4. 1996, BB 1996, 1454>, daß eine formularmäßige Globalzession auch ohne ausdrückliche ermessensunabhängige Freigaberegelung wirksam sei. Grund hierfür sind, daß 1. auch bei Globalabtretungen oder Sicherungsübereignungen eine **vertragsimmanente Freigabepflicht** bestehe, über die der Sicherungsnehmer nach billigem Ermessen gemäß § 315 BGB entscheide 2. es keine gesetzliche Vorschrift gibt, die eine ausdrückliche Regelung der Freigabepflicht vorschreibt und 3. das Fehlen einer ausdrücklichen ermessensunabhängigen Freigaberegelung nicht die Unwirksamkeit des gesamten Vertrages zur Folge habe <BGH, 14. 5. 1996 a.a.O.>. Eine Deckungsgrenze hält er nicht für erforderlich, weil 1. eine (Teil-) Freigabeverpflichtung jeder Sicherungsabrede über eine nichtakzessorische Sicherheit immanent sei, 2. keine Rechtspflicht oder überzeugende Gründe für die Festlegung einer konkreten Deckungsgrenze gebe und 3. eine solche den Sicherungsgeber ungünstiger stelle, als er ohne sie stünde <BGH, 16. 4. 1996, BB 1996, 1454, 1456>.

5 Der IX. Senat hat nicht daran festgehalten, daß eine Globalabtretung ohne ausdrückliche Festlegung einer Deckungsgrenze nach § 9 unwirksam ist, jedoch der Begründung des XI. Senats widersprochen, daß eine Deckungsgrenze nicht benötigt werde. Sie ergebe sich durch ergänzende Auslegung in Höhe von 100 % der zu sichernden Forderung. Eine unwirksame Deckungsgrenze führe nur zur Nichtigkeit der konkreten Klausel gemäß § 6. Die fehlende Bewertungsklausel oder eine unangemessene Bewertungsklausel, die alleine unwirksam ist, werden durch ergänzende Auslegung gemäß § 6 Abs. 2 mit dem Nennwert ersetzt <BGH, 11. 7. 1996, BB 1996, 1854>. An den VII. Senat hat der IX. Senat die Anfrage gerichtet, ob er an seiner Rechtsauffassung festhalte, daß eine ermessensunabhängige Freigabeklausel und eine ausdrückliche Deckungsgrenze erforderlich seien <BGH, 11. 7. 1996, BB 1996, 1789>. In dieser Anfrage hat der IX. Senat seine Auffassung zum Erfordernis einer ausdrücklichen Freigabeklausel geändert und anerkannt, daß Sicherungsabreden über fiduziarische Kreditsicherheiten eine strikte, ermessensunabhängige (Teil-) Freigabeverpflichtung zu entnehmen ist und bei einer unwirksamen Freigabeklausel gemäß § 6 Abs. 1 nur diese unwirksam ist. An deren Stelle tritt der allgemeine Freigabeanspruch <BGH, 11. 7. 1996, BB 1996, 1789, 1791>. Der VII. Senat hat sich dieser Auffassung angeschlossen <BGH,

10. 10. 1996, BB 1997, 329, 330>. Hinsichtlich der Notwendigkeit einer ausdrücklichen Deckungsgrenze stimmt der VII. Senat dem XI. nur insoweit zu, als sich durch Auslegung eine Deckungsgrenze auf den Nominalwert festlegen läßt. Wenn dies nicht möglich ist, verbleibt es bei der Folge der vom VII. Senat vertretenen Unwirksamkeit gemäß § 138 BGB <BGH, 10. 10. 1996, BB 1997, 329, 330>.

Jetzt ist die **Entscheidung des Großen Senats des BGH** vom 27. 11. 1997, BB 1998, 438 = WM 1998, 227 zu beachten.

Die Unwirksamkeit der **Verwertungsregelung** nach Nr. 20 Abs. 2 Ban- 6
ken AGB a.F. (Erlaubnis der Offenlegung der Globalabtretung ohne Androhung) <vgl. BGH, 7. 7. 1992, BB 1992, 1587; BGH, 27. 6. 1995, BB 1995, 1554 = BGHZ 130, 115 m.w.N.> berührt die Wirksamkeit einer Globalabtretung gemäß § 6 Abs. 1 nicht <BGH, 12. 12. 1995, BB 1996, 344; BGH, 21. 11. 1995, BB 1996, 130>.

Zu **Kollisionsfällen** zwischen Globalzession und Eigentumsvorbehalt 7
vgl. Anh. § 9, Eigentumsvorbehalt, Rdn. 7; im übrigen *Graf v. Westphalen*, AGB-Klauselwerke, Globalzession und Kollisionsfälle.

Ein formularmäßiger **Abtretungsausschluß** (zu Abtretungsverboten 8
und dem neuen § 354a HGB allg.: siehe Anh. § 9, Abtretungsverbot) oder eine Beschränkung der Abtretung durch Zustimmungserfordernis des Schuldners stellen keine unangemessene Benachteiligung dar. Eine solche Klausel ist aber gemäß § 9 unwirksam, wenn ein schützenswertes Interesse des Verwenders nicht besteht oder die berechtigten Belange des Kunden an der freien Abtretbarkeit das entgegenstehende Interesse des Verwenders überwiegen <BGH, 9. 2. 1990, BGHZ 110, 241>.

Die Vorausabtretung künftiger **Lohn-, Gehalts-, Provisions- und So- 9**
zialleistungsansprüche ist in Kreditverträgen grundsätzlich zulässig <BGH, 24. 11. 1975, BB 1976, 227; OLG Stuttgart, 15. 12. 1993, WM 1994, 626, 630>. Sie kann auch in AGB für Ratenkreditverträge vereinbart werden <BGH, 22. 6. 1989, BB 1989, 1503 = BGHZ 108, 98>. Solche Abtretungen können für den Betroffenen von existentieller Bedeutung sein, seine Kreditwürdigkeit insgesamt in Frage stellen und insbesondere bei Offenlegung den Arbeitsplatz gefährden. Derartige Klauseln müssen deshalb Zweck und Umfang der Abtretung sowie die Voraussetzungen der Verwertungsbefugnis eindeutig bezeichnen <BGH, 22. 6. 1989, a.a.O.>. Unwirksam ist eine Lohnabtretungsklausel, wenn die Sicherungsabrede nicht klar erkennen läßt, ob nur die Ansprüche aus dem jeweiligen Kreditvertrag oder auch aus anderem Rechtsgrund gesichert werden sollen <BGH, 22. 6. 1989, a.a.O.: Si-

cherung „der Ansprüche“ der Bank> oder wenn die Voraussetzungen unter denen die Verwertung zulässig ist, nicht hinreichend bestimmt sind <BGH, 22. 6. 1989, a.a.O.>. Bei Lohn- und Gehaltsabtretungen führt eine unangemessene Verwertungsregelung zur Unwirksamkeit des gesamten Vertrags <BGH, 7. 7. 1992, BB 1992, 1587; BGH, 21. 11. 1995, BB 1996, 130>. Gerade bei Lohn- und Gehaltsabtretungen ist die Verwertungsregelung von existentieller Bedeutung. Diese Rechtsprechung gilt nur für die Vorausabtretung von Lohn- und Gehaltsansprüchen, kann also nicht auf Sicherungsverträge zwischen Banken und Vollkaufleuten übertragen werden <OLG Stuttgart, 15. 12. 1993, WM 1994, 626, 630>.

10 **Unwirksam** ist die **formularmäßige Lohnabtretung** eines Mitdarlehensnehmers gemäß § 9, nicht aber überraschend gemäß § 3, wenn er am Kaufgeschäft nicht beteiligt ist und der Kreditgeber bereits über hinreichende Sicherheiten verfügt <OLG Frankfurt, 18. 6. 1986, BB 1986, 2089>. In einem Kreditkaufvertrag ist die Lohnabtretung gemäß § 9 Abs. 1 unwirksam <OLG Karlsruhe, 17. 1. 1980, NJW 1981, 405, 407>. In einem formularmäßigen Mietvertrag ist sie gemäß § 3 überraschend. Der Mieter erwartet neben dem Vermieterpfandrecht nur die Pflicht zur Stellung einer Kaution <LG Lübeck, 19. 3. 1985, NJW 85, 2958>. Auch in einem formularmäßigen Leasingvertrag ist eine Lohnabtretung gemäß § 9 unwirksam. Es fehlt an einem adäquaten Sicherungsbedürfnis, da der Leasinggeber Eigentümer des Leasinggegenstandes bleibt und als Sicherheit seinen Anspruch auf Rückgabe hat <OLG Celle, 12. 1. 1994, NJW-RR 1994, 562>.

11 Soll mit einer formularmäßigen Lohnabtretung der Zessionar davon abgehalten werden, von einem vollstreckbaren Titel gegen den Zedenten Gebrauch zu machen, braucht auf jeden Fall keine auf die Überschreitung der Deckungsgrenze bezogene Freigabeklausel enthalten zu sein <BGH, 27. 4. 1995, BB 1995, 1505>.

Anhang § 9: Softwarepflegeverträge

(bearbeitet von RA Ulbrich)

Literatur: *Moritz/Tybusseck*: Computersoftware, 2. Aufl. 1992, Rdn. 947 bis 960; *Schneider*: Praxis des EDV-Rechts, 2. Aufl. 1997, Rdn. K1 bis K 257; *Zahrnt*: DV-Verträge: Rechtsfragen und Rechtsprechung, Kapitel 14; *Marly*: Softwareüberlassungsverträge, 2. Aufl. 1997, Rdn. 417 bis 444; VDMA: Leitfaden Software-Pflegevertrag 1993.

Der Wartung der Hardware entspricht begrifflich die Pflege der Software (Bezeichnung wird in Literatur und Rechtsprechung nicht einheitlich verwendet). Das **Leistungsbild der Softwarepflege** ist jedoch nicht ganz mit dem der Hardwarewartung zu vergleichen (nicht nur, weil die Software keiner der Hardware vergleichbaren Abnutzung unterliegt). Die Ausgestaltung der Softwarepflege hängt zudem davon ab, ob es sich um die Pflege von Standardsoftware oder Individualsoftware handelt <vgl. zum Leistungsumfang § 4 BVB-Pflege, Besondere Vertragsbedingungen für die Pflege von DV-Programmen, Beil. Nr. 41/79 zum Bundesanzeiger Nr. 239 vom 21. 12. 1979 = Computerrecht, 2. Aufl. 1996, Beck-Texte im dtv Bd. 5562; VDMA Softwarepflegevertrag 1993>. 1

Ein wesentliches Element des Softwarepflegevertrages ist die Beseitigung von Mängeln der Programme und der Programmdokumentation. Wird der Pflegevertrag zusammen mit dem Überlassungsvertrag abgeschlossen, stehen der **Gewährleistungsanspruch des Überlassungsvertrages** und der **Mängelbeseitigungsanspruch des Pflegevertrages** nebeneinander. Gleichwohl verstößt die entsprechende Regelung des Pflegevertrages jedenfalls im kaufmännischen Geschäftsverkehr grundsätzlich nicht gegen § 9 Abs. 2 AGB-Gesetz. Dabei ist zu beachten, daß die Fehlerbeseitigung nur eine Leistung des Pflegevertrages ist und der Kunde andere Leistungen, beispielsweise die Beratungsleistung, in der ersten Phase wesentlich intensiver in Anspruch nimmt. In der Praxis wird in einigen Fällen für den Zeitraum, in dem sich die Gewährleistung aus der Softwareüberlassung und mit dem Pflegevertrag uberschneiden, nicht die volle Vergutung verlangt <vgl. OLG Stuttgart, 10. 12. 1976, BB 1977, 118, daß die Überschneidung für AGB-konform hielt>. 2

Die Gewährleistung aus dem Softwareüberlassungsvertrag darf nicht abhängig gemacht werden von dem **Abschluß eines Pflegevertrages**. Eine entsprechende AGB-Klausel verstößt – auch im kaufmännischen Verkehr – gegen § 9 AGB-Gesetz i.V.m. § 11 Nr. 10 AGB-Gesetz <OLG Hamm, 12. 11. 1990, BB 1991, Beil. 23, S. 2 = CR 1991, 289>. Umgekehrt gibt es ohne eine ausdrückliche Vereinbarung keine **Verpflichtung zum Abschluß eines Pflegevertrages**. Eine solche Verpflichtung wird auch nicht dadurch geschaffen, daß die Gerichte bei Individualsoftware u.U. eine Pflicht zur Herausgabe des Quellcodes bejahen, wenn dem Kunden kein Pflegevertrag angeboten wird <LG München I, 18. 11. 1988, BB 1989, Beil. 11, S. 8 = CR 1989, 990>. 3

Auch wenn die **Fehlerbeseitigung** in den meisten Pflegeverträgen zum Kernstück des Leistungsumfanges gehört, kann sie per AGB-Rege- 4 lung von einer ausdrücklichen Anforderung des Kunden abhängig gemacht werden <OLG Hamm, 22. 2. 1989, CR 1989, 815>.

5 Soweit der Pflegevertrag ausdrücklich die Pflicht zur **Weiterentwicklung** der Software bzw. **Anpassung** an geänderte technische oder gesetzliche Vorschriften vorsieht, ist eine Klausel dahingehend, daß diese Leistung nur dann innerhalb der Pflegepauschale erfolgt, wenn sie keine Neuprogrammierung erfordert, AGB konform <*Zahrnt*, DV-Verträge, Kapitel 14.5 Abs. 2>.

6 In vielen Fällen sehen Pflegeverträge eine **Übernahmeverpflichtung** des neuesten **Update, Relase** oder der neuesten **Version** vor <vgl. hierzu die Regelung in § 4 Nr. 3 BGB-Pflege; zur Pflicht zur Lieferung der neuesten Version im Rahmen eines Pflegevertrages vgl. OLG Köln, 2. 12. 1994, BB 1995, Beil. 16 S. 5>. Solche Regelungen sind grundsätzlich zulässig, können aber dann, wenn die Übernahmeverpflichtung zu einem erhöhten Aufwand beim Kunden führt (etwa durch notwendig werdende technische Erweiterungen) und ohne ausreichende Übergangszeit erfolgt, i.S.d. § 9 AGB-Gesetzes unangemessen sein.

7 Die Vergütung ist oft als **Pauschalvergütung** vereinbart. Eine Regelung, wonach die Pauschale selbst dann zu zahlen ist, wenn keine Leistungen erforderlich werden, ist AGB konform <LG Hagen, 26. 4. 1988, BB 1989, Beil. 5, S. 8>. Die Pauschalvergütung kann auch unabhängig von anfallenden Pflegeleistungen für einen bestimmten Zeitraum festgelegt werden, ohne daß diese Regelung gegen § 9 AGB-Gesetz verstößt <LG München I, 11. 10. 1989, Leitsatz in CR 1990, 205>.

8 **Preisänderungsklauseln** in langfristigen Pflegeverträgen müssen zugunsten des Kunden (Nichtkaufmann) ein Kündigungsrecht vorsehen, das nicht erst zum Ablauf eines Vertragsjahres eingreifen darf. Andernfalls ist die Regelung unwirksam <vgl. BGH, 16. 3. 1988, NJW-RR 1988, 819 (821)>.

9 Eine Klausel, nach der eine **zusätzliche Vergütung** anfallen soll, wenn nicht festgestellt werden kann, ob der gemeldete Fehler besteht, ist nicht AGB konform <vgl. *Schneider*, Rdn. K 208>.

10 Bei der **Vertragslaufzeit** ist im nichtkaufmännischen Geschäftsverkehr § 11 Nr. 12 AGB-Gesetz zu beachten, der maximal eine zweijährige Bindungswirkung vorsieht (§ 11 Nr. 12a AGB-Gesetz) und eine stillschweigende Vertragsverlängerung um jeweils mehr als ein Jahr verbietet (§ 11 Nr. 12b AGB-Gesetz). Eine Klausel, die die Vertragsverlängerung für den Fall nicht erfolgter Kündigung vorsieht, ist im

kaufmännischen Geschäftsverkehr zulässig (zum nichtkaufmännischen Geschäftsverkehr vgl. OLG Oldenburg, 29. 5. 1992, CR 1992, 722).

Ist die **Kündigungsfrist** vertraglich nicht geregelt, sind die dienstver- **11**
traglichen Kündigungsvorschriften anwendbar <*Marly*, Rdn. 437, S. 188>. Im nichtkaufmännischen Verkehr ist § 11 Nr. 12c AGB-Gesetz zu beachten. Danach darf dem Kunden keine längere Kündigungsfrist als drei Monate vor Ablauf der zunächst vorgesehenen oder stillschweigend verlängerten Vertragsdauer auferlegt werden. Eine Regelung, wonach die Mindestlaufzeit des Vertrags bei jeder Umrüstung oder Erweiterung der EDV-Anlage neu beginnt, verstößt gegen § 9 AGB-Gesetz und § 3 AGB-Gesetz <für den Mietvertrag vgl. OLG Köln, 21. 1. 1994, BB 1994, Beil. 7, S. 8 = CR 1994, 538>.

Beschließt der Kunde, die EDV-Anlage zu verkaufen oder nicht mehr **12**
zu betreiben, gibt ihm dieser Umstand – ohne eine ausdrückliche vertragliche Regelung – kein Recht zur **außerordentlichen Kündigung** <vgl. OLG Oldenburg, 29. 5. 1992, CR 1992, 722>.

Eine AGB-Regelung, die einen **Wechsel des Vertragspartners** auf Sei- **13**
ten des Auftragnehmers vorsieht, kann im Hinblick auf die für eine Softwarepflege notwendigen besonderen Kenntnisse wegen Verstoßes gegen § 3 AGB-Gesetz unwirksam sein <OLG Köln, 21. 1. 1994, BB 1994, Beil. 7 S. 8 = CR 1994, 538; *Marly*, Rdn. 440, S. 188; siehe im übrigen § 11 Nr. 13>.

Wie vielgestaltig die Konstellationen bei Softwarepflegeverträgen **14**
sind, zeigen auch die unterschiedlichen **Mustertexte**. Erwähnt seien die BVB für die Pflege von Programmen vom 30. 11. 1977 <Bundesanzeiger Nr. 239 vom 21. 12. 1979, Beil. 41/79; dazu *Müller-Hengstenberg* in BVB-Computersoftware, 4. Aufl., Berlin 1997; die angemeldeten Konditionenempfehlungen des Bundesverbandes Informationstechnologien, Bonn 1997; der VDMA Softwarepflegevertrag für Standardsoftware, 1993>.

Anhang § 9: Softwareüberlassungsverträge

(bearbeitet von RA Ulbrich)

Literatur: *von Westphalen*: Klauselwerke; *Marly/Hoeren*: Softwareverträge, Okt. 1996; *Wolf* in Wolf/Horn/Lindacher: 3. Aufl. 1994, Anhang § 9, S. 141-156;

Schmidt in Ulmer/Brandner/Hensen: 8. Aufl. 1997, Anhang §§ 9-11, Rdn. 269-279a; VDMA: Leitfaden Softwareüberlassungsvertrag, 2. Aufl. 1993.

1 **Softwareüberlassungsverträge** sind unterschiedlich gestaltet. Je nach Konstellation enthalten sie mehr lizenzrechtliche, kaufvertragliche oder werkvertragliche Elemente. Soweit die **Software auf Dauer** überlassen wird, steht als Leitbild der Inhaltskontrolle der kaufvertragliche oder werkvertragliche Charakter im Vordergrund. Bei **Überlassung auf Zeit** sind die miet- und lizenzrechtlichen Vorschriften zu beachten. Während die Überlassung von **Standardsoftware** in der Regel auf Dauer gegen eine einmalige Vergütung erfolgt und damit in weiten Teilen dem Kaufrecht folgt <zuletzt hierzu BGH, 4. 3. 1997, BB 1997, Beilage 15,2 = CR 1997, 470>, findet auf die Überlassung von **Individualsoftware** das Werkvertragsrecht Anwendung. Nicht der Inhalt der AGB bestimmt die Vertragsart; von dieser hängen vielmehr Zulässigkeit und Wirksamkeit der Vertragsbedingungen ab <BGH, 4. 3. 1997, BB 1997, Beilage 15,2 mit Anm. *Zahrnt* = CR 1997, 470>. In allen Fällen sind die Vorschriften des Urheberrechtsgesetzes zu beachten, das seit dem 1. 1. 1993 in seinem achten Abschnitt (§§ 69a ff. UrhG) besondere Vorschriften für Computerprogramme enthält. AGB-Regelungen, die dazu in Widerspruch stehen, verstoßen gegen § 9 AGB-Gesetz.

2 Die rechtliche Einordnung von Softwareüberlassungsverträgen ist vor allem für die Beurteilung von Klauseln wichtig, die den Kunden **Nutzungsbeschränkungen** auferlegen. Je mehr dem Softwareüberlassungsvertrag kaufvertraglicher Charakter zukommt, desto eher sind AGB-Regelungen, die die Nutzung der Software beschränken, unwirksam <vgl. *Zahrnt*, NJW 1996, 1798, 1799>. Die Klausel „Die Programme dürfen nur auf von dem Verkäufer vertriebenen Systemen verarbeitet werden, es sei denn, der Verkäufer stimmt einer anderweitigen Verwendung zu" hat das OLG Frankfurt – auch bei Individualsoftware – für unzulässig erklärt <OLG Frankfurt, 17. 1. 1991, BB 1991, Beil. 18, S. 19 = NJW 1991, 2160 = CR 1991, 345; OLG Frankfurt, 10. 3. 1994, BB 1995 Beil. 2, S. 4 = CR 1994, 398>. Gegen das **Verbot der gleichzeitigen Nutzung** auf mehreren Geräten in AGB bestehen dagegen keine durchgreifenden Bedenken <*Loewenheim*, FS Kitagawa, 949, 962>.

3 Klauseln, die die **Weiterveräußerung** einer Software verbieten oder an die Zustimmung des Überlassers binden, sind wegen Verstoßes gegen §§ 17 Abs. 2, 69c Nr. 3 S. 2 UrhG unwirksam, wenn die Software dem

Kunden im Rahmen einer Veräußerung zur Verfügung gestellt worden ist <OLG Nürnberg, BB 1990, Beil. 24, S. 12 = NJW 1989, 2634; zu dem bei der Veräußerung wichtigen urheberrechtlichen **Erschöpfungsgrundsatz** vgl. *Mäger*, CR 1996, 522 ff.> Eine Klausel, wonach der Kunde die Software weitergeben darf, zuvor aber die Zustimmung des Überlassers einholen muß, die dieser nur aus wichtigem Grund versagen darf, ist zulässig.

Das Vervielfältigungsrecht des § 69d UrhG läßt Vervielfältigungen **4**
des Programmes zu den dort genannten Zwecken (bestimmungsgemäße Benutzung, Erstellung einer Sicherungskopie sowie Testlauf, Beobachtung und Dekompilierung) zu. AGB-Regelungen, die durch **Vervielfältigungsverbote** diese Rechte einschränken, verstoßen gegen § 9 AGB-Gesetz <*Wolf* in Wolf/Horn/Lindacher: Anhang § 9, S. 144>.

Eine Regelung, die die **Überlassungsvergütung** von der Leistungs- **5**
fähigkeit der Zenraleinheit abhängig macht (sog. **CPU=Central Processing Unit-Klausel**), ist wegen Verstoßes gegen § 9 AGB-Gesetz unwirksam <OLG Frankfurt, 10. 3. 1994, BB 1995, Beil. 2, S. 4 = CR 1994, 398; anders bei ungenehmigtem Einsatz einer leistungsfähigeren Ersatzanlage, LG Arnsberg, 2. 12. 1993, BB 1994, Beil. 7, S. 3 = CR 1994, 283; zu CPU-Klauseln ausführlich *Nordemann*, CR 1996, 5 ff.>. Gegen eine Bestimmung, die bei gleichzeitigem Zugriff mehrerer Nutzer die Zahlung einer zusätzlichen Gebühr vorsieht, bestehen dagegen keine durchgreifenden AGB-rechtlichen Bedenken <*Wolf* in Wolf/Horn/Lindacher: Anhang § 9, S. 145>.

Die **Zahlungsklausel** bei Softwareerstellung und Überlassung „30 % **6**
zahlbar bei Auftragserteilung, 40 % nach Abschluß der Installation und Einweisung und 30 % 3 Wochen nach Umstellung“ ist nach § 5 AGB-Gesetz dahingehend auszulegen, daß auch die 40 %-Rate Abnahmereife voraussetzt <OLG Düsseldorf, 27. 10. 1995, CR 1996, 214 = NJW 1996, 821>.

Eine **Gewährleistungsregelung**, die lediglich die Lieferung eines **Up-** **7**
dates vorsieht, ohne dem Kunden bei Fehlschlagen ein Recht auf Wandelung oder Minderung einzuräumen, verstößt auch im kaufmännischen Geschäftsverkehr gegen §§ 24, 9 Abs. 2 Nr. 1 AGB-Gesetz <LG Karlsruhe, 2. 5. 1995, CR 1996, 290; BGH, 14. 7. 1993, BB 1993, 1755 = CR 1993, 752>. Eine Klausel, durch die das Recht auf **Wandelung** der Software definitiv ausgeschlossen wird, ist unwirksam <BGH, 14. 7. 1993, BB 1993, 755 = CR 1993, 681 = NJW 1993, 2436 – Anm. *Zahrnt*, BB 1993, Beil. 22, S. 2>.

8 Umstritten ist, ob die Wandelung eines Kaufvertrages über einen PC im nichtkaufmännischen Geschäftsverkehr von drei **Nachbesserungsversuchen** abhängig gemacht werden kann, oder ob eine solche Regelung gegen § 11 Nr. 10b AGB-Gesetz verstößt <letzteres AG Mannheim, 24. 5. 1996, BB 1996, Beil. 19, S. 11 = CR 1996, 540; LG Saarbrücken, 12. 4. 1994, CR 1995, 222; a.A. AG Offenburg, 1. 3. 1996, BB 1996, Beil. 19, S. 12 = CR 1997, 68; siehe auch § 11 Nr. 10b Rdn. 4>. Bei komplexerer Software kann – im nichtkaufmännischen Geschäftsverkehr – ein **Fehlschlagen der Nachbesserung** bereits nach einer kurzen Testphase vorliegen, wenn dem Kunden weitere Nachbesserungsversuche unter Berücksichtigung der §§ 9, 11 Nr. 10b AGB-Gesetz nicht zumutbar sind <OLG Düsseldorf, 18. 10. 1990, BB 1991, Beil. 18, S. 17 = CR 1992, 724>.

9 Der Ausschluß von Gewährleistungsansprüchen, die sich aus **Rechtsmängeln** i.S.d. § 440 Abs. 1 BGB i.V.m. § 434 BGB ergeben, verstößt gegen § 9 AGB-Gesetz. Ein Rechtsmangel liegt insbesondere vor, wenn die Software nicht frei von Rechten Dritter ist und dem Kunden daher nicht das Vervielfältigungsrecht i.S.d. §§ 69c Nr. 1, 16 UrhG eingeräumt werden kann <vgl. *Voss*, CR 1994, 449 ff.>. Bei sog. Raubkopien kann der dem Kunden gem. §§ 440, 326 BGB zustehende Schadensersatzanspruch <hierzu OLG Hamm, 12. 9. 1990, BB 1991, Beil. 18, S. 21> nur nach den allgemeinen Haftungsgrundsätzen eingeschränkt werden <vgl. unten Rdn. 14>. In der Literatur werden Haftungseinschränkungen unter dem Vorbehalt, daß dem Überlasser Rechte Dritter nicht bekannt sind, er den Kunden bei der Abwehr gerichtlicher Ansprüche unterstützt und von Schadensersatzansprüchen Dritter freigestellt, für mit § 9 AGB-Gesetz vereinbar gehalten <*Marly*, Softwareüberlassungsverträge, 2. Aufl. 1997>.

10 Die **Beweislast bei Softwaremängeln** trägt bis zur Annahme der Leistung durch den Kunden der Überlasser. Die Leistung gilt als angenommen, wenn der Kunde nach einer Erprobungs- und Einweisungsphase erkennen läßt, daß er die Software als im wesentlichen ordnungsgemäße Leistung akzeptiert <OLG Nürnberg, 14. 7. 1994, CR 1995, 343>.

11 Wann bei Standardsoftware ohne nennenswerte Anpassung die **Ablieferung** i.S. einer vollständigen Erbringung der geschuldeten Leistung vorliegt, ist strittig. Der BGH hat die Frage offen gelassen <BGH, 4. 11. 1992, CR 1993, 203 = NJW 1993, 461>.

12 Das LG Aachen hat eine **Verjährungsregelung**, die bei auftragsspezifischer Konstellation an die Lieferung der Software anknüpft, – auch

im kaufmännischen Geschäftsverkehr – für unwirksam angesehen, da sie gegenüber § 638 BGB, der auf die Abnahme abstellt, eine unzulässige Fristverkürzung darstelle <LG Aachen, 18. 12. 1992, CR 1993, 703 = NJW-RR 1993, 1399; siehe allg. § 11 Nr. 10 f.>.

13 Ein den Auftraggeber begünstigendes freies **Rücktrittsrecht**, das von objektiv vorliegenden Mängeln unabhängig ist und allein auf der subjektiven Wertung des Kunden beruht ist unzulässig <BGH, 4. 3. 1997, BB 1997, Beilage 15,2 = CR 1997, 480>. Die Regelung in § 9 Nr. 4 BVB „Hält der AG aufgrund der Funktionsprüfung die Programme nicht für geeignet, hat er ausschließlich das Recht, innerhalb von 2 Wochen nach Ablauf der für die Funktionsprüfung vereinbarte Zeit vom Vertrag zurückzutreten", verstößt gegen § 9 Abs. 2 Nr. 1 AGB-Gesetz und ist daher unwirksam <BGH a.a.O.>.

14 In fast allen Softwareüberlassungsverträgen befinden sich **Haftungsausschlüsse**. Für ihre Beurteilung gelten grundsätzlich die Ausführungen unter § 11 Nr. 7 und 8. Eine spezielle Rolle bei Software spielt der **Datenverlust**. Beim Datenverlust handelt es sich um einen ersatzfähigen Schaden <BGH, 2. 7. 1996, BB 1996, Beilage 19, S. 2 = BGHZ 133, 155; Anm. *Thamm*, WiB 1997, 48 unter 1>. Gegen eine Haftungsbeschränkung auf den Wiederherstellungsaufwand bei Vorliegen von Sicherungskopien bestehen auch in Fällen leichter Fahrlässigkeit keine Bedenken. Zur Verpflichtung des EDV-Anwenders, seine Daten zu sichern <vgl. OLG Karlsruhe, 7. 11. 1995, CR 1996, 352 = NJW 1996, 200, das im Zusammenhang mit einer Reparatur bei fehlender oder fehlerhaften Datensicherung ein Mitverschulden i.S.d. § 254 BGB bejahte>. Eine Begrenzung auf einen angemessenen Versicherungsschutz begegnet ebenfalls keinen durchgreifenden AGB-rechtlichen Bedenken <vgl. zur Software-Haftpflichtversicherung *Schwienhorst*, CR 1995, 193 ff.>.

15 Die **Einbeziehung von AGB** im Wege des sog. Schutzhüllenvertrages (shrink-wrap-agreement) ist problematisch. Der Kunde wird hierbei darauf hingewiesen, daß das Öffnen der Verpackung bzw. der Datenträgerversiegelung die vertragliche Zustimmung zur Geltung der Vertragsbedingungen bedeute. Diese Konstruktion wird insbesondere dann gewählt, wenn der Kunde die Software über einen Händler erhält. Zu diesem Thema gibt es bis jetzt wenige Entscheidungen. Das OLG Stuttgart hatte gegen die Einbeziehung der AGB in dieser Form keine Bedenken <OLG Stuttgart, 10. 2. 1989, BB 1989, Beil. 15, S. 14 = CR 1989, 685; ausführlich zu der Problematik *Schneider* CR 1996, 657, der allerdings nicht die Frage des Schriftformerfordernisses nach

§ 34 GWB anspricht>. Probleme können sich auch daraus ergeben, daß dem Kunden die AGB zusammen mit der Software erst nach Vertragsschluß ausgehändigt werden <zu Hinweisen auf AGB in Rechnungen, Lieferscheinen, Versandanzeigen vgl. BGH, 18. 6. 1986, NJW-RR 1987, 112 sowie zu § 2 Abs. 1 AGB, Rdn. 5; zur Einbeziehung von AGB über Bildschirm LG Freiburg, 7. 4. 1992, CR 1993, 433 = NJW-RR 1992, 1018>.

16 Wie vielgestaltig die Probleme bei Softwareüberlassungsverträgen sind, zeigen auch die unterschiedlichen **Mustertexte**. Erwähnt seien an dieser Stelle die BVB für die Überlassung von DV-Programmen vom 4. 11. 1977 <Bundesanzeiger Nr. 216 vom 19. 11. 1977, dazu *Zahrnt*, BB 1978, 133 ff., und *Lauer*, BB 1982, 1758, sowie *Müller-Hengstenberg* in BVB-Computersoftware, 3. Aufl. Berlin 1992; BVIT-Bedingungen für die Überlassung von Standardsoftware, BAnz. 1997, 12867; VDMA-Überlassungsvertrag für Standardsoftware, 2. Aufl. 1993>.

Anhang § 9: „soweit gesetzlich zulässig“

Literatur: *Willenbruch*, BB 1981, 1976; *Tümmel/Oldenburg*, BB 1979, 1067.

1 Wegen der Unklarheit des AGB-Gesetzes insbesondere hinsichtlich der Anwendung unter anderem des Klauselverbotskataloges für den kaufmännischen Geschäftsverkehr und wegen der unübersichtlichen Rechtsprechung ist vor allem in der Anfangszeit der Geltung des AGB-Gesetzes der Versuch unternommen worden, Haftungsbegrenzungsklauseln durch den Zusatz „soweit gesetzlich zulässig“ oder eine ähnliche Formulierung (siehe unten Rdn. 5) haltbar zu machen. Die Wirksamkeit dieser Zusätze war in den ersten Jahren nach Inkrafttreten des AGB-Gesetzes umstritten. Inzwischen hat sich die negative Auffassung der Rechtsprechung weitgehend konsolidiert (siehe unten Rdn. 3).

2 Die **Entstehung des Zusatzes „soweit gesetzlich zulässig“** beruht auf einem Kompromiß eines Wirtschaftsverbandes (Verband Deutscher Maschinen und Anlagenbau – VDMA) mit dem Bundeskartellamt im Vorverfahren der Anmeldung geänderter Lieferbedingungen für den kaufmännischen Geschäftsverkehr als Konditionenempfehlung (siehe zum Verfahren bei Konditionenempfehlungen: vor § 8 Rdn. 2) im Jahr 1976. Das Bundeskartellamt hatte die zuvor seit langer Zeit in den Lieferbedingungen enthaltene und nicht zur Änderung vorgesehene Haftungsausschlußklausel für Mangelfolgeschäden beanstandet, so daß ein Kompromiß erforderlich war, um die Beanstandung des Bundeskartellamtes auszuräumen. Man einigte sich, die bisherige Klausel um die Worte zu erweitern: „soweit gesetzlich zulässig". Diese Formulierung in der Konditionenempfehlung der VDMA-Lieferbedingungen (siehe zu den VDMA-Lieferbedingungen allgemein: Anhang § 9 „Lieferbedingungen Maschinenbau") hatte Signalwirkung und verbreitete sich rasch in vielen anderen AGB. Der Sinn des Zusatzes in den AGB des kaufmännischen Verkehrs war es, dem Vertragspartner des AGB-Verwenders einen Hinweis darauf zu geben, daß die Rechtsprechung generell einige zwingende Ausnahmen von der Zulässigkeit des völligen Haftungsausschlusses erarbeitet hatte (nämlich bei grobem Verschulden leitender Angestellter), die vom Haftungsausschluß der AGB unberührt bleiben sollte. Die negative Rechtsprechung zu dem Klauselzusatz „soweit gesetzlich zulässig" ist damit zugleich eine Kritik an der Praxis des Bundeskartellamtes zu Konditionenempfehlungen.

Die jetzt wohl als maßgebend anzusehende **Rechtsprechung zum 3
Klauselzusatz „soweit gesetzlich zulässig" lautet dahingehend, daß der Klauselzusatz unwirksam ist, wodurch die Haftungsbegrenzungsregelung, welcher der Klauselzusatz dient, in der Regel insgesamt als ungültig zu werten ist <BGH, 5. 12. 1995, BB 1996, 654 (656); BGH, 12. 10. 1995, BB 1996, 656 (657); u.a. *Ball*, EWiR 1993, Beilage Nr. 2, S. 29; *Michalski/Römermann*, NJW 1994, 886 (890)>. Soweit der BGH in seiner Rechtsprechung darauf abstellt, daß diese Unwirksamkeit die VDMA-Lieferbedingungen betrifft <BGH, 5. 12. 1995, a.a.O.>, ist darauf hinzuweisen, daß zur Zeit des Urteils die VDMA-Lieferbedingungen schon seit langer Zeit den Klauselzusatz gar nicht mehr enthielten, das Urteil also zu einer veralteten Fassung der AGB ergangen ist (siehe Anhang zu § 9: Lieferbedingungen Maschinenbau).

Es existiert aber keine einheitliche Rechtsprechung seit geraumer 4
Zeit. Der BGH hat den Klauselzusatz „soweit gesetzlich zulässig" als rechtswirksam erachtet beim Ausschluß der Aufrechnung und Zurückbehaltung <BGH, 27. 1. 1993, WM 1993, 914 (915 unter d)>. Auch beim Gewährleistungsausschluß hinsichtlich gebrauchter Gegenstände <BGH, 20. 10. 1992, BB 1993, 167> ist der Klauselzusatz nicht beanstandet worden.

Die dargestellte negative Rechtsprechung (siehe oben Rdn. 3) betrifft 5
nicht nur die Formulierung „soweit gesetzlich zulässig". Unwirksam sind auch vergleichbare Texte wie z.B. „soweit das Gesetz nicht etwas

anderes zwingend vorschreibt“ <BGH, 26. 11. 1984, BB 1985, 218: Die Entscheidung ist zum kaufmännischen Verkehr ergangen>.

Anhang § 9: Straßenbauarbeiten

Die Bedingungen für die Auftragsvergabe von Straßenbauarbeiten durch die Behörden der Bundesrepublik Deutschland enthalten problematische Klauseln. Neuerdings sind in einem laufenden Prozeß zwei Klauseln erfolgreich angegriffen worden, die sinngemäß folgenden Inhalt haben:

- Überladungen werden – auch wenn sie unverschuldet erfolgen – nur bis zu 4 % über dem amtlich zugelassenen Gesamtgewicht vergütet.
- u.a. Instandhaltungskosten der Wege hat der Auftragnehmer zu tragen <LG Frankfurt, 23. 1. 1997, nicht rechtskräftig, NJW-RR 1997, 695>.

Anhang § 9: Subunternehmerverträge

(bearbeitet von RA Maurenbrecher)

Literatur: *Weimar*: Subunternehmervertrag-Out-Sourcing, 1997 (Heidelberger Musterverträge Heft 92); *Ingenstau/Korbion*: VOB-Kommentar, insbes. Kommentierung in Anhang zu VOB/A; *Kraus*: NJW 1997, 233 (Erwiderung zu *Schlünder*, NJW 1995, 1057); *Ramming*, BB 1994, 518.

1 Ist der Auftraggeber einer zu erbringenden Bauleistung hinsichtlich dieser Leistung selbst Auftragnehmer des Bauherrn oder eines General- bzw. Hauptunternehmers, spricht man bezüglich des zwischen dem Auftraggeber und dem Nachunternehmer (Subunternehmer) abzuschließenden Bauvertrages von einem Subunternehmervertrag. Das grundsätzlich den Regeln des Werkvertragsrechts des BGB unterliegende Vertragsverhältnis ist dadurch gekennzeichnet, daß der Subunternehmer nicht unmittelbar Vertragspartner des Bauherren oder eines entsprechend höherstufigen Unternehmers wird, diesem gegenüber also auch nicht zusammen mit seinem Auftraggeber als Gesamtschuldner auf Erfüllung haftet, sondern daß der Subunternehmer

lediglich als Erfüllungsgehilfe seines Auftraggebers in Erscheinung tritt <*Ingenstau/Korbion*, Anhang zu VOB/A, Rdn. 117 m.w.N.>.

Es ist diese nachgeordnete Stellung des Subunternehmers, die sich 2
durch entsprechende Klauselgestaltung unschwer zum Nachteil des Subunternehmers ausnutzen läßt. Da sich aber die Auftraggeber von Subunternehmerleistungen in der Praxis nicht selten vorformulierter Subunternehmerverträge bedienen, kann in diesen Fällen das AGB-Gesetz korrigierend Anwendung finden.

Dabei ist allerdings zu beachten, daß die §§ 10 und 11 AGB-Gesetz 3
dann nicht unmittelbar, sondern nur über die Generalklausel des § 9 AGB-Gesetz angewendet werden können, wenn der Subunternehmer Kaufmann ist, was häufig der Fall ist.

Erstaunlicherweise findet sich gerade bei den Subunternehmerver- 4
trägen eine Vielzahl unausgewogener Bedingungswerke, deren unwirksame, den Verwender einseitig begünstigende Klauseln immer wieder Gegenstand richterlicher Inhaltskontrolle sind. Die Rechtsprechung hierzu ist so vielgestaltig, wie die Zahl der in Klauseln zu regelnden Vertragsprobleme selbst. Ihre Darstellung würde den hier gegebenen Rahmen überschreiten. Soweit die Verdingungsordnung für Bauleistungen (VOB) zum Vertragsinhalt gemacht wird, ist auf die Ausführungen dort zu verweisen. Im übrigen sei exemplarisch angeführt:

Unzulässig sind Klauseln, in welchen dem Subunternehmer die Mög- 5
lichkeit, Nachtragsforderungen zu stellen, von vornherein abgeschnitten wird, etwa durch die Klauseln, in denen der Subunternehmer auf Einwendungen wegen Irrtums oder mangelnder Kenntnis der zur Beurteilung der Leistung erforderlichen Umstände verzichtet <BGH, 24. 4. 1983, NJW 1983, 1671>, in denen er sich nach Bestimmung seines Auftraggebers zur Ausführung weiterer Leistungen verpflichtet oder in denen er Vorleistungen anderer Unternehmer in der Form anerkennt, daß er für schädliche Auswirkungen auf seine Leistungen keine Mehrkosten geltend machen könne <vgl. *Ingenstau/Korbion*, Anhang zur VOB/A, Rdn. 140 m.w.N.>. Unzulässig sind auch Klauseln, die das Nachbesserungsrecht des Subunternehmers in unzumutbarer Weise einschränken, etwa durch kurze Fristen und durch die Berechtigung des Verwenders, Kosten unmittelbar von der Schlußrechnung abzuziehen. Entsprechendes gilt für Klauseln, in denen der Verwender das Recht erhält, auch ohne Verzug andere Unternehmer an Stelle des Subunternehmers auf dessen Kosten einsetzen zu können <vgl. *Ingenstau/Korbion*, a.a.O.>. Unwirksam sind Klauseln, die eine Be-

zahlung des Subunternehmers von einer Bezahlung des Verwenders durch den Bauherrn abhängig macht <OLG München, BB 1984, 1386>. Unzulässig sind Klauseln, in denen sich der Verwender für den Fall einer Auftragskündigung von der Verpflichtung freizeichnet, die bis dahin ausgeführten Arbeiten unter Einschluß des entgangenen Gewinns zu vergüten <*Ingenstau/Korbion*, a.a.O.; siehe auch § 10 Nr. 7 Rdn. 4>. Unzulässig sind Klauseln, in denen der Verwender den Zeitpunkt für die Abnahme der Leistung des Subunternehmers von Bescheinigungen oder Erklärungen Dritter abhängig macht, zu denen der Subunternehmer in keinen vertraglichen Beziehungen steht oder Klauseln, in denen der Subunternehmer den Zeitpunkt der Abnahme weder herbeiführen noch vorausberechnen kann <BGH, 23. 2. 1989, BB 1989, 1150 = BGHZ 107, 75; *Ingenstau/Korbion*, a.a.O.>.

Anhang § 9: Tankstellenbetriebsverträge

Literatur: *Wolf* in Wolf/Horn/Lindacher, 3. Aufl. 1994, § 9 T 1-3.

Tankstellenbetriebsvereinbarungen (Tankstellenstationärverträge) sind Handelsvertreterverträge <BGH, 6. 5. 1993, NJW-RR 1993, 1122>. Eine Klausel, daß der Tankstellenbetreiber an den Vertrag gebunden ist, solange die Mineralölgesellschaft von ihrer zeitlich unbegrenzten Verlängerungsmöglichkeit Gebrauch macht, verstößt gegen das AGB-Gesetz <OLG München, 20. 11. 1996, BB 1997, 1069 = WiB 1997, 712 (*Imping*)>. Als sittenwidrig kann eine Bezugsbindung von 15 Jahren bei Vertragsschluß 1991 in den neuen Bundesländern wegen der damaligen besonderen Situation angesehen werden <BGH, 13. 3. 1997, NJW 1998, 156>.

Anhang § 9: Telefonverträge, Mobilfunk

Literatur: *Schöpflin*, BB 1997, 106.

1 Der Boom von Handy-Telefonen, für zahlreiche Menschen eine Bestätigung ihrer enormen Wichtigkeit, bringt viele rechtliche Auseinandersetzungen mit sich. Für den Zeitraum von rund 6 Wochen im Mai und Juni 1997 liegen allein 3 veröffentlichte OLG-Urteile vor (Stand: Ende November 1997). Soweit AGB von Mobilfunkbetreibern gegenüber **Nichtkaufleuten** verwendet werden, gibt der Aufsatz von *Schöpflin*, BB 1997, 106 einen guten Überblick über zahlreiche Einzelpunkte.

Die in den AGB enthaltenen **Vertragsannahmefristen** von 3-4 Wochen 2
werden insbesondere wegen der erforderlichen Bonitätsprüfungen als noch zulässig angesehen werden können (kein Verstoß gegen § 10 Nr. 1). Soweit Mobilfunkbetreiber sofort freischalten und damit die Benutzung ermöglichen, sich aber ein **Rücktrittsrecht bei begründeter Kreditunwürdigkeit** von 14 Tagen oder einem Monat ausbedingen, ist auch dies als wirksam anzusehen <vgl. aber OLG Düsseldorf, 31. 10. 1996, DB 1996, 2610; zu Kreditunwürdigkeitsklauseln allgemein siehe § 10 Nr. 3 Rdn. 5>.

Klauseln über die **räumliche Beschränkung** der angebotenen Mobil- 3
funkdienstleistungen auf den Empfangs- und Sendebereich der vom Netzbetreiber erstellten Funkstationen müssen dem Transparenzgebot standhalten <AG Offenburg, 12. 3. 1996, NJW-RR 1996, 1014: Unwirksamkeit bejaht; kritisch dazu *Schöpflin* a.a.O. Fußnote 20>.

Die Klausel über die Möglichkeit einer **Rufnummernänderung** ist als 4
Verstoß gegen § 10 Nr. 4 unwirksam <OLG Schleswig, 15. 5. 1997, BB 1997, 1810 (1811 unter II, 1)>.

Die **Nutzung persönlicher Daten** darf nicht durch eine Klausel über 5
eine generelle Pauschaleinwilligung ermöglicht werden <vgl. OLG Düsseldorf, 31. 10. 1996, DB 1996, 2610>. Außerdem werden durch solche AGB-Klauseln die Formerfordernisse des Bundesdatenschutzgesetzes nicht eingehalten <OLG Schleswig, 15. 5. 1997, BB 1997, 1810 (1812 unter 6)>. Allgemein zur Datenverarbeitung und -nutzung hinsichtlich persönlicher Daten siehe Anhang § 9: Datenverarbeitung und -nutzung.

Die Klausel über eine **Frist** von einem Monat **für Einwendungen ge-** 6
gen die Rechnung enthält einen Verstoß gegen § 10 Nr. 5 <OLG Schleswig, 15. 5. 1997, BB 1997, 1810 (1811 unter II, 2)>. Rechtswirksam ist dagegen eine Frist von 6 Wochen mit einem Hinweis auf die Bedeutung des Schweigens in der Rechnung <OLG Köln, 25. 6. 1997, OLGR Köln 1997, 249>.

Die Klausel über eine **Aufnahme in ein öffentliches Telefonverzeich-** 7
nis muß die Verpflichtung des AGB-Verwenders enthalten, den Teil-

nehmer deutlich auf sein Widerspruchsrecht hinzuweisen; andernfalls ist die Klausel unwirksam <OLG Schleswig, 15. 5. 1997, BB 1997, 1810 (1811 unter II, 3)>.

8 **Fälligstellungsklauseln** bei Verzug auch mit Kleinbeträgen sind als unangemessene Benachteiligung des Kunden rechtsunwirksam <OLG Düsseldorf, 31. 10. 1996, DB 1996, 2610; entsprechend zu Flüssiggaslieferbedingungen: OLG Düsseldorf, 13. 2. 1997, BB 1997, 699>. Auch die Klausel über eine Sperrung des Telefonanschlusses bei Nichtzahlung 5 Tage nach Rechnungsstellung (selbst beim Ausstand von nur einem kleinen Betrag) ist nicht zulässig <OLG Schleswig, 29. 5. 1997, BB 1997, 1812>.

9 Die **Vertragslaufzeiten** (allgemein siehe § 11 Nr. 12) sind in der Regel nicht zu beanstanden, weil in den Verträgen meistens vertretbare Alternativen enthalten sind, aus denen der Kunde eine ihm angemessen erscheinende Möglichkeit aussuchen kann. Vorgedruckte Alternativen führen aber im allgemeinen nicht zu Individualvereinbarungen, so daß die Prüfung unter AGB-rechtlichen Gesichtspunkten bestehen bleibt <unrichtig deshalb *Schöpflin* a.a.O. S. 108 Nr. 3; siehe dazu generell § 1 Rdn. 3>.

10 Eine Klausel, in der eine Kündigung des Vertrages durch den AGB-Verwender zum Schluß eines jeden Werktags mit einer Frist von 6 Werktagen vorgesehen ist, ist nach § 9 Abs. 1 unwirksam <OLG Düsseldorf, 21. 2. 1997, NJW-RR 1997, 889>.

11 Die Klausel über eine **Gebührenhaftung** des Kunden **bis zum Eingang der Verlustmeldung** bedeutet eine verschuldensunabhängige Haftung, die nicht rechtswirksam ist <OLG Schleswig, 15. 5. 1997, BB 1997, 1810 (1811 f. unter II, 5)>.

12 Die Klausel über eine **Verjährungsfrist** von 2 Jahren ist als Verstoß gegen § 9 Abs. 1 und Abs. 2 Nr. 1 zu werten und deshalb unwirksam <OLG Schleswig, 15. 5. 1997, BB 1997, 1810 (1811 unter II, 4)>.

Anhang § 9: Telefonverträge: Sonstige Telefonbedingungen, Hinweise

1 Hinsichtlich der Gebührentarife der Deutschen Telekom: Siehe § 23 Rdn. 6. Zur Laufzeit der Miete von Telefonanlagen: Siehe § 11 Nr. 12

Rdn. 7. Zur Laufzeit von Wartungsverträgen für Telefonanlagen: Siehe § 11 Nr. 12 Rdn. 7 (zu Wartungsverträgen allgemein: Anhang § 9, Wartungsverträge).

Die Klausel der Deutschen Telekom, nach der die Inhaber von Tele- 2
fonsondernummern verpflichtet sind, die Anrufer über den von ihnen zu tragenden Verbindungstarif zu informieren (Nr. 4b der AGB), ist rechtswirksam <vgl. zur Wettbewerbswidrigkeit bei Nichteinhaltung dieser Verpflichtung: OLG Frankfurt, 24. 4. 1997, nicht rechtskräftig, NJWE-WettbR 1997, 217>.

Anhang § 9: Time-Sharing-Verträge

Literatur: *Hildebrand*, NJW 1996, 3249 (3252-3254); *Hensen* in Ulmer/Brandner/Hensen, 8. Aufl. 1997, Anh. §§ 9-11 Rdn. 760 f.

Bei der Prüfung von Time-Sharing-Verträgen ist das am 1. 1. 1997 in 1
Kraft getretene Gesetz über die Veräußerung von Teilzeitnutzungsrechten an Wohngebäuden (Teilzeit-Wohnungsrechtsgesetz – TzWrG) <20. 12. 1996, BGBl 1996, I, 2154> heranzuziehen. „Der AGB-rechtlichen Klauselkontrolle wird, nicht zuletzt unter dem Gesichtspunkt des Transparenzgebots nach § 9 AGBG, des Verbots überraschender Klauseln nach § 3 AGBG und der Unklarheitenregel nach § 5 AGBG auch weiterhin entscheidende Bedeutung zukommen und dürfte für einen effektiven Verbraucherschutz wichtiger als das neue TzWrG sein" <*Martinek*, NJW 1997, 1393 (1399 unter VIII)>.

Hinsichtlich § 3 ist auf das in den Ausführungen zu § 3 Rdn. 5 ange- 2
führte Urteil des BGH, 30. 6. 1995, BB 1995, 1286 zu verweisen.

Anhang § 9: Unterrichtsvertrag

Literatur: *von Westphalen*, Klauselwerke: Direktunterrichtsvertrag, Mai 1994; *Brandner* in Ulmer/Brandner/Hensen, 8. Aufl. 1997, Anhang §§ 9-11 Rdn. 764-764c.

Zu unterscheiden sind Fern- und Direktunterrichtsverträge. Für **Fern-** 1
unterrichtsverträge, bei der sich der Veranstalter verpflichtet, den Lernerfolg selbst zu überwachen, gilt primär das Fernunterrichtsschutz-

gesetz (FernUSG) von 1977, das detaillierte zwingende Vorschriften enthält. Die Zusendung von Lehrbriefen allein genügt nicht für die Anwendbarkeit des Fernunterrichtsschutzgesetzes. Für das zwar theoretisch neben dem Fernunterrichtsschutzgesetz anwendbare AGB-Gesetz bleibt praktisch kaum ein Anwendungsraum.

2 Bei **Direktunterrichtsverträgen** ist die Inhaltskontrolle nach dem AGB-Gesetz vorzunehmen. Bei einer Mischung von Fern- und Direktunterricht kommt es für die Anwendung des Rechts darauf an, ob der Fern- oder Direktunterricht überwiegt. Wird der Lehrstoff nicht mindestens zur Hälfte durch persönlichen Kontakt zwischen Lehrer und Schüler vermittelt, so gilt das Fernunterrichtsschutzgesetz.

3 Als unwirksam ist in Direktunterrichtsverträgen eine **Vorleistungspflicht** mit dem Entgelt von 3 Monaten angesehen worden <OLG Frankfurt, 12. 3. 1992, OLGZ 93, 244 (247); a.A. *von Westphalen* a.a.O. Rdn. 18> und die Pflicht zur Fortzahlung auch während der Ferien <OLG Frankfurt a.a.O. (244)>.

4 Bei einem Direktunterrichtsvertrag von 20 Monaten mit Wahlmöglichkeit entweder einer Vorauszahlung oder 21 Monatsraten verstößt die Klausel „ein Verzug um mehr als 20 Tage bewirkt die sofortige **Fälligkeit** der Restschuld" gegen § 9 <OLG Köln, 24. 10. 1996, OLGR Köln 1997, 17>.

5 Hinsichtlich der Berechnung der gesetzlich zulässigen Höchstlaufzeit des Vertrages von 2 Jahren gem. § 11 Nr. 12a ist zu beachten, daß die **Laufzeit** bereits mit Abschluß des Vertrages und nicht erst mit dem späteren Beginn des Kurses zu berechnen ist <BGH, 17. 3. 1993, BB 1993, 884 = BGHZ 122, 63 (67); OLG Köln, 29. 2. 1996, OLGR Köln 1997, 2; siehe im übrigen § 11 Nr. 12 Rdn. 3>. Die **Kündigungsmöglichkeit** bei einem Schulungsvertrag zur Persönlichkeitsentwicklung muß aus dem besonderen Gesichtspunkt dieser Vertragsart bereits nach 4 Monaten möglich sein; eine Laufzeit von einem Jahr ist dagegen unwirksam <OLG Celle, 21. 1. 1992, OLGZ 1993, 367 (370)>. Der Ausschluß des ordentlichen Kündigungsrechts bei einem Vertrag zur Ausbildung zum Heilpraktiker von 20 Monaten verstößt nicht gegen § 9 <OLG Düsseldorf, 25. 10. 1996, NJW-RR 1997, 1074 (1075)>.

6 Zu **Fälligstellungsklauseln** wegen Zahlungsverzuges: Siehe Anhang § 9, Fälligkeitsklauseln.

Anhang § 9: Urheberrechts- und Wahrnehmungsverträge

(bearbeitet von RA Ulbrich)

Literatur: *Brandner* in Ulmer/Brandner/Hensen, 8. Aufl. 1997: Anhang zu §§ 9-11, Rdn. 765-767; *Horn* in Wolf/Horn/Lindacher, 3. Aufl. 1994: § 23 Rdn. 350 ff.; *Wolf* in Wolf/Horn/Lindacher, 3. Aufl. 1994: Anhang § 9, U20-U32.

Formularverträge, die der Urheber zur Verwertung seiner Rechte mit 1
Verlagen oder Produktionsgesellschaften schließt, unterliegen grundsätzlich dem AGB-Gesetz. Der Ausschluß des § 23 Abs. 1 AGB-Gesetz greift nicht, da der Urheber in aller Regel weder als Arbeitnehmer noch als arbeitnehmerähnliche Person anzusehen ist <BGH, 22. 9. 1983, NJW 1984, 1112 = AGBE 1983, 78>. Von **Verwertungsverträgen** zu unterscheiden sind Wahrnehmungsverträge, mit denen der Urheber Verwertungsgesellschaften mit der Wahrnehmung seiner Urheberrechte gegenüber Dritten beauftragt <vgl. Rdn. 8 f. >. Maßgebend für die AGB-Beurteilung von Verwertungsverträgen über Werke der Literatur und Tonkunst ist das Verlagsgesetz von 1901. Viele der standardisierten **Verlagsverträge** folgen in weiten Bereichen diesen Vorgaben <vgl. *Delp*, Der Verlagsvertrag, 6. Aufl. 1994>.

Die **pauschale Rechtseinräumung** begegnet unter dem Gesichtspunkt 2
des § 9 Abs. 2 Nr. 1 AGB-Gesetz Bedenken. Sie steht im Widerspruch zu den gesetzlichen Grundgedanken der §§ 31 Abs. 5, 88 Abs. 2 UrhG <vgl. *Wolf* in Wolf/Horn/Lindacher, Rdn. U 25; BGH, 27. 9. 1995, NJW 1995, 3252; sehr weitgehend KG, 14. 10. 1983, GRUR 1984, 509 = AGBE 1983, 518, das *„die räumlich, zeitlich und inhaltlich unbeschränkte Einräumung, … das Werk in unveränderter, bearbeiteter oder umgestalteter Form … für alle Zwecke des Rundfunkes zu nutzen"* für mit § 9 Abs. 2 Nr. 1 AGB-Gesetz vereinbart hielt>. Werden die Nutzungsrechte dagegen einzeln aufgeführt, bestehen gegen umfassende Übertragungsregelungen in aller Regel keine durchgreifenden AGB-mäßigen Bedenken. Im Zweifel entscheidet auch bei einer pauschal vereinbarten Rechtseinräumung der Vertragszweck über den Umfang der übertragenen Befugnisse <BGH, a.a.O., 3252>. Die Klausel *„Alle durch meine Mitwirkung an dem Film entstandenen Rechte gehen mit Bezahlung des Honorars auf den Vertragspartner über"* verstößt nicht gegen §§ 3, 9 AGB-Gesetz <OLG Frankfurt, 22. 11. 1990, NJW 1991, 1489>.

3 Die **Änderungsklausel** *„Die Rundfunkanstalt ist berechtigt, selbst und/oder durch Dritte das Werk ganz oder teilweise … zu übersetzen oder in sonstiger Weise unter Wahrung seiner geistigen Eigenart zu bearbeiten und umzugestalten …“* ist AGB-konform <BGH, 18. 2. 1982, GRUR 1984, 45, 51 = AGBE 1982, 409>.

4 Die formularmäßige Befugnis, die eingeräumten Nutzungsrechte ganz oder teilweise auf **Dritte zu übertragen** oder Dritten Nutzungsrechte einzuräumen, wird unterschiedlich beurteilt <als zulässig BGH, 27. 1. 1982, *Schulze*, Rechtsprechung zum Urheberrecht, BGHZ 309; dagegen BGH, 18. 2. 1982, GRUR 1984, 45, 52 = AGBE 1982, 409>. Klauseln, die das in § 34 UrhG vorgesehene Zustimmungsrecht des Urhebers zur Übertragung des Nutzungsrechts abbedingen, sind mit § 9 Abs. 2 Nr. 2 AGB-Gesetz nicht vereinbar <BGH, 18. 2. 1982, GRUR 1984, 45, 52>.

5 Die Regelung, wonach dem Vertragspartner bei Zahlungsverzug sämtliche für eine wirtschaftliche Verwertung urheberrechtlich relevante Nutzungsrechte zustehen sollen, verstößt – auch im kaufmännischen Geschäftsverkehr – gegen die §§ 3 und 9 AGB-Gesetz <OLG Frankfurt, 8. 12. 1983, *Schulze*, Rechtsprechung zum Urheberrecht, OLGZ 254 = GRUR 1984, 515 = AGBE 1982, 409>.

6 Sieht eine **Honorarklausel** die Anrechnung eines Mindesthonorars nicht nur für den betreffenden Verlagsvertrag vor, sondern auch für andere Verlagsverträge, ist sie überraschend und wegen Verstoßes gegen § 3 AGB-Gesetz unwirksam <OLG Frankfurt, 22. 11. 1990, NJW 1991, 1489>. Im übrigen müssen Honorarklauseln so gestaltet sein, daß sie den Urheber an der Verwertung seines Werkes angemessen beteiligen. Anderenfalls verstoßen sie gegen § 9 AGB-Gesetz <*Wolf* in Wolf/Horn/Lindacher Rdn. U 26>. So ist die Klausel eines Zeitschriftenverlages, daß nicht nur unwesentliche Teile des abgedruckten Beitrages unhonoriert bleiben, wegen Verstoßes gegen § 3 AGB-Gesetz (i.V.m. § 22 VerlG) unwirksam <*Hertin* in Fromm/Nordemann, Urheberrecht, 8. Aufl. 1994, vor § 31 Rdn. 30; vgl. auch *Dürr*, GRUR 1992, S. 14, der die Regelung als überraschend i.S.d. § 3 AGB-Gesetz wertet>.

7 Eine dreijährige formularmäßige **Verjährungsfrist** für Honoraransprüche ist zulässig <BGH, 27. 1. 1992, *Schulze*, Rechtsprechung zum Urheberrecht, BGHZ 309>.

8 Verwertungsgesellschaften (z.B. die Verwertungsgesellschaft Wort in München) schließen mit dem Inhaber der Urheberrechte sog. **Wahrnehmungsverträge** ab. Zu ihrem Abschluß sind die Verwertungsgesellschaften in ihrem Tätigkeitsbereich gem. § 6 des Gesetzes über die Wahrnehmung von Urheberrechten und verwandten Schutzrechten (WahrnG) vom 9. 9. 1965 verpflichtet <*Vogel*, Wahrnehmungsrecht und Wahrnehmungsgesellschaft in der Bundesrepublik Deutschland, GRUR, 1993, 513 ff.>. Das AGB-Gesetz findet grundsätzlich auf Wahrnehmungsverträge Anwendung <vgl. für die Berechtigungsverträge der GEMA: BGH, 5. 6. 1985, GRUR, 1986, 62, 65>.

Die **Vertragslaufzeit** von Wahrnehmungsverträgen beträgt in der Re- **9**
gel drei Jahre. Die Abweichung von § 11 Nr. 12 AGB-Gesetz wird durch § 23 Abs. 2 Nr. 6, 3. Alt. AGB-Gesetz möglich.

Anhang § 9: Verjährung

Ausgangspunkt der Beurteilung von Verjährungsklauseln ist § 11 **1**
Nr. 10 f. Dort sind einige Grundlagen dargestellt. Darüber hinaus sind die Probleme von Verjährungsklauseln bei zahlreichen Vertragsarten speziell erörtert: u.a. für ADSp, Einkaufsbedingungen, Ingenieurverträge, Montagebedingungen, Paketdienst, Telefonverträge: Mobilfunk usw.

Erwähnt werden sollen nur noch zwei weitere Beispiele: Zulässig ist **2**
die Verjährungsverkürzung in AGB auf sechs Monate für die Haftung eines Tierarztes hinsichtlich Ankaufsuntersuchungen <OLG Hamm, 3. 2. 1997, OLGR Hamm 1997, 191>. Als Verstoß gegen § 9 ist die Klausel in einem Handelsvertretervertrag zu werten: „*Alle Ansprüche … verjähren unabhängig von der Anzeigepflicht 12 Monate nach Eintritt der jeweiligen Fälligkeit*“ <BGH, 3. 4. 1996, BB 1996, 1188>.

Hinzuweisen ist auf die in § 13 enthaltene Verjährungsvorschrift be- **3**
züglich des AGB-Unterlassungs- und Widerrufsanspruchs: Siehe § 13 Rdn. 10.

Anhang § 9: Vermögensverwaltungsvertrag

Bei Vermögensverwaltungsverträgen wird die Begrenzung der Haftung auf Vorsatz und grobe Fahrlässigkeit für unzulässig angesehen, weil für wesentliche Vertragspflichtverletzungen auch bei leichter Fahrlässigkeit eingetreten werden muß <OLG Frankfurt, 27. 7. 1995,

WM 1996, 665 (668) = EWiR 1996, 589 (*Horn/Balzer*); OLG Düsseldorf, 13. 6. 1990, NJW-RR 1991, 308; siehe auch § 11 Nr. 7 und 8 Rdn. 6>. Der formularmäßige Ausschluß der Weisungsgebundenheit des Vermögensverwalters verstößt gegen § 9 Abs. 2 Satz 2 <OLG Köln, 20. 9. 1996, WM 1997, 570 = EWiR 1997, 647 *Balzer*)>. Neuestens zur Unwirksamkeit einer Klausel über die Kontrollpflicht des Kunden für Abrechnungen und Ausführungsanzeigen: BGH, 28. 10. 1997, NJW 1998, 449.

Anhang § 9: Versicherungsbedingungen

(bearbeitet von Stefan Jöster)

Literatur: *Harbauer*, Rechtsschutzversicherung, ARB-Kommentar, 5. Auflage 1993; *Hemmer*, Die Einbeziehung von AVB in den Versicherungsvertrag nach neuem Recht, 1996; *Horn*, Die allgemeinen Feuerversicherungsbedingungen (AFB) und das AGB-Gesetz, 1997; *Hübner*, Allgemeine Versicherungsbedingungen und AGB-Gesetz, 5. Auflage 1997 (RWS-Skript 146); *Martin*, Sachversicherungsrecht, 3. Auflage 1992; *Prölss/Martin*, VVG, Kommentar, 25. Auflage 1992; *Prölss/Schmidt/Frey*, VAG, Kommentar, 1989; *Ulmer/Brandner/Hensen*, AGBG, Kommentar, 8. Auflage 1997; *van Bühren*, Reiseversicherung, AVBR- und AVRV-Kommentar, 2. Auflage 1992; *Wandt*, Verbraucherinformation und Vertragsschluß nach neuem Recht – Dogmatische Einordnung und praktische Handhabung – Heft 24 der Münsteraner Reihe, 1995; *Wolf/Horn/Lindacher*, AGBG, Kommentar, 3. Auflage 1994.

1 **Allgemeine Versicherungsbedingungen** (AVB) sind Vertragsbestimmungen, die einer Vielzahl von Versicherungsverträgen über gleichartige Risiken ohne Rücksicht auf individuelle Unterschiede des konkret versicherten Risikos zugrunde gelegt werden <*Prölss/Schmidt/Frey*, § 10 Rdn. 3>, damit **AGB** <allgemeine Definition unter § 1 AGBG>, auch soweit sie die wesentlichen Vertragsverpflichtungen erst konstituieren. Zum daraus resultierenden Streit um die Anwendbarkeit des AGBG wegen § 8 AGBG siehe Rdn. 13.

2 Ebenso gehören vorgedruckte Teile des Versicherungsantrags <OLG Frankfurt, Urt. v. 29. 9. 1989, VersR 90, 1103> und **Sonderbedingungen**, soweit sie für eine Mehrzahl besonderer Risiken vorgesehen sind <BGH, Urt. v. 12. 6. 1968, VersR 1968, 762>, zu den AVB. Bedingungen für konkrete Einzelrisiken sind grundsätzlich keine AVB <OLG Nürnberg, Urt. v. 18. 6. 1957, VersR 57, 541; *Prölss/Martin*, Vorb. I. 7>,

sofern diese nicht als Verbraucherverträge i.S.v. § 24a Nr. 2 AGBG der Inhaltskontrolle unterliegen. AGB liegen auch dann vor, wenn mehrere Fassungen zur Disposition stehen, z.B. wegen verschiedener Laufzeiten <BGH, Urt. v. 7. 2. 1996, BB 1996, 611>, anders wenn der Vertragspartner diese frei wählen kann <OLG Karlsruhe, Urt. v. 1. 12. 1994, VersR 1995, 645/646> bzw. das Formular Leerstellen ohne Entscheidungsvorschläge enthält <BGH, Urt. v. 3. 4. 1996, VersR 1996, 741>, abweichend für das Ausfüllen durch den Versicherungsagenten: OLG Köln, Urt. v. 24. 3. 1995, VersR 1995, 647 <siehe allgemein § 1 Rdn. 3>.

Die AVB **öffentlich-rechtlicher Versicherer** sind nur insoweit AGB, als 3
das Versicherungsverhältnis privatrechtlich gestaltet ist <BGH, Urt. v. 30. 5. 1990, NJW 90, 2686; *Prölss/Schmidt/Frey*, § 1 Rdn. 64a>. Ansonsten finden die Regelungen der öffentlich-rechtlichen Satzungen Anwendung. Eine Anwendung des AGBG ist ausgeschlossen, teilweise wird allerdings eine richterliche Normenkontrolle befürwortet <*Wolf/Horn/Lindacher*, § 23 Rdn. 450 a.E.>.

Grundsätzlich müssen AVB als AGB i.S.v. § 1 I AGBG **in den einzel-** 4
nen Versicherungsvertrag nach § 2 I AGBG <allg. s. § 2 Rdn. 2 ff.> **einbezogen** werden <*Prölss/Martin*, Vorb. I.6.B; *Ulmer/Brandner/ Hensen*, § 23, Rdn. 53; BGH, Urt. v. 3. 3. 1982, BGHZ 83, 169/173 f.>. Als komplexe Klauselwerke werden AVB nach § 2 I AGBG nur durch Übergabe Vertragsinhalt <OLG München, Urt. v. 15. 10. 1991, NJW-RR 1992, 349/350>. In den einzelnen Vertrag dürfen nicht, **mehrere AVB** einbezogen werden <VerBAV 54, 52; *Martin*, A II 4>. Die Einbeziehung von AVB ist sowohl durch § 23 III AGBG als auch durch § 5a VVG spezialgesetzlich geregelt. § 23 III AGBG sieht für behördlich genehmigte AVB eine privilegierte Einbeziehung vor. § 5a VVG knüpft dagegen an die dem Versicherer auferlegten Informationspflichten aus § 10a VAG i.V.m. Anlage D zum VAG an.

§ 23 III AGBG enthält als **Einbeziehungserleichterung** eine Ausnah- 5
me von § 2 AGBG zugunsten der Verwender von **behördlich genehmigten AVB**, um eine gleichmäßige Verwendung der AVB sicherzustellen und unsachgerechte Ergebnisse eines Rückgriffs über § 6 II AGBG zu verhindern <Reg.Begr. BT-Drucks. 7/3919 S. 43>. Als praktische Konsequenz des § 23 III AGBG genügt zur Einbeziehung ein Hinweis auf die AVB im Versicherungsantrag <OLG Karlsruhe, Urt. v. 16. 4. 1981, VersR 1983, 169>. Seit Verabschiedung des Dritten Durchführungsgesetz/EWG zum VAG vom 21. 7. 1994 sind die meisten AVB der aufsichtsbehördlichen Kontrolle entzogen <vgl.

Reg.Begr. BT-Dr 12/6959, S. 45/55>. Damit hat die Bereichsausnahme von § 23 III AGBG stark an Bedeutung verloren. Nach § 5 V 1 VAG sind lediglich die AVB der Kranken- und Pflichtversicherungen der Genehmigungspflicht durch das Bundesaufsichtsamt für Versicherungswesen (BAVers) unterworfen. Diese behördliche Vorkontrolle <vgl. *Prölss/Schmidt/Frey*, § 10 Rdn. 13> präjudiziert aber nicht die Inhaltskontrolle gemäß AGBG.

6 Die Möglichkeit einer **Einbeziehung durch § 5a VVG** ist im Schrifttum stark umstritten <wohl h.M. zuletzt *Reiff*, VersR 97, 267; a.A. *Dörner/Hoffmann*, NJW 96, 153>. Im Ergebnis gibt es zwei verschiedene Möglichkeiten des Vertragsschlusses auf Grundlage der AVB: das **Antragsmodell**, bei dem die AVB vor Antragstellung durch den Versicherungsnehmer übergeben werden, und das **Policenmodell**, bei dem die AVB mit dem Versicherungsschein versendet werden und der Versicherungsvertrag auf Grundlage der AVB kraft Gesetz (§ 5a I 1 VVG) geschlossen wird.

7 Beim **Antragsmodell** werden die Einbeziehungsvoraussetzungen des § 2 AGBG durch Übergabe der Verbraucherinformation nach § 10a VAG erfüllt. Dabei müssen die Ordnungsgesichtspunkte von § 10a II VAG, besonders die Schriftform, berücksichtigt werden und die für das konkrete Versicherungsverhältnis zugrunde liegenden AVB unter Beachtung der Mindestinhalte aus § 10 VAG enthalten sein, vgl. Anlage D I 1b. Für die Anwendung von § 5a VVG ist hier kein Raum. Enthalten die Verbraucherinformationen fehlerhafte oder nicht ausreichende Angaben, insbesondere nicht die AVB, so erfolgt der Vertragsschluß nach § 5a VVG, sofern es sich nicht um „reine Information" <vgl. hierzu *Wandt*, S. 10 f.> handelt. Eine Verbraucherinformation ist nicht schon aufgrund einzelner nach dem AGBG unwirksamer Klauseln in AVB fehlerhaft.

8 Nach dem **Policenmodell** werden die AVB kraft Gesetzes, § 5a VVG, Bestandteil des Vertrages, wenn der Versicherungsnehmer, dem die Verbraucherinformation und AVB erst nach Antragstellung zugehen, in einer Frist von 14 Tagen ab Zugang nicht widerspricht. Bei fehlerhaften oder nicht ausreichenden Angaben <vgl. Rdn. 7 a.E.> wird die Frist nicht in Lauf gesetzt. Ein Jahr nach der ersten Prämienzahlung gilt aus Gründen der Rechtsklarheit der Vertrag auf Grundlage der AVB auch ohne Verbraucherinformation geschlossen, § 5a II 4 VVG <zutreffend: *Lorenz*, VersR 95, 616/623, erneut: VersR 1997, 773>.

9 Als Nebenwirkung der Anpassung des VVG und VAG an europäisches Recht sind die **persönlichen Anwendungsbereiche** von VVG,

VAG und AGBG nicht kompatibel. Gemäß § 10a VAG hat die Verbraucherinformation gegenüber natürlichen Personen, auch Kaufleuten, zu erfolgen. Eine Ausnahme gilt nur für Großrisiken, Art. 10 I EG-VVG. Nach h.M. <ausführlich: *Schirmer*, VersR 1996, 1045/1049 ff.> ergibt sich für die Anwendung von § 5a I 1 VVG folgende weitere Differenzierung: Gegenüber **juristischen Personen mit Kaufmannseigenschaft** ist nach § 24 AGBG keine Einbeziehung i.S.v. § 2 AGBG erforderlich. Ein Widerspruchsrecht nach § 5a VVG entsteht daher nicht. Ist die Einbeziehung nach § 2 AGBG notwendig, weil § 24 AGBG bei **juristischen Personen ohne Kaufmannseigenschaft** nicht greift, steht diesen auch ein Widerspruchsrecht nach § 5a VVG zu.

Als verbleibende Instrumente des **Aufsichtsrechts** ist in Fällen grober **10**
Mißstände <vgl. § 81 ff. VAG> das BAVers. ermächtigt, die Änderung des Geschäftsplans anzuordnen, § 81a VAG, wird aber nicht als Grundlage einer Klauselkontrolle bewertet <vgl. NJW 1996, 2145>. Die Verordnung über die Anwendung von AVB vom 29. 11. 1940 <RGBl. I S. 1543>, nach der das BAVers. die Anwendung bestimmter AVB anordnen kann, wurde zum 31. 12. 1990 aufgehoben <Gesetz vom 17. 12. 1990, BGBl. I S. 2864>.

Grundsätzlich ist § 3 AGBG selbst auf behördlich genehmigte AVB **11**
anwendbar <AG Charlottenburg, Urt. v. 9. 7. 1984, VersR 1985, 156>. Schwierig ist allerdings, einen tauglichen Maßstab für unübliche oder **überraschende Klauseln** zu finden, besonders angesichts der Liberalisierung des Versicherungsmarktes. Die h.M. <*Prölss/Martin*, Vorb. I.6.C.; LG Frankfurt, Urt. v. 13. 9. 1978, VersR 1979, 763> vertritt hierbei eine wertende Betrachtungsweise und behandelt entsprechende Klauseln im Rahmen der Inhaltskontrolle nach § 9 AGBG. § 3 AGBG ist anwendbar auf Abfindungserklärungen in AHB, mit welcher der Geschädigte auch auf Ansprüche gegenüber jedem Dritten verzichtet <BGH, Urt. v. 25. 10. 1984, NJW 1985, 970>, Wegfall des Krankentagegeldes bei längerer Arbeitslosigkeit <LG Bremen, Urt. v. 10. 10. 1984, NJW 1985, 868>, Haftungsausschluß der Hausratversicherung bei Einstieg des Diebes durch die elterliche Anliegerwohnung <OLG Saarbrücken, Urt. v. 27. 10. 1993, NJW-RR 1994, 539>, nicht dagegen bei Ausschluß von Rechtsgebieten in der Rechtsschutzversicherung <OLG Hamm, Urt. v. 27. 5. 1994, NJW-RR 1994, 1506>.

Die **Unklarheitenregel** des § 5 AGBG ist in vollem Umfang auf AVB **12**
anwendbar, besonders bei widersprüchlichen Angaben zum Versicherungsumfang <BGH, Urt. v. 5. 7. 1995, NJW-RR 1995, 1303>. Häufig dürfte hierbei eine Überschneidung mit dem Transparenzgebot aus § 9

AGBG vorliegen, z.B. bei undurchschaubaren Neuregelungen einer Rechtsschutzversicherung <OLG München, Urt. v. 19. 10. 1995, NJW-RR 1996, 434>.

13 Umstritten ist, in welchem Umfang AVB der Inhaltskontrolle unterliegen. AVB enthalten regelmäßig leistungsbeschreibende Merkmale und konstituieren teilweise erst die gegenseitigen Leistungen. Nach h.M. sind **Leistungsbeschreibungen** aber von der Inhaltskontrolle ausgenommen, § 8 AGBG <Zur richtlinienkonformen Auslegung des § 8 AGBG bei Versicherungsverträgen mit Verbrauchern siehe *Brandner*, MDR 1997, 312/314>. **Risikobeschreibende Klauseln** sind der Inhaltskontrolle entzogen, soweit sie den Kern des versicherten Risikos festlegen <*Dreher*, VersR 1995, 349; a.A. *Reinhard*, VersR 1996, 497>, nicht aber, sofern die berechtigten Erwartungen des Versicherungsnehmers bezüglich des Versicherungsumfangs eingeschränkt werden <BGH, Urt. v. 16. 11. 1992, BGHZ 120, 216/223>. Im Ergebnis sind daher §§ 9-11 AGBG besonders auf Risikoausschlußklauseln, Preisnebenabreden und Klauseln über Obliegenheiten anwendbar. Zur Auslegung von Allgemeinen Kraftfahrzeugbedingungen (AKB): BGH, Urt. v. 2. 10. 1985, NJW 1986, 431.

14 Die AVB der nach **§ 187 VVG** von den Beschränkungen der Vertragsfreiheit befreite Versicherungssparten (Transportversicherung, Kreditversicherung; nicht mehr Reisegepäckversicherung, da jetzt der Sachversicherung zugeordnet) unterliegen weiterhin der Inhaltskontrolle nach § 9 AGBG i.V.m. den Vorschriften des VVG.

15 Aus § 8 AGBG ergibt sich ein weiteres Problem, da die gesetzlichen Vorschriften, besonders des VVG, nicht alle relevanten Fragen abdecken und daher keinen sinnvollen **Maßstab der Inhaltskontrolle** abgeben können. Hieraus wird teilweise gefolgert, daß die AVB einiger Versicherungszweige ganz von der Inhaltskontrolle ausgenommen sein sollen, da keine Vorschriften vorhanden seien, von denen i.S.v. § 8 AGBG abgewichen werden könnte <*Schaefer*, VersR 1978, 4/7 ff.>. Dagegen nimmt die h.M. zutreffend § 242 BGB als Auffangnorm an, nach der unter anderem auch die Vorschriften des VVG ausgelegt werden müssen. Insgesamt ist dabei von den **berechtigten Erwartungen des Versicherungsnehmers** auszugehen <*Bunte*, ZIP 1985, 1168; *Martin*, VersR 1984, 1110>. Zu beachten ist hierbei aber, daß eine Begrenzung des Versicherungsschutzes durch AVB zwingend ist.

16 **Kaufmännische Versicherungsnehmer** müssen sich insgesamt strenger in der Frage der berechtigten Erwartungen behandeln lassen. Dies gilt

besonders für Rahmenverträge i.S.v. § 2 II AGBG und AVB, die von Verbänden der Versicherungsnehmer ausgehandelt oder diskutiert worden sind.

Angesichts der regelmäßig langen Laufzeiten eines Versicherungs- **17**
vertrages besteht häufig das Bedürfnis nach eine Anpassung der Vertragsbedingungen an veränderte Umstände durch **Änderungsklauseln**, um Änderungskündigungen zu vermeiden. Eine Veränderung der AVB im laufenden Vertrag ist nur durch Rechtsgeschäft möglich <OLG Saarbrücken, Urt. v. 25. 11. 1987, NJW-RR 1989, 92>. Die Vereinbarung eines Änderungsvorbehalts nach § 315 BGB, besonders der **jeweils gültigen AVB**, verletzt regelmäßig den schuldrechtlichen Bestimmtheitsgrundsatz. Dies kann durch eine Klausel, in der im voraus konkret bestimmt wird, bezüglich welcher Klauseln in welchem Umfang Änderungen zu erwarten sind, verhindert werden. Beispiel einer unwirksamen Bedingungsanpassungsklausel Rechtsschutzversicherung wegen Verstoßes gegen das Transparenzgebot und auch im übrigen unangemessener und treuwidriger Benachteiligung des Versicherten: OLG Düsseldorf, 4. 9. 1997, BB 1997, 2185>.

Eine rechtsgeschäftliche Änderung von nicht die Hauptleistungen be **18**
schreibenden AVB (vgl. § 10 Nr. 4 AGBG) durch **Erklärungsfiktion** ist unter Berücksichtigung der Schranken in § 10 Nr. 5 AGBG möglich <ausführlich: *Seybold*, VersR 1989, 1231>, führt jedoch aufgrund des Verbots der Zugangsfiktion, § 10 Nr. 6 AGBG, zu Beweisproblemen beim Zugang. Eine geeignete Frist i.S.d. § 10 Nr. 5 AGBG ist entsprechend der voraussichtlichen Zeitspanne für die Neubeschaffung eines äquivalenten Versicherungsschutzes anzusetzen <insgesamt ablehnend: LG Düsseldorf, Urt. v. 3. 4. 1996, VersR 1996, 874 – nicht rechtskräftig>.

Teilweise wird in diesem Zusammenhang eine **konkludente Zustim-** **19**
mung des Versicherungsnehmers durch Fortsetzung des Versicherungsverhältnisses bei Kenntnis geänderter AVB angenommen <*Seybold*, VersR 1989, 1231/1233 f.>. Dies ist aber nur für Bedingungen haltbar, die den Versicherungspartner ausschließlich begünstigen. Die Rechtsprechung hat abweichend von früheren Entscheidungen, aus § 242 BGB eine **Verpflichtung zur Einführung günstigerer Klauseln** in Altverträge anzunehmen <BGH, Urt. v. 23. 9. 1981, BB 1981, 2098>, eine Hinweispflicht des Versicherers auf neue AVB verneint <OLG Hamm, Urt. v. 17. 3. 1993, NJW-RR 1993, 1247>.

Der **Versicherungsvertrag** i.S.v. § 2 II 2 VVG kommt im Zeitpunkt der **20**
Annahme des Versicherungsvertrages bzw. mit Ablauf der Wider-

spruchsfrist des § 5a VVG <vgl. Rdn. 8> in diesem Fall rückwirkend im Zeitpunkt der Übersendung der Police, zustande und ist nach h.M. vorher schwebend unwirksam. Versicherungsverträge unterliegen nicht dem Gesetz über Haustürgeschäfte, § 6 II HaustürgeschäfteWG <*Schönf.* 24a>.

21 Üblicherweise enthalten die Antragsformulare der Versicherer eine **Antragsbindungsklausel** (Annahmefristen), welche einen Widerruf des antragenden Kunden nach § 130 II 2 BGB für eine bestimmte Frist ausschließt. Diese darf nicht unangemessen lang sein, da sie sonst als formularmäßige Fristbestimmung i.S.v. § 10 Nr. 1 AGBG (§ 10 Nr. 1 Rdn. 2) unwirksam ist. Allgemein üblich ist eine Frist von 10 Tagen, vereinzelt wird bei umfangreicheren Risikoprüfungen auch eine längere Frist angenommen <für Lebensversicherungen bis zu sechs Wochen: OLG Frankfurt, Urt. v. 12. 5. 1982, VersR 1983, 528; a.A. *Wolf/Horn/Lindacher*, § 23 Rdn. 468>. Bei Vertragsschluß nach § 5a VVG kann trotz Antragsbindung der Widerruf auch sogleich nach Antragstellung erklärt werden <*Lorenz*, VersR 1995, 616/622>.

22 **Materieller Vertragsbeginn** ist Beginn des Versicherungsschutzes. Es ist zulässig, eine Wartefrist, auch mit Prämienzahlung ohne Versicherungsschutz, zu vereinbaren <OLG Celle, Urt. v. 25. 6. 1982, VersR 1983, 429>. Dies ist auch für die Krankenversicherung möglich, sofern Rückausnahmen (z.B. für Unfälle) vorgesehen sind <*Wolf/Horn/Lindacher*, § 23 Rdn. 498>. In der Unfalltodzusatzversicherung ist eine Wartefrist von bis zu einem Jahr wirksam <OLG Düsseldorf, Urt. v. 12. 11. 1996, VersR 1997, 566>. § 38 II VVG steht dann dem Deckungsanspruch nicht entgegen, wenn die Prämie nach Ablauf der Widerspruchsfrist des § 5a VVG gezahlt wird oder eingezogen werden kann. Vorher wird eine entsprechende Zahlungsfrist nicht in Lauf gesetzt <*Lorenz*, VersR 1995, 616/622>. Der Aufenthalt in der Bundesrepublik Deutschlang kann wirksam als Bedingung für den Beginn eines Reisekrankenversicherungsvertrags vereinbart werden <OLG Hamm, Urt. v. 13. 12. 1995, VersR 1997, 98>. Bei **Rückwärtsversicherung** ist § 2 II 2 VVG regelmäßig stillschweigend abbedungen, auch bei beiderseitiger Kenntnis vom Eintritt des Versicherungsfalls <Lebensversicherung: BGH, Urt. v. 21. 3. 1990, NJW 1990, 1916; Kraftfahrtversicherung: BGH, Urt. v. 21. 3. 1990, NJW 1990, 1851>. Die Erteilung von Auskunftsrechten an einen Krankenversicherer durch pauschale Entbindung von der Schweigepflicht von Ärzten und Behörden per Formular ist unwirksam, im Einzelfall aber möglich <OLG Hamburg, Urt. v. 2. 7. 1993, VersR 1994, 1170; MBKK § 9 II n.F. wirksam>.

Problematisch ist die Einbeziehung der AVB bei der **vorläufigen Deckungszusage**, mit der dringender Versicherungsbedarf befriedigt und die häufig ohne Kenntnis der AVB abgeschlossen wird. Hier werden dann lediglich positive Leistungsbestimmungen Vertragsbestandteil, nicht aber Leistungsausschlüsse, mit denen der Versicherungsnehmer hinsichtlich der Versicherungsart und den Erklärungen des Versicherers nicht zu rechnen brauchte <BGH, Urt. v. 21. 12. 1981, NJW 1982, 824>. Das Widerspruchsrecht aus § 5a VVG entfällt für die vorläufige Deckungszusage, nicht aber für den Hauptvertrag <*Wandt*, S. 29 f.; *Dörner/Hoffmann*, NJW 1996, 153/158 f.>. Eine Klausel, welche die Beendigung des vorläufigen Deckungsschutzes in der Lebensversicherung zwei Monate nach Unterzeichnung des Versicherungsvertrages vorsieht, ist unwirksam <BGH, Urt. v. 3. 4. 1996, NJW-RR 1996, 856>. Zum Verbot der diskriminierenden Kündigung: LG Berlin, Urt. v. 14. 12. 1988, NJW-RR 1989, 1112; rückwirkendes Außerkrafttreten der vorläufigen Deckungszusage wegen nicht rechtzeitigem Einlösen des Versicherungsscheins nur nach Rechtsfolgenbelehrung durch den Versicherer in den Allgemeinen Kraftfahrzeugbedingungen (AKB): BGH, Urt. v. 17. 4. 1967, BGHZ 47, 352/360 ff.; Entsprechung des Versicherungsfalles mit den Deckungsvoraussetzungen der Allgemeinen Rechtsschutzbedingungen (ARB); LG Darmstadt, Urt. v. 23. 3. 1989, NJW 1989, 2067. 23

Schriftformklauseln können mündliche Nebenabreden i.S.v. § 4 AGBG nicht abbedingen. Klauseln, nach denen der Versicherungsantrag schriftlich zu stellen ist, schließen die Annahme eines mündlichen Antrages nicht aus <*Bauer*, BB 1978, 476/478>, sind insofern nur Absichtserklärungen, einen mündlichen Antrag nicht anzunehmen. Eine solche Klausel ist zudem eng auszulegen und gilt nicht für Änderungsanträge <BGH, Urt. v. 8. 6. 1967, VersR 1967, 795 f.>. (Allgemein zu Schriftformklauseln: Anhang § 9 „Schriftform/Schriftlichkeitsklauseln".) 24

Die Verantwortung des Versicherers für den **Versicherungsagenten** darf nach § 9 AGBG nicht ausgeschlossen werden <BGH, Urt. v. 18. 12. 1991, BB 1992, 308>. Der empfangsbevollmächtigte Versicherungsagent ist vielmehr das „Auge und Ohr des Versicherers" <BGH, Urt. v. 11. 11. 1987, BGHZ 102, 194/197>, für dessen unrichtige Auskünfte der Versicherer nach den Grundsätzen der c.i.c. haftet. Ebensowenig darf seine Befugnis zur Annahme von Anzeigen und Erklärungen beschränkt werden, § 11 Nr. 16 AGBG. Gegebenenfalls muß der Agent nach Treu und Glauben auf die Unwirksamkeit von Erklärungen hinweisen <*Prölss/Martin*, § 8 Anm. 5 G, so auch: OLG 25

Karlsruhe, Urt. v. 25. 7. 1996, VersR 1997, 861>. Ergibt die Auslegung einer Klausel, daß Erklärungen an andere als im Versicherungsschein genannte Unternehmen zu richten sind, ist die Klausel unklar im Sinne von § 5 AGBG, die Erklärung gilt als zugegangen <OLG Brandenburg, Urt. v. 13. 3. 1996, VersR 1997, 347>.

26 Die **Zugangsfiktion des § 10 VVG** kann nicht durch AVB verschärft werden, vgl. § 10 Nr. 6 <OLG Hamburg, Urt. v. 23. 9. 1980, VersR 1981, 126>. Eine Klausel, welche die Bank des Versicherungsnehmers zum Empfangsboten erklärt, ist unwirksam <KG, Urt. v. 3. 12. 1991, NJW-RR 1992, 859/860>, ferner eine Abtretung in der Lebensversicherung ohne schriftliche Erklärung <BGH, Urt. v. 31. 10. 1990, WM 1991, 693; anders LG Heidelberg, Urt. v. 2. 9. 1994, VersR 1995, 575>, wirksam allerdings, wenn die Abtretung erst nach Anzeige des Berechtigten beim Versicherer vorgesehen ist <OLG Hamm, Urt. v. 31. 5. 1996, VersR 1997, 729>. Eine Vollmachtsklausel für die Abgabe von Willenserklärungen nach dem Tode ist wirksam <BGH, Urt. v. 5. 5. 1982, NJW 1982, 2314>.

27 Eine Legaldefinition des **Versicherungsfalles** ist im VVG nicht enthalten. Vielmehr ist diese Definition als Teil der Leistungsbeschreibung teilweise der Inhaltskontrolle unterworfen <s.o. Rdn. 13>, besonders hinsichtlich unangemessener Risikoausschlüsse. Der Versicherungsfall in der **Haftpflichtversicherung** tritt mit dem Schadenereignis, d.h. der Einwirkung auf das Versicherungsobjekt, durch welche der Schaden entsteht, ein <vgl. § 5 Nr. 1 AHB; BGH, Urt. v. 4. 12. 1980, VersR 1981, 173>. In der **Krankenversicherung** ist die Heilbehandlung, nicht der Krankheitsfall, maßgeblich. Relevantes Ereignis in der **Sachversicherung** ist das Abhandenkommen des Versicherungsobjektes. In der **Feuerversicherung** können Betriebsschäden an Objekten, die Wärmequellen oder Nutzflammen zum Zwecke der Bearbeitung ausgesetzt waren, ausgeschlossen werden <*Horn*, S. 23; a.A. *Meyer/Kahlen*, VP 81, 132/138>. In der **Leitungswasserversicherung** ist eine Beschränkung auf Wasseraustritte, die nicht dem Willen des Versicherungsnehmers oder berechtigter Dritter entsprechen, zulässig <*Martin*, E I Rdn. 57>. Ein Ausschluß nicht bezugsfertiger Gebäude bei teilweiser Bezugsfertigkeit ist zweckwidrig i.S.v. § 9 II 2 AGBG. Versicherungsereignis in der **Rechtsschutzversicherung** ist die Rechtsverfolgung nicht ohne entfernte Möglichkeit auf Erfolg der Klage <OLG Köln, Urt. v. 22. 4. 1982, VersR 1983, 1025>. Strittig ist im einzelnen die Bewertung der Erfolgsaussichten, die der BGH an § 114 ZPO orientiert <BGH, Urt. v. 16. 9. 1987, NJW 1988, 266; a.A. *Harbauer*, § 1 Rdn. 33>. Zur Haftung für Parkverstöße: Mtl. NJW

1987, 1187; im Arbeitsrecht: AG Hamburg, Urt. v. 9. 4. 1987, NJW 1987, 2382; Grundstücks- und Mietsachen gegenüber Besatzungsmächten in Berlin: LG Berlin, Urt. v. 13. 2. 1986, NJW 1987, 849>. In der **Warenkreditversicherung** kann vereinbart werden, daß der Versicherungsfall erst mit dem gerichtlichen Entschluß über den Konkurs des Kreditnehmers eintritt <OLG Koblenz, Urt. v. 13. 12. 1996, VersR 1997, 874>.

Gemäß § 68 VVG ist die Bestimmung zur **Herabsetzung der Versicherungssumme** in § 95 S. 2 VVG abdingbar. Die gesetzliche Verminderung darf nicht von einer rechtzeitigen Herabsetzungserklärung des Versicherungsnehmers abhängig gemacht werden, bei deren Unterlassen eine Nachprämie fällig wird, § 9 AGBG i.V.m. § 95 VVG <*Martin*, L I, Rdn. 12 und 17>. Eine Herabsetzung der Versicherungssumme in der kombinierten Versicherung auch für solche Risiken, die nicht realisiert wurden, ist zweckwidrig i.S.v. § 9 II 2 AGBG <im Ergebnis auch BGH, Urt. v. 14. 11. 1984, NJW 1985, 971>. Klauseln über eine **Beitragsanpassung** sind wirksam, sofern sie die Voraussetzungen konkret festgelegt und inhaltlich angemessen sind <BGH, Urt. v. 1. 7. 1992, BGHZ 119, 55 (59)>. 28

Umstritten bei der Auslegung von AVB zur **Höhe der Entschädigung** in der Sachversicherung ist die dogmatische Einordnung der §§ 52, 55 VVG. Zur Diskussion stehen hierbei der (imaginäre) Wert der Sache im Zeitpunkt des Schadenseintritts und der Wert zum Wiederbeschaffungszeitpunkt <*Wolf/Horn/Lindacher*, § 23 Rdn. 486 mit weiteren Nachweisen>. Hierbei treten regelmäßig Probleme bei Wiedererlangung der Sache auf. Nach h.M. hat der Versicherungsnehmer ein Wahlrecht. Eine Kürzung um den Wert der wiedererlangten Sache nach Bereicherungsrecht ist möglich <Einzelheiten bei *Martin*, Z II>. Zulässig ist ein Abweichen der AVB von § 52 VVG dahingehend, daß statt eines Ersatzwertes der volle Neuwert vereinbart wird <*Prölls/Martin*, § 52 Anm. 4 A>. Maßgeblich ist der früheste zulässige Wiederbeschaffungszeitpunkt. Zur Ausnahme der für Kfz vorgesehenen Neuwertversicherung in § 13 II AKB, hier wegen Unklarheit auf Kleinbusse übertragen: BGH, Urt. v. 2. 10. 1985, NJW 1986, 431. Eine Wiederherstellungsklausel in den Allgemeinen Kraftfahrtbedingungen (AKB) verstößt nicht gegen § 3 AGBG <OLG Jena, Urt. v. 10. 1. 1996, VersR 1997, 229>. Die Berufung auf eine Wiederaufbaufrist in den AFB bei Regulierungsverzögerung durch den Versicherer kann rechtsmißbräuchlich sein: OLG Hamm, Urt. v. 16. 12. 1988, VersR 1989, 1082. 29

30 In der Krankenversicherung sind **Leistungseinschränkungen** bei Heilbehandlungsformen, deren Wirksamkeit wissenschaftlich nicht belegt ist (**Wissenschaftsklausel**), nicht generell unbillig, sofern die Möglichkeit eines Gegenbeweises besteht <allg. BGH, Urt. v. 2. 10. 1995, NJW 1996, 431; ausführlich: *Zuck*, VersR 1994, 505; für eine Neuregelung: *Wriede*, VersR 1995, 254>. Eine Ausschlußfrist für Infektionskrankheiten ist nur dann wirksam, wenn diese nicht länger als die Inkubationszeit ist <OLG Frankfurt, Urt. v. 5. 5. 1994, VersR 1995, 904>. Zum Ausschluß von Suchtkranken: BGH, Urt. v. 17. 9. 1975, BGHZ 65, 142/146; zur Verbindlichkeit des Gutachtens eines Vertrauensarztes zur Feststellung der Arbeitsunfähigkeit: OLG Köln, Urt. v. 5. 2. 1979, VersR 1980, 619. Der **Rückkaufswert von Lebensversicherungen** unterliegt der Kontrolle nach § 10 Nr. 7 AGBG. Eine Regelung der Überschußbeteiligung ist wirksam <BGH, Urt. v. 23. 11. 1994, BGHZ 128, 54; Rentenversicherung: AG Bad Schwalbach, Urt. v. 24. 9. 1996, VersR 1997, 606>. Zur Abschlagshöhe: *Helm*, NJW 1978, 132; zur Kombination mit Verbraucherkredit: *Kohte*, ZBB 1989, 130.

31 Der **Versicherungsschutz bei Reisegepäckversicherungen** erstreckt sich grundsätzlich auf das gesamte Reisegepäck des Versicherungsnehmers <BGH, Urt. v. 3. 7. 1985, NJW 1985, 2831>, allerdings nach dem Prinzip der Einzelgefahrendeckung <BGH, Urt. v. 17. 9. 1986, NJW 1987, 191/192>. Höchstgrenzen von DM 500,- oder 50 % sind bei einer entsprechend höheren Versicherungssumme überraschend und zweckwidrig, §§ 3, 9 II 2 AGBG, sofern nicht auf diese Klauseln besonders hingewiesen wurde.

32 Klauseln in AVB zur **Unterversicherung** sind dann nach § 8 AGBG kritikfest, wenn sie dem in § 56 VVG verankerten Prinzip der proportionalen Herabsetzung entsprechen. Klauseln in AVB der Sach- und Feuerversicherer, daß für jeden Versicherungsposten die Unterversicherung getrennt festgestellt werden muß, gehen auf ein berechtigtes Interesse nach Übersichtlichkeit zurück <*Horn*, S. 76>. Bei **vereinbarter Versicherungsgrenze** ist dieser Versicherungswert, nicht der (höhere) tatsächliche Schadenswert, da der Versicherungsnehmer vollen Versicherungsschutz im Rahmen der Entschädigungsgrenzen erwartet. Abweichende Klauseln sind nach § 9 AGBG unwirksam. Die Vereinbarung einer Gesamtentschädigungsgrenze bei Mehrfachversicherung des Hausrates ist wirksam <BGH, Urt. v. 6. 12. 1995, NJW-RR 1996, 594>.

33 Aufwendungen des Versicherungsnehmers in Erfüllung seiner **Rettungspflicht** (§ 62 VVG) und Kosten der **Schadensermittlung** (§ 68

VVG) hat der Versicherer zu tragen. Ungeachtet grundsätzlicher Abdingbarkeit werden diese Vorschriften als wesentliche Grundgedanken i.S.v. § 9 I 1 AGBG angesehen <BGH, Urt. v. 16. 4. 1981, BGHZ 83, 169/174 ff.>. Klauseln, welche eine **Verzinsung** ausschließen, einen Zinssatz unter 4 % p.a. oder einen späteren Verzinsungsbeginn vorsehen, sind nach § 9 II 1 AGBG i.V.m. § 94 VVG und teilweise wegen § 11 Nr. 8b AGBG unwirksam <*Martin*, Y IV Rdn. 4 ff.>. Kein Verstoß gegen § 9 AGBG liegt dann vor, wenn der pauschale Schaden für die Wiederherstellungszeit, welcher durch Zinsen ausgeglichen werden soll, bereits in der Berechnung des Ersatzanspruchs Berücksichtigung findet <*Wolf/Horn/Lindacher*, § 23, Rdn. 489 a.E.>.

Der **Erfüllungsort** hat gemäß § 36 I VVG beim Versicherungsnehmer 34
zu liegen. Abweichende Klauseln sind überraschend i.S.v. § 3 AGBG <OLG Saarbrücken, Urt. v. 27. 10. 1993, VersR 1994, 720>. Eine Beschränkung in Allgemeinen Haftpflichtbedingungen (AHB) auf die Haftung nur für Sachen und Folgeschäden am **Versicherungsort** ist wirksam, anders für gerettete Sachen <*Horn*, S. 27>. Der Versicherungsort für die Hausratversicherung ist die Wohnung, bei Wohnungswechsel die neue Wohnung. Problematisch ist allerdings die Risikoerhöhung oder Ausdehnung des Versicherungsschutzes auf eine Zweitwohnung. Nach h.M. tritt hier eine Beratungspflicht des Versicherers ein <*Martin*, G IV>. Ähnliches Problem bei Erbschaft, erwogen wird hier die Vertragsauflösung nach einer Übergangszeit <*Wolf/Horn/Lindacher*, § 23, Rdn. 509 a.E.>. Der Versicherungsschutz für die eheliche Wohnung erlischt nicht durch Auszug des Versicherungsnehmers <OLG Frankfurt, Urt. v. 2. 11. 1994, NJW-RR 1996, 929>. Wegen der Europaklausel in AHB unterliegt auch ein Wohnmobil dem Versicherungsschutz <AG Hannover, Urt. v. 18. 10. 1993, VersR 1994, 1297>.

Gemäß § 23 Abs. 2 Nr. 6 AGB-Gesetz gelten die Beschränkungen des 35
§ 11 Nr. 12 AGB-Gesetz nicht für Versicherungsverträge. Eine in AVB abweichend von § 8 VVG bestimmte **Laufzeit** von 10 Jahren in der Unfall-, Haftpflicht-, Hausrat- und Wohngebäudeversicherung ist unwirksam <BGH, Urt. v. 22. 2. 1995, BB 1995, 693>, allgemein auch, wenn diese Laufzeit auf dem Antragsformular bereits vorgedruckt ist <OLG Düsseldorf, Urt. v. 5. 4. 1990, NJW-RR 1990, 1311; krit. *Wille*, VersR 1992, 129 mit weiteren Nachweisen>, sogar dann, wenn eine Ausfüllalternative vorhanden ist <BGH, Urt. v. 18. 12. 1996, VersR 1997, 345>. Eine Laufzeit von fünf Jahren wird vom BGH überwiegend als wirksam beurteilt: Unfallversicherung: BGH, Urt. v. 6. 12. 1995, BB 1995, 293; a.A. OLG Köln, Urt. v. 12. 1. 1996, NJW-RR

1996, 436; Reparaturkostenversicherung <BGH, Urt. v. 28. 6. 1995, BB 1995, 2131>; Rechtsschutzversicherung sogar mit Beitragserhöhungsmöglichkeit und Kündigungsrecht des Versicherten erst bei Erhöhung von mehr als 15 % oder von mehr als 30 % innerhalb von drei aufeinanderfolgenden Jahren <BGH, Urt. v. 26. 3. 1997, EWiR 1997, 481 (*Littbarski*); vgl. aber OLG München, Urt. v. 19. 10. 1995, NJW-RR 1996, 434>. Zu Altverträgen: LG Köln, Urt. v. 8. 7. 1992, NJW-RR 1992, 1509 (siehe allgemein auch § 11 Nr. 12 Rdn. 9).

36 Die **Kündigungsmöglichkeiten** durch den Versicherer sind lediglich in Einzelfällen aus sozialen Schutzgründen nach § 9 AGBG beschränkt <BGH, Urt. v. 17. 9. 1986, WM 1987, 187/188>, allerdings nicht bei Doppelversicherung <BGH, Urt. v. 13. 11. 1980, NJW 1981, 746>. Eine von § 96 VVG abweichende Einschränkung der Kündigungsmöglichkeiten im Schadensfall durch den Versicherungsnehmer ist ebenso unangemessen wie ein ausgedehntes Kündigungsrecht des Versicherers und daher nach § 9 AGBG unwirksam <BGH, Urt. v. 27. 3. 1991, MDR 1991, 722>. Eine Erweiterung des Kündigungsrechts dahingehend, daß der Versicherungsnehmer auch andere Verträge über dasselbe Risiko mit dem Versicherer kündigen kann, ist unbedenklich. Die Beschränkung der Möglichkeit des Versicherungsnehmers nach § 96 VVG, die Kündigung erst zum Jahresende wirksam werden zu lassen, um die Jahresprämie ausnutzen zu können, ist nach § 9 II Nr. 1 unwirksam <LG Hamburg, Urt. v. 9. 4. 1991, MDR 1991, 721>.

37 Die häufigste **Einschränkung des Kündigungsrechts** liegt in der Vereinbarung langer Laufzeiten <siehe Rdn. 35>-. Ein zeitlich unbeschränktes Kündigungsrecht in der Krankenversicherung verletzt den Vertragszweck (soziale Schutzfunktion) und ist daher gemäß § 9 II Nr. 2 AGBG unwirksam <BGH, Urt. v. 6. 7. 1983, BGHZ 88, 78/83>. Insbesondere liegt im steigenden Lebensalter keine Risikoerhöhung i.S.d. §§ 23 ff. VVG, sondern ist Bestandteil der versicherten Gefahr und bei Vertragsschluß vorhersehbar <*Prölss/Martin*, § 23 Anm. 2Ae>. Anderes gilt für die Krankentagegeldversicherung (MBKT) <OLG Bamberg, Urt. v. 13. 10. 1994, VersR 1995, 947> und in der Kurkostenversicherung <BGH, Urt. v. 15. 6. 1983, NJW 1983, 2638> innerhalb eines bestimmten Zeitraumes (bis zu 3 Jahren) nach Vertragsschluß <*Wolf/Horn/Lindacher*, § 23 Rdn. 503>. Wirksam sind Klauseln, die ein Kündigungsrecht bei Mehrfachversicherung vorsehen <BGH, Urt. v. 4. 10. 1989, NJW 1990, 767/768> oder bei Aufgabe der Erwerbstätigkeit durch eigene Kündigung <OLG Hamburg, Urt. v. 23. 9. 1988, VersR 1990, 36>. Zulässig ist eine Beendigungsklausel in

MBKT zum 65. Lebensjahr <OLG Köln, Urt. v. 21. 10. 1993, VersR 1994, 165>, nicht dagegen beim Eintritt der Berufsunfähigkeit, wenn das Versicherungsverhältnis als Restschuldversicherung vereinbart ist <OLG Oldenburg, Urt. v. 28. 2. 1996, VersR 1996, 1400>. Der Kreditversicherer kann für eine im Rahmen eines Mantelvertrages pauschal gedeckte Forderung die Deckung für ein Versicherungsereignis nach der Kündigung wirksam ausschließen <BGH, Urt. v. 17. 9. 1986, WM 1987, 187>. Der Ausschluß des Kündigungsrechts des Erwerbers des Versicherungsobjektes in Allgemeinen Bedingungen der Feuerversicherung (AFB) ist unwirksam <BGH, Urt. v. 30. 5. 1990, BGHZ 111, 295/297>. Zur Kündigung bei mehreren versicherten Forderungen: BGH, Urt. v. 3. 6. 1992, MDR 1992, 946.

38 **Repräsentant** ist, wer im Geschäftsbereich, zu dem das versicherte Risiko gehört aufgrund eines Vertretungs- oder ähnlichen Verhältnisses an die Stelle des Versicherungsnehmers getreten ist <OLG Hamm, Urt. v. 15. 2. 1989, NJW-RR 1989, 860; *Prölss/Martin*, § 6 Anm. 8B>.

39 **Klauseln**, welche die Verantwortlichkeit des Versicherungsnehmers für eine Verletzung der Obliegenheiten auf das **Handeln Dritter** ausdehnen, sind unwirksam, soweit sie den von Rechtsprechung und Lehre aus dem VVG entwickelten Begriff des Repräsentanten <vgl. Rdn. 38> überschreiten oder die Repräsentanteneigenschaft unbillig ausgedehnt wird. Im Ergebnis ist der Repräsentantenbegriff enger als der des Erfüllungsgehilfen. Bei **Fahrlässigkeit** haftet der Versicherungsnehmer nur dann für den Repräsentanten, wenn diesem Einwirkungsmöglichkeit auf die Sache eingeräumt wurde. Eine Haftung des Versicherungsnehmers für Dritte, die keine Repräsentanten sind, ist nach § 9 AGBG unwirksam. Dagegen sind **Angehörigenklauseln** in Allgemeinen Haftpflichtbedingungen (AHB) wirksam <OLG Hamm, Urt. v. 1. 3. 1995, NJW-RR 1995, 1309>. Große Bedenken ruft die Repräsentantenhaftung auch in Fällen **vorsätzlichen Handelns** hervor, da hier der Repräsentant mit einem beliebigen Dritten gleichgestellt werden muß, besonders in Fällen von Brandstiftung u.ä. <BGH, Urt. v. 21. 10. 1981, VersR 1982, 81>. Eine Klausel, die vorsätzliche Schäden durch in der Wohngemeinschaft lebende volljährige Personen ausschließt, ist unwirksam <BGH, Urt. v. 21. 4. 1993, BB 1993, 2044>. Eine Verkürzung des Repräsentantenbegriffes in Fragebögen zur Ermittlung der Repräsentanteneigenschaft des Fahrers in der Kraftfahrtversicherung ist unzulässig <OLG Hamm, Urt. v. 15. 2. 1989, NJW-RR 1989, 860>. Der Halter muß sich von der Fahrerlaubnis des Fahrers überzeugen, sonst kann eine Eintrittspflicht

wirksam ausgeschlossen werden <BGH, Urt. v. 6. 7. 1988, NJW-RR 1988, 1378>.

40 Vor und nach dem Versicherungsfall bestehen besondere Pflichten des Versicherungsnehmers zur Schadensverhütung bzw. Vermeidung einer Gefahrenerhöhung (**Obliegenheiten**). So z.B. in der Kraftfahrzeugversicherung das Fahren nur mit Fahrerlaubnis <BGH, Urt. v. 28. 10. 1982, NJW 1982, 182>, nach einem Unfall treffen den Versicherungsnehmer Rettungspflichten sowie die Verpflichtung zu Maßnahmen zur Aufklärung des Sachverhaltes und zu einer raschen Schadensmeldung <BGH, Urt. v. 11. 11. 1981, NJW 1982, 167>. Etwas anderes gilt, wenn der Versicherer Leistungsablehnung erklärt hat <BGH, Urt. v. 7. 6. 1989, NJW 1989, 2472>.

41 Die Begründung von Obliegenheiten sind von einer Abgrenzung des Versicherungsrisikos und einem Risikoausschluß <BGH, Urt. v. 26. 2. 1969, BGHZ 51, 356/361 f.; vgl. hierzu auch zur „kleinen Benzinklausel“: BGH, Urt. v. 14. 12. 1988, NJW-RR 1989, 412> zu unterscheiden. Obliegenheiten sind keine echten Rechtspflichten <vgl. aber BGH, Urt. v. 27. 5. 1981, BGHZ 80, 332/345>. Ihre Verletzung führt nicht zum Schadenersatz sondern in den Grenzen von VVG und der AVB zur **Leistungsfreiheit des Versicherers**, die allerdings in einigen AVB <z.B. AKB n.F.> betragsmäßig eingegrenzt ist.

42 Das Auferlegen von Obliegenheiten in AVB kann in vielfacher Hinsicht bedenklich sein: Zunächst kann die Leistungsfreiheit des Versicherers eine pauschale Übersanktionierung sein, wenn kein Verschulden des Versicherungsnehmers und kein Zusammenhang mit der Leistungspflicht des Versicherers auszumachen ist. Daher ist nach Schadenseintritt für den Eintritt der Leistungsfreiheit mindestens grobe Fahrlässigkeit seitens des Versicherungsnehmers notwendig, §§ 15a, 68a i.V.m. §§ 6 III, 62 II VVG. Bereits vor dem Versicherungsfall sind im VVG Grenzen der Leistungsfreiheit vorgesehen: §§ 16 ff., 23 ff., 61 VVG.

43 Die Rechtsprechung hat die sogenannte **Relevanzrechtsprechung** dahingehend entwickelt, daß nur Verstöße von einigem Gewicht, im Einzelfall ausgelegt nach den Maßstäben von Treu und Glauben, zur Leistungsfreiheit führen <BGH, Urt. v. 19. 5. 1976, VersR 1976, 850>. Zu beachten ist allerdings, daß nur die Vorschrift des § 6 III VVG ausgelegt werden darf, während eine Auslegung der AVB einen Verstoß gegen das Verbot der geltungserhaltenden Reduktion i.S.v. § 6 AGBG darstellt. Das Verschuldenserfordernis aus § 6 VVG kann in AVB nicht wirksam abbedungen werden <BGH, Urt. v. 2. 12. 1992, NJW 1993,

590/591 >. Die Festschreibung eines mehrdeutigen Verschuldensmaßstabes in AVB ist unwirksam <BGH, Urt. v. 19. 10. 1994, NJW 1995, 56>. AVB, in denen überzogene Obliegenheiten begründet werden, sind wegen § 9 I, II 2 AGBG unwirksam <Kfz-Versicherung: BGH, Urt. v. 11. 11. 1981, NJW 1982, 167; Sach-, Feuer- und Diebstahlversicherung: BGH, Urt. v. 30. 11. 1977, VersR 1978, 122; vorsätzlich verspätete Schadensanzeige: OLG Frankfurt, Urt. v. 13. 9. 1988, NJW 1989, 463; unwirksame Klauseln in der Reisekrankenversicherung: BGH, Urt. v. 2. 3. 1994, NJW 1994, 1534; in der Restschuldversicherung: OLG Frankfurt, Urt. v. 22. 2. 1994, VersR 1995, 522>. Weiterhin hat die Rechtsprechung eine weit gefaßte Belehrungspflicht der Versicherer über Obliegenheiten angenommen, z.B. in der Kraftfahrzeugversicherung auf dem Meldeformular <BGH, Urt. v. 20. 12. 1972, VersR 1973, 174>.

Weitere Bedenken bestehen, soweit Obliegenheiten zur Pauschalisie- **44**
rung von Schadensersatzansprüchen mit unzulässiger Beweislastverteilung vorliegen, die nach § 11 Nr. 5 und § 11 Nr. 15 AGBG unwirksam ist, z.B. Risikoausgrenzung bei Sachen in Kfz zur Nachtzeit, außerhalb von Garagen, bei kurzen Fahrtunterbrechungen <OLG München, Urt. v. 12. 10. 1982, NJW 1983, 53>.

Problematisch sind auch **verhüllte Obliegenheiten** in Form von Risi- **45**
koausschlüssen, um so den einschränkenden Voraussetzungen der Leistungsfreiheit zu entgehen. Solche Bestimmungen werden nach der Rechtsprechung als Obliegenheiten behandelt und unterliegen damit der Inhaltskontrolle nach dem AGBG <BGH, Urt. v. 26. 2. 1969, BGHZ 51, 356/361 ff.>. Für Warenkreditversicherung: BGH, Urt. v. 9. 12. 1987, NJW-RR 1988, 407/410. Wirksam dagegen die Kombination von Risikoausschlüssen und Obliegenheiten in der Versicherung für Zahnarztleistungen <BGH, Urt. v. 14. 12. 1994, NJW 1995, 784>.

Die Obliegenheit zur **Schadensanzeige** dient besonders bei der Dieb- **46**
stahlsicherung zur raschen Aufklärung. Zu beachten ist die nicht abdingbare Vorschrift des § 92 I 2 VVG, welcher die Wahrung einer Frist von mindestens drei Tagen durch Absendung der Schadensanzeige vorschreibt. Bei Verfristung der Anzeige kann das Erfordernis mindestens grober Fahrlässigkeit nach § 6 III VVG nicht abbedungen werden <BGH, Urt. v. 9. 5. 1984, NJW 1985, 559 f.>. Zum Verschuldensmaßstab bei Nichteinhaltung der Meldefrist in der Rechtschutzversicherung <BGH, Urt. v. 15. 4. 1992, NJW 1992, 2233>. Weiterhin besteht die Pflicht des Versicherers zum konkreten Hinweis bei der Schadensmeldung bezüglich unwahrer oder unvollständiger Anga-

ben, ohne den die Leistungsfreiheit nicht eintritt <BGH, Urt. v. 8. 5. 1967, BGHZ 48, 7>.

47 Es darf in AVB bestimmt werden, daß Ansprüche Dritter nicht ohne Genehmigung des Versicherers anerkannt werden dürfen, ohne daß Leistungsfreiheit eintritt, § 154 II VVG. Eine Ausnahme muß allerdings für offensichtlich unbillige Fälle gelten.

48 Die Obliegenheit des Versicherungsnehmers zur **Aufklärung des Schadensereignisses** kann konkretisiert werden, z.B. durch die Verpflichtung zur Hinzuziehung der Polizei nach Unfällen <BGH, Urt. v. 11. 11. 1981, BB 1982, 463>. Zur Aufklärungspflicht bei Transportschäden im Ausland: BGH, Urt. v. 9. 5. 1984, NJW 1985, 559 f.

49 Viele AVB enthalten Bestimmungen, die eine Leistungsfreiheit des Versicherers drei Monate nach Verstreichen der **Anzeigepflicht für Doppelversicherungen** vorsehen. Ungeachtet der Vorschrift des § 6 I VVG geht eine solche Regelung allerdings weit über die in § 59 III VVG vorausgesetzte betrügerische Absicht hinaus und ist daher nach § 9 II 1 AGBG unwirksam. In der Krankenhaustagegeldversicherung (MBKT) tritt eine Leistungsfreiheit nicht schon bei Fahrlässigkeit ein <BGH, Urt. v. 13. 11. 1980, NJW 1981, 746>. Eine Klausel in den MBKT, die das Versicherungsende mit Eintritt der Berufsunfähigkeit festschreibt, ist wirksam <OLG Hamm, Urt. v. 20. 12. 1991, NJW-RR 1992, 1057>.

50 Der Deckungsausschluß in AHB bei Schäden an fremden Sachen aufgrund beruflicher oder gewerblicher Tätigkeit (**„Tätigkeitsklausel"**) gilt nur für unmittelbare Sachschäden, nicht für Folgeschäden <BGH, Urt. v. 21. 9. 1983, NJW 1984, 370; krit. *Honsell*, VersR 1985, 3>. Ein Haftungsausschluß in AVB der Reisekrankenversicherer für Krankheiten, die schon vor der Reise behandlungsbedürftig waren, ist nach § 9 AGBG unwirksam <BGH, Urt. v. 2. 3. 1994, VersR 1994, 549>.

51 Wirksam dagegen ist die **„kleine Benzinklausel"**, nach der Schäden durch den Gebrauch von Kraftfahrzeugen nicht durch die AHB gedeckt sind <BGH, Urt. v. 14. 12. 1988, NJW-RR 1989, 412 – Brandschaden infolge Reparatur eines nicht zugelassenen Kfz>. Es erfolgt auch keine Einschränkung dieser Klausel zur Vermeidung einer Deckungslücke <BGH, Urt. v. 16. 10. 1991, NJW 1992, 315>. Wirksame Klauseln in AKB: **Führerscheinklausel** <BGH, Urt. v. 6. 7. 1988, NJW-RR 1988, 1378>; davon zu unterscheiden ist das Fahren trotz Fahrverbot, da hier von der generellen Qualifikation, ein Kfz zu steuern, ausgegangen werden kann <BGH, Urt. v. 12. 2. 1987, NJW 1987,

1827>; zur Schwarzfahrt des Fahrers <*Müller*, NJW 86, 962>. Das Liegenlassen des Kofferraumschlüssels im Innenraum führt als Sicherheitsverstoß zur Leistungsfreiheit <BGH, Urt. v. 14. 7. 1986, NJW 1986, 2838>. Eine zweckwidrige Verwendung des Kfz liegt bei Vermietung an eine Betriebsgesellschaft nur aus steuerlichen Gründen nicht vor <OLG Hamm, Urt. v. 15. 2. 1989, NJW-RR 1989, 860>.

In Allgemeinen Haftpflichtbedingungen (AHB) sind unwirksam **Ver-** 52
schlußklauseln, bes. Sicherungsauflagen von Türen etc., <BGH, Urt. v. 16. 5. 1990, NJW 1990, 2388> und **Fremdeigentumsklauseln**, welche nach §§ 3, 9 AGBG unwirksam sind <*Wolf/Horn/Lindacher*, § 23, Rdn. 512; a.A. *Martin*, H III Rdn. 75>. Die Nachtzeitklausel ist dagegen wirksam <AG Charlottenburg, Urt. v. 9. 7. 1984, VersR 1985, 156>. Eine Einschränkung des Versicherungsschutzes in Allgemeinen Bedingungen der Einbruchdiebstahl- und Raubversicherung (AERB) durch eine **Schlüsselklausel** ist zweckwidrig i.S.v. § 9 II 2 AGBG <*Wolf/Horn/Lindacher*, § 23, Rdn. 515; a.A. *Martin*, D X Rdn. 23>. Zur Anzeigepflicht bei Gefahrenerhöhung durch den Versicherungsnehmer: BGH, Urt. v. 21. 1. 1987, NJW 1987, 2443. **Verschluß- und Behältnisklausel** in der Reisediebstahlversicherung stellen regelmäßig verhüllte Obliegenheiten dar: OLG Frankfurt, Urt. v. 22. 2. 1994, VersR 1994, 956; **Trageklauseln**, welche eine Eintrittspflicht nur für das bestimmtheitsgemäße Tragen von Schmuck etc. vorsehen, sind wirksam <BGH, Urt. v. 10. 7. 1980, VersR 1980, 1042>. Zur Abgrenzung von Risikobeschreibung und Obliegenheiten: BGH, Urt. v. 17. 9. 1986, NJW 1987, 191/192; *van Bühren/Nies*, § 1 Rdn. 163 ff.>.

Die Begrenzung der Leistungsfreiheit bei Obliegenheitsverletzung in 53
§ 6 VVG für Großrisiken i.S.v. Art. 10 EGVVG sind unabhängig von § 187 VVG als Maßstab der Inhaltskontrolle zu beachten <BGH, Urt. v. 9. 5. 1984, NJW 1985, 559>. § 6 VVG bleibt wirksam, solange er nicht explizit abbedungen wurde <BGH, Urt. v. 3. 6. 1992, MDR 1992, 916>.

Unbeachtet der generellen Abdingbarkeit des § 61 VVG <BGH, Urt. 54
v. 1. 6. 1983, VersR 1983, 821 f.> ist eine Erweiterung des § 61 VVG auf leichte Fahrlässigkeit ein unzulässiges Abweichen i.S.v. § 9 II Nr. 1 AGBG <a.A. Martin, O I Rdn. 69>. Das gleiche gilt für eine Umgehung durch Sicherheitsvorschriften, die auf eine Haftung für leichte Fahrlässigkeit hinauslaufen. Eine anerkannte Ausnahme liegt für technische Versicherungen vor <BGH, Urt. v. 1. 6. 1983, NJW 1984, 47>, die allerdings nur bei enger Auslegung der Obliegenheiten unbedenklich ist.

Anhang § 9: Versteigerungsbedingungen/Auktionsbedingungen

Literatur: *Hensen* in Ulmer/Brandner/Hensen, 8. Aufl. 1997, Anhang §§ 9-11, Rdn. 865-868; Braun, WM 1992, 893.

1 Der Versteigerer/Auktionator ist aufgrund seiner Stellung zur Wahrung der Interessen beider Vertragspartner, nämlich der des Einlieferers sowie der des Ersteigerers verpflichtet <BGH, 30. 11. 1995, WiB 1996, 647 (649 unter III)>. Eine **Provisionspflicht** des Ersteigerers gegenüber dem Auktionator kann deshalb in dessen AGB nicht für den Fall wirksam vereinbart werden, daß der Versteigerer als Geschäftsführer einer GmbH ein dieser gehörendes Grundstück versteigert <BGH a.a.O.>. Ob eine entsprechende Individualvereinbarung wirksam getroffen werden kann, wenn der Auktionator seine Beziehung zu der GmbH zuvor eindeutig klargestellt hat, ist vom BGH ausdrücklich offengelassen worden <dazu *Tigges* in seiner Anmerkung zum genannten BGH-Urteil, WiB 1996, 649: Unzulässigkeit bei AGB trotz vorheriger Aufklärung, dagegen Zulässigkeit bei Individualvereinbarung>.

2 Von der Rechtsprechung wird ein **Gewährleistungsausschuß** durch AGB bei Versteigerungen als zulässig angesehen <Rechtsprechungsnachweise siehe § 11 Nr. 10 f., Rdn. 8>. Der Haftungsausschluß greift aber nach der Rechtsprechung nicht ein, wenn der Versteigerer seine Verpflichtungen, das Kunstwerk im zumutbaren Umfang auf seine Echtheit zu überprüfen, verletzt hat.

3 Eine **Ermächtigungsklausel**, daß der Auktionator die Höchstgebote „im Bedarfsfalle" um 5-10 % überschreiten darf, wurde vom BGH als rechtswirksam anerkannt <BGH, 13. 2. 1980, NJW 1980, 1619 (1620 unter I, 2, a + b); ablehnend *Hensen* in Ulmer/Brandner/Hensen, 8. Aufl. 1997, Anhang §§ 9-11, Rdn. 868>.

Anhang § 9: Vertragshändler

(bearbeitet von Prof. Dr. Detzer)

Gliederung

A: Literatur und Vertragsmuster (Rdn. 1-4)

B: Begriffe und anwendbare Rechtsnormen (Rdn. 5-12)

C: Besonderheiten bei Kfz-Vertragshändlern (Rdn. 13-16)

D: Gegenstand des Vertriebsrechts (Rdn. 17-24)

E: Pflichten des Vertragshändlers (Rdn. 25-29)

F: Rabatte, Boni und Pflichten des Prinzipals (Rdn. 30-35)

G: Kündigung des Vertrags (Rdn. 36-45)

H: Ausgleichsanspruch, Warenlager und Investitionen des Vertragshändlers (Rdn. 46-54)

I: Internationale Vertragshändler-Verträge (Rdn. 55-58)

A: Literatur und Vertragsmuster

Ausgewählte Literatur 1

a) *Hopt*, Vertrags- und Formularbuch, 1995

b) *Martinek/Semler*, Handbuch des Vertriebsrechts, 1996

c) *Niebling*, Das Recht des Automobilvertriebs, 1996

d) *Ulmer/Brandner/Hensen*, AGB-Gesetz, Anhang §§ 9-11 (Vertragshändler-Verträge), 8. Auflage, 1997

e) *von Westphalen*, Vertragsrecht und AGB-Klauselwerke, Teil: Vertragshändler-Verträge, 1994

f) *Wolf/Horn/Lindacher*, AGB-Gesetz, § 9 Vertragshändlervertrag, 3. Auflage, 1994

g) *Genzow*, Der Vertragshändlervertrag, 1996

h) *Stumpf/Jaletzke/Schultze*, Der Vertragshändlervertrag, 3. Auflage, 1997

Demnächst soll erscheinen:

- *von Westphalen*, Handbuch des Vertragshändlerrechts in den EU-Staaten

Muster für Verträge mit inländischen Vertragshändlern (Auswahl) 2

a) Texte, die dem Prinzipal günstig sind
   - kurzer Text: VDMA, Vertragshändler-Vertrag (Inland), 2. Auflage, Frankfurt 1990
   - ausführlicher Text: *Schwytz*, Vertragshändler-Verträge, Heidelberger Musterverträge Heft 46, 4. Auflage, 1998

b) Texte, die dem Vertragshändler günstig sind
   - Centralverband deutscher Handelsvertreter (Köln): Vertragshändler-Vertrag

- *Semler*, in: Schütze/Weippert, Münchner Vertragshandbuch, Band 2, 4. Auflage, 1997, Seite 26

3 **Muster für Verträge mit ausländischen Vertragshändlern (Auswahl)**

a) Texte, die dem Prinzipal günstig sind

- kurzer Text: VDMA, Vertragshändler-Vertrag (Ausland), Frankfurt 1990
- ausführlicher Text: *Detzer/Thamm*, Verträge mit ausländischen Vertragshändlern, Heidelberger Musterverträge, Heft 75, 2. Aufl. 1998

b) mittlere Linie: Internationale Handelskammer, The ICC Model Distributorship Contract, Paris 1993

c) Texte, die dem Vertragshändler günstig sind

- CDH-Muster (siehe oben Rdn. 2, b)
- Verband europäischer Groß- und Außenhandel (FEWITA): Alleinvertriebsvertrag

4 **Muster für Konsignationslager-Verträge (Auswahl)**

- VDMA: Konsignationslager-Vertrag, Frankfurt 1990
- *Semler*, in: Schütze/Weippert, Münchner Vertragshandbuch, Band 2, 4. Auflage 1997, Seite 48

B: Begriffe und anwendbare Rechtsnormen

5 **Begriff des Vertragshändlers/Eigenhändlers:** Der BGH verwendet die beiden Begriffe synonym. Nach seiner Rspr. <z.B. NJW 1971/29, 30> weist der Vertragshändler-Vertrag folgende Merkmale auf:

Er ist

a) ein auf eine gewisse Dauer gerichteter Rahmenvertrag,

b) der den Vertragshändler in die Vertriebsorganisation des Prinzipals eingliedert und

c) der ihn verpflichtet, Waren des Prinzipals im eigenen Namen und auf eigene Rechnung zu vertreiben.

6 Für die **Eingliederung in die Vertriebsorganisation** des Prinzipals ist eine Gesamtschau insbesondere folgender Kriterien maßgeblich:

- Zuweisung von Vertragsprodukten, Vertragsgebiet und Vertragskunden

- Pflicht zur Absatzförderung, vor allem durch
  - Mindestabnahmen
  - Werbung, Berichtswesen und Schulung des Händlers
  - Benutzung von Marken und Zeichen des Prinzipals
  - Wettbewerbsverbot
  - Kundendienst und Vorhaltung von Lagern/Ersatzteilen
- Festlegung einer Vertragsdauer.

Einschlägige Rechtsnormen: Es gibt keine spezifischen zivilrechtlichen Vorschriften für Vertragshändler. Vertragshändler haben jedoch Aufgaben, die in vielen Fällen denen eines Handelsvertreters entsprechen. Soweit eine solche Vergleichbarkeit besteht, wendet die Rspr. die §§ 84-92c HGB analog an. In welchen Fällen diese Vergleichbarkeit zu bejahen ist, ist jedoch manchmal unklar. Mangels eindeutig gesetzlicher Vorgaben sind daher ausführliche vertragliche Regelungen besonders wichtig. **7**

Zu gemischten Verträgen (d.h. wenn der Vertriebspartner zum Teil als Händler und zum Teil als Vermittler tätig wird) siehe Abschnitt Handelsvertreter-Verträge, Rdn. 7. **8**

Abgrenzung zum Gelegenheitshändler: Kein Vertragshändler ist, wer nicht verpflichtet ist, den Absatz des Prinzipals zu fördern (vgl. Rdn. 5, Merkmal c). In einem solchen Fall bestehen zwischen dem Prinzipal und dem Händler nur kaufrechtliche Beziehungen. Bei einer engen Zusammenarbeit zwischen Prinzipal und Händler kann sich jedoch ihr Verhältnis stillschweigend in einen Vertragshändler-Vertrag umwandeln. Eine solche Umwandlung ist sogar denkbar, wenn zwischen Prinzipal und Händler ein Rahmen-Kaufvertrag besteht, der explizit sagt, daß der Händler keine Pflicht zur Absatzförderung hat (und sogar auch dann, wenn der Rahmenvertrag eine AGB-Klausel enthält, wonach Vertragsänderungen der Schriftform bedürfen). Vgl. Anh. § 9: Schriftform-/Schriftlichkeitsklauseln. **9**

Die Abgrenzung zum Franchising ist fließend und daher schwierig. Das Waren-Franchising erfüllt zunächst alle Merkmale der Vertragshändler-Definition gemäß Rdn. 5. Es unterscheidet sich von einem Vertragshändler-Verhältnis vor allem durch einen höheren Transfer von Know-how, durch ein einheitliches Erscheinungsbild des Systems nach außen und durch eine stärkere Kontrolle durch den Franchisegeber. **10**

11 **Indizien für Franchising sind:** Die Franchisenehmer

- treten gegenüber den Kunden fast wie eine Filiale des Franchisegebers auf (einheitliche Aufmachung und Ausstattung der Betriebe)
- werden vom Franchisegeber beim Aufbau ihres Betriebes recht weitgehend beraten (Suche nach geeigneten Betriebsstätten, Ausstattung und Organisation des Betriebes, technische und kommerzielle Vorgaben)
- erhalten laufend Schulung und Beratung (Personal-Training, Betriebsvergleiche, Know-how für Werbung und Marketing)
- werden vom Franchisegeber straff kontrolliert (Recht zur Prüfung der Bücher und Bilanzen, kompatible EDV, Weisungen zur Qualitätssicherung, gemeinsame Werbe-Kampagnen usw.)
- Gründung von Beiräten der Franchisenehmer.

12 **Abgrenzung zum „Fachhändler"**: Bei Markenartikeln (z.B. Parfüme und Unterhaltungs-Elektronik) bauen manche Prinzipale selektive Vertriebssysteme auf, d.h. als „Fachhändler" werden nur solche Firmen akzeptiert, die gewisse qualitative und quantitative Kriterien erfüllen. Die Verträge verbieten es den Vertragshändlern, an Wiederverkäufer zu liefern, die nicht zum System gehören. Im Gegenzug verpflichtet sich der Prinzipal gegenüber den Fachhändlern, nur solche Firmen zum System zuzulassen, die die Selektionsmerkmale auch wirklich erfüllen.

- Vertragsmuster z.B.: *Lutz*, in: Schütze/Weippert, Münchner Vertragshandbuch Band 2, 4. Auflage 1997, Seite 543 ff.
- Literatur insbesondere: *Martinek/Semler*, Handbuch des Vertriebsrechts, 1996, § 22.

Fachhändler-Verträge werfen zunächst kartellrechtliche Fragen auf. Zivilrechtlich sind sie bisher nur wenig durchleuchtet worden. Fachhändler dürften zivilrechtlich als

a) Vertragshändler anzusehen sein, wenn sie nach den Kriterien der Rdn. 6 in die Vertriebsorganisation des Prinzipals eingegliedert sind

b) Franchisenehmer anzusehen sein, wenn die Kriterien des Franchising zutreffen (siehe oben Rdn. 10 und 11).

C: Besonderheiten bei Kfz-Vertragshändlern

Es gibt zwei **Grundsatz-Urteile** des BGH zu Vertragshändler-Verträgen der Kfz-Branche. Diese Urteile befassen sich mit Dutzenden von typischen AGB-Klauseln in derartigen Verträgen. Das vorliegende Taschenbuch kann nicht alle Klauseln erörtern, die der BGH in diesen Urteilen behandelt hat. Wenn der Leser also eine Kommentierung zu irgendeiner Klausel vermißt, so suche er vor allem in den BGH-Urteilen vom 13

- 21. 12. 1983 (Opel): BB 1984/233 = NJW 1984/1182 = BGHZ 89/206
- 12. 1. 1994 (Daihatsu): BB 1994/885 = NJW 1994/1060 = BGHZ 124, 351.

Die meiste Rechtsprechung zu Vertragshändlern kommt aus der Kfz-Branche. Diese Branche weist jedoch viele *Besonderheiten* auf. Die Vertragshändler der Kfz-Branche 14

- sind i.d.R. nur für 1 Hersteller tätig;
- haben i.d.R. kein Alleinvertriebsrecht in ihrem Absatzgebiet;
- arbeiten in einer Branche, in der es (im gleichen Marktsegment) nur wenige alternative Hersteller gibt;
- machen oft hohe Investitionen, die sich nur langfristig amortisieren und bei einem Wechsel der Marke meist wertlos sind;
- sind organisatorisch besonders eng an ihre Prinzipale gebunden (Vorgaben der Prinzipale, Werbung, EDV, Buchhaltung).

Diese Merkmale sind für die **Vertragshändler in anderen Branchen** (z.B. Maschinenbau) durchaus nicht typisch. In der juristischen und betriebswirtschaftlichen Literatur mehren sich daher die Stimmen, die die Kfz-Händler gar nicht mehr als Vertragshändler einstufen, sondern als Franchisenehmer; ausführlich und gut begründet: *Martinek/Semler* (vgl. oben Rdn. 1, b), Seite 1034, Rdn. 12. Man sollte daher vorsichtig sein, Urteile zu Kfz-Vertragshändlern auch auf die Vertragshändler anderer Branchen zu übertragen. 15

Hinzu kommt ein **weiteres Spezifikum der Kfz-Vertragshändler.** Für sie gibt es kartellrechtliche Normen, insbesondere die EU-Gruppenfreistellungs-Verordnung Nr. 1475/95 bzw. ihre Vorgängerin, die GVO Nr. 123/85. Bei der Lösung zivilrechtlicher Fragen greift man – mangels zivilrechtlicher Vorschriften – gerne auf diese (sehr detaillierten) GVO zurück. Dieser Rückgriff ist problematisch; denn die GVO Nr. 1475/95 bzw. ihre Vorgängerin 16

- sollen kartellrechtliche Fragen klären; sie eignen sich daher nur sehr bedingt für die Lösung zivilrechtlicher Probleme.
- gelten lediglich für den Kfz-Sektor; in den anderen Branchen sind andere GVOs anzuwenden (nämlich die GVO Nr. 1983/83 und 1984/83).

D: Gegenstand des Vertriebsrechts

17 **Wesentliche Aspekte:** Zu regeln sind hier vor allem:

- die Vertragsprodukte
- das Vertragsgebiet
- die Vertragskunden (alle potentiellen Kunden oder nur einzelne Gruppen)
- die Exklusivität bzw. ihre Varianten.

18 **Vertragsprodukte/Modellpolitik:** Viele Prinzipale behalten sich das Recht vor, ihre Produktion insgesamt einzustellen oder die Ausstattung einzelner Modelle zu ändern. Die Produktpolitik ist Sache des Prinzipals: Deshalb sind solche AGB-Klauseln unbestritten zulässig, zumindest jedenfalls dann, wenn der Prinzipal die Bestellung des Vertragshändlers noch nicht endgültig angenommen hat <BGH, 26. 11. 1984, BB 1985, 218 (222 unter V, 2, b) = NJW 1985/622, 627)>.

19 **Einschränkungen des Vertragsgebiets und der Vertragskunden:** Wie beim Handelsvertreter; siehe „Handelsvertreter-Verträge" Rdn. 11-13.

Exklusivität/Übertragung des Alleinvertriebsrechts

20 a) Häufig überträgt der Prinzipal dem Vertragshändler den **„Alleinvertrieb"** im Vertragsgebiet. Dieser Begriff bedeutet, daß der Prinzipal im Vertragsgebiet keinen anderen Vertriebspartner bestellen und dort nicht einmal mit eigenem Personal tätig werden darf (sofern nichts anderes vereinbart ist) <siehe BGH, 9. 2. 1984, NJW 1984/2411 und 12. 11. 1969, DB 1970/44>.

21 b) **Der Allein-Vertragshändler hat aber keinen absoluten Gebietsschutz,** sofern der Vertrag nichts anderes besagt <siehe OLG Düsseldorf HVR Nr. 60 und BGH DB 1970/44>. Ein Teil der Literatur sieht dies allerdings anders. Der Prinzipal darf daher Kunden

außerhalb des Alleinvertretungsgebiets auch dann beliefern, wenn er weiß, daß diese in das Gebiet des Händlers weiterverkaufen.

c) **Direktgeschäfte:** Die Prinzipale behalten sich – trotz Vergabe eines Alleinvertriebs – oft das Recht vor, an die Vertragskunden des Händlers direkt zu verkaufen. Derartige Klauseln sind AGB-rechtlich kritisch, wenn sie keinen entsprechenden Ausgleich für den Vertragshändler vorsehen, z.B. eine Abstandsprovision <BGH, 12. 1. 1994, BB 1994, 885 (886 f.)>. **22**

d) **Verstößt der Prinzipal gegen das Alleinvertriebsrecht**, so ist er zum Schadensersatz verpflichtet. Dazu muß der Händler z.B. beweisen, daß es ihm möglich gewesen wäre, das Geschäft selbst zu machen. Er kann in solchen Fällen nicht einfach die handelsübliche Provision für das Direktgeschäft verlangen. **23**

e) **Einschränkungen des Alleinvertriebs nach Vertragsschluß** sind nur aufgrund eines vertraglichen Änderungsvorbehalts möglich. AGB-Klauseln dieser Art sind nur dann zulässig, wenn die Änderungsgründe schwerwiegend sind und auch die Interessen des Vertragshändlers berücksichtigen. <vgl. BGH, 12. 1. 1994, BB 1994/885 und BGH, 21. 12. 1983, NJW 1984/1182, 1183; weitere Nachweise bei *von Westphalen* (oben Rdn. 1,e) Rdn. 18>. **24**

Einstandszahlung/Eintrittsgeld: Wie beim Handelsvertreter (siehe „Handelsvertreter-Verträge" Rdn. 15). **25**

E: Pflichten des Vertragshändlers

Vereinbarte Umsatzziele/Mindestabnahmen: Sie sind im Prinzip unbedenklich (allgemeine Meinung) <vgl. BGH, 12. 7. 1995, BB 1995, 1977>. Bei AGB-Klauseln sollte darauf geachtet werden, daß **26**

- die Mindestabnahme reduziert wird, wenn der Hersteller zur Verfehlung des Ziels beiträgt (z.B. durch Lieferengpässe),
- die Zuordnung der einzelnen Einkäufe auf die entsprechenden Perioden klar ist. Beispiel bei *Detzer/Thamm* (siehe oben Rdn. 3,a) § 14.

Wettbewerbsverbote, Berichtspflichten, Weisungsrecht des Prinzipals: **27**
Hierzu gelten für den Vertragshändler dieselben Regeln wie für Handelsvertreter (vgl. „Handelsvertreter-Verträge", Rdn. 17, 22 und 24).

Vorgabe von Richtlinien und Standards: AGB-Klauseln in bezug auf **28**

– die Unterhaltung eines Warenlagers oder eines Kundendienstes
– Personalschulung, Werbung und Ausstattung der Geschäftsräume

sind im Normalfall unbedenklich; vgl. *von Westphalen* (s. oben Rdn. 1,e), Seite 11.

29 **Einblick in Geschäftsbücher und Bilanzen:** *von Westphalen* (s. oben Rdn. 1,e), Seite 11, hält AGB-Klauseln, die dem Prinzipal das Recht zu einem derartigen Einblick geben, für unbedenklich.

F: Rabatte, Boni und Pflichten des Prinzipals

30 **AGB-Klauseln zur Anhebung der Listenpreise**: Vertragshändler erhalten als Vergütung i.d.R. einen Rabatt auf die Listenpreise des Prinzipals. Fast alle Vertragsmuster geben dem Prinzipal das Recht, seine Listenpreise einseitig zu ändern. Derartige Klauseln hat der BGH im Prinzip für zulässig erklärt <27. 9. 1984, NJW 1985, 426 (427 Abschnitt 4e)>.

31 Verkauft der Vertragshändler die Ware an **Nicht-Kaufleute** weiter, ist er an § 11 Nr. 1 AGBG gebunden. Viele Autoren verlangen daher bei solchen Vertragshändlern, daß die Änderung der Listenpreise mindestens 4 Monate im voraus angekündigt wird; vgl. *von Westphalen* (s. oben Rdn. 1,e), Seite 20 Rdn. 60 und 61.

32 **AGB-Klauseln zur Änderung der Rabatte:** Der BGH hält formularmäßige Klauseln zur Änderung des Grundrabatts nur dann für rechtsgültig, wenn sie schwerwiegende Änderungsgründe nennen und in ihren Voraussetzungen und Folgen die Interessen des Vertragshändlers angemessen berücksichtigen. So jedenfalls das Daihatsu-Urteil <BGH, 12. 1. 1994, BB 1994, 885 (888 unter IV, 2b)>, das Kfz-Vertragshändler betrifft.

33 **Verlust des Grundrabatts**: Bedenklich sind AGB-Klauseln, wonach der Vertragshändler den Grundrabatt schon dann verliert, wenn er geringfügige Vertragsverletzungen begeht. Der BGH hat in seinem Daihatsu-Urteil <BGH, 12. 1. 1994, BB 1994, 885 (888 unter IV 2b)> folgende AGB-Texte verworfen:

– „Voraussetzung für die Gewährung des Grundrabatts … ist die verbindliche Einhaltung der im Verkaufsplan vereinbarten Menge an Lager- und Vorführfahrzeugen.“

– „Vertragshändler, die … keinen aktuellen Vorführwagen – max. 6 Monate zugelassen – unterhalten, erhalten einen Rabatt, der 3 % unter dem Grundrabatt liegt.“

Freiwillige Boni und Prämien: Derartige AGB-Klauseln sind zwar 34
nicht von vornherein der Inhaltskontrolle entzogen; bei ihrer Ausgestaltung ist der Prinzipal aber weitgehend frei <vgl. das Daihatsu-Urteil des BGH, 12. 1. 1994, BB 1994/885 (888 unter VII)>.

Darf der Prinzipal Aufträge des Vertragshändlers ablehnen? Der 35
BGH bejaht eine Lieferpflicht des Prinzipals dem Grundsatz nach, wenn für den Händler vertraglich eine Mindestabnahme und ein Wettbewerbsverbot gilt. In allen anderen Fällen habe der Vertragshändler nur ein Recht darauf, daß der Prinzipal seine Bestellungen nicht willkürlich ablehne <BGH, 19. 1. 1972, BB 1972/193>. AGB-Klauseln, wonach der Prinzipal den Vertragshändler „nach Maßgabe seiner Liefermöglichkeiten“ beliefern werde, sind rechtswirksam <BGH, 12. 1. 1994, BB 1994/885 (887 unter II)>.

G: Kündigung des Vertrags

Ordentliche Kündigung; Kündigungsfristen

a) **Unsicherheit der Rechtslage:** Die Kündigungsfristen für Vertrags- 36
händler-Verträge sind recht unklar. In der Rechtsprechung und Literatur finden sich unterschiedliche Argumente und Ergebnisse. Diese Uneinheitlichkeit beruht vor allem darauf, daß die Abhängigkeit der Vertragshändler von den Prinzipalen – je nach Branche und auch je nach Einzelfall – sehr unterschiedlich ist.

b) **Die Vertragshändler der Kfz-Branche** sind besonders abhängig und 37
daher schutzwürdig (vgl. oben Rdn. 14). Die Rechtsprechung hat hier Fristen von einem Jahr für notwendig, aber auch für ausreichend gehalten <BGH, 21. 2. 1995, BB 1995/1657; OLG Stuttgart, 15. 9. 1989, BB 1990/1015>. In der Literatur werden jedoch – zum Teil gestaffelt nach Vertragsdauer – manchmal Kündigungsfristen bis zu 2 Jahren gefordert; Nachweise bei *Niebling* (s. oben Rdn. 1, c) Seite 169-173.

c) **Kündigungsfristen außerhalb der Kfz-Branche**: 38

– Kündigungsfristen wie für Kfz-Vertragshändler sollten auch für die Vertragshändler anderer Branchen gelten, die von ihrem Prinzipal ähnlich abhängig sind. Zu den einzelnen Kriterien der Schutzwürdigkeit siehe oben Rdn. 14

- Es gibt aber auch Vertragshändler, die vom Hersteller nicht abhängiger sind als ein typischer Handelsvertreter. In solchen Fällen liegt es nahe, die Fristen des § 89 HGB analog anzuwenden.

39 d) **Blick über die Landesgrenzen**

- Die Internationale Handelskammer (ICC), die sowohl Hersteller als auch Händlerfirmen als Mitglieder organisiert, schlägt in Artikel 18.2 ihres „ICC Model Distributorship Contract" für unbefristete Verträge folgende Kündigungsfristen vor: 4 Monate in den ersten 5 Vertragsjahren und danach 6 Monate, jweils zum Ende eines Kalendermonats.
- ORGALIME, der Dachverband der europäischen metallverarbeitenden Industrie, sieht in einem Vertragshändler-Vertrag (Ausland) keine konkrete Kündigungsfrist vor. In seinem Art. 25 überläßt er die Kündigungsfrist der Vereinbarung der Parteien.
- FEWITA ist der Verband Europäischer Groß- und Außenhandel. Diese Händler-Organisation gibt einen „Alleinvertriebsvertrag" heraus. Nach dessen Art. 7 beträgt die Kündigungsfrist im 1. Vertragsjahr 1 Monat zum Monatsende und danach 6 Monate zum Halbjahr.

40 e) **Vertragliche Verkürzung der Kündigungsfristen:**

- Die Urteile zu den Kündigungsfristen bei Vertragshändlern betrafen fast immer **Standard-Verträge**. Insoweit ist man sich weitgehend einig, daß eine AGB-mäßige Verkürzung der Fristen ungültig ist; <vgl. *Martinek/Semler*, Handbuch des Vertriebsrechts, 1996, Seite 323 Rdn. 33-39>.
- Unklar ist dagegen, ob eine derartige Verkürzung per Individualvertrag wirksam wäre. Dies wird z.B. von *Martinek/Semler*, a.a.O., Seite 324 Rdn. 40 bejaht. Die überwiegende Meinung, die die Kündigungsfrist des Vertragshändlers aus kartellrechtlichen Argumenten und Aspekten der Treuepflicht herleitet, dürfte eher ablehnend sein. Auf jeden Fall sollten die Fristen des § 89 HGB, die bei Handelsvertretern nicht unterschritten werden dürfen, auch bei Vertragshändlern als Mindestfristen beachtet werden.
- Zu Verträgen mit ausländischen Vertragshändlern siehe unten Rdn. 58.

Weitere Rechtsfragen bei Kündigungen: Wie beim Handelsvertreter 41

- Teilkündigungen zulässig? Siehe „Handelsvertreter-Verträge", Rdn. 38.
- Fristlose Kündigung: siehe „Handelsvertreter-Verträge", Rdn. 39.
- Wirksamwerden der Kündigung:
  - Kündigung per Fax bzw. Einschreiben: siehe „Handelsvertreter-Verträge", Rdn. 40 und 41.
  - Mißachtung vertraglicher Formvorschriften: siehe „Handelsvertreter-Verträge", Rdn. 42.
  - Vertragliche Erleichterungen für die Kündigungserklärung: siehe „Handelsvertreter-Verträge", Rdn. 43.
  - Vollmacht für die Kündigung: siehe „Handelsvertreter-Verträge", Rdn. 44.

Zur Abwicklung gekündigter Verträge

a) **Wegfall der Exklusivität:** Manchmal findet man AGB-Klauseln, 42
wonach der Vertragshändler mit Zugang der Kündigung seine Exklusivität verliert: Der Verfasser hält derartige Klauseln für bedenklich, wenn der Vertragshändler kein Recht hat, für andere (nicht-konkurrierende) Hersteller tätig zu werden oder

   - der Anteil des Prinzipals am Umsatz des Vertragshändlers sehr hoch ist (z.B. ab 50 %)

   Im übrigen ist beim Wegfall der Exklusivität die kartellrechtliche Freistellung nach der EU-Gruppenfreistellungs-Verordnung Nr. 1983/83 gefährdet.

b) **Umstellung auf gesicherte Zahlungsbedingungen:** In Verträgen mit 43
ausländischen Vertragshändlern stehen manchmal Klauseln, daß ab Kündigung alle Lieferungen nur noch gegen Akkreditiv erfolgen. Derartige Klauseln sind nach § 5 AGBG so auszulegen, daß sie keine Lieferverträge erfassen, die bei Zugang der Kündigung bereits abgeschlossen waren.

c) **Verwertung von Kunden-Anschriften und nachvertragliche Wett-** 44
bewerbsverbote: Wie bei Handelsvertreter-Verträgen; siehe dort Rdn. 18-20.

d) **Ausschluß von Zurückbehaltungsrechten des Vertragshändlers**: 45
siehe § 11 Nr. 2.

H: Ausgleichsanspruch, Warenlager und Investitionen des Vertragshändlers

Zum Ausgleichsanspruch des Vertragshändlers

46 a) **Der Vertragshändler hat nach § 89b HGB (analog) einen Ausgleichsanspruch.** Auf zwei Voraussetzungen ist dabei besonders zu achten: Der Ausgleichsanspruch besteht nur, wenn der Vertragshändler

- Aufgaben erfüllt, die – wirtschaftlich betrachtet – in erheblichem Umfang mit den Aufgaben eines Handelsvertreters vergleichbar sind. <Kommentierung der einschlägigen Rechtsprechung und Literatur bei *Martinek/Semler* (vgl. oben Rdn. 1,b) Seite 335 Rdn. 7-13>.
- vertraglich verpflichtet ist, die Namen der Kunden zu nennen, so daß der Prinzipal bei Vertragsende in der Lage ist, den Kundenstamm sofort und ohne weiteres zu nutzen <BGH, 1. 12. 1993, BB 1994/241 und 6. 10. 1993, BB 1993/2401>. Dabei ist gleichgültig, ob diese Verpfllichtung bereits bei Vertragsschluß oder erst später begründet wird und welche Zwecke sie hat.

47 b) **Möglichkeiten der Vertragsgestaltung**: Der Ausgleichsanspruch kann bei inländischen Vertragshändlern nicht ausgeschlossen werden; die Rechtsprechung wendet § 89b Abs. 4 HGB analog an <BGH, 6. 2. 1985, BB 1985/1084>. Der Prinzipal kann den Ausgleichsanspruch aber dadurch vermeiden, daß er den Händler nicht vertraglich verpflichtet, die Namen seiner Kunden zu nennen. Im übrigen bestehen dieselben Möglichkeiten der Vertragsgestaltung wie beim Handelsvertreter; siehe „Handelsvertreter-Verträge" Rdn. 47.

48 c) **Anleitungen zur Berechnung des Ausgleichsanspruchs:**

- *Westphal* MDR 1996/128
- *Niebling* (vgl. oben Rdn. 1,c), Seite 191 ff. insbesondere 193.

Rückkauf von Warenlagern und Ersatzteilen

49 a) **Grundsätzliches**: Bei Markenware geht die Rechtsprechung von dem Grundsatz aus, daß der Prinzipal dem Vertragshändler bei der Verwertung des Warenbestands behilflich sein muß, soweit es bei Vertragsende noch nicht verkauft ist; i.d.R. sei der Prinzipal zum

Rückkauf der Ware verpflichtet. Die meisten Urteile betreffen Kfz und Kfz-Ersatzteile: <siehe Grundsatz-Urteil des BGH vom 23. 11. 1994 (Suzuki), BB 1995/113; dazu Anmerkung von *Semler* WiB 1995/295; neuestens zu Franchising: BGH, 5. 11. 1997, NJW 1998, 540>. Manche Details sind noch nicht geklärt.

b) Die Pflicht zur Rücknahme entfällt, wenn 50

- der Vertragshändler die Kündigung zu vertreten hat,
- die Waren beschädigt, verändert oder veraltet sind,
- der Vertragshändler übermäßig viel eingekauft hat (d.h. die Pflicht zur Rücknahme erstreckt sich nicht auf fehldisponierte Ware).

c) Viele Formularverträge versuchen, die **Rücknahmepflicht des Prinzipals einzuschränken**. Manche dieser AGB-Klauseln hat der BGH für ungültig erklärt, vor allem wenn die Rücknahmepflicht 51

- bei Eigenkündigungen des Vertragshändlers ausgeschlossen wird und die Klausel auch Fälle umfaßt, in denen der Händler die Kündigung nicht zu vertreten hat <BGH, 23. 11. 1994, BB 1995, 113 (114) unter II.2.a = BGHZ 128, 67>.
- allein deshalb erlischt, weil seit der Auslieferung der Ware durch den Prinzipal drei Jahre verstrichen sind <BB 1995/114, unter II.2.c>.
- entfällt, falls der Vertragshändler nicht binnen drei Monaten nach Vertragsende eine vollständige Liste der Teile vorlegt, die er zurückgeben will <BB 1995/115, unter II.2.d>.
- Dagegen akzeptiert die Rechtsprechung AGB-Klauseln, wonach die zurückzugebenden Teile
  - original verpackt sein müssen <BGH ZIP 1994/461>
  - maximal 25% des letzten Lager-Jahresumsatzes betragen dürfen <OLG Köln BB 1987/148; differenzierend: *von Westphalen* (vgl. oben Rdn. 1, e) Seite 15 Rdn. 20>.

d) **Rücknahmepreis**: Ausgangspunkt ist der Einkaufspreis des Händlers abzüglich Rabatte und Skonti. In AGB können pauschale Abzüge für Wertminderung und Bearbeitung der Rücknahme vorgesehen werden, wobei der BGH Pauschalen bis zu 10% akzeptiert <BGH, 23. 11. 1994, BB 1995, 113 (115 unter II.2.e); zu einer unzulässigen Klausel: vgl. OLG München, 24. 7. 1996, BB 1996, 1685>. 52

53 e) **Recht des Prinzipals auf Rückkauf:** Viele Vertragshändler-Verträge sehen ein derartiges Recht vor, damit der Vertragshändler die Waren nicht nach Vertragsende verschleudert und die Preise verdirbt. <Beispiel einer solchen Vertragsklausel bei *Detzer/Thamm* (vgl. oben Rdn. 3,a) Seite 40 Fußnote 82>. Derartige AGB-Klauseln sind im Prinzip unbedenklich <so z.B. *Ulmer/Brandner/Hensen* (vgl. oben Rdn. 1,d), Anhang §§ 9-11, Rdn. 892>.

54 **Nicht amortisierte Investitionen des Vertragshändlers**

- In der Literatur gibt es viele Stimmen, die dem Vertragshändler einen Anspruch auf Ersatz der (vom Prinzipal veranlaßten) Investitionen zusprechen, die bei Vertragsende noch nicht amortisiert sind. <Ausführlich: *Genzow* (vgl. oben Rdn. 1,g) Seite 140-143 mit weiteren Nachweisen; dagegen z.B. *Niebling* (vgl. Rdn. 1,c) Seite 197/198>. Diese Investitionen umfassen vor allem Schauräume, Werkstätten, Ausrüstung sowie Beschaffung und Schulung von Personal. Der AGB-mäßige Ausschluß dieses Anspruchs wird als unwirksam angesehen. Dasselbe soll für formularmäßige Bestätigungen des Vertragshändlers gelten, wonach er derartige Investitionen im eigenen Interesse vornehme.
- Dem Verfasser ist kein BGH-Urteil bekannt, das einen Anspruch auf Ersatz von Investitionen anerkennt. Die Instanzgerichte haben diesen Anspruch bisher abgelehnt. <vgl. OLG Frankfurt, 15. 1. 1985, WM 1986 Seite 141; weitere Nachweise bei *Niebling*, Seite 198 Fußnote 154>.

I: Internationale Vertragshändler-Verträge

55 **Anwendungsbereich des AGBG, Klauseln über den Gerichtsstand und das anwendbare Recht:** Wie beim Handelsvertreter (siehe „Handelsvertreter-Verträge Rdn. 49 bis 53).

56 *EU-Kartellrecht*: Bei Verträgen mit ausländischen Vertragshändlern ist EU-Kartellrecht zu beachten, das inzwischen praktisch auf alle EWR-Staaten ausgedehnt ist. Danach sind alle Vertragsklauseln kartellrechtlich kritisch, die dem Vertragshändler den Re-Export in die EWR-Staaten verbieten. Derartige Klauseln sind i.d.R. nur dann zulässig, wenn sie unter die sog. Bagatell-Bekanntmachung der EU fallen. Zu dieser Bekanntmachung siehe *Martinek/Semler* (vgl. oben Rdn. 1,b), Seite 853 Rdn. 31-33.

Ausschluß des Ausgleichsanspruchs: Dem Verfasser ist zu diesem Problemkreis bisher noch keine Rechtsprechung bekannt. Die herrschende Meinung in der Literatur wendet § 92c Abs. 1 HGB auf Vertragshändler analog an. Dies hätte zur Folge, daß der Ausgleichsanspruch in Verträgen mit **EWR-Vertragshändlern** nicht vertraglich ausgeschlossen werden kann, und zwar auch nicht per Individualvertrag <dagegen mit beachtlichen Argumenten: *Reithmann/Martini*, Internationales Vertragsrecht, 5. Auflage 1996, Rdn. 1445>. Ist der **Vertragshändler außerhalb des EWR** tätig, so sind AGB-Klauseln, die den Ausgleichsanspruch ausschließen, nach herrschender Meinung nur dann ungültig, wenn der Vertragshändler auch nach seinem Heimatrecht einen zwingenden Ausgleichsanspruch hat <Nachweise bei *Reithmann/Martini*, a.a.O., Rdn. 1447>. 57

Kündigungsfristen 58

a) **Grundsätzliches**: Bei inländischen Vertragshändlern werden z.T. Kündigungsfristen von 1 Jahr und mehr propagiert (vgl. oben Rdn. 36-38). Die meisten dieser Urteile und Stellungnahmen betreffen die Kündigung von Kfz-Vertragshändlern. Sie stützen sich auf kartellrechtliche Normen und faktische Gegebenheiten, die für die meisten Vertragshändler deutscher Exporteure gar nicht zutreffen. Schon von daher sollte man vorsichtig sein, diese Urteile auch auf Verträge mit ausländischen Vertragshändlern zu übertragen.

b) **Vertragliche Verkürzung zulässig?** Bei inländischen Vertragshändlern wird z.T. die Meinung vertreten, daß eine Verkürzung der anwendbaren Kündigungsfristen gültig sei (vgl. oben Rdn. 40). Bei Vertragshändlern, die im Ausland tätig sind, kommt außerdem § 92c Abs. 1 HGB in Betracht. In welchem Umfang diese Rechtsnorm auf ausländische Vertragshändler anwendbar ist, ist noch nicht abschließend geklärt <vgl. *Reithmann/Martini*, Internationales Vertragsrecht, 5. Auflage, 1996, Rdn. 1445>.

c) **Ergebnis:** Die Kündigungsfristen für Verträge mit ausländischen Vertragshändlern sind sehr unklar. In Standard-Verträgen sollte man die für Handelsvertreter geltenden Fristen des § 89 HGB nicht unterschreiten.

Anhang § 9: VOB (Verdingungsordnung für Bauleistungen)

(bearbeitet von RA Maurenbrecher)

Literatur: *Schmidt*, WM 1997 Beilage Nr. 7; *Kraus*, BauR 1997 Beilage zu Heft 4; *Glatzel/Hofmann/Frickel*: unwirksame Bauvertragsklauseln nach dem AGB-Gesetz, 7. Aufl. 1995; *Schlünder/Scholz*, ZfBR 1997, 167; *Pauly*, BauR 1996, 328; *Jagenburg*, NJW 1996, S. 1998; *Hensen* in Ulmer/Brandner/Hensen, 8. Aufl. 1997, Anh. §§ 9-11 Rdn. 900-914.

1 Die für die Vertragsparteien im privaten Baurecht besonders wichtige Verdingungsordnung für Bauleistungen (VOB) gliedert sich in **drei Teile**:

VOB/A – Allgemeine Bestimmungen für die Vergabe von Bauleistungen;
VOB/B – Allgemeine Bestimmungen für die Ausführung von Bauleistungen;
VOB/C – Allgemeine technische Vertragsbedingungen für Bauleistungen.

2 Die VOB ist kein Gesetz <dazu BGH, 2. 10. 1997, NJW-RR 1998, 235>, das heißt sie gilt nur, wenn sie von den Vertragsparteien im Einzelfall vereinbart worden ist. Die VOB regelt außerdem nur die Rechtsbeziehungen zwischen Bauherr und Bauunternehmer und gilt daher **nicht** für die Rechtsbeziehungen des Bauherrn zu einem **Architekten** oder zu **Sonderfachleuten**. Der **Teil B der VOB**, der in der Praxis von herausragender Bedeutung ist, ist daher Allgemeine Geschäftsbedingung im Sinne des AGB-Gesetzes, § 23 Abs. 2 Nr. 5 AGB-Gesetz.

3 Wird die VOB/B gegenüber einer **Privatperson** verwendet, ist sie dieser auszuhändigen, um sie wirksam in den Vertrag im Sinne des § 2 AGB-Gesetz einbeziehen zu können <BGH, 19. 5. 1994, NJW 1994, 2547; OLG München, 15. 10. 1991, BauR 1992, 69>. Dies gilt auch bei notariellen Verträgen <OLG Düsseldorf, 28. 7. 1993; NJW-RR 1994, 15>. Anders ist es, wenn ein Baufachmann (zum Beispiel Architekt) von der Privatperson als Vertreter bei den Vertragsverhandlungen eingesetzt wird und dieser nicht ständig mit dem Verwender zusammenarbeitet <OLG Hamm, 10. 12. 1992, NJW-RR 1993, 27; vgl. OLG Hamm, 14. 6. 1995, OLGR Hamm, 1995, 208>. Gegenüber einem **im Baugewerbe tätigen Vertragspartner** muß die VOB/B dagegen nicht ausgehändigt werden, da die Kenntnis der VOB in diesem Kreis als

bekannt unterstellt werden kann <OLG Hamm, 24. 6. 1988, NJW-RR 1988, 1366; BGH, 19. 5. 1994, NJW 1994, 2547>.

Die Geltung der **VOB/B** als Vertragsgrundlage **muß zwischen den** 4
Parteien vereinbart werden, sei es ausdrücklich oder auch nur stillschweigend. Die Vereinbarung der VOB/B kann grundsätzlich nur für den konkreten Vertrag erfolgen, sofern die vertragschließenden Parteien nicht Kaufleute sind, die sich ausnahmsweise in ständiger Geschäftsbeziehung befinden und die die VOB/B stets ihren Geschäften zugrunde legen.

Nach Auffassung des BGH <BGH, 2. 12. 1982, BB 1983, 1375> und 5
der herrschenden Meinung in der Literatur bietet die VOB/B als ein im DVA (Deutscher Verdingungsausschuß für Bauleistungen) unter Auftraggeber- und Auftragnehmerbeteiligung ausgearbeitetes und laufend aktualisiertes Bedingungswerk die Gewähr für einen gerechten Interessenausgleich beider Vertragspartner und für eine praktikable Abwicklung von Bauverträgen. Die VOB/B wird daher auch vom AGB-Gesetz privilegiert. Das in § 23 Abs. 2 Nr. 5 AGB-Gesetz enthaltene **Privileg der VOB** wird dabei nicht nur auf die beiden darin ausdrücklich enthaltenen Regelungen zur Gewährleistungsfrist und zu bestimmten Fiktionen angewendet, sondern auf den gesamten Inhalt der VOB/B. Das bedeutet, daß **keine isolierte Inhaltskontrolle** einzelner Bestimmungen der VOB/B nach § 9 AGB-Gesetz erfolgen kann, **wenn die VOB/B „als Ganzes" vereinbart** worden ist <BGH, a.a.O.>.

Die VOB/B braucht dabei **allerdings nicht** ohne **jede Änderung** bzw. 6
Einschränkung völlig unverändert vereinbart zu werden, um in den Genuß des Privilegs zu kommen. Beispielsweise lassen § 2 Nr. 2 VOB/B Vereinbarungen über eine abweichende Abrechnungsmethode, § 11 VOB/B Vereinbarungen über eine angemessene Vertragsstrafe, § 17 VOB/B Vereinbarungen über Sicherheitsleistungen oder § 4 Nr. 4 VOB/B Vereinbarungen über die Benutzung bzw. Mitbenutzung von Baustelleneinrichtungen Abweichungen ohne weiteres zu. Die VOB/B darf durch Änderungen bzw. Ergänzungen allerdings nicht in ihrem **„Kern"**, welcher den wesentlichen Gerechtigkeitsgehalt der VOB enthält, beeinträchtigt werden. Wird dies bei der Klauselgestaltung nicht beachtet, können alle Klauseln des neu geschaffenen Bedingungswerkes unter Einschluß der aus der VOB/B unverändert übernommenen Klauseln auf ihre Vereinbarkeit mit dem AGB-Gesetz überprüft werden, um so den Vertragspartner des Verwenders zu schützen.

7 Zu einer Beeinträchtigung der VOB/B in ihrem Kernbereich können bereits kleinere Änderungen führen: Ist der **Auftraggeber** Verwender im Sinne des AGB-Gesetzes, führen zum Beispiel folgende Änderungen bzw. Ergänzungen zum Verlust des Privilegs nach § 23 Abs. 2 Nr. 5 AGB-Gesetz:

- Einschränkung von § 2 Nr. 3 VOB/B, etwa durch Klauseln, wonach Mengenänderungen bei einem Einheitspreisvertrag nicht zu Preisänderungen berechtigen <BGH, 20. 12. 1990, NJW-RR 1991, 534; BGH, 8. 7. 1993, NJW 1993, 2738>.
- Einschränkungen von § 2 Nr. 5 VOB/B in der Weise, daß bei Änderungsanordnungen, die grundsätzlich zu Mehrkosten führen würden, ein Vergütungsanspruch zwingend von einer Vertragsänderung vor Ausführung abhängig gemacht wird <BGH, 20. 12. 1990, BB 1991, 502>. Entsprechendes gilt in diesem Zusammenhang für die Einführung eines Schriftformerfordernisses <z.B. OLG Düsseldorf, 15. 12. 1988, BauR 1989, 335>.
- Einschränkung von § 2 Nr. 7 Abs. 1 VOB/B bei Pauschalpreisvereinbarungen durch einen völligen Ausschluß jedweder Preisanpassung <OLG Oldenburg, 19. 8. 1992, BauR 1993, 228>, etwa bei nachträglichen Leistungsänderungen durch den Auftraggeber <OLG Frankfurt, 7. 6. 1985, NJW-RR 1986, 247; LG München, Baurechtsreport 3/89>, bei erheblichen Mengenüberschreitungen oder erheblichen Bauzeitenüberschreitungen <LG München, Baurechtsreport 3/89>. Entsprechendes gilt für Klauseln, in denen das Risiko etwaiger Ausschreibungsfehler auf den Auftragnehmer überwälzt wird <OLG München, 22. 5. 1990, BauR 1990, 776>.
- Einschränkung des § 4 Nr. 3 VOB/B durch Haftungsfreizeichnung für den Auftraggeber oder sonstige Baubeteiligte trotz ordnungsgemäß mitgeteilter Bedenken durch den Auftragnehmer <u.a. OLG Frankfurt, 17. 10. 1984, BauR 1986, 225; OLG München, 30. 1. 1986, BauR 1986, 579>.
- Einschränkung von § 4 Nr. 7 VOB/B durch Beschränkung des Auftragnehmers in seinem Nachbesserungsrecht, etwa durch das Recht des Auftraggebers, nach Setzen einer kurzen Frist Mängelbeseitigungskosten unmittelbar von der Schlußrechnung absetzen zu können <OLG Frankfurt, 17. 10. 1984, BauR 1986, 225>.
- Einschränkung von § 18 Nr. 1 VOB/B durch Ausschluß bzw. Einschränkung des Anspruchs des Auftragnehmers auf eine angemessene Vergütung (einschließlich Gewinn) als entsprechendes

Gegenstück zum Recht des Auftraggebers zur jederzeitigen vollständigen/teilweisen Vertragskündigung <z.B. BGH, 28. 9. 1989, BauR 1990, 81 f.>.

- Einschränkung des § 9 Nr. 3 VOB/B durch Ausschluß bzw. Beschränkung des Rechts des Auftragnehmers auf Schadensersatz.
- Ausschluß von § 12 VOB/B durch ersatzweise Vereinbarung des § 640 BGB.
- Einschränkung des § 12 Nr. 1 VOB/B, etwa durch Verschiebung der Abnahme der Auftragnehmerleistungen auf eine spätere Gesamtabnahme des Bauvorhabens, ohne daß der Auftragnehmer Einflußmöglichkeiten hätte <BGH, 17. 11. 1994, BB 1995, 275>.
- Einschränkungen des § 12 Nr. 5 VOB/B durch vollständigen Ausschluß der Abnahmefiktionen <zumindest im Zusammenhang mit anderen VOB/B-Abweichungen: BGH, 21. 6. 1990, BB 1990, 2071 = BGHZ 111, 394; zulässig hingegen abweichende Regelungen der Abnahmefiktion: BGH, 16. 12. 1982, NJW 1983, 816>.
- Einschränkung des § 13 VOB/B, insbesondere durch Vereinbarung der Gewährleistungsregeln des BGB <vom BGH bisher offengelassen: BGH, 23. 2. 1989, BB 1989, 1150 = BGHZ 107, 75; *Glatzel/Hofmann/Frikell*, Rdn. 5.2.1.9>.
- Einschränkung von § 16 Nr. 1 Abs. 1 VOB/B durch Vereinbarung von Abschlagszahlungen nicht in Höhe der nachgewiesenen Leistungen sondern nur in geringerer Höhe <u.a. BGH, 21. 6. 1990, BB 1990, 2071 = BGHZ 111, 394; BGH, 14. 2. 1991, BB 1991, 798 und NJW-RR 1991, 727>.

Ist der **Auftragnehmer** Verwender im Sinne des AGB-Gesetzes, was 8
in der Praxis seltener der Fall ist, so können auch hier Eingriffe in den Gerechtigkeitsgehalt der VOB/B zu einem Verlust des Privilegs nach § 23 Abs. 2 Nr. 5 AGB-Gesetz führen. Dies gilt beispielsweise für

- Einschränkungen des § 13 Abs. 1 VOB/B in der Weise, daß die bloße schriftliche Mängelrüge den Lauf der Gewährleistung nicht unterbricht. Dies bewirkt, daß insoweit auf das BGB verwiesen wird <OLG Düsseldorf, 13. 12. 1991, NJW-RR 1992, 529>.
- Einschränkung des § 13 VOB/B durch Freizeichnung des Auftragnehmers von der Gewährleistung für Baustoffe, die nicht den

Regeln der Technik entsprechen <OLG Koblenz, 22. 5. 1995, BauR 1995, 554>.

9 In denjenigen Fällen, in denen die **VOB/B** aufgrund von Veränderungen **nicht „als Ganzes“ Vertragsinhalt** geworden ist und so das Privileg nach § 23 Abs. 2 Nr. 5 AGB-Gesetz verloren gegangen ist, haben die Gerichte auch völlig unverändert aus der VOB/B übernommene Klauseln einer **„isolierten“ Klauselkontrolle** unterzogen. Unwirksam sind bei einer solchen isolierten Betrachtung zu Lasten des Auftraggebers §§ 1 Nr. 4 Satz 1, 2 Nr. 5 Satz 1, 2 Nr. 6 Abs. 1 Satz 2, 2 Nr. 8 Abs. 1 Satz 1, 2 Nr. 8 Abs. 2 Satz 2, 16 Nr. 3 Abs. 1 Satz 1, 16 Nr. 3 Abs. 2, 16 Nr. 6 Satz 1, 18 Nr. 4 VOB/B <vgl. jeweils *Glatzel/Hofmann/Frikell*, Rdn. 5.4.1. ff m.w.N.>. Zu Lasten des Auftragnehmers wurden bei isolierter Klauselkontrolle für unzulässig erachtet §§ 7, 12 Nr. 3, 12 Nr. 5, 13 Nr. 4, 13 Nr. 7 Abs. 1, 13 Nr. 7 Abs. 2 und 15 Nr. 3 Abs. 5 <vgl. jeweils *Glatzel/Hofmann/Frikell*, Rdn. 5.5. m.w.N.>. Rechtlich bedenklich, wenngleich bislang noch nicht letztinstanzlich für unwirksam erklärt, sind §§ 2 Nr. 6 Abs. 2 Satz 1, 4 Nr. 8 Abs. 1 Satz 1, 6 Nr. 6 und 7 VOB/B <vgl. jeweils *Glatzel/Hofmann/Frikell*, Rdn. 5.4.9. m.w.N.>.

10 Da nach § 6 Abs. 2 AGB-Gesetz eine **unwirksame Klausel** nicht zur Anwendung gelangt, kann dies dort zu **erheblichen Nachteilen** führen, wo das Gesetz keine dem Verwender günstige Ersatzregelung zur Verfügung stellt. Beispielsweise kann dies im Bereich der Sicherheitsleistungen eintreten. Der Verwender läuft hier bei zu weit gehender, einseitiger Klauselgestaltung Gefahr, letztlich ohne Sicherheit zu bleiben. Die Verwendung unwirksamer Klauseln kann aber auch zu **Unterlassungsverfahren** nach § 13 Abs. 2 Nr. 2 und Abs. 2 Nr. 3 AGB-Gesetz sowie unter dem Gesichtspunkt des Verstoßes bei Vertragsschluß zu **Schadensersatzansprüchen** führen. Vor diesem Hintergrund ist vom Verwender jeweils sehr genau zu prüfen, ob er durch Änderungen bzw. Ergänzungen zur VOB/B das Risiko eingehen will, daß bei einer isolierten Klauselkontrolle die Unwirksamkeit seiner Regelung nach dem AGB-Gesetz festgestellt wird.

11 Aus der Fülle der Rechtsprechung zur VOB/B ist aus neuerer Zeit noch beispielhaft zu erwähnen: Zu § 2 Nr. 6 Abs. 1 Satz 2: Es tritt kein Verlust des Vergütungsanspruchs für zusätzliche Leistungen wegen fehlender vorheriger Ankündigung beim Nachweis ihrer Notwendigkeit ein <BGH, 23. 5. 1996, BB 1996, 2062 = BGHZ 133, 44>. Zum Problem von § 13 Nr. 3 bei „Ausreißern“ hinsichtlich der vom

Auftraggeber vorgegebenen und an sich geeigneten Baustoffen: BGH, 14. 3. 1996, BB 1996, 1737. Bezüglich des Gerichtsstandes nach § 18 Nr. 1 siehe Anhang § 9: Gerichtsstandsklauseln Rdn. 1 <OLG Oldenburg, 24. 4. 1996, OLGR Celle u.a. 1996, 169>. Zum Kostenersatz bei Nachbesserung durch den Auftraggeber: BGH, 2. 10. 1997, NJW 1998, 235.

Zur Diskussion hinsichtlich des Problems der eventuellen Unzuläs- **12**
sigkeit der in § 13 Nr. 4 enthaltenen Verkürzung der Gewährleistungsfrist bei Verbraucherverträgen aufgrund der EU-Richtlinie: siehe die Ausführungen zu § 23 Abs. 2 Nr. 5 AGB-Gesetz.

Anhang § 9: Vollmachts- (Bevollmächtigungs-) Klauseln

Literatur: *von Westphalen*: Vertragsrecht, Vollmachtsklauseln, Januar 1995, S. 349-354; *Hensen* in Ulmer/Brandner/Hensen, 8. Aufl. 1997, Anhang zu §§ 9-11 Rdn. 918-924.

Eine **Beschränkung der gesetzlichen Vertretungsbefugnis** (§§ 54 und **1**
56 HGB, § 43 Nr. 1 VVG, Anscheins- und Duldungsvollmacht <zur Anscheinsvollmacht u.a. BGH, 18. 12. 1985, NJW-RR 1986, 415; OLG Köln 2. 12. 1994, OLGR Köln 1995, 33>) ist in der Regel unzulässig <*von Westphalen*, a.a.O. Rdn. 1-7>.

Die **gegenseitige Bevollmächtigung** (passive und aktive Bevollmäch- **2**
tigung) z.B. innerhalb der Gesamtschuldnerschaft bei Krediten gegenüber der Bank oder in Mietverträgen gegenüber dem Vermieter, verstößt ebenfalls im allgemeinen gegen § 9 <u.a. BGH, 22. 6. 1989, BB 1989, 1503 = BGHZ 108, 98, dazu *Kohte*, BB 1989, 2257; OLG Köln, 20. 11. 1996, OLGR Köln 1997, 74; anders aber neuestens zur gegenseitigen Bevollmächtigung von Wohnungsmietern: BGH, 10. 9. 1997, BB 1997, 2395, vorgesehen für BGHZ>. Anders kann die Rechtslage bei gewerblichen Mietverträgen angesehen werden <*Hensen* in Ulmer/Brandner/Hensen a.a.O. Rdn. 921 Fußnote 11; a.A. *von Westphalen* a.a.O. Rdn. 13>.

Die **EU-Richtlinie** sieht in Nr. 1n des Anhanges vor, daß es **3**
mißbräuchlich ist, die Verpflichtung des Gewerbetreibenden zur Einhaltung der von seinen Vertretern eingegangenen Verpflichtungen einzuschränken oder von der Einhaltung einer besonderen Form-

vorschrift abhängig zu machen. Diese Regelung hält sich im Rahmen der bisherigen deutschen Rechtsprechung zum AGB-Gesetz <vgl. *von Westphalen* a.a.O. Rdn. 24>.

Anhang § 9: Wartungsvertrag

Literatur: VDMA: Wartungs- und Instandhaltungsvertrag, 1997; *Wolf* in Wolf/Horn/Lindacher, Anhang § 9 W 11-W 14; *Hensen* in Ulmer/Brandner/Hensen, 8. Aufl. 1997, Anhang §§ 9-11, Rdn. 930 bis 932.

1 Bei Wartungsverträgen entsprechen viele Rechtsfragen denen der Reparaturverträge, z.B. Fahrtzeit gleich Arbeitszeit, Abnahme, Verkürzung der Gewährleistungsfrist, Neuteile oder Austauschteile. Auf die Ausführungen im Anhang § 9: „Reparaturverträge“ wird deshalb Bezug genommen. Ergänzend ist außerdem auf die Darlegungen Anh. § 9, Kundendienstvertrag hinzuweisen (insbesondere Übertragbarkeit von Kundendienstleistungen, 24-Stunden-Service).

2 Die zwangsweise **Koppelung** von Gewährleistung des Liefervertrages dahingehend, daß bei beweglichen Sachen die kurze gesetzliche Gewährleistungsfrist von 6 Monaten nur bei **Abschluß eines Wartungsvertrages** besteht, ist auch im kaufmännischen Geschäftsverkehr nicht zulässig <OLG Hamm, 12. 11. 1990, BB Beilage 23/1991, S. 2 mit kritischer Anmerkung *Zahrnt*>. Dadurch würde die Gewährleistung des Liefervertrages in unzumutbarer Weise entwertet. Entscheidet sich aber der Kunde bereits bei Abschluß des Liefervertrages freiwillig für einen Wartungsvertrag, so ist dagegen rechtlich nichts einzuwenden (vgl. zur Differenzierung der Gewährleistungsfrist ohne Abschluß eines Wartungsvertrages: Frist von einem Jahr in § 13 Nr. 4 Abs. 2 VOB/B 1996 gegenüber der Frist von zwei Jahren in Abs. 1 dieser Regelung).

3 Die **Laufzeit** der Vereinbarung darf bei Verwendung der AGB gegenüber Nichtkaufleuten gem. § 11 Nr. 12a nicht länger als 2 Jahre betragen, wobei diese Frist von 2 Jahren schon bei Vertragsabschluß beginnt und nicht erst mit dem späteren Beginn der Leistungserbringung <BGH, 17. 3. 1993, BB 1993, 884 = BGHZ 122, 63>. Die Laufzeit muß nicht ausdrücklich auf 2 Jahre begrenzt sein. Nach der Rechtsprechung reicht ein Kündigungsrecht aus, das dem Kunden

die Vertragsbeendigung zum Schluß des zweiten Vertragsjahres ermöglicht <vgl. BGH, 4. 11. 1992, BGHZ 120, 108>.

Die stillschweigende **Verlängerung der Laufzeit** des Vertrages darf in AGB, die gegenüber Nichtkaufleuten verwendet werden, nicht mehr als ein Jahr betragen (§ 11 Nr. 12b). **4**

Die Kündigungsfrist darf im nichtkaufmännischen Verkehr 3 Monate vor Ablauf der zunächst vorgesehenen oder stillschweigend verlängerten Vertragsdauer nicht überschreiten (§ 11 Nr. 12c). **5**

Im **kaufmännischen Geschäftsverkehr** gelten die in § 11 Nr. 12 aufgeführten Restriktionen (also hier Rdn. 3-5) nicht (§ 24). Eine Laufzeit von 10 Jahren ist selbst bei Veralterung der zu wartenden Anlage zulässig <OLG Stuttgart, 18. 3. 1993, NJW-RR 1994, 952; nicht aber bei einer bereits sehr stark veralteten Anlage in den neuen Bundesländern: BGH, 8. 4. 1997, NJW-RR 1997, 942 = WM 1997, 1624>. **6**

Eine **Vorauszahlungspflicht** ist im kaufmännischen Geschäftsverkehr rechtswirksam. Bei Verwendung von AGB gegenüber Nichtkaufleuten wird die Vorauszahlungspflicht dagegen als problematisch gewertet <OLG Köln 21. 1. 1992, NJW-RR 1992, 1047; OLG München, 8. 11. 1990, EWiR 1991, 315 (*Thamm/Detzer*, kritisch): Jahresgebühr unzulässig>. **7**

Die Vereinbarung einer **Zahlungspflicht auch ohne durchgeführte Leistung**, d.h. Leistung nur auf Abruf des Kunden, wird als rechtswirksam angesehen <OLG Hamm, 10. 4. 1989, BB Beilage 30/1989, S. 8 mit kritischer Anmerkung *Zahrnt*; OLG Hamm, 22. 2. 1989, CR 1989, 816>. **8**

Preiserhöhungen scheitern nicht an § 11 Nr. 1, weil diese Vorschrift nicht bei Dauerschuldverhältnissen gilt. Die Preiserhöhungen können aber bei den Kriterien der Inhaltskontrolle langfristiger Verträge mit eine Rolle spielen (siehe die Ausführungen zu § 11 Nr. 12 Rdn. 7). **9**

Hinsichtlich der **Haftung** ist bei Wartungsverträgen generell von folgendem wichtigen Grundsatz auszugehen: *„Der Wartungspflichtige muß nicht nach Art einer Garantie dafür einstehen, daß sich an den Geräten nicht heute der und morgen ein anderer Fehler einstellt, der zu einer Betriebsunterbrechung führt“* <BGH, 20. 11. 1990, Az. X ZR 56/89, S. 7, unveröffentlicht>. **10**

Anhang § 9: Wirtschaftsprüferbedingungen

Literatur: *Schäfer* in von Westphalen: Klauselwerke, Wirtschaftsprüfer Nov. 1995; *Brandner* in Ulmer/Brandner/Hensen, 8. Aufl. 1997, Anhang zu §§ 9-11, Rdn. 950-959.

1 Die Konditionenempfehlung „Allgemeine Auftragsbedingungen für Wirtschaftsprüfer und Wirtschaftsprüfergesellschaften" besteht in der Fassung 1995 <Bundesanzeiger 1995, 1297; zu Konditionenempfehlung allgemein: siehe Vor § 8, Rdn. 2>. Zu beachten ist vor allem der 1994 neu eingefügte § 54a WPO <Gesetz vom 15. 7. 1994, BGBl I, 1569>. Vorsicht ist geboten bei Benutzung der bisherigen juristischen Literatur, weil der neue § 54a WPO derzeit nur von *Brandner* a.a.O. und von *Schäfer* in von Westphalen berücksichtigt wird, nicht in sonstigen neueren Veröffentlichungen <problematisch deshalb *Palandt/Heinrichs*, 56. Aufl. 1997, § 9 Rdn. 148; falsch *Niebling*: AGB von A-Z, 3. Aufl. 1996, S. 181>. Die Kritik der juristischen Literatur richtet sich zum Teil gegen veraltete Fassungen der Konditionenempfehlung. <Auf die Fassung von 1990 stellt ab: *Palandt/Heinrichs* a.a.O.; *Schäfer* a.a.O. Rdn. 2. Auf die Fassung von 1983 stellt ab: *Niebling* a.a.O.>.

2 § 54a Abs. 1, Nr. 2 WPO eröffnet (ebenso wie bei Rechtsanwälten und bei Steuerberatern) die Möglichkeit der Haftungsbeschränkung durch vorformulierte Vertragsbedingungen auf den vierfachen Betrag der Mindestversicherungssumme. Da die Mindestversicherungssumme 500.000,00 DM beträgt, ist die Haftungsbeschränkung durch AGB auf 2 Millionen DM zulässig.

Vor §§ 10 und 11

1 Der Klauselverbotskatalog der §§ 10 und 11 ist eines der Kernbereiche des AGB-Gesetzes. Der Gesetzgeber wollte das AGB-Gesetz konkret ausgestalten und möglichst wenig der erst späteren Ausformung durch die Anwendung der Generalklausel des § 9 im Wege der Rechtsprechung überlassen. Die Probleme sollten berechenbar sein, die Generalklausel nur als Auffangvorschrift in besonderen Fällen dienen. Dabei hat man die Grundsätze für den Klauselverbotskatalog aus der Rechtsprechung vor Entstehung des AGB-Gesetzes zu

sammeln versucht. Das hat aber zu einer Verzettelung in zum Teil Nebensächlichkeiten geführt, die Übersichtlichkeit verringert und ineffektive Starrheit gefördert. Die Rechtsprechung in den 20 Jahren des Bestehens des AGB-Gesetzes hat gezeigt, daß die Bedeutung der Generalklausel diejenige des Klauselverbotskatalogs ganz erheblich in den Schatten stellt.

Es war ein Irrtum der AGB-Gesetzverfasser zu meinen, der Klausel- 2
verbotskatalog decke einen Großteil der zu eliminierenden Klauseln ab. Die Reichhaltigkeit der vielen Klauseln unterschiedlichster Bereiche wurde von den Theoretikern völlig unterschätzt. Zu beachten ist aber die Formulierung von § 10; „In Allgemeinen Geschäftsbedingungen ist **insbesondere** unwirksam". Dieser Hinweis fehlt jedoch in § 11.

Der Klauselverbotskatalog enthält eine strikte Aussage über die 3
Unwirksamkeit von AGB-Klauseln. Wenn die gesetzlichen Voraussetzungen der einzelnen Vorschrift erfüllt sind, ist die AGB-Klausel absolut unwirksam. Es gibt dann keine Abwägung mehr im Einzelfall. Das ist hinsichtlich des Anhanges zur EG-Richtlinie anders. Der Anhang gem. Art. 3 Abs. 3 der EG-Richtlinie enthält nur eine als Hinweis dienende (also unverbindliche) Liste von Klauseln, die für mißbräuchlich erklärt werden können. Die EG-Richtlinie stellt außerdem den nicht erschöpfenden Charakter der Liste heraus.

Die Vorschrift der §§ 10 und 11 unterscheiden sich durch die Voraus- 4
setzungen „mit Wertungsmöglichkeit" (§ 10) und „ohne Wertungsmöglichkeit" (§ 11). In den Vorschriften des § 10 sind nämlich jeweils Tatbestandsmerkmale enthalten, die eine Wertung erfordern (z.B. unangemessen lang, nicht gerechtfertigter Grund usw.). In § 11 fehlen überwiegend solche Wertungserfordernisse. Die Unterscheidung ist aber von keiner großen Bedeutung und im übrigen auch nicht zutreffend durchgehalten. So ist z.B. die Grenze zwischen § 10 Nr. 7 und § 11 Nr. 5 sehr fließend, weil auch in § 11 Nr. 5 Wertungsgesichtspunkte eine Rolle spielen (nach dem gewöhnlichen Lauf der Dinge zu erwartender Schaden). Siehe dazu u.a. auch § 11 Nr. 7 Rdn. 1. Insbesondere auch auf das Wertungserfordernis von § 11 Nr. 10d („unverhältnismäßig") ist hinzuweisen.

Wenn eine Klausel nicht gegen den Klauselverbotskatalog verstößt, 5
bedeutet das allein noch nicht, daß sie damit als wirksam anzusehen ist. Abgesehen davon, daß die Schranken der §§ 3-5 zu beachten sind, ist insbesondere noch eine Prüfung erforderlich, ob evtl. Bedenken aus § 9 bestehen. Diese Inhaltskontrolle darf aber nicht zu weit

gehen und muß die Grundsätze berücksichtigen, die im Klauselverbotskatalog zum Ausdruck gekommen sind. Nur aus besonderen, von den Vorschriften des Klauselverbotskatalogs nicht erfaßten Gründen kann eine Unwirksamkeit nach der Generalklausel vorliegen. *„Unzulässig ist es aber, aufgrund allgemeiner Überlegungen, die sich nicht aus den Besonderheiten gerade des zu beurteilenden Vertrages ergeben, über die Generalklausel die gesetzgeberische Regelungsabsicht geradezu „auf den Kopf zu stellen."* <BGH, 4. 12. 1996, BB 1997, 386 unter 4b>. Der BGH hat deshalb z.B. bei der Verlängerung der Laufzeit von Fitnessverträgen der Meinung eine erfreulich klare Absage erteilt, daß nur 3 Monate anzuerkennen seien, obwohl nach § 11 Nr. 12b eine Verlängerung der Laufzeit von Verträgen von 6 Monaten zulässig ist (siehe dazu auch Anhang § 9: Fitnessverträge Rdn. 3).

6 Der Klauselverbotskatalog gilt nicht im kaufmännischen Geschäftsverkehr (§ 24). In der Kommentierung der einzelnen Vorschriften wird auf die Frage eingegangen, inwieweit Grundgedanken der §§ 10 und 11 evtl. im kaufmännischen Geschäftsverkehr herangezogen werden können. Zum Problem der „Indizwirkung" siehe § 24 Rdn. 4 und 5.

§ 10 Klauselverbote mit Wertungsmöglichkeit

In Allgemeinen Geschäftsbedingungen ist insbesondere unwirksam

1. (Annahme- und Leistungsfrist)

eine Bestimmung, durch die sich der Verwender unangemessen lange oder nicht hinreichend bestimmte Fristen für die Annahme oder Ablehnung eines Angebots oder die Erbringung einer Leistung vorbehält.

1 Die Vorschrift erklärt für **AGB, die gegenüber Nichtkaufleuten verwendet werden**, insgesamt vier Fallgestaltungen für unwirksam nämlich

- unangemessen lange Fristen oder
- nicht hinreichend bestimmte Fristen

jeweils für

– die Annahme oder Ablehnung eines Angebots des Vertragspartners des AGB-Verwenders durch diesen oder
– die Erbringung einer Leistung durch den AGB-Verwender.

Fristen für Angebote des AGB-Verwenders fallen nicht unter die Vorschrift <*Walchshöfer*, WM 1986, 1042>.

Zur Frage, wann **unangemessen lange Fristen für die Annahme** oder 2
Ablehnung eines Angebots vorliegen oder nicht, sind folgende Beispiele anzuführen: Zulässig ist in den Kfz-Neuwagenverkaufsbedingungen die Frist von 4 Wochen <BGH, 13. 12. 1989, BB 1990, 375 = BGHZ 109, 359>. Ebenfalls zulässig ist bei Darlehen von Hypothekenbanken ein Monat <BGH, 24. 3. 1988, BB 1988, 1279>. Bei Mobilfunkverträgen wird gleichfalls maximal ein Monat für zulässig angesehen <*Schöpflin*, BB 1997, 106 (107)>. Beim Gebrauchtwagenkauf ist die Frist von 10 Tagen für den PKW-Kauf und von 2 Wochen für den Nutzfahrzeugkauf als zulässig zu werten (siehe Anhang § 9: Gebrauchtwagenkauf Rdn. 2). Kein Verstoß gegen die Vorschrift liegt vor bei Verwendung der Klausel „freibleibend", weil diese Klausel nur als Aufforderung zum Angebot („invitatio ad offerendum") anzusehen ist <BGH, 2. 11. 1995, NJW 1996, 919; *Lindacher*, DB 1992, 1813>. Zu Annahmefristen bei Versicherungsverträgen: Anh. § 9, Versicherungsbedingungen Rdn. 21.

Eine **nicht hinreichend bestimmte Frist für die Annahme** oder 3
Ablehnung des Angebots liegt dann vor, *„wenn die Dauer der Frist für den Vertragspartner des Verwenders nicht berechenbar ist, weil die Dauer der Frist von einem Ereignis abhängt, das allein in der Einfluß- oder Kenntnissphäre des Verwenders liegt"* <BGH, 24. 3. 1988, BB 1988, 1279 (1280)>. Demnach ist eine Klausel unwirksam, die z.B. auf den Eingang des Antrages beim AGB-Verwender abstellt <OLG Hamm, 24. 2. 1992, NJW-RR 1992, 1075>.

Die Vorschrift hinsichtlich der Unwirksamkeit **unangemessen langer** 4
Fristen für die Erbringung einer Leistung betrifft Leistungen aller Art, also z.B. auch die Abnahme. Deshalb ist die Festlegung zu langer Abnahmefristen durch den AGB-Verwender zu Lasten des Vertragspartners in Geschäftsbedingungen unwirksam <BGH, 10. 10. 1996, BB 1997, 176; BGH, 23. 2. 1989, BB 1989, 1150 (1151) = BGHZ 107, 75 (78)>. Zulässig ist die in der Konditionenempfehlung der Kfz-Neuwagenverkaufsbedingungen vorgesehene Frist von 6 Wochen <BGH, 7. 10. 1981, BB 1982, 2136 (2138 unter IV)>. Unwirksam bei Lieferung von Möbeln ist die Frist von 6 Wochen <vgl. OLG Hamm,

13. 6. 1986, NJW-RR 1987, 311 (315 unter 10)>, erst recht unzulässig die Frist von 3 Monaten <BGH, 19. 9. 1983, BB 1983, 1873>.

5 Eine **nicht hinreichend bestimmte Frist für die Erbringung einer Leistung** ist zu bejahen, wenn eine AGB-Klausel die Abnahme für den „Zeitpunkt der Übergabe des Hauses an den bzw. die Kunden" festlegt <BGH, 10. 10. 1996, BB 1997, 176> oder die Lieferfrist mit schriftlicher Bestätigung durch den AGB-Verwender beginnen läßt <BGH, 6. 12. 1984, BB 1985, 483 (484 unter 2)>. Zulässig ist dagegen die Klausel über einen „unverbindlichen Liefertermin" in Abschnitt IV, 2 der Kfz-Neuwagenverkaufsbedingungen <BGH, 7. 10. 1981, BB 1982, 2136 (2138 unter IV); KG, 8. 9. 1986, Az. 2 U 1912/85, angeführt in *Creutzig*: Recht des Autokaufs, 3. Aufl. 1993, S. 76 Rdn. 4.2.3>. Zulässig ist auch eine Zirka-Klausel hinsichtlich des Liefertermins <*Palandt/Heinrichs*, 56. Aufl. 1997, § 10 Rdn. 8; zum Inhalt von Zirka-Klauseln: *Thamm*, DB 1982, 417>.

6 Für den **kaufmännischen Geschäftsverkehr** gilt die Vorschrift nicht (§ 24). Insofern wird aber die Meinung vertreten, daß die Unwirksamkeit einer Klausel im nichtkaufmännischen Verkehr für den kaufmännischen Verkehr eine Indizwirkung entfaltet <*Niebling*, AGB von A-Z, 3. Aufl. 1996, S. 17 und 18; zur Indizwirkung allgemein s. § 24 Rdn. 4 und 5>. Diese Ansicht ist in ihrer vereinfachenden und pauschalen Art unzutreffend. Es sind im Einzelfall die verschiedenen Aspekte sehr sorgfältig abzuwägen. Häufig wird das Ergebnis für den kaufmännischen Verkehr großzügiger im Sinne der Zulässigkeit zu bemessen sein. Es kann aber auch Fälle geben, in denen wegen der speziellen Sachlage (z.B. Vertrag zwischen Hersteller und Händler, der auf Erfüllung seiner Weiterverkaufszusage dem Endkunden gegenüber angewiesen ist) strengere Maßstäbe anzulegen sind.

7 Im einzelnen ist für den kaufmännischen Verkehr zu erwähnen: Unzulässig ist eine Bindungsklausel für das Angebot des Vertragspartners des AGB-Verwenders „in jedem Fall", also ohne Maximalfrist <OLG Frankfurt, 25. 2. 1993, OLGR Frankfurt 1993, 269>. Unzulässig ist in Einkaufsbedingungen eine Bindungswirkung des Vertragspartners an sein Angebot für 8 Wochen <Gutachterausschuß für allgemeine Geschäftsbedingungen 4/84 Nr. II, Sammlung 1992, S. 31; zum Gutachterausschuß allgemein: s. § 24 Rdn. 9-12>. In den Kfz-Neuwagenverkaufsbedingungen ist eine Bindungsfrist von 6 Wochen für den Kauf von Nutzfahrzeugen enthalten und als zulässig anzusehen. Zutreffend als unzulässig ist in Einkaufsbedingungen

eine Klausel über die uneingeschränkte Möglichkeit der Veränderung von Lieferfristen durch den AGB-Verwender bewertet worden <Gutachterausschuß für AGB 1/88 Nr. II, Sammlung 1992, S. 60 f.>.

2. (Nachfrist)

eine Bestimmung, durch die sich der Verwender für die von ihm zu bewirkende Leistung entgegen § 326 Abs. 1 des Bürgerlichen Gesetzbuchs eine unangemessen lange oder nicht hinreichend bestimmte Nachfrist vorbehält.

Literatur: allgemein zur Dauer einer angemessenen Nachfrist: *Thamm*, WiB 1995, 944; *Thamm*, BB 1982, 2818.

Unwirksam sind Klauseln des AGB-Verwenders, durch die er sich 1
für die von ihm zu bewirkende Leistung eine

- unangemessen lange oder
- nicht hinreichend bestimmte

Nachfrist vorbehält. Die Vorschrift spricht von Nachfrist und nimmt auf § 326 Abs. 1 BGB bezug. Dort ist allerdings nicht von „Nachfrist“ sondern von „Frist“ die Rede. Das ist aber nicht wichtig.

Unwirksam ist der Vorbehalt einer **unangemessen langen Nachfrist**. 2
In der Praxis bereitet es große Schwierigkeiten, die angemessene Nachfrist richtig zu bestimmen, weil es sehr auf die Umstände des Einzelfalles und in einem Prozeß auf die subjektive Auffassung des jeweiligen Richters ankommt. Die Festlegung einer bestimmten Frist in AGB soll dieses Problem vermeiden. Es ist aber generell davon abzuraten, eine bestimmte Nachfrist in AGB festzulegen. Die Umstände des Einzelfalles lassen sich nicht standardisieren. Außerdem ist anerkannt, daß eine zu kurz bemessene Nachfrist nach BGB, VOB, VOL oder UN-Kaufrecht im allgemeinen eine angemessen längere Frist in Lauf setzt <u.a. BGH, 24. 6. 1986, WM 1986, 1255 (1257); BGH, 21. 6. 1985, NJW 1985, 2640>.

Als unangemessen lange Nachfrist in AGB hat die Rechtsprechung 3
z.B. angesehen:

- Im Möbelhandel: 4 Wochen <BGH, 31. 10. 1984, BB 1985, 689 (695 unter XII)>, erst recht 3 Monate <BGH, 19. 9. 1983, BB 1983, 1873 und BGH, 26. 1. 1983, BB 1983, 524>,

- bei Fensterherstellern: 6 Wochen <BGH, 6. 12. 1984, BB 1985, 483 (484 unter 3)>,
- bei Computerlieferung im kaufmännischen Verkehr: 4 Wochen <OLG Hamburg, 27. 7. 1995, OLGR Bremen u.a. 96,1>.

4 Als **angemessene Nachfrist** wird bei üblichen Verbraucherverträgen 2 Wochen angesehen <OLG Hamburg, 27. 7. 1995, OLGR Bremen u.a. 96,1; *Palandt/Heinrichs*, 56. Aufl. 1997, § 10 Rdn. 11>.

5 Hat der AGB-Verwender für eine von ihm zu setzende Nachfrist eine bestimmte Dauer festgelegt (z.B. V, 4, Satz 1 der „Allgemeinen Geschäftsbedingungen für den Verkauf von fabrikneuen Kraftfahrzeugen und Anhängern" hinsichtlich Abnahme des Kaufgegenstandes) so muß er sich strikt an diese Mindestfrist halten, sonst ist die Nachfristsetzung wirkungslos; eine Verlängerung auf eine angemessene Frist findet in einem solchen Fall ausnahmsweise nicht statt <OLG Hamm, 10. 1. 1995, NJW-RR 1995, 503>.

6 Hinsichtlich einer **nicht hinreichend bestimmten Frist** gelten dieselben Grundsätze wie zu § 10 Nr. 1 Rdn. 3 angeführt.

7 Die Vorschrift ist zwar formell für den kaufmännischen Geschäftsverkehr nicht anwendbar (§ 24). Der Vorbehalt einer unangemessen langen Nachfrist muß aber nach allgemeiner Meinung auch im kaufmännischen Verkehr als eine unangemessene Benachteiligung des Vertragspartners des AGB-Verwenders im Sinne von § 9 angesehen werden <*Palandt/Heinrichs*, 57. Aufl. 1998, § 10 Rdn. 12; siehe auch § 11 Nr. 1 Rdn. 4>.

3. (Rücktrittsvorbehalt)

die Vereinbarung eines Rechts des Verwenders, sich ohne sachlich gerechtfertigten und im Vertrag angegebenen Grund von seiner Leistungspflicht zu lösen; dies gilt nicht für Dauerschuldverhältnisse.

1 Die Vorschrift erklärt AGB-Klauseln für unwirksam, die dem AGB-Verwender das Recht einräumen, sich ohne sachlich gerechtfertigten und im Vertrag angegebenen Grund von seiner Leistungspflicht zu lösen. Die Überschrift spricht von „Rücktrittsvorbehalt". Das ist zu eng und damit irreführend. Die Vorschrift betrifft nämlich nicht nur den Rücktritt des AGB-Verwenders sondern – wie sich aus dem Text der Vorschrift ergibt – alle „Lösungsrechte", also z.B. auch Kündigungen. Wieder einmal erweist sich an dieser Stelle die mangelhafte Gesetzesgestaltung.

Nicht unter die Vorschrift fällt ein in **Einkaufsbedingungen** vorge- 2
sehenes Kündigungsrecht des AGB-Verwenders beim Werkvertrag bis zur Vollendung des Werkes (**Annullierung/Stornierung**) nach dessen freien Belieben, weil dieses Recht in § 649 BGB vorgesehen und somit kein Recht abweichend zur gesetzlichen Rechtslage darstellt (§ 8). Zur Annullierung und Stornierung von Verträgen im einzelnen: siehe § 10 Nr. 7 und Anhang § 9: Einkaufsbedingungen, Rdn. 23.

Der Vorbehalt des Lösungsrechts vom Vertrag ist nur bei **sachlich** 3
gerechtfertigtem Grund zulässig. Unwirksam ist deshalb die Klausel über die einschränkungslose Befreiung des Verkäufers von der Lieferpflicht bei jeder Verzögerung oder erheblichen Verteuerung der Lieferung <BGH, 26. 1. 1983, BB 1983, 524>. Die Lösung vom Vertrag muß durch ein überwiegendes, zumindest anerkennenswertes Interesse des AGB-Verwenders gerechtfertigt sein, das durch Abwägung der beiderseitigen Interessen zu ermitteln ist <BGH, 10. 12. 1986, NJW 1987, 831 (833) = BGHZ 99, 182 (193)>. Nicht sachlich gerechtfertigt ist der Grund, wenn er sich auf Umstände erstreckt, deren Vorliegen der AGB-Verwender bei gebotener Sorgfalt schon vor Vertragsabschluß hätte erkennen und deshalb den Vertragsabschluß hätte unterlassen können <BGH a.a.O.>. Berechtigt ist dagegen der Vorbehalt des Lösungsrechts, wenn der Vertragspartner des AGB-Verwenders seine Sorgfaltspflicht hinsichtlich des unter Eigentumsvorbehalt stehenden Gegenstandes verletzt <BGH, 31. 10. 1984, BB 1985, 689 (695 unter XII)>. Bei der Klausel über Falschangaben des Vertragspartners zu seiner Person oder seinen Vermögensverhältnissen ist die Einschränkung erforderlich, daß sich das Lösungsrecht des AGB-Verwenders auf unrichtige oder unvollständige Angaben erstreckt, welche die Kreditwürdigkeit betreffen <BGH, 3. 6. 1985, BB 1985, 1353>.

Der Vorbehalt des Lösungsrechts vom Vertrag ist nur bei einem **im** 4
Vertrag angegebenen Grund zulässig. Der Grund muß bestimmt sein und so konkret bezeichnet werden, daß der Vertragspartner des AGB-Verwenders beurteilen kann, wann der AGB-Verwender sich vom Vertrag lösen darf <BGH, 26. 1. 1983, BB 1983, 524>. Nicht genügend bestimmt sind Klauseln, die davon sprechen „wenn die Umstände es erfordern“ oder auf „Betriebsstörungen“ abstellen <BGH a.a.O.>. Dagegen sind Klauseln über höhere Gewalt, Streik

und Naturkatastrophen insofern zulässig <OLG Koblenz, 14. 4. 1989, NJW-RR 1989, 1459 (1460 unter II, 1)>, soweit es sich nicht nur um vorübergehende Leistungshindernisse handelt.

5 Aus den dargestellten Grundsätzen ergibt sich für **Kreditunwürdigkeits- und Vermögensverschlechterungsklauseln** – also für den Vorbehalt des Lösungsrechts vom Vertrag bei vorhandener oder künftig eingetretener schlechter Vermögenslage des Vertragspartners – folgendes <Literatur allg.: *Flesch*, BB 1994, 873 (878)>: Zulässigkeit ist nur bei objektiv fehlender Kreditwürdigkeit zu bejahen, wenn der Anspruch des AGB-Verwenders gefährdet ist, nicht bei einer Klausel, die auf „sonstige Umstände" abstellt <BGH, 8. 10. 1990, BB 1990, 2214 = BGHZ 112, 279>. Nicht zulässig sind Klauseln über ungünstige Kreditauskünfte oder bloßen Verdacht <BGH, 29. 2. 1984, BB 1984, 1508 (1510 f.)>. Eine Vermögensverschlechterung, die als wichtiger Grund eine fristlose Kündigung des Darlehens rechtfertigen soll, setzt voraus, daß die Interessen der Bank nicht unwesentlich beeinträchtigt werden, was bei ausreichenden Sicherheiten regelmäßig zu verneinen ist <OLG München, 5. 5. 1995, WM 1996, 1623>.

6 Ein **Selbstbelieferungsvorbehalt** <Lit.: *von Westphalen*, Vertragsrecht, Januar 1995, S. 68 Rdn. 12: dort aber unrichtig eingruppiert, weil Selbstbelieferungsvorbehalte nicht in Einkaufsbedingungen sondern in Lieferbedingungen vorkommen> ist in AGB zulässig. Der begünstigte Verkäufer wird aber von einer Lieferpflicht nur frei, wenn er im Zeitpunkt des Abschlusses des Kaufvertrages ein kongruentes Deckungsgeschäft abgeschlossen hatte und vom Partner dieses Einkaufskontraktes im Stich gelassen wird <BGH, 22. 3. 1995, BB 1995, 1158; vgl. OLG Frankfurt, 31. 1. 1996, OLGR Frankfurt 1996, 121>. Nach objektiver Betrachtungsweise müssen die Lieferpflichten des Partners aus dem Einkaufsvertrag gegenüber dem Verkäufer mindestens die gleiche Sicherheit bieten, wie dieser sie selbst seinem Kunden gewährleistet. Dies ist der Fall, wenn der Einkaufsvertrag die gleiche Ware und mindestens die gleiche Menge wie der Verkaufskontrakt betrifft, die Qualität der Waren und die Lieferzeiten sich jeweils entsprechen und die Erfüllung aus dem Einkaufsvertrag nicht von einer Bedingung oder sonstigen, in der Sphäre des Vorlieferers auftretenden Umstände abhängig gemacht wird <BGH, 22. 3. 1995, a.a.O.>. Im nichtkaufmännischen Verkehr muß die Einschränkung des kongruenten Deckungsverhältnisses in der AGB-Klausel ausdrücklich angeführt werden <vgl. BGH, 14. 12. 1984, BGHZ 92, 396 (398)>.

7 Die Vorschrift gilt ausdrücklich nicht bei **Dauerschuldverhältnissen**, worunter auch Sukzessivlieferungsverträge fallen, die mit Bezugspflicht ausgestaltet sind.

8 Die **EU-Richtlinie** Anhang Nr. 1c ist bedeutungslos, weil § 10 Nr. 3 ein umfassenderes und strengeres Verbot enthält <*Palandt/Heinrichs*, 57. Aufl. 1998, § 24a Rdn. 28>. Auch Anhang Nr. 1f ist unbedeutend <*Palandt/Heinrichs*, a.a.O., § 10 Rdn. 14>.

9 Zwar gilt die Vorschrift nicht für den **kaufmännischen Geschäftsverkehr** (§ 24). Der Vorbehalt eines uneingeschränkten Lösungsrechts vom Vertrag durch den AGB-Verwender ist aber auch im kaufmännischen Geschäftsverkehr als Verstoß gegen § 9 anzusehen <OLG München, 3. 11. 1983, BB 1984, 1386>. Der Gutachterausschuß für AGB hat Klauseln als zu weit gehend und damit als unwirksam bewertet <z.B. Gutachten 2/83 Nr. I, Sammlung 1983, 185; zum Gutachterausschuß allgemein: siehe § 24 Rdn. 9-12>. Nicht zu eng sind aber die Maßstäbe bei den Voraussetzungen des sachlich gerechtfertigten Grundes und der konkreten Angabe des Lösungsgrundes anzusetzen.

4. (Änderungsverbot)

die Vereinbarung eines Rechts des Verwenders, die versprochene Leistung zu ändern oder von ihr abzuweichen, wenn nicht die Vereinbarung der Änderung oder Abweichung unter Berücksichtigung der Interessen des Verwenders für den anderen Vertragsteil zumutbar ist.

1 Der Vorbehalt einer Leistungsänderung ist in AGB verhältnismäßig häufig anzutreffen. Eine detaillierte Klausel, die einschränkend darauf abstellt, daß nicht erhebliche Änderungen bei Zumutbarkeit mit dem Käufer möglich sein sollen, ist in IV, 5 der Kfz-Neuwagenverkaufsbedingungen enthalten (siehe zu dieser Konditionenempfehlung: Anhang § 9: Neuwagenverkaufsbedingungen). Die gesetzliche Vorschrift von § 10 Nr. 4 ist nicht nur auf Änderungen oder Abweichungen der vertraglichen Leistung unmittelbar sondern nach umstrittener Meinung auf alle Leistungsfaktoren anzuwenden wie z.B. Ort und Zeit der Leistung <OLG Hamm, 16. 12. 1991, NJW-RR 1992, 444 (445 Klausel 11)>. Im Gegensatz zu § 10 Nr. 3 kommt die Vorschrift auch auf Dauerschuldverhältnisse zur Anwendung.

2 Die erforderliche **Zumutbarkeit** der Änderung oder Abweichung für den Vertragspartner des AGB-Verwenders ist von der Rechtsprechung in folgenden Beispielsfällen verneint worden, so daß jeweils rechtliche Unwirksamkeit gegeben ist:

- Änderung des Messestandplatzes durch den Vermieter <OLG Köln, 7. 6. 1990, NJW-RR 1990, 1232 (1233)>
- Vertretungsmöglichkeit in einem Vertrag über Chefarztbehandlung, wenn der Vertretungsfall voraussehbar ist <OLG Düsseldorf, 16. 2. 1995, VersR 1996, 637; OLG Hamm, 4. 5. 1994, NJW 1995, 794>
- Erweiterung der Reparaturausführung in nicht geringfügigem Umfang <BGH, 14. 7. 1987, BGHZ 101, 307 (311 f.) = BB 1987, 2395 (2396); OLG Celle 7. 5. 1980, AGBE I, 565>
- Technische Änderungen <LG Hannover, 6. 4. 1982, Az. 14 O 506/81, unveröffentlicht; vgl. Gutachten des Gutachterausschusses für AGB 1/79 Nr. I, Sammlung 1983, 123>
- Änderung des Inhalts von Vertragsanlagen: Rabattsystem von Wiederverkäufern; abgestellt wurde auf § 9 <OLG München, 28. 11. 1996, nicht rechtskräftig, OLGR München 1997, 193>.

3 Zulässig ist dagegen z.B. die Klausel über Abweichungen in Struktur und Farbe bei Möbeln, soweit diese in der Natur der verwendeten Materialien liegen und handelsüblich sind <BGH, 11. 3. 1987, NJW 1987, 1886; a.A. OLG Frankfurt, 18. 2. 1988, BB 1988, 1488 (1489 Klausel 3); OLG Köln, 20. 6. 1984, AGBE 1984, 642>.

4 Die in AGB sehr verbreitete Klausel über die Zulässigkeit von **Teillieferungen** ist rechtlich wirksam. Zwar wird in einem Urteil bei Verwendung der AGB gegenüber Nichtkaufleuten die Klausel als unwirksam bewertet <OLG Stuttgart, 6. 5. 1994, NJW-RR 1995, 116>, das ist aber im Hinblick auf § 11 Nr. 9 nicht zutreffend <s. allg. *Wolf/Horn/Lindacher*, 3. Aufl. 1994, § 11 Nr. 9 Rdn. 2; vgl. aber *v. Westphalen*, Vertragsrecht, Stand Jan. 1995, S. 299/300>.

5 Die **EU-Richtlinie** sieht im Anhang Nr. 1 K vor, daß eine Änderung des zu liefernden Erzeugnisses oder der zu erbringenden Leistung nur bei triftigem Grund zulässig ist. Das geht über die Vorschrift des § 10 Nr. 4 hinaus. Die EU-Richtlinie richtet den Blick auf den AGB-Verwender, während § 10 Nr. 4 auf die Zumutbarkeit beim Vertragspartner abstellt. Damit ist eine „sinngemäße Integration" in § 10 Nr. 4, wie sie für möglich erachtet wird <*Palandt/Heinrichs*, 57. Aufl. 1998, § 24a Rdn. 36> kaum zu erzielen.

Die **Beweislast** für das Vorliegen der Zumutbarkeit trägt der AGB-Verwender <OLG Hamm, 28. 10. 1982, DAR 1983, 79; *Creutzig*: Recht des Autokaufs, 3. Aufl. 1993, S. 91 Rdn. 4.5.6>. 6

Die Vorschrift gilt nicht im **kaufmännischen Geschäftsverkehr** (§ 24). Änderungsvorbehalte sind unter Kaufleuten weitergehender üblich und zulässig. Toleranzvereinbarungen z.B. hinsichtlich Mängel, Gewicht und Qualität der Ware <u.a. Konditionenempfehlung der Wirtschaftsverbände Eisen-, Blech- und Metallverarbeitende Industrie sowie Stahlverformung, 1997, Abschnitt 28; weitere Angaben bei *Thamm*, DB 1982, 417 unter 1>. Vertragsanpassungen durch sinnvolle Änderungen müssen zwar insbesondere bei langfristigen Verträgen ermöglicht werden. Diese Änderungen dürfen aber nur unter Mitberücksichtigung der anerkennenswerten Belange des Vertragspartners vorgenommen werden. Die Grenze der Angemessenheit ist einzuhalten. Unzulässig wegen Übermaßes an Durchsetzung der eigenen Interessen ist die Möglichkeit für ein Unternehmen in Vertragshändlerverträgen, die Handelsspanne des Händlers, Rabatte und Boni frei abzuändern <BGH, 12. 1. 1994, BB 1994, 885 (888 unter IV) = BGHZ 124, 351 (362)>. 7

5. (Fingierte Erklärungen)

eine Bestimmung, wonach eine Erklärung des Vertragspartners des Verwenders bei Vornahme oder Unterlassung einer bestimmten Handlung als von ihm abgegeben oder nicht abgegeben gilt, es sei denn, daß

a) dem Vertragspartner eine angemessene Frist zur Abgabe einer ausdrücklichen Erklärung eingeräumt ist und

b) der Verwender sich verpflichtet, den Vertragspartner bei Beginn der Frist auf die vorgesehene Bedeutung seines Verhaltens besonders hinzuweisen.

Die Vorschrift sieht vor, daß bei Verwendung von **AGB gegenüber Nichtkaufleuten** von dem allgemeinen Rechtsgrundsatz, daß Schweigen im rechtsgeschäftlichen Verkehr nicht als Zustimmung zu werten ist <allg. dazu *Thamm/Detzer*, DB 1997, 213> nur in engen Grenzen abgewichen werden darf. Die Vorschrift regelt nur das Schweigen des Vertragspartners des AGB-Verwenders; eigenes Schweigen des AGB-Verwenders wird durch die Vorschrift nicht erfaßt <OLG 1

Düsseldorf, 12. 7. 1977, MDR 1978, 144>. Die Vorschrift ist nur auf Erklärungen im Rahmen der Vertragsdurchführung anwendbar; das Schweigen bei Vertragsabschluß kann nicht durch AGB geregelt werden.

2 Die Vorschrift ist abzugrenzen gegenüber § 11 Nr. 15b, der Tatsachenfiktionen zum Inhalt hat. § 10 Nr. 5 betrifft dagegen Erklärungen von materiell-rechtlichem Wesen, z.B. die Abnahme gem. § 640 BGB. Für Zugangsfiktionen ist in § 10 Nr. 6 eine spezielle Vorschrift vorhanden. § 10 Nr. 5 gilt nicht für Leistungen, für welche die VOB Vertragsgrundlage ist (§ 23 Abs. 2 Nr. 5). Voraussetzung ist aber, daß die VOB als ganzes vereinbart ist.

3 Unwirksam ist eine fingierte Erklärung, es sei denn, dem Vertragspartner des AGB-Verwenders ist eine **angemessene Frist zur Abgabe einer ausdrücklichen Erklärung** eingeräumt. Bei der Angemessenheit der Frist kann man sich an den zulässigen Fristen der VOB/B orientieren (nämlich § 12 Nr. 5 Abs. 1 und 2 sowie § 15 Nr. 3 Satz 5 VOB/B). Danach liegen 1-2 Wochen im Rahmen der Angemessenheit <so auch *Palandt/Heinrichs*, 57. Aufl. 1998, § 10 Rdn. 28; unzutreffend *Niebling*, AGB von A-Z, 3. Aufl. 1996: 2-3 Wochen>. Keine Bedenken bestehen deshalb gegen die 2-Wochenfrist der **Abnahmefiktion** z.B. in den Reparaturbedingungen und den Montagebedingungen für Maschinen und Anlagen <Konditionenempfehlungen des Verbandes Deutscher Maschinen- und Anlagenbau (VDMA), jeweils 1998, Abschnitt VIII, 2 bzw. VI, 2; beide Empfehlungen betreffen den kaufmännischen Geschäftsverkehr>. Hinsichtlich der Abnahmefiktion ist darauf hinzuweisen, daß es darauf überhaupt nur dann ankommt, wenn nicht bereits im Einzelfall eine konkludente Abnahme zu bejahen ist, z.B. durch Zahlung des Vertragspreises <BGH, 30. 9. 1993, EWiR 1994, 411 (*Thamm/Detzer*); vgl. OLG Karlsruhe, 8. 11. 1995, BB Beilage Nr. 9/1996, Nr. 4; OLG Düsseldorf, 4. 12. 1992, OLGR Düsseldorf 1993, 164> mit Ausnahme von Zahlung nur zur Herausgabe des Reparaturgegenstandes (z.B. bei Kraftfahrzeugreparaturen) <OLG Düsseldorf, 6. 1. 1994, EWiR 1994, 859 (*Thamm*); Schmid, NJW 1994, 1824 (1826 Abs. 2)>. Konkludente Abnahme kann auch bei Benutzung vorliegen, nach einem Urteil bei Kraftfahrzeug-Reparaturen z.B. nach maximal einer Woche <OLG Düsseldorf, a.a.O.>.

4 Der AGB-Verwender muß sich in den AGB, die gegenüber Nichtkaufleuten verwendet werden, außerdem verpflichten, seinen Vertragspartner bei Beginn der Frist auf die vorgesehene Bedeutung seines Verhaltens **besonders hinzuweisen**. Der Hinweis muß auch tatsächlich erfolgen und der Zugang ggfs. vom Verwender bewiesen werden.

Über die gesetzlichen Voraussetzungen hinaus wird allgemein für 5
erforderlich gehalten, daß ein **berechtigtes Interesse** an der Erklärungsfiktion besteht <OLG Düsseldorf, 19. 11. 1987, NJW-RR 1988, 884 (886 Nr. 5)>. Das beruht auf der Entstehungsgeschichte der Vorschrift. Dieses berechtigte Interesse besteht aber jedenfalls bei massenhaft wiederkehrenden Geschäftsvorgängen in einem organisatorischen Bedürfnis, diese möglichst einfach zu bewältigen <BGH, 9. 11. 1989, NJW 1990, 761 (763 unter b, aa)>.

Von der Rechtsprechung sind z.B. folgende Regelungen in AGB- 6
Klauseln für unzulässig angesehen worden:

- Klausel in einem Reparaturkostenversicherungsvertrag, daß ein Gerät, das anstelle der kostenlosen Reparatur eines schadhaften Geräts mit einem gewährten Neukaufzuschuß angeschafft worden ist statt des bisherigen Altgeräts in den laufenden Versicherungsvertrag aufgenommen wird <BGH, 28. 6. 1995, BB 1995, 2131>.
- Die Klausel, daß Umbuchungen innerhalb von 40 Tagen vor Reiseantritt als Rücktritt verbunden mit einer Neuanmeldung gewertet werden <BGH, 9. 7. 1992, BGHZ 119, 152 (169 unter IX)>.
- Die Vertragsverlängerung eines Automatenaufstellvertrages bei Aufstellung eines anderen Automaten auf Wunsch des Wirtes <BGH, 29. 2. 1984, BB 1984, 1508 (1510 unter e, bb)>.
- Konditionenanpassungsklausel einer Bank wegen fehlender Verpflichtung zum Hinweis auf die Bedeutung des Schweigens <BGH, 4. 10. 1984, AGBE 1984, 649>.

Dagegen ist zulässig eine Krankenhausklausel, daß von Patienten zurückgelassene Sachen nach erfolgloser Aufforderung zur Abholung in das Eigentum des Krankenhausträgers übergehen <BGH, 9. 11. 1989, NJW 1990, 761 (763 f.)>.

Die Vorschrift gilt nicht für den **kaufmännischen Geschäftsverkehr** 7
(§ 24). Vielfach wird aber im Rahmen von § 9 die Heranziehung der Grundsätze des § 10 Nr. 5 auch für den kaufmännischen Verkehr bejaht <u.a. BGH, 17. 9. 1987, BGHZ 101, 357 (365 unter II, 2, c, bb)>. Das ist in dieser pauschalen Art jedoch nicht richtig. Zwar ist selbstverständlich auch insofern eine Rechtsfolge nur nach angemes-

sener Frist möglich. Nicht erforderlich ist aber die ausdrückliche Verpflichtung des AGB-Verwenders zum besonderen Hinweis. Das ist der Rechtsprechung auch nicht zu entnehmen. Eine Indizwirkung von § 10 Nr. 5 <zu Indizwirkung allg.: siehe § 24 Rdn. 4 und 5> ist abzulehnen <OLG Düsseldorf 29. 7. 1994, Az. 21 U 219/93, angeführt nach *Bühler*, BB 1997 Beilage Nr. 11, Seite 6 Fn. 90>. Als rechtswirksam anzuerkennen ist deshalb das Schweigen auf Getränkeleergutrechnungen <OLG Düsseldorf a.a.O.>. Einigkeit besteht in der Rechtsprechung und juristischen Literatur darüber, daß die Regeln des kaufmännischen Bestätigungsschreibens <dazu *Thamm/Detzer*, DB 1997, 213> durch die Vorschrift nicht verändert werden.

6. (Fiktion des Zugangs)

eine Bestimmung, die vorsieht, daß eine Erklärung des Verwenders von besonderer Bedeutung dem anderen Vertragsteil als zugegangen gilt.

1 Die Vorschrift enthält für die Verwendung von AGB gegenüber Nichtkaufleuten eine unbedeutende Teilausnahme von der gesetzlichen Regelung der Unwirksamkeit von Beweislastveränderungen in § 11 Nr. 15. Ohne § 10 Nr. 6 würden Zugangsfiktionen als Veränderungen der sich aus § 130 BGB ergebenden Beweislast des Absenders aufzufassen sein. Die Vorschrift gilt nur für Zugangsfiktionen, für Erklärungsfiktionen ist § 10 Nr. 5, für sonstige Tatsachenfiktionen § 11 Nr. 15 anwendbar. Es ist kompliziert und schwer überschaubar. Zur Erinnerung: Das AGB-Gesetz war angetreten, Übersichtlichkeit in das AGB-Recht zu bringen. Das ist gründlich mißlungen.

2 Der sehr untertrieben als „etwas unglücklich gefaßte Wortlaut" <*Jauernig/Teichmann*, 8. Aufl. 1997, § 10 Anmerkung 13> bezeichnete Gesetzestext spricht von **Erklärungen „von besonderer Bedeutung"**. Darunter werden die meisten Erklärungen eingruppiert, nämlich alle diejenigen, die für den Empfänger mit nachteiligen Rechtsfolgen verbunden sind, z.B.

- Mahnungen <OLG Hamburg, 26. 6. 1980, VersR 1981, 125; OLG Stuttgart, 29. 9. 1978, BB 1979, 908 (909 Klausel 3)>
- Kündigungen <BayOblG 18. 12. 1979, NJW 1980, 2818 = AGBE I, 577>
- Nachfristsetzungen <*Palandt/Heinrichs*, 57. Aufl. 1998, § 10 Rdn. 33>.

Zulässig sind dagegen Zugangsfiktionen für 3

- Tagesauszüge der Banken <BGH, 29. 1. 1979, BB 1979, 548 (549 unter II, 1)>
- Rechnungsabschlüsse trotz Genehmigungsfiktion <OLG Hamburg, 21. 12. 1984, WM 1986, 383; vgl. aber OLG Oldenburg, 27. 3. 1992, NJW 1992, 1839 (1840 mit weiteren Nachweisen)>

Für den **kaufmännischen Geschäftsverkehr** gilt die Vorschrift nicht 4
(§ 24). Überwiegend wird aber die Übernahme der Vorschrift auch für den kaufmännischen Verkehr bejaht <u.a. OLG Hamburg, 21. 12. 1984, WM 1986, 383>, wobei der Tatbestand der „besonderen Bedeutung“ nicht schon bei jeder nachteiligen Auswirkung einer Erklärung erfüllt sein soll <*H. Schmidt* in Ulmer/Brandner/Hensen, 8. Aufl. 1997, § 10 Nr. 6 Rdn. 10>. Allgemein findet aber in Rechtsprechung und Literatur eine zu starke Parallelität der Sichtweise mit dem nicht kaufmännischen Verkehr statt. Zumindest dann bestehen gegen die Wirksamkeit von Zugangsfiktionen in AGB des kaufmännischen Geschäftsverkehrs aus den Gesichtspunkten kaufmännischer Gewohnheiten und Gebräuche keine rechtlichen Bedenken, wenn der weitgehenden Üblichkeit entsprechend Erklärungen zunächst per Fax und anschließend zusätzlich per Brief verschickt werden. Die noch verhältnismäßig junge Rechtsprechung dahingehend, daß ein Okay-Vermerk des Absendegeräts keinen Nachweis für den Zugang eines Faxschreibens bietet <BGH, 7. 12. 1994, BB 1995, 221; OLG Köln, 31. 3. 1995, BB 1995, 2442 (2443); vgl. OLG Rostock, 18. 1. 1996, NJW 1996, 1831>, hat die Frage der Zugangsfiktion per AGB wichtiger werden lassen.

7. (Abwicklung von Verträgen)

eine Bestimmung, nach der der Verwender für den Fall, daß eine Vertragspartei vom Vertrag zurücktritt oder den Vertrag kündigt,

a) eine unangemessen hohe Vergütung für die Nutzungen oder den Gebrauch einer Sache oder eines Rechts oder für erbrachte Leistungen oder

b) einen unangemessen hohen Ersatz von Aufwendungen verlangen kann.

Literatur: *Schmeel*, MDR 1997, 109; *Peters*, JZ 1996, 73; *Thamm*, WiB 1995, 308; *Thamm*, BB 1975, 1280.

1 Die Vorschrift ist im **Gesamtzusammenhang mit § 11 Nr. 5 und 6** zu sehen. Die Grenze insbesondere zwischen § 10 Nr. 7 und § 11 Nr. 5 ist fließend. Die Rechtsprechung unterläßt deshalb zum Teil die genaue Einordnung und erklärt die Unwirksamkeit einer Klausel vereinfachend wegen beider Vorschriften <z.B. BGH, 10. 10. 1996, BB 1996, 2588: vorzeitige Beendigung eines Planungsvertrages>. Bei der Anwendung der beiden Vorschriften sind die Ergebnisse nämlich jeweils praktisch gleich.

2 Die Vorschrift besitzt eine viel zu pauschale und nicht charakteristische (damit letztlich irreführende) Überschrift. Die gesetzliche Regelung normiert die Unwirksamkeit von Klauseln, die gegenüber **Nichtkaufleuten** verwendet werden, aufgrund deren bei Rücktritt oder Kündigung des Vertrages der AGB-Verwender eine **unangemessen hohe Nutzungsvergütung** (= Nutzungsentschädigung) verlangen kann. Der BGH hat z.B. eine Nutzungsentschädigungsregelung in Vertragshändlerverträgen für Fahrten mit den unter Eigentumsvorbehalt stehenden Lagerfahrzeugen nach einer bestimmten unangemessenen Staffelung für unwirksam erklärt <BGH, 12. 1. 1994, BB 1994, 885 (891) = NJW 1994, 1060 (1068 unter XV): Daihatsu>.

3 Unwirksam ist auch ein **unangemessen hoher Aufwendungsersatz**. Dazu gibt es insbesondere im Hinblick auf die Kündigung gem. § 649 BGB und Vertragsauflösungen entsprechend dieser gesetzlichen Vorschrift – in der kaufmännischen Praxis häufig als **„Annullierung“** oder **„Stornierung“** bezeichnet – eine reichhaltige Rechtsprechung. Zwar gibt § 649 Satz 2 BGB dem von einer Kündigung des Werkvertrages betroffenen Unternehmer eine gute Ausgangsposition im Hinblick auf die Möglichkeit der Forderung der vereinbarten Vergütung. Die gesetzlich erforderliche Anrechnung ersparter Aufwendungen führt aber zu Schwierigkeiten, weil es jeweils um die konkret ersparten Beträge geht. Bei der Berechnung muß deshalb zum Teil die Kalkulation offengelegt werden <OLG Köln, 11. 12. 1996, OLGR Köln 1997, 171>, wovor sich Unternehmer sehr scheuen. So ist z.B. bei der Berechnung von Werklohn nach der Kündigung eines Pauschalpreisvertrages die Offenlegung der auch nachträglich zu ermittelnden Kalkulationsgrundlage unvermeidlich <BGH, 7. 11. 1996, BB 1997, 337; vgl. auch BGH, 8. 2. 1996, BB 1996, 1299 mit Besprechung von *Brügmann*, NJW 1996, 2982 (2983 unter IV); neuerdings allg. auch BGH, 6. 3. 1997, ZfBR 1997, 242>. Welche Gewinnspanne branchenüblich ist, spielt keine Rolle. Maßgeblich für die Berechnung ist vielmehr die vereinbarte Vergütung abzüglich

ersparter Aufwendungen <BGH, 4. 7. 1996, WM 1996, 2058 (2060 unter 3, c, bb) insofern nicht in BB 1996, 2116>. Manche AGB-Verwender versuchen deshalb zur Vermeidung der komplizierten Nachweisproblematik in den AGB durch Prozentangaben die Ansprüche zu pauschalieren. Das wird aber von der Rechtsprechung oft als unangemessen gewertet und für unwirksam erklärt. So hat der BGH erst kürzlich unter Änderung seiner Rechtsprechung die Festlegung von 40% ersparter Aufwendungen in Architektenverträgen für ungültig erklärt <BGH, 10. 10. 1996, BB 1996, 2588: Planungsvertrag; vgl. BGH, 8. 2. 1996, BB 1996, 1299>. Die Höhe der Annullierungspauschale von 10% in einem Fertighausvertrag hat der BGH zur Prüfung der Angemessenheit in einem Urteil an die Vorinstanz zurückverwiesen <BGH, 23. 3. 1995, NJW-RR 1995, 749>. Eine Pauschale von 5% Vergütungsanspruch beim Fertighausvertrag ist als wirksam bewertet worden <BGH, 10. 3. 1983, AGBE 1983, 70 (75) = BGHZ 87, 120f.), insofern nicht in BB 1983, 1053>. Zu Schadensersatzpauschalierungen siehe § 11 Nr. 5 Rdn. 4 ff.; zu Fertighausvertrag allg.: siehe Anh. § 9, Fertighausvertrag.

Aus entgegengesetzter Sicht darf in **Einkaufsbedingungen** auch im 4
kaufmännischen Geschäftsverkehr der Anspruch auf Annullierungs-/Stornierungskosten nicht zu lasten des Unternehmers unangemessen eingeschränkt werden <BGH, 4. 10. 1984, BGHZ 92, 244 (249f); OLG Karlsruhe, 6. 7. 1993, NJW-RR 1993, 1435; OLG Düsseldorf, 16. 7. 1991, NJW-RR 1992, 216>. Zu Einkaufsbedingungen allgemein siehe Anhang § 9: Einkaufsbedingungen.

Wegen der vergleichbaren Interessenlage wird die von § 11 Nr. 5b 5
für Schadensersatzpauschalen geforderte **Gegenbeweismöglichkeit** analog auch für § 10 Nr. 7 anwendbar gehalten. Der Gegenbeweis darf nicht ausgeschlossen werden. Eine Klausel, die den Eindruck erweckt, daß der Gegenbeweis nicht möglich ist, muß als unwirksam angesehen werden <BGH, 12. 1. 1994, NJW 1994, 1060 (1067 unter XIII, 2, b, bb), insofern nicht abgedruckt in BB 1994, 885>. Eines ausdrücklichen Hinweises auf das Recht zum Gegenbeweis bedarf es aber nicht <BGH a.a.O.>.

Die **EU-Richtlinie** geht im Anhang Nr. 1e nicht über § 10 Nr. 7 hin- 6
aus, ist also für § 10 Nr. 7 unwichtig.

Die Vorschrift gilt für den **kaufmännischen Geschäftsverkehr** nicht 7
(§ 24). Nach der Rechtsprechung ist aber der Grundgedanke der Vorschrift auch im kaufmännischen Verkehr zu berücksichtigen <BGH, 12. 1. 1994, BB 1994, 885 (891 unter XIII, 2, b, aa)>. Die Tat-

bestandsvoraussetzung der Angemessenheit ermöglicht eine flexible und den kaufmännischen Übungen der jeweiligen Branche entsprechende Anwendung im Einzelfall.

Ehemaliger § 10 Nr. 8

Diese Vorschrift über Rechtswahl ist 1986 aufgehoben worden <Art. 6, § 2 des Gesetzes zur Neuregelung des internationalen Privatrechts, BGBl 1986, I, 1142>. Das wird vereinzelt in der neueren juristischen Literatur nicht beachtet <falsch deshalb *Eberstein*: Die zweckmäßige Ausgestaltung von AGB im kaufmännischen Geschäftsverkehr, 4. Aufl. 1997, S. 140>. Zu Rechtswahlklauseln siehe Anh. § 9: internationaler Geschäftsverkehr Rdn. 3 ff.

§ 11 Klauselverbote ohne Wertungsmöglichkeit

In Allgemeinen Geschäftsbedingungen ist unwirksam

1. (Kurzfristige Preiserhöhungen)

eine Bestimmung, welche die Erhöhung des Entgelts für Waren oder Leistungen vorsieht, die innerhalb von vier Monaten nach Vertragsabschluß geliefert oder erbracht werden sollen; dies gilt nicht bei Waren oder Leistungen, die im Rahmen von Dauerschuldverhältnissen geliefert oder erbracht werden.

Literatur: *Wolf*, ZIP 1987, 341; *Kunth/Wollburg*, BB 1985, 230; *Bechthold*, BB 1983, 1636; *Jung*, BB 1983, 1058; *Bunte*, ZIP 1983, 765; *Ulmer*, BB 1982, 1125; *Löwe*, BB 1982, 152; *Jung*, BB 1981, 1606.

1 Die **Bedeutung** der Vorschrift ist wegen der Änderung der wirtschaftlichen Verhältnisse, d.h. des Abflauens des Preisanstiegs allgemein, seit den ersten Jahren der Geltung des AGB-Gesetzes **erheblich gesunken**. Die Klärung der Rechtsfragen im Zusammenhang mit der Vorschrift ist mit sehr großem Echo in der juristischen Literatur von der Rechtsprechung in der Anfangszeit des AGB-Gesetzes

erfolgt. Insbesondere zu den Konsequenzen der Tagespreisklausel in einer früheren Fassung der Konditionenempfehlung für Neuwagenverkaufsbedingungen <u.a. BGH, 7. 10. 1981, BB 1982, 146 mit Anmerkung *Löwe*, BB 1982, 152 und BGH, 1. 2. 1984, BB 1984, 486 mit Anmerkung *Trinkner* und *Löwe*> gab es viele juristische Auseinandersetzungen. Die meisten Streitpunkte gehören der rechtsgeschichtlichen Vergangenheit an.

Bei Verwendung von AGB gegenüber **Nichtkaufleuten** ist zur 2
Anwendung der Vorschrift folgendes zu sagen: Die Vorschrift betrifft alle Vertragsarten und alle Regelungen, die den Anspruch auf einen höheren Preis ermöglichen z.B. **Tagespreisklauseln (= Listenpreisklauseln)**, d.h. die Vereinbarung des am Tage der Lieferung gültigen (in einer am Tage der Lieferung gültigen Preisliste enthaltenen) Preises <Rechtsprechung bei Rdn. 1>. Auch Klauseln über **Mehrwertsteuer-Erhöhungen** werden von der Vorschrift erfaßt <BGH, 28. 1. 1981, BB 1981, 520>. Ebenso fallen Klauseln über die Berücksichtigung von **Kalkulationsirrtümern** dann unter die Vorschrift, wenn die Vereinbarung über die Rechtsprechungsgrundsätze hinausgehen, die sonst ohnehin gelten <zur Beachtlichkeit eines Kalkulationsirrtums allgemein: BGH, 19. 12. 1985, NJW-RR 1986, 569 (570 unter 4); vgl. auch OLG Düsseldorf, 7. 11. 1995, rechtskräftig gem. Nichtannahme der Revision durch BGH, 4. 7. 1996, NJW-RR 1996, 1419>.

Unwirksam sind Erhöhungsklauseln für Leistungen, die **innerhalb** 3
von 4 Monaten nach Vertragsabschluß erbracht werden sollen. Ist die Leistungszeit nicht vereinbart, die Leistung also sofort fällig (§ 271 BGB), so ist die gesetzliche Voraussetzung für die Unwirksamkeit erfüllt. Eine früher fällige Leistung, die erst nach 4 Monaten ausgeführt wird, unterfällt der gesetzlichen Vorschrift; die Preiserhöhungsklausel bleibt in diesem Fall unwirksam.

Die Vorschrift gilt nicht bei **Dauerschuldverhältnissen**. Dazu 4
gehören z.B. Sukzessivlieferungsverträge <BGH, 29. 10. 1985, NJW-RR 1986, 211 (212 unter IV, 1) = AGBE 1985, 376 (379)> Abonnementverträge <BGH, 11. 6. 1980, BB 1980, 1490 (1491 unter II, 2, a)> und sonstige Bezugsverträge <BGH, 16. 1. 1985, BB 1985, 1223 (1224) = BGHZ 93, 252 (258)>. Für Reiseverträge sind in § 651a Abs. 3 und 4 BGB spezielle Regelungen enthalten.

Die EU-Richtlinie regelt im Anhang Nr. 1 I den Fall, daß der Lei- 5
stungserbringer den Preis erhöhen kann, ohne daß der Verbraucher ein Recht hat, vom Vertrag zurückzutreten, wenn der Endpreis im

Verhältnis zum ursprünglichen Preis zu hoch ist. Das hat während der 4-Monatsfrist keine Bedeutung, weil hier nur ein Rücktrittsrecht gefordert wird, während § 11 Nr. 1 darüber hinausgehend generell die Unwirksamkeit der Klausel festlegt. Die EU-Richtlinie kennt aber nicht die Grenze der 4-Monatsfrist.

6 Im **kaufmännischen Geschäftsverkehr** gilt die Vorschrift nicht (§ 24). Auch eine mittelbare Auswirkung ist abzulehnen <*Wolf*, ZIP 1987, 341 (344)>. Es sind also z.B. Tages- und Listenpreisklauseln sowie Klauseln über Mehrwertsteuererhöhungen auch dann zulässig, wenn die Lieferfrist unter 4 Monaten liegt <*Creutzig*: Recht des Autokaufs, 3. Aufl. 1993, S. 54 Rdn. 2.1.15>. Siehe im übrigen Rdn. 8 und 9.

7 Soweit Preiserhöhungsklauseln bei Verwendung gegenüber Nichtkaufleuten **nicht unter die Vorschrift fallen** (z.B. vereinbarte Lieferfrist von mehr als 4 Monaten), sind die Schranken des § 9 zu beachten. Ein Preisvorbehalt muß auf jeden Fall klar sein und dem **Gebot der Bestimmtheit** entsprechen <OLG Düsseldorf, 13. Februar 1997, BB 1997, 699; OLG Köln, 18. 2. 1994, BauR 1995, 112>. „Das Gebot der Bestimmtheit verlangt, daß die tatbestandlichen Voraussetzungen und die Rechtsfolgen so genau beschrieben werden, daß für den Verwender keine ungerechtfertigten Beurteilungsspielräume entstehen. Da sich der Verwender in Allgemeinen Geschäftsbedingungen nicht beliebig ein Bestimmungsrecht über die anzuwendenden Rechtsfolgen einräumen kann, kann ihm auch nicht gestattet werden, durch einen ungenauen Tatbestand oder eine ungenaue Rechtsfolge sich Beurteilungsspielräume zu verschaffen, die einem Bestimmungsrecht gleich kommen könnte“ <OLG Düsseldorf, 13. 2. 1997, a.a.O.>. Nicht bestimmt genug ist z.B. eine Klausel, in der von „einer nicht unwesentlichen Erhöhung der Einstandspreise ...“ die Rede ist. Der Vertragspartner des AGB-Verwenders muß bei Vertragsschluß erkennen können, in welchem Umfang Preiserhöhungen auf ihn zukommen können; er muß die Berechtigung der Erhöhung auch dem Umfang nach in etwa überprüfen können <OLG Düsseldorf a.a.O.>. Deshalb wird von der Rechtsprechung auch im kaufmännischen Verkehr zum Teil eine genaue Angabe der Faktoren und ggfs. eine Offenlegung der Kalkulation verlangt <u.a. OLG Düsseldorf, 24. 11. 1981, AGBE 1981, 327; vgl. Gutachten des Gutachterausschusses 3/78 Nr. II, Sammlung 1983, 101; zum Gutachterausschuß allgemein siehe § 24 Rdn. 9 ff.>. Anders entschieden wurde aber z.B. bei der Preisanpassungsklausel in den Lagerbedingungen der Bahn AG, in der ein einseitiges Recht zur Mieterhöhung nach billigem Ermessen ohne Konkretisierung der Mieterhöhungsfaktoren aus-

geübt werden kann; dies soll bei einem Kündigungsrecht des Mieters wirksam sein <OLG München, 1. 9. 1995, OLGR München 1996, 40>. Eine klare Linie der Rechtsprechung ist insofern nicht zu erkennen. Zum Problem der Preiserhöhungen bei langfristigen Verträgen mit einer Kündigungsmöglichkeit: siehe § 11 Nr. 12 Rdn. 8 mit Nachweisen.

8 Um die möglichen Schwierigkeiten zu vermindern, sollte bei Verträgen mit erheblicher Bedeutung von einer **mathematischen Preisgleitklausel** Gebrauch gemacht werden. Eine solche Klausel ist als Beilage zu den von der Wirtschaftskommission der Vereinten Nationen für Europa (ECE) herausgegebenen Lieferbedingungen enthalten <beziehbar beim VDMA-Verlag, Lyonerstr. 18, 60528 Frankfurt am Main>. In diesem Formular müssen die Referenzfaktoren individuell ausgefüllt werden.

9 An Einzelgesichtspunkten sind zum Thema der Preiserhöhungen aus der Rechtsprechung zu erwähnen: Unwirksam sind Klauseln über eine Pauschalpreiserhöhung bei verzögertem Baubeginn <LG Hamburg, 8. 3. 1996, BauR 1996, 867>. **Tagespreisklauseln** sind nur wirksam, wenn sich die Preiserhöhung im Rahmen billigen Ermessens hält und der Vertragspartner des AGB-Verwenders zum Rücktritt berechtigt ist, wenn der Preis deutlich stärker steigt als die Lebenshaltungskosten <BGH, 1. 2. 1984, BB 1984, 486 (488) = BGHZ 90, 69 (78)>. Ein Verstoß gegen § 9 liegt vor, wenn die Preisgleitklausel es dem AGB-Verwender ermöglicht, über die Abwälzung konkreter Unkostensteigerung (z.B. Lohn- und Materialkosten) hinaus den zunächst vereinbarten Preis ohne jede Begrenzung anzuheben und so nicht nur eine Gewinnschmälerung zu vermeiden, sondern sogar einen zusätzlichen Gewinn zu erzielen <BGH, 12. 7. 1989, NJW 1990, 115 mit Anmerkung *Matuschke/Beckmann*, ZIP 1989, 1196; BGH, 20. 5. 1985, BB 1985, 1351>. In Einkaufsbedingungen ist ein Ausschluß des Einwandes von Kalkulationsirrtum unwirksam <BGH, 28. 4. 1983, BB 1983, 1877: AGB Bauträger; zur Berücksichtigung von Kalkulationsirrtum allgemein siehe Rdn. 2>. **Beitragsanpassungsklauseln** in Versicherungsverträgen sind bei konkreter Festlegung der Änderungsvoraussetzungen und inhaltlich angemessener Ausgestaltung zulässig <BGH, 1. 7. 1992, BGHZ 119, 55 (59); OLG Hamm, 25. 6. 1993, NJW-RR 1993, 1501>. **Nachbewertungsklauseln** in Grundstückskaufverträgen verstoßen gegen § 9 Abs. 1, wenn sie dem Grundstücksverkäufer die Möglichkeit einräumen, einen erhöhten Preis zu verlangen, dem Vertragspartner des AGB-Verwenders aber nicht das Recht, den Kaufpreis zu mindern. Außerdem

müssen sie dem Käufer ein Rücktrittsrecht geben, wenn die Preisanpassung einen gewissen Prozentsatz des vereinbarten Preises übersteigt <OLG Rostock, 25. 7. 1996, OLGR Brandenburg u.a. 1996, 265 (266)>.

10 Bei der Inhaltskontrolle von Preiserhöhungsvorbehalten im **kaufmännischen Geschäftsverkehr** gem. § 9 ist auf folgende Rechtsprechung hinzuweisen: Unwirksam ist eine vom Auftraggeber in einem Bauvertrag verwendete Klausel, wonach die Schlußrechnung vollständig und abschließend aufgestellt werden muß, Nachforderungen ausgeschlossen sind und der Auftragnehmer ausdrücklich auf alle Ansprüche verzichtet, die nicht in der Schlußrechnung geltend gemacht worden sind <BGH, 20. 4. 1989, BB 1989, 1371>. Auch im kaufmännischen Verkehr ist ein Preisvorbehalt unwirksam, wenn er es dem Unternehmer als AGB-Verwender ermöglicht, über die Abwälzung der konkreten Kostensteigerungen hinaus die vereinbarte Vergütung ohne jede Begrenzung einseitig anzuheben, etwa um einen zusätzlichen Gewinn zu erzielen <BGH, 20. 5. 1985, BB 1985, 1351>. Listenpreisklauseln in langfristigen Lieferungsverträgen zwischen Herstellern und Händlern verstoßen dagegen nicht gegen § 9 <BGH, 16. 1. 1985, BB 1985, 1223 = BGHZ 93, 252>.

11 Zu **Lagerdifferenzausgleichsklauseln** des Handels siehe § 24 Rdn. 12.

2. (Leistungsverweigerungsrechte)

eine Bestimmung, durch die

a) das Leistungsverweigerungsrecht, das dem Vertragspartner des Verwenders nach § 320 des Bürgerlichen Gesetzbuchs zusteht, ausgeschlossen oder eingeschränkt wird, oder

b) ein dem Vertragspartner des Verwenders zustehendes Zurückbehaltungsrecht, soweit es auf demselben Vertragsverhältnis beruht, ausgeschlosen oder eingeschränkt, insbesondere von der Anerkennung von Mängeln durch den Verwender abhängig gemacht wird.

Literatur: *von Westphalen*, Vertragsrecht: Januar 1995, S. 373-380; *Zoller*, BB 1992, 1750.

1 „Die Vorschrift (a) ist nicht genügend durchdacht, insbesondere viel zu weit geraten und muß daher restriktiv interpretiert werden“

<*Basedow* in Münchner Kommentar, BGB, 3. Aufl., Bd. 1, 1993, § 11 Nr. 2, Rdn. 30>. Die **Vorschrift von Nr. 2a)** findet bei Verwendung von **AGB gegenüber Nichtkaufleuten** nur dann Anwendung, wenn ohne eine AGB-Klausel ein Leistungsverweigerungsrecht des Vertragspartners des AGB-Verwenders bestände. Das Leistungsverweigerungsrecht besteht nicht

- wenn kein gegenseitiger Vertrag besteht;
- soweit es sich nicht um vertragliche sondern um gesetzliche Ansprüche handelt;
- bei Vorleistungspflichten (dazu Rdn. 2);
- bei Geringfügigkeit nach Treu und Glauben (§ 320 Abs. 2 BGB);
- bei eigener Vertragsuntreue generell.

Die Vorschrift enthält **kein generelles Verbot von Vorleistungspflich-** 2
ten. Eine vertraglich vereinbarte Vorleistungspflicht unterliegt der Kontrolle nach § 9 <BGH, 10. 10. 1991, BB 1992, 229 (230) = BGHZ 115, 324 (327); Literatur zu Vorleistungsklauseln u.a. *von Westphalen*: Vertragsrecht, Januar 1995, S. 355-361>. Keine Bedenken bestehen gegen Vorleistungsklauseln, wenn für die Vorleistung ein sachlicher Grund gegeben ist und keine überwiegenden Belange des Vertragspartners entgegenstehen, so z.B. bei Eintrittskarten, Nachnahmesendungen, Abonnementverträgen und Zeitschriftenbezug (siehe dazu Anhang § 9: Abonnementvertrag/Druckschriftenbezug Rdn. 5), Partnerschaftsvermittlungsverträge <BGH, 25. 5. 1983, BGHZ 1983, 309 (318f) = AGBE 1983, 341 (345f)>, unter Umständen beim Wartungsvertrag (siehe dazu Anhang § 9: Wartungsvertrag Rdn. 7). Die Unwirksamkeit kann bei unangemessener Höhe der Vorauszahlungspflicht zu bejahen sein, so z.B. angeblich bei einem Halbjahresentgelt für Schneebeseitigung <KG, 10. 5. 1994, NJW-RR 1994, 1266> sowie an EDV-gestütztem Bedarfsnachfragesystem <OLG Düsseldorf, 21. 12. 1994, NJW-RR 1994, 1015>. Für Reiseverträge ist § 651k BGB maßgebend. Unzulässig sind bei Bauverträgen zu hohe Abschlagszahlungen <OLG Schleswig, 9. 3. 1994, BauR 1994, 513>, bei Vertrag zum Einbau von Fenstern die Klausel, daß 95 % des Preises bei Anlieferung der Fenster zu zahlen sind <OLG Köln, 21. 1. 1992, NJW-RR 1992, 1048>. Eine Zahlungsgarantie darf das Leistungsverweigerungsrecht aus § 320 BGB (z.B. bei Anfechtung) nicht ausschließen <BGH, 17. 9. 1993, NJW 1993, 3264>. Eine Bankgarantie für Abschlagszahlungen privater Bauherrn nach Baufortschritt stellt eine Umgehung der §§ 320 und 273 BGB dar und ist

deshalb ein Verstoß gegen § 7 und § 11 Nr. 2 <BGH, 21. 4. 1986, BB 1986, 1872>. Zu Vorauszahlungsklauseln in Wohnraummietverträgen: Anhang § 9, Mietverträge über Wohnraum Rdn. 3>. Die Anordnung der Einzugsermächtigung in AGB ist rechtswirksam <BGH, 10. 1. 1996, BB 1996, 816>.

3 Die **Vorschrift b)**, d.h. die Erhaltung des Zurückbehaltungsrechts bei Verwendung von AGB gegenüber Nichtkaufleuten, enthält das Verbot des Ausschlusses und der Einschränkung des Zurückbehaltungsrechts, soweit es auf demselben Vertragsverhältnis beruht. Es werden also nicht alle Fälle „bestandsfest" gemacht. Selbst bei unbestrittenen Gegenansprüchen aus anderen Vertragsverhältnissen ist der Ausschluß des Zurückbehaltungsrechts gültig, weil diese Ausnahme im Gegensatz zu § 11 Nr. 3 nicht ausdrücklich gesetzlich vorgesehen ist. Das ausdrückliche gesetzliche Verbot der Abhängigmachung von der Anerkennung von Mängeln ist nur als Beispiel ohne besondere Eigenständigkeit zu werten, ist also überflüssig <*Palandt/Heinrichs*, 57. Aufl. 1998, § 11 Rdn. 13>.

4 In der **EU-Richtlinie** ist im Anhang unter 1o) die Klausel aufgeführt, daß der Verbraucher allein seinen Verpflichtungen nachkommen muß, obwohl der Gewerbetreibende seine Verpflichtung nicht erfüllt. Das hat gegenüber § 11 Nr. 2 AGB-Gesetz keine weitergehendere Bedeutung.

5 Die Vorschrift gilt im **kaufmännischen Geschäftsverkehr** nicht (§ 24). Der Ausschluß des Leistungsverweigerungsrechts und des Zurückbehaltungsrechts ist im kaufmännischen Verkehr grundsätzlich zulässig <BGH, 10. 10. 1991, BB 1992, 229 = BGHZ 115, 324 (327)>. Die Wirksamkeit des Verbots der Zurückbehaltung gilt aber nicht bei unstreitigem Gegenanspruch innerhalb eines einheitlichen Vertrages oder bei rechtskräftig festgestellten Ansprüchen <BGH a.a.O.>. Fraglich ist, ob die genannten Ausnahmen in der Klausel ausdrücklich aufgeführt sein müssen. Das ist hinsichtlich des unstreitigen Gegenanspruchs zu bejahen, nicht aber hinsichtlich der rechtskräftig festgestellten Ansprüche: Das Problem ist parallel zum Thema des Aufrechnungsausschlusses im kaufmännischen Verkehr zu sehen (siehe § 11 Nr. 3 Rdn. 2-4). Es reicht die Aufführung der Ausnahmen zusammengefaßt mit der Aufrechnung in einer gemeinsamen Klausel, wie sie in der Praxis üblich ist.

6 Keine Bedenken bestehen im kaufmännischen Verkehr gegen die in Lieferbedingungen der Industrie weitgehend üblichen Vorleistungsklauseln z.B. hinsichtlich einer **Anzahlung von 30 %**. Die Gegenmei-

nung <*Hensen* in Ulmer/Brandner/Hensen, 7. Aufl. 1993, Anhang §§ 9-11 Rdn. 772> stellt zu Unrecht darauf ab, daß der Kunde durch nichts abgesichert sei. Es ist einem Kaufmann zumutbar, die Entrichtung einer größeren Anzahlung von einer Sicherheit abhängig zu machen (z.B. Anzahlungsbürgschaft einer Bank). Das wird im kaufmännischen Verkehr auch in nennenswertem Umfang so praktiziert.

3. (Aufrechnungsverbot)

eine Bestimmung, durch die dem Vertragspartner des Verwenders die Befugnis genommen wird, mit einer unbestrittenen oder rechtskräftig festgestellten Forderung aufzurechnen.

Literatur: *von Westphalen*, Vertragsrecht, Januar 1995, S. 25-34.

Die Aufrechnung ist nach dem BGB nicht in jedem Fall zulässig (z.B. nicht in den Fällen der §§ 390, 391 Abs. 2, 392-395 BGB). Besteht aber nach den gesetzlichen Vorschriften eine Aufrechnungsmöglichkeit, so ist in AGB, die gegenüber Nichtkaufleuten verwendet werden, eine Bestimmung unwirksam, die dem Vertragspartner des Verwenders die Befugnis nimmt, mit einer unbestrittenen oder rechtskräftig festgestellten Forderung aufzurechnen. **1**

Eine AGB-Verbotsklausel muß als **Ausnahme** die Befugnis zur Aufrechnung mit einer unbestrittenen Forderung **ausdrücklich erwähnen**. Dagegen bestehen keine rechtlichen Bedenken im Hinblick darauf, daß nicht ausdrücklich auch rechtskräftig festgestellte Ansprüche des Vertragspartners des Verwenders vom Aufrechnungsverbot ausgenommen sind. Das ergibt sich sinngemäß: *Rechtskräftig festgestellte Forderungen stellen nur einen Unterfall der unbestrittenen Forderungen dar* <BGH, 18. 4. 1989, BB 1989, 1295 = BGHZ 107, 185 (189)>. **2**

Keine Bedenken gegen die Zulässigkeit der Aufrechnung bestehen im **kaufmännischen Geschäftsverkehr** selbst dann, wenn als Ausnahme in den AGB nur der Ausnahmefall der rechtskräftig festgestellten Forderungen aufgeführt ist <BGH, 27. 1. 1993, NJW-RR 1993, 519>. **3**

Unzulässig ist eine Klausel aber dann, wenn gar **keine Ausnahme erwähnt** ist <u.a. OLG Hamm, 8. 11. 1988, NJW-RR 1989, 274; BGH, **4**

16. 10. 1984, BB 1985, 885 = BGHZ 92, 312> oder die Aufrechnung selbst mit unbestrittenen Gegenforderungen von der Anerkennung des AGB-Verwenders abhängig gemacht wird <BGH, 1. 12. 1993, BB 1994, 241>.

5 Die Klausel, daß eine Aufrechnung nur mit vom AGB-Verwender anerkannten oder rechtskräftig festgestellten Forderungen möglich ist, schließt auch im kaufmännischen Geschäftsverkehr die Aufrechnung mit einer **entscheidungsreifen Gegenforderung** nicht aus <OLG Düsseldorf, 25. 10. 1996, WiB 1997, 604 (*Felsner*); OLG Koblenz, 16. 5. 1997, OLGR Koblenz u.a. 1997, 185>. An dieser Stelle soll an einem Beispiel moniert werden, daß Großkommentare die Erläuterungen zum Gesetz zum Teil auch mit überflüssigem Ballast befrachten: *Hensen* <in Ulmer/Brandner/Hensen, 8. Aufl. 1997, § 11 Nr. 3 Rdn. 4> setzt sich zwanzig Jahre nach Inkrafttreten des Gesetzes zum Thema der Aufrechnung mit entscheidungsreifen Gegenforderungen immer noch mit dem im Gesetzgebungsverfahren völlig unmaßgeblich gebliebenen CDU/CSU-Gesetzentwurf auseinander. So kann Papier gefüllt werden.

6 Eine zulässige Klausel über ein Aufrechnungsverbot wirkt auch nach Beendigung z.B. eines Miet- oder Leasingvertrages weiter, solange das Miet/Leasingobjekt noch nicht an den Vermieter/Leasinggeber zurückgegeben worden ist <OLG Düsseldorf, 30. 4. 1997, ZMR 1997, 466>.

7 Eine erweiterte **Aufrechnungsmöglichkeit** besteht **bei Insolvenzen** gemäß §§ 54 und 65 KO und entsprechend **bei Vermögensverfall** allgemein, ohne daß darauf in der AGB-Klausel eingegangen zu werden braucht <BGH, 12. 10. 1983, BB 1984, 495>.

8 Die Erweiterung der Aufrechnung durch **Konzernverrechnungsklauseln** unterliegt in der Wirksamkeit sehr starken rechtlichen Bedenken <a.A. *Joussen*, Der Industrieanlagenvertrag, 2. Aufl. 1996, S. 304>. Eine Konkursaufrechnung aufgrund einer Konzernverrechnungsklausel ist nicht zulässig <BGH 29. 2. 1996, EWiR 1996, 413 (*Mohrbutter*); BGH, 6. 12. 1990, BB 1991, 235>. Bei diesem Thema ist zu beachten, daß zum 1. 1. 1999 das Verbot des Konzernvorbehalts wirksam wird (Einführungsgesetz zur Insolvenzordnung Art. 33 Nr. 17: künftig § 455 Abs. 2 BGB).

9 Die **EU-Richtlinie** sieht im Anhang Nr. 1b für Verbraucherverträge vor, daß die Ausgleichung einer Verbindlichkeit gegenüber dem Gewerbetreibenden durch eine etwaige Forderung gegen ihn nicht „ungebührlich eingeschränkt werden" darf, wenn der Gewerbetrei-

bende eine der vertraglichen Verpflichtungen ganz oder teilweise nicht erfüllt oder mangelhaft erfüllt. Dem wird § 11 Nr. 3 gerecht <vgl. aber *Palandt/Heinrichs*, 57. Aufl. 1998, § 24a, Rdn. 27; *von Westphalen*, Vertragsrecht, S. 33f. Rdn. 28>.

Zu den Auswirkungen einer **eingeschränkten Aufrechnungsklausel** 10
im Wohnungsmietrecht auf die Unwirksamkeit einer Vorauszahlungsklausel siehe Anhang zu § 9 „Mietverträge für Wohnungen“.

Hinzuweisen ist noch auf folgenden speziellen Gesichtspunkt: Wan- 11
delt sich eine ein Zurückbehaltungsrecht begründende Gegenforderung in eine Schadensersatzforderung um, so kann mit dem Schadensersatzanspruch trotz formularmäßigen Aufrechnungsverbots aufgerechnet werden <OLG Düsseldorf, 19. 6. 1996, WiB 1997, 483 (*Jaeger*)>. Diese Möglichkeit der **Aufrechnung trotz Aufrechnungsverbot** braucht in den AGB aber nicht ausdrücklich erwähnt zu werden <*Jaeger*, WiB 1997, 483 (484)>.

4. (Mahnung, Fristsetzung)

eine Bestimmung, durch die der Verwender von der gesetzlichen Obliegenheit freigestellt wird, den anderen Vertragsteil zu mahnen oder ihm eine Nachfrist zu setzen.

Für AGB, die gegenüber Nichtkaufleuten verwendet werden, wird 1
die gesetzliche Obliegenheit von Mahnung und Nachfristsetzung einer Abänderungsmöglichkeit entzogen. Nur mit Mühe ist aber durch die Ausnahmen, die von den Vorschriften unter anderem der §§ 284 Abs. 1 Satz 1 und 326 Abs. 1 BGB existieren, im Einzelfall festzustellen, wann jeweils eine Mahnung und Nachfristsetzung erforderlich ist. So sind z.B. Fristsetzungen entbehrlich <siehe neue Rechtsprechung dazu auch bei *Broß*, WM Beilage Nr. 2/1997, S. 7 f> bei

- §§ 326 Abs. 2 und 634 Abs. 2 BGB
- Fixgeschäften: §§ 361 BGB und 376 Abs. 1 HGB
- Rücktrittsrecht des Lieferers im Rahmen des Eigentumsvorbehalts <BGH, 19. 10. 1994, NJW-RR 1995, 365>
- ernsthafter und endgültiger Erfüllungsverweigerung <u.a. BGH, 14. 5. 1996, NJW 1996, 2228 (2229); BGH, 15. 2. 1995, BB 1995, 742 (743); BGH, 28. 3. 1995, NJW-RR 1995, 939>

- Unzumutbarkeit/Vertrauensverlust <OLG Köln, 29. 3. 1995, BB 1995, 1316>
- Fehlschlagen des vom Verwender in AGB eingeräumten Nachbesserungsrechts <OLG Koblenz, 2. 5. 1991, NJW-RR 1992, 760 (761)>.

2 Die Vorschrift spricht von Freistellung „eine Nachfrist zu setzen“. Das BGB kennt (im Gegensatz zum UN-Kaufrecht) den **Begriff „Nachfrist“** nicht, obwohl er allgemein üblich ist. Daß das AGB-Gesetz mit Nachfrist den vom BGB nur als „Frist“ bezeichneten Zeitraum meint, wird durch § 10 Nr. 2 deutlich.

3 Die in den §§ 326 und 634 BGB vorgesehene **Ablehnungsandrohung** kann in AGB abbedungen werden und zwar im nichtkaufmännischen und im kaufmännischen Geschäftsverkehr <OLG Zweibrücken, 1. 12. 1994, WM 1996, 621; OLG Frankfurt, 15. 6. 1982, NJW 1982, 2564>. Der Formalismus der Ablehnungsandrohung ist im UN-Kaufrecht überhaupt nicht mehr zu finden.

4 Im **kaufmännischen Geschäftsverkehr** ist die **Mahnung** abdingbar <a.A. *Palandt/Heinrichs*, 57. Aufl. 1998, § 11 Rdn. 19; *Keßler*, WiB 1996, 886 unter II>, weil die Terminkontrolle im kaufmännischen Verkehr zumutbar und allgemein auch intensiv durchgeführt wird. Das Gebot sorgfältiger Vertragsabwicklung (§ 347 Abs. 1 HGB) erfordert vom Kaufmann ein großes Maß an Gründlichkeit (siehe auch Rdn. 6).

5 Dagegen ist die **Nachfristsetzung im kaufmännischen Verkehr** wegen ihrer schwerwiegenden Konsequenzen, die bei fruchtlosem Verstreichen eintreten, nicht abdingbar <BGH, 17. 1. 1990, BB 1990, 373 = BGHZ 110, 88 (97); BGH, 18. 12. 1985, NJW 1986, 843>. Das ist auch bei AGB im grenzüberschreitenden Geschäftsverkehr im Hinblick auf das UN-Kaufrecht zu beachten <allgemein zum Erfordernis von Nachfristsetzungen im UN-Kaufrecht: *Schlechtriem*, FS Trinkner, S. 321 ff.>.

6 **Fälligkeitszinsen** (ohne Mahnung) gibt es bei beiderseitigen Handelsgeschäften nach den gesetzlichen Vorschriften in Höhe von 5 % (§§ 353/352 HGB). Soweit in AGB allgemein Fälligkeitszinsen vereinbart sind, ist die Zulässigkeit zu bejahen; das gilt auch bei angemessen erhöhten Fälligkeitszinsen. *„Von Kaufleuten kann erwartet werden, daß sie ihren Zahlungspflichten auch ohne die in einer Mahnung liegenden Warnung vor den Verzugsfolgen rechtzeitig nachkommen“* <BGH, 7. 3. 1991, BB 1991, 1452 zu ADSp; OLG Celle,

3. 5. 1995, OLGR Celle 1995, 182; OLG Köln, 23. 2. 1994, OLGR Köln 1994, 241; unrichtig deshalb OLG Hamm, 24. 11. 1992, EWiR 1993, 525 (*Thamm/Detzer* kritisch)>. Im nichtkaufmännischen Verkehr können im Wege von AGB keine Fälligkeitszinsen vereinbart werden <BGH, 11. 12. 1997, BB 1998, 606>.

Zu **Rücktrittsklauseln wegen Vermögensverschlechterung** siehe § 10 **7**
Nr. 3 Rdn. 5. Zur Festlegung der **Dauer der Nachfrist** in AGB siehe Anhang zu § 9 „Nachfristdauer". Zu einer Rücktrittsklausel bei Zahlungseinstellung oder Beantragung eines Moratoriums in den Lieferbedingungen Möbelhandel: Anhang § 9, Möbelhandel Rdn. 4.

5. (Pauschalierung von Schadensersatzansprüchen)

die Vereinbarung eines pauschalierten Anspruchs des Verwenders auf Schadensersatz oder Ersatz einer Wertminderung, wenn

a) die Pauschale den in den geregelten Fällen nach dem gewöhnlichen Lauf der Dinge zu erwartenden Schaden oder die gewöhnlich eintretende Wertminderung übersteigt, oder

b) dem anderen Vertragsteil der Nachweis abgeschnitten wird, ein Schaden oder eine Wertminderung sei überhaupt nicht entstanden oder wesentlich niedriger als die Pauschale.

Die Vorschrift normiert die Unwirksamkeit von Klauseln, die **1**
gegenüber Nichtkaufleuten verwendet werden, hinsichtlich Schadensersatz und Wertminderung zugunsten des AGB-Verwenders, wenn

a) die Pauschale den in den geregelten Fällen nach dem gewöhnlichen Lauf der Dinge zu erwartenden Schaden oder die gewöhnlich eintretende Wertminderung übersteigt, oder

b) dem anderen Vertragsteil der Nachweis abgeschnitten wird, ein Schaden oder eine Wertminderung sei überhaupt nicht entstanden oder wesentlich niedriger als die Pauschale.

Im Gegensatz zu Vertragsstrafen (siehe § 11 Nr. 6) sind also **Pauschalierungen von Schadensersatz oder Wertminderung** in bestimmtem Rahmen möglich. Eine Schadensersatzpauschalabrede liegt vor, wenn sie der vereinfachten Durchsetzung eines als bestehend vorausgesetzten Schadensersatzanspruchs dienen soll; dagegen ist eine Vertragsstrafenregelung anzunehmen, wenn die Zahlung des versprochenen Betrages in erster Linie die Erfüllung der vertraglich geschuldeten Leistung sichern und auf den Vertragspartner einen möglichst wirkungsvollen Druck ausüben soll, die übernommenen Pflichten einzuhalten <BGH, 25. 11. 1982, NJW 1983, 1542>. Die Unterscheidung ist in der Praxis oft sehr schwierig. Der in den AGB verwendete Begriff kann einen Hinweis für die Eingruppierung geben. „Entschädigung" ist die übliche Bezeichnung für Schadensersatz <LG Tübingen, 31. 12. 1963, NJW 1964, 1798>. Unter Schadensersatzansprüche im Sinne der Vorschrift fallen insbesondere Forderungen aus den §§ 326 und 286 BGB. Auf Rückabwicklungen nach Kündigung oder Rücktritt ist dagegen in der Regel die ähnliche Vorschrift des § 10 Nr. 7 anzuwenden. Wird jedoch aufgrund von Kündigung oder Rücktritt Schadensersatz geltend gemacht, ist § 11 Nr. 5 maßgebend. Trotz einer Pauschalierung darf sich der AGB-Verwender den Nachweis eines höheren Schadens vorbehalten <BGH, 16. 6. 1982, BB 1983, 19 (20); OLG Hamm, 13. 6. 1986, NJW-RR 1987, 311 (312)>.

2 Die **Höhe der Pauschale bzw. Wertminderung** darf den nach dem gewöhnlichen Lauf der Dinge zu erwartenden Schaden oder die gewöhnlich eintretende Wertminderung nicht übersteigen. Die Pauschale muß vom Schadensbegriff des BGB ausgehen, so daß die generell nicht ersetzbaren allgemeinen Geschäftsunkosten (Bearbeitungskosten) für die Abwicklung von Schadensfällen <OLG Düsseldorf, 28. 4. 1995, WiB 1996, 396 (397 *Thamm*)> nicht eingerechnet werden dürfen. Die Darlegungs- und **Beweislast** für die Umstände, die für die Frage des Verhältnisses von Pauschale und gewöhnlich zu erwartendem Schaden maßgebend sind, liegt beim Vertragspartner des AGB-Verwenders <*Locher*: Das Recht der AGB, 3. Aufl. 1997, S. 109 mit Nachweisen>.

3 Die Vorschrift gilt zwar nicht für den **kaufmännischen Geschäftsverkehr** (§ 24). Der Grundgedanke ist aber über § 9 Abs. 1 auch im kaufmännischen Verkehr zu berücksichtigen <u.a. BGH, 28. 5. 1984, BB 1984, 1829; OLG Braunschweig, 8. 12. 1995, NJW-RR 1996, 566>.

4 Die Rechtsprechung hat in einer Fülle von Urteilen Einzelfälle zur Höhe der Pauschale entscheiden: **Nichtabnahme** (ob die Urteile zu § 11 Nr. 5 oder zu § 10 Nr. 7 ergangen sind, spielt im Ergebnis keine Rolle). Bei der Nichtabnahme von neuen Kraftfahrzeugen wird eine Pauschale von 15 % für zulässig erachtet <u.a. BGH, 16. 6. 1982, BB 1983, 19; OLG Schleswig, 4. 5. 1988, NJW 1988, 2247>. Bei Gebrauchtwagen dagegen ist 15 % auch im kaufmännischen Verkehr

zumindest dann unzulässig, wenn der AGB-Verwender als Verkäufer Vertragshändler eines Automobilherstellers ist, für dessen Geschäftstätigkeit das Neuwagengeschäft prägend ist, weil dann mit Neuwagen und nicht beim Absatz von Gebrauchtwagen Geld verdient wird <OLG Köln, 27. 5. 1993, NJW-RR 1993, 1404; LG Hamburg, 26. 7. 1996, NJW-RR 1997, 560; offen geblieben bei BGH, 29. 6. 1994, BB 1994, 2029 = BGHZ 126, 305>. Im Möbelhandel sind für rechtswirksam angesehen worden 30 % <OLG Frankfurt, 15. 6. 1982, NJW 1982, 2564> und 25 % <BGH, 31. 10. 1984, BB 1985, 689 (691 unter III)>. 40% hinsichtlich Lieferung und Montage von Fenstern sind gültig <OLG Stuttgart, 19. 12. 1980, NJW 1981, 1105>. Aber 40 % bei Lieferung und Montage von Zaunanlagen, Überdachungen und Geländern sind unzulässig <OLG Frankfurt, 16. 10. 1980, WRP 1981, 280>. Unzulässig ist eine Klausel hinsichtlich „mindestens 10 %“ in einem Bauvertrag für Kündigung vor Baubeginn <LG Berlin, 5. 7. 1996, BB 1996, 2062>.

Bei der **Nichtrückgabe von Getränkeleergut** ist die Rechtsprechung 5
uneinheitlich. Zum Teil wird angenommen, daß die Pauschale nicht 80 % vom Neupreis betragen darf <OLG Braunschweig, 8. 12. 1995, NJW-RR 1996, 566: zugesprochen wurde 50 %>. Dagegen wird aber auch die Neupreisklausel (als Vertragsstrafenbestimmungen) für zulässig angesehen <LG Waldshut-Tiengen, 6. 11. 1986, EWiR 1987, 105 (*Thamm*)>. Überwiegend geht die Rechtsprechung sogar von einem Handelsbrauch dahingehend aus, daß im Falle der Nichtrückgabe von Mehrwegflaschen nach Ablauf der Rückgabefrist der Lieferer Zahlung für Anschaffung von neuem Leergut verlangen darf *„auch dann, wenn die allgemeinen Geschäftsbedingungen eine derartige Ersatzbeschaffung nicht ausdrücklich vorsehen“* <u.a. OLG Frankfurt, 13. 7. 1979, Az. 10 U 163/78 und 10 U 9/79, unveröffentlicht>. Bei kartellrechtlich verbotenen **Preisabsprachen** darf die Pauschale 3 % betragen <BGH, 21. 12. 1995, BB 1996, 611>. Hinsichtlich der **Miete von Fernsprechanlagen** siehe *von Westphalen*, Klauselwerke: *Drettmann*, Telefonanlagenmiete, Januar 1995, ab Rdn. 11 mit Angabe auch vieler unveröffentlichter Urteile.

Zu **Stornierungs- (Annullierungs-) Pauschalen** siehe § 10 Nr. 7.

Bezüglich der **Nichtabnahme von vereinbarten Darlehen** ist die alte 6
Rechtsprechung, die in der Regel 2 % bis 3 % als Schadensersatzpauschale für wirksam <BGH, 2. 11. 1989, NJW 1990, 981> evtl. aber auch 4,5 oder 5 % als zulässig angesehen hatte <u.a. OLG Düsseldorf, 12. 7. 1990, NJW-RR 1991, 442> nicht mehr uneingeschränkt

maßgebend. Der BGH hat entschieden, daß es auf den Zinserwartungszeitraum ankommt. *„Danach bestehen gegen AGB-Regelungen, die als Pauschalentschädigungen einen von der Laufzeit unabhängigen Prozentsatz des Darlehensnennbetrages vorsehen, Bedenken aus § 11 Nr. 5a AGB-Gesetz"* <BGH, 12. 3. 1991, NJW 1991, 1817; *Beckers*, WM 1991, 2049>. Siehe im einzelnen *von Westphalen*, Klauselwerke: Darlehensvertrag, ab Rdn. 66. Ein pauschalierter Zinsmargenschaden einer Bank (Differenz zwischen Refinanzierungs- und Vertragszins) von 0,5 % p.a. ist nicht zu beanstanden <OLG Zweibrücken, 1. 12. 1994, WM 1996, 621>.

7 **Verzugszinsen** (Zinserhöhungsklauseln) sind pauschalierte Schadensersatzregelungen, nicht Vertragsstrafe <BayrObLG, 12. 2. 1981, BB 1981, 1418>. 5% über Bundesbankdiskont ist zulässig bei Kreditinstituten, die Kredite an Verbraucher und Gewerbetreibende ausgeben; auch gegenüber Gewerbetreibenden kann 5 % über Diskont berechnet werden <BGH, 3. 5. 1995, BB 1995, 1508>. Das gilt auch für Leasing <BGH, 11. 1. 1995, NJW 1995, 954 (955)>, aber nicht für Realkredite <BGH, 18. 2. 1992, NJW 1992, 1621>, erst recht nicht bei Nichtbanken. *„Handelsunternehmen können eine abstrakte Berechnung von Verzugsschäden nicht nach der Formel ‚Diskontsatz + 5 %' vornehmen"* <BGH, 11. 10. 1994, BB 1995, 478>. Insofern sind nur 2 % über Diskont nach AGB-Recht zu akzeptieren, wenn nicht nach § 352 Abs. 1 HGB vorgegangen wird. Unzulässig ist es, wenn Leasinggesellschaften Verzugszinsen von mehr als 10 % über Bundesbankdiskont in ihren AGB vorsehen <vgl. BGH, 4. 6. 1996, EWiR 1996, 691 (*Henssler*)>. Für Verbraucherkredite gilt § 11 Abs. 1 des Verbraucherkreditgesetzes. Siehe im übrigen auch *von Westphalen*, Vertragsrecht, S. 344/345 und *Casper*, NJW 1997, 240 gegen *Müller*, NJW 1996, 1520.

8 Die Klausel darf den **Nachweis** nicht abschneiden, der **Schaden oder die Wertminderung** sei überhaupt nicht entstanden oder **wesentlich niedriger** (Nr. 5b). Es ist aber nicht erforderlich, daß dies in der Klausel ausdrücklich zum Ausdruck gebracht wird <BGH, 7. 3. 1991, BB 1991, 1452; BGH, 31. 10. 1984, BB 1985, 689 unter I, 2, a>. Andererseits genügt es zum Verstoß gegen die Vorschrift, wenn in der Klausel mittelbar der Eindruck erweckt wird, der Nachweis sei abgeschnitten. Das ist zum Beispiel zu bejahen bei der Formulierung „mindestens" oder „auf jeden Fall" <BGH, 31. 10. 1984, a.a.O.>, soll aber auch schon zu bejahen sein bei einer Formulierung: „ist … mit … % zu verzinsen <BGH, 19. 6. 1996, WM 1996, 2025 (2027 unter II, 1, c, cc>. Im übrigen ist bei der Beantwortung der Frage, wann der

Eindruck erweckt wird, der Nachweis sei abgeschnitten, in der Rechtsprechung eine außerordentlich große Unklarheit festzustellen. Die Urteile erscheinen in Einzelfällen nahezu willkürlich. Für den **kaufmännischen Geschäftsverkehr** ist aber insofern **keine Ängstlichkeit** angebracht. Die Formulierung „ … hat als Schadensersatz 3 v.H. … zu zahlen" ist im kaufmännischen Verkehr zulässig <BGH, 21. 12. 1995, BB 1996, 611 = BGHZ 131, 356>. In vorsichtiger Weise wird in der Rechtsprechung zutreffend die Ansicht vertreten, daß die Vorschrift von Nr. 5b im kaufmännischen Verkehr überhaupt nicht – also auch nicht über § 9 – angewendet werden darf <vgl. KG, 27. 9. 1993, OLGR Berlin 1993, 169>.

Die **EU-Richtlinie** sieht im Anhang Nr. 1d vor, daß bei Verbraucher- 9
verträgen eine Mißbräuchlichkeit bejaht werden kann, wenn der Gewerbetreibende bei einem Vertragsbruch des Verbrauchers die geleisteten Zahlungen ohne Rücksicht auf die Höhe einbehalten darf, ohne daß umgekehrt ein entsprechender Entschädigungsanspruch gegen den Gewerbetreibenden vorgesehen ist. Anhang Nr. 1e behandelt den Fall, daß dem Verbraucher, der seinen Verpflichtungen nicht nachkommt, eine unverhältnismäßig hohe Entschädigung auferlegt wird.

6. (Vertragsstrafe)

eine Bestimmung, durch die dem Verwender für den Fall der Nichtabnahme oder verspätete Annahme der Leistung, des Zahlungsverzugs oder für den Fall, daß der andere Vertragsteil sich vom Vertrag löst, Zahlung einer Vertragsstrafe versprochen wird.

Literatur: *von Westphalen*, Vertragsrecht, Januar 1995, S. 335-342; *Keßler*, WiB 1996, 886 und *Schlünder*, ZfBR 1995, 281 (für Bauverträge).

In AGB, die gegenüber Nichtkaufleuten verwendet werden, sind 1
Vertragsstrafenvereinbarungen in folgenden Fällen unwirksam:

- bei Nichtabnahme der Leistung;
- bei verspäteter Abnahme der Leistung;
- bei Zahlungsverzug;
- bei Lösung des Vertrages jeweils durch den Vertragspartner des AGB-Verwenders.

Unter **Abnahme** ist nicht die für § 640 BGB erforderliche Billigung der Leistung durch den Empfänger als im wesentlichen vertragsgemäß zu verstehen <zur Abnahme in diesem Sinne u.a. BGH, 27. 2. 1996, BB 1996, 766 = WiB 1996, 496 (497 *Thamm*)>, sondern die körperliche Entgegennahme des gelieferten Gegenstandes oder die Annahme der zu erbringenden Werkleistung des AGB-Verwenders.

2 Statt Vertragsstrafe werden insbesondere unter Kaufleuten auch **andere Begriffe** gebraucht: Konventionalstrafe, Pönale, Terminsicherungsbetrag. Zur Abgrenzung der Vertragsstrafe von pauschaliertem Schadensersatz siehe § 11 Nr. 5.

3 Zwar gilt die Vorschrift nicht im **kaufmännischen Geschäftsverkehr** (§ 24). Bei Vertragsstrafenvereinbarungen in AGB des kaufmännischen Verkehrs, die in der Praxis eine bedeutende Rolle spielen, sind aber mehrere wichtige Gesichtspunkte, die von der Rechtsprechung herausgearbeitet worden sind, zu beachten: Es muß vor allem eine **angemessene Relation zwischen der Höhe der Vertragsstrafe und dem Gewicht des Vertragsverstoßes** bestehen, der die Vertragsstrafe auslöst <u.a. BGH, 12. 1. 1994, NJW 1994, 1060 (1064) unter VI, 2, b, Daihatsu, (insofern nicht abgedruckt in BB 1994, 885/888)>. Unzulässig ist deshalb die Vereinbarung einer Vertragsstrafe von 5.000,00 DM für jeden Verstoß gegen das Wettbewerbsrecht ohne Differenzierung nach der objektiven Schwere des Verstoßes oder des Verschuldensgrades <OLG München, 13. 12. 1995, DB 1996, 422>, von 5.000,00 DM für Vertragsverletzungen des Automatenaufstellers <BGH, 21. 3. 1990, NJW-RR 1990, 1076 (1077)> oder von 5.000,00 DM bei Verletzung nachvertraglicher Pflichten bei Vertragshändlern <BGH, 7. 5. 1997, BB 1997, 1380>. Unzulässig ist auch die Vertragsstrafenvereinbarung zu Lasten des Käufers in einem Kaufvertrag über ein Treuhandunternehmen von 25.000,00 DM bei Unterschreiten der zugesagten Arbeitnehmerzahl für mehr als 4 Wochen, weil die Vertragsstrafe zu hoch und keine Staffelung vorgesehen war <OLG Brandenburg, 15. 5. 1996, OLGR Brandenburg 1996, 201; siehe aber Rdn. 6; zur Inhaltskontrolle solcher Vertragsstrafen *Drygala*, DZWir 1996, 101; beachte auch OLG Celle, 27. 3. 1996, rechtskräftig gem. Nichtannahme der Revision durch BGH, 26. 11. 1997, OLGR Celle 1998, 29>. Zulässig sind aber Vertragsstrafenvereinbarungen z.B. in Handelsvertreterverträgen für das Verbot der Abwerbung anderer Mitarbeiter von jeweils 10.000,00 DM <OLG München, 26. 1. 1994, BB 1994, 1104 (1105)> und für jede bei Vertragsende zurückbehaltene Kundenanschrift im

Weinhandel von 250,00 DM <BGH, 10. 5. 1995, BB 1995, 1437>. Ebenso gebilligt wurde die Vereinbarung von 30.000,00 DM Vertragsstrafe zu Lasten von Händlern, die EDV-Programme unerlaubt kopieren <OLG Saarbrücken, 25. 1. 1989, Beilage zu BB 1989, Heft 30, S. 12>. In einem vorformulierten Vertragshändlervertrag kann für Veräußerungen von Vertragsware an nicht autorisierte Wiederverkäufer eine Vertragsstrafe in Höhe der Differenz zwischen Händlereinkaufspreis und unverbindlicher Preisempfehlung des Herstellers vereinbart werden <OLG München, 16. 7. 1997, BB 1997, 2399>. Zu Vertragsstrafen im Adressenhandel siehe Anhang zu § 9: Adressenhandel.

Die zeitlich gestaffelte Vertragsstrafe muß eine **Obergrenze** festle- 4
gen, anderenfalls ist die Vereinbarung rechtlich unwirksam und zwar auch bei einem an sich niedrigen Prozentsatz <BGH, 11. 5. 1989, BB 1989, 1371>. Die Obergrenze ist auch im kaufmännischen Geschäftsverkehr erforderlich <u.a. BGH, 7. 5. 1997, BB 1997, 1380; BGH, 11. 1. 1989, BB 1989, 1227; OLG Frankfurt, 28. 4. 1993, CR 1994, 355; vgl. OLG Düsseldorf, 27. 11. 1996, nicht rechtskräftig, OLGR Düsseldorf 1997, 73 für strafbewehrte Vertragsstrafen hinsichtlich Investitions- und Arbeitsplatzzusagen gegenüber der Treuhandanstalt (jetzt BvS); mittelbar anders aber OLG Hamburg, 28. 2. 1997, OLGR Bremen u.a. 1997, 187>. Die Obergrenze darf nicht zu hoch angesetzt werden. Unwirksam sind im kaufmännischen Verkehr 40 % <OLG Hamm, 18. 6. 1990, rechtskräftig gem. Nichtannahme der Revision durch BGH, 13. 2. 1992, NJW-RR 1992, 1206>. Unzulässig sind auch 20 %, die in 100 Tagen erreicht werden <OLG Zweibrücken, 10. 3. 1994, BB 1995, 13 (14)>. Als angemessene Obergrenze ist 10 % anerkannt <BGH, 25. 9. 1986, BB 1986, 2295>.

Bei zeitlich gestaffelten Beträgen bis zur Obergrenze muß auf ange- 5
messene Gestaltung der **Höhe der Vertragsstrafe bei den einzelnen Zeitabschnitten** geachtet werden. Nicht wirksam sind Klauseln, die 1,5 % pro Arbeitstag vorsehen <BGH, 12. 3. 1981, BB 1981, 874> oder 0,5 % pro Kalendertag <BGH, 18. 11. 1982, BB 1983, 663>. Zulässig ist dagegen 0,2 % pro Werktag oder 0,3 % pro Arbeitstag <BGH, 12. 3. 1981, BB 1981, 874>, erst recht 0,1 % pro Werktag <BGH, 25. 9. 1986, BB 1986, 2295>.

Vertragsstrafe ist nach § 339 BGB vom Verschulden abhängig. Die 6
Abbedingung des Verschuldensgrundsatzes ist in AGB im allgemeinen nicht zulässig. Individualvertraglich kann eine verschuldensunabhängige Vertragsstrafe vereinbart werden <BGH, 28. 1. 1997, BB

1997, 1554 = NJW-RR 1997, 686>. Die Vertragsstrafe ohne Verschulden ist ein Verstoß gegen § 9 <BGH, 26. 9. 1996, BB 1996, 2535 unter I, 2, a>. Das gilt im Prinzip auch im kaufmännischen Verkehr <vgl. OLG Celle, 25. 9. 1987, NJW-RR 1988, 946, (947)>. Eine differenzierte Betrachtungsweise ist aber angezeigt: *„In einseitig vom Verwender aufgestellten AGB vermag eine von § 339 BGB abweichende verschuldensunabhängige Vertragsstrafe dagegen auch im kaufmännischen Verkehr nur dann wirksam vereinbart werden, wenn gewichtige Umstände vorliegen, welche die Vertragsstrafenregelung trotz der Abweichung vom dispositiven Gesetzesrecht mit Recht und Billigkeit noch vereinbar erscheinen lassen, die verschuldensunabhängige Haftung des Vertragsstrafenschuldners als durch sachliche, die Unwirksamkeitsvermutung des § 9 Abs. 2 Nr. 1 AGB-Gesetz ausräumende Gründe gerechtfertigt ist.“* <BGH, 18. 4. 1984, NJW 1985, 57: das ist ein einziger Satz, ein typischer Juristensatz>. Unzulässig ist eine Vertragsstrafenklausel mit dem Zusatz, daß die Fertigstellungstermine bindend sind, „wenn der Auftragnehmer nicht rechtzeitig und unter Angabe von triftigen Gründen mitteilt, daß ihm die Fertigstellung der Arbeiten zum angegebenen Termin nicht möglich ist“, weil es dadurch zu einer verschuldensunabhängigen Vertragsstrafe kommen kann <OLG Hamm, 21. 3. 1996, rechtskräftig gemäß Nichtannahme der Revision durch BGH, 6. 2. 1997, NJW-RR 1997, 1042>. Zulässig ist dagegen eine verschuldensunabhängige Vertragsstrafenregelung in einem Unternehmenskaufvertrag mit der Treuhandanstalt über Arbeitsplatzgarantie dahingehend, daß 2.000,00 DM pro Monat für jeden nicht besetzten Arbeitsplatz zu zahlen sind <OLG Hamm, 7. 3. 1996, nicht rechtskräftig, DtZ 1996, 351; siehe aber die in Rdn. 3 angeführte unzulässige Fallgestaltung hinsichtlich OLG Brandenburg, 15. 5. 1996>. Kein Verstoß gegen § 9 ist bei Arbeitsplatzzusagen gegenüber der Treuhandanstalt anzunehmen, wenn dieser Belastung entsprechende Vorteile in Gestalt eines günstigen Kaufpreises gegenübergestanden haben. Das gilt gleichermaßen auch für die zur Absicherung dieser Arbeitsplatzgarantie vereinbarte Vertragsstrafenregelung, und zwar selbst dann, wenn man sie wegen des Zusammenhanges mit der eingegangenen Arbeitsplatzgarantie als ein verschuldensunabhängiges Vertragsstrafenversprechen versteht <OLG Hamburg, 28. 2. 1997, OLGR Bremen u.a. 1997, 187>.

7 Nach § 341 Abs. 3 BGB muß sich der Gläubiger die Vertragsstrafe bei der Annahme vorbehalten, wenn er nicht seinen Anspruch verlieren will. In AGB ist die völlige **Abbedingung des Vorbehaltes** unzulässig <BGH, 12. 7. 1984, BauR 1984, 643 (644); BGH,

18. 11. 1982, BB 1983, 663 = BGHZ 85, 305; OLG Düsseldorf, 27. 1. 1994, OLGR Düsseldorf, 1994, 63>. Unwirksam ist deshalb die Klausel: „Die verwirkte Vertragsstrafe wird der Einfachheit halber von der Schlußrechnung abgezogen." <BGH, 12. 7. 1984, a.a.O.>, weil dann kein ausdrücklicher Vorbehalt zu erfolgen braucht. Eine Abmilderung in zeitlicher Hinsicht ist aber möglich. So kann in einem Bauvertrag vereinbart werden, daß sich der Besteller die Vertragsstrafe nicht schon bei der Abnahme vorbehalten muß, sondern noch bis zur Schlußzahlung geltend machen darf <BGH, 12. 10. 1978, BB 1979, 69 = BGHZ 72, 222>.

Als nicht zulässig muß es angesehen werden, wenn in Einkaufsbe- 8
dingungen die **Nichteinhaltung von Zwischenterminen** per AGB mit Vertragsstrafe belegt wird. Holt nämlich der Hersteller bis zum vereinbarten Endtermin die Verzögerung wieder auf, so ist dem Besteller kein Nachteil entstanden. In einer Gerichtsentscheidung ist die Wirksamkeit der Vertragsstrafenregelung allerdings nur in der Summierung von Beträgen bei zahlreichen Zwischenterminen für unzulässig erklärt worden <OLG Bremen, 7. 10. 1986, NJW-RR 1987, 468>.

Strafbewehrte Unterlassungserklärungen mit **Verzichtsklauseln auf** 9
die Einrede des Fortsetzungszusammenhanges z.B. im Wettbewerbsrecht verstoßen gegen § 9 Abs. 2 Satz 1 <BGH, 10. 12. 1992, BB 1993, 683 = BGHZ 121, 13 mit kritischer Besprechung *Oellers*, EWiR 1993, 211; OLG Düsseldorf, 23. 10. 1996, EWiR 1996, 1141 (*Ulrich*)>.

Zur **Verfallsklausel** (so werden leider häufig auch Klauseln bezeich- 10
net, die in Wirklichkeit Fälligstellungsvereinbarungen sind) siehe *von Westphalen*: Vertragsrecht, S. 307-310. Zu **Kreditunwürdigkeitsklauseln** siehe § 10 Nr. 3.

Nach der **EG-Richtlinie** Anhang Nr. 1, d sind Klauseln mißbräuch- 11
lich, die es dem Gewerbetreibenden gestatten, vom Verbraucher gezahlte Beträge einzubehalten, wenn dieser darauf verzichtet, den Vertrag abzuschließen oder zu erfüllen, ohne daß für den Verbraucher ein Anspruch auf eine Entschädigung in entsprechender Höhe seitens des Gewerbetreibenden vorgesehen wird, wenn dieser selbst es unterläßt. Anhang 1, e sieht die Auferlegung eines unverhältnismäßigen hohen Entschädigungsbetrages für mißbräuchlich an, wenn der Verbraucher seinen Verpflichtungen nicht nachkommt.

Zu § 11 VOB/B siehe Anhang zu § 9: VOB. 12

7. (Haftung bei grobem Verschulden)

ein Ausschluß oder eine Begrenzung der Haftung für den Schaden, der auf einer grob fahrlässigen Vertragsverletzung des Verwenders oder auf einer vorsätzlichen oder grob fahrlässigen Vertragsverletzung eines gesetzlichen Vertreters oder Erfüllungsgehilfen des Verwenders beruht; dies gilt auch für Schäden aus der Verletzung von Pflichten bei den Vertragsverhandlungen;

8. (Verzug, Unmöglichkeit)

eine Bestimmung, durch die für den Fall des Leistungsverzugs des Verwenders oder der von ihm zu vertretenden Unmöglichkeit der Leistung

a) das Recht des anderen Vertragsteils, sich vom Vertrag zu lösen, ausgeschlossen oder eingeschränkt oder

b) das Recht des anderen Vertragsteils, Schadensersatz zu verlangen, ausgeschlossen oder entgegen Nummer 7 eingeschränkt wird.

Literatur: *von Westphalen*, DB 1997, 1805 (kaufmännischer Geschäftsverkehr)

1 Diese beiden gesetzlichen Vorschriften sind von ganz erheblicher Bedeutung; sie bilden sinngemäß eine Einheit. Die Regelungen sind von der Rechtsprechung entgegen ihrem ursprünglichen Sinn pervertiert und in unerträglicher Weise deformiert worden.

2 Der Sinn der kompliziert verschachtelten und damit kaum verständlichen Vorschriften hinsichtlich **Schadensersatzansprüchen** ist folgender: Bei Verwendung der **AGB gegenüber Nichtkaufleuten** ist bei Vorsatz und grober Fahrlässigkeit weder ein Haftungsausschluß noch eine Haftungsbegrenzung zulässig (§ 11 Nr. 7). Bei leichter Fahrlässigkeit ist die Haftung ausschließbar <a.A. *Hensen* in Ulmer/Brandner/Hensen, 8. Aufl. 1997, § 11 Nr. 8 Rdn. 10>, zumindest aber begrenzbar (§ 11 Nr. 8 Buchstabe b). Die Kontroverse, ob bei leichter Fahrlässigkeit die Haftung ausschließbar oder nur begrenzbar ist, kann derzeit für die Praxis leider dahinstehen, weil die Rechtsprechung durch den Grundsatz, daß bei der Verletzung wesentlicher Vertragspflichten (Kardinalpflichten) überhaupt kein Haftungsausschluß und keine Haftungsbegrenzung zulässig ist (dazu Rdn. 6), die Vorschrift von § 11 Nr. 8 Buchstabe b völlig „auf den

Kopf gestellt“ hat. Da die Rechtsprechung sehr viele Vertragsverstöße als Verletzung wesentlicher Vertragspflichten qualifiziert, ist § 11 Nr. 8 Buchstabe b total in sein Gegenteil verkehrt worden (näheres unter Rdn. 6).

Von § 11 Nr. 7 und 8 gibt es eine Reihe von **Ausnahmen** durch spezi- 3
algesetzliche Vorschriften: § 23 Abs. 2 Nr. 3 und 4 (letztere nur hinsichtlich § 11 Nr. 7); für die Deutsche Post AG und die Deutsche Bahn AG: siehe § 8 Rdn. 2. Zu beachten ist zum Beispiel auch die Vorschrift von § 51a Abs. 1 Nr. 2 der Bundesrechtsanwaltsordnung: Siehe Anhang § 9, Rechtsanwaltsbedingungen. Dies ist keine vollständige Aufzählung.

§ 11 Nr. 7 gilt für alle vertraglichen Ansprüche und damit auch für 4
die **Verletzung von vertraglichen Nebenpflichten** <zu vertraglichen Nebenpflichten bei Lieferverträgen im kaufmännischen Geschäftsverkehr: *Thamm/Pilger*, BB 1994, 729; zur Nebenpflicht der Aufklärung bei Franchising: Anhang § 9, Franchising Rdn. 5>. Wird also in AGB die Haftung für die Verletzung vertraglicher Nebenpflichten ausgeschlossen, so liegt ein Verstoß gegen § 11 Nr. 7 vor <*Thamm/Pilger* a.a.O. (732 Abschn. 7)>.

Für **deliktische Ansprüche** gilt § 11 Nr. 7 seinem Wortlaut nach zwar 5
nicht. Die Rechtsprechung wendet die Vorschrift aber zumindest entsprechend an <BGH, 15. 2. 1995, BB 1995, 742 (743 unter IV, 2); BGH, 12. 3. 1987, BB 1987, 1131 mit Anm. *Zoller* = BGHZ 100, 157 (158)>.

Durch den Rechtsprechungsgrundsatz des BGH, daß bei der **Verlet-** 6
zung wesentlicher Vertragspflichten (Kardinalpflichten) auch bei nur leichter Fahrlässigkeit nicht einmal eine Haftungsbegrenzung zulässig ist <BGH, 11. 11. 1992, BB 1992, 2460; sehr zutreffend abl. Besprechung von *Schmidt-Salzer*, LM § 9 AGBG (Cf) Nr. 40; BGH, 26. 1. 1993, NJW-RR 1993, 560; OLG Saarbrücken, 30. 9. 1994, NJW-RR 1995, 117>, wird der insofern eindeutige Wortlaut von § 11 Nr. 8 Buchstabe b völlig „auf den Kopf gestellt“. Entgegen der gesetzlichen Vorschrift sind Haftungsbegrenzungen bei leichter Fahrlässigkeit von der Rechtsprechung für rechtlich unzulässig erklärt worden. Zwar hat in einer bisher viel zu wenig beachteten Entscheidung der XII. Zivilsenat des BGH zu § 11 Nr. 12 ausgeführt, daß die gesetzgeberische Regelungsabsicht des Klauselverbotskatalogs nicht über die Generalklausel des § 9 geradezu „auf den Kopf gestellt“ werden darf <BGH, 4. 12. 1996, BB 1997, 386>. Diese wichtige Aussage hat aber den anderen Senaten des BGH bisher noch keine Veranlassung

gegeben, die verfehlte Rechtsprechung einer Korrektur zu unterziehen. Die falsche Rechtsprechung zu § 11 Nr. 8 Buchstabe b wiegt deshalb für den AGB-Verwender besonders schwer, weil die Rechtsprechung sehr viele Vertragsverstöße als Verletzung wesentlicher Vertragspflichten einstuft. So meint der BGH zum Beispiel ohne nähere Begründung, daß ein **Lieferverzug** eine wesentliche Vertragspflichtverletzung im Sinne von § 9 Abs. 2 Nr. 2 sei <BGH, 12. 1. 1994, BB 1994, 855 (888); der Nichtabdruck dieser Passage des Urteils in BGHZ 124, 351 kann wohl als Hinweis darauf gewertet werden, daß sich der BGH der für die Wirtschaftspraxis enormen Wichtigkeit absolut nicht bewußt ist; die vom BGH vertretene Ansicht wird geteilt von *v. Westphalen* in FS für Trinkner, 1996, S. 441 (445 f.)>. Das ist in dieser pauschalen Behauptung falsch. Gemäß § 9 Abs. 2 Nr. 2 muß die wesentliche Vertragspflichtverletzung dazu führen, daß „die Erreichung des Vertragszwecks gefährdet ist". Das ist beim Lieferverzug in der Regel nicht der Fall. Der Vertragszweck des Liefervertrages ist die endgültige dauerhafte Benutzung des Liefergegenstandes. Dieser Zweck ist auch dann erreicht, wenn der Liefergegenstand verspätet in den Besitz des Bestellers gelangt. Ein Verzug ist mit Mangelhaftigkeit vergleichbar. Das Auftreten eines Mangels ist auch keine wesentliche Vertragspflichtverletzung im Sinne von § 9 Abs. 2 Nr. 2. Genau so wie bei Mangelhaftigkeit ist bei Verzug der Liefergegenstand einige Zeit lang für den Besteller nicht benutzbar.

7 Im **kaufmännischen Geschäftsverkehr** ist hinsichtlich der Beurteilung des Problems der **Haftungsbegrenzung für Schadensersatzansprüche** ein weitgehend gleiches Ergebnis festzustellen. Zwar gibt es für die Unwirksamkeit von Haftungsbegrenzungen bei grober Fahrlässigkeit von Erfüllungsgehilfen noch keine ausdrückliche Klarstellung durch den BGH. Die juristische Literatur und die OLG-Rechtsprechung haben sich jedoch deutlich in diesem Sinne ausgesprochen <OLG Hamm, 10. 10. 1995, NJW-RR 1996, 969 unter 2, b; OLG Köln, 29. 6. 1993, BB 1993, 2044>. Hinsichtlich leichter Fahrlässigkeit und erst recht bei grober Fahrlässigkeit besteht aber dasselbe Problem durch den auch für den kaufmännischen Verkehr in völlig gleicher Weise geltenden Rechtsprechungsgrundsatz der Verletzung wesentlicher Vertragspflichten (siehe Rdn. 6; Lit.: *v. Westphalen*, DB 1997, 1805).

8 **§ 11 Nr. 8 Buchstabe a** verbietet bei Verwendung der AGB gegenüber Nichtkaufleuten den Ausschluß und die Einschränkung des Rechts des Vertragspartners, sich bei Verzug oder zu vertretender

Unmöglichkeit vom Vertrag zu lösen. Rücktritt oder Kündigung dürfen also durch AGB in den genannten Fällen nicht erschwert werden. Unwirksam ist auch das Hinausschieben einer angemessenen Nachfrist für den Rücktritt zum Beispiel durch Zwischenschaltung einer zusätzlichen Karenzzeit, während der noch keine angemessene Nachfrist gesetzt werden darf <zur Unwirksamkeit der Festlegung unangemessen langer Nachfristen: Siehe § 10 Nr. 2; zur Entbehrlichkeit von Nachfristsetzungen: Siehe § 11 Nr. 4 Rdn. 1>.

Bei Verwendung von AGB im **kaufmännischen Verkehr** sind die 9
Grundzüge der Vorschrift des § 11 Nr. 8 Buchstabe a im Rahmen des § 9 entsprechend heranzuziehen. Auch im kaufmännischen Verkehr muß bei Verzug oder zu vertretender Unmöglichkeit dem Besteller ein Rücktritts- oder Kündigungsrecht in angemessener Weise zur Verfügung stehen. Die Angemessenheit kann bei der Gestaltung der Nachfrist gebührend berücksichtigt werden.

9. (Teilverzug, Teilunmöglichkeit)

eine Bestimmung, die für den Fall des teilweisen Leistungsverzugs des Verwenders oder bei von ihm zu vertretender teilweiser Unmöglichkeit der Leistung das Recht der anderen Vertragspartei ausschließt, Schadensersatz wegen Nichterfüllung der ganzen Verbindlichkeit zu verlangen oder von dem ganzen Vertrag zurückzutreten, wenn die teilweise Erfüllung des Vertrages für ihn kein Interesse hat.

Die Vorschrift ergänzt § 11 Nr. 8. Sie ist insofern sprachlich fehler- 1
haft, als sich das „ihn" nach dem Text auf den Verwender bezieht, in Wirklichkeit aber den Vertragspartner des Verwenders meint.

Wenn eine Teilerfüllung wegen eines teilweisen Verzuges des AGB- 2
Verwenders oder einer zu vertretenden teilweisen Unmöglichkeit der Leistung für den **nichtkaufmännischen Vertragspartner** ohne Interesse ist, darf der Rücktritt vom ganzen Vertrag oder der Schadensersatz wegen Nichterfüllung des ganzen Vertrages bei Vorsatz oder grober Fahrlässigkeit nicht durch AGB ausgeschlossen werden. Überwiegend wird die Ansicht vertreten, daß auch eine Einschränkung über § 11 Nr. 8 hinaus nicht zulässig ist <*Hensen* in Ulmer/Brandner/Hensen, 8. Aufl. 1997, § 11 Nr. 9 Rdn. 5; *Palandt/Heinrichs*, 57. Aufl. 1998, § 11 Rdn. 44>. Hinsichtlich des Rücktrittsrechts verbietet die Vorschrift damit Abweichungen durch AGB von den §§ 280 Abs. 2, 325 Abs. 1 Satz 1 und 326 Abs. 1 Satz 3 BGB.

3 Aus der Vorschrift ist mittelbar zu schließen, daß Klauseln über die **Zulässigkeit von Teillieferungen** allgemein rechtlich zulässig sind (siehe auch § 11 Nr. 4 Rdn. 4).

4 Im **kaufmännischen Verkehr** werden die Zumutbarkeitsgesichtspunkte letztlich kaum anders zu bewerten sein als bei der Beurteilung von AGB, die gegenüber Nichtkaufleuten verwendet werden. Die sorgfältige Abwägung aller Faktoren muß aber im Einzelfall erfolgen.

10. (Gewährleistung)

eine Bestimmung, durch die bei Verträgen über Lieferungen neu hergestellter Sachen und Leistungen

a) (Ausschluß und Verweisung auf Dritte)

die Gewährleistungsansprüche gegen den Verwender einschließlich etwaiger Nachbesserungs- und Ersatzlieferungsansprüche insgesamt oder bezüglich einzelner Teile ausgeschlossen, auf die Einräumung von Ansprüchen gegen Dritte beschränkt oder von der vorherigen gerichtlichen Inanspruchnahme Dritter abhängig gemacht werden;

b) (Beschränkung auf Nachbesserung)

die Gewährleistungsansprüche gegen den Verwender insgesamt oder bezüglich einzelner Teile auf ein Recht auf Nachbesserung oder Ersatzlieferung beschränkt werden, sofern dem anderen Vertragsteil nicht ausdrücklich das Recht vorbehalten wird, bei Fehlschlagen der Nachbesserung oder Ersatzlieferung Herabsetzung der Vergütung oder, wenn nicht eine Bauleistung Gegenstand der Gewährleistung ist, nach seiner Wahl Rückgängigmachung des Vertrags zu verlangen;

c) (Aufwendungen bei Nachbesserung)

die Verpflichtung des gewährleistungspflichtigen Verwenders ausgeschlossen oder beschränkt wird, die Aufwendungen zu tragen, die zum Zwecke der Nachbesserung erforderlich werden, insbesondere Transport-, Wege-, Arbeits- und Materialkosten;

d) (Vorenthalten der Mängelbeseitigung)

der Verwender die Beseitigung eines Mangels oder die Ersatzlieferung einer mangelfreien Sache von der vorherigen Zahlung des vollständigen Entgelts oder eines unter Berücksichtigung des Mangels unverhältnismäßig hohen Teils des Entgelts abhängig macht;

e) (Ausschlußfrist für Mängelanzeige)

der Verwender dem anderen Vertragsteil für die Anzeige nicht offensichtlicher Mängel eine Ausschlußfrist setzt, die kürzer ist als die Verjährungsfrist für den gesetzlichen Gewährleistungsanspruch;

f) (Verkürzung von Gewährleistungsfristen)

die gesetzlichen Gewährleistungsfristen verkürzt werden.

1. Allgemeines

§ 11 Nr. 10 enthält mehrere Vorschriften, die eine Aushöhlung der 1
Gewährleistung zu Lasten des Vertragspartners des AGB-Verwenders vermeiden sollen. Der **Anwendungsbereich** ist nach dem mißverständlichen Wortlaut (siehe Rdn. 3) beschränkt auf

- die Lieferung neu hergestellter Sachen und
- Leistungen.

Die EU-Richtlinie unterscheidet für Verbraucherverträge nicht hinsichtlich der Beschränkung der Gewährleistung zwischen neuen und gebrauchten Gegenständen (Anhang Nr. 1b der EU-Richtlinie). Auch der EU-Richtlinienvorschlag über Verbrauchsgüterkauf vom 18. 6. 1996 vermeidet die Unterscheidung. Darauf weist zutreffend der Rechtsausschuß des Bundesrates in seinem Empfehlungsvorschlag vom 23. 10. 1996 unter 2e hin <ZIP 1996, Heft 43, aktuell Nr. 259>.

Für die Voraussetzung der **Lieferung neu hergestellter Sachen** ist auf 2
die Rechtsprechung zum Begriff „neu“ oder „fabrikneu“ zurückzugreifen <auch heute noch zutreffende Darstellung zum Begriff „fabrikneu“: *Thamm*, BB 1971, 1543>. Bei Kraftfahrzeugen und Maschinen führt im allgemeinen eine Standzeit von knapp einem Jahr noch nicht zum Verlust der Neuheit <OLG Köln, 30. 6. 1995, OLGR Köln 1995, 313; Brandenburgisches OLG, 11. 10. 1995, OLGR Brandenburg u.a. 1996, 49; Münchener Kommentar/*H.P. Westermann*, 3. Auflage, Band 3, 1995, § 459 Rdn. 39/40>. Die Neuheit eines Kfz muß aber wohl verneint werden, wenn eine Zulassung für 5 Monate auf einen Vorbesitzer vorliegt <BGH, 26. 3. 1997, BB 1997, 1919>. Auch hinsichtlich Software und Know-how soll die Vorschrift zur Anwendung kommen <vgl. BGH, 4. 11. 1987, BGHZ 102, 139; *Palandt/Heinrichs*, § 11 Rdn. 47>, ebenfalls für junge Tiere, die bald nach der Geburt verkauft werden <BGH, 3. 7. 1985, BB 1985,

2071; LG Aschaffenburg, 14. 12. 1989, NJW 1990, 915>. Beim Verkauf von Häusern und Eigentumswohnungen an Ersterwerber ist die Anwendung zu bejahen, auch wenn die Häuser oder Eigentumswohnungen einige Zeit leer gestanden oder anderweitig benutzt worden sind <*Klumpp*, NJW 1993, 372>.

3 Der Wortlaut der Vorschrift stellt auf **Leistungen** allgemein ab. Aus der Gesetzesbegründung und dem Gesamtzusammenhang ergibt sich aber, daß ein Formulierungsfehler vorliegt. Gemeint sind nur Leistungen im Rahmen von Werk- und Werklieferungsverträgen, nicht dagegen Gebrauchsüberlassungsverträge (Miete und Leasing) sowie Dienstverträge <u.a. BGH, 13. 3. 1991, BB 1991, 1073 (1074) = BGHZ 114, 57 (61); BGH, 24. 4. 1985, BB 1985, 1087 = BGHZ 94, 180 (186 ff.)>. Daß dieser schwerwiegende Gesetzesfehler bisher nicht zusammen mit einer der inzwischen vorgenommenen Gesetzesänderungen berichtigt worden ist, muß als erstaunlich bezeichnet werden. Schiefe Gesetze sind in Deutschland offenbar ohne Murren hinzunehmen. Wenn nicht spezialisierte Rechtsanwälte sich mit Gesetzen beschäftigen, sind sie selber Schuld, wenn sie in die Irre gehen!

2. Nr. 10 a (Ausschluß und Verweisung auf Dritte)

1 Die Vorschrift erklärt Klauseln in AGB, die gegenüber Nichtkaufleuten verwendet werden, für unwirksam, in denen die Gewährleistungsansprüche gegen den AGB-Verwender insgesamt oder bezüglich einzelner Teile ausgeschlossen, auf die Einräumung von Ansprüchen gegen Dritte beschränkt oder von der vorherigen gerichtlichen Inanspruchnahme Dritter abhängig gemacht werden. Der Ausschluß der Gewährleistung ist auch bei **Sonderangeboten** unwirksam <OLG Düsseldorf, 13. 2. 1997, BB 1997, 754>.

2 Die in Lieferbedingungen durchgängig enthaltenen Klauseln über die **Ausnahme von der Gewährleistung bezüglich normalem Verschleiß** (natürliche Abnutzung) verstößt nicht gegen die Vorschrift, weil normaler Verschleiß keinen Mangel darstellt, der Gewährleistung auslöst <vgl. OLG Celle, 28. 10. 1993, OLGR Celle 1994, 65>. Unzulässig ist es aber, für Verschleißteile <zur Definition „Verschleißteile" siehe DIN 31051 und 50320> die Gewährleistung völlig auszuschließen, weil auch Verschleißteile mit Mängeln (außerhalb der natürlichen Abnutzung) behaftet sein können. Einen interessanten und zumindest im kaufmännischen Geschäftsverkehr zulässigen Versuch, Meinungsverschiedenheiten über die Angemessenheit von

natürlichem Verschleiß für einen speziellen Wirtschaftsbereich durch AGB zu vermeiden, stellt die Konditionenempfehlung <zu Konditionenempfehlungen allgemein: siehe Vor § 8 Rdn. 2> des VDMA „Sonderbedingungen für den übermäßigen Abrieb an Schnecke und Zylinder bei Einschneckenextrudern“ dar <BAnz. 1992, 7830>. In diesen Bedingungen ist nach der technischen Definition des übermäßigen Abriebs eine Kostenbeteiligung vom Lieferer und Besteller in einem bestimmten Verhältnis je nach Zeitablauf der Gewährleistungsfrist vorgesehen. Zur unzulässigen Vereinbarung des *Erlöschens* der Gewährleistung bei Selbstnachbesserung siehe § 11 Nr. 10f) Rdn. 7.

Die **Beschränkung der Gewährleistung** auf Wandelung unter Aus- 3
schluß der Minderung ist bei vertretbaren Sachen zulässig <OLG München, 30. 9. 1993, BB 1994, 309; vgl. auch BGH, 16. 5. 1990, BB 1990, 1927>. Unzulässig ist dagegen die Einräumung nur der Minderung unter Ausschluß der Wandelung <BGH, 14. 7. 1993, BB 1993, 1755 (1756 unter III, 1)>. Siehe auch § 11 Nr. 10b Rdn. 9.

Nicht nur dann sind AGB unzulässig, wenn sie ausdrücklich die end- 4
gültige **Verweisung auf Dritte oder** die **vorherige gerichtliche Inanspruchnahme Dritter** vorsehen. Unzulässigkeit ist auch dann gegeben, wenn die Klausel aufgrund ihrer sprachlichen Fassung die Gefahr begründet, daß der Vertragspartner sie dahin versteht, daß im Regelfall die gerichtliche Inanspruchnahme Dritter Voraussetzung für die subsidiäre Haftung des Klauselverwenders ist. So ist zum Beispiel die Klausel unwirksam, daß der Bauträger nur dann „hilfsweise auf Gewährleistung“ haftet, wenn der Erwerber einer Eigentumswohnung „die ihm abgetretenen Ansprüche aus tatsächlichen Gründen (z. B. Insolvenz des Drittschuldners) nicht durchsetzen kann“ <BGH, 6. 4. 1994, BB 1995, 999 (dort irrtümlich als Urteilsdatum 23. 2. 1995 angegeben)>. Ebenfalls unwirksam ist die Klausel, daß der Bauträger die Gewährleistungsansprüche gegen die Baubeteiligten an den Bauherrn abtreten kann und seine Mängelhaftung erst dann wieder einsetzt, „wenn ... der Bauherr Gewährleistungsansprüche ... wegen Verjährung nicht durchsetzen kann <OLG Düsseldorf, 11. 10. 1996, NJW-RR 1997, 659>. Zur Verweisung des Händlers gegenüber dem Endkunden auf eine Herstellergarantie siehe Anhang zu § 9 „Garantieklausel“.

Auch im **kaufmännischen Verkehr** ist es unzulässig, dem Vertrags- 5
partner des Verwenders nur ein Minderungsrecht unter Ausschluß der Wandelung zuzugestehen <BGH, 14. 7. 1993, BB 1993, 1755>.

Umstritten sind die Fragen, ob eine endgültige Verweisung auf Dritte zulässig ist und ob gegebenenfalls auf die subsidiäre Einstandspflicht des AGB-Verwenders ausdrücklich hingewiesen werden muß. Rechtsprechung dazu fehlt bisher offenbar. Die endgültige Verweisung auf Dritte ist im kaufmännischen Verkehr als zulässig anzusehen. Soweit in der juristischen Literatur für die gegenteilige Ansicht mittelbar ein BGH Urteil herangezogen wird <z.B. *Palandt/Heinrichs* 57. Aufl. 1998, § 11 Rdn. 55: BGH, 12. 7. 1984, BGHZ 92, 123> ist nicht beachtet worden, daß diese Entscheidung nicht zum kaufmännischen Verkehr ergangen ist. Der kaufmännische Verkehr kann das Risiko einer solchen Vereinbarung abschätzen. Der kaufmännische Vertragspartner wird nicht rechtlos gestellt. Seine Position wird zwar verschlechtert; eine unangemessene Benachteiligung ist aber nicht zu bejahen. Lehnt man diese Ansicht ab, so ist aber keinesfalls ein ausdrücklicher Hinweis auf die subsidiäre Einstandspflicht des kaufmännischen AGB-Verwenders erforderlich <vgl. die differenzierte Auffassung von *Hensen* in Ulmer/Brandner/Hensen, 8. Aufl. 1997, § 11 Nr. 10a) Rdn. 27; a.A. *Palandt/Heinrichs* 57. Aufl. 1998, § 11 Rdn. 55>. Auf die parallele Problematik bei § 11 Nr. 10b) (siehe dort Rdn. 8) ist hinzuweisen.

3. Nr. 10 b (Beschränkung auf Nachbesserung)

Literatur: *von Westphalen*, Vertragsrecht, Januar 1995, S. 196-203.

1 Die Vorschrift sieht vor, daß bei der Lieferung neuer Sachen oder bei Leistungen eine Vereinbarung über Nachbesserung oder Ersatzlieferung in AGB, die gegenüber Nichtkaufleuten verwendet werden, unwirksam ist, wenn nicht dem Vertragspartner des AGB-Verwenders ausdrücklich das Recht vorbehalten wird, bei Fehlschlagen der Nachbesserung oder Ersatzlieferung Minderung oder (mit Ausnahme bei Bauleistungen) nach seiner Wahl Wandelung zu verlangen.

2 Ein Fehlschlagen der Nachbesserung oder Ersatzlieferung liegt dann vor, wenn die Nachbesserung oder Ersatzlieferung

- gar nicht durchgeführt wird <OLG Köln, 9. 10. 1992, BB 1992, 2317>
- erfolglos verläuft <BGH, 2. 2. 1994, NJW 1994, 1004 (1005)>
- nicht rechtzeitig erfolgt <BGH, 26. 11. 1984, BB 1985, 218 (225 unter XI, 2, b) = BGHZ 93, 29 (62)>

- unmöglich ist <BGH, 2. 2. 1994, NJW 1994, 1004 (1005)>
- unberechtigt veweigert wird <BGH a.a.O.; BGH, 26. 11. 1984, BB 1985, 218 (225 unter XI, 2, b) = BGHZ 93, 29 (62)>
- unzumutbar ist, z.B. weil zu viele Fehler vorliegen oder bisherige Nachbesserungsversuche den Fehler nicht beseitigt haben <BGH, 26. 11. 1984 a.a.O.; OLG Düsseldorf, 22. 9. 1995, OLGR Düsseldorf 1996, 38; OLG Köln, 16. 1. 1992, NJW-RR 1992, 1147>

Auf ein Verschulden des AGB-Verwenders kommt es nicht an <OLG Karlsruhe 4. 10. 1990, CR 1991, 280 mit Anmerkung>.

3 Bei Mängeln muß der Bezieher der Ware im allgemeinen eine **angemessene Nachfrist** mit Ablehnungsandrohung setzen (§ 634 Abs. 1 BGB). Die Angemessenheit ist im Einzelfall nach der Dringlichkeit und möglichen Durchführbarkeit zu ermitteln <BGH, 20. 10. 1992, NJW-RR 1993, 309>. Als ganz grobe Faustregel kann eine Frist von 2 Wochen bis zu einem Monat angegeben werden <OLG Düsseldorf, 24. 10. 1991, EWiR 1992, 767 (*Thamm/Detzer*); OLG Frankfurt, 23. 3. 1988, EWiR 1988, 667 (*Thamm/Detzer*); *Thamm*, BB 1982, 2018 (2021 unter 6); dagegen *Soergel* in Münchener Kommentar, 2. Aufl., § 634 Rdn. 8>. *Hensen* bezeichnet „im Regelfall zwischen sieben und vierzehn Tagen" als angemessen <Ulmer/Brandner/Hensen, 8. Aufl. 1997, § 11 Nr. 10b Rdn. 50>. Bei einer Lieferungszeit von einem Jahr hat der BGH eine Nachfrist von einem Monat als nicht unangemessen angesehen <BGH, 26. 3. 1996, NJW RR 1996, 1076>. Setzt der Bezieher der Ware dem Lieferer eine unangemessen kurze Frist, so ist die Fristsetzung nicht völlig wirkungslos; es wird (von Ausnahmen abgesehen) vielmehr eine angemessene Frist in Lauf gesetzt <Nachweise bei *Thamm*, WiB 1995, 944>.

4 Zur Frage, **wie viele Nachbesserungsversuche** für den Bezieher der Ware zumutbar sind, ist folgendes zu sagen: Eine bestimmte Zahl läßt sich nicht generell festlegen. Es kommt auf den Einzelfall an. Im allgemeinen werden zumindest 2 Versuche zumutbar sein <OLG Düsseldorf, 22. 9. 1995, OLGR Düsseldorf 1996, 38; OLG Hamm, 19. 10. 1994, OLGR Hamm 1994, 241; siehe im übrigen *Ullrich/Thamm*: Die VDMA-AGB, 3. Aufl. 1994, S. 61 (4. Aufl. 1998 in Druck) und *Schmid*, NJW 1994, 1824 (1828)>. Die Zahl der zumutbaren Nachbesserungsversuche muß nicht in den AGB angegeben werden <BGH, 21. 2. 1990, BB 1990, 950>. Ob bei der Nachbesserung von PC's die Klausel als wirksam anzusehen ist, daß

drei Nachbesserungen vom Vertragspartner hinzunehmen sind, wird von Gerichten unterschiedlich bewertet <für Zulässigkeit: AG Offenburg, 1. 3. 1996, BB 1996, Beilage Nr. 19, S. 12; a.A. LG Offenburg, 8. 4. 1997, EWiR 1997, 727 (*H.P. Westermann*); AG Mannheim, 24. 5. 1996, BB Beilage a.a.O. S. 11 = NJW-RR 1997, 560; neuestens allgemein BGH, 29. 10. 1997, WM 1998, 516: Unzulässigkeit auch im kaufmännischen Verkehr>. In einer offiziellen Verbraucherschrift wird als Faustregel für die Zahl der Reparaturversuche angegeben: „Nicht mehr als zwei" <Presse- und Informationsamt der Bundesregierung: Wegweiser für Verbraucher, 2. Aufl. 1996, S. 63>.

5 Der AGB-Verwender darf die Nachbesserung nicht davon abhängig machen, daß der Vertragspartner einen **„Reparaturauftrag"** unterschreibt, weil solche Formulare in der Regel Reparaturbedingungen in Bezug nehmen, die Haftungsbeschränkungen für die Reparatur zum Inhalt haben <OLG Köln, 2. 4. 1985, NJW-RR 1986, 151; *Creutzig*: Recht des Autokaufs, 3. Aufl. 1993, Rdn. 8.1.5.; *Thamm*, WiB 1996, 326>.

6 Die Vorschrift verlangt einen **ausdrücklichen Hinweis auf die sekundären Rechte** bei Fehlschlagen der Nachbesserung oder Ersatzlieferung. Dieser Hinweis (Vorbehalt) muß den Begriff „Fehlschlagen" der Nachbesserung oder Ersatzlieferung verwenden oder alle Möglichkeiten des Fehlschlagens im einzelnen aufzählen, sonst ist die Klausel unwirksam <BGH, 5. 11. 1997, WM 1998, 518; BGH, 2. 2. 1994, NJW 1994, 1004 (1005); vgl. BGH, 19. 6. 1996, BB 1996, 1574 (1576 unter 2a)>. Diese Fomalität muß merkwürdig erscheinen, entspricht aber eindeutiger Rechtsprechung. Die Klauselfassung muß außerdem berücksichtigen, daß nicht von „Minderung und Wandelung" gesprochen werden darf, sondern die Begriffe „Herabsetzung der Vergütung und Rückgängigmachung des Vertrages" benutzt werden müssen <u.a. BGH, 21. 2. 1990, BB 1990, 950; BGH, 30. 6. 1982, BB 1982, 2072>. **Man beachte:** Begriffe des BGB werden als so unverständlich angesehen, daß sie „normalen Menschen" nicht zuzumuten sind! Dann muß aber die Frage erlaubt sein, warum Gesetze nicht verständlicher ausgestaltet werden. Es ist nicht ausreichend, statt Wandelung (Rückgängigmachung des Vertrages) ein Rücktrittsrecht einzuräumen <BGH, 26. 6. 1991, BB 1991, 1522>. Dieses nur von Juristen nachzuvollziehende spitzfindige Ergebnis beruht darauf, daß sich der Rücktritt für den Vertragspartner minimal ungünstiger auswirkt als die Wandelung <siehe Einzelheiten bei BGH a.a.O.>.

Die Vorschrift enthält eine **Ausnahme für Bauleistungen**: Als sekun- 7
däres Recht reicht insofern die ausdrückliche Einräumung von Minderung (Herabsetzung der Vergütung) aus.

Für den **kaufmännischen Verkehr** ist bisher vom BGH ausdrücklich 8
unentschieden geblieben, ob der Hinweis auf die sekundären Rechte bei Fehlschlagen der Nachbesserung oder Ersatzlieferung entbehrlich ist <BGH, 19. 6. 1996, BB 1996, 1574 (1576 unter 2a); für Erforderlichkeit dagegen OLG Düsseldorf, 30. 10. 1992, OLGR Düsseldorf 1993, 140 (141); *von Westphalen*, Vertragsrecht, S. 202, Rdn. 62 mit weiteren Nachweisen der unterschiedlichen Auffassungen der juristischen Literatur in Fußnote 182; *Palandt/Heinrichs* § 11 Rdn. 60>. Wenn aber, was vorsorglich sehr zu empfehlen ist, ein Hinweis in den AGB enthalten ist, muß auch im kaufmännischen Verkehr eine umfassende Bestimmung (also mit den Worten „Fehlschlagen der Nachbesserung") oder eine vollständige Aufzählung der Möglichkeiten des Fehlschlagens vorgenommen werden <BGH, a.a.O.; BGH, 2. 2. 1994, NJW 1994, 1004 (1005); OLG Düsseldorf, 30. 10. 1992, OLGR Düsseldorf 1993, 140>.

Die **Einschränkung der sekundären Rechte im kaufmännischen Ver-** 9
kehr allein auf Wandelung ist zulässig <OLG Stuttgart, 17. 11. 1983, BB 1984, 495 zu den VDMA-Lieferbedingungen; so für die primären Rechte sogar bei Verwendung gegenüber Nichtkaufleuten: siehe § 11 Nr. 10a, Rdn. 3>. Dagegen ist die Beschränkung nur auf Minderung (unter Ausschluß der Wandelung) unwirksam <BGH, 14. 7. 1993, BB 1993, 1755 (1756f unter III 1)>. Die Ersetzung von Wandelung durch Rücktritt ist auch im kaufmännischen Verkehr nicht ausreichend <BGH, 26. 6. 1991, BB 1991, 1522>.

Im **kaufmännischen Verkehr** ist es zulässig, die **Begriffe „Minde-** 10
rung" und „Wandelung" ohne nähere Erläuterung zu verwenden <OLG Stuttgart, 17. 11. 1983, BB 1984, 495>.

4. Nr. 10 c (Aufwendungen bei Nachbesserungen)

Literatur: *von Westphalen*, Vertragsrecht, Januar 1995, S. 185-191.

Die §§ 476a/633 Abs. 2 Satz 2 BGB normieren, daß der zur Nachbes- 1
serung verpflichtete Unternehmer alle zum Zwecke der Nachbesserung erforderlichen Aufwendungen zu tragen hat. Diese BGB Vorschriften werden durch § 11 Nr. 10c) für AGB, die gegenüber Nicht-

kaufleuten verwendet werden, „klauselfest" gemacht, d.h. in AGB kann von den genannten BGB-Vorschriften nicht zu Lasten des Vertragspartners des AGB-Verwenders abgewichen werden. § 476a Satz 2 BGB macht eine Ausnahme, soweit die Aufwendungen sich erhöhen, weil die gekaufte Sache nach der Lieferung an einen anderen Ort als den Wohnsitz oder die gewerbliche Niederlassung des Empfängers verbracht worden ist, es sei denn, das Verbringen entspricht dem bestimmungsgemäßen Gebrauch der Sache. Diese Ausnahme gilt auch für § 11 Nr. 10c). Das AGB-Gesetz wollte die Vorschriften des BGB nicht erweitern sondern nur dessen Abbedingung verhindern.

2 Die Vorschrift ist auf einen **Ersatzlieferungsanspruch** zwar nicht anwendbar. Es wird aber generell die entsprechende Anwendung von § 476a BGB angenommen <BGH, 23. 1. 1991, BB 1991, 498>.

3 **Aufwendungen** sind alle Kosten, die sich aus der vom BGH wie folgt beschriebenen Nachbesserungspflicht ergeben: Die Nachbesserungspflicht erstreckt sich *„nicht nur darauf, die eigene mangelhafte Leistung nachträglich in einen mangelfreien Zustand zu versetzen. Sie umfaßt vielmehr auch alles, was vorbereitend erforderlich ist, um den Mangel der eigenen Leistung zu beheben. Hinzu kommen die Arbeiten, die notwendig werden, um nach durchgeführter Mängelbeseitigung den davor bestehenden Zustand wieder herzustellen. All dies ist untrennbar mit der Pflicht zur Behebung des Mangels verbunden und gehört zu dem vertraglichen Erfüllungs- und Gewährleistungsaufwand des Auftragnehmers"* <BGH, 7. 11. 1985, BB 1986, 761 (762 unter 2a) = BGHZ 96, 221 (225)>. Auch die Kosten zum Auffinden der Schadensursache sind solche Aufwendungen <BGH, 23. 1. 1991, BB 1991, 498>. Weitere Kosten, die nach Lieferung durch Verbringen an einen anderen Ort entstehen, gehen in der Regel zu Lasten des Bestellers selbst dann, wenn der Lieferer um das Verbringen an einen anderen Ort weiß <BGH a.a.O.>. Nur dann, wenn der Liefergegenstand seiner „Natur nach zum Ortswechsel bestimmt ist (Autos, Schiffe und Boote, Flugzeuge)" sind auch die weiteren Kosten vom Lieferer zu übernehmen, die dadurch entstehen, daß sich der Liefergegenstand nicht mehr am Lieferort befindet <BGH, a.a.O.; beachte aber OLG Düsseldorf, 21. 7. 1992, NJW-RR 1993, 60>. Ist der Käufer, der die Ware vom AGB-Verwender bezogen hat, Weiterveräußerer, so sind die Mängelbeseitigungskosten des Weiterveräußerers bei einer Reklamation des Endkunden als Aufwendungen im Sinne der Vorschrift anzusehen, die vom AGB-Verwender zu tragen sind <BGH, 25. 10. 1995, BB 1996, 67 (77 unter b)>. Nicht

ersatzfähig sind die internen Geschäfts-/Verwaltungsunkosten der Mängelrüge und der Mängelabwicklung <vgl. OLG Düsseldorf 28. 4. 1995, WiB 96, 396 (397 *Thamm*)>.

Kommt der AGB-Verwender mit seiner in den AGB zugesagten 4
Mängelbeseitigung in Verzug, so hat der Vertragspartner ein Selbstnachbesserungsrecht (§ 633 Abs. 3 BGB). Der Vertragspartner darf den Mangel selbst beseitigen oder die Mängelbeseitigung durch Dritte vornehmen lassen. **Ersatz der erforderlichen Aufwendungen für die Selbstnachbesserung** kann er dann vom AGB-Verwender verlangen <BGH, 31. 1. 1991, BB 1991, 651; *Rieble*, DB 1989, 1759>. Es verstößt gegen § 9 AGB-Gesetz, wenn in AGB dieser Ersatzanspruch für Selbstbeseitigung von Mängeln ausgeschlossen wird. Dasselbe gilt, wenn in AGB das Selbstnachbesserungsrecht überhaupt ausgeschlossen wird <vgl. BGH, 10. 4. 1991, BB 1991, 1213>.

Im **kaufmännischen Geschäftsverkehr** gilt die Vorschrift zwar nicht 5
(§ 24). Nach Auffassung der Rechtsprechung und der ganz überwiegenden Meinung der juristischen Literatur sind aber die Grundsätze der Vorschrift über § 9 auch auf den kaufmännischen Verkehr zu übertragen <u.a. BGH, 9. 4. 1981, BB 1981, 935; *Tiedtke*, JZ 1997, 869 (878)>. **Dabei muß jedoch beachtet werden:** Die Aussage, daß jede Verlagerung von Aufwendungen der Mängelbeseitigung auf den Vertragspartner des AGB-Verwenders unzulässig sei <so z.B. LG Arnsberg, 27. 10. 1992, NJW-RR 1993, 341> ist unzutreffend. Unwesentliche Kosten können dem Vertragspartner auferlegt werden. Das ergibt sich aus folgendem Urteilssatz des BGH: *„Die beanstandete Klausel benachteiligt den Händler unangemessen im Sinne des § 9 AGB-Gesetzes, weil die dargestellten Aufwendungen … nicht unwesentlich sind“* <BGH, 25. 10. 1995, BB 1996, 76 (77 unter c)>. Unwesentlich sind die Kosten aber nicht, wenn ein Reifenhersteller dem Reifenhändler die Kosten der Demontage der mangelhaften Reifen, der Versendungsvorbereitungen, der Montage der neuen Reifen und das Auswuchten überbürdet <BGH a.a.O.>, Die Wesentlichkeit ist nach dem Verhältnis des Kaufpreises der Reifen zu den Aufwendungen zur Beseitigung des Mangels zu beurteilen <BGH a.a.O.>.

Die Ansicht des BGH, daß im kaufmännischen Verkehr nur unwe- 6
sentliche Aufwendungen der Mängelbeseitigung verlagert werden dürfen, ist nicht zutreffend. Die Freiheit der Vertragsgestaltung des kaufmännischen Verkehrs wird dadurch zu stark eingeengt. Die Aufwendungen der Mängelbeseitigung sind im Zusammenhang mit der Kalkulation des Preises der Lieferung des neuen Gegenstandes zu

sehen. Ein etwas niedrigerer Kaufpreis bei eingeschränkter Erstattung der Mängelbeseitigung ist z.B. für einen Händler ggfs. interessanter als ein höherer Kaufpreis bei Erstattung aller Mängelbeseitigungskosten. Der BGH greift in die Freiheit solcher Kalkulation ohne zwingenden Grund und ohne Berücksichtigung von kaufmännischen Wechselwirkungen in zu starker Weise ein. Die Grenze einer Unzulässigkeit wegen unangemessener Benachteiligung des Vertragspartners wird erst dort zu ziehen sein, wo die überwiegenden Kosten der Mängelbeseitigung dem Vertragspartner angelastet werden. Erst dann muß von einer untragbaren Entwertung der Gewährleistung gesprochen werden. <Für die Zulässigkeit einer summenmäßigen Gesamtbegrenzung der vom AGB-Verwender zu tragende Nachbesserungskosten etwa auf den Auftragswert: *Eberstein*, Die zweckmäßige Ausgestaltung von AGB im kaufmännischen Geschäftsverkehr, 4. Aufl. 1997, S. 96>.

7 Der BGH hat in dem genannten Reifenfall <BGH, 25. 10. 1995, BB 1996, 76 (77 unter d)> auch das **Kompensationsproblem** (benachteiligende Klausel zu begünstigenden Bestimmungen in den AGB) geprüft und im konkreten Fall unzutreffend bewertet, nämlich verneint. Allein die Fristverlängerung der Gewährleistung hätte positiv berücksichtigt werden müssen. Zum Thema der Kompensationsmöglichkeit siehe allgemein § 9 Rdn. 7.

5. Nr. 10 d (Vorenthalten der Mängelbeseitigung)

Die Vorschrift bezieht sich auf Klauseln, die das Leistungsverweigerungsrecht des Verwenders der AGB erweitern. (Der Erhalt des Zurückbehaltungsrechts des Bestellers wegen Mängel ist durch § 11 Nr. 2b geschützt). Klauseln, die das Leistungsverweigerungsrecht des AGB-Verwenders erweitern (z.B.: Der Lieferer darf die Nachbesserung verweigern, solange der Besteller seine Zahlungspflicht nicht erfüllt hat) kamen nur in der Vergangenheit in Lieferbedingungen vor. Sie sind seit langer Zeit praktisch nicht mehr zu finden, so daß die gesetzliche Vorschrift jetzt lediglich noch einen weitgehend theoretischen Fall betrifft. Bereits vor der Existenz des AGB-Gesetzes hat die Rechtsprechung solchen Klauseln auch im kaufmännischen Geschäftsverkehr im Einzelfall wegen Verstoßes gegen den Grundsatz von Treu und Glauben die Wirksamkeit versagt <BGH, 18. 9. 1967, BGHZ 48, 264>.

6. Nr. 10 e (Ausschlußfrist für Mängelanzeige)

Literatur: *von Westphalen*, Vertragsrecht, Januar 1995, S. 35-37; *Thamm*, BB 1994, 2224 (2226 f.).

Durch diese Vorschrift werden Bestimmungen für unwirksam 1
erklärt, durch die dem Vertragspartner des AGB-Verwenders – soweit er Nichtkaufmann ist – bei Verträgen über die Lieferung neuer Sachen oder über Leistungen für die Anzeige nicht offensichtlicher Mängel Ausschlußfristen gesetzt werden, die kürzer sind als die Verjährungsfrist für den gesetzlichen Gewährleistungsanspruch. Damit ist eine Rügefrist in AGB, die gegenüber Nichtkaufleuten verwendet wird, nur für offensichtliche Mängel möglich. Für Reiseverträge gibt es die spezielle Vorschrift in § 651g BGB.

Der **Begriff „offensichtliche Mängel"** ist enger als „erkennbare" 2
Mängel. Wenn in einer Klausel über die Rügeobliegenheit auf die Erkennbarkeit des Mangels abgestellt wird, ist die Klausel unwirksam <OLG Düsseldorf, 10. 2. 1995, OLGR Düsseldorf 1995, 205>.

Das **Schriftlichkeitserfordernis** einer in AGB festgelegten Rügeobli- 3
genheit offensichtlicher Mängel ist zulässig, wie sich mittelbar aus § 11 Nr. 16 ergibt <LG Köln, 23. 2. 1994, BB Beilage 7/1994, S. 12>.

Die **EG-Richtlinie** geht nicht über § 11 Nr. 10e hinaus. Eine unge- 4
bührliche Einschränkung der Möglichkeit des Verbrauchers gegenüber dem Gewerbetreibenden, eine Verbindlichkeit gegenüber dem Gewerbetreibenden durch eine Forderung gegen ihn auszugleichen, wenn der Gewerbetreibende seine vertragliche Verpflichtung mangelhaft erfüllt (Anhang 1b der Richtlinie), ist durch § 11 Nr. 10e des AGB-Gesetzes nicht gegeben. Der EU-Richtlinienvorschlag über Verbrauchsgüterkauf vom 18. 6. 1996 sieht eine Rügeobliegenheit zu Lasten des Verbrauchers von einem Monat vor (Art. 4 Abs. 1 des Richtlinienvorschlages).

Im **kaufmännischen Geschäftsverkehr** gilt die Beschränkung des 5
§ 11 Nr. 10e nicht (§ 24). Für Inlandsgeschäfte sind die § 377 ff. HGB maßgebend. Die Ausdehnung der Rügeobliegenheit auf andere Fälle als in den Vorschriften des HGB vorgesehen (also z.B. auf Werkverträge, vgl. dazu Anhang zu § 9 „Reparaturverträge" Rdn. 11) ist im kaufmännischen Verkehr zulässig. Es ist auf die umfassende Rügeobliegenheit des UN-Kaufrechts hinzuweisen. Was bei Auslandsge-

schäften gesetzliche Rechtsgrundlage des deutschen Rechts ist, kann nicht als unangemessene Benachteiligung des Vertragspartners im Sinne von § 9 AGB-Gesetz angesehen werden.

6 **Fristenregelungen für Mängelrügen** können im kaufmännischen Verkehr vorsehen, daß die Rüge innerhalb von wenigen Tagen nach Entdeckung des Fehlers vorgenommen werden muß. Dies ist eine Konkretisierung der gesetzlichen Vorschrift über die Unverzüglichkeit der Mängelrüge (§ 377 Abs. 1 und Abs. 3 HGB). Unzulässig ist aber eine Rügefrist für offene und verborgene Mängel von nur 3 Tagen nach Warenempfang auch im kaufmännischen Verkehr, denn diese Klausel beseitigt praktisch die Rügemöglichkeit völlig <BGH, 10. 10. 1991, BB 1992, 229 (230) = BGHZ 115, 324; vgl. auch BGH, 3. 7. 1985, BB 1985, 2071>.

7 Unzulässig ist auch im kaufmännischen Verkehr eine Klausel, die das **Erlöschen der Gewährleistung bei Verarbeitung** des gelieferten Materials vorsieht <BGH, 13. 3. 1996, BB 1996, 1030 = WiB 1996, 802 (804 *Thamm*) = BGHZ 132, 175 (179 f.)>.

8 Regelungen über Mängelrügen sind auch in **Einkaufsbedingungen** zu finden. Die früher in solchen AGB weit verbreitete völlige **Abbedingung der unverzüglichen Mängelrügeobliegenheit** <allgemeine Literatur u.a.: *Westphal*, Der Ausschluß der §§ 377, 378 HGB durch Allgemeine Einkaufsbedingungen, 1996 (Europäische Hochschulschriften Reihe II, Bd. 1938)> ist von der Rechtsprechung zutreffend für unzulässig erklärt worden; die Abbedingung des § 377 HGB ist zumindest hinsichtlich offenkundiger Fehler nicht möglich <BGH, 19. 6. 1991, BB 1991, 1732 (1734)>. Dasselbe muß aber auch für die Abbedingung der Mängelrüge bei verborgenen und erst später entdeckten Mängeln gelten <siehe dazu *Thamm*, BB 1994, 2224 (2227 unter aa)>. In Einkaufsbedingungen wird auch nicht selten versucht, die Unverzüglichkeit der Mängelrüge durch Fristenregelungen zu entschärfen. Das darf nur in angemessener Weise geschehen. Nicht ganz unbedenklich ist deshalb die Bestimmung der Einkaufsbedingungen des technischen Handels hinsichtlich 2 Wochen für offensichtliche Mängel <Abschnitt VIII, 2 Satz 2, BAnz. Nr. 130/89 vom 15. 7. 1989, S. 3483>. Für verborgene Mängel wird zumindest eine Frist von einer Woche nach Entdeckung als zulässig angesehen werden können <*Wolf* in Wolf/Horn/Lindacher § 11 Nr. 10e Rdn. 21>.

9 Eine Klausel in Lieferbedingungen gegenüber Nichtkaufleuten hinsichtlich der **Rügefrist offensichtlicher Mängel** mit folgendem Wort-

laut: „offensichtliche Mängel der gelieferten Ware sind dem Verkäufer binnen 1 Woche anzuzeigen“ ist unklar und nach § 9 unwirksam <OLG Zweibrücken, 25. 7. 1997, OLGR Koblenz u.a. 1997, 282>.

7. Nr. 10 f (Verkürzung von Gewährleistungsfristen)

Literatur: *von Westphalen*, Vertragsrecht, Januar 1995, S. 311-314.

1 Die gesetzlichen Gewährleistungsfristen dürfen durch AGB, die gegenüber Nichtkaufleuten verwendet werden, bei Lieferung neuer Sachen und bei Leistungen nicht verkürzt werden. Das gilt auch für Verjährungsfristen <zum Unterschied zwischen Gewährleistungs- und Verjährungsfristen: *Thamm*, BB 1988, 1477>. Das Verkürzungsverbot betrifft nicht nur die Frist von 6 Monaten für bewegliche Sachen (§§ 477 Abs. 1 Satz 1, 638 Abs. 1 BGB) sondern auch die **Frist von 5 Jahren bei Bauwerken** (§ 638 Abs. 1 BGB). Das wird in AGB zum Teil nicht beachtet. Wenn in den AGB nur die Gewährleistung von 6 Monaten geregelt ist, wird die Gewährleistung für Bauwerke mittelbar unzulässig begrenzt. Vor allem im technischen Bereich ist die Einordnung in die Gruppe der beweglichen Sachen oder der Bauwerke besonders dann schwierig, wenn es sich um die Lieferung oder den Einbau von Produkten handelt, die durch die Verbindung mit Bauwerken wesentliche Bestandteile des Bauwerks werden <z.B. Thüringer OLG, 3. 1. 1996, OLGR Brandenburg u.a. 1996, 73: Kompressorenanlage in Kraftfahrzeugwerkstatt; KG, 31. 10. 1995, KG-Report 1996, 1: eingepaßte Einbauküche; weitere Beispiele bei *Thamm*, BB 1990, 866 (869 f)>. Die Zuordnung zu Bauwerken kann nicht durch eine dahingehende AGB-Klausel umgangen werden, daß eine Verbindung mit einem Bauwerk nur zu vorübergehendem Zweck erfolgt und ein Rücknahmerecht des Lieferers an dem verbundenen Gegenstand besteht <BGH, 16. 11. 1973, BB 1974, 204>. Die gesetzlichen Vorschriften des Eigentums an mit einem Bauwerk als wesentliche Bestandteile verbundenen Sachen sind zwingendes Recht und unterliegen somit nicht der Vertragsfreiheit.

2 Eine Ausnahme vom Verkürzungsverbot besteht für **Bauleistungen**, für welche die Geltung der **VOB** vereinbart worden ist (§ 23 Abs. 2 Nr. 5 AGB-Gesetz). Die zweijährige Frist von § 13 Nr. 4 VOB/B (in Ausnahmefällen die einjährige Frist gem. § 13 Nr. 4 Abs. 1 und 2 VOB/B 1996) ist aber nur wirksam, wenn die VOB als Ganzes, also

ohne ins Gewicht fallende Einschränkungen vereinbart wird <u.a. BGH, 7. 5. 1987, BGHZ 100, 391 (399)>. Die „isolierte" Vereinbarung der VOB Gewährleistungsfrist (Einzeleinbeziehung von § 13 Nr. 4 VOB/B) ist unzulässig <BGH, 21. 6. 1990, BB 1990, 1932 (1933 unter II, 2a)>. Auch bei Architekten-, Statiker- und Ingenieurleistungen kann die VOB-Frist nicht in AGB wirksam werden <BGH, 25. 6. 1992, BB 1992, 1813; BGH, 21. 6. 1990, NJW-RR 1991, 219>. Dasselbe gilt für Bauverträge <BGH, 7. 5. 1987, NJW 1987, 2373 (2374)>, es sei denn, die AGB sind vom Bauherren verwendet worden <BGH, 4. 12. 1986, BGHZ 99, 160>.

3 Die **Frist von 30 Jahren** des § 195 BGB ist angemessen abkürzbar, weil es sich nicht um eine gesetzliche Gewährleistungsfrist handelt. So ist eine Abkürzung auf 2 Jahre für Ansprüche des Kontoinhabers gegen die Bank anerkannt worden <BGH, 21. 12. 1987, NJW-RR 1988, 559 (561f)>.

4 Nicht ausgeschlossen oder entwertet werden dürfen die Vorschriften über die **Hemmung oder Unterbrechung der Verjährung** im Zusammenhang mit der Gewährleistung <vgl. BGH, 19. 2. 1992, BB 1992, 805 (806); BGH, 10. 12. 1980, BB 1981, 389 (390)>, auch wenn diese in der Praxis äußerst kompliziert zu handhaben sind <siehe *Thamm*, BB 1988, 1477>. Unwirksam ist also z.B. eine Klausel, nach der sich die Gewährleistungszeit nicht durch Nachbesserungsarbeiten verlängert <BGH, 10. 12. 1980, BB 1981, 389 (390)>.

5 Auch wenn § 11 Nr. 10f nicht für den **kaufmännischen Geschäftsverkehr** gilt (§ 24), so ist nach der Rechtsprechung zumindest eine nicht geringe Verkürzung der Gewährleistungsfrist bei neuen Sachen und bei Leistungen in AGB nicht rechtswirksam, z.B. bei Lieferungen <BGH, 19. 2. 1992, BB 1992, 805> und in Reparaturbedingungen <BGH, 20. 4. 1993, BB 1993, 1395 = BGHZ 122, 241; siehe Anhang zu § 9 „Reparaturverträge" Rdn. 11>. Unentschieden gelassen hat der BGH die Frage, ob eine geringe zeitliche Verkürzung im kaufmännischen Geschäftsverkehr tolerierbar ist <BGH a.a.O. 1397 unter 5>. Auch die Verkürzung der Gewährleistungsfrist für Lieferungen, die mit Bauwerken als wesentliche Bestandteile verbunden werden (also 5 Jahre), ist im kaufmännischen Verkehr unzulässig <OLG Oldenburg, 21. 6. 1995, OLGR Celle u.a. 1995, 255: Pumpenanschlußstutzen; OLG Frankfurt, 11. 1. 1994, NJW-RR 1994, 530 (531)>.

6 Für **gebrauchte Sachen** gilt die Vorschrift nicht. Insofern ist nicht nur die Verkürzung der Gewährleistungsfrist sondern sogar der völlige

Gewährleistungsausschluß nicht nach § 9 zu beanstanden <u.a. BGH, 20. 10. 1992, BB 1993, 167>. Das ist jetzt aber nach der EU-Richtlinie Anhang 1b für Verbraucherverträge problematisch geworden. In Zukunft könnte sich die Zulässigkeit des Gewährleistungsausschlusses ändern, wenn der EU-Richtlinienvorschlag über Verbrauchsgüterkauf vom 18. 6. 1996 gesetzliche Grundlage wird. Darauf weist zutreffend der Rechtsausschuß des Bundesrates in seinem Empfehlungsvorschlag vom 23. 10. 1996 unter 2e hin <ZIP 1996, Heft 43, aktuell Nr. 259>.

Unzulässig ist eine mittelbare Verkürzung der Gewährleistungsfrist 7
durch eine nicht ganz selten in Lieferbedingungen zu findende Klausel, die ein **Erlöschen der Gewährleistung bei Selbstnachbesserung** oder eine Freizeichnung für die Folgen solcher Selbstbeseitigung von Mängeln vorsieht <BGH, 28. 11. 1979, BB 1980, 388; OLG Karlsruhe, 29. 7. 1983, ZIP 1983, 1091>. Dasselbe gilt für Veränderungen der gelieferten Sache. Wirksam ist dagegen eine Bestimmung, daß bei unbefugter eigener Mängelbeseitigung durch den Vertragspartner der AGB-Verwender nicht für die Folgen unsachgemäß durchgeführter Arbeiten einzustehen hat. Zur Zulässigkeit von Selbstnachbesserung und Kostenersatz dafür siehe § 11 Nr. 10c, Rdn. 4.

Zur **Abkürzung der Verjährungsfrist hinsichtlich sonstiger An-** 8
sprüche ist auf folgendes hinzuweisen:

- Im Kunsthandel und im Handel mit Antiquitäten, insbesondere bei Auktionen, ist ein Gewährleistungsausschluß in AGB zulässig <BGH, 13. 2. 1980, NJW 1980, 1619; OLG Hamm, 28. 9. 1993, NJW 1994, 1967; OLG Düsseldorf, 10. 4. 1992, NJW-RR 93, 1522>. Der Haftungsausschluß greift aber dann nicht ein, wenn der Auktionator seine Verpflichtung, in zumutbarem Umfang das Kunstwerk auf seine Echtheit zu überprüfen, verletzt hat <BGH, a.a.O.; vgl. OLG Hamm a.a.O.>.
- Bei Handelsvertreterverträgen beträgt die Verjährungsfrist 4 Jahre (§ 88 HGB). Sie kann bei Wahrung des Grundsatzes der Gleichbehandlung beider Vertragspartner in Formularverträgen auf ein Jahr verkürzt werden <vgl. OLG Celle, 12. 2. 1988, NJW-RR 1988, 1064>. Zwar wird unter Umständen auch eine Abkürzung auf 6 Monate anerkannt <BGH, 10. 5. 1990, BB 1990, 2066>. Das Erfordernis eines anerkennenswerten Interesses ist aber besonders zu berücksichtigen. Voraussetzung für die Wirksamkeit der Verkürzung der Verjährungsfrist auf 6 Monate ist, daß die Frist erst ab Kenntnis der Anspruchsentstehung beginnt. Unzuläs-

sig ist deshalb eine Klausel, die für den Fristbeginn auf die jeweilige Fälligkeit abstellt <BGH, 3.4.1996, BB 1996, 1188>. Die Abkürzung auf 6 Monate wird zum Teil zumindest für den Bereich des Vertriebs von Textilien für unzulässig gehalten <OLG Celle, 12.2.1988, NJW-RR 1988, 1064>. AGB-Verwender sollten deshalb die Frist möglichst nicht unter 12 Monaten ansetzen.

9 Die **Verlängerung der Gewährleistungsfrist in Einkaufsbedingungen** ist zulässig. Wo die zeitliche Grenze zu ziehen ist, muß nach dem jeweiligen Wirtschaftszweig ermittelt werden. Bei Flachdacharbeiten ist zum Beispiel eine Gewährleistungsfrist von 10 Jahren und einem Monat als rechtswirksam anerkannt worden <BGH, 9.5.1996, BB 1996, 1797 = BGHZ 132, 383>. Die Zulässigkeit einer AGB-Bestimmung von 30 Jahren für Innenputzarbeiten <so LG Hanau, 8.7.1987, NJW-RR 1987, 1104> ist aber als übertrieben abzulehnen (siehe auch Anhang zu § 9 „Einkaufsbedingungen" Rdn. 20).

11. (Haftung für zugesicherte Eigenschaften)

eine Bestimmung, durch die bei einem Kauf-, Werk- oder Werklieferungsvertrag Schadensersatzansprüche gegen den Verwender nach den §§ 463, 480 Abs. 2, § 635 des Bürgerlichen Gesetzbuchs wegen Fehlens zugesicherter Eigenschaften ausgeschlossen oder eingeschränkt werden.

1 Bei Zusicherungen haftet der Lieferer oder Werkunternehmer ohne Verschulden und ohne Vorhersehbarkeit auf Schadensersatz. Zum Problem, **wann eine Zusicherung vorliegt** oder nicht, gibt es sehr viel Rechtsprechung zu Einzelfällen <z.B. BGH, 5.12.1995, BB 1996, 654 (655) Zusicherung bejaht; BGH, 28.2.1996, BB 1996, 871: Zusicherung verneint; BGH, 14.2.1996, BB 1996, 766: Zusicherung verneint; vgl. *Broß*, WM 1997 Beilage 2, S. 4-7>. Grundlegend hat der BGH neuerdings nochmals betont, daß bei der Annahme einer stillschweigenden Zusicherung Zurückhaltung geboten ist. „Insbesondere bei neu hergestellten Sachen ist die Annahme einer stillschweigenden Zusicherung grundsätzlich die Ausnahme, die der besonderen Begründung anhand der Umstände des Einzelfalles bedarf" <BGH, 13.12.1995, NJW 1996, 836; vgl. auch BGH, 20.3.1996, NJW-RR 1996, 951>. Zum Beispiel der Hinweis auf technische Regelwerke (u.a. DIN) ist deshalb allein noch keine Zusicherung

sondern nur eine Beschaffenheitsangabe <BGH, 13. 12. 1995 a.a.O.; siehe im einzelnen: Anhang § 9, Einkaufsbedingungen Rdn. 17>. Die Schwierigkeit der Abgrenzung gibt es im UN-Kaufrecht nicht; das UN-Kaufrecht kennt keinen besonderen Rechtsgrund der Zusicherung von Eigenschaften. Der Abschlußbericht der Kommission zur Überarbeitung des Schuldrechts (1992) schlägt für das BGB eine entsprechende Gesetzesänderung und eine Aufhebung des § 11 Nr. 11 AGB-Gesetz vor.

Beim Schadensersatz wegen des Fehlens zugesicherter Eigenschaf- **2**
ten muß beachtet werden, daß **nicht in jedem Fall der Schadensersatz auch Folgeschäden umfaßt**. Die Rechtsprechung differenziert, ob die Zusicherung den Vertragspartner im Einzelfall gegen Mangelfolgeschäden absichern soll oder nicht <Übersicht über ältere Rechtsprechung dazu: *Thamm*, NJW 1976, 225>.

Die Vorschrift normiert die Unwirksamkeit von AGB-Klauseln, **3**
durch die Schadensersatzansprüche gegen den AGB-Verwender wegen des Fehlens zugesicherter Eigenschaften nach den §§ 463, 480 Abs. 2 und 635 BGB ausgeschlossen oder eingeschränkt werden. Das gilt aber auf jeden Fall nur, soweit ein Schadensersatzanspruch für Folgeschäden nach der Auslegung im Einzelfall überhaupt besteht (Rdn. 2). Eine Klausel, die lediglich die ohnehin bestehende Einschränkung der Haftung beschreibt und ggfs. klarstellt, ist folglich nicht unwirksam. Solche zulässige Klauseln gibt es in der Praxis verschiedentlich. Irreführend ist deshalb die lapidare und undifferenzierte Aussage der Rechtsprechung, daß die Haftung für Zusicherungen – und zwar auch im kaufmännischen Geschäftsverkehr – nicht beschränkbar ist <so BGH, 18. 5. 1995, WM 1995, 1455 und *Broß*, WM 1997 Beilage 2, S. 10 unter III, 1>. Unzulässig ist aber in den AGB eines Farbenproduzenten die Haftungsbeschränkung für die Nichteinhaltung zugesicherter Eigenschaften auf den Wert der gelieferten Farbe auch im kaufmännischen Verkehr <OLG Düsseldorf, 23. 6. 1995, rechtskräftig gemäß Nichtannahme der Revision durch BGH, 26. 9. 1996, NJW-RR 1997, 186>.

Eine Klausel, welche die Haftung für das Fehlen zugesicherter **4**
Eigenschaften beschränkt, ist auch **nicht stets ein Verstoß gegen § 4**. Unrichtig ist das häufig verwendete Argument, daß z.B. eine individuell festgelegte Zusicherung ihren Sinn verlöre, wenn durch AGB auch in diesem Fall eine Haftungsbegrenzung erfolge. Die Zusicherung kann ihren Sinn darin haben, daß die Tauglichkeit für den vertraglich vorausgesetzten Gebrauch (§ 459 Abs. 1 Satz 1 BGB) präzi-

siert wird (siehe auch § 4 Rdn. 2). Zusicherungen sind Tatsachenbehauptungen, die mit den daraus zu ziehenden Folgen der Haftung nicht gleichgesetzt werden dürfen.

5 Als Verstoß gegen die Vorschrift ist nicht nur der Ausschluß oder die Begrenzung des Schadensersatzanspruchs anzusehen sondern auch die Regelung, daß die **Verbindlichkeit von Zusicherungen ausgeschlossen** ist <OLG Hamburg, 17. 9. 1986, NJW-RR 1987, 121 unter 2; OLG Hamm, 10. 11. 1982, BB 1983, 21>. Ist ein Gewährleistungsausschluß in AGB zulässig vorgesehen (z.B. bei gebrauchten Gegenständen, siehe dazu § 11 Nr. 10f Rdn. 6), so muß nicht in der Klausel ausdrücklich aufgenommen werden, daß die Haftung für zugesicherte Eigenschaften unberührt bleibt <BGH, 20. 10. 1992, BB 1993, 167 (169)>.

6 Klauseln in Einkaufsbedingungen, welche Beschaffenheitsangaben generell als zugesichert erklären, sind unwirksam (siehe Anhang § 9: Einkaufsbedingungen Rdn. 16). Zu Verfügbarkeitsgarantien siehe Anhang § 9: Einkaufsbedingungen Rdn. 14 und 15.

12. (Laufzeit bei Dauerschuldverhältnissen)

bei einem Vertragsverhältnis, das die regelmäßige Erbringung von Dienst- oder Werkleistungen durch den Verwender zum Gegenstand hat,

a) eine den anderen Vertragsteil länger als zwei Jahre bindende Laufzeit des Vertrags,

b) eine den anderen Vertragsteil bindende stillschweigende Verlängerung des Vertragsverhältnisses um jeweils mehr als ein Jahr oder

c) zu Lasten des anderen Vertragsteils eine längere Kündigungsfrist als drei Monate vor Ablauf der zunächst vorgesehenen oder stillschweigend verlängerten Vertragsdauer.

Literatur: *Löwe*, NJW 1995, 1726; *Strauß*, NJW 1995, 697.

1 Der **Anwendungsbereich** der Vorschrift erstreckt sich entgegen der falschen gesetzlichen Überschrift nicht auf bestimmte wichtige Dauerschuldverhältnisse. Mietverträge und Verträge mit mietvertrag-

lichem Charakter werden nicht von der Vorschrift erfaßt <u.a. BGH, 10. 2. 1993, NJW 1993, 1133 (1134 unter 2a)>. Damit scheiden Pacht, Leasing und Automatenaufstellverträge aus. Auch Franchising fällt nicht unter die Vorschrift <*Palandt/Heinrichs*, 57. Aufl. 1998, § 11 Rdn. 76; vgl. OLG Rostock, 29. 6. 1995, DB 1995, 2006; a.A. *von Westphalen*, Klauselwerke: Franchising Rdn. 26>. Die Vorschrift erfaßt nur Kauf-, Werk-, Werklieferungs- und Dienstverträge, die auf regelmäßige Lieferung von Waren oder die regelmäßige Erbringung von Leistungen gerichtet sind. Makleralleinaufträge sind nicht auf regelmäßig zu erbringende Dienste gerichtet <BGH, 26. 2. 1981, BB 1981, 756>.

Ausdrücklich **ausgenommen vom Anwendungsbereich** sind 2

- arbeitsrechtliche und gesellschaftsrechtliche Verträge, § 23 Abs. 1.
- Verträge über die Lieferung von Elektrizität und Gas, soweit die Versorgungsbedingungen nicht zum Nachteil der Abnehmer von den allgemeinen Bedingungen abweichen, § 23 Abs. 2 Nr. 2.
- Verträge über die Lieferung als zusammengehörig verkaufte Sachen, § 23 Abs. 2 Nr. 6: z.B. eine 24-bändige Buchreihe <BGH, 10. 3. 1993, BB 1993, 886>.
- Versicherungsverträge § 23 Abs. 2 Nr. 6 (siehe Anhang § 9 „Versicherungsverträge").
- Verträge mit urheberrechtlichen Verwertungsgesellschaften.
- Wohnungseigentümer-Verwalterverträge, § 26 Abs. 1 Satz 2 Wohnungseigentumsgesetz.

Die Vorschrift erklärt in **Abschnitt a)** eine den Vertragspartner des 3
AGB-Verwenders länger als 2 Jahre bindende **Laufzeit des Vertrages** für unwirksam, soweit die AGB gegenüber Nichtkaufleuten verwendet werden. Die Laufzeit beginnt bereits mit Vertragsabschluß, nicht erst mit dem vereinbarten späteren Beginn der Leistungserbringung <BGH, 17. 3. 1993, BB 1993, 884 = BGHZ 122, 63; OLG Köln, 29. 2. 1996, OLGR Köln 1997, 2>. Die Laufzeit muß nicht ausdrücklich auf 2 Jahre begrenzt sein. Es reicht ein Kündigungsrecht aus, das dem Vertragspartner die Vertragsbeendigung zum Schluß des 2. Vertragsjahres ermöglicht <BGH, 4. 11. 1992, BGHZ 120, 108 (113); a.A. *von Westphalen*, Klauselwerke/*Kappus*: Abonnementvertrag, Rdn. 10>. Eine Probezeit, während welcher der Vertragspartner ein Kündigungsrecht hat, ist nicht in die 2-Jahresfrist einzurechnen <BGH a.a.O.>.

4 Hält sich die Klausel im Rahmen der Vorschrift a), so kann trotzdem ein Verstoß gegen § 9 vorliegen. Der BGH hat z.B. die Laufzeit von 2 Jahren eines Formularvertrages über die Ausbildung zum Tänzer und Tanzlehrer für unzulässig erklärt <BGH, 4. 11. 1992, BGHZ 120, 108 (113 ff.); vgl. auch BGH, 29. 4. 1987, BGHZ 100, 373 (375); mißverständlich deshalb *Schlünder*: AGB-Prüfung und Gestaltung, 1994, Rdn. 389>.

5 **Kettenverträge** sind dann unzulässig, wenn damit in der Gesamtschau ein Verstoß gegen § 9 zu bejahen ist. Nicht zulässig ist zum Beispiel eine Vereinbarung in einem EDV-Leasingvertrag, wonach eine Kündigung nach 72 Monaten möglich ist, ein Neubeginn der Laufzeit aber bei technologischer Anpassung (jederzeit zu beanspruchende Umrüstung der Hardware auf neueste Technologie) erfolgt <OLG Köln, 21. 1. 1994, VersR 1995, 838 (839)>.

6 Eine gegen die Vorschrift von Abschnitt a) verstoßende Klausel ist gänzlich unwirksam. Eine **Reduzierung auf die gerade noch zulässige Höchstfrist** (geltungserhaltende Reduktion) ist nicht möglich <BGH, 4. 11. 1992, BGHZ 120, 108 (122 f.); BGH, 17. 5. 1982, BB 1982, 1750 = BGHZ 84, 115; zum Verbot der geltungserhaltenden Reduktion allg.: siehe § 6 Rdn. 3>.

7 Im **kaufmännischen Geschäftsverkehr** gilt die Vorschrift nicht (§ 24). Dauerschuldverhältnisse haben im kaufmännischen Verkehr nach dem Wesen stabiler Geschäftsverbindungen bedeutend längere Laufzeiten. Es gibt hinsichtlich dieser Vorschrift keine Indizwirkung für den kaufmännischen Verkehr <BGH, 8. 4. 1997, NJW-RR 1997, 942 = WM 1997, 1624; allg. zum Rechtsgrundsatz der Indizwirkung: siehe § 24 Rdn. 4 und 5>. Von der Rechtsprechung als zulässig anerkannt worden sind z.B.

- Franchising 10 Jahre <OLG Rostock, 29. 6. 1995, DB 1995, 2006 zu Sittenwidrigkeit>.
- Breitbandkabelanschluß 12 Jahre <BGH, 10. 2. 1993, DB 1993, 2525> und 20 Jahre <OLG Hamm, 25. 1. 1996, OLGR Hamm 1996, 133; vgl. OLG Köln, 26. 2. 1996, OLGR Köln 1996, 245: Ohne Vereinbarung der Vertragsdauer für Breitbandkabelanschlüsse gilt die übliche Dauer von mindestens 12 Jahren>.
- Miete Telefonanlage 10 Jahre <BGH, 13. 2. 1985, BB 1985, 956; OLG Celle, 9. 7. 1997, OLGR Celle 1997, 245; OLG Düsseldorf, 13. 2. 1997, BB 1997, 1439; vgl. aber OLG München, 30. 4. 1997, OLGR München 1997, 169, das zutreffend differenziert zwischen

grundsätzlicher Zulässigkeit und Unzulässigkeit dann, wenn infolge technischer Änderungen während der Laufzeit die Nutzbarkeit der Anlage entfällt; für Unzulässigkeit Mietvertrag Fernsprechnebenstellenanlage auch im kaufmännischen Verkehr: LG Mönchengladbach, 10. 1. 1997, NJW-RR 1997, 1082>.

– Wartung Telefonanlage 10 Jahre <OLG Stuttgart, 18. 3. 1993, NJW-RR 1994, 952; anders aber bei stark veralteter Telefonanlage in den neuen Bundesländern: Verstoß gegen § 9 Abs. 1 BGH, 8. 4. 1997, NJW-RR 1997, 942 = WM 1997, 1624>.

Die EU-Gruppenfreistellungsverordnung über Vertriebs- und Kundendienstvereinbarungen über Kraftfahrzeuge von 1995 regelt in Art. 5 Abs. 2 die Laufzeit der auf bestimmte Zeit geschlossenen Verträge mit 5 Jahren <dazu allgemein Handbuch des Vertriebsrechts (*Martinek/Semmler*), *Martinek*, 1996, S. 1043, Rdn. 34>. Die gleiche Frist ist bei Alleinbezugsvereinbarungen nach der EU-Gruppenfreistellungsverordnung 1983 maßgebend <s. u.a. Handbuch des Vertriebsrechts/*Rahlmeyer*, S. 839, Rdn. 223>. Bei Bierlieferungsverträgen wird die Frist von 10 Jahren als AGB-rechtlich zulässig angesehen <Handbuch des Vertriebsrechts/*Wilhelm*, S. 1062, Rdn. 18>. Unwirksam ist eine Vertragslaufzeit von 20 Jahren in einer formularmäßigen „Versorgungsvereinbarung", die einen Unternehmer berechtigt, Telekommunikationsanlagen in Mehrfamilienhäusern zu errichten, zu betreiben und zu vermarkten <BGH, 4. 7. 1997, NJW 1997, 3022>.

Unter den **Kriterien der Inhaltskontrolle** von langfristigen Vertragen 8
im kaufmännischen Geschäftsverkehr <dazu *Strauß*, NJW 1995, 697 (699 unter IV 1)> kann auch das Thema eine wichtige Rolle spielen, ob bei einer während der Laufzeit des Vertrages vorgesehenen Preiserhöhung der Vertragspartner des AGB-Verwenders ein spezielles Kündigungsrecht besitzt <vgl. OLG München, 19. 10. 1995, BB 1996, 291 (292); OLG München, 1. 9. 1995, OLGR München 1996, 40; *Löwe*, NJW 1995, 1726 (1727 Abschnitt VII)>.

Hinsichtlich der **Laufzeit von Versicherungsverträgen** (in der Regel 9
nichtkaufmännischer Verkehr) befindet sich die Rechtsprechung stark im Umbruch <Übersicht bei *Leverenz*, NJW 1997, 421>. Die lange Zeit übliche Laufzeit von 10 Jahren wird neuerdings weitgehend nicht mehr gebilligt <BGH, 22. 2. 1995, BB 1995, 693 für Versicherung Wohngebäude; BGH, 13. 7. 1994, BB 1994, 1736 für Privathaftpflicht-, Hausrat- und Glasversicherung; BGH, 13. 7. 1994, BGHZ 127, 35 für Unfallversicherung>. 5 Jahre dagegen sind zuläs-

sig <BGH, 6. 12. 1995, BB 1996, 293 für Unfallversicherung; BGH, 28. 6. 1995, BB 1995, 2131 für Reparaturkostenversicherung für Fernseh- und Videogeräte; BGH, 26. 3. 1997, BB 1997, 2072 = EWiR 1997, 481 (*Littbarski*) für Rechtsschutzversicherung mit Beitragserhöhungsmöglichkeit und Kündigungsrecht des Versicherten erst bei Erhöhung von mehr als 15 % oder von mehr als 30 % innerhalb von 3 aufeinanderfolgenden Jahren>. Eine 10-jährige Laufzeit verstößt angeblich dann nicht gegen § 9 AGB-Gesetz, wenn die Vertragsdauer durch handschriftliche Eintragung der Beginn- und Ablaufdaten im Antrag festgelegt wird, weil keine AGB im Sinne von § 1 vorliegen <AG Frankfurt, 29. 9. 1995, VersR 1996, 1001>. Siehe im übrigen Anhang § 9 „Versicherungsverträge“ Rdn. 35 und hinsichtlich formularmäßiger Laufzeitalternativen: § 1 Rdn. 3.

10 Die Vorschrift **Abschnitt b)** erklärt im nichtkaufmännischen Verkehr Klauseln über **stillschweigende Verlängerung** der Verträge um jeweils mehr als ein Jahr für unzulässig. Diese Frist kann bei bestimmten Vertragsarten eventuell als Verstoß gegen § 9 angesehen werden. Bei Fitnessverträgen sind 6 Monate durch den BGH anerkannt worden <BGH, 4. 12. 1996, BB 1997, 386; (siehe im einzelnen Anhang zu § 9: Fitnessverträge, Rdn. 3)>. In Partnerschaftsvermittlungsverträgen ist sogar trotz des Rechts zu jederzeitiger Kündigung <BGH, 6. 2. 1989, BGHZ 106, 341> eine Verlängerung um 6 Monate angeblich schon zu lang <OLG Düsseldorf, 25. 8. 1994, NJW-RR 1995, 369>. Für den kaufmännischen Verkehr gilt die Einschränkung der Vorschrift b) nicht (§ 24).

11 Bei Verwendung gegenüber Nichtkaufleuten darf gemäß der **Vorschrift c)** nicht in AGB vorgesehen werden, daß die ordentliche **Kündigungsfrist** für den Vertragspartner mehr als 3 Monate beträgt. Die Möglichkeit einer außerordentlichen Kündigung muß nicht in den AGB ausdrücklich erwähnt werden <BGH, 10. 2. 1993, NJW 1993, 1133 (1135)>. Die Vorschrift gilt im kaufmännischen Verkehr nicht (§ 24). Insofern sind angemessene längere Kündigungsfristen zulässig und weitgehend üblich, zum Teil aber sogar erforderlich, z. B. bei Vertragshändlerverträgen <BGH, 21. 2. 1995, BB 1995, 1657 mit Besprechung *Jaletzke*, BB 1996, 2160 unter 3.1>.

12 Die EG-Richtlinie sieht im Anhang unter 1h) vor, daß die Kündigungsfrist bei einem befristeten Vertrag nicht ungebührlich lang sein darf. Dem wird die Vorschrift von § 11 Nr. 12c) gerecht <*Palandt/Heinrichs*, 57. Aufl. 1998, § 24a Rdn. 33>.

13. (Wechsel des Vertragspartners)

eine Bestimmung, wonach bei Kauf-, Dienst- oder Werkverträgen ein Dritter an Stelle des Verwenders in die sich aus dem Vertrag ergebenden Rechte und Pflichten eintritt oder eintreten kann, es sei denn, in der Bestimmung wird

a) der Dritte namentlich bezeichnet, oder

b) dem anderen Vertragsteil das Recht eingeräumt, sich vom Vertrag zu lösen.

Literatur: *Schlünder*, AGB Prüfung und Gestaltung, 1994, S. 62-64.

Die Vorschrift kommt bei Kauf-, Dienst-, Werk- und auch (ohne daß 1
dies in der Vorschrift erwähnt ist) bei Werklieferungsverträgen zur **Anwendung**, nicht dagegen bei Mietverträgen (Argument aus § 571 BGB) und Leasingverträgen <*Palandt/Heinrichs*, 57. Aufl. 1998, § 11 Nr. 84>. Die Vorschrift regelt die in der Praxis nur selten vorkommende Vertragsübernahme. Entsprechende Anwendung auf Schuldübernahme (§ 414 ff. BGB) ist zu bejahen <*Palandt/Heinrichs*, § 11 Rdn. 85>. Eine Änderung in Rechtspersönlichkeit des AGB-Verwenders durch Umwandlung wird nicht von der Vorschrift erfaßt, wenn die Identität bestehen bleibt.

Zulässig ist ein Wechsel des Vertragspartners, wenn entweder 2

- der Dritte in der Klausel namentlich bezeichnet ist. Es muß Name und Anschrift angegeben sein <BGH, 11. 6. 1980, BB 1980, 1490>
- oder dem Vertragspartner des AGB-Verwenders ein Recht zur Lösung des Vertrages eingeräumt ist. Es ist die Möglichkeit einer sofortigen Beendigung des Vertrages erforderlich <LG Köln, 4. 2. 1987, NJW-RR 1987, 885 (886 zu Klausel g)>. Es dürfen keine Nachteile an die Beendigung des Vertrages geknüpft sein. Die Lösung des Vertrages durch Kündigung oder Rücktritt muß nur dann eröffnet sein, wenn der AGB-Verwender den Wechsel des Vertragspartners vornimmt.

Die Vorschrift gilt im **kaufmännischen Geschäftsverkehr** nicht 3
(§ 24). Bei der Frage, ob und inwieweit die Wertungsprinzipien evtl. über § 9 heranzuziehen sind, kommt es darauf an, ob nach der Art des geschlossenen Vertrages dem AGB Unterworfenen die Person seines beabsichtigt neuen Vertragspartners typischer Weise nicht gleichgültig sein kann, er vielmehr daran interessiert sein muß, sich

über Zuverlässigkeit und Solvenz des neuen Partners Gewißheit zu verschaffen <BGH, 29. 2. 1984, BB 1984, 1508 (1509 unter 2, b)>. Unzulässigkeit ist deshalb bei einem auf mehrere Jahre abgeschlossenen Automatenaufstellvertrag zu bejahen <BGH a.a.O.>. Zulässig ist dagegen ein Getränkelieferungsvertrag, wenn die Kündigungsbefugnis aus wichtigem Grund bei Wechsel des Vertragspartners eingeräumt ist <BGH, 27. 2. 1985, NJW 1985, 2693 (2695 unter III, 3, c) = AGBE VI, 414 (422). Bei diesem Urteil war für beide Vertragspartner eine „Nachfolgeklausel“ vereinbart, also auch für den AGB-Verwender>. Für unzulässig angesehen worden ist die Klausel des Konnossements eines Stückgutfrachtvertrages, wonach ein vom Frachtvertrag abweichender Dritter als Verfrachter bestimmt werde: IOC-Klausel <OLG Hamburg, 11. 6. 1981, VersR 1982, 65>.

4 Bei Verbraucherverträgen nach § 24a ist gem. **EU-Richtlinie** Anhang Nr. 1p der Verbraucher bei Verträgen aller Art vor einer Vertragsübertragung geschützt, wenn diese „möglicherweise eine Verringerung der Sicherheiten für den Verbraucher bewirkt“. Eine richtlinienkonforme Auslegung des AGB-Gesetzes gebietet deshalb insoweit die Heranziehung des § 9 <*Palandt/Heinrichs*, 57. Aufl. 1998, § 11 Rdn. 84 und § 24a Rdn. 41>.

14. (Haftung des Abschlußvertreters)

eine Bestimmung, durch die der Verwender einem Vertreter, der den Vertrag für den anderen Vertragsteil abschließt,

a) ohne hierauf gerichtete ausdrückliche und gesonderte Erklärung eine eigene Haftung oder Einstandspflicht oder

b) im Falle vollmachtsloser Vertretung eine über § 179 des Bürgerlichen Gesetzbuchs hinausgehende Haftung auferlegt.

1 Die Vorschrift Nr. 14a hat in der Praxis **erhebliche Bedeutung**. Im Wirtschaftsleben ist eine zunehmend auftretende Einbeziehung von Abschlußvertretern in die persönliche Haftung bei Vertragsabschluß als zusätzliche Sicherung des AGB-Verwenders festzustellen <*Brehm*, EWiR 1995, 172 unter III hinsichtlich GmbH-Geschäftsführern>. Das gilt zumindest für Leasingverträge und Darlehen an Handelsgesellschaften <z.B. OLG München 29. 6. 1994, OLGR München 1995, 37>. Der AGB-Verwender erlangt durch die Vereinbarung der persönlichen Haftung von Abschlußvertretern eine

zusätzliche Kreditsicherheit (siehe u.a. auch Anhang zu § 9 „Mietvertrag Maschinen“ Rdn. 11).

Die Vorschrift ist **nicht anwendbar**, wenn der Abschlußvertreter 2
gleichzeitig **selbst Vertragspartner** ist, z.B. als Mitkäufer, Mitmieter, Mitdarlehensnehmer <BGH, 23. 3. 1988, BB 1988, 1136 = BGHZ 104, 95; vgl. BGH, 13. 8. 1996, WiB 1997, 44 (45 unter III, 1)>. Eine AGB-Klausel, daß der Vertreter auch selbst Vertragspartner wird, d.h. im eigenen Namen den Vertrag abschließt, darf aber nicht überraschend und nicht unklar sein (§§ 3 und 5). So ist eine Klausel in einem Kraftfahrzeugmietvertrag: „Mieter 1: Fahrer“ in einem Fall, in dem der Fahrer lediglich für seine Firma den Vertrag unterschreibt, als überraschende Klausel angesehen worden <OLG Naumburg, 8. 5. 1996, NJW-RR 1997, 49>.

Die Vorschrift verlangt als Wirksamkeitsvoraussetzungen eine **aus-** 3
drückliche und gesonderte Erklärung der eigenen Haftung oder Einstandspflicht. Für eine gesonderte Erklärung ist eine 2. Unterschrift erforderlich; ein besonderes Blatt ist dagegen nicht notwendig <BGH, 27. 4. 1988, BB 1988, 1480 (1481) = BGHZ 104, 232 (237); OLG Köln, 9. 12. 1994, OLGR Köln 1995, 49>. Die Klausel braucht nicht durch Fettdruck hervorgehoben zu werden. Ihre drucktechnische Gestaltung ist dann als ausreichend anzusehen, wenn sie sich am unteren Ende des Vertragsformulars befindet, wo der Durchschnittskunde eine solche Erklärung auch erwartet <OLG Celle, 26. 6. 1996, EWiR, 1996, 865 (*von Westphalen*)>.

Auf Schuldbeitritt zum Kreditvertrag ist das **Verbraucherkreditge-** 4
setz entsprechend anwendbar. Die entsprechende Anwendung des Verbraucherkreditgesetzes setzt nicht voraus, daß der Kreditnehmer Verbraucher ist <BGH, 5. 6. 1996, BB 1996, 1522 = BGHZ 133, 71; OLG München, 30. 5. 1996, OLGR München 1996, 173>. Der GmbH-Geschäftsführer, der den Schuldbeitritt zum Leasingvertrag seiner GmbH mit der Leasinggesellschaft erklärt, hat also ein Widerrufsrecht gem. § 7 Verbraucherkreditgesetz.

Die Vorschrift Nr. 14b sieht vor, daß die Haftung des Vertreters ohne 5
Vertretungsmacht (von der Vorschrift als „vollmachtlose“ Vertretung bezeichnet) nicht durch AGB sondern nur durch Individualvereinbarung über § 179 BGB hinausgehend begründet werden kann.

Die Frage, ob evtl. die Grundgedanken der Vorschrift Nr. 14 über § 9 6
auch für den **kaufmännischen Geschäftsverkehr** heranzuziehen sind, ist völlig theoretischer Natur und braucht deshalb nicht beantwortet

zu werden. Der Vertreter ist in der Regel Nichtkaufmann. So ist z.B. ein GmbH-Geschäftsführer der für sich selbst und ohne Vertretungsmacht tätig wird, kein Kaufmann <u.a. BGH, 23. 3. 1988, BB 1988, 1136 (1137) = BGHZ 104, 95 (98)>. Nur bei Tätigkeit des Geschäftsführers als Vertreter seiner GmbH ist kaufmännischer Verkehr gegeben, jedoch nur im Hinblick auf die GmbH und nicht auf den Geschäftsführer als Person. Diese Zusammenhänge bleiben in der juristischen Literatur nahezu völlig unbeachtet <so z. B. bei *Niebling*, AGB von A-Z, 3. Aufl. 1996, S. 74 (75); *Schlünder*, AGB Prüfung und Gestaltung, 1994, S. 64f. Rdn. 413; *Hensen* in Ulmer/Brandner/Hensen, 8. Aufl. 1997, § 11 Nr. 14 Rdn. 13>.

15. (Beweislast)

eine Bestimmung, durch die der Verwender die Beweislast zum Nachteil des anderen Vertragsteils ändert, insbesondere indem er

a) diesem die Beweislast für Umstände auferlegt, die im Verantwortungsbereich des Verwenders liegen;

b) den anderen Vertragsteil bestimmte Tatsachen bestätigen läßt.

Buchstabe b gilt nicht für gesondert unterschriebene Empfangsbekenntnisse.

Literatur: *Thamm*, BB 1996, 653; *Thamm*, BB 1971, 292.

1 Die Vorschrift erklärt Klauseln für unwirksam, durch die der AGB-Verwender die Beweislast zum Nachteil des Vertragspartners ändert, wenn die AGB **gegenüber Nichtkaufleuten** verwendet werden. Die besondere Hervorhebung von **Buchstabe a** über die Auferlegung der Beweislast für Umstände, die im Verantwortungsbereich des AGB-Verwenders liegen, hat keine Bedeutung; sie ist aus der zeitlichen Entwicklung zu erklären: Die Rechtsprechung hatte diesen Grundsatz schon vor der Schaffung des AGB-Gesetzes entwickelt <BGH, 17. 2. 1964, BGHZ 41, 151 (153)>.

2 Die Vorschrift untersagt jede Art der Änderung der Beweislast zum Nachteil des Vertragspartners (geringfügige Ausnahme: Zugangsfiktion ohne besondere Bedeutung, § 10 Nr. 6). Es kommt nicht darauf an, ob es sich um gesetzliche Beweislastvorschriften oder um Rechtsprechungsgrundsätze handelt. Unzulässig sind auch Beweismittel-

beschränkungen oder Änderungen hinsichtlich des Beweises des ersten Anscheins (prima-facie-Beweis) <BGH, 8. 10. 1987, BGHZ 102, 41>. Sehr umstritten ist die Frage der Zulässigkeit formularmäßiger Unterwerfung unter die sofortige Zwangsvollstreckung. Es gibt eine Fülle von kontroversen Gerichtsentscheidungen und Äußerungen in der juristischen Literatur <u.a. OLG Düsseldorf, 27. 6. 1995, NJW-RR 1996, 148 einerseits; OLG Hamm, 19. 2. 1991, DNotZ 1993, 244 und OLG München, 5. 3. 1991, NJW-RR 1992, 125 andererseits>. Soweit ein Haftungsausschluß zulässig ist, darf der Verwender die Haftung aufrechterhalten und die Beweislast umkehren; das ist dann im Ergebnis für den Vertragspartner günstiger als der Haftungsausschluß. Sonderregelungen bestehen in § 10 Nr. 6 (Fiktion des Zugangs) und § 11 Nr. 5 (Pauschalierung von Schadensersatzansprüchen).

Für den **kaufmännischen Geschäftsverkehr** ist **allgemein** folgendes 3
festzustellen: Zwar gilt die Vorschrift gem. § 24 nicht. Generell werden aber im Rahmen des § 9 auch im kaufmännischen Verkehr Beweislastverschlechterungen als unzulässig bewertet <u.a. BGH, 13. 3. 1996, BB 1996, 1030; BGH, 24. 8. 1987, BGHZ 101, 173 (184)>. Das wird in der Regel damit begründet, daß dies schon vor Inkrafttreten des AGB-Gesetzes Gerichtspraxis gewesen sei. Diese Auffassung ist so nicht ganz zutreffend. Die Rechtsprechung vor Inkrafttreten des AGB-Gesetzes hat differenziert, ob die zu beweisenden Umstände im alleinigen Einflußbereich des AGB-Verwenders liegen, in welche der Vertragspartner keine Einblicksmöglichkeiten besitzt <*Thamm*, BB 1971, 292>. Dieses brauchbare Abgrenzungskriterium ist leider in Vergessenheit geraten. Außerdem ist nicht einzusehen, warum im kaufmännischen Verkehr bei den außerordentlich schwierigen Rechtsproblemen der Beweislastregelungen nicht wenigstens dann eine Zulässigkeit zu bejahen sein soll, wenn in den AGB-Vereinbarungen die Klärung rechtlicher Zweifelsfragen und die Klärung von Zweifelsfragen tatsächlicher Art, die aus besonderen Gründen zu Abgrenzungsschwierigkeiten führen können, angestrebt werden (siehe auch den speziellen Rechtsprechungsgrundsatz in der folgenden Rdn.). Vom BGH ist zum Einheitsarchitektenvertrag 1979 entschieden worden, daß folgende Klausel auch im kaufmännischen Verkehr unwirksam ist: Der Architekt haftet nur „für von ihm nachweislich schuldhaft verursachten Schaden" <BGH, 15. 3. 1990, BB 1990, 1158>.

Im **Transportrecht** ist dagegen nicht jede Beweislastveränderung 4
unzulässig. So hat der BGH entschieden, daß z.B. § 51b Satz 2 ADSp,

wonach der Anspruchsteller grobes Verschulden des Spediteurs zu beweisen hat, wegen des speziellen Wesens und Zusammenhanges der ADSp als rechtswirksam anzuerkennen ist <BGH, 3. 11. 1994, BB 1995, 744 = LM § 51 ADSp Nr. 7 mit kritischer Anmerkung *Koller*>.

5 Noch nicht genügend beachtet wird in der Formularpraxis, daß auch durch die weitgehend übliche **Klauselgestaltung** der Haftungsbegrenzungen – insbesondere für Verzug und Folgeschäden – **mittelbar Beweislastverschlechterungen** für den Vertragspartner des AGB-Verwenders enthalten sein können. Sind die Klauseln so aufgebaut, daß zunächst die Haftung ganz ausgeschlossen oder in der Höhe begrenzt wird und dann die Haftung für die Fälle des Vorsatzes und der groben Fahrlässigkeit eröffnet wird (z.B. „... es sei denn, es liegt Vorsatz oder grobe Fahrlässigkeit vor“), so wird damit auch die Beweissituation betroffen. Nach den §§ 282 und 285 BGB sowie der dazu ergangenen Rechtsprechung hat nicht der Anspruchsteller das Vorliegen des Verschuldens zu beweisen, vielmehr muß der Anspruchsgegner den Beweis führen, daß ihn kein Verschulden trifft. Das gilt nicht nur für den Fall der Unmöglichkeit, sondern auch für die entsprechend anwendbaren Fälle positiver Vertragsverletzung und für den Schadensersatzanspruch aus § 635 BGB <BGH, 12. 10. 1967, BGHZ 48, 310; OLG Karlsruhe, 7. 11. 1995, NJW 1996, 200 (201)>. Durch die erwähnte Klausel „es sei denn ...“ wird dagegen die Beweissituation des Vertragspartners des AGB-Verwenders verschlechtert, weil damit der Anspruchsteller dem AGB-Verwender das Vorliegen des Vorsatzes oder groben Fahrlässigkeit nachweisen muß <OLG Karlsruhe a.a.O.>. Diese Klausel ist deshalb in AGB unwirksam <BGH, 13. 3. 1996, BB 1996, 1030 (1031 unter II, 3, b) = WiB 1996, 804 (*Thamm*) = BGHZ 132, 175 (180 f.); OLG Düsseldorf, 23. 5. 1995, BB 1996, 658; *Thamm*, BB 1996, 653 mit einem Umformulierungsvorschlag S. 654 unter 4; vgl. auch *Eberstein*: Die zweckmäßige Ausgestaltung von AGB im kaufmännischen Geschäftsverkehr, 4. Aufl. 1997, S. 106>.

6 **Buchstabe b** der Vorschrift erklärt es für unwirksam, wenn der AGB-Verwender den Vertragspartner, der Nichtkaufmann ist, **Tatsachen bestätigen läßt**. Das gilt **nicht** für gesondert unterschriebene **Empfangsbekenntnisse**, die vom BGB auch Quittungen genannt werden (§ 368 BGB). Der Gläubiger hat gegen Empfang der Leistung auf Verlangen eine Quittung zu erteilen (§ 368 Satz 1 BGB). Wird in der Quittung mehr als der bloße Empfang bestätigt, so verstößt die Quittung gegen § 11 Nr. 15 b. Unwirksam sind deshalb:

- Empfangsbestätigungen im Möbelhandel über den Empfang „in einwandfreiem Zustand“ <OLG Koblenz, 22. 9. 1995, NJW 1995, 3392>.
- Empfangsbestätigungen zusammen mit Widerrufsbelehrung <BGH, 30. 9. 1992, BB 1992, 2241 (2244 unter V, 2, b, aa)>.
- Bestätigungen für Krankenhausbenutzer hinsichtlich des Pflegekostentarifs (siehe Anhang § 9: Krankenhausaufnahmevertrag, Rdn. 3).

Von der Rechtsprechung nicht beanstandet worden sind Klauseln, 7
daß **Nebenabreden nicht getroffen worden sind** (Vollständigkeitsklauseln). Diese Klausel gibt lediglich die ohnehin eingreifende Vermutung der Vollständigkeit der Vertragsurkunde wieder und läßt den Gegenbeweis offen <BGH, 19. 6. 1985, BB 1985, 1814 unter 2, a, bb; siehe auch Anhang § 9: Schriftformklauseln Rdn. 5>.

Buchstabe b der Vorschrift kann über § 9 nicht generell auf den 8
kaufmännischen Geschäftsverkehr übertragen werden <*Palandt/Heinrichs*, 57. Aufl. 1998, § 11 Rdn. 93>.

Die **EU-Richtlinie** Anhang Nr. 1 q entspricht der Vorschrift von § 11 9
Nr. 15 AGB-Gesetz.

16. (Form von Anzeigen und Erklärungen)

eine Bestimmung, durch die Anzeigen oder Erklärungen, die dem Verwender oder einem Dritten gegenüber abzugeben sind, an eine strengere Form als die Schriftform oder an besondere Zugangserfordernisse gebunden werden.

Aus der Vorschrift ist zu entnehmen, daß in AGB dem Vertragspart- 1
ner des AGB-Verwenders auferlegt werden darf, Anzeigen und Erklärungen in Schriftform (§§ 126, 127 BGB) abzugeben. Das gilt z.B. für Mahnungen, Nachfristsetzungen, Kündigungen und Rücktrittserklärungen. Dieses **Schriftlichkeitserfordernis** verstößt also nicht gegen § 9 <BGH, 18. 1. 1989, NJW-RR 1989, 625 (626 unter I, 2, b, aa)>. Auch für Mängelrügen darf die Schriftform vorgeschrieben werden <*Thamm*, BB 1994, 2224 (2226f unter II, 1, b mit Nachweisen in Fußnote 39)>. Eine strengere Form darf bei Verwendung von AGB gegenüber Nichtkaufleuten nicht auferlegt werden. Der AGB-Verwender kann deshalb nicht die Benutzung bestimmter For-

mulare festlegen <OLG München, 15. 1. 1987, NJW-RR 1987, 661 (664 Klausel 9)>. Zu Schriftformklauseln siehe Anhang § 9.

2 Unwirksam sind auch Klauseln, die besondere **Zugangserfordernisse** über die gesetzlichen Vorschriften hinaus (§ 130 BGB) vorschreiben, z.B. die Zusendung durch eingeschriebenen Brief <BGH, 28. 2. 1985, NJW 1985, 2585 (2587 unter 5)>. Unzulässig sind Klauseln, die eine allein zuständige Stelle des AGB-Verwenders für Zusendungen bestimmt.

3 Die Vorschrift ist auf den kaufmännischen Verkehr nicht anwendbar (§ 24). Auch über § 9 ist eine Heranziehung keinesfalls gerechtfertigt.

§ 12 Internationaler Geltungsbereich

Unterliegt ein Vertrag ausländischem Recht, so sind die Vorschriften dieses Gesetzes gleichwohl anzuwenden, wenn der Vertrag einen engen Zusammenhang mit dem Gebiet der Bundesrepublik Deutschland aufweist. Ein enger Zusammenhang ist insbesondere anzunehmen, wenn

1. **der Vertrag auf Grund eines öffentlichen Angebots, einer öffentlichen Werbung oder einer ähnlichen im Geltungsbereich dieses Gesetzes entfalteten geschäftlichen Tätigkeit des Verwenders zustandegekommen und**
2. **der andere Vertragsteil bei Abgabe seiner auf den Vertragsabschluß gerichteten Erklärung seinen Wohnsitz oder gewöhnlichen Aufenthalt im Geltungsbereich dieses Gesetzes hat und seine Willenserklärung im Geltungsbereich dieses Gesetzes abgibt.**

Literatur: *Jayme*, FS für Trinkner 1996, S. 575; *Eckert*, ZIP 1996, 1238; *Heinrichs*, NJW 1996, 2190; *Heldrich* in Palandt: 56. Aufl. 1997, § 12; *Imping*; WiB 1997, 337; *Reithmann-Martiny*, Internationales Vertragsrecht, 5. Aufl. 1996, Rdn. 749; *Sonnenberg*, ZVglRWiss 1997, 390; *Wagner*, WM 1995, 1135; *von Westphalen*, BB 1996, 2101.

1 § 12 ist in seiner gegenwärtigen Fassung in Kraft seit dem 25. Juli 1996, als die Richtlinie 93/13/EWG des Rates vom 5. 4. 1993, über mißbräuchliche Klauseln in Verbraucherverträgen <Amtsblatt EG Nr. 195 vom 21. 4. 1993, S. 19 ff.> in nationales Recht umgesetzt

wurde. § 12 besagt, daß das AGB-Gesetz auch dann Anwendung findet, wenn das Vertragsstatut – das auf den Vertrag anwendbare Recht – ausländisches Recht ist, und der Vertrag einen engen Zusammenhang mit dem Gebiet der Bundesrepublik Deutschland aufweist. § 12 findet keine Anwendung im kaufmännischen Geschäftsverkehr wohl aber kraft ausdrücklicher Verweisung in § 24a bei Verbraucherverträgen. Einen engen Zusammenhang mit der Bundesrepublik Deutschland weist der Vertrag insbesondere auf, wenn der Verwender (der AGB) ein öffentliches Angebot in Deutschland unterbreitet hat (§ 12 Ziff. 1) und der andere Vertragsteil seinen Wohnsitz oder gewöhnlichen Aufenthalt in Deutschland hat und seine Willenserklärung in Deutschland abgibt (§ 12 Ziff. 2). Wann statt des deutschen ausländisches Recht Anwendung findet, siehe Anhang zu § 9: internationaler Geschäftsverkehr Rdn. 7.

§ 12 gilt als Spezialgesetz neben den Anknüpfungsnormen der Arti- 2
kel 29 und 34 EGBGB und geht ihnen vor, soweit er tatbestandsmäßig Anwendung findet <*Eckert*, ZIP 96, 1240; *Heinrichs*, NJW 96, 2195; *Sonnenberg*, ZVglRWiss 96, 390; *Heldrich* in Palandt, 56. Aufl. 1997, § 12 AGBG, Rdn. 4>. Artikel 29 EGBGB (Verbraucherverträge über die Lieferung beweglicher Sachen oder die Erbringung von Dienstleistungen nebst Finanzierung) schränkt die Freiheit zur Rechtswahl ein und erklärt das Recht des gewöhnlichen Aufenthalts des Verbrauchers für anwendbar, also auch das AGBG <*Wagner*, WM 95, 1135; *H. Schmidt* in Ulmer/Brandner/Hensen, Anhang zu § 2, Rdn. 2a>. Artikel 34 EGBGB nimmt die zwingenden deutschen Vorschriften von der Rechtswahl aus, worunter auch Verbraucherschutzvorschriften fallen, soweit diese nicht schon von Art. 29 erfaßt werden; insoweit käme ein Rückgriff auf Art. 34 in Betracht <BGHZ 123, 391, ebenso für Lücken des § 12 AGBG <*Heldrich* in Palandt a.a.O., Art. 34 Rdn. 3>. Liegen die Voraussetzungen des § 12 nicht vor, liegen sich auch für Art. 29 EGBGB nicht vor, da § 12 tatbestandlich weiter gefaßt ist als Art. 29 EGBGB, weil er sich nicht nur auf bewegliche Sachen bezieht, sondern auch auf Dienstleistungen mit Ausnahme von Beförderungsverträgen und Dienstleistungen im Ausland; allerdings muß bei § 12 immer ein enger Zusammenhang mit dem Gebiet der Bundesrepublik Deutschland bestehen, was bei Art. 29 EGBGB nicht notwendig ist <s. im übrigen *Eckert*, a.a.O.; *Heinrichs*, a.a.O. und *Sonnenberg*, a.a.O.>.

§ 12 setzt voraus, daß das AGB-Gesetz Anwendung findet, d.h. die 3
entsprechenden Voraussetzungen vorliegen, was allerdings auch über § 24a AGBG für Drittbedingungen, bestimmt zur einmaligen

Verwendung, gilt. Findet ausländisches Recht Anwendung, ist der enge Zusammenhang mit dem Gebiet der Bundesrepublik Deutschland anhand einer Gesamtwürdigung aller Umstände des Einzelfalls zu prüfen. Anders als in der alten Fassung des § 12 ist das Zustandekommen des Vertrages aufgrund eines öffentlichen Angebotes des ausländischen Vertragspartners und die Feststellung des Wohnsitzes/gewöhnlichen Aufenthaltes des anderen Vertragsteils nur ein Indiz für den engen Zusammenhang, nicht alleinige Voraussetzung. Weitere Indizien sind Vertragssprache, Erfüllungsort der charakteristischen Leistung, Vertragsgegenstand etc. <s. *Heldrich* a.a.O., Rdn. 5>.

4 Ergibt die Ermittlung, daß ausländisches Recht anzuwenden ist, so findet das AGB-Gesetz gleichwohl nach § 12 dann keine Anwendung, wenn das ausländische Recht gegenüber dem deutschen Recht zu einer Besserstellung des Verbrauchers führen würde; dann bleibt es bei der Anwendung des ausländischen Rechts.

5 Zu Rechtswahlklauseln: siehe Anh. § 9, internationaler Geschäftsverkehr Rdn. 3 ff. Zu AGB in der europäischen Rechtspraxis: siehe die Schrift mit diesem Titel von DACH Anwaltsvereinigung, 1997.

§ 13 Unterlassungs- und Widerrufsanspruch

(1) Wer in Allgemeinen Geschäftsbedingungen Bestimmungen, die nach §§ 9 bis 11 dieses Gesetzes unwirksam sind, verwendet oder für den rechtsgeschäftlichen Verkehr empfiehlt, kann auf Unterlassung und im Fall des Empfehlens auch auf Widerruf in Anspruch genommen werden.

(2) Die Ansprüche auf Unterlassung und auf Widerruf können nur geltend gemacht werden

1. von rechtsfähigen Verbänden, zu deren satzungsgemäßen Aufgaben es gehört, die Interessen der Verbraucher durch Aufklärung und Beratung wahrzunehmen, wenn sie in diesem Aufgabenbereich tätige Verbände oder mindestens fünfundsiebzig natürliche Personen als Mitglieder haben,

2. von rechtsfähigen Verbänden zur Förderung gewerblicher Interessen oder

3. von den Industrie- und Handelskammern oder den Handwerkskammern.

(3) Die in Absatz 2 Nr. 1 bezeichneten Verbände können Ansprüche auf Unterlassung und auf Widerruf nicht geltend machen, wenn Allgemeine Geschäftsbedingungen gegenüber einem Kaufmann verwendet werden und der Vertrag zum Betriebe seines Handelsgewerbes gehört oder wenn Allgemeine Geschäftsbedingungen zur ausschließlichen Verwendung zwischen Kaufleuten empfohlen werden.

(4) Die Ansprüche nach Absatz 1 verjähren in zwei Jahren von dem Zeitpunkt an, in welchem der Anspruchsberechtigte von der Verwendung oder Empfehlung der unwirksamen Allgemeinen Geschäftsbedingungen Kenntnis erlangt hat, ohne Rücksicht auf diese Kenntnis in vier Jahren von der jeweiligen Verwendung oder Empfehlung an.

Literatur: *Eike Schmidt*, ZIP 1991, 629 und NJW 1989, 1192; *Seifert*, BB 1982, 464.

Die Vorschrift regelt das **abstrakte gerichtliche Verfahren** (auch als 1
„Verbandsverfahren“ oder abstraktes Kontrollverfahren bezeichnet), das losgelöst vom Einzelfall die Rechtslage beurteilt. Im Wege dieses Verfahrens, das in der Praxis eine erhebliche Bedeutung erlangt hat, sollen unwirksame Klauseln generell aus den AGB entfernt werden. Die bisher durchgeführten zahlreichen Verfahren, die AGB betreffen, die gegenüber Nichtkaufleuten verwendet werden, sind hauptsachlich vom Verbraucherschutzverein, Bayreutherstr. 41, 10787 Berlin (eine von der Bundesregierung geförderte Institution zur Interessenvertretung der Verbraucher) ausgegangen. Kläger hinsichtlich AGB im kaufmännischen Geschäftsverkehr sind bei etlichen Verfahren unter anderem Kraftfahrzeug-Händlerverbände gewesen (insbesondere Verfahren gegen Vertragshändlerverträge). Statt Verfahren nach § 13 durchzuführen, wählen Verbände der Industrie, des Handels und des Handwerks zum Teil erfolgreich den Weg der Einschaltung des Gutachterausschusses für AGB (siehe dazu § 24 Rdn. 9 ff.).

Angegriffen werden können nach dem Gesetzestext Klauseln, die 2
nach den §§ 9-11 unwirksam sind. Damit sind auch Klauseln, die gegen das Transparenzgebot (siehe § 9 Rdn. 13) verstoßen, von der Vorschrift erfaßt <BGH, 15. 10. 1991, BB 1991, 2394 = BGHZ 116, 1>, weil die Rechtsprechung das Transparenzgebot dem § 9 zuordnet <u.a. BGH, 4. 2. 1997, WM 1997, 518 (519 unter II, 1)>. Im Ver-

bandsverfahren ist bei der Prüfung, ob eine Klausel gegen das Transparenzgebot verstößt, zwar der Zusammenhang des Gesamtklauselwerkes zu berücksichtigen, nicht aber das sonstige Verhalten des AGB-Verwenders vor, bei und nach Vertragsabschluß <BGH, 5. 11. 1991, BB 1991, 2468; *Köndgen*, JZ 1992, 643>. Merkmale der konkreten Fallgestaltung können nur dann Berücksichtigung finden, wenn sie Bestandteil der AGB sind <BGH, 4. 2. 1997, BB 1997, 644 Leitsatz b; dazu *Lindacher*, NJW 1997, 2741>. Unerheblich ist, ob die beanstandete Klausel in einem konkreten Fall Vertragsinhalt geworden ist <BGH, 28. 1. 1981, BB 81, 520>. Bei der Auslegung im Rahmen von § 13 ist die „kundenfeindlichste" Auslegung zugrunde zu legen <BGH, 3. 7. 1996, BB 1996, 1735 = BGHZ 133, 184>. Die Vorschrift ermöglicht aber nicht die Kontrolle von Klauseln in Verbraucherverträgen im Sinne von § 24a.

3 Ein **Verstoß gegen § 3** kann **nicht** mit dem abstrakten Verfahren geltend gemacht werden <BGH, 5. 11. 1991, BB 1991, 2468; OLG Koblenz, 15. 9. 1989, VersR 89, 1270; a.A. u.a. OLG Hamm, 14. 3. 1986, NJW-RR 1986, 927 (930 unter f); *Palandt/Heinrichs*, 57. Aufl. 1998, § 13 Rdn. 4>. Dasselbe gilt hinsichtlich **§ 4** <BGH, 7. 10. 1981, BB 1982, 2136>.

4 Die Anwendung erfordert als nicht ausdrücklich genannte Voraussetzung eine **Wiederholungsgefahr**. Die Verwendung von AGB, die unzulässige Klauseln enthalten, begründet eine tatsächliche Vermutung für das Vorliegen einer Wiederholungsgefahr <BGH, 9. 7. 1992, NJW 1992, 3158 (3161) = BGHZ 119, 152 (165)>. An die Beseitigung der Wiederholungsgefahr sind strenge Anforderungen zu stellen. Die Änderung von beanstandeten Klauseln allein läßt die Wiederholungsgefahr nicht entfallen; auch die bloße Absichtserklärung des AGB-Verwenders, die beanstandeten Klauseln nicht weiter zu benutzen, reicht regelmäßig nicht aus <BGH, a.a.O.>, dagegen eine strafbewehrte Unterlassungserklärung, d.h. eine Unterlassungserklärung mit Vertragsstrafeversprechen <OLG München, 19. 11. 1980, BB 1981, 74; OLG Düsseldorf, 30. 4. 1981, DB 1981, 1663>.

5 Die Vorschrift ermöglicht nicht nur Klagen sondern auch **einstweilige Verfügungen**. Die für eine einstweilige Regelung erforderliche Dringlichkeit ergibt sich jedoch nicht schon aus der Natur der Sache; sie ist vielmehr für jeden Einzelfall am Maßstab der §§ 935, 940 ZPO zu prüfen <OLG Düsseldorf, 29. 12. 1988, BB 1989, 1078; vgl. auch OLG Frankfurt, 27. 9. 1988, NJW 1989, 1489>. Kurz nach Inkrafttreten des AGB-Gesetzes ist insbesondere in München durch einen

unseriösen sogenannten Verbraucherschutzverein, dessen Prozeßführungsbefugnis später vom Gericht verneint worden ist, eine große Zahl von einstweiligen Verfügungen erwirkt worden.

Das gerichtliche Verfahren kann auf **Unterlassung** oder im Falle der Empfehlung auch auf **Widerruf** lauten. Dafür ist nach Absatz 1 der Vorschrift eine Verwendung von AGB oder eine Empfehlung für den rechtsgeschäftlichen Verkehr Voraussetzung. Nicht erforderlich ist, daß die AGB bereits zum Inhalt eines Vertrages gemacht worden sind. Ausreichend ist zum Beispiel die Bezugnahme oder der Abdruck in einem Angebot oder auf einem Geschäftsbrief <BGH, 2. 7. 1987, BB 1987, 1908 (1909 unter 3d) = BGHZ 101, 271 (273)>. Empfehler sind in der Regel Verbände, die entweder angemeldete Konditionenempfehlungen besitzen oder – wie häufig praktiziert – rechtswidrig ohne Anmeldung AGB ihren Mitgliedern zur Verwendung nahelegen. Ob Empfehler auch Herausgeber von Formularen, Zeitschriften und Formularbüchern sein können, ist umstritten. Im allgemeinen wird man mit der Herausgabe von Formulierungsbeispielen nicht eine Empfehlung im Sinne der Vorschrift des § 13 verbinden dürfen. Die Empfehlung eines Verbandes endet mit der offiziellen Rücknahme: Mitteilung an die Kartellbehörde, bei der die Konditionenempfehlung angemeldet worden ist und Information der Mitglieder. 6

Inhaltlich voneinander **trennbare** (teilbare), einzeln aus sich heraus verständliche **AGB-Klauseln** können Gegenstand gesonderter Wirksamkeitsprüfung und -feststellung nach der gesetzlichen Vorschrift sein, auch wenn sie sprachlich in einem Satz mit anderen Regelungen zusammengefaßt sind <BGH, 7. 10. 1981, BB 1981, 2090>. 7

Eine **Aufbrauchfrist** für unzulässige AGB wird von der Rechtsprechung nicht anerkannt (siehe im einzelnen: § 17 Rdn. 4). 8

Klagebefugt sind 9

- **Verbraucherverbände** (Abs. 2 Nr. 1 der Vorschrift). Diese müssen rechtsfähig, also im Vereinsregister eingetragen sein (§ 21 BGB). Sie müssen satzungsgemäß die Interessen der Verbraucher durch Aufklärung und Beratung allgemein, also nicht nur die ihrer Mitglieder wahrnehmen <OLG Frankfurt, 19. 12. 1991, NJW-RR 1992, 396>. Die Beschränkung des Verbandes auf bestimmte Interessen, z.B. Mieterschutz ist möglich <BGH, 20. 1. 1993, BB 1993, 822>. Eine eigene Geschäftsstelle ist für den Verband in der Regel nötig <BGH, 26. 5. 1994, BGHZ 126, 145>. Das Klagerecht der Verbraucherverbände ist gemäß Abs. 3 der Vorschrift auf AGB beschränkt, die gegenüber Nichtkaufleuten verwendet werden.

- **Verbände zur Förderung gewerblicher Interessen** (Abs. 2 Nr. 2 der Vorschrift). Auch insofern ist bei privatrechtlicher Organisation Rechtsfähigkeit des Verbandes, also Eintragung im Vereinsregister erforderlich (§ 21 BGB). Die Förderung gewerblicher Interessen muß nicht ausdrücklich satzungsmäßig festgelegt sein. Es genügt, daß sich dieser Zweck mittelbar aus der Satzung entnehmen läßt. Die Verwendung oder Empfehlung unwirksamer Klauseln muß den satzungsmäßigen Interessenbereich des Verbandes berühren. Unter Abs. 2 Nr. 2 der Vorschrift fallen auch öffentlich rechtliche Verbände <BGH, 9. 7. 1981, BB 1982, 580 = BGHZ 81, 229 (230)>, also z.B. Rechtsanwaltskammern, Ärztekammern, Architektenkammern und Innungen.
- **Industrie- und Handelskammern sowie Handwerkskammern**.

10 Die **Verjährung** von 2 Jahren (vom Zeitpunkt der Kenntniserlangung) und 4 Jahren (von der jeweiligen Verwendung oder Empfehlung ohne Rücksicht auf die Kenntnis) bezieht sich nur auf die Ansprüche aus § 13, nicht dagegen auf das Recht des Vertragspartners des AGB-Verwenders, sich auf die Unwirksamkeit von AGB im Einzelfall zu berufen. Eine **Verwirkung** des Anspruchs aus § 13 ist nicht möglich <BGH, 15. 2. 1995, BB 1995, 742>.

11 Vor der Einreichung einer Klage nach § 13 ist es sehr ratsam, dem AGB-Verwender oder Empfehler zunächst eine **Abmahnung** zugehen zu lassen. Anderenfalls kann der Beklagte seiner Kostenlast durch ein sofortiges Anerkenntnis entgehen (§ 93 ZPO). Ebenso wie im Wettbewerbsrecht ist auch im AGB-Recht eine Abmahnung den klagebefugten Institutionen zuzumuten <KG, 6. 10. 1981, AGBE 1981, 691 = WRP 1982, 29>. Außerdem hat der AGB-Verwender ein legitimes Interesse daran zu wissen, welche anspruchsberechtigte Institution nach § 13 welche seiner AGB-Klauseln beanstandet <KG a.a.O.>. Für die Abmahnung kann die Institution von dem Abgemahnten nach dem Grundsatz der Geschäftsführung ohne Auftrag **Unkostenersatz** verlangen. Die Kosten für die Einschaltung eines Rechtsanwalts werden zwar bei kleinen Verbänden, die keine eigene Rechtsabteilung besitzen, wegen der Kompliziertheit und Unübersichtlichkeit des AGB-Rechts als erforderlich und damit erstattungsfähig anzusehen sein. Bei großen Verbänden mit eigener Rechtsabteilung ist eine Abmahnung ohne Hilfe eines Rechtsanwalts im allgemeinen zumutbar. Klagevoraussetzung ist eine vorherige Abmahnung oder Ankündigung jedoch nicht <vgl. *Hensen* in Ulmer/Brandner/Hensen, 8. Aufl. 1997, § 13 Rdn. 49>.

Die Abmahnung mit dem Verlangen nach einer strafbewehrten 12
Unterlassungserklärung darf nicht so ausgestaltet sein, daß damit auch ein **Verzicht auf die Einrede des Fortsetzungszusammenhanges** verbunden ist; das würde sonst gegen § 9 Abs. 2 Nr. 1 verstoßen <BGH, 10. 12. 1992, BB 1993, 683 = BGHZ 121, 13 mit kritischer Besprechung *Oellers*, EWiR 1993, 211; OLG Düsseldorf, 23. 10. 1996, EWiR 1996, 1141 (*Ulrich*)>.

Die Vorschrift findet auf vor Inkrafttreten des AGB-Gesetzes 13
geschlossene **Altverträge** grundsätzlich auch dann keine Anwendung, wenn sich der AGB-Verwender bei deren Abwicklung nach dem 1. 4. 1977 auf eine intransparente Klausel beruft <BGH, 4. 2. 1997, BB 1997, 644>.

§ 14 Zuständigkeit

(1) Für Klagen nach § 13 dieses Gesetzes ist das Landgericht ausschließlich zuständig, in dessen Bezirk der Beklagte seine gewerbliche Niederlassung oder in Ermangelung einer solchen seinen Wohnsitz hat. Hat der Beklagte im Inland weder eine gewerbliche Niederlassung noch einen Wohnsitz, so ist das Gericht des inländischen Aufenthaltsorts zuständig, in Ermangelung eines solchen das Gericht, in dessen Bezirk die nach §§ 9 bis 11 dieses Gesetzes unwirksamen Bestimmungen in Allgemeinen Geschäftsbedingungen verwendet wurden.

(2) Die Landesregierungen werden ermächtigt, zur sachdienlichen Förderung oder schnelleren Erledigung der Verfahren durch Rechtsverordnung einem Landgericht für die Bezirke mehrerer Landgerichte Rechtsstreitigkeiten nach diesem Gesetz zuzuweisen. Die Landesregierungen können die Ermächtigung durch Rechtsverordnung auf die Landesjustizverwaltungen übertragen.

(3) Die Parteien können sich vor den nach Absatz 2 bestimmten Gerichten auch durch Rechtsanwälte vertreten lassen, die bei dem Gericht zugelassen sind, vor das der Rechtsstreit ohne die Regelung nach Absatz 2 gehören würde.

(4) Die Mehrkosten, die einer Partei dadurch erwachsen, daß sie sich nach Absatz 3 durch einen nicht beim Prozeßgericht zugelassenen Rechtsanwalt vertreten läßt, sind nicht zu erstatten.

1 **Absatz 1** der Vorschrift legt die örtliche und sachliche Zuständigkeit für die Klagen nach § 13 fest. Es handelt sich um eine ausschließliche Zuständigkeit, so daß insofern Gerichtsstandsvereinbarungen unwirksam sind. Ohne Rücksicht auf die Höhe des Streitwerts (zum Streitwert siehe den ehemaligen § 22) ist stets das Landgericht zuständig. Absatz 1 regelt die hilfsweise Zuständigkeit des Gerichts, in dessen Bezirk die unwirksamen AGB-Klauseln verwendet wurden. Das gilt trotz der unsorgfältigen Formulierung entsprechend auch für Empfehlung von AGB und zwar sowohl den Ort der Abgabe der Empfehlung als auch den Ort des Empfangs der Empfehlung <*Palandt/Heinrichs*, 57. Aufl. 1998, § 14 Rdn. 7>.

2 **Absatz 2** der Vorschrift ermächtigt die Regierungen der Bundesländer (ggfs. die durch Übertragung der Ermächtigung zuständigen Landesjustizverwaltungen), die Klagen nach § 13 bei bestimmten Landgerichten zu konzentrieren. Davon ist in den Bundesländern Bayern, Hessen, Nordrhein-Westfalen Gebrauch gemacht worden <Nachweise in *Ulmer/Brandner/Hensen*, 8. Aufl. 1997, § 14 Rdn. 11>. Bei etlichen Landgerichten ist die Zuständigkeit intern bei bestimmten Kammern festgelegt.

3 Die **Absätze 3 und 4** der Vorschrift regeln sehr speziell

- die Vertretung durch Rechtsanwälte, die wegen der zum Teil noch bestehenden örtlichen Zulassungsbeschränkung bei den Gerichten an sich nicht auftreten dürfen, welche durch die gem. Abs. 1 der Vorschrift erfolgten gerichtlichen Konzentrationsfestlegungen mit den Verfahren befaßt werden.
- und außerdem die Frage der Erstattung der dadurch entstehenden Mehrkosten.

Absatz 3 tritt gem. Gesetz vom 2. 9. 1994 <BGBl 1994, I, 2278> in den alten Bundesländern am 31. 12. 1999 mit dem Wegfall der örtlichen Zulassungsbeschränkungen der Rechtsanwälte außer Kraft.

4 Die Vorschrift ist **nur auf** Gerichtsverfahren nach **§ 13 anwendbar**. Hinsichtlich der sonstigen Prozesse über AGB-Klauseln in Einzelverträgen bleibt es bei den allgemeinen gesetzlichen Zuständigkeitsregelungen.

§ 15 Verfahren

(1) Auf das Verfahren sind die Vorschriften der Zivilprozeßordnung anzuwenden, soweit sich aus diesem Gesetz nicht etwas anderes ergibt.

(2) Der Klageantrag muß enthalten:

1. den Wortlaut der beanstandeten Bestimmungen in Allgemeinen Geschäftsbedingungen;

2. die Bezeichnung der Art der Rechtsgeschäfte, für die die Bestimmungen beanstandet werden.

Die Regelung von **Absatz 1** der Vorschrift, nach der auf das Verfahren 1
die Vorschriften der ZPO anzuwenden sind, soweit sich aus dem AGB-Gesetz nichts abweichendes ergibt, ist nur von klarstellender Art.

Absatz 2 der Vorschrift sieht für den **Klageantrag** vor: Es muß der 2
konkrete Text der beanstandeten AGB-Klausel aufgeführt werden (Nr. 1 der Vorschrift). Außerdem ist die Bezeichnung der Art der Rechtsgeschäfte, für welche die Klausel beanstandet wird, erforderlich (Nr. 2 der Vorschrift). Dabei sollte möglichst auf die Vertragstypen abgestellt werden, evtl. aber auch auf bestimmte Produkte oder Leistungen. Ist eine Klausel teilweise unwirksam und die Klausel teilbar (siehe dazu § 6 Rdn. 4 und § 13 Rdn. 7), so muß sich der Klageantrag auf den unwirksamen Teil der Klausel beschränken, sonst droht eine Teilabweisung der Klage <*Heinrichs*, EWiR 1995, 523>. Bei unteilbaren Klauseln ist der Klageantrag gegen die gesamte Klausel zu richten <BGH, 15. 2. 1995, BB 1995, 742>. Wegen der Systematik des AGB-Gesetzes muß der Klageantrag außerdem die Angabe enthalten, ob sich das Verwendungsverbot bzw. das Widerrufsgebot nur auf den Verkehr gegenüber Nichtkaufleuten beziehen oder auch den kaufmännischen Geschäftsverkehr umschließen soll.

§ 16 Anhörung

Das Gericht hat vor der Entscheidung über eine Klage nach § 13 zu hören

1. die zuständige Aufsichtsbehörde für das Versicherungswesen, wenn Gegenstand der Klage Bestimmungen in Allgemeinen Versicherungsbedingungen sind, oder

2. das Bundesaufsichtsamt für das Kreditwesen, wenn Gegenstand der Klage Bestimmungen in Allgemeinen Geschäftsbedingungen sind, die das Bundesaufsichtsamt für das Kreditwesen nach Maßgabe des Gesetzes über Bausparkassen, des Gesetzes über Kapitalanlagegesellschaften, des Hypothekenbankgesetzes oder des Gesetzes über Schiffspfandbriefbanken zu genehmigen hat.

1 Der Gesetzestext von Nr. 1 besteht aufgrund des Gesetzes vom 21. 7. 1994 <BGBl. 1994, I, 1630 (1666); die Wiedergabe des Gesetzestextes in *Palandt/Heinrichs*, 57. Aufl. 1998, ist partiell unrichtig; auch die dort angegebene Fundstelle im BGBl ist nicht zutreffend. Das zeigt die Schwierigkeit, Gesetzesflickwerk im Griff zu behalten>.

2 Aus Nr. 2 der Vorschrift ergibt sich, daß auch die mit behördlicher Genehmigung erlassenen AGB der Inhaltskontrolle des AGB-Gesetzes unterworfen sind.

3 Die Anhörung setzt voraus, daß die Behörde vom Gericht über die Einzelheiten des Vorbringens der Prozeßparteien unterrichtet wird und zwar in der Regel durch Übersendung von Abschriften der Klageschrift, der Klageerwiderung und der sonstigen maßgebenden Schriftsätze. Die Behörde kann sich schriftlich oder in der mündlichen Verhandlung äußern. Im gerichtlichen Instanzenzug ist jeweils erneut vom Gericht die Anhörung vorzunehmen.

§ 17 Urteilsformel

Erachtet das Gericht die Klage für begründet, so enthält die Urteilsformel auch:

1. die beanstandeten Bestimmungen der Allgemeinen Geschäftsbedingungen im Wortlaut;

2. die Bezeichnung der Art der Rechtsgeschäfte, für die die den Unterlassungsanspruch begründenden Bestimmungen der Allgemeinen Geschäftsbedingungen nicht verwendet werden dürfen;

3. das Gebot, die Verwendung inhaltsgleicher Bestimmungen in Allgemeinen Geschäftsbedingungen zu unterlassen;

4. für den Fall der Verurteilung zum Widerruf das Gebot, das Urteil in gleicher Weise bekanntzugeben, wie die Empfehlung verbreitet wurde.

Die **Nummer 1 und 2** der Vorschrift entsprechen den gesetzlichen 1
Regelungen über den Klageantrag (§ 15 Abs. 2 Nr. 1 u. 2, siehe dort). Die Nummer 2 geht zwar nur von der Verwendung von AGB aus. Das ist aber einer der vielen Fehler des AGB-Gesetzes. Die gesetzliche Vorschrift soll auch für AGB-Empfehlungen gelten, wie aus Nr. 4 der Vorschrift zu ersehen ist.

Nummer 3 der Vorschrift normiert das Unterlassungsgebot der Ver- 2
wendung **inhaltsgleicher Klauseln**, also inhaltlich entsprechender AGB. Insofern wird an die „Kerntheorie" zum UWG angeknüpft, nach welcher auch Änderungen erfaßt werden, bei denen die Verletzungshandlung im Kern gleich bleibt <BGH, 16. 5. 1990, NJW-RR 1990, 1141 (1142 unter 3); vgl. OLG Hamm, 23. 8. 1990, NJW-RR 1991, 182 (183)>.

Nummer 4 der Vorschrift regelt das Gebot der Urteilsbekanntgabe 3
bei einem Widerruf von unzulässigen Empfehlungen.

Wird durch das Gericht eine Pflicht zur Unterlassung oder zum 4
Widerruf ausgesprochen, so gibt es im Gegensatz zur Praxis des Wettbewerbsrechts keine **Aufbrauchfrist** für die bisherigen AGB <BGH, 20. 1. 1983, BB 1983, 527 (531 unter IV) = BGHZ 86, 284 (299); BGH, 17. 5. 1982, BB 1982, 1750 (1752) = BGHZ 84, 109 (116)>. Der Schutzzweck des AGB-Gesetzes würde nach Ansicht des BGH unterlaufen werden, wenn der Gebrauch unzulässiger AGB auch nur für eine Übergangszeit gestattet würde. Der allgemeine Rechtsverkehr soll vor dem Gebrauch unbilliger Klauseln absolut geschützt werden. Der AGB-Verwender darf sich auch bei der **Abwicklung bereits abgeschlossener Verträge** nicht mehr auf diese AGB-Klauseln berufen <BGH, 11. 2. 1981, BB 1981, 934 mit Anm. *Bunte*, BB 1981, 1793>.

§ 18 Veröffentlichungsbefugnis

Wird der Klage stattgegeben, so kann dem Kläger auf Antrag die Befugnis zugesprochen werden, die Urteilsformel mit der Bezeichnung des verurteilten Verwenders oder Empfehlers auf Kosten des Beklagten im Bundesanzeiger, im übrigen auf eigene Kosten bekanntzumachen. Das Gericht kann die Befugnis zeitlich begrenzen.

1 Die in der Praxis völlig bedeutungslos gebliebene Vorschrift, die wenig zweckmäßig ist <*Palandt/Heinrichs*, 57. Aufl. 1998, § 18 Rdn. 1>, gibt dem Gericht die Möglichkeit, dem Kläger auf seinen Antrag die Befugnis zuzusprechen, eine **Veröffentlichung** der Urteilsformel mit Namensnennung des Verurteilten AGB-Verwenders oder Empfehlers vorzunehmen. Die Entscheidung des Gerichts erfolgt im Urteil. Die Veröffentlichungsbefugnis ist gegenüber dem Unterlassungs- oder Widerrufsberechtigten nach § 13 Abs. 1 selbständig und nicht notwendigerweise mit diesem verbunden. *„Demgemäß hat das Gericht über die Bekanntmachungsbefugnis aufgrund einer selbständigen Ermessensentscheidung zu befinden. Das Gericht hat abzuwägen, ob die Veröffentlichung zur Beseitigung der eingetretenen Störung des Rechtsverkehrs ... erforderlich ist"* <BGH, 5. 11. 1991, NJW 1992, 1450 (1452 unter 5)>. Als Beispiel für eine im Urteil zugesprochene Veröffentlichungsbefugnis ist zu nennen: OLG Nürnberg, 27. 5. 1997, ZIP 1997, 1781 = WM 1998, 121.

2 Die **Bekanntmachung** ist möglich

- **im Bundesanzeiger** auf Kosten des Verurteilten: In der Praxis uninteressant wegen der geringen Bedeutung des Bundesanzeigers;
- **in sonstigen Publikationen**, z.B. Fachzeitschriften (insbesondere branchenspezifischer Art) und Tageszeitungen, auf Kosten des Klägers: Wegen der nicht unerheblichen Kosten ebenfalls praktisch unattraktiv.

Die Veröffentlichungsmöglichkeit ist auch deshalb letztlich unwichtig, weil das Register beim Bundeskartellamt (§ 20) für Interessierte einen ausreichenden Weg der Information eröffnet und zwar mit Namensnennung des Beklagten bzw. Verurteilten.

3 Uneinheitlich beantwortet wird die Frage, ob die **Rechtskraft des Urteils** Voraussetzung für die Veröffentlichung ist <für die Veröffentlichung auch bei vorläufiger Vollstreckbarkeit: *Palandt/Heinrichs* a.a.O. Rdn. 4>.

4 Satz 2 der Vorschrift sieht in perfektionistischer Weise vor, daß das Gericht die Veröffentlichungsbefugnis **zeitlich begrenzen** darf. Die Gesetzesverfasser konnten sich wohl merkwürdig weltfremd eine Neigung vorstellen, veraltete Prozeßbeendigungen in der Öffentlichkeit „breitzutreten". Die Praxisferne von Teilen des AGB-Gesetzes wird deutlich.

§ 19 Einwendungen bei abweichender Entscheidung

Der Verwender, dem die Verwendung einer Bestimmung untersagt worden ist, kann im Wege der Klage nach § 767 ZPO einwenden, daß nachträglich eine Entscheidung des Bundesgerichtshofs oder des Gemeinsamen Senats der Obersten Gerichtshöfe des Bundes ergangen ist, welche die Verwendung dieser Bestimmung für dieselbe Art von Rechtsgeschäften nicht untersagt, und daß die Zwangsvollstreckung aus dem Urteil gegen ihn in unzumutbarer Weise seinen Geschäftsbetrieb beeinträchtigen würde.

1 Die Vorschrift gibt ein Beispiel dafür, daß im AGB-Gesetz Gesichtspunkte völlig unwichtiger Art perfektionistisch in einem eigenen Paragraphen gestaltet worden sind.

2 Die Vorschrift steht vom Sinnzusammenhang her mit § 21 in Verbindung und sieht eine Vollstreckungsabwehrklage vor. Die Voraussetzung, daß eine Zwangsvollstreckung aus dem für den AGB-Verwender negativen Urteil „in unzumutbarer Weise seinen Geschäftsbetrieb beeinträchtigen würde" wird objektiv kaum je nachzuweisen sein. Die Äußerung des Bundestagsrechtsausschusses bei der Gesetzesberatung <S. 12> läßt die Unsinnigkeit der gesetzlichen Voraussetzung deutlich werden: *„Dies wird insbesondere immer dann der Fall sein, wenn im Hinblick auf die drohende Vollstreckung die Verwendung einer Bestimmung unterbleibt, gleichzeitig aber der Mitbewerber des Verurteilten die gleiche Bestimmung für die gleiche Art von Rechtsgeschäften verwendet und sich dadurch Nachteile im Wettbewerb für den Verurteilten ergeben könne."* Das ist eine merkwürdige Art, Gesetze zu gestalten: Es wird eine hohe Hürde aufgebaut und dann intern erklärt, die Hürde soll in Wirklichkeit gar nicht praktiziert werden.

3 Ein Beispiel für die Anwendbarkeit der Vorschrift könnte eventuell das BGH-Urteil zur Verlängerung der Laufzeit von Fitnessverträgen darstellen <BGH, 4. 12. 1996, BB 1997, 386; siehe Anhang § 9: Fitnessverträge, Rdn. 3; auf dieses Beispiel weist *Heinrichs* in seiner Urteilsbesprechung in EWiR 1997, 241 (242 unter 4) hin>, weil Instanzgerichte für fast jeden Vertragstyp und für jede der drei Fristen des § 11 Nr. 12 eigene Höchstfristen festgelegt haben <*Heinrichs* a.a.O.>.

§ 20 Register

(1) Das Gericht teilt dem Bundeskartellamt von Amts wegen mit

1. Klagen, die nach § 13 oder nach § 19 anhängig werden,

2. Urteile, die im Verfahren nach § 13 oder nach § 19 ergehen, sobald sie rechtskräftig sind,

3. die sonstige Erledigung der Klage.

(2) Das Bundeskartellamt führt über die nach Absatz 1 eingehenden Mitteilungen ein Register.

(3) Die Eintragung ist nach zwanzig Jahren seit dem Schluß des Jahres zu löschen, in dem die Eintragung in das Register erfolgt ist. Die Löschung erfolgt durch Eintragung eines Löschungsvermerks; mit der Löschung der Eintragung einer Klage ist die Löschung der Eintragung ihrer sonstigen Erledigung (Absatz 1 Nr. 3) zu verbinden.

(4) Über eine bestehende Eintragung ist jedermann auf Antrag Auskunft zu erteilen. Die Auskunft enthält folgende Angaben:

1. für Klagen nach Absatz 1 Nr. 1

a) die beklagte Partei,

b) das angerufene Gericht samt Geschäftsnummer,

c) den Klageantrag;

2. für Urteile nach Absatz 1 Nr. 2

a) die verurteilte Partei,

b) das entscheidende Gericht samt Geschäftsnummer,

c) die Urteilsformel;

3. für die sonstige Erledigung nach Absatz 1 Nr. 3 die Art der Erledigung.

1 Das Register betrifft nur Gerichtsverfahren nach den §§ 13 und 19 und ist damit nur eine **Bestandsaufnahme eines Teilgebietes** der Prozesse des AGB-Rechts. Interessant war das Register nur während der Anfangsjahre des AGB-Gesetzes, als es noch keine aktuellen und aufbereiteten Übersichten der juristischen Literatur gab. Sehr drastisch aber zutreffend wird das Register als „überflüssig wie ein Kropf" bezeichnet <*Palandt/Heinrichs*, 56. Aufl. 1997, § 20 Rdn. 1>.

Die Pflicht der Gerichte zu Mitteilungen an das Register wird nicht 2
ganz vollständig erfüllt. Die Zahl der **Eintragungen im Register** betrug am 31. 12. 1996: 3.118. Dabei ist zu berücksichtigen, daß jede weitere Mitteilung nach Eintragung der Klageerhebung eine neue Registernummer erhält, so daß bei einer Beendigung eines Prozesses im gerichtlichen Instanzenzug etliche Registernummern zu beachten sind, die sich verstreut im Register befinden. Die Eintragungen im Register werden generell in zeitlicher Reihenfolge des Eingangs der gerichtlichen Mitteilung vorgenommen. Die Zahl der Gerichtsverfahren gem. § 13 liegt also in knapp 20 Jahren bei einer Größenordnung von wesentlich unter 1.000.

Der **Auskunftsanspruch** ist für jedermann gegeben. Eine Begrün- 3
dung für das Auskunftsersuchen ist nicht erforderlich. Das Auskunftsgesuch ist zu richten an

Bundeskartellamt
Mehringdamm 129, 10965 Berlin
Tel.: 0 30/69 58 00, Fax: 0 30/69 58 04 00

Im Jahr 1996 wurden 18 Einzelauskünfte erteilt, im Jahr 1995 waren es 28. Zu erwähnen ist jedoch die Tatsache, daß eine Reihe von Interessenten wunschgemäß alle Neueintragungen des Registers in regelmäßigen Abständen zugesandt erhält.

Die Auskunft aus dem Register ist gebührenfrei <unrichtig deshalb 4
Hensen in Ulmer/Brandner/Hensen, 8. Aufl. 1997, § 20 Rdn. 14 letzter Satz und *Palandt/Heinrichs*, 57. Aufl. 1998, § 20 Rdn. 2>. Lediglich für die Übersendung von Fotokopien der Registereintragungen werden die Fotokopienauslagen von 1,00 DM pro Seite (bzw. von 0,30 DM ab der 51. Seite) aufgrund § 4 Abs. 1 Nr. 2 der Justizkostenordnung i.V.m. § 136 Abs. 3 des Gesetzes über die Kosten in Angelegenheiten der freiwilligen Gerichtsbarkeit vom Bundeskartellamt erhoben. Bei geringem Umfang wird von der Erhebung von Auslagen abgesehen <schriftliche Auskunft des Bundeskartellamtes vom 27. 1. 1997, Az. P-1/97 AGB>.

§ 21 Wirkungen des Urteils

Handelt der verurteilte Verwender dem Unterlassungsgebot zuwider, so ist die Bestimmung in den Allgemeinen Geschäftsbedingungen als unwirksam anzusehen, soweit sich der betroffene Vertragsteil

auf die Wirkung des Unterlassungsurteils beruft. Er kann sich jedoch auf die Wirkung des Unterlassungsurteils nicht berufen, wenn der verurteilte Verwender gegen das Urteil die Klage nach § 19 erheben könnte.

1 **Voraussetzung für die Anwendung** der Vorschrift ist ein Unterlassungsurteil gemäß den §§ 13 und 17. Eine einstweilige Verfügung reicht nicht aus, auch wenn sie durch Urteil bestätigt worden ist <OLG Düsseldorf, 10. 7. 1978, BB 1978, 1433>. Der Anwendung des Unterlassungsurteils auf Altverträge kann der Grundsatz des Vertrauensschutzes entgegenstehen <LG Berlin, 13. 7. 1988, DB 1988, 2044 (2045); LG Frankfurt, 19. 1. 1988, BB 1988, 1554 (1557); kritisch *Löwe*, BB 1988, 1833>.

2 Der Vertragspartner des AGB-Verwenders (hier als „betroffener Vertragsteil" bezeichnet) muß sich **auf die Wirkung des Unterlassungsurteils berufen**. Dann ist das Gericht im konkreten Individualprozeß an das Unterlassungsurteil gebunden. Es handelt sich um eine neuartige Rechtskrafterstreckung. Eine eigene Prüfung der Rechtsfrage ist dem Gericht verwehrt. Das Gericht darf nicht von Amts wegen eine Bindungswirkung an das Unterlassungsurteil annehmen.

Ehemaliger § 22 Streitwert

Literatur: *Hensen* in: Ulmer/Brandner/Hensen, 8. Aufl. 1997, § 15 Rdn. 31-34; *Lindacher*, MDR 1994, 231.

1 Diese Vorschrift ist zum 1. 10. 1994 im AGB-Gesetz aufgehoben worden (Art. 9 Nr. 4 Kostenrechtsänderungsgesetz 1994, BGBl. 1994, I, 1325 (1366)). Sie lautete:

„Bei Rechtsstreitigkeiten aufgrund dieses Gesetzes darf der Streitwert nicht über 500.000,00 DM angenommen werden."

Diese Regelung befindet sich jetzt aber mit nur geringfügig anderem Wortlaut in § 12 Abs. 1 Satz 2 GKG. Diese formelle Veränderung wird bei der Wiedergabe des Textes des AGB-Gesetzes nicht immer beachtet <z.B. *Eberstein*: Die zweckmäßige Ausgestaltung von AGB im kaufmännischen Geschäftsverkehr, 4. Aufl. 1997, S. 147; *Baumbach/Hopt*: HGB, 29. Aufl. 1995, S. 1076>.

Der seinerzeitige § 22, der nur für Unterlassungsklagen galt, nicht **2**
aber für Prozesse, bei denen die AGB-Problematik nur mittelbar eine Rolle spielte, war geschaffen worden, um das Kostenrisiko klagender Verbände (§ 13) zu begrenzen.

Der Regelstreitwert ist für jede Klausel mit mindestens 3.000,00 DM **3**
bis 5.000,00 DM zu veranschlagen, soweit die Klausel nicht für ganze Wirtschaftszweige von grundlegender Bedeutung ist, z.B. Automobilindustrie oder Banken <vgl. OLG Frankfurt, 17. 5. 1993, NJW-RR 1994, 60>. Die Tilgungsverrechnungsklausel eines Kreditinstituts hat zu einer Streitwertfestlegung von 50.000,00 DM geführt <BGH, 30. 4. 1991, NJW-RR 1991, 1074>. Der Streitwert einer Klausel eines Heimvertrages ist mit 13.500,00 DM veranschlagt worden <BGH, 30. 5. 1990, NJW 1991, 179>. Bei einem wirtschaftlichen Interesse von 1,7 Millionen ist eine AGB-Bestimmung nur wegen § 22 auf einen Streitwert von 500.000,00 DM begrenzt worden <OLG Celle, 14. 10. 1994, NJW 1995, 890>. In einer neuen OLG-Entscheidung wird der angemessene Regelstreitwert für Verfahren nach § 13 mit 2.000,00 bis 5.000,00 DM für jede Klausel angegeben <OLG Stuttgart, 25. 2. 1997, NJW-RR 1997, 891; die Zahl von „bis 5.000,00 DM" steht in den Gründen, während im Leitsatz statt dessen „bis 3.000,00 DM" angeführt ist>. In dieser Entscheidung wird die bisherige Verbreitung der Klausel als von untergeordneter Bedeutung bezeichnet, im Vordergrund stehe das Interesse der Allgemeinheit an der Unterbindung rechtswidriger Klauseln.

§ 23 Sachlicher Anwendungsbereich

(1) Dieses Gesetz findet keine Anwendung bei Verträgen auf dem Gebiet des Arbeits-, Erb-, Familien- und Gesellschaftsrechts.

(2) Keine Anwendung finden ferner

1. § 2 für die mit Genehmigung der zuständigen Verkehrsbehörde oder auf Grund von internationalen Übereinkommen erlassenen Tarife und Ausführungsbestimmungen der Eisenbahnen und die nach Maßgabe des Personenbeförderungsgesetzes genehmigten Beförderungsbedingungen der Straßenbahnen, Obusse und Kraftfahrzeuge im Linienverkehr;

1a. § 2 für die Allgemeinen Geschäftsbedingungen einschließlich der darin festgelegten Leistungsentgelte der aus dem Sondervermögen Deutsche Bundespost hervorgegangenen Unternehmen, sofern die Allgemeinen Geschäftsbedingungen in ihrem Wortlaut im Amtsblatt des Bundesministeriums für Post und Telekommunikation veröffentlich worden sind und bei den Niederlassungen der genannten Unternehmen zur Einsichtnahme bereitgehalten werden;

2. die §§ 10 und 11 für Verträge der Elektrizitäts- und der Gasversorgungsunternehmen über die Versorgung von Sonderabnehmern mit elektrischer Energie und mit Gas aus dem Versorgungsnetz, soweit die Versorgungsbedingungen nicht zum Nachteil der Abnehmer von den auf Grund des § 7 des Energiewirtschaftsgesetzes erlassenen Allgemeinen Bedingungen für die Versorgung mit elektrischer Arbeit aus dem Niederspannungsnetz der Elektrizitätsversorgungsunternehmen und Allgemeinen Bedingungen für die Versorgung mit Gas aus dem Versorgungsnetz der Gasversorgungsunternehmen abweichen;

3. § 11 Nr. 7 und 8 für die nach Maßgabe des Personenbeförderungsgesetzes genehmigten Beförderungsbedingungen und Tarifvorschriften der Straßenbahnen, Obusse und Kraftfahrzeuge im Linienverkehr, soweit sie nicht zum Nachteil des Fahrgastes von der Verordnung über die Allgemeinen Beförderungsbedingungen für den Straßenbahn- und Obusverkehr sowie den Linienverkehr mit Kraftfahrzeugen vom 27. 2. 1970 abweichen;

4. § 11 Nr. 7 für staatlich genehmigte Lotterieverträge oder Ausspielverträge;

5. § 10 Nr. 5 und § 11 Nr. 10 Buchstabe f für Leistungen, für die die Verdingungsordnung für Bauleistungen (VOB) Vertragsgrundlage ist;

6. § 11 Nr. 12 für Verträge über die Lieferung als zusammengehörig verkaufter Sachen, für Versicherungsverträge sowie für Verträge zwischen den Inhabern urheberrechtlicher Rechte und Ansprüche und Verwertungsgesellschaften im Sinne des Gesetzes über die Wahrnehmung von Urheberrechten und verwandten Schutzrechten.

(3) Ein Bausparvertrag, ein Versicherungsvertrag sowie das Rechtsverhältnis zwischen einer Kapitalanlagegesellschaft und einem

Anteilinhaber unterliegen den von der zuständigen Behörde genehmigten Allgemeinen Geschäftsbedingungen der Bausparkasse, des Versicherers sowie der Kapitalanlagegesellschaft auch dann, wenn die in § 2 Abs. 1 Nr. 1 und 2 bezeichneten Erfordernisse nicht eingehalten sind.

Absatz 1: Die Bereichsausnahmen umfassen Verträge auf dem Gebiet des

Arbeitsrecht: Anwendbar ist das AGB-Gesetz aber auf Kaufverträge 1
mit Arbeitnehmern <BAG, 26. 5. 1993, BB 1993, 1659; *Hebestreit*, BB 1994, 281>. Bei überraschenden Klauseln in Formulararbeitsverträgen ist § 3 entsprechend anwendbar <BAG, 29. 11. 1995, BB 1996, 908>. Auch die Rechtsprechung zum AGB-Recht hinsichtlich der Berücksichtigung formeller Kriterien bei der Ausgestaltung von AGB <siehe allgemein § 2 Rdn. 10>, z.B. bezüglich richtiger und unmißverständlicher Abschnittsüberschriften, ist auf das Arbeitsrecht anwendbar <BAG a.a.O.>. Zu Formulararbeitsverträgen mit Verkaufsfahrern: *Schick*, BB 1997, 310>.

Erbrecht: Umstritten ist die Frage, ob auch Erbschaftskäufe unter 2
die Bereichsausnahme fallen <dafür *Palandt/Heinrichs*, 57. Aufl. 1998, §§ 23/24 Rdn. 3; dagegen *Ulmer* in Ulmer/Brandner/Hensen, 7. Aufl. 1993, § 23 Rdn. 14 mit weiteren Nachweisen>.

Familienrecht: Die Bereichsausnahme betrifft nicht schuldrechtliche 3
Verträge zwischen Ehegatten oder Verwandten oder Verträge zwischen Partnern einer nichtehelichen Lebensgemeinschaft.

Gesellschaftsrecht: Die Verträge über Arbeitsgemeinschaften sind 4
wegen des Charakters der Arbeitsgemeinschaft als BGB-Gesellschaft von der Bereichsausnahme erfaßt (zu Arbeitsgemeinschaftsverträgen siehe Anhang § 9: Arbeitsgemeinschaftsverträge). Zum Problem, ob durch die EU-Richtlinie eine Anwendbarkeit des AGB-Gesetzes auch auf Gesellschaftsverträge zu bejahen ist: *Drygala*, ZIP 1997, 968 verneinend. Im Vereinsrecht ist das AGB-Gesetz anwendbar, z.B. für einen Golfclub <OLG Düsseldorf, 24. 10. 1997, OLGR Düsseldorf 1998, 65>.

Absatz 2: Diese Regelung sieht vor, daß einzelne Vorschriften des AGB-Gesetzes auf bestimmte Arten von Verträgen oder AGB unanwendbar sind.

Nummer 1: Zu den Haftungsbegrenzungen der Deutschen Bahn AG 5
siehe § 8 Rdn. 2.

6 **Nummer 1a:** Die Existenz dieser Vorschrift (Neufassung BGBl. 1994, I, 2325) wird in der juristischen Literatur nicht immer berücksichtigt <sie fehlt z.B. bei *Eberstein*: Die zweckmäßige Ausgestaltung von AGB im kaufmännischen Geschäftsverkehr, 4. Aufl. 1997, S. 148>. Die Anwendung der Vorschrift ist vom BGH bejaht worden hinsichtlich der AGB der Deutschen Post AG für den Postzeitungsdienst <BGH, 1. 2. 1996, BB 1996, 1241>. Streitig ist die Wirksamkeit der neuen Gebührentarife der Telekom <*Michalski*, BB 1996, 1177 und DZWir 1996, 353 und ZIP 1996, 1327; OLG München, 22. 7. 1997, nicht rechtskräftig, NJW 1997, 3246; LG Duisburg, 19. 3. 1997, NJW-RR 1997, 1348; LG Traunstein, 7. 11. 1996, nicht rechtskräftig, EWiR 1997, 151 (*Michalski* kritisch)>. Zur Haftung der Deutschen Bahn AG siehe § 8 Rdn. 2.

7 **Nummer 2:** Die Vorschrift betrifft die Verträge von Sonderabnehmern elektrischer Energie und Gas unter bestimmten Voraussetzungen hinsichtlich des Klauselverbotskatalogs.

8 **Nummer 3:** Diese Ausnahme gilt nicht für AGB von Luftverkehrsunternehmen <BGH, 20. 1. 1983, BB 1983, 527 (529 unter d) = BGHZ 86, 284 (292)>.

9 **Nummer 4:** Diese Vorschrift gilt für Verträge von LOTTO und TOTO und zwar ab Einreichung des Spielscheins, obwohl der Vertrag nach den AGB im allgemeinen erst später zustande kommt <OLG Celle, 26. 11. 1985, NJW-RR 1986, 833; *Palandt/Heinrichs*, 57. Aufl. 1998, §§ 23/24 Rdn. 8>. Zu Lotto- und Toto-Teilnahmebedingungen im einzelnen: *Ulmer* in Ulmer/Brandner/Hensen, 8. Aufl. 1997, Anh. §§ 9-11 Rdn. 479-483.

10 **Nummer 5:** Freigestellt von der Inhaltskontrolle ist die VOB/B hinsichtlich ihrer Fiktionen und ihrer Gewährleistungs-/Verjährungsregelung. Die Verkürzung dieser Frist hat bei Verbraucherverträgen im Sinne § 24a nach Stimmen in der juristischen Literatur keinen Bestand mehr, weil diese Vorschrift insofern nicht mit der EU-Richtlinie vereinbar ist. „Im Verhältnis zum Gemeinschaftsrecht steht dem deutschen Gesetzgeber aber nicht das Recht zu, eine Inhaltskontrolle von bestimmten mißbräuchlichen Klauseln zu untersagen <*Heinrichs*, NJW 1997, 1407 (1415); *Quack*, BauR 1997, 24>. Zur VOB/B allgemein: siehe Anhang § 9, VOB.

11 **Nummer 6:** Die Vorschrift betrifft Ausnahmen von § 11 Nr. 12 (siehe dazu im einzelnen § 11 Nr. 12 Rdn. 2 und Anhang § 9: Versicherungsbedingungen Rdn. 35 sowie Anh. § 9: Urheberrechts- und Wahrneh-

mungsverträge Rdn. 9). Die Vorschrift ist vom BGH bejaht worden bei einer 24-bändigen speziellen Buchreihe <BGH, 10. 3. 1993, BB 1993, 886>. Die Vorschrift verstößt nicht gegen das Grundgesetz <BVerfG, 4. 6. 1985, NJW 1986, 243>.

Absatz 3: Bei Versicherungsverträgen ist außerdem der seit 1994 12
bestehende § 5a VVG zu beachten <dazu *Schirmer* VersR 1996, 104; zu Versicherungsverträgen siehe im einzelnen Anhang § 9: Versicherungsbedingungen>.

§ 24 Persönlicher Anwendungsbereich

Die Vorschriften der §§ 2, 10, 11 und 12 finden keine Anwendung auf Allgemeine Geschäftsbedingungen,

1. **die gegenüber einem Kaufmann verwendet werden, wenn der Vertrag zum Betriebe seines Handelsgewerbes gehört;**
2. **die gegenüber einer juristischen Person des öffentlichen Rechts oder einem öffentlich-rechtlichen Sondervermögen verwendet werden.**

§ 9 ist in den Fällen des Satzes 1 auch insoweit anzuwenden, als dies zur Unwirksamkeit von in den §§ 10 und 11 genannten Vertragsbestimmungen führt; auf die im Handelsverkehr geltenden Gewohnheiten und Gebräuche ist angemessen Rücksicht zu nehmen.

Literatur: *Lutz*, AGB-Kontrolle im Handelsverkehr unter Berücksichtigung der Klauselverbote, 1991 (Münchner Uni-Schriften, Reihe juristische Fakultät Bd. 84); *Ohlendorf-von Hertel*, Kontrolle von AGB im kaufmännischen Geschäftsverkehr gemäß § 24 AGBG, 1988; *Schuhmann*, JZ 1998, 127.

Die Vorschrift ist eine der wichtigsten und von der Rechtsprechung 1
im Gefolge der überwiegend übertrieben scharfen juristischen Literatur in ihrer Wirkung total pervertierten Regelungen des AGB-Gesetzes. Schon 1988 ist zutreffend festgestellt worden: „§ 24 liegt im Sterben“ <*Ohlendorf-von Hertel*, S. 12>. Das hat sich seit dem fortgesetzt. Eine Besserung ist nicht erkennbar.

Der schwerverständliche Sinn der Vorschrift erschließt sich erst mit 2
einem Blick auf die Geschichte des Gesetzes (siehe Einleitung Abschnitt 1). Das Gesetz war von der Entstehung her als Verbrau-

cherschutzgesetz konzipiert. Erst am Ende der parlamentarischen Beratung 1976 wurde dann der kaufmännische Geschäftsverkehr überstürzt in das Gesetz mit einbezogen und nur die Anwendung des § 2, des Klauselverbotskatalogs (§§ 10 und 11) und des § 12 ausdrücklich ausgenommen. Die Parlamentarier meinten, mit dem zweiten Halbsatz des letzten Satzes eine angemessene Differenzierung des kaufmännischen Geschäftsverkehrs gegenüber der Verwendung von AGB im Verhältnis zu Nichtkaufleuten ermöglicht zu haben und wollten mit dem ersten Halbsatz von Satz 2 klarstellen, daß Klauseln, die gegen den Klauselverbotskatalog verstoßen, im kaufmännischen Verkehr nicht stets zulässig seien.

3 Der umständliche Text und fehlende Kenntnis wirtschaftlicher Einzelgesichtspunkte sowie Zusammenhänge in der Richterschaft haben dann im Zusammenwirken mit der Tatsache, daß die Wirtschaft es sträflich versäumt hat, ihrerseits ein angemessenes Gegengewicht zu der übertrieben scharfen wissenschaftlichen juristischen Literatur zustande zu bringen, dazu geführt, daß die Gerichte sozusagen „aus Bequemlichkeit" weitgehend eine Parallelität der Rechtslage des kaufmännischen Verkehrs mit der einer Verwendung von AGB gegenüber Nichtkaufleuten konstruiert haben. Das widerspricht aber erkennbar dem Sinn des § 24 und wurde ergebnislos von maßgebenden Rechtspolitikern in dem Kongreß 1987 in Bonn zum 10-jährigen Bestehen des AGB-Gesetzes gerügt (siehe vor § 1 Abschnitt 3).

4 Die Formel der Rechtsprechung, welche die Nivellierung der an sich bestehenden Unterschiede bewirkt hat lautet: **Indizwirkung** der Vorschriften des Klauselverbotskataloges. Wenn also bei Verwendung der AGB gegenüber Nichtkaufleuten nach dem Klauselverbotskatalog Unwirksamkeit zu bejahen sein würde, gibt das ein Indiz für die Unwirksamkeit auch bei Verwendung der AGB gegenüber Kaufleuten <u.a. BGH, 20. 4. 1993, BB 1993, 1395 (1396 unter 3a) = BGHZ 122, 241 (245); dazu *Hensen*, FS für Brandner, 1996, S. 231 (244)>.

5 Der Rechtsprechungsgrundsatz der Indizwirkung ist **abzulehnen** <*Lutz* a.a.O., S. 202; *Ohlendorf-von Hertel*, S. 113 ff.; *Raabe*, EWiR 1987, 1221 (1222): Besprechung von BGH, 15. 8. 1987>. Der Grundsatz stellt die Vorschrift von Satz 1 „auf den Kopf" entsprechend den Ausführungen im BGH-Urteil vom 4. 12. 1996 <BB 1997, 386>. Der Rechtsprechungsgrundsatz der Indizwirkung verhindert den richtigen Blick für eine angemessen differenzierte Beurteilung der Rechtslage zur Verwendung der AGB gegenüber Nichtkaufleuten.

Satz 1 Nr. 1 der Vorschrift stellt auf den Kaufmannsbegriff und damit auf die §§ 1 ff. HGB ab. Dieser Kaufmannsbegriff ist jedoch als veraltet zu betrachten. Deshalb wird das System des HGB derzeit umgestaltet <Regierungsentwurf des Handelsrechtsformgesetzes, BR-Drucksache 340/97 vom 23. 5. 1997, ZIP 1997, 942; dazu *Karsten Schmidt*, ZIP 1997, 909; zum vorhergehenden Referentengesetzentwurf u.a. *Kögel*, BB 1997, 793>. Unter den Kaufmannsbegriff des § 24 AGB-Gesetz fallen auch Minderkaufleute <OLG Oldenburg, 27. 4. 1989, NJW-RR 1989, 1081; OLG Düsseldorf, 16. 12. 1983, WM 1984, 724 (725 unter II, 2 b)>. § 24 AGB-Gesetz ist unanwendbar, wenn der Vertragspartner des AGB-Verwenders erst mit Abschluß des Vertrages (z.B. Pachtvertrag eines Gaststättenpächters) Kaufmann wird <OLG Düsseldorf, 23. 11. 1995, EWiR 1996, 97 (*Eckert*); OLG Koblenz, 24. 7. 1986, NJW 1987, 74; a.A. OLG Oldenburg, 27. 4. 1989, NJW-RR 1989, 1081>. Die Kaufmannseigenschaft allein ist aber nicht ausreichend. Nach dem Gesetzestext muß der Vertrag zum Betrieb seines Handelsgewerbes gehören. Es muß also ein Handelsgeschäft im Sinne von § 343 Abs. 1 HGB vorliegen. Die Vermutung des § 344 HGB, wonach die von einem Kaufmann vorgenommenen Rechtsgeschäfte im Zweifel Handelsgeschäfte sind, kommt zur Anwendung. 6

Bei der Umsetzung der EU-Richtlinie ist § 24 Satz 1 Nr. 1 unverändert geblieben. Jetzt aber wird die Vorschrift endlich sinnvoll angepaßt. Als **neuer Gesetzestext ist vorgesehen**, daß die Vorschriften der §§ 2, 10, 11 und 12 keine Anwendung finden auf AGB. 7

„1. Die gegenüber einer Person verwendet werden, die bei Abschluß des Vertrages in Ausübung ihrer gewerblichen oder selbständigen beruflichen Tätigkeit handelt (Unternehmer);" <Art. 2 des Regierungsentwurfs des Handelsrechtsreformgesetzes vom 23. 5. 1997, BR-Drucks. 340/94, ZIP 1997, 942 (948)>.

Damit werden künftig auch die freien Berufe, z.B. Rechtsanwälte, Architekten, Steuerberater usw. von der Anwendung der genannten 4 Vorschriften des AGB-Gesetzes ausgenommen werden.

Satz 1 Nr. 2 der Vorschrift stellt die juristischen Personen des öffentlichen Rechts und die öffentlich rechtlichen Sondervermögen den Kaufleuten gleich. Zu diesen Institutionen gehören z.B. alle Gebietskörperschaften und die Bundesanstalt für vereinigungsbedingte Sonderaufgaben (BvS), die Nachfolgeorganisation der Treuhandanstalt. 8

9 Für die Praxis der Inhaltskontrolle von AGB im kaufmännischen Geschäftsverkehr ist die Tätigkeit des **Gutachterausschusses für AGB** wichtig. Der Gutachterausschuß ist als Selbstordnungsgremium der deutschen Wirtschaft Ende 1973 geschaffen worden und hat seit dem eine beachtenswerte fundierte Arbeit geleistet <ungerechtfertigt kritisch *Ulmer* in Ulmer/Brandner/Hensen, 8. Aufl. 1997, Einleitung Rdn. 61>. Es ist sehr bedauerlich, daß diese Arbeit viel zu wenig bekannt ist. Die Fülle der Äußerungen des Gutachterausschusses zu einzelnen Klauseln ist zwar erheblich (siehe die folgende Rdn. 10), trotzdem wäre es wünschenswert, wenn der Gutachterausschuß noch stärker in Anspruch genommen würde. Zur Zusammensetzung des Gutachterausschusses, seiner Arbeitsweise und die Ergebnisse seiner Tätigkeit bis 1985: *Thamm*, BB 1986, 81. Die Gutachten des Ausschusses wurden zunächst veröffentlicht in zwei Broschüren „Gutachten zu Klauseln in AGB im kaufmännischen Geschäftsverkehr 1/1974-8/1975“ und „… 1/1976-6/1978“ die später mit weiteren Gutachten in einer Gesamtausgabe 1983 zusammengefaßt worden sind. Eine weitere Broschüre umfaßt die Gutachten 1/1984-2/1991. Die Adresse des Gutachterausschusses lautet:

> Gutachterausschuß für Allgemeine Geschäftsbedingungen, per Adresse BDI – Rechtsabteilung, Gustav-Heinemann-Ufer 84-88, 50968 Köln; Geschäftsführerin Frau Hintzen, Telefon: 0221/3708560.

10 Die Bedeutung des Gutachterausschusses liegt nicht nur in den vorliegenden Gutachten und beurteilten Einzelklauseln: 1991 lagen bereits 56 Gutachten mit rund 230 beurteilten Klauseln vor. Eine wesentlich größere Zahl von Beanstandungen wurde aber im Vorfeld erledigt. Die Ankündigung einer Anrufung des Gutachterausschusses veranlaßte viele Verwender, den Beanstandungen abzuhelfen. Eine nicht unwesentliche Zahl von eingereichten Beschwerden konnte während des Verfahrens vor dem Gutachterausschuß einvernehmlich einer angemessenen Lösung zugeführt werden <die Entlastungsfunktion für die Gerichte und andere Gesichtspunkte berücksichtigt nicht *Ulmer* in Ulmer/Brandner/Hensen, 8. Aufl. 1997, Einleitung Rdn. 61>. Bei manchen Beschwerden wird während des Verfahrens vor dem Gutachterausschuß die Zahl der beanstandeten Klauseln durch Teilerledigung reduziert.

11 Auf einen interessanten Gesichtspunkt in der Verfahrensweise bei der Beurteilung von AGB-Klauseln durch den Gutachterausschuß ist hinzuweisen: Der Gutachterausschuß unterscheidet in seinen

Äußerungen einerseits die zulässigen Klauseln, andererseits in der Gruppe der negativ beurteilten Klauseln zwei Kategorien: Die unzulässigen und die bedenklichen Regelungen. Diese Unterscheidung schafft eine für die Praxis wichtige graduelle Differenzierung, die der Wirklichkeit gerecht wird. Unangemessenheit kann unterschiedlich nach Noten bewertet werden: Starke oder schwache Unangemessenheit, die auch die Forderung an eine Änderung der jeweiligen Klausel in unterschiedlicher Weise in sicht birgt. Unzulässigkeit muß zu einer starken Abänderung, gegebenenfalls Streichung führen; Bedenklichkeit ist mit leichter Umgestaltung aufzufangen, evtl. kann die weitere Praktizierung in bestimmten Teilbereichen unter gewissen Voraussetzungen, die im abstrakten Kontrollverfahren nicht genügend berücksichtigt werden konnten, fortgesetzt werden.

Über den materiellen Inhalt der Gutachten ist an dieser Stelle wegen **12**
der Fülle des Materials ein brauchbarer Überblick nicht darstellbar <Material bei *Thamm*, BB 1986, 81 (83 f.)>. Nur einige Beispiele aus den unveröffentlichten Gutachten 1995 und 1996 sollen genannt werden: Als unzulässig sind Lagerdifferenzausgleichsklauseln in Einkaufsbedingungen von Handelsunternehmen bewertet worden, d.h. Bestimmungen, die zugunsten von Händlern vorsehen, daß der Lieferer bei Preissenkungen einen Differenzausgleich in Höhe des Differenzwertes auf den vorhandenen Lagerbestand des Händlers zu zahlen hat <Gutachten 1/96>. Solche Klauseln wirken wie Meistbegünstigungszusagen. Mehrfach sind Ausschlußklauseln hinsichtlich der Kostentragung von Nebenkosten für Mängelbeseitigungsaufwendungen in Lieferbedingungen negativ beurteilt worden <Gutachten 2/96 Nr. II und 3/96 Nr. II>. Eine zu starke Verlagerung von Mängelbeseitigungskosten auf den Besteller ist auch im kaufmännischen Geschäftsverkehr unzulässig (siehe im einzelnen § 11 Nr. 10c Rdn. 5 u. 6). Ebenfalls als unzulässig wurde vom Gutachterausschuß eine Klausel bezüglich der Verpflichtung des Auftragnehmers zur völligen Übereignung technischer Unterlagen angesehen <Gutachten 2/95>.

Die bestehende gesetzliche Schutzlücke beim Thema der **Unterwer-** **13**
fung unter AGB **bei existentieller Abhängigkeit** im kaufmännischen Verkehr ist über eine Inhaltskontrolle auf Grundlage von § 242 BGB zu schließen <*Wellenhofer-Klein*, ZiP 1997, 774 (779)>.

§ 24 a Verbraucherverträge

Bei Verträgen zwischen einer Person, die in Ausübung ihrer gewerblichen oder beruflichen Tätigkeit handelt (Unternehmer) und einer natürlichen Person, die den Vertrag zu einem Zweck abschließt, der weder einer gewerblichen noch einer selbständigen beruflichen Tätigkeit zugerechnet werden kann (Verbraucher), sind die Vorschriften dieses Gesetzes mit folgenden Maßgaben anzuwenden:

1. **Allgemeine Geschäftsbedingungen gelten als vom Unternehmer gestellt, es sei denn, daß sie durch den Verbraucher in den Vertrag eingeführt wurden;**
2. **die §§ 5, 6 und 8 bis 12 sind auf vorformulierte Vertragsbedingungen auch dann anzuwenden, wenn diese nur zur einmaligen Verwendung bestimmt sind und soweit der Verbraucher auf Grund der Vorformulierung auf ihren Inhalt keinen Einfluß nehmen konnte;**
3. **bei der Beurteilung der unangemessenen Benachteiligung nach § 9 sind auch die den Vertragsabschluß begleitenden Umstände zu berücksichtigen.**

Literatur: *Brambring*, DNoti, 1996, 148 und 166; *Brandner*, MDR 1997, 312; *Bunte*, DB 1996, 1389; *Döbereiner*, NotBZ 1997, 121; *Eckert*, ZIP 1996, 1238; *Grundmann*, ZEuP 1996; *Heinrichs*, NJW 1996, 2190; *Imping*, WiB 1997, 337; *Kanzleiter*, DNotZ 1996, 867; *von Westphalen*, BB 1996, 2101; speziell: *Wagner*, Zur Auswirkung von § 24 a AGB-Gesetz auf steuerorientierte Kapitalanlagen, WM 1997, 849 (856 ff.).

1 § 24 a ist in Kraft seit dem 25. 7. 1996, eingefügt zur Umsetzung der Richtlinie 93/13/EWG des Rates vom 5. 4. 1993 über mißbräuchliche Klauseln in Verbraucherverträgen <ABlEG Nr. 95 vom 21. 4. 1993, S. 29 ff.>. Die Erwägungsgründe sind maßgeblich für die Auslegung der Norm. Der Wortlaut und die systematische Stellung treten insoweit als Auslegungskriterien hinter den Zweck der Richtlinie, wie er in den Erwägungsgründen Ausdruck gefunden hat, zurück <zu den Auslegungsgrundsätzen im allgemeinen *Ibsen*, Europäisches Gemeinschaftsrecht, 1972, S. 5-71 ff.>.

2 § 24 a besagt: Liegt ein Verbrauchervertrag vor, so

- ist das AGB-Gesetz auch dann anzuwenden, wenn ein Dritter (Notar, Makler, Steuerberater, Wirtschaftsprüfer oder Rechtsanwalt) die (fiktiv) Bedingungen (zur Verfügung) stellt; sie werden dem Unternehmer zugerechnet;

- gelten die §§ 5, 6 und 8-12 auch für solche Vertragsbedingungen, die nur zur einmaligen Verwendung bestimmt sind und
- kommt § 9 AGB-Gesetz zur Anwendung und es sind auch die den Vertragsabschluß begleitenden Umstände zu berücksichtigen.

Verbraucherverträge sind entsprechend der Legaldefinition Verträge 3
zwischen einer Person, die in Ausübung ihrer gewerblichen oder beruflichen Tätigkeit handelt (Unternehmer) und einer natürlichen Person, die den Vertrag zu einem Zweck abschließt, der weder einer gewerblichen noch einer selbständigen beruflichen Tätigkeit zugerechnet werden kann (Verbraucher). Dient das Geschäft auf Seiten des Verbrauchers auch gewerblichen und freiberuflichen Zwecken (z.B. Kraftfahrzeugkauf des Rechtsanwalts), so ist im Zweifel kein Verbrauchervertrag anzunehmen, es sei denn die gewerblichen oder freiberuflichen Zwecke sind lediglich von untergeordneter Bedeutung <so *Wolf* in Wolf/Horn/Lindacher, AGB-Gesetz, 3. Aufl., Art. 2 RiLi, Rdn. 8; andere Auffassung *Imping*, WiB 1997, 337, 338 f.>. Die Beweislast dafür, daß ein Verbrauchervertrag vorliegt, hat – wie üblich – derjenige zu führen, der sich auf § 24a beruft.

Ob **Dritt-AGB (§ 24a Ziff. 1)** vorliegen, ist zunächst nach § 1 AGB- 4
Gesetz zu bestimmen. Bisher galt, daß Verträge, die von Dritten, insbesondere einem Notar, gestellt wurden, nur dann der Kontrolle des AGB-Gesetzes unterfallen, wenn sie von ihm im Auftrag einer Partei entwickelt wurden oder sich eine Partei ihrer bedient <*Heinrichs* in Palandt/Heinrichs, BGB, 56. Aufl. 1997, § 1, Rdn. 8>. Dieser Fall aber war, da kaum eine Partei eher zufällig einen Notar beauftragt, selten. Jetzt ist die Situation insofern eindeutig. Der von einem Dritten entworfene Vertrag wird dem Unternehmer qua Fiktion zugerechnet, es sei denn er weist nach, daß der Verbraucher den Vertrag „mitgebracht“ hat. Zweifelhaft ist dabei, ob dazu bereits die Benennung des Notars etwa durch den Käufer/Verbraucher genügt. Nach Auffassung des Verfassers eher nein, da das Gesetz eindeutig auf die Einführung des Vertrages und nicht das Entwerfen abstellt. *Heinrichs* <in *Palandt/Heinrichs*, 56. Aufl., § 24a Rdn. 8 und NJW 1995, 157, 158> meint, damit werde die Stellung des Notars „gestärkt“. Das Gegenteil ist der Fall. § 24a erweitert (unentgeltlich) den Prüfungs- und Haftungsumfang des Notars <zutreffend *Imping* WiB 1997, 337, 340>. Dieser Verpflichtung kann der Notar sich nicht durch den bloßen Hinweis auf den Gesetzestext des § 24a AGB-Gesetz entzie-

hen <so aber *Imping* a.a.O.>. Dazu ein Beispiel: Verkauft der Unternehmer einen von Dritten hergestellten Neubau, konnte er bisher – wenn der Notar den Verbraucher hinreichend belehrt hatte <BGH, DNotZ 90, 96> – die eigene Gewährleistung gegen Abtretung der Gewährleistungsansprüche gegenüber dem Dritten ausschließen. Dies kann nunmehr angesichts der unmittelbaren Anwendung des § 11 Nr. 10 AGB-Gesetz nur noch dann gelten, wenn die Alternative „eigene Gewährleistung – Drittgewährleistung" zwischen den Parteien ernsthaft zur Disposition stand und dies im zusätzlich erforderlichen Belehrungsvermerk des Notars kommentiert ist <insoweit zu eng *Heinrichs*, NJW 1996, 2190 (2192); zu weit *Brambring*, DNotI 1996, 168>.

5 Die §§ 5, 6 und 8-12, aber auch § 3 AGB-Gesetz finden auch dann Anwendung, wenn sie in vorformulierten Vertragsbedingungen nur zur einmaligen Verwendung bestimmt sind und der Verbraucher aufgrund der Vorformulierung auf ihren Inhalt keinen Einfluß nehmen konnte **(§ 24a Nr. 2)**. Die Möglichkeit zur Einflußnahme entspricht dem Aushandeln in § 1 Abs. 2 AGB-Gesetz; anders als dort liegt jedoch die Beweislast dafür, daß der Verbraucher auf die Vertragsgestaltung keinen Einfluß nehmen konnte, beim Verbraucher, d.h. weist bei einem vorformulierten, nur zur einmaligen Verwendung bestimmten Vertrag, der Verbraucher nicht nach, daß er auf die Gestaltung des Vertrages keinen Einfluß nehmen konnte, greift das AGB-Gesetz nicht ein, wenn nicht andere Gründe für seine Anwendung vorliegen, <*von Westphalen*, BB 1996, 2101, 2102 will im Wege der richtlinienkonformen Auslegung dies auch für § 1 Abs. 2 AGBG gelten lassen; dagegen zutreffend *Imping*, WiB 97, 337, 340 mit der Begründung, daß die strengere nationale Regelung zum Schutze des Verbrauchers durch die EG-Richtlinie nicht berührt werden sollte>.

6 In Ergänzung zu § 9 sind nach **§ 24a Nr. 3** AGB-Gesetz sämtliche den Vertrag begleitende Umstände zu berücksichtigen. Grundlage der Regelung ist Art. 4 RiLi i.V.m. dem Erwägungsgrund 16. Liegt demnach ein Verbrauchervertrag vor und fällt dieser unter das AGB-Gesetz, so ist die Prüfung der unangemessenen Benachteiligung auf zwei Ebenen vorzunehmen: Zunächst abstrakt generell anhand der gesetzlichen Wertung <entsprechend dem bisher üblichen Prüfungsmaßstab für § 9, *Wolf/Horn/Lindacher* AGB-Gesetz 3. Auflage § 9 Rdn. 51> sodann konkret individuell anhand der individuellen, den Vertragsabschluß begleitenden Umstände. Die Erwägungsgründe (16) sehen als Beispiele für die individuellen Umstände das Kräfteverhältnis der Vertragsparteien, ihre Einwirkungsmöglich-

keiten, Sonderbestellungen des Verbrauchers anstelle allgemein noch
verwendbarer Güter vor. Zutreffend *Brandner* <MDR 1997, 312 **6**
(314)>, der erklärt, daß die vorgeschriebene Relevanz „aller“ Begleitumstände des Vertragsabschlusses zur Kontrolle nach beiden Richtungen zwingt. So kann eine abstrakt generell als unangemessen festgestellte Vertragsklausel durchaus als angemessen zu betrachten sein, wenn es sich etwa um eine nicht marktgängige Sonderbestellung des Verbrauchers handelt oder der Wissens- und Erkenntnisstand des Verbrauchers höher ist als der des Verwenders <zur „Heilung“ von AGB durch Berücksichtigung vertragsabschlußbegleitender Umstände: *Börner*, JZ 1997, 595>.

§ 25 Änderung des Bürgerlichen Gesetzbuches

Das bürgerliche Gesetzbuch wird wie folgt geändert:

1. Nach § 476 wird folgende Vorschrift eingefügt:

„§ 476 a

Ist an Stelle des Rechts des Käufers auf Wandlung oder Minderung ein Recht auf Nachbesserung vereinbart, so hat der zur Nachbesserung verpflichtete Verkäufer auch die zum Zwecke der Nachbesserung erforderlichen Aufwendungen, insbesondere Transport-, Wege-, Arbeits- und Materialkosten, zu tragen. Dies gilt nicht, soweit die Aufwendungen sich erhöhen, weil die gekaufte Sache nach der Lieferung an einen anderen Ort als den Wohnsitz oder die gewerbliche Niederlassung des Empfängers verbracht worden ist, es sei denn, das Verbringen entspricht dem bestimmungsgemäßen Gebrauch der Sache.“

2. In § 633 Abs. 2 wird folgender Satz eingefügt:

„§ 476 a gilt entsprechend“.

Der bisherige Satz 2 wird Satz 3.

Im Hinblick auf die ausführlichen Erläuterungen in allen BGB-Kommentaren zu § 476 a BGB wird von der Kommentierung dieser Vorschrift abgesehen. Auf die Darlegungen zu § 11 Nr. 10 c wird hingewiesen.

§ 26 Änderungen des Energiewirtschaftsgesetzes

§ 7 des Energiewirtschaftsgesetzes vom 13. 12. 1935 (Reichsgesetzbl. I S. 1451), zuletzt geändert durch Artikel 18 des Zuständigkeitslockerungsgesetzes vom 10. März 1975 (Bundesgesetzbl. I S. 685), wird wie folgt geändert:

1. In Satz 1 werden die Worte „Allgemeine Bedingungen und" gestrichen.

2. Die Sätze 1 und 2 werden Absatz 1.

3. Es wird folgender Absatz zugefügt:

(2) Der Bundesminister für Wirtschaft kann durch Rechtsverordnung mit Zustimmung des Bundesrates die allgemeinen Bedingungen der Energieversorgungsunternehmen (§ 6 Abs. 1) ausgewogen gestalten. Er kann dabei die Bestimmungen der Verträge einheitlich festsetzen und Regelungen über den Vertragsabschluß, den Gegenstand und die Beendigung der Verträge treffen sowie die Rechte und Pflichten der Vertragspartner festlegen; hierbei sind die beiderseitigen Interessen angemessen zu berücksichtigen. Die Sätze 1 und 2 gelten entsprechend für Bedingungen öffentlich-rechtlich gestalteter Versorgungsverhältnisse mit Ausnahme der Regelung des Verwaltungsverfahrens.

§ 27 Ermächtigung zum Erlaß von Rechtsverordnungen

Der Bundesminister für Wirtschaft kann durch Rechtsverordnung mit Zustimmung des Bundesrates die allgemeinen Bedingungen für die Versorgung mit Wasser und Fernwärme ausgewogen gestalten. Er kann dabei die Bestimmungen der Verträge einheitlich festsetzen und Regelungen über den Vertragsabschluß, den Gegenstand und die Beendigung der Verträge treffen sowie die Rechte und Pflichten der Vertragspartner festlegen; hierbei sind die beiderseitigen Interessen angemessen zu berücksichtigen. Die Sätze 1 und 2 gelten entsprechend für Bedingungen öffentlich-rechtlich gestalteter Versorgungsverhältnisse mit Ausnahme der Regelung des Verwaltungsverfahrens.

Von den Verordnungsermächtigungen der §§ 26 Abs. 2 und 27 ist Gebrauch gemacht worden <Einzelheiten bei *Horn* in Wolf/Horn/Lindacher, 3. Aufl. 1994, §§ 26 und 27 Rdn. 1; *Ulmer* in Ulmer/Brandner/Hensen, 8. Aufl. 1997, §§ 26 und 27 Rdn. 2-4>. Die Allgemeinen Versorgungsbedingungen der Elektrizitäts-/Gas- und Wasserversorgung (AVBV) sind Rechtsverordnungen im Sinne dieser Vorschriften <OLG Braunschweig, 3. 6. 1997, BB 1997, 2017 (2018)>. Soweit Versorgungsverträge nicht unter die erlassenen Verordnungen fallen, ist hinsichtlich der Inhaltskontrolle § 23 Abs. 2 Nr. 2 zu beachten

§ 28 Übergangsvorschrift

(1) Dieses Gesetz gilt vorbehaltlich des Absatzes 2 nicht für Verträge, die vor seinem Inkrafttreten geschlossen worden sind.

(2) § 9 gilt auch für vor Inkrafttreten dieses Gesetzes abgeschlossene Verträge über die regelmäßige Lieferung von Waren, die regelmäßige Erbringung von Dienst- oder Werkleistungen sowie die Gebrauchsüberlassung von Sachen, soweit diese Verträge noch nicht abgewickelt sind.

(3) Auf Verträge über die Versorgung mit Wasser und Fernwärme sind die Vorschriften dieses Gesetzes erst drei Jahre nach seinem Inkrafttreten anzuwenden.

Diese Übergangsvorschrift hat 20 Jahre nach dem Inkrafttreten des Gesetzes fast nur noch rechtshistorische Bedeutung. Soweit gemäß Abs. 2 in begrenztem Rahmen eine Rückwirkung hinsichtlich § 9 auf Altverträge vorgesehen ist und solche Altverträge unverändert existieren, sind die Auswirkungen deshalb gering, weil die Rechtsprechung auf der Basis von § 9 so allgemeine Rechtsprechungsgrundsätze entwickelt hat, daß dafür der Gesetzestext von § 9 nicht mehr unbedingt herangezogen werden muß; es reicht als Ausgangspunkt ggfs. auch § 242 BGB. Bei später vorgenommenen nennenswerten Änderungen oder Ergänzungen von Altverträgen werden solche Verträge als Neuverträge angesehen, auf die das AGB-Gesetz hinsichtlich des gesamten Vertrages (nicht nur auf die abgeänderten oder ergänzten Teile) anwendbar ist <vgl. BGH, 14. 11. 1984, AGBE 1984, 828 Nr. 6 = NJW 1985, 971; OLG Frankfurt, 18. 12. 1986, NJW

1987, 1650>. Ganz vereinzelt gibt es auch noch in jüngerer Zeit Urteile zu der Vorschrift. So hat der BGH jetzt entschieden: § 13 findet auf Altverträge selbst dann keine Anwendung, wenn sich der AGB-Verwender bei der Abwicklung nach Inkrafttreten des AGB-Gesetzes auf eine intransparente Klausel beruft <BGH, 4. 2. 1997, BB 1997, 644>.

§ 29 Berlin-Klausel

Diese Vorschrift ist durch die politischen Veränderungen gegenstandslos geworden.

§ 30 Inkrafttreten

Dieses Gesetz tritt vorbehaltlich des Satzes 2 am 1. April 1977 in Kraft. § 14 Abs. 2, §§ 26 und 27 treten am Tage nach der Verkündung in Kraft.

Zum übereilten Inkrafttreten siehe Einleitung Abschnitt 1.

Sachregister

Fundstellen sind *kursiv* geduckt

Notizen